D1933780

AtV Ein Lesebuch für unsere Zeit

»Die rein erzählerische Macht seines Werkes ist ohnegleichen, jede Berührung damit, noch dort, wo er die Kunst gar nicht mehr wollte, sie schmähte und verschmähte und nur gewohnheitsmäßig sich ihrer als Mittel zur Erteilung moralischer Lehren bediente, führt dem Talent, das zu empfangen weiß (aber ein anderes gibt es nicht), Ströme von Kraft und Erfrischung, von bildnerischer Urlust und Gesundheit zu. Selten wirkte Kunst so ganz als Natur; sein gewaltig-selbstverständliches Schöpfertum ist nur eine andere Erscheinung der Natur selbst, und ihn wieder lesen, die tierische Schärfe dieses Blicks, die einfache Wucht dieses Bildnerbegriffes, die von keiner Mystik getrübte, vollkommen klare und wahre Größe dieser Epik auf sich wirken lassen heißt heimfinden aus jeder Gefahr der Verkünstelung und kränklichen Spielerei zur Ursprünglichkeit und Gesundheit, zu dem, was in uns selbst gesund und ursprünglich ist.«

Thomas Mann, Anna Karenina

EBERHARD DIECKMANN studierte 1950–1954 Slawistik in Leipzig, arbeitete 1954–1961 als Lektor und Redakteur beim Verlag Rütten & Loening, Berlin, ist seit 1961 Mitarbeiter, zuletzt Professor für Slawistik an der Akademie der Wissenschaften zu Berlin. Veröffentlichungen vor allem zur klassischen russischen und neueren polnischen Literatur, Übersetzungen aus dem Russischen und Polnischen, Literaturkritik. Edierte (mit G. Dudek) die 20bändige deutsche Ausgabe Gesammelter Werke L. N. Tolstois (Berlin, 1964–1978), Gesammelte Werke N. S. Leskows (Berlin 1984 ff). Literaturwissenschaftliche Arbeiten u.a.: »Erzählformen im Frühwerk L. N. Tolstojs« (1969), Mitautor und Mitherausgeber der »Geschichte der russischen Literatur von den Anfängen bis 1917« (1986), »Polemik um einen Klassiker. Lew Tolstoi im Urteil seiner Zeitgenossen« (1987), Hrsg. »Russische Zeitgenossen über Tolstoi« (1990).

Lew Tolstoi

Ein Lesebuch für unsere Zeit

Aufbau Taschenbuch Verlag

Herausgegeben von Eberhard Dieckmann

Mit 10 zeitgenössischen Abbildungen

ISBN 3-7466-0114-2

1.Auflage 1992
© Aufbau Taschenbuch Verlag, Berlin
Reihengestaltung Sabine Müller, FAB Verlag, Berlin
Einbandgestaltung Sabine Müller, FAB Verlag, Berlin,
unter Verwendung eines Porträts Lew Tolstois von Ilja Repin (1887)
Satz LVD GmbH, Berlin
Druck und Binden Elsnerdruck, Berlin
Printed in Germany

Lew Tolstoi; 1909.

Inhalt

Zeittafel

1828
Lew Nikolajewitsch Tolstoi wird am 28. August in Jasnaja Poljana, Gouvernement Tula, als viertes von fünf Kindern des Grafen Nikolai Iljitsch Tolstoi (1794–1837) und der Fürstin Marija Nikolajewna Tolstaja, geb. Wolkonskaja (1790–1830), geboren.

1837–1846
Die Familie übersiedelt nach dem Tod der Mutter nach Moskau; die Erziehung der vier Brüder und der Schwester übernehmen nach dem frühen Tod auch des Vaters dessen Verwandte. Ab 1841 leben die Kinder im Hause ihres Vormundes in Kasan. 1844 läßt sich Tolstoi an der Kasaner Universität als Student der Orientalistik immatrikulieren, wechselt 1845 an die Juristische Fakultät über; seit 1845 ständige Sommeraufenthalte auf dem Gut Jasnaja Poljana.

1847–1851
Tolstoi beginnt ein Tagebuch zu führen, schreibt erste (fragmentarische) philosophische Skizzen. Bei der Erbteilung zwischen den Geschwistern fällt ihm Jasnaja Poljana zu; gibt das Studium auf, lebt in Petersburg, Moskau und Jasnaja Poljana. 1849 eröffnet er eine Schule für Bauernkinder seines Dorfes. Im April 1851 reist er mit dem ältesten Bruder Nikolai in den Kaukasus.

1851–1854
Militärdienst im Kaukasus, zunächst als Feuerwerker, dann Beförderung zum Fähnrich; nimmt an Gefechten gegen die Tschetschenen teil. Aufenthalt in der Kosaken-Staniza Starogladkowskaja, in Tbilissi und Pjatigorsk. Die Erzählungen »Der Überfall«, »Der Morgen eines Gutsbesitzers«, »Weih-

nachtsnacht«, »Der Holzschlag« und »Aufzeichnungen eines Markörs« entstehen. Im September 1852 erscheint mit »Kindheit«, dem ersten Teil der autobiographischen Trilogie, »Kindheit, Knabenjahre, Jugendzeit«, Tolstois erstes Werk im Druck. Ausbruch des Krieges (1853–1856) zwischen Rußland und der französisch-englischen Entente.

1854–1855
Versetzung zur Donau-Armee, im November 1854 zur Krim-Armee; nimmt aktiv an den Kämpfen um Sewastopol bzw. Simferopol teil. Im Oktober 1854 erscheint der zweite Teil der autobiographischen Trilogie (»Knabenjahre«), die drei Sewastopoler Erzählungen entstehen, dazu die Fragmente »Wie russische Soldaten sterben« und »Onkelchen Shdanow und der Kavalier Tschernow«. Tolstoi nimmt im August 1855 am letzten Gefecht um Sewastopol teil, wird als Kurier nach Petersburg entsandt, wohnt bei Turgenjew, wird u. a. mit den Schriftstellern N. S. Nekrassow, I. A. Gontscharow, A. F. Pissemski bekannt.

1856–1859
Tolstoi scheidet mit der Beförderung zum Leutnant aus dem Militärdienst aus. Eigene Projekte zur Bauernbefreiung, Kontakte mit Reformern. Im Januar 1857 erscheint der letzte Teil der autobiographischen Trilogie (»Jugendzeit«). Im Januar 1857 erste Westeuropareise, u. a. mit Aufenthalten in Warschau, Berlin, Paris, Genf, Bern, Turin, Luzern, Stuttgart, Eisenach und Dresden; nach seiner Rückkehr Freilassung des Hofgesindes, Pachtzinsverträge mit den meisten Bauern seines Dorfes.

Die Erzählung »Albert« (1858) und »Familienglück« (1859) erscheinen, Tolstoi richtet 1859 erneut eine Dorfschule ein.

1860–1861
Zweite Westeuropareise. Tolstoi hält sich zehn Tage in Berlin auf, reist über Leipzig nach Bad Kissingen, von dort

nach Bad Soden/Taunus (in beiden Orten Schulhospitationen). Kur in Hyères, Tod des lungenkranken Bruders Nikolai. Nächste Stationen: Marseille, Nizza, Florenz, Neapel, Rom und Paris. Im Februar 1861 Reise nach London; hört einen Vortrag von Dickens, lernt die in der Emigration lebenden revolutionären Demokraten A. I. Herzen und N. P. Ogarjow kennen. In Brüssel Bekanntschaft mit den utopischen Sozialisten Joachim Lelewel und Proudhon; kommt über Antwerpen, Frankfurt a. M. nach Weimar und Jena; Schulhospitationen, Gespräche mit deutschen Pädagogen; engagiert den Lehrer Gustav Kaehler für seine Schule. Im April 1861 in Dresden und Berlin, besucht den Schriftsteller B. Auerbach und den Pädagogen A. Diesterweg.

Im Februar 1861 verkündet Zar Alexander II. das Manifest zur Aufhebung der Leibeigenschaft. Wieder in Rußland, setzt Tolstoi seine Reformtätigkeit auf dem Lande fort; wird Friedensrichter seines Landkreises, richtet im Umkreis neue Schulen ein.

1862
Die pädagogische Zeitschrift »Jasnaja Poljana« erscheint. Tolstoi wird wegen seiner Friedensrichtertätigkeit und seiner pädagogischen Arbeit oppositioneller Umtriebe verdächtigt; geheime Polizeiaufsicht und Hausdurchsuchung. Im September Heirat mit Sofja Andrejewna Bers.

1863–1869
Der Roman »Krieg und Frieden« entsteht und erscheint 1865 bis 1869 in Fortsetzungen. Intensive Beschäftigung mit der Gutswirtschaft. Die Erzählungen »Polikuschka« und »Die Kosaken« erscheinen, Geburt des ältesten Sohnes Sergej Lwowitsch, 1864 Geburt der ältesten Tochter Tatjana Lwowna. Veröffentlichung einer zweibändigen Werkausgabe (1864). Während der Arbeit am Roman umfangreiche historische Studien; liest u.a. Mérimée, Sand, Trollope, Montaigne, Dickens, de Maistre, Cervantes, Goethe, Hugo, Schopenhauer, Kant.

1870
Erste deutsche Übersetzung von »Krieg und Frieden« (unvollständig) erscheint in der »Moskauer Deutschen Zeitung«.

1871–1872
Intensive griechische Sprachstudien. Tolstoi liest Xenophon, Platon und Homer im Original; fährt zur Kumyskur in die Steppe von Samara; kauft dort Land. 1871 Geburt der Tochter Marija Lwowna. Ab 1872 verstärkte pädagogische Tätigkeit. Tolstoi verfaßt die Elementarfibel »Das Alphabet«.

1873–1878
Der Roman »Anna Karenina« entsteht und erscheint 1875 bis 1878 in Fortsetzung. 1873 Arbeit an dem »Roman über die Zeit Peters I.« (Fragment). Kumyskur in der Steppe von Samara. Tolstoi überzeugt sich von der dort herrschenden Hungersnot; Appell zur Unterstützung der Hungernden; wird Korrespondierendes Mitglied der Akademie der Wissenschaften. Aufsatz »Über die Volksbildung« (1874). 1877 besucht er mit dem Philosophen und Literaturkritiker N.N. Strachow die Einsiedelei Optina Pustyn; Gespräche mit Mönchen und dem Abt Ambrosius.

Kriegserklärung Rußlands an die Türkei, heftige Reaktion dazu im Epilog zu »Anna Karenina«. Die Zeitschrift lehnt den Druck ab. 1878 erscheint die erste Buchausgabe des Romans. Pläne zu einem Werk über die Dekabristen, Besuch Turgenjews in Jasnaja Poljana.

1879–1880
Zunehmende Reflexionen über Glaube und Religion. Tolstoi besucht in Tula die Kirche der Altgläubigen und ein Gefängnis; Besichtigung des Kiewer Höhlenklosters; Fahrt zum Troize-Sergijew-Kloster in Sagorsk (Sergijew Possad); Gespräche mit hohen Geistlichen (darunter der Metropolit von Moskau). Die Traktate »Kirche und Staat«, »Was darf ein Christ und was nicht?« entstehen, 1880 beginnt Tolstoi mit der Neuübersetzung der vier Evangelien; Bekanntschaft mit

dem Maler I. J. Repin, dem Pianisten N. G. Rubinstein und dem Musik- und Kunstkritiker W. W. Stassow.

1881
Am 1. März 1881 Tod Zar Alexanders II. durch ein Attentat der Volkstümlerterroristen; vergebliches Gnadengesuch Tolstois an den Thronfolger. Fußwanderung nach Optina Pustyn, Gespräche mit Abt Ambrosius und dem Archimandriten Juvenalius. Kontakte mit der Sekte der Molokanen; Bekanntschaft mit ehemaligen Angehörigen des Netschajewzirkels (radikale politische Femeorganisation, in Dostojewskis Roman »Die Dämonen« literarisch porträtiert); Besuch bei der Familie des Anarchisten M. A. Bakunin; Tolstoi lernt den Bauernphilosophen W. K. Sjutajew kennen, sucht ein Moskauer Nachtasyl auf. Der Volkstümler N. K. Michailowski besucht Tolstoi.

1882
Kauf eines Hauses in Moskau, Übersiedlung der Familie für die Wintermonate nach Moskau. Tolstoi nimmt dort an einer Volkszählung teil. Der Aufsatz »Über die Volkszählung« erscheint.

1884
Die Zensur verbietet den Druck des Traktats »Worin mein Glaube besteht«. Begegnung mit Volkstümlern, Hilfsaktionen für politisch Verfolgte; Besichtigung einer Strumpffabrik; Feldarbeit. Geburt der jüngsten Tochter Alexandra Lwowna. Gründung des Verlages »Posrednik« (Der Mittler).

1886–1887
Verstärkte Arbeit an den Volkserzählungen und den Dramen. Tolstoi geht zu Fuß von Moskau nach Jasnaja Poljana. Die Zensur verbietet im Januar 1887 Aufführung des Dramas »Macht der Finsternis«. Der tschechische Gelehrte und Politiker T. Masaryk, der Schriftsteller N. S. Leskow, sein Biograph und Anhänger P. I. Birjukow, der Jurist A. F. Koni, N. N. Strachow zu Besuch bei Tolstoi.

J. Ginzburg, Lew Tolstoi, Bronze; 1903.

1888

In Paris Uraufführung von »Macht der Finsternis«. Geburt des jüngsten Kindes und Sohnes Iwan Nikolajewitsch. Zunehmende Repressalien gegen Tolstoi. Der Schriftsteller und Regisseur W. I. Nemirowitsch-Dantschenko, der Dichter A. A. Fet, der Religionsphiolosoph und Schriftsteller Solowjow u. a. sind bei Tolstoi zu Gast. Die Erzählung »Kreutzersonate« entsteht. Tolstois Schwester Marija Nikolajewna wird Nonne im Kloster Schamordino.

1890

Russische Erstaufführung von »Macht der Finsternis« in einer geschlossener Vorstellung, deutsche Erstaufführung in Berlin (Freie Bühne). Reise nach Optina Pustyn; dort Gespräch mit dem Philosophen K. N. Leontjew. Illegale Verbreitung der Erzählung »Kreutzersonate« und der Komödie »Früchte der Bildung«. Tolstoi beteiligt sich an der Feldarbeit seiner Bauern. Besuche N. N. Strachows, des Malers N. N. Gay, des deutschen Slawisten R. Löwenfeld, des Historikers B. N. Tschitscherin. Die Konflikte mit seiner Familie verstärken seine Absicht, Jasnaja Poljana zu verlassen. Tolstoi organisiert Hilfe für Brandgeschädigte seines Dorfes. Auf Veranlassung seiner Frau werden Bauern aus Jasnaja Poljana wegen Waldfrevels zu Gefängnis verurteilt.

1891

Erklärung über den Verzicht auf sein Eigentum; verstärkte Arbeit an dem Roman »Auferstehung«, mit dem Tolstoi sich seit 1889 beschäftigt. Besuche von I. J. Repin, dem Bildhauer I. J. Ginzburg, von N. S. Leskow, A. A. Fet, N. N. Gay, dem Verleger Suworin, N. N. Strachow. Tolstoi hält sich den Sommer über bei seinem einzigen noch lebenden Bruder Sergej auf. Mit Beginn der Hungersnot leitet er Hilfsaktionen ein.

Lektüre u. a. von B. v. Suttners »Die Waffen nieder!« Erste Aufführung der Komödie »Früchte der Bildung« im Maly Theater in Moskau.

1892
Fortsetzung der Hilfsmaßnahmen gegen den Hunger. Regierungskreise planen die Verbannung Tolstois (Zar Alexander III. ist dagegen). Der Aufsatz »Über den Hunger«, das Traktat »Das Reich Gottes ist in euch« erscheinen. Tolstoi wird mit Exkommunizierung gedroht.

1894
U. a. Begegnung mit dem Schriftsteller I. A. Bunin, dem amerikanischen Schriftsteller E. Crosby, N. N. Strachow und seinem Freund und Anhänger W. G. Tschertkow; der slowakische Arzt D. P. Makovický erstmals in Jasnaja Poljana. Tolstoi führt Gespräche mit Fabrikarbeiterinnen, sucht eine Zementfabrik und ein Kohlebergwerk auf, schließt nach dem Vorbild des amerikanischen Nationalökonomen H. George Pachtverträge mit Bauern ab, empfängt eine Studentendelegation aus Moskau.

1895–1896
Abschluß der Erzählung »Herr und Knecht«. Tolstoi besucht Kriegsdienstverweigerer im Gefängnis. Tod des jüngsten Sohnes Iwan. Schlechter Gesundheitszustand. Tolstoi interessiert sich für die Sekte der Duchoborzen. Erster Besuch von A. P. Tschechow, Begegnung mit dem Sozialdemokraten W. D. Bontsch-Brujewitsch. Unter Vorsitz K. P. Pobedonoszews wird in Petersburg eine Kommission zur Untersuchung der schädlichen Wirkung von Tolstois Werken gebildet (1896).

1898
Korrespondenz mit B. v. Suttner. Das Traktat »Was ist Kunst?« erscheint, der Aufsatz »Carthago delenda est« entsteht. Der Kaufmann S. T. Morosow übergibt Tolstoi eine große Summe für die Hungernden. Ein Zirkular des Innenministeriums untersagt öffentliche Würdigungen zu Tolstois fünfzigjährigem Schaffensjubiläum. Letzte Arbeiten an der Erzählung »Vater Sergius« (Fragment). Tolstoi unterstützt die Auswanderung der Duchoborzen.

1899

Der Roman »Auferstehung« erscheint in Fortsetzungen in der Zeitschrift »Niwa« (Die Flur). Rilke bei Tolstoi zu Gast, Begegnung mit Tschechow, Besuch von Quäkern. Tolstoi unterrichtet sich auf einem Moskauer Güterbahnhof über das Leben der Eisenbahnarbeiter, beginnt das Traktat »Die Sklaverei unserer Zeit«.

1901

Der Heilige Synod exkommuniziert Tolstoi; heftige Proteste, u. a. Studentendemonstration vor der Kasaner Kathedrale in Petersburg. Tolstoi beendet den Aufsatz »An den Zaren und seine Gehilfen«, der in London erscheint; tritt für den verhafteten Maxim Gorki ein; erkrankt an Malaria. Bedenklicher Gesundheitszustand; Kuraufenthalt auf der Krim. Rückkehr nach Jasnaja Poljana erst im Juni 1902.

1903

Ständige Arbeit an der Erzählung »Hadschi Murat«, neue Volkserzählungen entstehen. Zum 75. Geburtstag werden Tolstoi zahlreiche Glückwünsche und Ehrungen aus dem In- und Ausland zuteil.

1904

Arbeit an den Späterzählungen (u. a. »Der gefälschte Kupon«), der Antikriegsartikel »Besinnt euch!« entsteht. Ausbruch des Russisch-Japanischen Krieges, Rekrutierungen in Jasnaja Poljana. Tod des einzigen noch lebenden Bruders Sergej.

1905

Betroffene Reaktion auf den Petersburger Blutsonntag (9. Januar), mit dem die russische Revolution (1905/06) beginnt. Vermutlich letzte Arbeit an der Erzählung »Hadschi Murat«; die Volkserzählung »Kornej Wassiljew« entsteht. Tolstoi beschäftigt sich verstärkt mit Publizistik; Beginn der Arbeit an dem Traktat »Die große Sünde«.

1906

Tolstoi interessiert sich für die Lage der Bauern in seiner Umgebung. Beginn der Arbeit an der Erzählung »Wofür?«. Umfangreiche Lektüre zu gesellschaftspolitischen Fragen, Gespräche mit dem Anarchisten P. A. Kropotkin, dem Schriftsteller P. D. Boborykin, A. W. Lunatscharski u. a. Tod der zweiten Tochter Marija.

1907

Tolstoi unterrichtet Bauernkinder aus Jasnaja Poljana in Geschichte, Religion und Literatur. Die ausgewanderten Duchoborzen senden aus Kanada Geld für die Hungernden. Umfangreiche Lektüre, viele Besucher u. a. der Pianist A. B. Goldenwejser, I. J. Repin. N. N. Gussew wird Sekretär Tolstois.

1908

Der Aufsatz »Ich kann nicht schweigen« entsteht. Die Zensur konfisziert zahlreiche Texte Tolstois. Der 80. Geburtstag bringt erneut heftige Konfrontationen in der Öffentlichkeit; Sozialrevolutionäre und ehemalige Schlüsselburger Häftlinge suchen ihn auf, Moskauer Studenten gratulieren. Auseinandersetzungen in der Familie. Arbeit an der Erzählung »Es gibt keine Schuldigen in der Welt« (Fragment).

1909

Weiterhin intensive Beschäftigung mit belletristischen Werken: »Wer sind die Mörder?«, »Der Mönchspriester Iliodor«, »Kinderweisheit«, »Der Fremde und der Bauer«, »Drei Tage auf dem Lande«. Tolstoi tritt energisch für Regimegegner ein. Besuche u. a. von A. B. Goldenwejser, W. G. Tschertkow (der aus dem Gouvernement ausgewiesen wird), dem Zoologen I. I. Metschnikow und dem Publizisten P. B. Struve. Verhandlungen mit den Behörden über Hilfe für Bauern, denen wegen Steuerrückständen Zwangsauktionen drohen.

1910

Filmaufnahmen in Jasnaja Poljana. Die Erzählung »Chodynka« entsteht. Zahlreiche Kontakte zu ausländischen Korrespondenten. Schlechter Gesundheitszustand, die Konflikte mit der Familie verschärfen sich; Abfassung eines neuen Testamentes. Gespräche mit Bauern, Besuch einer Fabrik in der Umgebung. Tolstoi schreibt an seiner letzten Arbeit, dem Aufsatz »Über den Sozialismus« (Fragment).

Am 28.Oktober verläßt er in Begleitung D. P. Makovickýs Jasnaja Poljana. Über Optina Pustyn und das Kloster Schamordino, wo er sich von seiner Schwester verabschiedet, gelangt er am 31. Oktober nach Astapowo, stirbt dort am 7. November (20. November neuen Stils) an einer Lungenentzündung. Am 9. November wird Tolstoi in Jasnaja Poljana, in der Nähe seines Wohnhauses in einem Waldstück, das er zuvor dafür bestimmt hat, beigesetzt.

Lew Tolstoi – Stationen seines Lebens

»Ein so wundervolles Gesicht hat die russische Literatur bisher noch nicht hervorgebracht. Ein ursprüngliches russisches Gesicht, dessen Ausdrucksstärke und Kraft ein absolutes Höchstmaß erreicht haben: das ist unser Heimatdorf, das plötzlich zur Weite und den Ausmaßen Roms angewachsen ist ... Ein solches Gesicht muß man sich ›verdienen‹, es ist nur zu ›erarbeiten‹«, schrieb Wassili Rosanow 1902 bei der Betrachtung einer Tolstoi-Büste. Ein Gesicht »verdienen«, es »erarbeiten«...? Der scheinbar rhetorische Effekt von Rosanows Aphorismus erweist sich als geniale Einsicht, wenn eine Summe des Lebens zu ziehen ist, das dieses Gesicht geprägt hat. Kein anderer russischer Schriftsteller leistete ein vergleichbares Titanenpensum an Arbeit – als Romancier und Dramatiker, als Erzähler und Publizist, als Philosoph und Ethiker, als Religionskritiker und Sozialreformer. Kaum ein anderes Werk wurde von seinen Zeitgenossen und bis in unsere Tage so angefochten und verehrt, »vergessen« und immer wieder entdeckt. Nur weniges hat in den Konflikten der letzten anderthalb Jahrhunderte den Prüfungen seiner Zeit und denen der Nachwelt in solchem Maße standgehalten.

Jasnaja Poljana – der Genius loci

Als Lew Nikolajewitsch Tolstoi am 28. August 1828 in dem kleinen russischen Dorf des Gouvernements Tula zur Welt kam, schien das väterlicher- wie mütterlicherseits weitverzweigte Geschlecht seiner Vorfahren zu dem Ruhepunkt jener Adelsnester gefunden zu haben, der ein Ende ankündigte. Und tatsächlich war mit seiner Generation weitgehend Vergangenheit, was die Tolstois, Wolkonskis, Trubezkois oder Gortschakows als Wojewoden, Generäle oder hohe

Staatsbeamte und Politiker für Rußland getan hatten, obwohl man sich in der Familie seiner Traditionen bewußt war und manche Konnexion bis an den Zarenhof lange erhalten blieb. Dennoch hatte es zunächst den Anschein, als hielte das Schicksal für Tolstoi nur die übliche Beamten- oder Soldatenkarriere bereit, die dann früher oder später in ein mehr oder weniger behagliches Gutsbesitzerdasein mündete.

Mit zwei Jahren verliert Tolstoi die Mutter, mit neun den Vater, die Kinder (drei ältere Brüder und eine jüngere Schwester) werden getrennt von Verwandten erzogen, Tolstoi verschlägt es nach Kasan, wo er sich sechzehnjährig als Student der Orientalistik an der Universität immatrikulieren läßt, bald darauf sich für Jura entscheidet, aber schon 1847 den Entschluß faßt, diese Wege nicht weiterzugehen... Der Siebzehnjährige hat zuvor in Jasnaja Poljana – der elterliche Stammsitz ist ihm als Jüngstem durch Erbteil zugefallen – einen Sommer verbracht, der für ihn bestimmend wird: er erkennt einen gewissen Rückzug von der Gesellschaft als die Möglichkeit, diese Gesellschaft besser zu begreifen, er beschließt, sich Wissen anzueignen, das auch den Kriterien der Praxis standhält, er bekundet sein vorrangiges Interesse für Philosophie (im Streit mit einer Schrift Katharinas II., bei der Lektüre Rousseaus, dessen Bildnis er auf der Brust trägt). Mit der Besserung der Dinge will er bei sich beginnen und bedient sich seitdem des Tagebuchs zur Selbstkontrolle.

Drei Jahre vergehen zwischen Petersburg, Moskau und immer wieder Jasnaja Poljana damit, einen Weg für sich zu finden, der nicht die standesüblichen Vorstellungen von Zukunft hat. 1851 entstehen die ersten Skizzen zu seiner autobiographischen Trilogie »Kindheit, Knabenjahre, Jugendzeit«, aber als ausschließliche Beschäftigung füllt Schreiben ihn nicht aus (auch die Gutswirtschaft nicht, was er versucht, und nicht die Dorfschule, die er schon 1849 gründet). Als er dann 1851 den älteren Bruder in den Kaukasus begleitet, der dort Dienst tut, ist ein neuer Abschnitt seines Lebens erreicht: er tritt als Feuerwerker einer Artilleriebrigade in den aktiven Dienst, und er bleibt länger, als er vorausgesehen hat, Soldat. Zwei neue Erfahrungen prägen sich unter den veränderten Umständen tief in ihm ein – die des Krieges beziehungsweise der Gewalt und die des Umgangs mit jenen, die diesen Krieg führen müssen, mit den einfachen Soldaten, dem Volk. Beide Erfahrungen setzt er sofort in den frühen Kaukasuserzählungen um (»Der Überfall«, »Der Holzschlag«), aber auch Zeit für seine bereits begonnene Trilogie bleibt, deren erster Teil, »Kindheit«, 1852 in Nekrassows Zeitschrift »Sowremennik« erscheint. Das erste Werk Tolstois ist gedruckt.

Als Tolstoi 1854 zur Donauarmee versetzt wird – der Krimkrieg zwischen Rußland und der englisch-französischen Entente ist ausgebrochen – gerät er in Sewastopol ins Zentrum der Kämpfe, erfährt als Verteidiger der berühmten 4.Bastion den Schrecken des Krieges aus größter Nähe. Aus der eher beobachtenden Rolle im Kaukasuskrieg, dessen Scharmützel noch viel vom Abenteuer hatten, wird die des an der Brutalität des Stellungskrieges Beteiligten, aus Betroffensein entsteht jene Betroffenheit, die ihn zu einem der großen Zeugen und Schriftsteller werden läßt, die über den Krieg geschrieben haben und deren lange Wirkung vor allem daher rührt, daß sie mitten im Krieg den Frieden zu beschwören vermochten, auch im Namen derer, die im Krieg die Gegner sind. Wieder ist Tolstoi imstande, seine Eindrücke sofort im Kunstwerk umzusetzen: alle drei sogenannten »Sewastopoler Erzählungen« sind mitten im Krieg (1855) geschrieben. Gleichzeitig verfaßt er noch Projekte zur Reformierung der Armee, versucht, eine eigene Soldatenzeitschrift zu gründen, um selber teilzunehmen an etwas, was anstand. Er will etwas bewirken, denn die Niederlage Rußlands in diesem Krieg war, wie er begreift, weniger eine militärische Angelegenheit, sondern die Niederlage eines Regimes, das sich untauglich gezeigt hatte, die Nation zu führen. Am 2. November 1854 notiert er in seinem Tagebuch: »Viele politische Wahrheiten werden in diesen für Rußland so schwierigen Tagen sichtbar und nehmen deutliche Formen an. Die glühende Vaterlandsliebe, die mit Rußlands Unglück aufflammte und alle ergriff, wird ihre Spuren für lange Zeit hinterlassen. Die heute bereit sind, ihr Leben zu opfern, werden Rußlands Bürger sein und ihr Opfer nicht vergessen. Mit Würde und Stolz werden sie an den gesellschaftlichen Angelegenheiten teilhaben ... «

Es dauert noch seine Zeit, bis sich herausstellt, wie früh Tolstoi mit dieser Erkenntnis in die Tradition russischer Geschichte und Literatur eingetreten ist. Puschkins Zeitgenossen und Freunde, vor allem die Dekabristen, hatten anläßlich des siegreich beendeten Vaterländischen Krieges von 1812/13 gegen Napoleon ähnliche Prophezeiungen gewagt und 1825 das Ende ihrer Illusionen erfahren. Wieder steht Rußland an einem Wendepunkt seiner Geschichte, diesmal bleibt Veränderung nicht aus. Der symbolhaft wirkende Tod Nikolais I. (1855) und die Inthronisierung Alexanders II., der dem allgemeinen gesellschaftlichen Druck von unten mit der Politik der Befreiung von oben zu begegnen weiß, setzen Signale für Veränderung, die aber ihre Zeit noch braucht, und so ist das Jahrfünft bis 1861, wie jede Periode des Vakuums zwischen Macht und Ablösung von Macht, eine der interessantesten Perioden der neueren russischen Geschichte. Selbst das Jahrzehnt nach 1861 vergeht bekanntlich im Auf und Ab von Reformen und Konterbewegungen aller Betroffenen.

Mitten in diese kontroversen, unübersichtlichen und erhitzten Situationen hinein gerät Tolstoi, als er, noch vor Ende des Krieges, 1855 in Petersburg auftaucht. Er ist kein Unbekannter mehr, die arrivierten Literaten in Petersburg und auch in Moskau haben den Aufstieg des Neuen zwar aus der Ferne, aber dennoch unmittelbar verfolgt: er fand ja in ihren Zeitschriften statt. Turgenjew, Nekrassow, Gontscharow, Tjutschew, Pissemski, Drushinin, Grigorowitsch – der ganze Parnaß der russischen Literatur wäre aufzuzählen, um zu beschreiben, in wessen offene Arme Tolstoi da kommt. Fast liebevoll ist der Empfang zu nennen, der dem jungen Kriegshelden und jungen Autor gleichermaßen gilt. Allerdings ist es eine besitzergreifende Liebe, die ihren Preis hat, denn es bestehen Hierarchien, Vorlieben, Rücksichten und auch Animositäten, man hat vor allem seine Parteien in dem Streit der Zeit, bei dem es um viel geht und aus dem sich Tolstoi nicht heraushalten kann. Das will er auch nicht – gleichgültige Zurückhaltung war nie seine Sache –, aber die Positionen, die sich ihm da anbieten, entsprechen den seinen nicht, und so findet er sich zwischen den Fronten wieder. Mit den kleinen Romanen und Erzählungen, die er in diesen Jahren zwischen 1855 und 1863 veröffentlicht, scheint er sich jeweils einer anderen Richtung der literarisch-politischen Szene zu empfehlen. Während die »Sewastopoler Erzählungen«, »Der Morgen eines Gutsbesitzers« oder »Polikuschka« mit ihren sozialkritischen Inhalten Nikolai Nekrassow und auch Nikolai Tschernyschewski radikale oder sogar revolutionärdemokratische Zuordnung verheißen, erkennen Alexander Drushinin, Pawel Annenkow und Wassili Botkin, die sich dem Programm einer »reinen Kunst« verschreiben, in Erzählungen wie »Albert« oder »Familienglück« einen Autor, der die Poesie der Wirklichkeit zu entdecken vermag und damit der übermächtigen Gogolschen Richtung in der russischen Literatur wieder ein Gegengewicht entgegenzusetzen hat, denn der inzwischen modern-modische Verzicht auf das Puschkinerbe verlangt nach Ausgleich. Beiden Beschlagnahmen widersprechen die Slawophilen, die in Tolstois Werken, vor allem in seinen deutlichen Bezügen auf Rußlands nationale Aufgaben, in der erklärten Sympathie für die bäuerliche Existenzweise, in der Kritik am Egoismus bürgerlich-westlicher Prägung und dem Verfall von Idealen (»Luzern«) ihren Mann erkennen wollen. Tolstoi enttäuscht diese Erwartungen alle miteinander. Unaufhörlich sucht er seine Wege, unsicher, welche er gehen soll, aber doch sicher, daß es nicht seine Sache ist, als professioneller Literat in Petersburg zu leben. Vor allem den sozialen Spannungen, die er in der Zeit vor der Aufhebung der Leibeigenschaft in Jasnaja Poljana hautnah erlebt, kann und will er nicht ausweichen: er verfaßt eigene Reformprojekte, entläßt einige Bauern und das Hofgesinde aus der Leibeigenschaft, sucht den Disput mit Reformern, verbringt die meiste Zeit entweder in Moskau oder in Jasnaja Poljana.

1857 tritt er seine erste Westeuropareise an, die ihn über Polen nach Deutschland und weiter nach Frankreich und der Schweiz führt, auch ein Stück Norditalien bereist er. Zurück geht es wieder über Deutschland (Frankfurt a. M., Eisenach, Leipzig, Dresden und Berlin). Von dieser Reise gibt es, außer in Briefen und Tagebüchern, nur wenig Spuren. Immerhin hat ihn in Paris die Bekanntschaft mit zwei deutschen Achtundvierzigern, den Emigranten Moritz Hartmann und Heinrich Oppenheim, beeindruckt. Auch die Besichtigung der Wartburg und der Besuch der Dresdener Gemäldegalerie werden besonders vermerkt. Ein einschneidendes Erlebnis hat er in Luzern, schockartig empfindet er den Widerspruch zwischen Anspruch auf allgemeinen Fortschritt und trister, alltäglicher Realität, der ihm überall entgegentritt und sich bei ihm tief und für immer festsetzt (»Luzern«). Jedoch hat ihn die Reise aktiviert, zurück in Rußland schmiedet er wieder Reformprojekte, gründet seine Dorfschule neu und gibt ihr ein Programm.

Fast ein Jahr, vom Juni 1860 bis zum April 1861 dauert Tolstois zweite Westeuropareise, die zugleich sein letzter Aufenthalt außerhalb Rußlands sein wird. Nun hat er feste Vorstellungen von dem, was er sehen und erfahren will, und obwohl der äußere Anlaß der Reise Kuraufenthalte sind und die Begleitung eines kranken älteren Bruders, der in Frankreich stirbt, dient dieses Jahr in Deutschland, Frankreich, Italien, England und Belgien doch vor allem dazu, ihm Einsichten zu verschaffen, die er braucht – bei seinen pädagogischen, volksbildnerischen Unternehmungen und für sein Verhältnis zum bäuerlichen Leben. So stehen bei dem zehntägigen Aufenthalt in Berlin neben den üblichen Beschäftigungen eines Reisenden denn auch das Studium von Handwerkervereinen oder ein Besuch im Moabiter Gefängnis auf seinem Programm. In Kurorten wie Bad Kissingen oder Bad Soden begnügt er sich nicht mit dem üblichen Bäderbetrieb, sondern verschafft sich durch Schulhospitationen immer wieder Eindrücke, die zu Vergleichen anregen. Er findet Kontakt zu Landsleuten, die im Ausland leben, zu Turgenjew, Herzen, dem Bildhauer Sergej Iwanow oder dem Maler Nikolai Gay, nutzt die Gelegenheit, in London seinen Lieblingsschriftsteller Charles Dickens in Augenschein zu nehmen und führt in Brüssel mit dem Furore machenden Pierre-Joseph Proudhon (»Philosophie des Elends«) und dem polnischen Staatsmann und Historiker Joachim Lelewel ausführliche Dispute. Wieder in Deutschland interessiert er sich vor allem in Weimar und Jena für die Volksbildung, versieht sich reichlich mit Lehrmaterialien und engagiert sogar einen Lehrer für seine Schule in Jasnaja Poljana. In Berlin trifft er den bekannten Pädagogen Adolf Diesterweg (vorher hatte es in Bad Kissingen eine kurze Bekanntschaft mit dem Neffen Julius Fröbels gegeben). Am meisten aber beeindruckt ihn die Begegnung mit Berthold Auerbach, dessen »Schwarzwälder Dorfgeschichten« ihm geradezu als Muster dafür erschienen, auch in der schönen Literatur aufklärerisch zu wirken.

Die Reise ist folgenreich, fast ein Jahr beschäftigt sich Tolstoi vorrangig mit pädagogischen Unternehmungen. Er gründet eine eigene pädagogische Zeitschrift (»Jasnaja Poljana«), deren Inhalt er fast allein bestreitet und deren radikales Programm ihm bald den Mißmut der offiziellen Pädagogik einträgt. Wieder einmal fällt er zu sehr aus dem Rahmen der eingefahrenen Gleise, da es ihm widerstrebt, halbe Sachen zu machen, nur kleine Schritte zu gehen und nicht vielmehr alles zu verlangen und deshalb alles Bisherige in Frage zu stellen. In zwei seiner frühen Aufsätze kündigt sich, wenn auch nur auf dem scheinbar vergleichsweise harmlosen Gebiet der Bildung, an, was er in Frage stellt. Seine Antworten sind eindeutig: das Volk wird nicht gebildet, sondern verbildet mit den geltenden Ansichten (»Über die Volksbildung«); der naive Glaube an den Fortschritt, der mechanisch stattfindet und von selbst zum Höheren führt, ist der Mißbrauch von Fortschrittsdenken (»Der Fortschritt und die Definition der Bildung«). »Es wird die Zeit kommen, da die Grundschulen in den Städten und die Dorfschulen die Gemüter mehr bewegen werden als die Gymnasien«, prophezeit er schon 1860. Zwei Jahre später faßt er sein Vertrauen in die Kraft und Begabung einfacher Menschen in einem Bericht aus seiner Schule zusammen, dessen Titel allein wie Provokation wirkt: »Wer soll bei wem schreiben lernen, die Bauernkinder bei uns oder wir bei den Bauernkindern?«. In einem Brief, der zwar erst später verfaßt wird (Dezember 1874), aber für die Gesamtheit der Beweggründe stehen kann, die ihn so lange und hartnäckig an seinem pädagogischen Werk festhalten lassen, schreibt er an seine am Zarenhof lebende Verwandte, die Hofdame A. A. Tolstaja: »...wenn ich eine Schule betrete und diese Menge zerlumpter, schmutziger, ausgemergelter Kinder mit ihren leuchtenden Augen und oft geradezu engelhaften Gesichtern sehe, befällt mich Unruhe und Entsetzen, ähnlich wie ich es mehrfach beim Anblick Ertrinkender verspürt habe. Großer Gott, wie kann man sie nur herausziehen, und wen zuerst, wen später? ... Ich will Bildung für das Volk einzig und allein, um jene dort ertrinkenden Puschkins, Ostrogradskis, Filarets und Lomonossows zu retten. Und es wimmelt von ihnen in jeder Schule.«

Das alles verzeihen ihm die professionellen Zunftgenossen nicht, denen er – mit vielen Angriffsflächen, die seine Proteste immer bieten – ins Handwerk pfuscht. Auch seine Tätigkeit als Friedensrichter bringt ihm nur den Zorn der Gutsherren seines Amtskreises ein, weil seine Entscheidungen immer zugunsten der Bauern ausfallen. Die Literaturkritik hat ihn als Literaten ohnehin weitgehend abgeschrieben, er scheint sich in die Irre begeben zu haben. Was sind seine kleinen Erzählungen dieser Jahre, was ist der kleine Roman »Die Kosaken« neben Turgenjews Romanen (»Ein Adelsnest«, »Vorabend« und »Väter und Söhne« allein erscheinen innerhalb von drei Jahren, 1859–1862), nicht zu reden von vielen anderen Werken, zum Beispiel von Gontscharows »Oblomow« (1859). War also Pissemskis nur wenige Jahre alte Prophezeiung, dieses Offizierchen werde einmal alle anderen in den Sack stecken, eine Seifenblase gewesen? Jedenfalls konnte einer der bekanntesten und Tolstoi durchaus geneigten Literaten dieser Zeit, Apollon Grigorjew, als er 1862 eine erste kleine Werkausgabe

Tolstois rezensierte, seinen Aufsatz, ohne Erstaunen zu erregen, mit der Überschrift versehen: »Von unserer Kritik übersehene Erscheinungen der Gegenwartsliteratur...«

Rußland und Europa – die Zeit der großen Romane

1862 heiratet Tolstoi. Viel ist später über diese Ehe geschrieben, gerätselt und doch recht ergebnislos reflektiert worden, vor allem von jenen, die ihr Ende, Tolstois Flucht aus Jasnaja Polajana, nur als Familientragödie, als fast willkommene Peinlichkeit in diesem großen Leben skandalisiert haben. Dabei ist sie nichts weniger als Sensation, im Grunde vielmehr eine glückliche Ehe, wird ihr Auf und Ab über fast fünfzig Jahre betrachtet. Vielleicht ist sie anfangs von Tolstois Seite her etwas zu sehr Programm, Vorsatz (»Ich habe Angst vor mir selbst, was, wenn auch dies nur Liebesverlangen, nicht aber Liebe ist?« heißt es noch kurz vor der Eheschließung im Tagebuch – 23. August 1862). Er ist des bisherigen unsteten Daseins überdrüssig, nichts scheint recht zu gelingen, vierunddreißig und keine Familie (dabei hat der Junggeselle seine erste größere belletristische Arbeit zum »Thema« hinter sich: mit dem kleinen Roman »Familienglück«). Er will endlich in Jasnaja Poljana leben, wirtschaften, wirklich dort wohnen. Und als er sich sogar ein wenig romantisch (à la Lewin gegenüber Kitty in »Anna Karenina«) erklärt hat, findet noch im selben Monat die Hochzeit mit der achtzehnjährigen Sofja Andrejewna Bers statt, die aus einer deutschstämmigen Familie kommt und deren Vater Hofarzt im Moskauer Kreml ist. Dort wird auch geheiratet, die Hochzeitsreise geht nach Jasnaja Poljana. »Unvorstellbares Glück«, vermeldet das Tagebuch. Und dann ein Satz, der ebenfalls zu dieser Beziehung gehört: »Es kann nicht sein, daß all das nur mit dem Leben endet.« Vorläufig, für lange Jahre, ist nur Leben angesagt – schon das Jahr darauf wird beiden der erste Sohn geboren, ein Jahr später die erste Tochter. Mit Eifer widmet sich Tolstoi der

Gutswirtschaft, die sechziger Jahre werden ein Jahrzehnt voller Glück, vielleicht sein bestes ... ? Denn bald läßt er alles, was stört, beiseite, auch die pädagogischen Unternehmungen, geht ganz und gar auf in seiner Welt von Jasnaja Poljana: »Das Familienglück verschlingt mich mit Haut und Haar«, heißt es im Januar 1863 im Tagebuch, und er beginnt die Arbeit an seinem größten Roman, an »Krieg und Frieden«.

Alle Arbeit bisher, die Kriegserzählungen aus dem Kaukasus und aus Sewastopol, die Erzählungen aus dem Gutsbesitzer- und Bauernleben, das Nachdenken über Schule, Bildung und Fortschritt, auch die Erfahrungen seiner Reisen, die Begegnung mit Westeuropa fließen in eins zusammen, werden zu notwendigen Voraussetzungen für den nun in sieben Jahren entstehenden Roman. Da Tolstois Bestreben, die Gegenwart zu verstehen, immer Vergangenheitsverständnis voraussetzte, war die Epoche, um die es sich im Roman handeln mußte, fast zwangsläufig vorgegeben. Außerdem waren die Erzählung »Zwei Husaren« und das Fragment »Die Dekabristen« deutliche Anzeichen künftigen Interesses. Tolstoi hatte im Krimkrieg verstanden, daß sein Land, seine Nation und alle an diesem Krieg Beteiligten an einem Wendepunkt nationaler und individueller Geschichte angelangt waren, wie schon vorher einmal, im Krieg von 1812/13, sogar mit weitreichenderen Folgen. Endgültig hatte sich Rußland damals in der neueren europäischen Geschichte Ausgangspunkte und Beziehungen verschafft, die Richtung Westen wiesen, die aber nun, da Tolstoi seinen Roman schreibt, auch schon vieler Hoffnungen oder gar Utopien ledig waren, an denen sich das ausgehende 18. und beginnende 19. Jahrhundert so reich erwies. In das Rußland des frühen 19. Jahrhunderts aber brach in Gestalt Napoleons kein Befreier von despotischen Zwängen und überlebten feudalen Fesseln ein, sondern ein Eroberer, der die Ideen von Aufklärung und Revolution längst pervertiert hatte und den nicht das alte Regime, sondern das Volk, die Nation besiegte. Tolstois Darstellung russischer Geschichte, seine überzeugende Einsicht, daß ihre Folgen bis in die Gegenwart reichten, und seine Fähigkeit, das Schicksal der Nation in den Schicksalen einzelner Familien wiederzufinden, machten »Krieg und Frieden« zu einem Werk, das noch immer unvergleichlich zu nennen ist. Die überlieferten Fassungen und Varianten zeigen, wie viele Wege Tolstoi gesucht hat, um die reale Geschichte dieser Zeit und die fiktiven literarischen Umstände zusammenzubringen, um Überprüfbares nicht zu erfinden; gewaltig ist die Literatur, die er zu Rate zieht und quälend die Reflexion über das Geschriebene im Roman selbst. Ohne Rücksicht auf alte Formen und romanpoetische Tradition entsteht eine neue Form von Kunstwerk. Umfangreiche historiosophische Exkurse durchbrechen die literarische Fiktion. Entgegen allem gewohnten offiziellen heroischen Siegerpathos wird geschichtliche Sinngebung darin ausgemacht, daß den Sieg eigentlich die breiten Schichten des russischen Volkes errungen haben und daß nicht der Krieg, auch der gewonnene nicht, sondern der Frieden daseinsbestimmender menschlicher Zweck ist. Gerade damit erreicht Tolstoi, daß sein Roman neue Dimensionen erhält, die er sich unter anderem auch dadurch verschafft, daß er sich während des Schreibens immer wieder durch Lektüre (Montaigne, Cervantes, Goethe, Kant, Schopenhauer) veranlaßt sieht, seine Blickwinkel so weit wie möglich zu öffnen, eine Summe von geschichtlichen Anschauungen und künstlerischen Erfahrungen zu ziehen, deren Ergebnis ein Werk wird, das gleichermaßen national- und weltliterarische Bedeutung erlangt.

Das Echo ist gewaltig. Die einen Kritiker scheinen recht behalten zu haben, die schon vorher ein Talent zu Ende gehen sahen – hier nun sei der endgültige Beweis (!?), andere erklären sich im Namen des Vaterlands beleidigt ob solchen Bruchs mit konventionellem Geschichtsverständnis (ihnen sekundieren paradoxerweise viele linke Kritiker, die Tolstoi nun als Erzkonservativen erkennen). Eigentlich nur eine gewichtige Stimme erhebt sich zugunsten des Autors, indem sie feststellt, daß mit diesem Roman die Welt von nun an in anderer Weise von Rußland Kenntnis nehmen müsse. Prophetisch wie lehrreich verkündet dieser Kritiker

(Nikolai Strachow): » ... nicht ›Krieg und Frieden‹ wird man nach Ihren Worten und Meinungen beurteilen, sondern Sie wird man beurteilen nach dem, was Sie über ›Krieg und Frieden‹ sagen.«

Auch nach Beendigung von »Krieg und Frieden« bleibt das Interesse an Geschichte dominant. Mit vierzig Jahren lernt Tolstoi Griechisch, um Xenophon, Platon und Homer im Original lesen zu können. Und bald darauf beginnt er einen Roman über russische Geschichte, auf den er jedoch unvermittelt wieder verzichtet: er kann zu Peter I., der im Zentrum stehen sollte, nicht die Einstellung finden, die er als Voraussetzung für seine Arbeit braucht. So geht er noch einmal an pädagogische Unternehmungen und verfaßt für die Schüler seiner Dorfschulen eigene Lehrbücher (»Das Alphabet«, die »Russischen Lesebücher«). Aber dann schlägt ihn, statt eines historischen Stoffes, unvermutet die unmittelbare Zeitgeschichte in ihren Bann: 1873 beginnt Tolstoi die Arbeit an »Anna Karenina«, deren erste Teile schon 1875 zur Fortsetzung in einer Zeitschrift erscheinen und die, als die Geschichte der Titelheldin gedacht, ein Familienroman hätte werden können. Allerdings ist solche Beschränkung längst nicht mehr Tolstois Sache: immer mehr kommt ihm beim Schreiben der zweite Faden der Romanhandlung in die Quere – das Schicksal Konstantin Lewins –, er ist gezwungen, auf die Übermacht der Umstände zu reagieren, denen seine literarischen Helden ausgeliefert sind und denen sie sich nicht weniger zu stellen haben als ihr Autor. So wurde der Roman eine Auseinandersetzung mit allen Themen der Zeit – mit der Frauenfrage, dem Reformwerk, speziell mit Fragen der Volksbildung und der Bauernbefreiung, der Rolle des Adels und der Intelligenz bei Rußlands Suche nach neuen Wegen ... Solche Aufzählung wirkt wie ein Katalog von Themen, den abzuarbeiten sich der Autor vorgenommen hätte, um dem Geist der Zeit zu genügen. Sie erweist sich als richtig, weil alle diese Fragen den Hintergrund abgeben, und als irreführend, weil sie vortäuscht, worauf sich Tolstoi nie einläßt. So unmittelbar er die Zeit bezeugt, so sehr ist seine Erzähloptik auf die Vergänglichkeit der Entscheidungen, Situationen oder Befindlichkeiten seiner Helden gerichtet, vermittelt er die begrenzten Bedingungen ihrer Existenz, geht er auf eine Distanz, die seine Urteile über die erzählte Zeit hinaushebt. Er bezeugt eher wie ein Historiker, was seine Romanhelden erleiden (eine Kritik zu »Anna Karenina« hat das Werk deshalb sogar den eigentlichen historischen Roman Tolstois genannt, sogar im Unterschied zu »Krieg und Frieden«). Die sozialkritische, die spontanutopische Komponente und die poetische Architektur, die Schicksale des Sucherhelden Lewin und der tragisch schuldigen Anna Karenina verschmelzen zu einem Zeitbild, das der Atem seiner Gegenwart durchweht und das zugleich weit in die Zukunft weist mit seiner Gestaltung von Übergang, da nichts an seinem Platz bleibt und Neues noch nicht endgültige Gestalt angenommen hat, da alte Werte verfallen, ohne daß neue ihre Eignung bewiesen hätten.

Das Echo auf »Anna Karenina« war nicht weniger heftig als das auf »Krieg und Frieden«. Vielen Kritikern, sogar aus entgegensetzten Lagern, schien der Roman erneut ein Zeichen für das endgültige Scheitern Tolstois und nichts weiter als »Kunst des Salons«. Anders als sie alle nimmt einer der einflußreichsten damaligen Kritiker und Publizisten, Nikolai Michailowski, der Theoretiker der Volkstümlerbewegung, das Werk zum Anlaß, die Standpunkte Tolstois überhaupt zu ermitteln. In der Aufsatzserie »Die Rechte und die Linke Lew Tolstois« analysiert er die Gesamtheit der sozialkritischen und historischen Anschauungen des Autors und zieht ein Fazit bisheriger Polemik: »Ich bitte nun, mir zu erklären, was haben die angeführten Anschauungen mit Mystizismus, Fatalismus, Optimismus, sauertöpfischem Patriotismus, Slawophilentum usw. gemein, mit alledem, was jeder, der nicht faul genug ist, dem Grafen Tolstoi vorwirft?«

Damit war der Streit um Tolstois gesamtes Werk auf einen Punkt gebracht, von dem aus Beschlagnahme und Distanzierung einander abwechselten und immer heftiger wurden, bis in unser Jahrhundert hinein.

Hervorzuheben, weil prophetisch und für den Verfasser,

der sich über die Literatur seiner Zeit sonst nicht zu äußern pflegte, die Ausnahme, ist Dostojewskis ausführlicher Disput über »Anna Karenina«. Er verstand als einer der wenigen, daß damit ein Höhepunkt europäischer Romankunst entstanden war, der fortan die Wirkung eines Musters haben würde und eine Brücke Rußlands zu Westeuropa bedeutete, über die lange zu gehen war. Diese Voraussage hat sich vielfach bestätigt. In der deutschen Literatur stehen Theodor Fontanes »Effi Briest« und Thomas Manns »Buddenbrooks«, wie beide Verfasser ohne Verlegenheit bekannt haben, eindeutig in der Tradition von »Anna Karenina«. In der Langzeitwirkung auch auf andere Künste war und ist es zumeist dieser Roman, der seine Dauer beweist.

Jahrzehnt des Umbruchs

Das russische Krisenjahrzehnt der siebziger Jahre mit der allgemeinen Enttäuschung über die Halbherzigkeit der Reformen, das Anwachsen von Betroffenheit und Resignation selbst unter loyalen Staatsdienern und der gewaltsame revolutionäre Protest der Volkstümlerbewegung bis hin zu ihren terroristischen Aktivitäten, denen am 1. März 1881 der Befreierzar selber durch Attentat zum Opfer fällt sowie die Gegenreaktion des Regimes, das Gewalt mit Gewalt vergilt, sind Hintergrund und unmittelbarer Anlaß zugleich für Entscheidungen, zu denen Tolstoi sich nun gedrängt sieht. Der Umbruch, der in ihm vonstatten geht, ist zwar nicht allein das Werk dieser Jahre – zu deutlich läßt sich auch vorher ausmachen, daß er immer wieder versucht hat, veränderten Einsichten im Werk und im persönlichen Leben Rechnung zu tragen –, dennoch ist der Einschnitt, der zu Ausgang der siebziger Jahre erfolgt, prägnant. Diesmal will er sich auf die eigenen drängenden Fragen weitreichendere Antworten geben, umfassender verstehen, was in der Welt vor sich geht, um Wege zu zeigen, die über andere, zeitlich begrenzte Vorschläge hinausweisen. Weder die liberalen, demokratischen noch volkstümlerischen Gesellschaftskonzepte erweisen sich unter den herrschenden Bedingungen als aussichtsreich, Veränderung zu bewirken. Von herrschender Politik und Politikern deformiert, mißachten sie allesamt eine Voraussetzung, die Tolstoi vor allen anderen als zu klären ansieht – die Veränderung des Individuums, des behandelten oder handelnden Subjekts, ohne sie ist jedes Programm zum Scheitern verurteilt.

Am Ende dieser Überlegungen steht Tolstois ethisches Christentum, seine Religionsphilosophie von der Verantwortung des Individuums, die mit einer radikalen Kritik bestehender Religonsausübung einhergeht. Mit der Bergpredigt und dem daraus entnommenen Grundsatz vom Nichtwiderstreben dem Übel durch Gewalt findet er zu dem christlichen Grundsatz seiner Ethik, der sein Leitgedanke wird. Lang und schmerzhaft, heftig und aufsehenerregend sind die Stationen dieses Weges zu eigener Klarheit: Bereits 1877 geht Tolstoi zum erstenmal in die berühmte Einsiedelei von Optina Pustyn (die auch mit den Namen Gogols und Dostojewskis verbunden ist, beide haben dort Meditation oder Disput gesucht), 1878 hört er in Petersburg eine Vorlesung des jungen Wladimir Solowjow zu religionsphilosophischen Fragen (dieser wird zum erklärten Freund, bis er später Tolstoi sogar als Vorboten des Antichrist mit Bann belegt). Kritische Lektüre von damals weithin Aufsehen erregenden Autoren wie Nietzsche oder Joseph-Ernest Renan (»Das Leben Jesu«), Begegnung mit Altgläubigen und Sektenanhängern, Fahrten nach Sergijew Possad (das unter Sagorsk bekannte Kloster bei Moskau) und Dispute mit dem Metropoliten von Moskau folgen, er beginnt eine Übersetzung der vier Evangelien, wandert zu Fuß erneut nach Optina Pustyn. Er tut viel in diesen Jahren, um sich Erfahrungen zu verschaffen, nicht voreilig zu verwerfen, ehe er nicht geprüft hat, aber die Distanz zu allem, was er prüft, wird unüberwindlich. Von 1879 bis 1881 entsteht das die Welt erschütternde Zeugnis für den qualvollen Wandel, der in ihm vorgeht – das Traktat »Beichte«, das erst 1884 im Ausland erscheinen kann. Es ist, trotz aller vorhergehenden kritischen Erörterungen, die erste jener großen Streitschriften, mit denen er von nun an der Welt den Fehdehandschuh hinwirft. Vernunft und Wissenschaft, Kunst und Kultur, soziale Einsichten und politische Bewegungen, Philosophie und Fortschrittsglaube haben der Welt nicht gebracht, wessen sie zu ihrem sinnvollen Dasein bedarf. Wird der Glaube an Gott, wird der Glaube überhaupt imstande sein, den Menschen zu helfen? Die Antworten auf diese Fragen sucht er bis zum Ende seines Lebens. Es ist sein Weg zum Volk und zum russischen Bauern und sein Weg zu Gott, der ohne die Institution Kirche auskommt, ein Weg, den man mißtrauisch verfolgt, der öffentliches Für und Wider hervorruft und vielen Anfeindungen ausgesetzt sein wird.

Als 1881 mit dem Kauf eines Hauses in einer Moskauer Vorstadt (ringsum sind große Webereien) eine Zeit beginnt, da Tolstoi die Wintermonate der Familie wegen wieder in der Hauptstadt verbringt, kommt er auf langen Wanderungen durch die Stadt mit einem Elend in Berührung, auf das er heftig reagiert. Durch die Beteiligung an Volkszählungen und nicht weniger durch eine bald unermeßlich anschwellende Zahl von Besuchern erfährt er aus erster Hand, was in seinem Lande vor sich geht. Kaum einer der bedeutenden Zeitgenossen hat damals die Bekanntschaft mit ihm versäumt, außergewöhnlich breit ist die Palette der Menschen, die ihn aufsucht oder deren Bekanntschaft er selber macht: allein in dieser Zeit sind es neben Mitgliedern der Familie Bakunin, Volkstümlern wie Nikolai Michailowski, dem Bauernphilosophen Wassili Sjutajew, dem Hegelianer und Slawophilen Nikolai Strachow, dem Kunstkritiker Wladimir Stassow, dem Historiker und Philosophen Nikolai Danilewski oder den ersten Anhängern und Tolstojaner-Protagonisten wie Pawel Birjukow oder Wladimir Tschertkow auch viele seiner eigenen Zunftgenossen oder Künstler, mit denen er zusammenkommt. 1878 hat er wieder eine Begegnung mit dem kranken Turgenjew, dem nur noch wenige Jahre zu leben bleiben und der ihn 1883 in seinem letzten Brief beschwört, zur Berufung seiner Kunst zurückzukehren. Welch ein grundsätzliches Mißverständnis: Turgenjew wird nicht gewahr, was in Tolstoi vor sich geht. Wsewolod

Garschin, Nikolai Slatowratski, Nikolai Leskow und Wladimir Korolenko sind in dieser Zeit bei ihm zu Gast, die Maler Iwan Kramskoi, Ilja Repin und Nikolai Gay stellen dauerhafte, freundschaftliche Beziehungen zu ihm her (und kommen als Porträtisten auf ihre Kosten), Musiker und Komponisten wie Pjotr Tschaikowski oder Nikolai Rubinstein, später Sergej Tanejew und Alexander Goldenweiser werden zu ständigen Besuchern – in Moskau und dann für lange Sommer in Jasnaja Poljana.

Dieses Jahrzehnt zwischen 1878 und 1890 ist angefüllt mit einer Arbeit und Anspannung, wie sie dieses Leben nicht einmal gekannt hat, als die Schauplätze der Handlung noch häufig wechselten. Denn neben der Publizistik, die er sich zu schreiben auferlegt hat, um öffentliche Wirkung zu zeigen, tritt eine neue Kunstproduktion, die seinen veränderten Anschauungen entspricht und die er programmatisch handhabt: um die Mitte bis Ende der achtziger Jahre entstehen die Volkserzählungen und Volksdramen, mit denen er unmittelbar Einfluß nehmen will auf die Schichten, von denen er weiß, daß seine bisherige Kunst sie nicht erreicht hat. Engagiert mischt er sich deshalb auch in den Kunstbetrieb ein und gründet den Verlag »Posrednik« (Der Mittler), mit dem diese Literatur, aber auch viele andere Werke vor allem russischer Autoren, die er für geeignet hält, in billigen Ausgaben unter die Leute kommt.

Mit den Erzählungen »Kreutzersonate« und »Der Tod des Iwan Iljitsch« überzeugt Tolstoi auch die verständnislosesten Skeptiker von der unversiegten Kraft seiner künstlerischen Begabung. Der Tod des Iwan Iljitsch wird zum Anlaß für den Bericht von einem tragischen, weil sinnlosen Leben, das nicht übereinstimmt mit menschlichen Zielen. Beruht die Wucht dieses Werkes auf der nüchtern zurückhaltenden Erzählweise eines scheinbar einfachen, tausendfach sich wiederholenden Schicksals, so ist die hochdramatische Darstellung in der «Kreutzersonate« auf einen Schock angelegt. Diese Geschichte einer Ehe, die im Konflikt zwischen Liebe und Sexualität unvermeidlich in die Katastrophe führt, findet sofort ein europaweites Echo. In beiden Erzählungen waren Grunderlebnisse der Zeit zu einem Extrem gesteigert, die niemand bisher so ins Bild gesetzt hatte.

Die Belastungen dieses Jahrzehnts sind an Tolstoi nicht spurlos vorübergegangen, häufiger als zuvor muß er um seine Gesundheit besorgt sein. Hinzu kommt, daß seine Familie den Veränderungen, die mit ihm vor sich gehen, nur zurückhaltend oder gar abwehrend begegnet, gar nicht zu reden von denen, die die Dinge als Außenstehende betrachten. »Tolstoi ist fast verrückt geworden, vielleicht ist es wirklich wahr«, hatte Dostojewski bereits Ende der siebziger Jahre an seine Frau geschrieben. Ein Jahrzehnt danach wird die Richtung des Umbruchs klarer, für Tolstoi nicht leichter, denn jetzt ist er endgültig zur persona non grata des Regimes avanciert. Seit den achtziger Jahren untersteht er der Geheimaufsicht der Polizei, aber während die Verfolgung seiner Schriften und der sich um ihn sammelnden Anhänger zunimmt, hütet man sich, einen Märtyrer aus ihm zu machen. Als Tolstoi aus gegebenem Anlaß einmal gegen die Verfolgung seiner Anhänger protestiert und auf seine Verantwortung hinweist, erhält er zur Antwort: »Herr Graf! Ihr Ruhm ist zu groß, als daß unsere Gefängnisse ihn unterbringen könnten.«

Zwei schwere Jahrzehnte stehen bevor, mit diesem Ruhm umzugehen.

Die letzten Jahrzehnte – zwischen Alpdruck der Wirklichkeit und Licht der Utopie

Ende der achtziger Jahre hat Tolstoi endgültig zu den Positionen gefunden, von denen aus er sich als Künstler und Denker zur Welt einstellt. Diese Positionen sind kein einheitliches philosophisches System oder Gesellschaftskonzept, aber jede von ihnen reagiert auf dringliche Fragen, vor denen man damals nicht nur in Rußland steht. Welche Regierungsform ist zu wählen, um die herrschenden sozialen Nöte auszuschließen; kann die Besinnung auf das Urchristentum der christlichen Religion dazu verhelfen, ihren Zielen wieder gerecht zu werden; wie gelangen die Produzenten wirklich in den Besitz der ihnen zustehenden Produktionsmittel; wie ist das alles erreichbar ohne die Anwendung von Gewalt, die sich in Geschichte und Gegenwart als untauglich erwiesen hat; wie ist der Traum eines ewigen Friedens erfüllbar? Tolstois Antworten sind Utopie. Die wirklichen Verhältnisse sind weit davon entfernt, die bestehenden Formen des Staates aufzulösen; die institutionelle Macht der Kirchen steht der Aussöhnung der Religionen (und gar einer Einbeziehung der fernöstlichen Religionen, denen sich Tolstoi zuwendet) schroff entgegen; die der Bergpredigt entnommene Lehre vom Nichtwiderstreben dem Übel durch Gewalt hat keine Aussicht, in den gewaltsam ausgetragenen sozialen oder internationalen kriegerischen Konflikten zu vermitteln. Und doch zeigt Tolstois Utopie weltweit Wirkung: Stefan Zweig erinnert sich, wie man sich in seiner Jugend vor die Wahl Marx oder Tolstoi (!) gestellt sah; für Paul Eltzbacher, den Begründer des deutschen Anarchismus, stand Tolstoi in einer Reihe mit Herzen, Bakunin und Kropotkin; der deutsche Moraltheologe Adolf Harnack verglich seine Wirkung mit der Luthers; Mahatma Gandhi gründete, bevor er sein Werk in Indien begann, in Südafrika Tolstoi-Kolonien... Tolstois Utopien gehen nicht in Erfüllung, aber sie gehen auch nicht verloren. Als zählebig erweist sich seine Hoffnung, der Mensch werden imstande sein, durch innere Umgestaltung (Tolstoi benutzt das Wort perestroika) die Welt auch äußerlich umzugestalten.

Die Ereignisse in Rußland bieten Tolstoi reichlich Anlaß zum Reagieren: Die sechziger Jahre werden offiziell als vergangene Übel diskreditiert, mit neuen Gesetzen hat das Regime eingeschränkt oder abgebrochen, was sich als demokratische Entwicklung anzubahnen begann. Der energischsten gesellschaftlichen Opposition, der Volkstümlerbewegung, war die Spitze genommen, sie hatte sich im revolutionären Terror erschöpft; die innenpolitisch brennendste Frage, die Lage der Bauernschaft, blieb ohne Lösung: seit der persönlich-politischen Befreiung lebt der russische Bauer in der Institution der Dorfgemeinschaft, ökonomisch hochverschuldet auf einem Stück Land gefangen, das ihn kaum ernährt. »Das Volk hungert, wir aber kritisieren Beethoven«, notiert Tolstoi entsetzt, als er anläßlich der Hungersnöte, die 1891 Rußland heimsuchen, erkennt, wie tief die Kluft zwischen den sozialen Schichten seiner Nation ist.

Jahrelang unterhält er in den mittelrussischen Provinzen, die seit 1891 immer wieder von Mißernten und Hungersnöten betroffen sind, ein Hilfswerk, das bald nicht nur in Rußland, sondern auch im Ausland Unterstützung findet. Auch aus Deutschland kommt Hilfe, die sich ausdrücklich auf Tolstois Notrufe bezieht.

Unaufhörlich wächst seine Autorität: Jasnaja Poljana und das kleine Moskauer Wohnhaus werden zu jenen Wallfahrtsorten, wie die Nachwelt sie in Erinnerung hat. Aufmerksam verfolgt Tolstoi, was in Rußland vor sich geht, und er erfährt die Dinge aus den zuverlässigsten Quellen. Durch Gespräche mit Anatoli Koni, einem der bekanntesten damaligen Strafverteidiger, Mitglied des Staatsrats, gewinnt er Einblicke in die unmittelbaren Mechanismen der Staatsmacht; mit Begründern von Bodenkommunen tauscht er sich über Projekte aus, die persönliche Initiativen verschaffen; fast neidvoll bewundert er einen Grundbesitzer, der beherzt auf sein Land verzichtet und – unter Berufung auf Tolstoi – mit seinen Bauern gemeinsam wirtschaftet. Vorgänge wie diese bewegen ihn um so mehr, als er in seiner Familie nur Widerstände verspürt (seine Frau hat wegen eines Waldfrevels einen Prozeß gegen Bauern aus Jasnaja Poljana angestrengt). Er versucht eigene Wege zu gehen, um wenigstens für seine Person die als Mitschuld verstandene Lage auszugleichen: in einer aufsehenerregenden Erklärung verzichtet er auf Eigentum (die Autorenrechte bis 1881 überschreibt er der Familie, die Rechte an allem seither Entstandenen gibt er frei). Er stellt sich auf eine betont einfache Lebensweise um, verrichtet für die Witwe eines Bauern Feldarbeit, verzichtet auf Rauchen und Alkohol, gibt die Jagd auf, wird Vegetarier. Wieder unternimmt er eine Reise nach Optina Pustyn, geht zu Fuß von Moskau nach

Jasnaja Poljana. Regelmäßig setzt er sich bei den Behörden bis hin zum Zarenhof für politisch und religiös Verfolgte ein, oft mit Erfolg.

Unter den ausländischen Besuchern sind viele, für die ihre Begegnung mit Tolstoi ausschlaggebend dafür wird, ihre bisherigen Anschauungen zu überprüfen. Tomas Masaryk, dreißig Jahre danach erster Präsident der Tschechoslowakei, ist darunter, George Kennan, der amerikanische Rußlandreisende, von dem Tolstoi selber Neues über Sibirien erfährt, Rainer Maria Rilke, der ihn sogar zweimal aufsucht, Raphael Löwenfeld, sein erster Biograph, der auch die erste große deutsche Ausgabe seiner Werke bei Diederichs ediert und später, in Anlehnung an die Ideen von Tolstois Volkstheater, das Berliner Schiller-Theater gründet. Ebenso lang ist die Liste derer, die in eine ständige Korrespondenz mit Tolstoi treten: Zum Beispiel Bertha v. Suttner, Romain Rolland und Mahatma Gandhi. Noch gewichtiger ist die Liste derer, die sich aus aller Welt mit Briefen an ihn wenden. Allein etwa zweitausend Briefe deutscher Korrespondenten sind erhalten, die in ihrer Gesamtheit und Vielfalt ein kulturhistorisches Faktum für sich darstellen. Sie geben Auskunft darüber, was die Menschen bewegte, welchen Rat sie brauchten und wen sie als Ratgeber erkannten, und zwar in einer europäischen Situation, in der dem deutsch-russischen Verhältnis wieder einmal ein wichtiger Platz eingeräumt war.

Solcher Popularität liegt ein Werk zugrunde, das immer mehr anwächst und das sich nun, von den neunziger Jahren an, in einer zeitgleichen Wirkung weltweit durchsetzt. Jeder Aufruf, jedes Traktat, jede Erzählung und jeder Roman finden sofort Eingang in den kulturellen Umlauf aller anderen Länder, Tolstoi wird zu einem der am meisten übersetzten Autoren. Der Kampf gegen die Zensur bewirkt es, daß er mit manchem Werk sogar eher im Ausland präsent ist. Ein von seinem energischsten Anhänger, Wladimir Tschertkow, in London gegründeter Verlag sorgt mit unzensierten Ausgaben dafür, daß Tolstoi unverfälscht an seine europäischen Leser kommt.

Tolstoi schreibt unaufhörlich. Neben neuen religionskritischen Traktaten (»Worin mein Glaube besteht«, »Das Reich Gottes ist in euch«), Aufrufen zum Frieden zwischen den Völkern (»Carthago delenda est«), den großen Erörterungen über die Kunst (»Was ist Kunst?«) entstehen einige der späten Meistererzählungen (»Herr und Knecht« und »Vater Sergius«), in denen Tolstois veränderte Anschauungen zum Ausdruck kommen und zwei der wichtigsten Themen, die ihn beschäftigen, gestaltet sind: Welchen Weg geht der russische Bauer, welche Schicksale stehen dem russischen Dorf bevor, und welche Aussicht hat der russische Adel oder der russische Klerus, sich mit dem Volk zu vereinigen? So unnachsichtig Tolstoi seine literarischen Helden in den Entscheidungen, vor die er sie stellt, auch prüft, er entläßt sie, wie immer ihr Leben war, vor oder schon im Tode noch mit dem Licht der Utopie, das er auch sich selber angezündet hat. Es ist die Vorahnung vom eigenen Ende, als Vater Sergius, der in dieser Welt an seinen Pflichten zweimal gescheitert ist, im Bauernkittel von allem bisher als Welt Erkannten weggeht und den Pilgerstab ergreift.

Zwei Werke dieser Zeit verdeutlichen besonders eindrucksvoll, was mit Tolstoi geschehen ist: der dritte große Roman, »Auferstehung«, und das Traktat »Die Sklaverei unserer Zeit«. Noch einmal schickt Tolstoi – nach Pierre Besuchow und Andrej Bolkonski aus »Krieg und Frieden« oder Konstantin Lewin aus »Anna Karenina« – einen seiner großen Sucherhelden aus, den Sinn des Daseins zu erkunden und herauszufinden, welches Schicksal seine Nation erleidet. Im Tagebuch von 1889 (30. April) hat er zu Beginn der Arbeit an »Auferstehung« einmal aufgerechnet, was seine Anklagepunkte gegen die herrschenden Verhältnisse sind: »1. Kirche, Betrug, Aberglaube, Vergeudung. 2. Armee, Laster, Grausamkeit, Vergeudung. 3. Körperstrafe, Demoralisierung, Sittenverderbnis. 4. Großgrundbesitz, Haß der Armen in den Städten 5. Fabriken – Menschenmord. 6. Trunksucht. 7. Prostitution.« Nichts davon ist ausgespart in diesem russischen Romanpanorama, das den adligen Büßer Nechljudow und das gefallene Bauernmädchen, die Hure Katjuscha

Maslowa, auf verschlungenen Wegen zueinander führt, um sie endgültig wieder zu trennen. Auferstehung wird denen verheißen, die auf der Schattenseite des Lebens stehen, vor allem denen, die sich gegen das von einer ungerechten Welt auferlegte Schicksal gewehrt haben, auch den Revolutionären, obwohl Tolstoi dem Weg der Gewalt seine Zustimmung versagt. Dem Roman zur Seite steht das Traktat »Die Sklaverei unserer Zeit«, mit dem Tolstoi unmittelbare Antwort geben will auf die Frage »Was sollen wir denn tun« (so schon zehn Jahre zuvor der Titel einer anderen Streitschrift zum Zeitgeschehen). Seine Erklärung der politischen, ökonomischen und juristischen Machtmechanismen der Zeit, ihrer Verbrämung durch Kunst und Wissenschaft, der Naivität des Fortschrittsglaubens und der vergeblichen Versuche, diesen Kreisläufen zu entrinnen, mündet in den Aufruf, sich zu verweigern. Alles, was Tolstoi in diesen Jahren schreibt, erlangt ein außerordentliches Echo, das weit über Rußland hinausdringt, da das, was er in Kunstwerk und Traktat verkündet, in vielen Gesellschaften den Nerv trifft und auch dann, wenn es keine unmittelbaren Lösungen vorschlägt, immer den Anlaß bietet, die Dinge neu und im gleichen kritischen Sinn zu überdenken.

Für die Russisch-Orthodoxe Kirche ist das Maß voll: 1901 exkommuniziert sie durch einen Beschluß des Heiligen Synods den Ungehorsamen. Weltweit erfolgt Protest angesichts dieser Intoleranz, auch in Rußland bewirkt dieser Akt neue Polarisierung im Verhältnis zu Tolstoi. Die Zeichen der Zeit stehen ohnehin zunehmend auf Sturm, in Rußland und außerhalb Rußlands (der Burenkrieg und der Kubakrieg bedrohen den Frieden auch in nahen Regionen, es ist nicht mehr weit bis zum ersten Weltkrieg des neuen Jahrhunderts). Als die Krise der russischen Diplomatie in den Russisch-Japanischen Krieg mündet, der wiederum verloren wird, ist der Weg zur russischen Revolution von 1905, der ersten großen Revolution des 20. Jahrhunderts, frei. Tolstoi hat diese Revolution vorhergesagt, er fühlt sich als ihr Teil. Sicher ein Widerspruch, aber einer, den die Wirklichkeit selber erzeugt und dem sich zu entziehen er gar nicht imstande ist. »Wie 1790 die Franzosen dazu berufen waren, die Welt zu erneuern, sind es 1905 die Russen«, schreibt er 1905. Das ist ein stolzes Bekenntnis, dem er gelegentlich auch hinzugefügt hat, er fühle sich als Anwalt der einhundert Millionen Bauern, die in dieser Revolution ihr Recht suchen.

Früh erkennt er aber, daß man mit dieser Revolution fertig werden wird. Lange denkt er darüber nach, welche Kräfte sich auf welche Weise neuer Macht bedienen werden – das schreckt ihn am meisten ab bei den Ergebnissen, da ihm bewußt wird, daß nicht die Masse der Bauern, die die Lawine ins Rollen gebracht hat, sondern Politiker und Parteien den Gewinn einstreichen. Prognosen, die sogar weit darüber hinausgehen, hat er seit längerem gemacht. So steht schon 1898 im Tagebuch: »Es ist völlig klar, daß es vorteilhafter ist, alles gemeinsam zu tun, aber Einsicht allein genügt hier nicht. Genügte allein Einsicht, wäre es schon lange Wirklichkeit ... Selbst wenn einträte, was Marx voraussagt, bedeutete dies nur, daß sich der Despotismus verlagert. Bislang haben die Kapitalisten geherrscht, dann würden die Arbeiterfunktionäre herrschen.« (3. August). Die Ereignisse geben seiner Skepsis recht, unbarmherzig rächt sich das Regime vor allem an den Schwächsten, den Bauern. Anderen hat die Revolution Vorteile gebracht, nach vielen Jahrzehnten ist die Regierung, ist der Zar zu Zugeständnissen bereit, die an die demokratischen Hoffnungen der sechziger Jahre anknüpfen. Tolstoi ist einer der wenigen, in deren Person diese Zeit überdauert hat, er ist – auch deshalb – ohne Illusionen. Nicht ohne Verachtung erlebt er neue Anpassung, neuen Wandel, aber er wehrt sich weiter mit seinen Mitteln, und wenn nach der gescheiterten Revolution bei den Geschlagenen häufig Resignation dominiert, gestattet ihm die Distanz seiner Erfahrungen und seines Alters eine Einsicht, die ihn nicht lähmt. Sein 80. Geburtstag wird, trotz der offiziellen Anweisungen, dieses Jubiläum öffentlich zu ignorieren, zu einer Demonstration für seine weltweite moralische Autorität.

Drei Forderungen stellt Tolstoi in seinen Traktaten und Aufsätzen über die Kunst immer wieder an den Künstler:

1. Er müsse Neues schreiben und mitzuteilen haben, und der neue Inhalt müsse in seiner vollen Bedeutung und mit Aufrichtigkeit erkannt werden; 2. die Form müsse dem Inhalt gerecht werden und gleichwertig sein; 3. der Dichter müsse ein Verhältnis zu seinem Stoff haben, das seine Anteilnahme erkennen lasse. Nach langer Enthaltsamkeit oder einer Art Geringschätzung für das, was Kunst vermag und welchen eigenen Gesetzen sie folgt, kehrt Tolstoi im letzten Jahrzehnt seines Lebens häufig zur Reflexion über die Kunst zurück. Zwar hat ihn das heraufziehende neue Jahrhundert mit der Gewaltsamkeit und Gewalttätigkeit seiner Ereignisse lange auf andere Weise in Bann geschlagen, aber seine Künstlernatur ist zu stark, um nicht zu wissen, daß diesem neuen Jahrhundert auch eine andere Kunst als die des vergangenen gemäß sein muß. Mit »Auferstehung« hat seine eigene Kunstausübung diesen Veränderungen Rechnung getragen: trotz seiner traditionellen Komposition enthält der Roman mit seiner Ausschnittechnik der Erzählsituationen, durch den offenen Schluß und eine nüchtern-distanzierte Erzählweise Elemente, die auf eine neue Romanpoetik hinweisen. »Habe soeben viel über meine Arbeit nachgedacht«, heißt es im Tagebuch von 1909 (12. Januar). »Eine belletristische Arbeit in der Art: ›Der Abend war klar, es duftete ...!‹ kommt für mich nicht in Betracht.«

Was für ihn noch in Betracht kam, zeigen die Erzählungen dieses Jahrzehnts: lange Liegengebliebenes, wird zu Ende geschrieben (»Hadschi Murat«), alte Sujets sieht er in einem neuen Licht. (»Wofür?«). Aber nicht greisenhafte oder gar verklärende Erinnerung ist der Grund für manchen Rückgriff: zehn Varianten braucht Tolstoi, um in »Hadschi Murat« noch einmal eine Kaukasuserzählung zu schreiben. Erst dieser kleine Roman enthält die Summe seines Wissens über das, was er fünfzig Jahre zuvor erlebt hat. Der Gegenstand wird in allen sozialen und nationalen Bezugspunkten erkundet, die von ihm bevorzugte Technik kontrapunkthaften Erzählens wird episch objektivierend eingesetzt, realer geschichtlicher Vorgang und poetische Fiktion verbinden sich zu einer Sicht, die die Perspektiven eines großen Romans hat. Und Tolstoi kann immer noch nicht zufrieden gewesen sein mit »Hadschi Murat«, der längst als eines seiner vollkommensten Werke gilt – er erscheint erst nach seinem Tode.

Eine zweite Gruppe von Erzählungen aus dieser Zeit bleibt fast durchgängig Fragment und erscheint zumeist aus dem Nachlaß: darunter sind »Der gefälschte Kupon«, »Das Göttliche und das Menschliche«, »Wer sind die Mörder?« und »Es gibt keine Schuldigen in der Welt«. Alle haben sie mehrere Fassungen, alle sind sie unmittelbar mit der Gegenwart verbunden, und ihre handelnden Figuren lassen sich auf realgeschichtliche Prototypen zurückverfolgen. Ein fast völliger Verzicht auf Autorenkommentar, ein zugespitzter Lakonismus und die ständige, fast publizistische Durchbrechung der poetischen Fiktion ergeben jenen Typ von Programmerzählung, der eine Vermischung der Volkserzählungen der achtziger Jahre mit den großen Alterserzählungen wie »Der Tod des Iwan Iljitsch« darstellt. Manches ist drehbuchartig modern wie ein Filmszenarium geschrieben (»Der gefälschte Kupon«).

Die Tagebücher der beiden letzten Lebensjahre verzeichnen ständig neue Ideen: 1908 notiert Tolstoi sieben Sujets mit genauen Beschreibungen, wie er sie auszuführen gedenkt, 1909 sind es sogar elf Vorhaben, die er skizziert – wobei es leider bleibt –, und noch 1910 macht er sich eine Aufstellung von vierzehn Typen, die darzustellen ihn reizen könnten.

Aber sein Leben geht zu Ende – häufiger als in den Jahren zuvor leidet er an Schwächeanfällen, immer wieder denkt er daran, aus seiner Umgebung wegzugehen, viele seiner Tagebucheintragungen schließen, sobald er sich etwas für den anderen Tag vornimmt, mit dem Kürzel w. i. a. L. b. (wenn ich am Leben bin). Anzeichen wie diese ändern jedoch nichts daran, daß auch die letzten Lebensjahre äußerlich keinen anderen, weniger bewegten Rhythmus haben als die davor. Die umfangreichsten Memoiren, die je über Tolstoi geschrieben worden sind, stammen aus dieser Zeit und bezeugen es: Tag für Tag hat der Tolstojaner Dušan

Makovický, ein slowakischer Arzt, der seit langem in Jasnaja Poljana lebt, mit Wissen Tolstois eine schließlich mehrere Bände füllende Chronik geführt, in der dieser »Eckermann« zwischen 1904 und 1910 gewissenhaft notiert, was sich in Tolstois Umgebung ereignet. Hier ist von dem noch immer gewaltigen Lektüreprogramm, das Puschkin, Gogol, Dostojewski, die Griechen, Konfuzius, Kant, Schopenhauer, Goethe und die neuesten Autoren der Gegenwart enthält, ebenso Zeugnis abgelegt wie von den Gesprächen mit den vielen Besuchern, die unvermindert nach Jasnaja Poljana strömen. Auch die Neugier auf die Novitäten der Zeit ist registriert, denen gegenüber sich Tolstoi keineswegs abwehrend verhält: ein Phonograph, den ihm Edison geschickt hat, wird fleißig benutzt, mit Interesse sieht Tolstoi einem Autorennen zu, das von Moskau nach Orjol führt, er sucht in Moskau das erste dort eröffnete Kino auf (es steht noch immer, als Kino!), oder er stellt sich sogar Filmaufnahmen.

1909 ist er zum letztenmal in Moskau. Für einen Weltfriedenskongreß in Stockholm schreibt er einen Vortrag, der Kongreß findet nicht statt (es besteht begründeter Anlaß, anzunehmen, die Veranstalter hätten Tolstois Auftritt gefürchtet – er wäre, wie der erhaltene Vortrag beweist, eine unnachsichtige Anklage gewesen und kein angepaßter Politikkonsens). Junge Leute (Schüler), Bauern und Arbeiter besuchen ihn in ganzen Gruppen – einmal sind 850 Schüler bei ihm in Jasnaja Poljana zu Gast. Nichts ist weniger charakteristisch für diese letzten Lebensjahre als behagliche Altersrast, und voll aufrechterhalten sind die Spannungen, die von außen durch Eingriffe der Zensur, Verfolgung seiner Anhänger und von innen durch die Zerwürfnisse in der Familie kommen. Sein Testament und ein geheim geführtes Tagebuch tun ein übriges, die Atmosphäre zu belasten.

Der Entschluß, mit alledem zu brechen, wird unumstößlich. Am 28. Oktober sechs Uhr morgens verläßt er, nur von Makovický begleitet, heimlich Jasnaja Poljana. Er fährt über Optina Pustyn nach dem benachbarten Schamordino, in dem seine Schwester Äbtissin des Klosters ist. Am 31. Oktober tritt er von dort eine Reise mit unbekanntem Ziel an

– der Zug geht in Richtung Süden (Nowotscherkassk). Das Ziel ist vermutlich eine Tolstoi-Kommune. Genau ist es nicht mehr zu erfahren, denn wegen einer Lungenentzündung wird Astapowo Endstation. Hier stirbt Tolstoi am 7. (20.) November 1910. Der Leichnam wird nach Jasnaja Poljana überführt und dort begraben.

Jede große Zeitung Europas und Nordamerikas hat in diesen Tagen auf ihren ersten Seiten die letzten Atemzüge dieses großen Russen verfolgt. Nicht nur sein Leben, auch sein Tod waren außergewöhnlich genug, um im Mittelpunkt eines allgemeinen Interesses zu stehen, das nicht frei war von sensationellem Anstrich – wie immer, wenn Zeugen sich über das Bezeugte stellen. Was aus diesem Leben zu erfahren bleibt, läßt sich am ehesten mit den Worten erfassen, die ein Zeitgenosse fand, der erkannte, es habe vom »großen Herrn zum großen Bauern« geführt.

Berlin, November 1991 Eberhard Dieckmann

Das Gutshaus in Jasnaja Poljana.

Die Brüder Tolstoi (v. l. n. r.): Sergej, Nikolai, Dmitri, Lew; 1854.

Lew Tolstoi in Jasnaja Poljana; 1885.

Lew Tolstois Schlafzimmer in Jasnaja Poljana; 1908.

Lew Tolstoi mit seinem letzten Reitpferd Delir.

Lew Tolstoi und seine Frau Sofja Andrejewna Tolstaja.

Lew Tolstoi im Kreise seiner Familie in Jasnaja Polnaja an seinem 75. Geburtstag. Sitzend (v. l. n. r.): Michail L. Tolstoi, Tatjana L. Suchotina, Sofja A. Tolstaja, Lew N. Tolstoi, Marija L. Obolenskaja, Andrej L. Tolstoi. Stehend (v. l. n. r.): Ilja L. Tolstoi, Lew. L. Tolstoi, Alexandra L. Tolstaja, Sergej L. Tolstoi; 28. 8. 1903.

Bauern am Baum der Armen in Jasnaja Poljana am Tage von Lew Tolstois Begräbnis; 9. 11. 1910.

Erzählungen

Der Überfall

Erzählung eines Volontärs

1

Am 12. Juli erschien Hauptmann Chlopow in einer Uniform mit Epauletten und umgeschnalltem Säbel – einer Aufmachung, in der ich ihn seit meiner Ankunft im Kaukasus noch nicht zu Gesicht bekommen hatte – in der niedrigen Tür meiner Erdhütte.

»Ich komme direkt vom Oberst«, erklärte er auf meinen fragenden Blick. »Morgen rückt unser Bataillon aus.«

»Wohin?« erkundigte ich mich.

»Nach N. N. Dort findet eine Truppenzusammenziehung statt.«

»Und von dort soll dann wohl ein weiterer Vormarsch erfolgen?«

»Höchstwahrscheinlich.«

»Wohin wohl? Was meinen Sie?«

»Was soll ich schon meinen? Ich sage Ihnen das, was ich selber weiß. Vorige Nacht kam ein Tatar angesprengt und überbrachte vom General den Befehl, daß das Bataillon ausrücken und für zwei Tage Zwiebäcke mitnehmen soll; doch wohin es geht, wozu und auf wie lange – danach, mein Lieber, hat man nicht zu fragen. Man bekommt den Befehl auszurücken – und damit basta.«

»Nun, wenn nur für zwei Tage Zwiebäcke mitgenommen werden sollen, kann ja auch die Truppe nicht länger unterwegs sein.«

»Ach, das besagt noch nichts...«

»Wieso nicht?« fragte ich erstaunt.

»Es ist eben so! Als wir gegen Dargo vorrückten, wurden Zwiebäcke für eine Woche mitgenommen; aber gedauert hat es fast einen Monat!«

»Darf ich denn auch mitkommen?« fragte ich nach kurzem Schweigen.

»An sich dürfen Sie schon, aber ich würde Ihnen raten, es lieber zu lassen. Warum wollen Sie sich den Gefahren aussetzen?«

»Nein, erlauben Sie schon, daß ich Ihren Rat nicht befolge. Ich habe mich hier einen ganzen Monat nur zu dem Zweck aufgehalten, um einmal etwas vom Kriege zu sehen, und da wollen Sie nun, daß ich mir diese Gelegenheit entgehen lasse.«

»Gut, dann kommen Sie meinetwegen mit! Aber ich würde es wirklich für richtiger halten, Sie blieben hier. Sie würden unsere Rückkehr abwarten, könnten auf die Jagd gehen und uns mit Gott ausrücken lassen. Das wäre doch sehr schön!« sagte er in so eindringlichem Ton, daß es mir im ersten Augenblick wirklich sehr schön erschien; doch dann erklärte ich entschieden, daß ich unter keinen Umständen zurückbleiben wolle.

»Und was können Sie dabei schon viel sehen?« redete der Hauptmann weiter auf mich ein. »Wollen Sie die Taktik einer Schlacht kennenlernen? Dann lesen Sie die ›Schilderung des Krieges‹ von Michailowski-Danilewski, das ist ein ausgezeichnetes Buch; darin ist alles genau beschrieben: die Stellung jedes Truppenteils und die Entwicklung einer Schlacht.«

»Nein, das interessiert mich am allerwenigsten«, antwortete ich.

»Ja was interessiert Sie denn? Kommt es Ihnen nur darauf an, zu sehen, wie Menschen getötet werden? Im Jahre zweiunddreißig hatten wir schon mal einen Zivilisten hier, einen gebürtigen Spanier, glaube ich. Er hat zwei Feldzüge mitgemacht, in seinem blauen Umhang – dann hat auch ihn das Schicksal ereilt. Hier, mein Lieber, kann man niemandem imponieren.«

So unangenehm es mir auch war, daß der Hauptmann mein Vorhaben auf so unschöne Beweggründe zurückführte, unternahm ich doch nichts, ihn eines anderen zu belehren.

»Hat er sich mutig benommen?« fragte ich ihn.

»Weiß Gott, was es bei ihm war; er ritt immer an der

Spitze, und wo es zu einer Schießerei kam, war auch er zur Stelle.«

»Dann ist er doch mutig gewesen«, bemerkte ich.

»Nein, das kann man nicht Mut nennen, wenn sich jemand dorthin vordrängt, wo er nichts zu suchen hat...«

»Was verstehen Sie denn unter Mut?«

»Unter Mut? Unter Mut?« wiederholte der Hauptmann mit der Miene eines Menschen, der sich zum erstenmal vor eine solche Frage gestellt sieht. »*Mutig ist jemand, der sich so verhält, wie es sein muß,*« erklärte er nach kurzem Nachdenken.

Mir fiel ein, daß Plato Mut als die *Kentnis dessen* bezeichnet, *was man zu fürchten und was man nicht zu fürchten hat,* und ungeachtet der allgemein gehaltenen, unklaren Begriffsbestimmung des Hauptmanns schien mir der Grundgedanke der beiden gar nicht so verschieden, wie man hätte meinen sollen; ja ich hielt die Definition des Hauptmanns sogar für treffender als die des griechischen Philosophen, denn wenn er sich ebenso auszudrücken vermocht hätte wie Plato, würde er vermutlich gesagt haben, daß derjenige Mut besitzt, der nur das fürchtet, *was wirklich zu fürchten ist*, nicht aber das, *was man nicht zu fürchten braucht*. Ich wollte dem Hauptmann meine Auffassung auseinandersetzen.

»Ja«, sagte ich, »mir scheint, daß jede Gefahr mit einer Entscheidung verbunden ist und daß jemand, der seine Entscheidung zum Beispiel aus Pflichtgefühl trifft, mutig genannt werden kann, während ein anderer, der sich dabei von niedrigen Motiven leiten läßt, als Feigling zu bezeichnen ist. Deshalb geht es nicht an, einen Menschen, der sein Leben aus Eitelkeit, aus Neugierde oder aus Habsucht aufs Spiel setzt, als mutig zu bezeichnen, während man andererseits auch denjenigen nicht einen Feigling nennen kann, der es aus einer ehrbaren Auffassung seiner Familienverpflichtungen oder einfach aus Überzeugung ablehnt, sich einer Gefahr auszusetzen.«

Der Hauptmann hatte mich, während ich sprach, mit einem merkwürdigen Gesichtsausdruck angesehen.

»Nun, bei dieser Beweisführung kann ich Ihnen nicht folgen«, sagte er und stopfte seine Pfeife. »Aber wir haben hier einen Junker, der gern philosophiert. Unterhalten Sie sich mal mit ihm. Er verfaßt auch Gedichte.«

Zwischen dem Hauptmann und mir war es erst im Kaukasus zu einer näheren Bekanntschaft gekommen, aber gekannt hatte ich ihn schon in Rußland. Seine Mutter, Marja Iwanowna Chlopowa, die ein kleines Gut besaß, war zwei Werst von meinem Besitztum entfernt ansässig. Vor meiner Abreise nach dem Kaukasus hatte ich sie besucht. Die alte Frau war sehr erfreut, daß ich mit ihrem Paschenka (so nannte sie den alten, bereits ergrauten Hauptmann) zusammenkommen und die Möglichkeit haben würde, ihm, gleichsam als lebendiger Brief, von ihrem Leben und Treiben zu erzählen und etwas zu überbringen. Nachdem mich Marja Iwanowna mit einer ganz vorzüglichen Pastete und mit geräuchertem Gänsefleisch bewirtet hatte, ging sie in ihr Schlafzimmer, hinüber und kam mit einem ziemlich großen schwarzen Amulett zurück, an dem ein ebenfalls schwarzes Seidenbändchen befestigt war.

»Dies ist unsere himmlische Fürsprecherin vom unverbrennbaren Busch«, sagte sie, bekreuzigte sich, küßte das Bildnis der Mutter Gottes und händigte es mir aus. »Seien Sie so freundlich, mein Guter, und überbringen Sie es ihm. Als er nach dem Kaukasus ging, sehen Sie, da ließ ich einen Bittgottesdienst abhalten und gelobte, dieses Bildchen der Gottesmutter anfertigen zu lassen, wenn er am Leben und unverletzt bliebe. Nun sind es schon achtzehn Jahre, daß unsere Fürsprecherin und die Heiligen ihn unter ihren gnädigen Schutz nehmen: er ist kein einziges Mal verwundet worden und hat doch an Gott weiß was für Schlachten teilgenommen! Wenn Michailo, der eine Zeitlang bei ihm war, davon erzählt, dann stehen einem, glauben Sie mir, die Haare zu Berge. Alles, was ich über ihn weiß, habe ich ja nur von anderen gehört; er selbst, der Gute, schreibt mir nichts von seinen Feldzügen – er fürchtet, mir einen Schreck einzujagen.«

(Erst im Kaukasus erfuhr ich, und auch das nicht vom

Hauptmann selbst, daß er viermal schwer verwundet worden war, aber seiner Mutter selbstverständlich weder etwas von seinen Verwundungen noch überhaupt von seinen Feldzügen berichtet hatte.)

»Fortan soll er dieses heilige Bildnis, das ich ihm als meinen Segen schicke, auf der Brust tragen«, fuhr sie fort. »Die allerheiligste Fürsprecherin wird ihn beschützen! Besonders in den Schlachten soll er es immer bei sich tragen. So bestelle ihm denn auch, mein Guter, daß seine Mutter es befohlen hat.«

Ich versprach ihr, alles genau auszurichten.

»Ich weiß, Sie werden meinen Paschenka gern haben«, fuhr das alte Mütterchen fort. »Er ist ein so guter Mensch! Glauben Sie, es vergeht kein Jahr, in dem er mir nicht Geld schickt, und Annuschka, meine Tochter, unterstützt er auch sehr; und alles das gibt er von seinem Gehalt her! Bis in alle Ewigkeit werde ich Gott dafür danken«, schloß sie mit Tränen in den Augen, »daß er mir ein solches Kind geschenkt hat.«

»Schreibt er Ihnen oft?« fragte ich.

»Nein, nur selten, mein Guter. Alle Jahr einmal vielleicht, wenn er mir Geld schickt, dann fügt er wohl ein paar Worte hinzu; sonst schreibt er nicht. ›Wenn ich Ihnen nicht schreibe, Mamachen‹, sagt er ›dann bedeutet das, daß ich am Leben und gesund bin; wenn mir aber, Gott behüte, etwas zustoßen sollte, dann werden Sie das schon durch andere erfahren...‹«

Als ich dem Hauptmann das Geschenk seiner Mutter aushändigte (was in meiner Wohnung geschah), bat er um ein Stück Papier, wickelte das Bildchen sorgfältig ein und steckte es in die Tasche. Ich erzählte ihm viele Einzelheiten aus dem täglichen Leben seiner Mutter, wobei er schweigend zuhörte. Als ich geendet hatte, ging er in eine Ecke und machte sich auffallend lange mit dem Stopfen seiner Pfeife zu schaffen.

»Ja, sie ist eine liebe Alte«, sagte er von dort aus mit ein wenig verschleierter Stimme. »Gebe Gott, daß wir uns noch einmal wiedersehen.«

Aus diesen schlichten Worten sprach sehr viel Liebe und Wehmut.

»Warum tun Sie hier Dienst?« fragte ich.

»Irgendwo muß man doch dienen«, antwortete er mit Nachdruck. »Und das doppelte Gehalt hat für einen armen Schlucker wie unsereins viel zu bedeuten.«

Der Hauptmann führte ein sparsames Leben: er spielte nicht Karten, beteiligte sich selten an einem Gelage und rauchte billigen Tabak, den er aus unerfindlichen Gründen nicht Tjutjun, sondern »sambrotalischen« Tabak nannte. Ich habe den Hauptmann von jeher gut leiden mögen – er war ein Mensch mit einem einfachen, ruhigen russischen Gesicht, dem man gern und unbefangen in die Augen blickt –, doch seit diesem Gespräch empfand ich für ihn eine wahre Hochachtung.

2

Um vier Uhr am nächsten Morgen fand sich der Hauptmann ein, um mich abzuholen. Er hatte einen alten zerschlissenen Uniformrock ohne Epauletten und weite lesgische Hosen an, eine helle Papacha aus vergilbtem, schlaffem Lammfell auf dem Kopf und einen unansehnlichen asiatischen Säbel an der Seite. Der kleine weiße Gaul, auf dem er ritt, trabte mit hängendem Kopf in langsamem Zeltergang einher und schwenkte unaufhörlich seinen dünnen Schweif. Obwohl der Erscheinung des guten Hauptmanns wenig Kriegerisches, geschweige denn Imposantes anhaftete, drückte sich in ihr ein solcher Gleichmut gegen die ganze Umwelt aus, daß sie einem unwillkürlich Achtung einflößte.

Ich ließ ihn keinen Augenblick warten, sondern bestieg sofort mein Pferd, worauf wir zusammen durch das Festungstor ins freie Feld hinausritten.

Das Bataillon war uns bereits etwa zweihundert Sashen voraus und sah von weitem wie eine dichte, langsam dahinwogende dunkle Masse aus. Daß es sich um Infanterie handelte, war nur daraus zu schließen, daß die Bajonette wie eine Menge langer Nadeln emporragten und von Zeit zu Zeit die Klänge eines Soldatenliedes und der Trommel herübertönten, aus denen man die Füllstimme der sechsten Kompanie heraushörte, eines herrlichen Tenors, an dem ich mich schon oftmals innerhalb der Befestigungen ergötzt hatte. Der Weg führte mitten durch eine tiefe und breite Schlucht an einem kleinen Fluß entlang, der zu dieser Jahreszeit »spielte«, das heißt Hochwasser führte. Über ihm schwirrten ganze Schwärme wilder Tauben, die sich ab und zu auf dem steinigen Ufer niederließen oder in der Luft umwendeten und, schnelle Kreise beschreibend, aus dem Blickfeld verschwanden. Die Sonne war noch nicht zu sehen, begann aber bereits den oberen Teil der die Schlucht zur Rechten säumenden Berge zu beleuchten. Graue und weiße Steine, gelbgrünes Moos, mit Tau bedeckte Korkrüstern, Mispel- und Kreuzdornsträucher zeichneten sich ungemein deutlich und plastisch in dem klaren, golden schimmernden Licht des Sonnenaufgangs ab; die andere Wand der Schlucht und das Tal, über dem dichte, ungleiche Schichten von Nebelballen wogten, waren dagegen feucht und düster und stellten ein undefinierbares Gemisch von blaßlila, fast schwarzen, dunkelgrünen und weißen Farbtönen dar. Unmittelbar vor uns erhoben sich die matten, blendendweißen Schneemassen der Berge, die sich mit ihren wunderlichen, doch bis zu den feinsten Nuancen schönen Schatten und Umrissen frappierend klar vom dunkelblauen Horizont abhoben. Grillen, Libellen und Tausende anderer Insekten waren im hohen Grase wach geworden und erfüllten mit ihrem hellen, ununterbrochenen Gezirp die Luft; es schien, als läuteten unzählige winzige Glöckchen dicht am Ohr. In der Luft roch es nach Wasser, nach Gras, nach Nebel – mit einem Wort: nach einem schönen frühen Sommermorgen. Der Hauptmann schlug Feuer und zündete sich seine Pfeife an; den kräftigen Geruch des »sambrotalischen« Tabaks und des glimmenden Zunders empfand ich als außerordentlich angenehm.

Wir ritten seitlich vom Wege, um die Fußtruppen möglichst schnell einzuholen. Der Hauptmann, der nachdenklicher gestimmt zu sein schien als gewöhnlich und unentwegt seine dagestanische Pfeife im Munde hielt, stieß nach jedem Schritt mit den Absätzen in die Flanken seines Pferdes, das sich von einer Seite auf die andere wiegte und in dem feuchten hohen Gras eine kaum erkennbare dunkelgrüne Spur hinterließ. Krächzend und mit jenem Geräusch des Flügelschlags, bei dem jeder Jäger unwillkürlich zusammenzuckt, flatterte ein Fasan unmittelbar vor den Füßen des Pferdes auf und erhob sich gemächlich in die Lüfte. Der Hauptmann schenkte ihm keinerlei Beachtung.

Wir hatten das Bataillon nahezu eingeholt, als hinter uns schnelles Pferdegetrappel laut wurde und im nächsten Augenblick ein sehr gut aussehender junger Mann in Offiziersuniform und hoher weißer Papacha an uns vorübersprengte. Im Vorbeireiten lächelte er, nickte dem Hauptmann zu und schwenkte seine Peitsche. Ich hatte nur so viel bemerkt, daß er in besonders eleganter Haltung im Sattel saß und die Zügel hielt und daß er schöne schwarze Augen, eine kleine schmale Nase und ein sich gerade erst abzeichnendes Schnurrbärtchen hatte. Besonders gefiel mir an ihm, daß er ein Lächeln nicht unterdrücken konnte, als er die wohlgefälligen Blicke wahrnahm, mit denen wir ihn betrachteten. Allein aus diesem Lächeln konnte man schließen, daß er noch sehr jung war.

»Wohin galoppiert der denn?« murmelte der Hauptmann mißbilligend, ohne die Pfeife aus dem Mund zu nehmen.

»Wer ist das?« fragte ich.

»Der Fähnrich Alanin, Offiziersanwärter in meiner Kompanie ... Erst vorigen Monat ist er aus dem Kadettenkorps gekommen.«

»Da zieht er wohl zum erstenmal ins Feld?« sagte ich.

»Deshalb eben weiß er sich vor Freude nicht zu lassen!« antwortete der Hauptmann und schüttelte nachdenklich den Kopf. »Ja, die Jugend!«

»Wie sollte er sich auch nicht freuen? Ich kann verstehen, daß das für einen jungen Offizier sehr interessant sein muß.«

Der Hauptmann schwieg eine Weile.

»Ich sagte ja schon: die Jugend!« fuhr er dann mit tiefer

Stimme fort. »Wie kann man sich auf etwas freuen, was man noch nicht kennt? Wer es oft mitgemacht hat, freut sich nicht mehr. Jetzt zum Beispiel ziehen wir mit zwanzig Offizieren aus. Daß der eine oder andere sein Leben lassen oder verwundet werden wird, ist gewiß. Heute trifft es mich, morgen den anderen, übermorgen einen dritten; wo ist da ein Grund zur Freude?«

3

Sobald sich die Sonne über die Berge erhoben hatte und mit ihren grellen Strahlen das Tal beleuchtete, durch das wir zogen, verflüchtigten sich die Nebelschwaden, und es wurde heiß. Die Soldaten marschierten, Gewehre und Rucksäcke auf dem Rücken, langsam auf dem staubigen Weg; in ihren Reihen wurden hin und wieder ukrainische Gesprächsbrocken und Gelächter laut. Einige ältere Soldaten in weißen Röcken – überwiegend Unteroffiziere – gingen Pfeife rauchend neben der Truppe seitlich am Wege und unterhielten sich ernsthaft. Die hochbepackten, mit je drei Pferden bespannten Fuhren bewegten sich im Schritt vorwärts und wirbelten dichte, in der Luft erstarrende Staubwolken auf. Die Offiziere ritten an der Spitze der Kolonne; einige von ihnen »dschigitierten«[1], wie man im Kaukasus sagt, das heißt, sie führten Bravourstückchen aus, indem sie auf ihr Pferd einschlugen, es ein paar Sätze machen ließen und es dann, den Kopf rückwärts reißend, mit einem jähen Ruck anhielten; andere ritten bei den Musikanten, die trotz der Hitze und der drückenden Luft unermüdlich ein Lied nach dem andern spielten.

Etwa hundert Sashen der Infanterie voraus fiel bei den berittenen Tataren ein hochgewachsener, gutaussehender Offizier in asiatischer Kleidung auf, der einen großen Schimmel ritt und im Regiment nicht nur als verwegener Draufgänger, sondern auch als ein Mann bekannt war, der sich

1 »Dschigit« heißt im Kumykischen »tapferer Held«; das davon abgeleitete Wort »dschigitieren« bedeutet »sich als Held aufspielen«. (Anm. d. Verf.)

nicht scheute, jedem, wer es auch sei, die Wahrheit offen ins Gesicht zu sagen. Er trug einen schwarzen, mit Tressen besetzten Beschmet, ebensolche Gamaschen, neue, mit einer Borte eingefaßte, den Fuß eng umspannende weiche Schuhe, einen gelben Tscherkessenrock und eine hohe, in den Nacken geschobene Papacha. Über seine Brust und seinen Rücken liefen silberne Bänder, an denen vorn eine Pulvertasche und hinten eine Pistole befestigt waren; eine weitere Pistole und ein Dolch mit Silberbeschlägen hingen am Gürtel. Darüber hinaus hatte er einen Säbel in einer mit Tressen verzierten Scheide aus rotem Saffianleder umgeschnallt und ein Gewehr in schwarzem Futteral über der Schulter hängen. Seiner Kleidung und Haltung wie überhaupt seinem ganzen Gehaben war anzumerken, daß er sich bemühte, einem Tataren zu gleichen. Er sagte sogar etwas in einer mir nicht bekannten Sprache zu den mit ihm reitenden Tataren; aber aus den verständnislosen, spöttischen Blicken, die die Tataren einander zuwarfen, glaubte ich zu erkennen, daß sie ihn nicht verstanden. Es war einer jener jungen Offiziere, die, angeregt durch die Lektüre Marlinskis und Lermontows, die Rolle verwegener Dschigiten spielen wollen. Diese Leute sehen den Kaukasus nicht anders als durch das Prisma der Helden unserer Zeit, Mulla Nurs und ähnlicher Romangestalten, und lassen sich in allen ihren Handlungen nicht von ihren eigenen Neigungen leiten, sondern von dem Beispiel dieser Vorbilder.

Der Leutnant zum Beispiel schätzte vielleicht die Gesellschaft von anständigen Damen und von wichtigen Persönlichkeiten, wie Generälen, Obersten, Adjutanten, und ich bin sogar überzeugt, daß ihm sehr viel an solcher Gesellschaft lag, denn er war äußerst ehrgeizig; indessen hielt er sich nichtsdestoweniger für verpflichtet, im Umgang mit wichtigen Persönlichkeiten seine rauhe Seite hervorzukehren, obschon er mit seinen Grobheiten vor ihnen maßhielt. Ebenso hielt er es für seine Pflicht, wenn in der Festung einmal eine Dame auftauchte, in rotem Hemd und mit weichen Schuhen an den bloßen Füßen mit seinen Kameraden an ihrem Fenster vorbeizuziehen und dabei möglichst laut zu schreien und zu schimpfen – und das alles nicht etwa aus dem Wunsch heraus, sie zu verletzen, sondern vielmehr, um zu zeigen, was für schöne weiße Füße er hatte und wie verlockend es sein müßte, sich in ihn zu verlieben, wenn er selbst dazu bereit wäre. Oder er begab sich oftmals nachts mit zwei oder drei friedlichen Tataren in die Berge und legte sich dort in den Hinterhalt, um des Weges kommenden aufständischen Tataren aufzulauern und sie niederzumachen; und wenn sein. Herz ihm auch manchmal sagte, daß dies durchaus kein heldenmütiges Beginnen sei, so hielt er sich dennoch für verpflichtet, den Menschen, von denen er sich enttäuscht fühlte und die er zu hassen und zu verachten glaubte, Leid zuzufügen. Zwei Dinge legte er nie ab: ein Heiligenbild, das er am Halse trug, und einen über das Hemd geschnallten Dolch, mit dem er sogar zu Bett ging. Er glaubte steif und fest, Feinde zu haben. Sich einzureden, daß er sich an irgend jemand rächen und eine erlittene Schmach mit Blut abwaschen müsse, bereitete ihm höchsten Genuß. Seiner Überzeugung nach stellen die von Haß, Rachedurst und Verachtung gegen die Menschheit eingegebenen Gefühle die erhabensten, poetischsten Empfindungen dar. Seine Geliebte – eine Tscherkessin natürlich –, die ich erst später kennenlernte, erzählte allerdings, daß er ein überaus gütiger, sanftmütiger Mensch sei, der sich allabendlich mit seinen düsteren Aufzeichnungen beschäftige, auf liniertem Papier über seine Einnahmen und Ausgaben Buch führe und auf Knien zu Gott bete. Und wieviel Mühsal hatte es ihn gekostet, auch nur vor sich selbst als das zu scheinen, was er sein wollte; denn seine Kameraden und die Soldaten verstanden ihn nie in der von ihm gewünschten Weise. Eines Nachts, als er sich mit seinen Kumpanen wieder einmal auf einer seiner Unternehmungen befand, war es ihm gelungen, einen der rebellischen Tschetschenen am Bein zu verwunden und gefangenzunehmen. Während der folgenden sieben Wochen hauste der verwundete Tschetschene im Quartier des Leutnants, der ihn wie seinen besten Freund hegte und pflegte und reich beschenkt entließ, als er genesen war. Einige Zeit später, als der Leutnant gelegentlich einer Expedition mit seiner Truppe den Rückzug antreten und sich der verfolgenden Feinde erwehren mußte, hörte er aus den feindlichen Reihen seinen Namen rufen, worauf sein ehemaliger Gefangener vorgeritten kam und ihn durch Zeichen aufforderte, ein Gleiches zu tun. Der Leutnant ritt auf seinen Freund zu und drückte ihm die Hand. Die übrigen Tschetschenen standen in einiger Entfernung und schossen nicht; doch kaum hatte der Leutnant das Pferd gewendet, als mehrere Mann Schüsse auf ihn abgaben und eine Kugel ihn unterhalb des Rückens streifte. Ein andermal bin ich selbst zugegen gewesen, als in der Festung Feuer ausgebrochen war und zwei Kompanien Soldaten sich mit dem Löschen zu schaffen machten. Plötzlich tauchte inmitten der vom Feuerschein glutrot beleuchteten Menge ein Rappe mit einem stattlichen Reiter auf. Der Reiter ritt durch die zurückweichende Menge an die Brandstätte heran. Unmittelbar davor sprang der Leutnant vom Pferd und stürzte in das an der einen Seite brennende Haus. Nach fünf Minuten kehrte er von dort mit versengtem Haar und einer Brandwunde am Ellbogen zurück und trug, an hie Brust gedrückt, zwei junge Täubchen, die er aus den Flammen gerettet hatte.

Sein Name war *Rosenkranz*; er kam häufig auf seine Herkunft zu sprechen, die er irgendwie auf die Waräger zurückführte, und wies unwiderlegbar nach, daß es sich bei ihm und seinen Vorfahren um reinblütige Russen handele.

4

Die Sonne hatte die Hälfte ihrer Tagesreise zurückgelegt und warf durch die erhitzte Luft sengende Strahlen auf die trockene Erde. Der dunkelblaue Himmel war völlig klar, und nur die Abhänge der Schneeberge wurden allmählich von weißlila Wolken umhüllt. Die regungslose Luft schien mit einem durchsichtigen Staub angefüllt; die Hitze wurde nachgerade unerträglich. Als wir einen kleinen Bach erreicht und damit die Hälfte des Weges hinter uns gebracht hatten, wurde Rast gemacht. Die Soldaten stellten die Gewehre zusammen und stürzten an den Bach; der Bataillonskommandeur setzte sich im Schatten auf eine Trommel und schickte sich an während sein volles Gesicht den seiner Wut entsprechenden Ausdruck annahm, mit mehreren Offizieren einen Imbiß einzunehmen. Der Hauptmann legte sich unter einem Troßwagen ins Gras; der tapfere Leutnant Rosenkranz und etliche andere junge Offiziere ließen sich auf ihren über den Boden ausgebreiteten Burkas nieder, um ein fröhliches Gelage zu beginnen, worauf die neben ihnen aufgestellten Flaschen und die besondere Lebhaftigkeit hindeuteten, mit der die Musikanten, die vor ihnen einen Halbkreis gebildet hatten, ein kaukasisches, nach der Melodie der Lesginka zu singendes Tanzlied spielten und pfiffen:

Schamil wollte aufbegehren
in vergangenen Jahren.
Trairai, ratatai,
in vergangenen Jahren...

Unter diesen Offizieren befand sich auch der junge Fähnrich, der uns am Morgen überholt hatte. Er war sehr drollig: seine Augen glänzten, seine Zunge verhaspelte sich ab und zu; offenbar hätte er am liebsten alle geküßt und der ganzen Welt seine Liebe bezeigt... Der arme Junge! Er wußte noch nicht, daß man durch eine solche Haltung leicht lächerlich wirkt, daß seine Offenherzigkeit und Zärtlichkeit, die er allen aufdrängte, nicht die von ihm ersehnte Zuneigung, sondern nur Spötteleien hervorrief; und er wußte auch nicht, daß er, als er sich endlich auf seine Burka warf, den erhitzten Kopf auf den Arm stützte und sein dichtes schwarzes Haar zurückstrich, ungemein liebreizend aussah. Zwei Offiziere hatten sich unter eine Fuhre gesetzt und spielten auf dem Wagenkasten Schafskopf.

Ich hörte mir interessiert die Gespräche der Soldaten und der Offiziere an und beobachtete aufmerksam ihre Gesichter. Doch bei keinem einzigen von ihnen konnte ich auch nur eine Spur der Unruhe entdecken, die ich selbst empfand: in Scherzen, Gelächter und Erzählungen offenbarte sich eine allgemeine Sorglosigkeit und Gleichgültigkeit angesichts der bevorstehenden Gefahr. Als ob überhaupt nicht damit zu rechnen wäre, daß es manch einem versagt sein würde, auf diesem Wege zurückzukehren!

5

Gegen sieben Uhr abends zogen wir, staubbedeckt und müde, durch das breite befestigte Tor in die Festung N. N. ein. Die Sonne neigte sich zum Untergang und warf schräge rosige Strahlen auf die Batterien und die Gärten mit den hohen Pyramidenpappeln, die malerisch die Festung umgaben, auf die sich gelb färbenden bestellten Felder und auf die weißen Wolken, die sich an den Schneebergen stauten und wie diese, sie gleichsam nachformend, eine nicht minder schöne und reizvolle Kette bildeten. Der junge Halbmond zeichnete sich gleich einem durchsichtigen Wölkchen am Horizont ab. Im Aul, der sich hinter dem Tor erstreckte, stand ein Tatar auf dem Dach einer Hütte und rief seine Glaubensbrüder zum Gebet. Mit neuer Frische. und neuem Schwung schallten die Lieder der Sänger durch die Luft.

Nachdem ich mich ein wenig erholt und in Ordnung gebracht hatte, wollte ich den mir bekannten Adjutanten aufsuchen, um ihn zu bitten, dem General von meinem Vorhaben zu berichten. Auf dem Wege aus der Vorstadt, in der mein Quartier lag, beobachtete ich manches, was ich in einer Festung keineswegs erwartet hätte. Eine elegante zweisitzige Equipage, in der ein moderner Damenhut zu sehen war und französisch gesprochen wurde, überholte mich; durch ein geöffnetes Fenster der Wohnung des Kommandanten drangen die Klänge einer auf einem schlechten, verstimmten Klavier gespielten »Lisank-« oder »Katenka-Polka« auf die Straße; in einer Schenke, an der ich vorbeikam, saßen mehrere Schreiber, die Zigaretten rauchten und Wein tranken, und ich hörte, wie einer gerade zu einem anderen sagte: »Na, erlauben Sie mal, was Politik betrifft, ist Marja Grigorjewna bei uns tonangebend.« Ein Jude in zerschlissenem Rock, mit krummem Rücken und kränklichem Gesicht schleppte einen zerbrochenen Leierkasten, und durch die ganze Vorstadt ergossen sich die schrillen Töne des Finales aus der »Lucia«. Zwei Damen in rauschenden Kleidern, Seidentücher um den Kopf geschlungen, kamen mit grellfarbigen Sonnenschirmen auf dem holzgepflasterten Trottoir gravitätisch an mir vorbeispaziert. Zwei junge Mädchen, das eine in einem rosa und das andere in einem blauen Kleid, standen mit bloßem Kopf neben dem kleinen Erdwall vor einem niedrigen Häuschen, kicherten affektiert und hatten offenbar den Wunsch, die Aufmerksamkeit der vorüberkommenden Offiziere auf sich zu ziehen. Offiziere in neuen Uniformen mit glänzenden Epauletten und weißen Handschuhen stolzierten die Straßen und den Boulevard entlang.

Meinen Bekannten traf ich im Erdgeschoß des vom General bewohnten Hauses an. Ich hatte ihm kaum meinen Wunsch vorgetragen und von ihm die Antwort erhalten, daß er sehr wohl zu erfüllen sei, als vor dem Fenster, an dem wir saßen, die von mir bereits bemerkte elegante Equipage vorbeifuhr und vor der Haustür anhielt. Dem Wagen entstieg ein schlanker, hochgewachsener Offizier in Infanterieuniform mit Majorsepauletten und begab sich in die Wohnung des Generals.

»Ach, entschuldigen Sie bitte«, wandte sich der Adjutant an mich und stand auf. »Ich muß dem General unbedingt Meldung machen.«

»Wer ist denn da vorgefahren?« fragte ich.

»Die Gräfin«, antwortete der Adjutant und eilte, im Laufen seine Uniform zuknöpfend, ins Obergeschoß.

Nach wenigen Minuten trat ein nicht eben großer, doch äußerst gut aussehender Mann im Uniformrock ohne Epauletten und mit einem weißen Kreuz im Knopfloch aus dem Hause heraus. Ihm folgten der Major, der Adjutant und zwei weitere Offiziere. Am Gang, an der Stimme, an allen Bewegungen des Generals war zu erkennen, daß er sich seines hohen Wertes sehr wohl bewußt war.

»Bonsoir, madame la comtesse«, sagte er und streckte seine Hand durchs Wagenfenster.

Eine kleine Hand im Glacéhandschuh drückte die seine, und im Wagenfenster erschien, beschattet von einem gelben Hut, ein hübsches, lächelndes Gesichtchen.

Von dem ganzen Gespräch, das einige Minuten dauerte, hörte ich nur, wie der General im Vorbeigehen lächelnd sagte:

»Vous savez, que j'ai fait vœu de combattre les infidèles; prenez donc garde de le devenir.«

Aus dem Wagen antwortete ein Lachen.

»Adieu donc, cher général.«

»Non, au revoir«, sagte der General, indes er wieder die zur Haustür führenden Stufen hinaufstieg, »n'oubliez pas, que je m'invite pour la soirée de demain.«

Der Wagen fuhr ratternd weiter.

Dies ist nun wieder ein Mann, dachte ich auf dem Rückweg in mein Quartier, der alles besitzt, was russische Menschen begehren – Rang, Reichtum, Ansehen –, und vor der Schlacht, von der einzig Gott weiß, wie sie ausgehen wird, scherzt dieser Mann mit einer hübschen Frau und verspricht, am nächsten Tag zum Tee zu ihr zu kommen, als sei er ihr auf einem Ball begegnet!

Ebenfalls bei dem Adjutanten traf ich einen jungen Mann an, der mich noch mehr in Staunen versetzte. Es war ein junger Leutnant des K.schen Regiments, der sich durch fast mädchenhafte Sanftmut und Schüchternheit auszeichnete und zum Adjutanten gekommen war, um seiner Empörung über jene Leute Luft zu machen, die angeblich gegen ihn intrigierten und seine Teilnahme an dem bevorstehenden Unternehmen vereitelt hätten. Er sagte, das sei eine gemeine, unkameradschaftliche Handlungsweise, er werde das dem und dem nicht vergessen und dergleichen mehr. So aufmerksam ich auch sein Mienenspiel und den Klang seiner Stimme daraufhin prüfte, ob er sich nicht etwa verstellte, kam ich doch zu der Überzeugung, daß er wirklich aufs tiefste empört und betrübt war, weil man es ihm verwehrte, ins Feld zu ziehen, um Tscherkessen niederzuschießen und sich selbst deren Schüssen auszusetzen; er war so erbittert, wie es wohl ein Kind ist, das gerade eine unverdiente Tracht Prügel bekommen hat... Ich begriff überhaupt nichts mehr.

6

Um zehn Uhr abends sollten die Truppen ausrücken. Um halb neun bestieg ich mein Pferd und ritt zum Hause des Generals; in der Annahme, daß er und der Adjutant beschäftigt seien, blieb ich jedoch auf der Straße, band mein Pferd am Zaun fest und setzte mich auf den Erdwall eines Hauses, in der Absicht, dem General sofort nachzureiten, sobald er aufbrechen würde.

Das Leuchten und die Glut der Sonne waren bereits der nächtlichen Kühle und dem milden Licht der Mondsichel gewichen, die um sich herum auf dem dunklen Blau des bestirnten Himmels einen mattleuchtenden Halbkreis bildete und sich dem Horizont zuzuneigen begann. In den Fenstern der Häuser und den Ladenritzen der Erdhütten flammten Lichter auf. Die schlanken Pappeln in den Gärten, die über den Schilfdächern der vom Mond beschienenen weißgetünchten Erdhütten emporragten, wirkten jetzt besonders hoch und dunkel.

Die Häuser, Bäume und Zäune warfen auf den hellen staubigen Weg lange malerische Schatten.,. Am Fluß musizierten unaufhörlich die Frösche[1]; in den Straßen wurden bald Stimmen und eilige Schritte, bald das Getrappel eines Pferdes laut; aus der Vorstadt schallten von Zeit zu Zeit die Klänge eines Leierkastens herüber: mal wurde »Winde wehen«, mal der »Aurora-Walzer« gespielt.

Ich will nicht davon sprechen, worüber ich nachdachte: erstens wäre es mir peinlich, die düsteren Gedanken einzugestehen, die unablässig mein Herz bedrückten, während ich um mich herum nur Fröhlichkeit und Freude wahr-

1 Im Kaukasus bringen Frösche Laute hervor, die mit dem Quaken der russischen Frösche nichts gemein haben. (Anm. d. Verf.)

nahm, und zweitens gehört das nicht zu meiner Erzählung. Ich war tief in Gedanken versunken und hatte nicht einmal bemerkt, daß die Glocke elf geschlagen hatte und der General mit seinem Gefolge an mir vorübergeritten war.

Ich schwang mich schnell auf mein Pferd und jagte los, um die Truppe einzuholen.

Die Nachhut zog noch durch das Festungstor. Ich bahnte mir mühsam einen Weg durch die sich auf der Brücke stauenden Geschütze, Munitionswagen und Troßfahrzeuge und durch die Offiziere, die laut schreiend Anweisungen erteilten. Nachdem ich das Tor passiert hatte, ritt ich im Trab an dem nahezu eine Werst langen Zug der in der Dunkelheit schweigend marschierenden Truppen vorbei, um den General einzuholen. Als ich an der Artillerie vorüberkam, die mit ihren Geschützen und den zwischen diesen reitenden Offizieren eine geschlossene Einheit bildete, wurde die Harmonie dieser feierlichen Stille durch einen Ausruf unterbrochen, der wie ein schriller Mißton das Gehör verletzte: »Agchtingchist, gib mal einen Zünder her!« rief jemand mit deutschem Akzent, worauf eilfertig eine junge Soldatenstimme ertönte: »Schewtschenko! Der Leutnant verlangt Feuer.«

Der größte Teil des Himmels hatte sich mit langen dunkelgrauen Wolken bezogen; nur hier und da sah man zwischen ihnen mattglitzernde Sterne. Der Mond, der bereits hinter der nahen Bergkette verschwunden war, beleuchtete die Gipfel mit einem schwachen, zitternden Licht, das sich scharf von der undurchdringlichen Finsternis abhob, die am Fuße der Berge herrschte. Die Luft war warm und so still, als sei jedes Gräslein, jedes Wölkchen erstarrt. Es war so dunkel, daß man selbst aus nächster Entfernung nichts erkennen konnte: bald glaubte ich zu beiden Seiten des Weges Felsen, bald Tiere oder sonderbare menschliche Gestalten wahrzunehmen und stellte erst fest, daß es Sträucher waren, wenn ich ihr Rascheln hörte und die Frische des Taues spürte, der auf ihnen lag.

Vor mir sah ich eine dichte, schwankende schwarze Wand, der etliche bewegliche Punkte folgten – das war die Vorhut der Kavallerie und der General mit seinem Gefolge. Hinter uns bewegte sich eine ähnliche düstere schwarze Masse, die jedoch niedriger war als die vordere: die Infanterie.

In der ganzen Truppe herrschte eine solche Stille, daß die ineinander übergehenden, von geheimnisvollem Reiz erfüllten Laute der Nacht alle deutlich zu hören waren: das aus der Ferne herüberschallende traurige Geheul der Schakale, das wie verzweifeltes Jammern, dann wieder wie Gelächter klang; das helle, eintönige Singen der Grillen, Frösche und Wachteln; ein sich näherndes dumpfes Getöse, dessen Ursprung ich mir auf keine Weise erklären konnte, und alle jene nächtlichen, kaum vernehmbaren Regungen der Natur, die sich weder verstehen noch definieren lassen, verschmolzen zu jenem einzigen vollen und schönen Ton, den wir als Stille der Nacht bezeichnen. Diese Stille wurde unterbrochen, oder vielmehr sie verschmolz mit dem dumpfen Aufschlag der Hufe und dem Rascheln des hohen Grases, mit den Geräuschen, die von der sich langsam weiterbewegenden Truppe verursacht wurden.

Nur ab und zu hörte man in den Reihen das Klirren eines schweren Geschützes, das Aufeinanderprallen von Bajonetten, gedämpftes Sprechen und das Schnaufen eines Pferdes. Aus dem Geruch des von den Pferden niedergestampften feuchten, saftigen Grases, dem leichten Dampf, der über der Erde aufstieg, und dem nach zwei Seiten offenen Horizont konnte man schließen, daß wir eine breite, herrliche Wiese durchzogen.

Die Natur atmete versöhnliche Schönheit und Kraft.

Ist es den Menschen auf dieser schönen Erde, unter diesem unermeßlichen bestirnten Himmel wirklich zu eng zum Leben? Kann inmitten dieser bezaubernden Natur in der Seele eines Menschen wirklich ein Gefühl des Ingrimms, des Rachedurstes und der Begierde, seinesgleichen zu töten, erhalten bleiben? In der Berührung mit der Natur, diesem unmittelbaren Ausdruck von Schönheit und Güte, müßte doch, sollte man meinen, alles Schlechte im Herzen der Menschen getilgt werden.

7

Wir waren bereits über zwei Stunden unterwegs. Mich fröstelte, und ich wurde schläfrig. In der Finsternis bot sich mir immer noch das gleiche verschwommene Bild dar: in einiger Entfernung eine schwarze Wand und ebenso schwarze, sich bewegende Punkte; unmittelbar neben mir die Kruppe eines Schimmels, der ab und zu mit dem Schweif schlug und die Hinterbeine breit auseinanderstemmte; der Rücken eines weißen Tscherkessenrockes, auf dem das umgehängte Gewehr im schwarzem Bezug hin und her schwankte und aus einem Lederfutteral der weiße Griff einer Pistole herausragte; das Glimmen einer Zigarette, durch das ein blonder Schnurrbart, ein Biberkragen und eine Hand in wildledernem Handschuh beleuchtet wurden. Ich beugte mich auf den Hals des Pferdes nieder, schloß die Augen und versank für einige Minuten in Selbstvergessenheit. Da brachte mich das wohlbekannte Pferdegetrappel und Geklirr jählings wieder zur Besinnung; ich blickte um mich und hatte den Eindruck, als stünde ich unbeweglich auf derselben Stelle und die Wand vor mir rücke auf mich zu, oder umgekehrt, als sei die Wand stehengeblieben und ich müßte gleich gegen sie prallen. Zugleich frappierte mich jenes unaufhörliche, immer deutlicher vernehmbare Getöse, dessen Herkunft ich nicht erraten konnte. Es war das Rauschen von Wasser. Wir waren im Begriff, eine tiefe Schlucht zu betreten, und näherten uns einem Bergfluß, der zu jener Jahreszeit Hochwasser hatte.[1] Das Getöse verstärkte sich noch, das feuchte Gras wurde höher und dichter, immer häufiger tauchte Gebüsch auf, und der Horizont verengte sich allmählich. Von Zeit zu Zeit leuchteten auf dem dunklen Hintergrund der Berge an verschiedenen Stellen helle Flammen auf und verschwanden gleich wieder.

»Sagen Sie bitte, was sind das für Lichter?« fragte ich leise einen neben mir reitenden Tataren.

»Weißt du das denn nicht?« fragte er zurück.

1 Im Kaukasus führen die Flüsse gewöhnlich im Juli Hochwasser. (Anm. d. Verf.)

»Nein.«

»Haben Bergbewohner Stroh an Tajak[1] gebunden und schwenken mit Feuer.«

»Wozu tun sie das?«

»Damit jeder wissen, daß Russe kommt. Jetzt, ai-ai, in Aule ist Tomascha[2] in Gang«, fügte er lachend hinzu. »Jeder schleppt sein Churda-Murda[3] in Schlucht.«

»Weiß man denn in den Bergen schon, daß Truppen kommen?« fragte ich.

»Oho! Wie soll man nicht wissen? Immer weiß man! So ist unser Volk!«

»Wird denn auch Schamil jetzt ins Feld rücken?« fragte ich weiter.

»Yok«[4], antwortete er und schüttelte verneinend den Kopf. »Schamil nicht ins Feld rücken; Schamil wird Na'ib[5] schicken und selber von oben durch Rohr gucken.«

»Wohnt er weit weg?«

»Nichts weit. Nach linke Seite zehn Werst vielleicht.«

»Woher weißt du das?« fragte ich. »Bist du denn schon mal dort gewesen?«

»Bin gewesen – unsere Leute alle in Bergen gewesen.«

»Dann hast du wohl auch Schamil gesehen?«

»Jeh, Schamil wir nicht zu sehen bekommen. Hundert, dreihundert, tausend *Muriden*[6] sind um ihn herum. Schamil ist Mittelpunkt«, fügte er im Tone ehrfürchtiger Verehrung hinzu.

1 »Tajak« bedeutet in der kaukasischen Mundart »Stange«

2 »Tomascha« bedeutet in der besonderen Sprache, die Russen und Tataren zur gegenseitigen Verständigung erfunden haben »unruhiges Treiben«. Diese seltsame Sprache hat viele Wörter, deren Wurzeln weder in der russischen noch in der tatarischen Sprache nachzuweisen sind. (Anm. d. Verf.)

3 »Churda-Murda« bedeutet in derselben Sprache »Habseligkeiten«. (Anm. d. Verf.)

4 »Yok« bedeutet auf tatarisch »nein«. (Anm. d. Verf.)

5 Na'ibs werden die Personen genannt, denen von Schamil ein Teil der Leitung anvertraut wurde. (Anm. d. Verf.)

6 Das Wort »Muride« hat viele Bedeutungen; in dem Sinne, in dem es hier gebraucht wird, bezeichnet es einen Rang zwischen Adjutant und Leibwächter. (Anm. d. Verf.)

Wenn man nach oben blickte, konnte man sehen, daß der Himmel von dem sich die Wolken inzwischen verzogen hatten, im Osten allmählich heller wurde und daß sich die Plejaden dem Horizont zuneigten; in der Schlucht jedoch, durch die wir zogen, war es finster und feucht.

Plötzlich zuckten in der Dunkelheit, nicht weit vor uns, kleine Flammen auf; im selben Moment zischten Kugeln durch die Luft, und in der ringsum herrschenden Stille ertönten weithin schallende Schüsse und lautes, durchdringendes Geschrei. Es war ein feindlicher Vorpostentrupp. Die Tataren, aus denen er bestand, stießen wilde Rufe aus, schossen aufs Geratewohl und liefen auseinander.

Hierauf trat wieder lautlose Stille ein. Der General rief den Dolmetscher zu sich. Ein Tatar in weißem Tscherkessenrock ritt zu ihm und sprach eine ganze Weile flüsternd und mit den Händen gestikulierend auf ihn ein.

»Oberst Chassanow, lassen Sie ausschwärmen!« sagte der General leise und gedehnt, doch in nachdrücklichem Ton.

Die Truppe näherte sich dem Fluß. Die dunklen Berge, zwischen denen sich die Schlucht hinzog, hatten wir nun im Rücken. Es dämmerte. Der Himmel, an dem sich mattschimmernde, kaum noch wahrnehmbare Sterne abzeichneten, wirkte jetzt höher; im Osten wetterleuchtete es; ein frischer, durchdringender Wind wehte von Westen herüber, und über dem tosenden Fluß stieg dunstartig ein heller Nebel auf.

8

Nachdem der Wegführer die Furt bezeichnet hatte, durchquerte die Vorhut der Kavallerie und anschließend der General mit seinem Gefolge den Fluß. Das Wasser, das den Pferden bis an die Brust reichte, wälzte sich mit ungeheurer Kraft zwischen den weißen Steinen durch, die stellenweise aus dem Fluß herausragten, und bildete vor den Füßen der Pferde rauschende Schaumstrudel. Die Pferde, verwirrt durch das Tosen des Wassers, hoben die Köpfe und spitzten die Ohren, stapften jedoch gemessen und vorsichtig gegen die Strömung über den unebenen Grund. Die Reiter zogen die Beine an und hoben ihre Waffen in die Höhe. Die Fußtruppen, die buchstäblich nur noch das Hemd am Leibe hatten und die die Gewehre, an denen ihre Kleider in Bündeln befestigt waren, hoch über das Wasser hielten, bildeten, einander die Hand reichend, je zwanzig Mann eine Kette und kämpften, wie man ihren gespannten Mienen ansah, mit großer Anstrengung gegen die Strömung an. Die Fahrer der Artillerie trieben die Pferde unter lauten Rufen in scharfem Trab ins Wasser. Die Geschütze und die grünen Munitionswagen, die ab und zu von einer Welle überspült wurden, holperten klirrend über den steinigen Grund; doch die braven Kosakenpferde legten sich gehörig ins Zeug, wirbelten das Wasser auf und erklommen mit nassen Schweifen und Mähnen das jenseitige Ufer.

Sobald der Übergang beendet war, wandte der General, dessen Gesicht plötzlich einen nachdenklichen, ernsten Ausdruck angenommen hatte, sein Pferd und trabte mit der Kavallerie über die breite, von Wald eingefaßte Lichtung, die sich vor uns auftat. Die berittenen Kosaken schwärmten in einer Kette am Waldrand entlang aus.

Im Walde wird ein Mann in Tscherkessenrock und Papacha sichtbar, dann ein zweiter, ein dritter... Einer der Offiziere sagt: »Das sind Tataren.« Nun steigt hinter einem Baum ein Rauchwölkchen auf. Ein Schuß kracht, ein zweiter... Unser pausenloses Feuer übertönt die feindlichen Schüsse. Nur ab und zu, wenn eine Kugel mit einem ruhigen, an den Flug einer Biene erinnernden Summen über uns hinwegfliegt, erkennt man, daß die Schüsse nicht nur von uns kommen. Jetzt dringt die Infanterie im Sturmschritt und die Artillerie in scharfem Trab zum Waldrand vor; dröhnende Schüsse aus den Geschützen, der metallene Klang fliegender Kartätschen, das Zischen von Raketen und das Knattern der Gewehre erschüttern die Luft. An allen Enden der ausgedehnten Lichtung sind Reiter, Fußvolk und Artillerie zu sehen. Der Rauch der Geschütze, Raketen und Gewehre vermischt sich mit dem taubedeckten Grün und dem Nebel.

Oberst Chassanow kommt auf den General zugesprengt und hält vor ihm mit einem scharfen Ruck sein Pferd an.

»Exzellenz!« sagte er, die Hand an die Papacha legend. »Gestatten Sie, daß die Kavallerie eingreift; es tauchen Feldzeichen[1] auf.« Er zeigt mit der Peitsche auf einen Trupp berittener Tataren, von denen zwei auf Schimmeln an der Spitze reiten und Stangen in der Hand halten, an denen rote und blaue Lappen befestigt sind.

»Nun, dann mit Gott, Iwan Michailytsch!« sagt der General.

Der Oberst wendet sein Pferd auf der Stelle, zieht den Säbel und ruft: »Hurra!«

»Hurra! Hurra! Hurra!« ertönt es aus den Reihen der Reiter, die ihm in gestrecktem Galopp folgen.

Alle blicken gespannt in die Ferne. Wieder taucht ein Feldzeichen auf, ein zweites, drittes, viertes...

Der Feind zieht sich, ohne die Attacke abzuwarten, in den Wald zurück und eröffnet von dort ein Gewehrfeuer. Immer häufiger kommen Kugeln herübergeflogen.

»Quel charmant coup d'œil!« sagt der General, der, auf englische Art leicht federnd, einen schlankbeinigen kleinen Rappen reitet.

»Charrmant!« bestätigt der Major, das R rollend, und kommt, mit der Peitsche sein Pferd antreibend, an den General herangeritten. »C'est un vrrai plaisirr, que la guerre dans un aussi beau pays«, sagt er.

»Et surtout en bonne compagnie«, fügt der General mit einem verbindlichen Lächeln hinzu.

Der Major verbeugt sich.

In diesem Augenblick fliegt mit unangenehmem Gezisch eine feindliche Granate vorbei und schlägt irgendwo auf; hinter uns wird das Stöhnen eines Verwundeten laut. Dieses Stöhnen erschüttert mich so, daß das kriegerische Bild sofort jeglichen Reiz für mich verliert. Doch außer mir scheint niemand von dem Stöhnen Notiz zu nehmen: der Major lacht, offensichtlich höchst befriedigt; ein anderer Offizier

1 Die Feldzeichen der Bergbewohner haben fast die gleiche Bedeutung wie Fahnen; der Unterschied ist nur, daß sich jeder Dschigit ein Feldzeichen anfertigen und es mit sich führen darf. (Anm. d. Verf.)

wiederholt seelenruhig seinen angefangenen Satz; der General blickt auf die entgegengesetzte Seite und sagt, ruhig lächelnd, irgend etwas auf französisch.

»Sollen wir ihr Feuer erwidern?« fragt der Artilleriekommandeur, der herangesprengt kommt.

»Ja, jagen Sie ihnen mal einen Schreck ein«, antwortet der General leichthin und zündet sich dabei eine Zigarre an.

Die Batterie macht sich schußbereit, und die Kanonade beginnt. Die Erde stöhnt unter dem Geschützdonner; unausgesetzt flammt ein Feuerschein auf, und der Rauch, hinter dem man kaum noch die Bedienungsmannschaften an den Geschützen erkennen kann, verhindert jegliche Sicht.

Der Aul wird unter Beschuß genommen. Oberst Chassanow kommt nochmals zum General geritten und sprengt dann auf dessen Befehl in den Aul. Aufs neue ertönt das Kriegsgeschrei, und die Reiterei verschwindet hinter der von ihr aufgewirbelten Staubwolke.

Es bot sich fürwahr ein imposantes Schauspiel dar. Das einzige, was mir, einem an den Kampfhandlungen unbeteiligten und nicht an sie gewöhnten Zuschauer, den Gesamteindruck verdarb, bestand darin, daß mir dieses Getriebe, diese Begeisterung und dieses Geschrei unnötig erschienen. Unwillkürlich verglich ich das Ganze mit einem Menschen, der mit einem Beil blindlings durch die Luft fuchtelt.

9

Der Aul war inzwischen von unseren Truppen besetzt worden und wies keine einzige feindliche Menschenseele mehr auf, als sich der General mit seinem Gefolge, dem auch ich mich zugesellt hatte, der Siedlung näherte.

Über unebene steinige Hügel, zwischen denen sich ein schmales Flüßchen hindurchschlängelte, breiteten sich längliche saubere Hütten mit flachen Erddächern und zierlichen Schornsteinen aus. Zu einer Seite lagen grüne, von der Sonne hell beleuchtete Gärten mit mächtigen Birnen- und Zwetschenbäumen; an der anderen Seite ragten merkwürdige Silhouetten empor: hohe, aufrecht stehende Grabsteine und lange Holzstangen, an deren Enden Kugeln und verschiedenfarbige Fahnen befestigt waren. (Es waren Grabmäler von Dschigiten.)

Die Truppen hatten sich vor dem Tor gesammelt.

Doch eine Minute später stürmten Dragoner, Kosaken und Infanteristen mit sichtlicher Freude durch die krummen Gassen, und in dem verödeten Aul entstand im Handumdrehen ein lebhaftes Treiben. Hier stürzt ein Dach ein, oder es wird mit einer Axt gegen hartes Holz gehämmert und eine Brettertür aufgebrochen; dort geht ein Heuschober in Flammen auf, ein Zaun, eine Hütte brennt, und in die klare Luft steigt eine dichte Rauchsäule auf. Ein Kosak schleppt sich mit einem Sack Mehl und einem Teppich ab; ein Soldat kommt strahlend mit einer Blechschüssel und irgendwelchen Lumpen aus einer Hütte; ein anderer macht mit ausgebreiteten Armen auf zwei Hühner Jagd, die gackernd an einem Zaun hin und her rennen; ein dritter hat irgendwo einen riesigen Topf mit Milch aufgestöbert, trinkt aus ihm und schleudert ihn dann laut lachend auf die Erde.

Das Bataillon, dem ich mich beim Auszug aus der Festung N. N. angeschlossen hatte, befand sich ebenfalls im Aul. Der Hauptmann saß auf dem Dach einer Hütte und stieß aus seiner kurzen Pfeife mit so gleichmütiger Miene Rauchwolken des »sambrotalischen« Tabaks aus, daß ich bei seinem Anblick ganz vergaß, daß ich mich in einem rebellischen Aul aufhielt, und mich hier auf einmal völlig zu Hause fühlte.

»Ach, Sie sind auch hier!« sagte er, als er mich bemerkte.

Die hochaufgeschossene Gestalt des Leutnants Rosenkranz tauchte bald hier, bald dort im Aul auf; er erteilte ununterbrochen Anordnungen und hatte das Aussehen eines Menschen, der aus irgendeinem Grunde äußerst besorgt ist. Ich beobachtete, wie er mit triumphierender Miene aus einer Hütte kam, gefolgt von zwei Soldaten, die einen gefesselten alten Tataren führten. Der Greis, dessen ganze Kleidung aus einem in Fetzen zerfallenden bunten Beschmet und zerschlissenen Hosen bestand, war so gebrechlich, daß sich seine auf dem gekrümmten Rücken straff zusammengeschnürten knochigen Arme kaum noch an den Schultern zu halten schienen und er sich auf seinen krummen Beinen und bloßen Füßen nur mühsam dahinschleppte. Sein Gesicht und selbst ein Teil des kahlrasierten Kopfes waren von tiefen Runzeln durchfurcht; der verzerrte zahnlose Mund, der von einem kurzgeschnittenen grauen Schnurrbart und Kinnbart eingerahmt war, bewegte sich unaufhörlich, als kaue er etwas; doch in seinen wimperlosen roten Augen, in denen noch ein Funken glühte, drückte sich deutlich ein abgeklärter Gleichmut gegen das Leben aus.

Rosenkranz ließ ihn durch einen Dolmetscher fragen, warum er nicht mit den anderen abgezogen sei.

»Wohin sollte ich gehen?« sagte er und blickte ruhig zur Seite.

»Dorthin, wohin die anderen gegangen sind«, bemerkte jemand.

»Die Dschigiten sind ausgezogen, mit den Russen zu kämpfen; ich aber bin ein alter Mann.«

»Hast du denn nicht Angst vor den Russen?«

»Was werden die Russen mir schon tun? Ich bin ein alter Mann«, sagte er noch einmal und überblickte geringschätzig den Kreis, der sich um ihn gebildet hatte.

Als ich zurückkehrte, sah ich, wie dieser Greis, ohne Kopfbedeckung und die Arme auf dem Rücken zusammengebunden, hinter dem Sattel eines Linienkosaken hin und her schwankte und unverändert apathisch um sich blickte. Er wurde für den Austausch der Gefangenen gebraucht.

Ich kletterte aufs Dach und ließ mich neben dem Hauptmann nieder.

»Die Feinde waren anscheinend nicht sehr zahlreich«, bemerkte ich, weil ich ihn zu einer Meinungsäußerung über das vorausgegangene Gefecht veranlassen wollte.

»Die Feinde?« wiederholte er erstaunt. »Die waren überhaupt nicht da. Kann man hier denn von Feinden sprechen? Passen Sie mal abends auf, wenn wir den Rückweg antreten, dann werden Sie sehen, wie sie uns verabschieden, wie viele dort auftauchen werden!« fügte er hinzu und wies mit der Pfeife auf das Gehölz, durch das wir am Morgen gekommen waren.

»Was ist da los?« unterbrach ich aufgeregt den Hauptmann und zeigte auf eine Gruppe Donkosaken, die sich nicht weit von uns mit etwas zu schaffen machten.

Aus ihrer Mitte hörte man Laute, die wie das Jammern eines Kindes klangen, und dazu folgende Worte:

»Halt, nicht schlagen! Warte ... Gleich wird man's sehen! – Hast du ein Messer, Jewstignejitsch? Gib das Messer...«

»Sie sind dabei, irgend etwas zu teilen, die Halunken«, meinte der Hauptmann ruhig.

In diesem Augenblick kam mit hochrotem, entsetztem Gesicht der hübsche Fähnrich hinter einer Ecke vorgestürzt und lief, mit den Händen fuchtelnd, auf die Kosaken zu.

»Rührt es nicht an! Schlagt es nicht!« rief er mit jungenhafter Stimme.

Als die Kosaken den Offizier kommen sahen, traten sie auseinander und ließen von einem weißen Zicklein ab. Der junge Fähnrich blickte verdutzt auf das Tier, murmelte etwas und blieb ratlos vor ihm stehen. Als er jetzt den Hauptmann und mich auf dem Dach bemerkte, errötete er noch mehr und kam hüpfend auf uns zugelaufen.

»Ich dachte, sie wollten ein Kind umbringen«, sagte er mit einem verlegenen Lächeln.

10

Der General ritt mit der Kavallerie voraus. Das Bataillon, mit dem ich die Festung N. N. verlassen hatte, bildete die Nachhut. Die von Hauptmann Chlopow und Leutnant Rosenkranz befehligten Kompanien traten den Rückweg gemeinsam an.

Die Voraussage des Hauptmanns bewahrheitete sich voll und ganz: Sobald wir das schmale, von ihm erwähnte Gehölz betreten hatten, tauchten zu beiden Seiten unaufhörlich kriegerische Bergbewohner zu Pferde und zu Fuß auf, und zwar so nahe, daß ich deutlich beobachten konnte, wie sich manche von ihnen bückten und mit dem Gewehr in der Hand von einem Baum zum anderen liefen.

Der Hauptmann nahm seine Mütze ab und bekreuzigte sich andächtig; mehrere alte Soldaten taten das gleiche. Im Walde ertönten Geschrei und kriegerische Rufe: »Jai Giaur! Urus jai!« Trockene kurze Gewehrschüsse folgten schnell aufeinander, und von beiden Seiten kamen pfeifend Kugeln geflogen. Unsere Truppen antworteten schweigend mit Lauffeuer; nur ab und zu horte man aus ihrer Mitte Bemerkungen wie: »*Er*[1] hat gut schießen, im Walde ist *er* gedeckt. Man müßte die Geschütze einsetzen!« und dergleichen mehr.

Die Geschütze wurden in Stellung gebracht, und nach einigen Kartätschensalven schien der feindliche Angriff abzuflauen; doch schon in der nächsten Minute setzte erneut ein sich mit jedem Schritt unserer Truppen verstärkendes, von Geschrei und Kriegsrufen begleitetes Feuer ein.

Wir hatten uns kaum dreihundert Sashen vom Aul entfernt, als die ersten feindlichen Granaten pfeifend über uns hinwegflogen. Ich sah, wie ein Soldat von einer Granate getroffen wurde und tot umsank ... Doch wozu soll ich die Einzelheiten dieses furchtbaren Bildes schildern, da ich doch selbst viel darum geben würde, es zu vergessen!

Leutnant Rosenkranz, der auch selbst Gewehrschüsse abgab, schrie unablässig mit heiserer Stimme die Soldaten an und jagte in gestrecktem Galopp von einem Ende der Kolonne zum anderen. Er war jetzt ziemlich blaß, was gut zu dem kriegerischen Ausdruck seines Gesichts paßte.

Der hübsche Fähnrich war begeistert; seine schönen schwarzen Augen glänzten verwegen, den Mund umspielte ein leises Lächeln, und er kam immer wieder zum Hauptmann geritten und bat um Erlaubnis, mit Hurra zur Attacke übergehen zu dürfen.

»Wir werden sie zurückschlagen«, versicherte er eindringlich, »ganz bestimmt.«

»Es ist nicht nötig«, antwortete der Hauptmann schlicht. »Wir müssen zurück.«

1 »Er« ist hier ein Sammelbegriff, unter dem die kaukasischen Soldaten den Feind schlechthin verstehen. (Anm. d. Verf.)

Die Kompanie des Hauptmanns hatte den Waldrand besetzt und erwiderte liegend den feindlichen Beschuß. Der Hauptmann, der die Zügel seines untersetzten Schimmels hängen ließ und die Beine in den kurzen Steigbügeln angezogen hatte, verharrte in seinem schäbigen Uniformrock und der zerknitterten Mütze schweigend auf ein und derselben Stelle. (Die Soldaten kannten sich in ihrem Handwerk so gut aus, daß sie keiner Anweisungen bedurften.) Nur von Zeit zu Zeit erhob er seine Stimme und wies diejenigen, die den Kopf hoben, zurecht.

Die Erscheinung des Hauptmanns hatte sehr wenig Kriegerisches an sich; doch dafür sprach aus ihr so viel Ehrlichkeit und Schlichtheit, daß ich fasziniert war. Ja, das ist ein Mann, der im wahren Sinne des Wortes von Mut erfüllt ist! dachte ich unwillkürlich.

Er war genauso, wie ich ihn auch sonst kannte: die gleiche ruhige Art, sich zu bewegen, dieselbe gleichmäßige Stimme, der gleiche arglose Ausdruck in seinem nicht schönen, doch offenen Gesicht. Lediglich an den heller als gewöhnlich leuchtenden Augen konnte man die konzentrierte Aufmerksamkeit eines Mannes erkennen, der ruhig seinem Werk nachgeht. *Genauso wie sonst* – das ist leicht gesagt. Doch während ich bei den anderen in den verschiedensten Abstufungen das Bestreben wahrnahm, entweder ruhiger, rauher oder fröhlicher zu scheinen als gewöhnlich, ging aus dem Gesichtsausdruck des Hauptmanns hervor, daß er gar nicht daran dachte, irgend etwas vorzutäuschen.

Der Franzose, der bei Waterloo gesagt hat: »La garde meurt, mais ne se rend pas«, und andere, namentlich französische Helden, von denen denkwürdige Aussprüche herrühren, waren wagemutige Männer, und ihre Aussprüche sind wirklich denkwürdig. Doch zwischen ihrem Wagemut und dem des Hauptmanns besteht der Unterschied, daß mein Held, selbst wenn sich in seiner Seele bei irgendeiner Gelegenheit ein großes Wort geformt hätte, es meiner Überzeugung nach unausgesprochen gelassen hätte; erstens aus Angst, durch den Ausspruch des großen Wortes eine große Tat zu schmälern, und zweitens weil ein Mensch, der in sich die Kraft fühlt, eine große Tat zu vollbringen, keinerlei noch so großer Worte bedarf. Darin liegt meines Erachtens eine besondere, hehre Eigenheit der russischen Tapferkeit; und wie sollte es einem russischen Herzen da nicht weh tun, wenn unter unseren jungen Kriegern abgeschmackte französische Phrasen erklingen, die darauf abzielen, das überlebte französische Rittertum nachzuahmen?

Plötzlich ertönten aus der Richtung, wo der hübsche Fähnrich mit seinem Zug gestanden hatte, Hurrarufe, die freilich etwas dünn und nicht sehr begeistert klangen. Als ich mich umblickte, sah ich, daß etwa dreißig Soldaten mit dem Gewehr in der Hand und dem Rucksack auf dem Rücken mühsam über ein gepflügtes Feld liefen. Sie stolperten alle Augenblicke, liefen indessen unentwegt weiter und schrien. Ihnen voran sprengte mit gezogenem Säbel der junge Fähnrich.

Die ganze Kolonne verschwand im Walde.

Nachdem einige Minuten lang Kriegsgeschrei und Gewehrfeuer herübergeschallt war, kam ein scheu gewordenes Pferd aus dem Wald gelaufen, und am Waldrand erschienen Soldaten, die Gefallene und Verletzte heraustrugen; unter den Verwundeten befand sich auch der junge Fähnrich. Zwei Soldaten hatten ihn unter den Achseln gefaßt. Er war kreidebleich; auf seinem hübschen Gesicht war nur noch ein Schatten der kriegerischen Begeisterung zu bemerken, die es wenige Minuten zuvor beseelt hatte, und sein Kopf war kraftlos zwischen den Schultern eingesunken und hing schlaff auf die Brust herab. Unter dem aufgeknöpften Waffenrock zeichnete sich auf dem weißen Hemd ein kleiner Blutfleck ab.

»Ach, welch ein Jammer!« entfuhr es mir unwillkürlich, indes ich mich von diesem traurigen Anblick abkehrte.

»Jawohl, ein Jammer«, sagte ein alter Soldat, der, auf sein Gewehr gestützt, mit finsterem Gesicht neben mir stand. »Er hatte vor nichts Angst – das geht doch nicht!« fügte er hinzu und blickte scharf zu dem Verwundeten hinüber. »Dumm war er noch, jetzt hat er es zu büßen.«

»Hast du denn Angst?« fragte ich.

»Und ob!«

11

Vier Soldaten trugen den Fähnrich auf einer Bahre; hinter ihnen her führte ein Soldat aus der Vorstadt ein mageres, abgekämpftes Pferd, das mit zwei grünen Kästen beladen war, die die Sanitätsutensilien enthielten. Man wartete auf den Arzt. Ab und zu kamen Offiziere an die Tragbahre herangeritten und bemühten sich, den Fähnrich zu trösten und ihm Mut zuzusprechen.

»Na, Freund Alanin, jetzt wirst du wohl nicht so bald wieder mit den Kastagnetten klappern und tanzen«, sagte lächelnd der hinzugekommene Leutnant Rosenkranz. Er schien anzunehmen, daß diese Worte den hübschen Fähnrich aufmuntern würden; doch soviel seinem kalten, wehmütigen Blick zu entnehmen war, übte der Zuspruch nicht die gewünschte Wirkung aus.

Auch der Hauptmann kam. Er heftete einen durchdringenden Blick auf den Verwundeten, und in seinem sonst immer gelassenen und kühlen Gesicht drückte sich echtes Mitgefühl aus.

»Nun, mein lieber Anatoli Iwanytsch?« sagte er in einem Ton, aus dem eine so innige Teilnahme herausklang, wie ich sie ihm gar nicht zugetraut hätte. »Es ist wohl Gottes Wille gewesen.«

Der Verwundete wandte den Kopf um; sein bleiches Gesicht belebte sich durch ein trauriges Lächeln.

»Ja, ich habe nicht auf Sie gehört.«

»Sagen Sie lieber: es ist Gottes Wille!« wiederholte der Hauptmann.

Der Arzt, der inzwischen angekommen war, ließ sich vom Feldscher Verbandzeug, eine Sonde und sonstiges Zubehör geben, krempelte die Ärmel auf und trat mit einem aufmunternden Lächeln an den Verwundeten heran.

»Nun, man hat wohl auch Ihnen ein Löchlein in eine heile Stelle gebohrt?« sagte er in nachlässig-scherzhaftem Ton. »Zeigen Sie mal her!«

Der Fähnrich gehorchte; doch der Blick, den er auf den aufgeräumten Arzt richtete, drückte ein vorwurfsvolles Befremden aus, das dieser indessen gar nicht bemerkte. Er begann in der Wunde herumzuwühlen und sie von allen Seiten so lange zu untersuchen, bis der Verwundete schließlich die Geduld verlor und schwer aufstöhnend die Hand des Arztes zurückschob.

»Lassen Sie mich«, sagte er mit kaum hörbarer Stimme. »Ich muß ja doch sterben.«

Mit diesen Worten sank er auf den Rücken, und als ich fünf Minuten später an die Gruppe herantrat, die sich um ihn gebildet hatte, und einen Soldaten fragte: »Wie steht es mit dem Fähnrich?«, erhielt ich zur Antwort: *»Es geht zu Ende.* »

12

Es war bereits spät, als sich unser Zug in breiter Kolonne singend der Festung näherte.

Die Sonne war hinter der schneebedeckten Gebirgskette untergegangen und warf die letzten rosa Strahlen auf eine längliche dünne Wolke, die über dem klaren, durchsichtigen Horizont schwebte. Die Schneeberge wurden nach und nach von lila gefärbtem Nebel verhüllt; nur ihr oberster Kamm zeichnete sich außergewöhnlich klar gegen den blutroten Schein des Sonnenunterganges ab. Der längst aufgegangene Mond schimmerte matt und durchsichtig am dunkelblauen Himmel. Das Grün der Gräser und Bäume bedeckte sich mit Tau und nahm eine schwärzliche Tönung an. Die dunkle Masse der Truppe marschierte in gleichmäßigem Takt über die üppige Wiese; von verschiedenen Seiten ertönten Schellengeläut, Trommelwirbel und fröhlicher Gesang. Die Füllstimme der sechsten Kompanie sang aus vollem Halse, und die von Gefühl und Kraft erfüllten Töne ihres reinen, hellen Tenors schallten weithin durch die klare Abendluft.

Der Morgen eines Gutsbesitzers

1

Fürst Nechljudow war neunzehn Jahre alt, als er nach Abschluß seines dritten Studienjahres an der Universität für die großen Ferien auf sein Gut gekommen war und dort allein den ganzen Sommer zugebracht hatte. Im Herbst schrieb er an seine Tante, die Gräfin Belorezkaja, die er für seine beste Freundin und für die genialste Frau der Welt hielt, mit noch unausgeschriebener, kindlicher Handschrift nachstehenden, in der Übersetzung aus dem Französischen wiedergegebenen Brief.

»Liebes Tantchen! Ich habe einen Entschluß gefaßt, von dem mein ganzes künftiges Leben abhängen wird. Ich gebe mein Studium auf, um mich völlig dem Leben auf dem Lande zu widmen, denn ich fühle, daß ich dafür geboren bin. Um Gottes willen, lachen Sie mich nicht aus, liebes Tantchen. Sie werden sagen, daß ich sehr jung sei; vielleicht bin ich wirklich noch ein Kind, doch das hindert mich nicht, mich berufen zu fühlen, Gutes zu tun und daran Freude zu finden.

Wie ich Ihnen bereits schrieb, habe ich die Wirtschaft hier in unbeschreiblicher Unordnung vorgefunden. Bei meinem Bemühen, sie in Ordnung zu bringen und mich mit ihr vertraut zu machen, habe ich nun entdeckt, daß das große Übel in der unsagbar jämmerlichen, ärmlichen Lage der Bauern besteht und daß man diesem Übel nur durch mühevolle Arbeit und Geduld abhelfen kann. Wenn Sie bloß einmal zwei meiner Bauern, Dawyd und Iwan, sehen und das Leben kennenlernen könnten, das sie und ihre Familien führen, dann würde, davon bin ich überzeugt, allein der Anblick dieser beiden Unglücklichen Sie mehr überzeugen als alles, was ich zur Erklärung meines Vorhabens anführen kann. Ist es nicht meine heilige, unabweisbare Pflicht, mich um das Wohl dieser siebenhundert Menschen zu kümmern, für die ich mich einst vor Gott zu verantworten haben werde? Ist es nicht eine Sünde, sie der Willkür grober Starosten und Verwalter zu überlassen, um sich selbst mit Plänen zu beschäftigen, die nur vom Ehrgeiz und dem Wunsch eingegeben sind, sich selbst ein schönes Leben zu verschaffen? Und warum soll ich auf anderen Gebieten nach einer Gelegenheit suchen, mich nützlich zu machen und Gutes zu tun, wenn sich mir hier die Erfüllung einer so edlen, hohen und naheliegenden Pflicht darbietet? Ich fühle mich dazu geeignet, ein guter Landwirt zu werden, und um ein guter Landwirt zu sein, so wie ich es auffasse, braucht man weder ein akademisches Diplom noch Titel, die Ihnen für mich so wünschenswert erscheinen. Liebes Tantchen, schmieden Sie bitte meinetwegen keine ehrgeizigen Pläne; gewöhnen Sie sich an den Gedanken, daß ich einen ganz besonderen Weg eingeschlagen habe, der aber gut ist und mich, wie ich überzeugt bin, zum Glück führen wird. Ich habe viel über meine künftigen Pflichten nachgedacht, habe mir Grundsätze für meine Tätigkeit aufgestellt, und wenn Gott mich am Leben erhält und mir Kraft gibt, werde ich mit meinem Vorhaben erfolgreich sein.

Zeigen Sie diesen Brief bitte nicht meinem Bruder Wassja: er würde mich, fürchte ich, nur verspotten. Er ist es gewohnt, sich mir in allem überlegen zu fühlen, und ich bin es gewohnt, mich ihm unterzuordnen. Wanja hingegen wird mein Vorhaben, wenn auch nicht billigen, so doch verstehen.«

Die Gräfin antwortete ihm mit folgendem Brief, der hier ebenfalls aus dem Französischen übersetzt ist.

»Dein Brief, lieber Dmitri, hat mich von nichts anderem überzeugt, als daß Du ein gutes Herz hast, woran ich nie gezweifelt habe. Aber, mein lieber Freund, unsere guten Eigenschaften schaden uns im Leben mehr als die schlechten. Ich will Dir nicht vorhalten, daß Du eine Dummheit begehst und daß Dein Verhalten mir Kummer bereitet, sondern ich will versuchen, Dich durch Argumente zur Einsicht zu bringen. Überlegen wir doch einmal, mein Freund: Du sagst, daß Du Dich zur Arbeit auf dem Lande berufen fühlst, daß Du Deine Bauern glücklich machen willst und die Hoffnung hast, ein guter Landwirt zu werden. Erstens muß ich Dir sagen, daß wir uns unserer Berufung erst bewußt werden, wenn wir uns schon einmal darin geirrt haben; zweitens, daß es leichter ist, sein eigenes Glück zu schmieden als das anderer Leute, und drittens, daß man, um ein guter Landwirt zu werden, ein kalter, strenger Mensch sein muß, was Du kaum jemals werden wirst, wenn Du auch versuchst, diesen Anschein zu erwecken.

Du hältst Deine Ansichten für unwiderlegbar und willst sie sogar zu Grundsätzen für Dein Leben machen. Aber in meinem Alter, lieber Freund, gibt man nicht viel auf Erwägungen und Grundsätze, sondern hält sich nur an das, was man aus Erfahrung weiß; und die Erfahrung lehrt mich, daß Deine Pläne eine Kinderei sind. Ich bin bald fünfzig Jahre alt und habe viele ehrenwerte Menschen kennengelernt, aber noch nie habe ich gehört, daß sich ein junger Mann mit Namen und Fähigkeiten unter dem Vorwand, Gutes zu tun, auf dem Lande vergraben hätte. Du wolltest Dich von jeher durch Originalität auszeichnen, aber Deine Originalität ist nichts anderes als überspitzte Eigenliebe. Und somit, mein Freund, rate ich Dir, lieber ausgetretene Wege zu wählen: sie führen eher zum Erfolg; und der Erfolg, wenn es Dir auf ihn auch nicht als solchen ankommt, ist ja doch nötig, um die Möglichkeit zu haben, das Gute zu tun, das Dir am Herzen liegt.

Die Armut einiger Bauern ist ein unvermeidliches Übel oder doch ein solches, dem man abhelfen kann, ohne sich über die Pflichten hinwegzusetzen, die man der Gesellschaft, seinen Angehörigen und sich selbst gegenüber hat. Bei Deiner Intelligenz, Deinem Herzen und Deiner Neigung zu allem Guten gibt es keine Laufbahn, in der Du nicht Erfolg haben würdest; aber wähle wenigstens eine solche, die Deiner würdig ist und Dir Ehre machen kann.

Ich glaube an Deine Aufrichtigkeit, wenn Du sagst, daß Du keinen Ehrgeiz besitzt; doch Du betrügst Dich selbst. In Deinem Alter und bei Deinen Mitteln ist Ehrgeiz eine Tugend; aber er wird zu einem Fehler und einer Abgeschmacktheit, wenn wir nicht mehr in der Lage sind, diese Leidenschaft zu befriedigen. Diese Erfahrung wirst auch Du machen, wenn Du nicht von Deinem Vorhaben abläßt. Lebe wohl, lieber Mitja! Mir scheint fast, daß Du mir durch Deinen törichten, doch edlen und hochherzigen Plan noch lieber geworden bist. Tue, was Du für gut hältst, nur muß ich gestehen, daß ich es nicht billigen kann...«

Nachdem der junge Mann diesen Brief gelesen hatte, dachte er lange über seinen Inhalt nach und kam letzten Endes zu dem Schluß, daß sich auch eine geniale Frau irren kann; er reichte ein Gesuch um Entlassung von der Universität ein und blieb für immer auf dem Lande.

2

Für den jungen Gutsbesitzer, der sich, wie er seiner Tante geschrieben hatte, bestimmte Richtlinien für seine Tätigkeit in der Wirtschaft aufgestellt hatte, war die ganze Zeit und Arbeit in Stunden, Tage und Monate eingeteilt. Der Sonntag war für den Empfang von Bittstellern – Gesindeleuten und Bauern – bestimmt sowie für den Besuch der Gehöfte armer Bauern, denen er eine Unterstützung gewährte, was im Einvernehmen mit dem Gemeinderat geschah, der jeden Sonntagabend zusammenkam und darüber zu befinden hatte, wem geholfen werden sollte und in welcher Weise. Bei dieser Betätigung war mehr als ein Jahr vergangen, und der junge Mann war, sowohl was die praktische als auch was die theoretische Beschlagenheit in Landwirtschaftsangelegenheiten betraf, nicht mehr ganz ein Neuling.

Es war ein sonniger Junisonntag, als Nechljudow, nachdem er seinen Morgenkaffee getrunken und ein Kapitel aus dem »Maison rustique« überflogen hatte, mit seinem Notizbuch und einem Bündel Geldscheinen in der Tasche seines leichten Mantels aus dem großen, mit Säulen und Terrassen verzierten Gutshaus trat, in dem er im Erdgeschoß ein kleines Stübchen bewohnte, und sich auf den ungepflegten, von Unkraut überwucherten Wegen des alten, nach englischem Muster angelegten Gartens ins Dorf begab, das sich zu beiden Seiten der breiten Straße erstreckte. Nechljudow war ein großer, stattlicher junger Mann mit üppigem, gewelltem dunkelblondem Haar, helleuchtenden schwarzen Augen, frischer Gesichtsfarbe und roten Lippen, über denen gerade der erste jünglingshafte Flaum sproß. Allen seinen Bewegungen und seinem Gang sah man Kraft, Energie und die naive Selbstzufriedenheit der Jugend an. Die Dorfbevölkerung kehrte in bunten Gruppen aus der Kirche zurück; alte Männer, junge Mädchen, Kinder und Frauen mit Säuglingen auf dem Arm, alle festtäglich gekleidet, strebten ihren Behausungen zu und verneigten sich ehrerbietig vor dem Gutsherrn, wenn sie an ihm vorbeikamen und ihm Platz machten. Gleich am Anfang der Straße blieb Nechljudow stehen, nahm das Notizbuch aus der Tasche und sah die mit kindlicher Handschrift eng beschriebene letzte Seite durch, auf der die Namen mehrerer Bauern, mit verschiedenen Anmerkungen versehen, standen. »Iwan Tschurissjonok bittet um Holzstangen«, las er und ging auf die Tür des zweiten Häuschens auf der rechten Straßenseite zu.

Die Behausung Tschurissjonoks bestand aus einem halb verfallenen, an den Ecken angefaulten Blockbau, der sich zur Seite geneigt hatte und so tief in die Erde eingesunken war, daß die Fenster – ein größeres, schön verziertes, aber zerschlagenes Schiebefenster mit einem halb abgerissenen Laden und ein kleines Fensterchen zum Rauchabzug, das mit Werg zugestopft war – unmittelbar über dem Düngerhaufen hervorsahen. Ein rohgezimmertes Vorhaus mit vermoderter Schwelle und niedriger Tür, ein weiterer kleiner Blockbau, noch älter und niedriger als das Vorhaus, das Tor und eine aus Flechtwerk hergestellte Kornkammer schlossen sich an das Hauptgebäude an. Alles dies war einstmals von einem einzigen ungleichmäßig hohen Dach bedeckt gewesen; jetzt hing an den Rändern klumpiges, schwarzes, in Fäulnis übergehendes Stroh herunter, während der Giebel und die Sparren stellenweise völlig bloßlagen. Vor dem Hof befand sich ein Brunnen mit zerfallenem Häuschen und den Überbleibseln eines Pfostens und eines Rades. In einer schmutzigen, vom Vieh zerstampften Wasserlache vor dem Brunnen planschten ein paar Enten, und daneben standen zwei alte Weiden mit geborstenen, angebrochenen Stämmen und verkümmerten blaßgrünen Zweigen. Unter einer dieser Weiden, die davon zeugten, daß jemand irgendwann auf die Verschönerung dieses Platzes bedacht gewesen war, saß ein blondes, etwa achtjähriges Mädchen und ließ ein anderes, etwa zwei Jahre altes Mädchen um sich herumkriechen. Ein junger Hofhund, der um sie herumscharwenzelte, stürzte, sowie er den Gutsherrn erblickte, auf das Tor zu und brach in erschrockenes, gellendes Gebell aus.

»Ist Iwan zu Hause?« fragte Nechljudow.

Das ältere Mädchen erstarrte gleichsam bei dieser Frage und riß, ohne etwas zu antworten, immer weiter die Augen auf; die Kleine öffnete den Mund und schien losheulen zu wollen. Ein kleines altes Weiblein in einem zerschlissenen karierten Kittelkleid, um das unterhalb der Taille ein alter rötlicher Gürtel geschlungen war, blickte aus der Tür heraus, antwortete aber auch nicht. Nechljudow ging auf den Vorbau zu und wiederholte seine Frage.

»Er ist zu Hause, mein Wohltäter«, antwortete nun mit zitternder Stimme und sich tief verneigend die Alte, die vor ängstlicher Erregung offenbar ganz aus dem Häuschen geraten war.

Als Nechljudow sie begrüßt hatte und durch den Flur auf den engen Hof ging, folgte ihm die Alte bis zur Tür, blieb dort, das Kinn auf die Handfläche gestützt und mit dem Kopf wackelnd, stehen und ließ den Gutsherrn nicht aus den Augen. Auf dem Hof sah es ärmlich aus; stellenweise war er mit altem, nicht abgefahrenem und schwarz gewordenem Mist bedeckt, auf dem ein verfaulter Futtertrog, Mistgabeln und zwei Eggen umherlagen. Das Schutzdach rings um den Hof, unter dem auf der einen Seite ein Wagen, an dem ein Rad fehlte, und ein Pflug standen und einige leere, nicht mehr zu gebrauchende Bienenkörbe übereinandergeworfen waren, wies überall große Lücken auf und war an einer Seite so weit zusammengesunken, daß die Querbalken vorn nicht mehr auf Stützpfählen ruhten, sondern bereits auf dem Dünger lagen. Tschurissjonok brach mit Schneide und Rücken eines Beils gerade den Flechtzaun auseinander, der von dem Dachgerüst erdrückt wurde. Iwan Tschurissjonok war ein kleiner Mann von etwa fünfzig Jahren. Die Züge seines länglichen, sonnengebräunten Gesichts, das ein dunkelblonder, bereits ergrauender Vollbart und dichtes, ebenfalls schon graumeliertes Kopfhaar umrahmten, waren schön und ausdrucksvoll. Seine dunkelblauen, halbgeschlossenen Augen blickten klug und gutmütig-sorglos. Der kleine, ebenmäßige Mund, der sich unter dem spärlichen blonden Schnurrbart scharf abzeichnete, drückte, wenn er lächelte, ruhige Selbstsicherheit und einen leicht spöttischen Gleichmut gegenüber der ganzen Umwelt aus. Die grobe Haut, die tiefen Furchen im Gesicht und die am Hals, an den Schläfen und auf den Händen deutlich hervortretenden Adern, seine unnatürlich gebeugte Haltung und die krummen, nach außen gewölbten Beine ließen erkennen, daß sein ganzes Leben mit schwerer, seine Kraft übersteigender Arbeit ausgefüllt gewesen war. Seine Kleidung bestand aus hanfleinenen weißen Hosen mit blauen Flicken an den Knien und einem schmutzigem auf dem Rücken und an den Armen zerschlissenen Hemd aus demselben Stoff. Das Hemd war unten mit einer Schnur umgürtet, an der ein kleiner kupferner Schlüssel hing.

»Gott helfe euch!« sagte der Gutsherr, als er den Hof betrat.

Tschurissjonok blickte sich kurz um und wandte sich gleich wieder seiner Arbeit zu. Erst nachdem er unter Aufgebot seiner ganzen Kraft den Flechtzaun unter dem herunterhängenden Schutzdach herausgebrochen hatte, schlug er das Beil in einen Holzklotz, zog seinen Gürtel zurecht und kam in die Mitte des Hofes.

»Schönen Sonntag, Euer Erlaucht!« sagte er mit einer tiefen Verbeugung und schüttelte mit einer Kopfbewegung sein Haar zurück.

»Danke, mein Lieber. Ich bin gekommen, mich mal in deiner Wirtschaft umzusehen«, sagte Nechljudow freundlich in kindlich-schüchternem Ton und musterte dabei die

Kleidung des Bauern. »Zeig mir doch, wozu du die Stangen brauchst, um die du mich in der Gemeindeversammlung gebeten hast.«

»Die Stangen? Wozu soll ich sie schon brauchen, Euer Erlaucht? Wenigstens ein bißchen will ich das Dach hier stützen, belieben Sie selbst zu sehen: da ist neulich die eine Ecke zusammengebrochen, und man muß noch Gott danken, daß gerade kein Vieh drunter war. Alles hält sich nur noch eben so«, sagte Tschurissjonok mit einem geringschätzigen Blick auf seine schiefen und verfallenen Scheunen mit den abgedeckten Dächern. »Man braucht die Sparren, Bretter und Pfosten nur anzufassen, dann sieht man gleich, daß kein richtiges Stück Holz mehr dabei ist. Aber woher heutzutage Holz nehmen? Sagen Sie selbst.«

»Ja, wozu willst du denn fünf Stangen haben, nachdem eine Scheune schon ganz zusammengebrochen ist und die übrigen auch bald einstürzen werden? Du brauchst nicht Stangen, sondern Sparren, Bretter und Pfähle – alles muß erneuert werden«, sagte der Gutsherr, sichtlich stolz auf seine Sachkenntnis.

Tschurissjonok schwieg.

»Du brauchst also Bauholz und nicht Stangen. Das hättest du gleich sagen sollen.«

»Gewiß brauche ich es, aber woher nehmen? Man kann doch nicht nach allem auf den Gutshof kommen. Wenn es unter uns Bauern erst einreißt, Euer Erlaucht wegen jeder Sache ins Haus zu rennen, was sind wir dann noch für Bauern? Aber wenn Euer Erlaucht die Güte haben würden, mir ein paar von den Eichenwipfeln zu bewilligen, die auf der Gutstenne unnütz herumliegen«, sagte er, während er sich verneigte und von einem Fuß auf den anderen trat, »dann könnte ich sie zurechthauen, passend machen und das, was noch steht, irgendwie zurechtzimmern.«

»Wie willst du denn aus dem Alten noch etwas zurechtzimmern? Du sagst doch selbst, daß alles verfallen und morsch ist: heute ist diese Ecke eingestürzt, morgen ist es eine andere, übermorgen eine dritte. Wenn schon etwas gemacht wird, dann muß alles erneuert werden, damit die

Arbeit nicht unnütz getan wird. Sage mir also, was du meinst: werden die Scheunen diesen Winter noch standhalten oder nicht?«

»Wer soll das wissen!«

»So sage doch, was du denkst! Werden sie einstürzen oder nicht?«

Tschurissjonok sann einen Augenblick nach.

»Sie werden wohl allesamt zusammenbrechen«, sagte er dann plötzlich.

»Siehst du wohl, da hättest du doch besser daran getan, es gleich in der Versammlung zu sagen, daß du das ganze Gehöft umbauen mußt, anstatt nur von Stangen zu sprechen. Ich helfe dir ja gern...«

»Wir sind Euer Erlaucht schon so viel Dank schuldig«, antwortete Tschurissjonok in ungläubigem Ton und ohne den Gutsherrn anzusehen. »Wenn Sie mir nur vier Balken und ein paar Stangen bewilligen wollen, dann kann ich vielleicht schon zurechtkommen; und was sich nicht dafür eignet, werde ich als Stützen für das Haus verwenden.«

»Ist dein Wohnhaus denn auch baufällig?«

»Damit rechnen wir ja schon immer, ich und meine Alte, daß plötzlich einer von uns zermalmt wird«, erwiderte Tschurissjonok in gleichmütigem Ton. »Neulich hat sowieso schon ein Querbalken von der Decke meine Alte kaputt geschlagen.«

»Wie – kaputt geschlagen?«

»Ja, einfach kaputt geschlagen, Euer Erlaucht: Er ist mit solcher Wucht auf ihren Rücken runtergesaust, daß sie bis in die Nacht hinein vor Schmerzen wie tot dagelegen hat.«

»Nun und? Sind die Schmerzen vergangen?«

»Vergangen sind sie wohl, aber sie kränkelt immerzu. Von Geburt an ist sie kränklich.«

»Was fehlt dir denn?« wandte sich Nechljudow an die Frau, die noch immer an der Tür stand und sofort zu stöhnen begonnen hatte, als die Rede auf sie gekommen war.

»Hier drückt es mich immerzu, das ist es«, antwortete sie und zeigte auf ihre schmutzige, eingefallene Brust.

»Da haben wir's wieder!« sagte der junge Gutsherr und

zuckte unwillig die Achseln. »Warum hast du dich denn nicht im Krankenhaus gemeldet, wenn du krank bist? Dazu haben wir doch das Krankenhaus eingerichtet. Hat man es euch denn nicht mitgeteilt?«

»Mitgeteilt hat man es uns schon, mein Wohltäter, aber die Zeit fehlt: die Fron fürs Gut, das Haus, die Kinder – und ich für alles allein! Man hat ja niemanden...«

3

Nechljudow begab sich ins Haus. An den schiefen, verrußten Wänden der Ofenecke hingen alle möglichen Lumpen und Kleidungsstücke, während die Wände in der Wohnecke von rötlichen Schaben buchstäblich übersät waren, die sich um die Heiligenbilder und Bänke herum angesammelt hatten. Die Decke dieser sechs Arschin langen stickigen Stube ohne Rauchabzug wies in der Mitte einen breiten Riß auf, und obwohl an zwei Stellen schon Stützpfosten angebracht waren, hatte sie sich so gesenkt, daß sie jeden Augenblick einzustürzen drohte.

»Ja, das Haus sieht schlimm aus«, sagte der Gutsherr und blickte prüfend in das Gesicht Tschurissjonoks, der dieses Thema offensichtlich nicht anschneiden wollte.

»Wir werden hier den Tod finden, wir und die Kinderchen«, mischte sich mit weinerlicher Stimme die Alte ein, die unter dem Hängeboden an den Ofen gelehnt stand.

»Schweig du still!« wies Tschurissjonok sie in strengem Ton zurecht und wandte sich dann mit einem feinen, unter dem Schnurrbart kaum merklichen Lächeln dem Gutsherrn zu. »Ich weiß nicht ein noch aus. Was soll ich anfangen, Euer Erlaucht, mit dem Haus, meine ich. Ich habe schon Bretter untergeschoben und Stützpfosten genommen – nichts zu machen!«

»Wie sollen wir hier den Winter zubringen? Oh, oh, oh!« jammerte die Alte.

»Wenn man noch mehr Stützpfähle nehmen, die Bretter erneuern und auch ein paar Sparren auswechseln würde«, unterbrach sie ihr Mann in ruhigem, sachlichem Ton, »dann könnten wir den Winter vielleicht irgendwie überstehen. Machen läßt sich das schon, aber dann wäre die ganze Hütte mit Pfosten versperrt – das ist die Sache. Fängt man aber erst an, daran herumzumurksen, dann bleibt von ihr kein heiler Span übrig; sie hält sich nur noch, solange man sie nicht anrührt«, schloß er, offenbar sehr zufrieden damit, daß er das alles überlegt hatte.

Nechljudow war ärgerlich und betrübt darüber, daß Tschurissjonok es bis zu einem solchen Zustand hatte kommen lassen, anstatt sich eher an ihn zu wenden, obwohl er den Bauern seit seiner Ankunft noch nie etwas abgeschlagen hatte und alles tat, damit sie mit ihren Nöten zu ihm kamen. Er war über Tschurissjonok sogar etwas erbittert, zuckte unwillig die Achseln und runzelte die Stirn. Doch angesichts der Armut, die ihn umgab, und der ruhigen, selbstbewußten Erscheinung Tschurissjonoks inmitten solcher Armut verwandelte sich seine Erbitterung in so etwas wie eine wehmütige Hoffnungslosigkeit.

»Warum hast du mir nicht schon früher etwas davon gesagt?« fragte er vorwurfsvoll und setzte sich auf die schmutzige krumme Bank.

»Ich traute mich nicht, Euer Erlaucht«, antwortete Tschurissjonok, wiederum unmerklich lächelnd, und trat auf dem unebenen Lehmboden von einem seiner schwarzen, bloßen Füße auf den anderen; er sagte das allerdings so freimütig und ruhig, daß man kaum glauben konnte, er habe sich wirklich nicht getraut, zum Gutsherrn zu gehen.

»Das ist alles unser Bauernkram, wie können wir uns trauen ... «, fing die Alte aufs neue mit einem Aufschluchzen an.

»Quatsch nicht!« wandte sich Tschurissjonok abermals zu ihr um.

»Hier kannst du nicht länger hausen; das ist Unsinn!« sagte Nechljudow, nachdem er eine Weile geschwiegen hatte. »Paß mal auf, was wir machen werden, lieber Freund...«

»Zu Befehl!« bemerkte Tschurissjonok.

»Hast du die Gerardschen Steinhäuser gesehen, die ich

auf dem neuen Vorwerk habe bauen lassen – mit hohlen Wänden?«

»Wie sollte ich sie nicht gesehen haben?« erwiderte Tschurissjonok mit einem Lächeln, bei dem seine noch vollzähligen weißen Zähne sichtbar wurden. »Wir haben sogar gestaunt darüber, wie sie gebaut wurden – so wunderliche Häuser! Unsere Leute lachten und meinten, das sollen wohl Speicher werden, in denen man das Korn zwischen die Wände schüttet, um es vor den Ratten zu schützen. Solide Häuser«, schloß er und schüttelte halb spöttisch, halb bedenklich den Kopf, »ganz wie Gefängnisse.«

»Ja, es sind wunderbare Häuser, trocken und warm und weniger feuergefährlich«, bemerkte mit finsterem Gesicht der junge Gutsherr, den die Spöttelei des Bauern sichtlich verstimmte.

»Dagegen läßt sich nichts sagen, Euer Erlaucht, es sind solide Häuser.«

»Also, das eine Haus ist schon vollständig fertig. Es ist zehn Arschin lang, mit einem Flur und einer Kornkammer – alles fix und fertig. Ich bin bereit, es dir für den Selbstkostenpreis zu überlassen und dir das Geld zu stunden, du kannst es irgendwann einmal zurückzahlen«, sagte der Gutsherr mit einem selbstzufriedenen Lächeln, das er bei dem Gedanken, ein gutes Werk zu vollbringen, nicht unterdrücken konnte. »Dein alles Haus wirst du abreißen«, fuhr er fort, »das Holz kann noch zu einem Speicher verwendet werden, und alles Drum und Dran vom Hof nimmst du auch mit. Das Wasser ist dort gut, einen Gemüseacker werde ich dir vom Neuland zuteilen, und deine drei Streifen Land sollst du auch gleich dort neben dem Hause haben. Da wirst du schön wirtschaften können! Nun, sagt dir das denn nicht zu?« fragte Nechljudow, als er bemerkte, daß Tschurissjonok, sowie er etwas von der Übersiedlung gehört hatte, in völlige Starrheit versunken war und, jetzt nicht mehr lächelnd, auf den Boden stierte.

»Darüber haben Sie zu bestimmen, Euer Erlaucht«, antwortete er, ohne aufzublicken.

Die Alte, anscheinend an einer empfindlichen Stelle getroffen, machte ein paar Schritte vorwärts und wollte etwas sagen; doch ihr Mann kam ihr zuvor.

»Zu bestimmen haben Sie, Euer Erlaucht«, wiederholte er in entschiedenem und doch ehrerbietigem Ton und blickte, sein Haar zurückwerfend, zu dem Gutsherrn auf. »Aber auf dem neuen Vorwerk kann es für uns kein Leben geben.«

»Warum denn nicht?«

»Nein, Euer Erlaucht, wir haben es auch hier schwer, aber wenn Sie uns umsiedeln, werden wir unser Lebtag keine rechten Bauern mehr sein. Wie sollen wir dort wirtschaften? Das ist kein Leben dort – nichts für ungut!«

»Ja, warum meinst du denn das?«

»Wir werden dort ganz zugrunde gehen, Euer Erlaucht.«

»Wieso soll man dort nicht leben können?«

»Was kann das schon für ein Leben sein? Urteilen Sie selbst: die Gegend ist unbewohnt, wie das Wasser ist, weiß man nicht, das Vieh hat nirgends zu weiden. Hier haben wir die von alters her gedüngten Hanffelder – und dort? Was gibt es überhaupt dort? Alles ist öde! Keine Abzäunung gibt es, keine Getreidedarren, keine Ställe, nichts ist da. Wir werden zugrunde gehen, Euer Erlaucht, wenn Sie uns dorthin vertreiben, ganz und gar zugrunde gehen! Die Gegend ist neu, man kennt sie nicht...«, wiederholte er und schüttelte nachdenklich, aber entschieden den Kopf.

Nechljudow wollte den Bauern davon überzeugen, daß die Übersiedlung für ihn im Gegenteil sehr günstig sei, und führte an, daß man Heckenzäune und Ställe errichten werde, daß das Wasser gut sei und dergleichen mehr; aber das stumpfe Schweigen Tschurissjonoks verwirrte ihn, und er hatte das Gefühl, ihm das alles nicht mit den richtigen Worten auseinanderzusetzen. Tschurissjonok widersprach ihm nicht, doch als der Gutsherr geendet hatte, bemerkte er mit einem leisen Lächeln, daß es am besten wäre, auf dem neuen Vorwerk die alten Gesindeleute und den Dorfnarren Aljoscha anzusiedeln, damit sie dort das Getreide bewachten.

»Das wäre eine feine Sache«, sagte er, wiederum lächelnd. »Alles andere ist unnütze Mühe, Euer Erlaucht!«

»Was hat es denn zu sagen, daß die Gegend unbewohnt ist?« beharrte Nechljudow geduldig auf seinem Vorschlag. »Diese Gegend ist doch auch einmal unbewohnt gewesen, und jetzt leben hier Menschen. So wird es auch dort sein, und wenn du dich als erster dort ansiedelst und eine glückliche Hand hast ... Du solltest unbedingt übersiedeln... «

»Ach, gnädiger Herr, Euer Erlaucht, wie kann man das vergleichen«, antwortete Tschurissjonok hastig, als fürchte er, der Gutsherr sei im Begriff, eine endgültige Entscheidung zu treffen. »Hier in der Gemeinde hat man Leben um sich, ist man an alles gewöhnt: an den Weg, an den Teich, wenn die Alte Wäsche zu waschen hat oder das Vieh getränkt werden muß. Und unsere ganze Wirtschaft haben wir hier, von alters her so eingerichtet, die Tenne, den Gemüseacker, die Weiden dort, die meine Eltern gepflanzt haben; mein Vater und mein Großvater haben hier ihren Geist ausgehaucht, und ich habe nur den einen Wunsch, hier mein Leben zu beschließen, Euer Erlaucht, sonst bitte ich um nichts. Wenn ich durch Ihre Güte mein Häuschen ausbessern kann, werden wir es Ihnen herzlich danken; wenn nicht, werden wir auch so bis ans Ende unserer Tage irgendwie zurechtkommen. Wir werden bis in alle Ewigkeit für dich beten«, fuhr er, sich tief verneigend, fort, »nur vertreibe uns nicht aus unserem Nest, Väterchen!«

Während Tschurissjonok sprach, war aus der Ecke, in der seine Frau unter dem Hängeboden stand, immer häufiger ein Aufschluchzen zu hören, und als ihr Mann das Wort Väterchen ausgesprochen hatte, kam die Alte plötzlich vorgestürzt und warf sich dem Gutsherrn weinend zu Füßen.

»Stürze uns nicht ins Verderben, unser Wohltäter! Du bist unser Vater, bist unsere Mutter! Wohin sollen wir noch ziehen? Wir sind alte, einsame Menschen. Wie Gott, so hast auch du...«, begann sie zu jammern.

Nechljudow sprang von der Bank auf und wollte die Alte aufheben, doch sie stieß in einer Art verzückter Verzweiflung mit dem Kopf gegen den Lehmfußboden und schob die Hand des Gutsherrn zurück.

»Was tust du? Steh doch bitte auf! Wenn ihr nicht wollt,

dann laßt es bleiben; zwingen werde ich euch nicht«, sagte er und zog sich mit einer abwehrenden Handbewegung zur Tür zurück.

Nachdem Nechljudow erneut auf der Bank Platz genommen hatte und in der Stube Schweigen eingetreten war, das nur durch das leise Schluchzen der Alten unterbrochen wurde, die sich wieder unter den Hängeboden begeben hatte und dort mit dem Ärmel ihres Hemdes die Tränen aus den Augen wischte, begriff der junge Gutsbesitzer, was dieses baufällige Häuschen, der zerfallene Brunnen mit der schmutzigen Wasserlache, die kleinen halb verfaulten Ställe und Scheunen und die verkümmerten Weiden vor dem Fenster für Tschurissjonok und seine Frau bedeuteten – und er wurde wehmütig gestimmt und fühlte sich irgendwie bedrückt und beschämt.

»Iwan, warum hast du mir nicht schon vorigen Sonntag im Gemeinderat gesagt, daß du ein neues Häuschen brauchst? Jetzt weiß ich nicht, wie ich dir helfen soll. Ich habe euch doch allen gleich in der ersten Versammlung gesagt, daß ich mich auf dem Lande niedergelassen habe, um mein Leben eurem Wohl zu weihen; ich selbst bin bereit, auf alles zu verzichten, damit ihr ein zufriedenes, glückliches Leben führen könnt, und ich schwöre vor Gott, daß ich mein Wort halten werde«, beteuerte der junge Gutsbesitzer; er wußte nicht, daß derartige Ergüsse nicht geeignet sind, Vertrauen zu wecken, besonders nicht bei russischen Menschen, die nicht Worte, sondern Taten lieben und allen Gefühlsausbrüchen, so edel die Beweggründe auch sein mögen, abhold sind.

Doch der treuherzige junge Mann war von dem Gefühl, das ihn erfüllte, so beglückt, daß er nicht umhinkonnte, ihm Ausdruck zu verleihen.

Tschurissjonok neigte den Kopf zur Seite und hörte leicht blinzelnd mit erzwungener Aufmerksamkeit seinem Herrn zu, wie einem Menschen, dem man Gehör schenken muß, selbst wenn er von Dingen spricht, die einen nicht sehr erfreuen und auch gar nichts angehen.

»Aber ich kann ja nicht unbegrenzt alle Wünsche erfüllen.

Wenn ich jedem das Holz geben wollte, um das er mich bittet, würde ich selbst bald nichts mehr haben und könnte denen nicht helfen, die es wirklich dringend brauchen. Deshalb eben habe ich ja ein Stück Wald abgeteilt und es der Gemeinde zur Instandsetzung der Bauernhäuser zur Verfügung gestellt. Das Holz von dort gehört jetzt nicht mehr mir, sondern euch, den Bauern, und nicht ich kann jetzt darüber verfügen, sondern der Gemeinderat teilt es nach eigenem Ermessen zu. Komm heute zur Versammlung. Ich werde mit dem Gemeinderat wegen deiner Bitte sprechen, und wenn er dir Bauholz für das Haus bewilligt, dann ist ja alles gut; ich selbst habe jetzt kein Holz mehr da. Ich möchte dir ja von Herzen gern helfen, aber wenn du nicht übersiedeln willst, hängt das andere jetzt nicht mehr von mir ab, sondern vom Gemeinderat. Ist dir das klar?«

»Wir sind Ihnen für Ihre Güte sehr dankbar«, antwortete Tschurissjonok verlegen. »Aber wenn Sie uns etwas für die Ausbesserung der Ställe bewilligen wollten, würden wir auch so zurechtkommen. Was ist vom Gemeinderat zu erwarten? Das kennt man ja...«

»Nein, komm nur hin.«

»Zu Befehl. Kommen werde ich. Warum sollte ich nicht kommen? Aber den Gemeinderat werde ich um nichts bitten.«

4

Der junge Gutsbesitzer wollte die Bauersleute anscheinend noch etwas fragen; er blieb auf der Bank sitzen und blickte bald auf Tschurissjonok, bald auf den leeren Ofen, in dem kein Feuer brannte.

»Habt ihr denn schon zu Mittag gegessen?« fragte er schließlich.

Unter dem Schnurrbart Tschurissjonoks zeichnete sich ein spöttisches Lächeln ab, als käme es ihm komisch vor, daß der Gutsherr so dumme Fragen stellte.

»Was sollen wir schon gegessen haben, mein Wohltäter?«

sagte die Alte mit einem tiefen Seufzer. »Ein Stückchen Brot – das war unser ganzes Mittagessen. Bärwurz zu holen, dazu kam ich heute nicht, und so hatte ich auch nichts, eine Suppe zu kochen, und den Kwaß, der noch da war, haben die Kinder bekommen.«

»Bei uns sind jetzt Hungerfasten, Euer Erlaucht«, mischte sich Tschurissjonok ein, um die Worte seiner Frau zu erläutern. »Brot und Zwiebeln, das ist jetzt die Hauptnahrung von uns Bauern. Gott sei Dank schon dafür, daß wir durch Ihre Güte noch immer Brot haben, denn bei den anderen Bauern ringsum ist auch das Korn alle. Die Zwiebelernte ist in diesem Jahr überall schlecht. Der Gemüsegärtner Michailo, zu dem wir neulich geschickt haben, der verlangt einen Groschen für das Bund, da kann unsereins nichts kaufen. Wohl schon seit Ostern sind wir nicht mehr in der Kirche gewesen, denn zu einer Kerze für den heiligen Mikola langt's auch nicht mehr.«

Nechljudow kannte seit langem, nicht vom Hörensagen, sondern aus eigener Anschauung, die furchtbare Armut, in der die Bauern seines Gutes ihr Leben fristeten; doch diese Verhältnisse widersprachen so sehr dem Milieu, in dem er erzogen war, seiner Geistesrichtung und Lebensweise, daß er gegen seinen Willen oft die Wirklichkeit vergaß und daß sich jedesmal, wenn sie ihm wie jetzt in so anschaulicher Weise in Erinnerung gebracht wurde, ein ungemein bedrückendes, quälendes Gefühl seiner bemächtigte, als sei er an ein von ihm begangenes, noch ungesühntes Verbrechen erinnert worden.

»Woran liegt es, daß ihr so arm seid?« fragte er, seinen Gedanken unwillkürlich laut aussprechend.

»Wie sollten wir denn sein, wenn nicht arm, Euer Erlaucht? Wie unser Land ist, belieben Sie selbst zu wissen: Lehmboden und Hügel; und außerdem müssen wir wohl auch Gott erzürnt haben, denn seit der Cholera gedeiht das Korn nicht mehr. Mein Wiesen- und Ackerland hat sich auch wieder verkleinert: ein Stück hat mir die Verwaltung weggenommen, ein anderes wurde den herrschaftlichen Feldern zugeschlagen. Ich bin alt und allein ... selbst wenn ich noch mehr arbeiten möchte – die Kraft fehlt. Meine Alte ist immer krank, sie bringt jedes Jahr ein Mädelchen zur Welt, und alle müssen doch ernährt werden. Sieben Köpfe habe ich im Hause, und für alle muß ich allein sorgen. Ich versündige mich vor Gott, aber oft denke ich, wenn er doch bald ein paar von ihnen zu sich nehmen wollte: ich hätte es leichter, und für sie wäre es auch besser, als hier Not zu leiden...«

»Oh, oh!« Die Alte stieß, gleichsam zur Bekräftigung der Worte ihres Mannes, einen lauten Seufzer aus.

»Das hier ist meine ganze Hilfe«, fuhr Tschurissjonok fort und zeigte auf einen vielleicht sieben Jahre alten Jungen mit semmelblondem, struppigem Haar und ungewöhnlich dickem Bauch. Der war mittlerweile durch die leise knarrende Tür schüchtern in die Stube getreten, hatte sich mit seinen beiden kleinen Händen an Tschurissjonoks Hemd geklammert und starrte aus erstaunten Augen verstohlen den Gutsherrn an. »Er ist meine einzige Hilfe, aber wie lange ist es noch bis dahin?« sprach Tschurissjonok mit heller Stimme weiter und strich mit seiner schwieligen Hand über das blonde Haar des Jungen. »Und ich bin der Arbeit nicht mehr gewachsen. Das Alter wäre noch nicht das schlimmste, aber der Bruch macht mir zu schaffen: bei Regenwetter, da könnte ich manchmal schreien vor Schmerzen. Ich müßte längst aus der Fron heraus sein, für mich ist's Zeit, auf das Altenteil gesetzt zu werden. Jermilow, Djomkin, Sjabrew – die sind alle jünger als ich und haben die Feldarbeit schon lange niedergelegt. Aber ich habe niemand, dem ich sie übergeben kann, das ist mein Unglück. Zu essen muß man doch was haben, da schufte ich mich eben ab, Euer Erlaucht.«

»Ich würde dir das Leben ja herzlich gern erleichtern. Aber wie fängt man es an?« sagte der junge Gutsherr mit einem teilnahmsvollen Blick auf den Bauern.

»Wie wollen Sie es schon erleichtern? Das ist doch klar, wer Land hat, muß auch seinen Frondienst leisten – so ist die Ordnung nun mal. Irgendwie werde ich es schon schaffen, bis der Junge herangewachsen ist. Wenn Sie nur so gut sein wollten, ihn von der Schule freizugeben; denn dieser Tage war der Gemeindeschreiber hier und sagte, daß Euer Erlaucht verlangen, er soll in die Schule kommen. Ihn können Sie doch freigeben: was hat er schon für einen Verstand, Euer Erlaucht? Er ist noch jung, versteht noch nichts.«

»Nein, mein Lieber, da kannst du sagen, was du willst, aber für deinen Jungen ist es Zeit zum Lernen, und er wird schon verstehen«, erklärte der Gutsherr. »Ich habe doch nur dein Bestes im Sinn. Bedenke doch: wenn er dann herangewachsen ist und die Wirtschaft übernimmt, wird er lesen und schreiben können, wird auch in der Kirche lesen, und mit Gottes Hilfe wird dann in deinem Hause alles besser gehen«, sagte Nechljudow, der bemüht war, sich möglichst verständlich auszudrücken, und dabei verlegen wurde und errötete.

»Das glaube ich schon, daß Sie uns nichts Schlechtes wünschen, Euer Erlaucht. Aber wir haben sonst niemand, der zu Hause bleibt; meine Alte und ich haben mit der Fronarbeit zu tun, und er ist zwar noch ein kleines Bürschchen, aber doch eine Hilfe, treibt das Vieh nach Hause, tränkt die Pferde. So klein er auch ist, er ist eben doch ein Mann«, sagte Tschurissjonok, nahm lächelnd die Nase des Jungen zwischen seine dicken Finger und schneuzte ihn.

»Immerhin, wenn du selbst zu Hause bist und er Zeit hat, mußt du ihn unbedingt in die Schule schicken! Hörst du?«

Tschurissjonok seufzte tief auf und antwortete nichts.

5

»Was ich noch fragen wollte«, sagte Nechljudow. »Warum hast du nicht den Dünger vom Hof abgefahren?«

»Was habe ich schon für Dünger, Euer Erlaucht? Da ist nichts abzufahren. Wieviel Vieh habe ich denn? Eine Stute und ein Füllen, und von den Kälbern habe ich im Herbst eine Färse dem Herbergswirt abgetreten – das ist mein ganzes Vieh!«

»Wenn du schon so wenig Vieh hast, warum gibst du

dann von den Kälbern noch eine Färse weg?« fragte der Gutsherr erstaunt.

»Woher soll ich das Futter nehmen?«

»Hast du denn nicht genug Stroh, um eine Kuh großzufüttern? Bei anderen reicht es doch aus?«

»Die anderen haben gedüngtes Land, aber mein Land ist nichts als Lehm; da ist nichts zu machen.«

»Dann dünge es doch, damit es besser wird; auf guter Erde gedeiht auch Korn, und du wirst dann genügend Futter für dein Vieh haben.«

»Aber wenn das Vieh fehlt, woher soll dann der Dünger kommen?«

Ein sonderbarer cercle vicieux! dachte Nechljudow; doch er wußte wirklich nicht, was er dem Bauern raten könnte.

»Und dann, mit Verlaub zu sagen, Euer Erlaucht: nicht der Dünger läßt das Getreide wachsen, sondern Gott allein«, fuhr Tschurissjonok fort. »Im vorigen Sommer, da habe ich von meiner ungedüngten Parzelle sechs Schober eingebracht, und von der gedüngten kam nicht mal ein Fuder zusammen. Das macht alles Gott!« fügte er mit einem Seufzer hinzu. »Und mit dem Vieh wird es auch nichts in unserer Wirtschaft. Schon seit sechs Jahren gedeiht es nicht. Letzten Sommer ist eine Färse krepiert, die andere habe ich verkauft: das Futter fehlte. Und vorvoriges Jahr, da ist meine beste Kuh eingegangen; als sie von der Weide kam, merkte man ihr nichts an, aber dann schwankte sie plötzlich, schwankte – und aus war es! Das Unglück verfolgt mich!«

»Nun, mein Lieber, damit du nicht sagst, du habest kein Vieh, weil es am Futter fehlt, und das Futter fehle deshalb, weil du kein Vieh hast, will ich dir Geld für eine Kuh geben«, sagte Nechljudow errötend, während er ein zerknittertes Bündel Geldscheine aus der Hosentasche zog und es sortierte. »Kauf dir eine Kuh, und Futter kannst du dir von der Tenne holen – ich werde Anweisung geben. Vielleicht bringt dir mein Geld Glück, aber sieh nun auch zu, daß du bis nächsten Sonntag die Kuh hast; ich komme wieder.«

Tschurissjonok lächelte und trat so lange von einem Fuß auf den anderen, ohne die Hand nach dem Geld auszustrecken, daß Nechljudow es schließlich auf den Rand des Tisches legte und noch tiefer errötete.

»Wir sind Ihnen für Ihre Güte sehr dankbar«, sagte Tschurissjonok mit seinem üblichen, ein wenig spöttischen Lächeln.

Die Alte, die unter dem Hängeboden stand, seufzte mehrmals tief auf und schien ein Gebet vor sich hin zu murmeln.

Dem jungen Gutsherrn war die Situation peinlich; er stand schnell von der Bank auf, ging in den Flur und winkte Tschurissjonok, ihm zu folgen. Der Anblick eines Menschen, dem er etwas Gutes getan hatte, war ihm so angenehm, daß er sich nicht gleich danach von ihm trennen mochte.

»Ich helfe dir gern«, sagte er und blieb am Brunnen stehen. »Dir kann man helfen, weil du, wie ich weiß, nicht faul bist. Wenn du dich selbst anstrengst, werde auch ich dich unterstützen, und mit Gottes Beistand wird sich deine Lage schon wieder bessern.«

»Von Besserung wollen wir gar nicht reden, ich bin schon froh, wenn ich nicht ganz zugrunde gehe, Euer Erlaucht«, erwiderte Tschurissjonok und nahm auf einmal einen ernsten, ja strengen Gesichtsausdruck an, als sei er höchst unzufrieden mit der Annahme des Gutsherrn, daß es ihm wieder besser gehen könne. »Als mein Vater noch lebte und wir Brüder zusammen waren, hatten wir keine Not zu leiden; erst seitdem wir nach seinem Tode auseinandergegangen sind, wurde es immer schlechter und schlechter. Das macht das Alleinsein!«

»Warum seid ihr denn auseinandergegangen?«

»Alles ist durch das Weibervolk gekommen, Euer Erlaucht. Damals war Ihr Herr Großvater nicht mehr am Leben, denn zu seinen Lebzeiten hätten wir es nicht gewagt: da herrschte richtige Ordnung. Er hat sich ebenso wie Sie um alles selber gekümmert – an ein Auseinandergehen hätten wir uns nicht einmal zu denken getraut. Der Verewigte liebte es nicht, den Bauern ihren Willen zu lassen. Aber nach seinem Tode übernahm Andrej Iljitsch das Regiment, der war – Gott verzeih's ihm – ein Trinker und ein unzuverlässiger Mensch. Wir kamen ein ums andere Mal zu ihm und baten: Es ist kein Leben so mit den Weibern, laß uns auseinanderziehen; nun, er prügelte sie, prügelte sie, aber schließlich haben die Frauenzimmer doch ihren Willen durchgesetzt, und wir zogen auseinander. Und wie es einem Bauern geht, der auf sich allein gestellt ist, das weiß man ja. Auch gab es gar keine Ordnung mehr: Andrej Iljitsch machte mit uns, was er wollte. Alles mußte zur Stelle sein, aber woher der Bauer es nehmen sollte, danach fragte er nicht. Dann wurden die Kopfsteuern erhöht, an Naturalien mußte mehr abgeliefert werden, aber Land ließ man uns immer weniger, und das Korn wollte nicht mehr gedeihen. Und als dann noch die Landvermessung kam, da hat er unser gutgedüngtes Ackerland dem herrschaftlichen Besitz zugeschlagen, der Halunke, und uns vollends ins Elend gestürzt! Ihr Herr Vater – Gott hab ihn selig –, der war ein gütiger Herr, aber wir bekamen ihn fast nie zu sehen: er hielt sich immer in Moskau auf. Natürlich mußten auch öfter Fuhren dorthin gebracht werden; manchmal waren die Wege aufgeweicht, wir hatten kein Futter, aber wir mußten fahren. Der gnädige Herr brauchte es ja auch. Dagegen haben wir nie zu murren gewagt; nur gab es eben keine Ordnung. Jetzt, wo Euer Erlaucht jeden Bauern zu sich vorlassen und anhören, fühlen wir uns als ganz andere Menschen, und auch der Verwalter ist ein anderer geworden. Wir wissen jetzt alle, daß wir einen Herrn haben. Und es gibt gar keine Worte dafür, wie dankbar wir Bauern für Ihre Güte sind. Denn während der Vormundschaft gab es keinen richtigen Herrn; jeder war ein Herr: der Vormund war ein Herr, Iljitsch war ein Herr, seine Frau war eine Herrin, sogar der Schreiber vom Bezirk war ein Herr! Da hatten wir Bauern viel, ach, so viel Leid zu ertragen!«

Nechljudow empfand wieder so etwas wie Scham oder Gewissensbisse. Er lüftete leicht den Hut und ging weiter.

6

»Juchwanka Mudrjony will ein Pferd verkaufen«, las Nechljudow in seinem Notizbuch und ging über die Straße auf das Anwesen Juchwanka Mudrjonys zu. Das Häuschen Juchwankas war sorgfältig mit Stroh von der herrschaftlichen Tenne gedeckt und aus frischem, ebenfalls aus dem herrschaftlichen Forst stammendem hellgrauem Espenholz gezimmert; die beiden Fenster hatten rotgestrichene Läden, und zur Tür führte ein kleiner überdachter Aufgang mit einem Geländer aus verschnörkelten, geschnitzten Brettern. Der Flur und die Sommerstube waren ebenfalls in gutem Zustand; doch der allgemeine Eindruck von Behaglichkeit und Wohlstand, den alles dies machte, wurde dadurch ein wenig beeinträchtigt, daß sich an den Torweg ein Verschlag und ein halbfertiger Flechtzaun anschlossen und hinter dem Zaun das Gerüst eines ungedeckten Schutzdaches emporragte. Zur gleichen Zeit, als Nechljudow von der einen Seite auf das Haus zukam, näherten sich ihm von der anderen zwei Bäuerinnen mit einem vollen Wasserzuber. Die eine war die Frau, die andere die Mutter Juchwanka Mudrjonys. Die erste war eine stämmige, rotwangige Person mit ungewöhnlich stark entwickelter Brust und vollem Gesicht mit breiten Backenknochen. Sie hatte ein sauberes Hemd an, das an den Ärmeln, am Kragen und am Brusteinsatz bestickt war, darüber eine Schürze mit Brustlatz, trug einen neuen Rock, Bauernschuhe, eine Glasperlenkette um den Hals und einen koketten viereckigen, mit rotem Garn und Goldflitter bestickten Kopfputz.

Das Ende des Tragjochs wippte nicht, es ruhte fest auf ihrer breiten, starken Schulter. Die leichte Anspannung, die sich in ihrem geröteten Gesicht, der Krümmung des Rükkens und den gemessenen Bewegungen der Arme und Beine ausdrückte, ließ auf eine ungewöhnliche Gesundheit und auf männliche Kraft schließen. Juchwankas Mutter hingegen, die das andere Ende des Tragjochs trug, war eine jener alten Frauen, die den äußersten Grad von Greisenhaftigkeit und Verfall erreicht zu haben scheinen, der bei einem lebenden Menschen denkbar ist. Ihr knochiger, mit einem schmutzigen, zerrissenen Hemd und völlig ausgeblichenem Rock bekleideter Körper war so tief gebeugt, daß das Tragjoch mehr auf ihrem Rücken als auf ihrer Schulter ruhte. Die gekrümmten Finger ihrer schwarzbraunen Hände, mit denen sie das Tragjoch umklammert hatte, als wollte sie sich an ihm festhalten, schienen sich überhaupt nicht mehr auseinanderbiegen zu lassen; ihr Kopf, der mit irgendeinem Fetzen umwunden war, hing tief herab, das Gesicht war von den Spuren ärgster Armut und von Altersschwäche entstellt. Ihre roten, wimperlosen Augen, die unter der flachen, kreuz und quer von tiefen Falten durchfurchten Stirn hervorblickten, waren starr auf den Boden gerichtet. Unter der eingefallenen Oberlippe stak ein letzter gelber Zahn, der in steter Bewegung war und ab und zu das spitze Kinn berührte. Die tiefen Falten der unteren Gesichtspartie und am Hals stellten sackähnliche Gebilde dar, die bei jeder Bewegung hin und her schlenkerten. Sie atmete schwer und röchelte; doch die gekrümmten Beine und die bloßen Füße, die sie, wie es den Anschein hatte, nur unter Aufbietung ihrer letzten Kraft über den Boden dahinschleppte, bewegten sich dennoch gemessen weiter.

7

Die junge Bäuerin, die beinahe mit dem Gutsherrn zusammengestoßen war, setzte flink den Zuber ab, senkte den Kopf, verneigte sich, blickte dann mit blitzenden Augen verstohlen zum Gutsherrn auf und lief, bemüht, ein leises Lächeln hinter ihrem bestickten Ärmel zu verbergen, mit den Schuhen klappernd die Stufen des Aufgangs hinauf.

»Mütterchen, bring du das Tragjoch zu Tante Nastassja«, sagte sie, an der Tür stehenbleibend, zu der Alten.

Der sittsame junge Gutsbesitzer maß die rotwangige Bäuerin mit einem strengen, prüfenden Blick, runzelte die Stirn und drehte sich zu der Alten um, die mit ihren steifen Fingern das Tragjoch losnestelte, es sich auf die Schultern lud und sich ergeben anschickte, zur Nachbarhütte zu gehen.

»Ist dein Sohn zu Hause?« fragte der Gutsherr.

Die Alte verneigte sich, indem sie ihren ohnehin krummen Rücken noch tiefer beugte, und schien etwas sagen zu wollen, legte dann aber die Hand vor den Mund und wurde von einem so anhaltenden Hustenanfall geschüttelt, daß sich Nechljudow, ohne ihre Antwort abzuwarten, ins Haus begab. Juchwanka, der in der rechten vorderen Ecke unter dem Heiligenbild auf einer Bank saß, stürzte beim Erscheinen des Gutsherrn, als wollte er sich vor ihm verbergen, auf den Ofen zu, wo er irgendeinen Gegenstand hastig unter dem Hängeboden versteckte, und drückte sich dann, mit den Mundwinkeln und den Augen zuckend, an die Wand, als wollte er dem Gutsherrn Platz machen. Er war ein schlanker, stattlicher Bursche von etwa dreißig Jahren mit blondem Haar und einem jugendlich wirkenden Spitzbärtchen und hätte für recht hübsch gelten können, wenn seine braunen flackernden Augen, die unter den zusammengezogenen Brauen hervorblickten, nicht einen unangenehmen Eindruck gemacht und wenn ihm nicht vorn zwei Zähne gefehlt hätten, deren Lücken um so mehr auffielen, als seine Lippen schmal waren und sich ständig bewegten. Er hatte ein festtägliches Hemd mit grellroten Achselzwickeln an, trug gestreifte Kattunhosen und schwere Stiefel mit faltigen Schäften. In Juchwankas Häuschen war es nicht so eng und finster wie in der Behausung Tschurissjonoks, obwohl die Luft ebenso stickig war, es ebenso nach Rauch und Schafpelzen roch und auch hier bäuerliche Kleidungsstücke und Küchengeräte unordentlich umherlagen. Zwei Dinge zogen hier die Aufmerksamkeit besonders auf sich: ein kleiner zerbeulter Samowar, der auf einem Wandbrett stand, und ein schwarzer Rahmen mit schmutzigen Bruchstücken einer Glasscheibe und dem Bildnis eines Generals in roter Uniform, der neben den Heiligenbildern hing. Nachdem Nechljudow mit Mißfallen auf den Samowar, das Bildnis des Generals und auf den Hängeboden geblickt hatte, wo unter allem möglichen Plunder das Mundstück einer messingbeschlagenen Pfeife hervorragte, wandte er sich dem Bauern zu.

»Guten Tag, Jepifan«, sagte er und blickte ihm gerade in die Augen.

Jepifan verneigte sich, murmelte: »Guten Tag, Euerlaucht«, wobei er das letzte Wort besonders innig aussprach, und ließ seine Blicke blitzschnell über die ganze Gestalt des Gutsherrn, die Stube, den Fußboden und die Decke schweifen, ohne sie irgendwo haften zu lassen. Hierauf trat er hastig an den Hängeboden heran, zerrte einen Bauernkittel herunter und zog ihn an.

»Wozu ziehst du den Rock an?« fragte Nechljudow, der sich auf die Bank gesetzt hatte und bemüht war, Jepifan möglichst streng anzusehen.

»Aber ich bitte Sie, Euerlaucht, wie werde ich... Man weiß doch, meine ich, was sich...«

»Ich bin gekommen, um zu hören, warum du ein Pferd verkaufen willst und ob du viele Pferde hast und welches du verkaufen willst«, unterbrach ihn schroff der Gutsherr, der sich diese Fragen offenbar schon im voraus zurechtgelegt hatte.

»Wir danken Euerlaucht tausendmal, daß Sie es nicht verschmähen, zu mir, einem einfachen Bauern, zu kommen«, antwortete Juchwanka, während sein unsteter Blick über das Bildnis des Generals, den Ofen, die Stiefel des Gutsherrn und überallhin glitt, nur nicht über das Gesicht Nechljudows. »Wir beten für Euerlaucht immer zu Gott...«

»Warum willst du das Pferd verkaufen?« wiederholte Nechljudow mit Nachdruck und räusperte sich.

Juchwanka strich sich seufzend das Haar zurück (seine Blicke schweiften wieder durch die Stube), und als er die Katze bemerkte, die ruhig schnurrend auf der Bank lag, fuhr er sie an: »Scher dich raus, du Biest!«, woraufhin er sich hastig dem Gutsherrn zuwandte: »Das Pferd, Euerlaucht, taugt nichts mehr... Wenn es ein brauchbares Tier wäre, würde ich es nicht verkaufen, Euerlaucht.«

»Wieviel Pferde hast du im ganzen?«

»Drei Pferde, Euerlaucht.«

»Und gar keine Füllen?«

»Natürlich doch, Euerlaucht! Auch ein Füllen.«

»Komm, zeig mir mal deine Pferde! Sind sie zu Hause?«

»Jawohl, Euerlaucht; wie mir befohlen wurde, so habe ich es auch gemacht. Können wir uns denn Euerlaucht widersetzen? Jakow Iljitsch hat mir befohlen, die Pferde heute nicht auf die Weide zu treiben: der Fürst will sie sich ansehen; da haben wir sie auch nicht hingetrieben. Wir werden uns doch nicht unterstehen, gegen den Befehl von Euerlaucht zu handeln.«

Während Nechljudow auf die Tür zuging, nahm Juchwanka schnell die auf dem Hängeboden liegende Pfeife und warf sie hinter den Ofen; seine Lippen zuckten nach wie vor, auch wenn der Gutsherr ihn nicht ansah.

Eine ausgemergelte graue Stute wühlte im Hof unter dem Schutzdach in faulem Stroh herum; ein zwei Monate altes hochbeiniges Füllen von undefinierbarer Farbe – Beine und Schnauze schimmerten bläulich – stand neben ihr und rührte sich nicht von ihrem dünnen, mit Kletten durchsetzten Schweif weg. In der Mitte des Hofes stand mit geschlossenen Augen und nachdenklich gesenktem Kopf ein kleiner dickbäuchiger brauner Wallach, der dem Aussehen nach ein gutes Bauernpferd war.

»Das hier ist also alles, was du an Pferden hast?«

»Nein, nicht alles, Euerlaucht; hier ist noch eine Stute und das Füllen dort«, antwortete Juchwanka und zeigte auf die Pferde, die der Gutsherr unmöglich übersehen haben konnte.

»Die sehe ich. Welches von ihnen willst du denn verkaufen?«

»Dieses hier, Euerlaucht«, antwortete er und scheuchte, fortwährend blinzelnd und den Mund verziehend, mit dem Rand seines Rockes den eingeschlummerten Wallach auf. Der kleine Wallach öffnete die Augen und drehte sich träge mit dem Schweif zu ihm um.

»Dem Aussehen nach ist es nicht alt und ein ganz solides Pferd«, bemerkte Nechljudow. »Führe es mal her und zeige mir das Gebiß. Dann sehe ich, ob es alt ist.«

»Das geht nicht, Euerlaucht, allein kann ich es nicht fangen. Das ganze Biest ist keinen Groschen wert, aber es ist tückisch – es beißt und schlägt mit den Vorderbeinen aus, Euerlaucht«, erklärte Juchwanka mit vergnügtem Lächeln und ließ die Augen nach allen Seiten schweifen.

»Was für ein Unsinn! Führe es her, sage ich dir!«

Juchwanka zauderte noch eine ganze Weile und trat lächelnd von einem Fuß auf den anderen, und erst als Nechljudow ihm ungehalten zurief: »Nun! Wird's bald?«, rannte er unter das Schutzdach, holte ein Halfter und jagte hinter dem Pferd her, das er aber nur scheu machte, indem er es von hinten statt von vorn zu fangen suchte.

Der junge Gutsherr verlor bei diesem Anblick schließlich die Geduld und wollte vielleicht auch seine Geschicklichkeit zeigen. »Gib mir mal das Halfter!« sagte er.

»Um Gottes willen! Euerlaucht können doch nicht... ich bitte Sie...«

Doch Nechljudow ging kurzerhand von vorn auf das Pferd zu, packte es mit einem schnellen Griff an den Ohren und beugte es mit solcher Kraft zur Erde nieder, daß der kleine Wallach, der sich jetzt als ein sehr zahmes Bauernpferdchen entpuppte, zu schwanken begann und sich schnaufend loszureißen suchte. Als Nechljudow erkannte, daß ein solcher Kraftaufwand ganz unnötig war, und zu Juchwanka hinüberblickte, der noch immer lächelte, kam ihm ein Gedanke, den er in seinem Alter als besonders kränkend empfinden mußte: Er glaubte, daß sich Juchwanka womöglich über ihn lustig mache und ihn im stillen für ein Kind halte. Er wurde rot, ließ die Ohren des Pferdes los, öffnete ihm, ohne sich des Halfters zu bedienen, das Maul und sah sich das Gebiß an: die Eckzähne waren unversehrt, die Kennung in den Höhlungen der Kronen vollständig, woraus sich folgern ließ – soviel hatte der junge Landwirt bereits gelernt –, daß das Pferd jung war.

Juchwanka war inzwischen unter das Schutzdach getreten; er hatte bemerkt, daß dort eine Egge nicht an ihrem Platz lag, hob sie auf und stellte sie aufrecht an den Flechtzaun.

»Komm her!« rief der Gutsherr mit kindlich erbittertem

Gesichtsausdruck, Tränen des Ärgers und Zorns in der Stimme. »Was? Das soll ein altes Pferd sein?«

»Ich versichere Ihnen, Euerlaucht, ein sehr altes Pferd, wohl an die zwanzig Jahre...«

»Halt den Mund! Du bist ein Lügner und ein Lump, denn ein rechtschaffener Bauer lügt nicht – der braucht nicht zu lügen!« rief Nechljudow, mühsam gegen die Tränen des Zorns ankämpfend, die ihm die Kehle zusammenpreßten. Er verstummte, um sich nicht die Blöße zu geben, in Gegenwart des Bauern in Tränen auszubrechen. Juchwanka sagte auch nichts mehr, sondern zuckte nur leicht mit dem Kopf, schneuzte sich und machte ein Gesicht, als ob er gleich losheulen würde. »Ja, wie willst du denn zum Pflügen antreten, wenn du das Pferd verkaufst?« fuhr Nechljudow fort, als er sich so weit gefaßt hatte, daß er wieder ruhig sprechen konnte. »Man weist dir absichtlich Arbeiten zu, bei denen du keine Pferde brauchst, damit sie zum Pflügen geschont werden, und da willst du nun das letzte verkaufen! Und vor allen Dingen: Warum lügst du?«

Sobald sich der Gutsherr beruhigt hatte, gewann auch Juchwanka seine Fassung wieder. Er stand aufrecht da, zuckte nach wie vor mit den Lippen und ließ die Augen hin und her wandern.

»Zur Arbeit für Euerlaucht werde ich nicht schlechter antreten als die anderen«, antwortete er.

»Wie willst du denn ohne Pferd aufs Feld fahren?«

»Keine Sorge, Euerlaucht, die Arbeit für Sie werden wir schon schaffen«, antwortete er, schrie den Wallach an und jagte ihn weg. »Wenn ich nicht Geld brauchte, würde ich ihn ja nicht verkaufen.«

»Wozu brauchst du denn Geld?«

»Wir haben kein bißchen Korn mehr, und Schulden an die Bauern muß ich auch bezahlen.«

»Du hast kein Korn mehr? Wie kommt es denn, daß andere, kinderreiche Familien noch welches haben, und du mit deinem kinderlosen Haushalt hast keins mehr? Wo ist es denn geblieben?«

»Wir haben es zum Brot verbraucht, und jetzt ist kein

einziges Körnchen mehr da, Euerlaucht. Ein Pferd werde ich zum Herbst wieder kaufen, Euerlaucht.«

»Untersteh dich, auch nur daran zu denken, das Pferd zu verkaufen!«

»Ja, Euerlaucht, wenn die Sache so steht, weiß ich nicht, wie wir leben sollen. Korn haben wir keins, und verkaufen darf ich nichts«, antwortete er mit abgewandtem Gesicht und zuckte mit den Lippen, um sich plötzlich umzuwenden und dem Gutsherrn frech ins Gesicht zu sehen: »Dann sollen wir wohl verhungern?«

»Sieh dich vor, Freundchen!« schrie Nechljudow erblassend, von Empörung übermannt. »An Bauern deiner Sorte habe ich kein Interesse. Es wird dein Schade sein.«

»Das liegt in Ihrem Belieben, Euerlaucht, wenn ich es Ihnen nicht recht machen kann«, antwortete er und schloß heuchlerisch ergeben die Augen. »Ich meine aber, daß ich mir nichts habe zuschulden kommen lassen. Natürlich, wenn ich mich bei Euerlaucht erst unbeliebt gemacht habe, steht alles in Ihrer Macht; nur weiß ich nicht, wofür ich büßen soll.«

»Dafür, daß dein Hof nicht überdacht, der Dünger nicht aufs Feld gefahren ist und die Umzäunung zerbrochen daliegt, während du zu Hause sitzt und Pfeife rauchst, anstatt zu arbeiten; dafür, daß du deiner Mutter, die dir die ganze Wirtschaft abgetreten hat, kein Stückchen Brot gibst, daß du zuläßt, daß sie von deiner Frau geschlagen wird, und sie so weit gebracht hast, daß sie zu mir gekommen ist, sich zu beklagen.«

»Aber entschuldigen Sie, Euerlaucht, ich weiß nicht einmal, von was für einer Pfeife die Rede ist«, antwortete kleinlaut Juchwanka, den die Beschuldigung, geraucht zu haben, offenbar am meisten kränkte. »Man kann einem Menschen alles mögliche nachsagen.«

»Da lügst du schon wieder! Ich habe selbst gesehen...«

»Wie werde ich es wagen, Euerlaucht zu belügen!«

Nechljudow antwortete nichts und begann, an seiner Lippe nagend, auf dem Hof auf und ab zu gehen. Juchwanka rührte sich nicht vom Fleck und verfolgte, ohne aufzublicken, mit den Augen die Füße des Gutsherrn.

»Höre mal, Jepifan«, sagte Nechljudow mit kindlich sanfter Stimme, vor dem Bauern stehenbleibend und bemüht, seiner Erregung Herr zu werden, »so kann man nicht leben, und du ruinierst dich dabei auch selbst. Überlege doch mal. Wenn du ein guter Bauer sein willst, dann mußt du deine Lebensweise ändern, deine schlechten Angewohnheiten aufgeben, nicht lügen, nicht trinken, deine Mutter achten. Ich weiß ja genau über dich Bescheid. Kümmere dich um deine Wirtschaft, anstatt Holz aus dem Staatsforst zu stehlen und in der Kneipe herumzusitzen. Bedenke doch, ob das richtig ist! Wenn du etwas brauchst, dann komme zu mir und sage offen, was du nötig hast und wozu; wenn du mich nicht belügst und die volle Wahrheit sagst, werde ich dir nichts abschlagen, was ich irgend für dich tun kann.«

»Aber ich bitte Sie, Euerlaucht, ich kann Euerlaucht, will ich meinen, sehr gut verstehen!« antwortete Juchwanka lächelnd, als habe er für die launigen Scherze des Gutsherrn volles Verständnis.

Das Lächeln und diese Antwort des Bauern nahmen Nechljudow die letzte Hoffnung, ihn rühren und durch Ermahnungen auf den rechten Weg bringen zu können. Überdies hatte er dauernd das Gefühl, daß es ihm in seiner Machtstellung schlecht anstehe, einem seiner Bauern ins Gewissen zu reden, und daß alles, was er sagte, nicht das sei, was er sagen müßte. Er senkte betrübt den Kopf und begab sich in den Flur. Auf der Schwelle saß die alte Mutter und stöhnte laut, womit sie anscheinend ihr Einverständnis mit den Worten des Gutsherrn, die sie gehört hatte, zum Ausdruck bringen wollte.

»Hier hast du etwas für Brot«, sagte Nechljudow, sich zu ihrem Ohr niederbeugend, und steckte ihr einen Geldschein in die Hand. »Besorge es aber selbst, und gib das Geld nicht deinem Sohn, der vertrinkt es sonst.«

Die Alte klammerte sich mit ihrer knochigen Hand an den Türrahmen, um aufzustehen und sich beim Gutsherrn zu bedanken; ihr Kopf begann hin und her zu wackeln, doch bevor sie aufgestanden war, hatte Nechljudow bereits das andere Ende der Straße erreicht.

9

»Dawydka Bely bittet um Korn und Pfähle«, lautete die nächste Eintragung im Notizbuch.

Nachdem Nechljudow an einigen Gehöften vorbeigegangen und in eine Seitengasse eingebogen war, begegnete ihm sein Verwalter, Jakow Alpatytsch. Der Verwalter, der den Gutsherrn schon von weitem bemerkt hatte, nahm seine Wachstuchmütze ab, zog ein Foulardtaschentuch heraus und wischte sein volles, rotes Gesicht ab.

»Setz die Mütze auf, Jakow! Setz sie auf, Jakow, sage ich dir...«

»Wo sind Euer Erlaucht gewesen, wenn ich fragen darf?« erkundigte sich Jakow, der sich mit der Mütze gegen die Sonne schützte, sie aber immer noch nicht aufsetzte.

»Bei Mudrjony bin ich gewesen. Wie konnte er bloß so herunterkommen, sag mal?« fragte der Gutsherr, während er auf der Straße weiterschritt.

»Wieso denn, Euer Erlaucht?« fragte nun seinerseits der Verwalter, der dem Gutsherrn in respektvollem Abstand folgte und jetzt seine Mütze aufsetzte und sich über den Schnurrbart strich.

»Wieso, fragst du noch? Er ist ein ausgemachter Taugenichts, ein Faulpelz, ein Dieb und Lügner, er quält seine Mutter und scheint ein so verstockter Bursche zu sein, daß er sich nie wieder bessern wird.«

»Ich weiß nicht, Euer Erlaucht, warum Sie eine so schlechte Meinung von ihm haben...«

»Und seine Frau«, unterbrach der Gutsherr seinen Verwalter, »scheint auch ein übles Frauenzimmer zu sein. Die Alte ist schlechter gekleidet als jede Bettlerin, und zu essen ist nichts im Hause, sie aber putzt sich heraus, und er ebenso. Was soll ich mit ihm anfangen – ich weiß es wirklich nicht.«

Jakow wurde merklich verlegen, als Nechljudow auf Juchwankas Frau zu sprechen kam.

»Nun, wenn er sich so hat gehenlassen, Euer Erlaucht«, begann er, »dann muß man halt Maßnahmen ergreifen. Er hat es ja wirklich schwer, wie alle Bauern, die allein wirtschaften, aber er hält immerhin etwas auf sich, anders als die übrigen. Er ist ein gescheiter Bauer, kann lesen und schreiben und scheint auch ehrlich zu sein. Beim Einkassieren der Kopfsteuer hat er immer mitgeholfen. Drei Jahre lang – schon unter meiner Verwaltung – ist er Dorfältester gewesen, da hat es auch keine Klagen gegeben. Und als es dem Vormund vorvoriges Jahr beliebte, ihn abzusetzen, hat er auch den Frondienst ordentlich geleistet. Während er in der Stadt bei der Post diente, hat er sich wohl etwas das Trinken angewöhnt – dagegen muß man halt einschreiten. Schlägt er mal über die Stränge und man schüchtert ihn tüchtig ein, dann kommt er auch wieder zur Vernunft, da ist er selbst zufrieden, und auch in der Familie geht alles gut. Aber wenn es Ihnen nicht beliebt, solche Maßnahmen zu ergreifen, dann weiß ich wirklich nicht, was man mit ihm machen soll. Er hat sich ja wirklich sehr gehenlassen. Fürs Militär taugt er nicht, weil ihm, wie Sie wohl zu bemerken beliebten, zwei Zähne fehlen. Und er ist ja auch nicht der einzige, wenn ich Sie darauf aufmerksam machen darf, der keinen Respekt hat...«

»Das laß nur, Jakow«, unterbrach ihn Nechljudow mit einem schwachen Lächeln. »Darüber haben wir uns zur Genüge ausgesprochen. Du weißt, wie ich hierüber denke, und was immer du mir auch sagen magst, ich werde meine Ansicht nicht ändern.«

»Natürlich, Euer Erlaucht, Ihnen ist das alles bekannt«, bemerkte Jakow achselzuckend und blickte von hinten auf seinen Herrn mit einer Miene, als verspreche er sich von dem, was er sah, nichts Gutes. »Aber wegen der Alten, da beunruhigen Sie sich ohne Grund«, fuhr er fort. »Natürlich, sie hat als Witwe die Kinder aufgezogen, hat sie ernährt, Juchwanka verheiratet und so weiter. Aber das ist ja bei den Bauern immer so: Wenn die Mutter oder der Vater dem Sohn die Wirtschaft übergeben hat, dann führen der Sohn und die Schwiegertochter das Regiment, und die Alte muß sich halt irgendwie schlecht und recht ihr Brot verdienen. Zarte Gefühle kennen sie dabei natürlich nicht, aber das ist nun mal so gang und gäbe bei den Bauern. Deshalb, mit

Verlaub zu sagen, hat die Alte Sie ganz unnötig belästigt. Sie ist nicht dumm und eine tüchtige Hausfrau, aber läuft man denn wegen jeder Kleinigkeit gleich zum gnädigen Herrn? Gut, sie hat sich mit der Schwiegertochter gezankt, und die hat ihr vielleicht auch einen Stoß versetzt – wie es unter Weibern so zugeht; aber sie hätten sich auch wieder vertragen, und es war nicht nötig, Sie zu belästigen. Sie geruhen ohnedies, sich alles zu sehr zu Herzen zu nehmen«, sagte der Verwalter, während er mit einer Art herablassender Zärtlichkeit auf seinen Herrn blickte, der auf der Straße mit großen Schritten schweigend vor ihm her ging.

»Gehen Euer Erlaucht jetzt nach Hause, wenn ich fragen darf?« erkundigte er sich.

»Nein, ich will noch zu Dawydka Bely oder dem Bock – so wird er ja wohl genannt?«

»Ja, das ist auch so eine Plage, mit Verlaub zu sagen. Die ganze Sippe der Belys ist so bockig. Was hat man mit ihm nicht schon alles angestellt – nichts hilft. Gestern bin ich mal durch die Bauernfelder geritten: nicht einmal den Buchweizen hat er bis jetzt ausgesät. Was wollen Sie mit solchem Volk machen? Ja, wenn wenigstens der Alte seinem Sohn ins Gewissen reden wollte, aber der ist vom selben Schlag: weder für sich selber noch im Frondienst leistet er etwas, nichts hat bei ihm Hand und Fuß. Was haben der Vormund und ich nicht schon alles mit ihm versucht: aufs Revier haben wir ihn abführen lassen, zu Hause haben wir ihn gezüchtigt – aber so etwas belieben Sie ja nicht zu billigen...«

»Wen gezüchtigt? Doch nicht den Alten?«

»Doch, den Alten. Der Vormund hat ihn mehr als einmal vor der ganzen Gemeindeversammlung gezüchtigt – und was, meinen Sie wohl, hat es genützt, Euer Erlaucht? Er schüttelt alles ab, geht heim, und alles bleibt beim alten. Dawydka, muß ich sagen, ist an sich nicht dumm und ein ganz vernünftiger Bauer, das heißt, er raucht nicht, trinkt nicht«, fügte Jakow erklärend hinzu, »und ist doch schlimmer als mancher Trunkenbold. Das einzige, was ihn noch bessern kann, ist vielleicht, wenn man ihn zum Militär gibt oder in die Siedlungsgebiete schickt, was anderes bleibt nicht übrig. Die ganze Sippe ist nun mal so; auch die Matrjuschka, die in der Hütte ohne Rauchfang wohnt, gehört zu ihrer Familie und ist ein ebenso vermaledeiter Taugenichts ... Sie brauchen mich jetzt wohl nicht, Euer Erlaucht?« schloß der Verwalter, als er merkte, daß der Gutsherr ihm nicht zuhörte.

»Nein, du kannst gehen«, antwortete Nechljudow zerstreut und ging auf das Anwesen Dawydka Belys zu.

Die Hütte Dawydkas stand schief und einsam am Rande des Dorfes. Von einem Hof, einer Getreidedarre oder einem Speicher war ringsum nichts zu sehen; lediglich ein paar schmutzige Ställe für das Vieh schlossen sich von der einen Seite dem Häuschen an. An der anderen Seite lagen Balken und Reisig aufgehäuft, die für die Ausbesserung des Hofes bestimmt gewesen waren. Der Platz, auf dem sich einstmals der Hof befunden hatte, war von hohem grünem Steppengras überwuchert. Außer einem Schwein, das sich vor der Türschwelle grunzend im Schmutz wälzte, war niemand in der Nähe des Häuschens zu entdecken.

Nechljudow klopfte an das zerbrochene Fenster; doch da sich hierauf niemand meldete, ging er an die Flurtür und rief: »He, Leute!« Auch jetzt erfolgte keine Antwort. Er durchschritt den Flur, warf einen Blick in die leeren Ställe und betrat die Wohnstube, deren Tür offenstand. Auf dem Fußboden und auf den Bänken stolzierten, die Hälse reckend und mit den Krallen scharrend, ein alter roter Hahn und zwei Hühner umher. Als sie einen Menschen kommen sahen, plusterten sie sich auf, flatterten aufgeregt gackernd gegen die Wände, und eins der Hühner sprang auf den Ofen. Die ganze Ausstattung der im Durchmesser sechs Arschin großen Stube bestand aus einem Ofen mit zerbrochenem Abzugsrohr, einem trotz der Sommerzeit nicht weggeräumten Webstuhl und einem alten Tisch mit gewölbter und geborstener Platte.

Obgleich es draußen trocken war, zog sich an der Türschwelle eine schmutzige Lache hin, die sich bei früheren Regenfällen aus dem durch die schadhafte Decke und das undichte Dach eingedrungenen Wasser gebildet hatte. Ein Hängeboden war nicht vorhanden. Man konnte sich kaum vorstellen, daß hier jemand wohnte – so unglaublich verwahrlost und unordentlich sah die Hütte sowohl äußerlich als auch in ihrem Innern aus. Und dennoch hauste in dieser Hütte Dawydka Bely mit seiner ganzen Familie. Dawydka, der sich ungeachtet des heißen Junitages bis über den Kopf in seinen Schafpelz eingemummt und auf dem Ofen in eine Ecke verkrochen hatte, lag dort gerade in tiefem Schlaf. Das aufgescheuchte Huhn, das auf den Ofen gesprungen war und sich noch nicht beruhigt hatte, lief aufgeregt auf Dawydkas Rücken herum, ohne daß er davon aufwachte.

Da in der Stube niemand anwesend zu sein schien, wollte Nechljudow sie gerade verlassen, als ein langgezogener Seufzer und ein Schmatzen den Hofbesitzer verrieten.

»He, wer ist dort?« rief der Gutsherr.

Vom Ofen kam ein zweiter langgezogener Seufzer.

»Wer ist dort? Komm herunter!«

Ein nochmaliges Aufseufzen, ein Glucksen und lautes Gähnen ertönten auf den Ruf des Gutsherrn.

»Nun, was kommst du nicht?«

Auf dem Ofen begann sich langsam etwas zu regen; der Rand eines zerschlissenen Pelzes erschien, ein großer Fuß in einem zerfetzten Bastschuh wurde heruntergestreckt, dann ein zweiter, und schließlich kam die ganze Gestalt Dawydka Belys zum Vorschein, der auf dem Ofen saß und sich mit seiner großen Faust träge und verdrießlich die Augen rieb. Gemächlich den Kopf vorbeugend, blickte er gähnend ins Zimmer hinunter, und als er nun den Gutsherrn wahrnahm, begann er sich zwar schneller zu rühren als bisher, doch immerhin noch so langsam, daß Nechljudow dreimal zwischen der Wasserlache und dem Webstuhl auf und ab gewandert war, bevor Dawydka auf dem Fußboden anlangte. Seinen Namen Bely, der Weiße, führte Dawydka zu Recht, denn er war in der Tat weiß: die Haare, die Haut des Körpers und des Gesichts – alles war ganz ungewöhnlich weiß. Er war groß und sehr dick, wobei sich die Fülligkeit jedoch nicht auf den Bauch beschränkte, sondern, wie bei den meisten Bauern, auf den ganzen Körper verteilt war. Seine Beleibtheit machte indessen einen schwammigen, ungesunden Eindruck. Dem an sich ganz gut aussehenden Gesicht, mit hellblauen, ruhig blickenden Augen und einem stattlichen Vollbart, haftete etwas Kränkliches an. Er war nicht im geringsten sonnengebräunt und durchblutet, sondern von gelblich blasser Farbe mit einem leichten, lila schimmernden Schatten unter den Augen, völlig verfettet und aufgeschwemmt. Seine Hände waren ganz mit weißen Haaren bedeckt und so aufgedunsen und gelb, wie Menschen sie haben, die an Wassersucht leiden. Er war so schlaftrunken, daß er die Augen noch immer nicht ganz öffnen konnte und sich nicht auf den Beinen zu halten vermochte, ohne zu taumeln und zu gähnen.

»Ja, schämst du dich denn gar nicht«, begann Nechljudow, »am hellichten Tag zu schlafen, während du doch deinen Hof aufbauen mußt und kein Korn hast?«

Sobald Dawydka zur Besinnung kam und begriff, daß er den Gutsherrn vor sich hatte, faltete er die Hände unter dem Bauch, senkte den Kopf, neigte ihn etwas zur Seite und blieb regungslos stehen. Er schwieg; doch der Ausdruck seines Gesichts und seine ganze Körperhaltung schienen zu besagen: Ich weiß, ich weiß, das höre ich nicht zum erstenmal. Nun, schlag schon zu, wenn es sein muß – ich werde es ertragen! Er schien nur den einen Wunsch zu haben, daß der Gutsherr bald zu reden aufhören und ihn schlagen möge, selbst wenn er dabei einen empfindlichen Schlag auf seine dicken Wangen hinnehmen müßte, um nur möglichst schnell wieder in Ruhe gelassen zu werden. Da Nechljudow merkte, daß Dawydka ihn nicht verstand, bemühte er sich, ihn durch verschiedene Fragen zum Aufgeben seines gemütig-geduldigen Schweigens zu bewegen.

»Wozu hast du denn von mir das Holz erbeten, wenn du es nun schon einen ganzen Monat herumliegen läßt, und gerade jetzt, wo du am meisten Zeit hast?«

Dawydka schwieg hartnäckig und rührte sich nicht.

»So antworte doch!«

Dawydka murmelte irgend etwas und blinzelte mit seinen weißen Wimpern.

»Man muß doch arbeiten, guter Freund: ohne Arbeit kann nichts werden. Sieh mal, jetzt hast du schon kein Korn mehr, und woran liegt es? Daran, daß du dein Land schlecht gepflügt hast, daß du es im Frühjahr nicht umgeackert und das Korn zu spät ausgesät hast – alles aus Faulheit. Du bittest mich um Korn; gut, ich werde dir vielleicht welches geben, weil ich dich nicht verhungern lassen kann, aber so geht es nicht weiter. Wessen Korn werde ich dir geben, was meinst du wohl? Antworte: Wessen Korn werde ich dir geben?« drang Nechljudow beharrlich in ihn.

»Herrschaftliches«, murmelte Dawydka und schlug demütig fragend die Augen auf.

»Und woher kommt das herrschaftliche Korn? Überlege selbst einmal, wer dazu das Land gepflügt und geeggt, wer es ausgesät und eingebracht hat. Doch die Bauern! Stimmt es? Und sieh mal, wenn schon herrschaftliches Korn verteilt wird, dann kommt es am meisten denen zu, die auch die meiste Arbeit dabei geleistet haben; du aber hast am wenigsten gearbeitet, über deine Leistungen im Frondienst wird auch geklagt, und doch willst du mehr als andere vom herrschaftlichen Korn haben. Warum soll ich es dir geben und nicht anderen? Wenn sich alle so wie du auf die Bärenhaut legen wollten, dann wären wir alle auf Erden schon längst Hungers gestorben. Man muß arbeiten, Freundchen, denn so ist es nicht recht. Hörst du, Dawyd?«

»Jawohl, Herr!« murmelte der Bauer träge.

10

Da huschte am Fenster der Kopf einer Bäuerin vorüber, die ein Tragjoch mit Leinen trug, und im nächsten Augenblick trat Dawydkas Mutter, eine große, noch recht frische und lebhafte Frau von etwa fünfzig Jahren, ins Zimmer. Ihr pockennarbiges, von tiefen Falten durchfurchtes Gesicht war nicht schön; aber die gerade, kräftige Nase, die zusammengepreßten schmalen Lippen und die flinken grauen Augen drückten Verstand und Energie aus. Die eckigen Schultern, die flache Brust, die dürren Arme und die stark hervortretenden Muskeln an ihren braungebrannten bloßen Beinen zeugten davon, daß sie schon lange aufgehört hatte, eine Frau zu sein, und nur noch ein Arbeitstier war. Sie betrat mit schnellen Schritten das Zimmer, schloß die Tür, zog ihren Rock zurecht und maß ihren Sohn mit einem zornigen Blick. Nechljudow wollte ihr etwas sagen; doch sie wandte sich von ihm ab und begann sich vor dem dunklen hölzernen Heiligenbild, das hinter dem Webstuhl hervorsah, zu bekreuzigen. Nachdem sie mit dieser Handlung fertig war, brachte sie das schmutzige karierte Tuch in Ordnung, mit dem ihr Kopf umwunden war, und verneigte sich tief vor dem Gutsherrn.

»Einen schönen Sonntag, Euer Erlaucht!« sagte sie. »Gott schütze dich, unser Wohltäter!«

Dawydka, der beim Eintritt seiner Mutter sichtlich verlegen geworden war, krümmte leicht den Rücken und beugte den Nacken noch tiefer.

»Danke Arina!« erwiderte Nechljudow. »Ich war eben dabei, mit deinem Sohn über eure Wirtschaft zu sprechen.«

Arina, oder wie sie von den Bauern noch von ihrer Mädchenzeit her genannt wurde, Arischka-Burlak, stützte das Kinn auf die zur Faust geballte Hand des rechten Arms, der mit dem Ellbogen auf der linken Handfläche ruhte, und begann, ohne den Gutsherrn bis zu Ende anzuhören, so erregt und laut zu sprechen, daß die ganze Stube von ihrer Stimme erfüllt war und man von draußen hätte annehmen können, daß mehrere Weiber gleichzeitig sprächen.

»Was lohnt es überhaupt, mit ihm zu sprechen, Väterchen! Er kann ja nicht mal reden wie ein Mensch. Da steht er nun, dieser Tölpel.« Sie zeigte mit dem Kopf auf die klägliche, massige Gestalt Dawydkas. »Wie sieht denn *meine* Wirtschaft aus, Väterchen, Euer Erlaucht? Wir sind bettelarm; schlimmer als uns geht es niemand in deinem ganzen Dorf; weder für sich selbst noch im Frondienst leistet er etwas – eine wahre Schande! Und alles das hier hat er so weit gebracht. Man hat ihn geboren, gestillt, gefüttert und konnte gar nicht erwarten, daß er heranwächst. Da ist er nun herangewachsen: den Wanst schlägt er sich voll, aber Nutzen hat man von ihm nicht mehr als von dem faulen Klotz dort. Auf dem Ofen liegen, sonst kann er nichts, oder er steht da und kraut sich seinen dösigen Kopf.« Sie zeigte auf ihn und ahmte ihn nach. »Rede du ihm wenigstens ins Gewissen, Väterchen! Ich bitte schon selber drum: Bestrafe ihn tüchtig, oder gib ihn zum Militär, dann hat es ein Ende. Meine Kraft reicht nicht mehr aus, so steht die Sache.«

»Wie kannst du dich so versündigen, Dawydka, deine Mutter bis zu dieser Verzweiflung zu bringen?« wandte sich Nechljudow vorwurfsvoll an den Bauern.

Dawydka rührte sich nicht.

»Ja, wenn er gebrechlich wäre, der Bursche«, fuhr Arina mit unverminderter Lebhaftigkeit und unaufhörlich gestikulierend fort. »Aber man braucht ihn ja nur anzusehen: aufgebläht wie ein Eber von der Mühle sieht er aus. Kraft genug zu arbeiten hat er, sollte man meinen, dieser Dickwanst. Aber nein, er verkriecht sich auf den Ofen. Nimmt er sich wirklich mal was vor, ist das gar nicht mit anzusehen: bevor er aufsteht, bevor er sich umdreht, bevor er in Gang kommt«, sagte sie, die Worte dehnend, und drehte, seine Bewegungen nachahmend, ihre eckigen Schultern von einer Seite auf die andere. »Heute ist mein Alter schon selber nach Reisig in den Wald gefahren, und er sollte inzwischen Erdlöcher ausheben; aber kein Gedanke: noch hat er den Spaten nicht mal in die Hand genommen...« Sie machte eine Pause. »Zu Tode martert er mich armes Geschöpf!« kreischte sie dann plötzlich auf und trat, mit den Händen fuchtelnd, drohend vor den Sohn hin. »Du feiste Schmarotzerfratze – Gott verzeih mir's!« Sie wandte sich mit einer verächtlichen, hoffnungslosen Gebärde von ihm ab, spie aus, drehte sich mit Tränen in den Augen wieder zum Gutsherrn um und fuhr, unverändert erregt und mit den Händen gestikulierend, fort: »Es lastet ja alles auf mir allein, mein Wohltäter! Mein Mann ist alt, gebrechlich, mit dem ist auch nichts los, und alles, alles lastet auf mir allein! Selbst ein Stein, auch der birst mal. Dann schon lieber sterben – dann ist auf einmal alles aus! Er hat mich ins Grab gebracht, der Halunke! Ach, Väterchen, ich bin am Ende meiner Kraft! Die Schwiegertochter hat sich zu Tode geschunden, und mir wird es genauso gehen.«

11

»Zu Tode geschunden?« fragte Nechljudow ungläubig.

»Ja, mein Wohltäter, so wahr Gott lebt, zu Tode geschunden. Im vorigen Jahr haben wir sie uns aus Baburino geholt«, fuhr sie fort, und ihre zornbebende Stimme nahm plötzlich einen weinerlichen, bekümmerten Ton an, »da war sie ein junges, frisches und bescheidenes Frauenzimmer, mein Gönner. Zu Hause, beim Vater, zusammen mit den Schwägerinnen, da hat sie ein gutes Leben gehabt und keine Not gekannt, aber als sie zu uns kam, lernte sie unsere Arbeit kennen: im Frondienst, zu Hause, überall. Sie und ich – sonst war ja niemand da. Mir macht es nichts aus, ich bin daran gewöhnt, sie aber war schon schwanger, mein Wohltäter, ihr wurde es zu schwer; immer über ihre Kraft hat sie gearbeitet, das hat ihr geschadet, der Guten. Vorigen Sommer, um Petrifasten, da gebar sie zu allem Unglück noch ein Bübchen, und dabei hatten wir kein Krümchen Brot im Haus, mußten uns irgendwie behelfen; die Arbeit aber drängte, da ist ihr dann die Brust ausgetrocknet. Es war das erste Kindchen, eine Kuh hatten wir nicht, und bei uns geht es ja bäuerlich zu: wie sollten wir es mit der Flasche aufziehen? Und unvernünftig wie Weiber nun mal sind – darüber grämte sie sich am meisten. Als das Kindchen dann starb, brach sie völlig zusammen, heulte und jammerte den ganzen Tag, und bei all der Not und Arbeit wurde es immer schlimmer und schlimmer; im Sommer war sie so entkräftet, die Gute, daß sie zu Mariä Fürbitt starb. Er hat sie auf dem Gewissen, diese Bestie!« wandte sie sich, wieder in rasender Wut, dem Sohne zu. »Ja, worum ich dich bitten wollte, Euer

Erlaucht«, fuhr sie nach einer kurzen Pause mit gesenkter Stimme fort und verneigte sich.

»Nun?« fragte, noch erregt durch ihre Schilderung, Nechljudow zerstreut.

»Er ist ja noch ein junger Bursch. Von mir ist nicht mehr viel Arbeit zu erwarten: heute lebe ich, morgen bin ich vielleicht schon tot. Was soll er dann ohne Frau anfangen? Für dich würde er auch kein rechter Arbeiter sein. Steh uns doch bei, unser Wohltäter!«

»Das soll wohl heißen, daß du ihn verheiraten willst? Nun, warum nicht? Das ist ganz vernünftig!«

»Tu uns die Wohltat an! Du bist für uns Vater und Mutter.«

Sie machte dem Sohn ein Zeichen, und beide warfen sich dem Gutsherrn zu Füßen.

»Warum kniest du nieder?« sagte Nechljudow unwillig, faßte die Alte an den Schultern und richtete sie auf. »Kann man das nicht auch so sagen? Du weißt doch, daß ich so etwas nicht mag. Verheirate getrost deinen Sohn; ich freue mich sehr, wenn du eine passende Braut gefunden hast.«

Die Alte stand auf und rieb sich mit dem Ärmel ihre trockenen Augen. Dawydka folgte ihrem Beispiel, und nachdem er sich mit seiner aufgedunsenen Faust eine Weile die Augen gerieben hatte, nahm er wieder seine frühere, geduldig-ergebene Haltung ein und hörte zu, was Arina sagte.

»Eine Braut haben wir schon, natürlich doch! Wassjutka Michejkina, ein ganz ordentliches Mädel. Aber ohne deinen Willen wird sie es nicht tun.«

»Ist sie denn nicht einverstanden?«

»Nein, mein Wohltäter, aus freien Stücken nicht.«

»Was ist da zu machen? Zwingen kann ich sie nicht; sucht euch eine andere, wenn nicht von hier, dann aus einem anderen Dorf. Ich werde sie loskaufen, aber sie muß aus freiem Willen bereit sein, denn jemand gewaltsam zu verheiraten, das geht nicht. Ein solches Gesetz gibt es nicht, und es wäre auch eine große Sünde.«

»Oje, oje! Kann man denn erwarten, daß ein Mädel freiwillig kommen wird, mein Wohltäter, wenn sie unser Leben und unsere Armut sieht? Selbst eine Soldatenwitwe – nicht einmal die wird bereit sein, solche Not auf sich zu nehmen. Welcher Bauer wird seine Tochter zu uns auf den Hof geben? Auch der kläglichste nicht! Wir haben doch nichts, wir sind bettelarm. Die eine, wird er sagen, ist bei ihnen schon Hungers gestorben, dann wird es meiner Tochter ebenso gehen. Wer wird das tun?« fügte sie mit einem ungläubigen Kopfschütteln hinzu. »Überlege selbst, gnädiger Herr.«

»Ja, was kann ich dann tun?«

»Überlege doch, wie uns zu helfen ist, mein Guter«, wiederholte Arina eindringlich. »Was sollen wir machen?«

»Ja, was soll ich da überlegen? In dieser Sache kann auch ich euch nicht helfen.«

»Wer soll sich denn unser annehmen, wenn nicht du?« sagte Arina mit gesenktem Kopf und schlug in verzweifelter Fassungslosigkeit die Hände zusammen.

»Ihr habt um Korn gebeten, ich werde Anweisung geben, daß man euch welches aushändigt«, sagte der Gutsherr nach kurzem Schweigen, während Arina unaufhörlich seufzte und Dawydka es ihr nachmachte. »Mehr kann ich für euch nicht tun.«

Und Nechljudow ging in den Flur hinaus. Mutter und Sohn folgten ihm unter Verbeugungen.

12

»Oje, oje, ich armes Weib!« sagte Arina mit einem tiefen Seufzer.

Sie blieb stehen und warf ihrem Sohn einen wütenden Blick zu. Dawydka machte sofort kehrt und verschwand, mit seinen klobigen, in riesigen schmutzigen Bastschuhen steckenden Füßen schwerfällig über die Schwelle stapfend, durch die gegenüberliegende Tür.

»Was fange ich bloß mit ihm an?« fuhr Arina, zum Gutsherrn gewandt, fort. »Du siehst ja selbst, wie er ist. Er ist ja kein schlechter Kerl, er trinkt nicht, ist friedlich und wird keinem Kind auch nur ein Haar krümmen – es wäre Sünde, ihm was Schlechtes nachzusagen. Weiß Gott, was über ihn gekommen ist, daß er sich selbst zur Geißel wurde. Er ist ja selber nicht froh darüber. Du kannst mir glauben, Väterchen, das Herz blutet einem, wenn man sieht, wie er leidet. Denn wie er auch sein mag, ich habe ihn doch im Mutterleib getragen; er tut mir leid, ach, wie er mir leid tut! Es ist ja nicht so, daß er gegen mich oder den Vater oder die Obrigkeit was Schlechtes getan hätte, er ist ein ängstlicher Mensch, kann man sagen, wie ein kleines Kind ist er. Wie soll er als Witwer zurechtkommen? Nimm dich unser an, mein Wohltäter«, wiederholte sie, offenbar in dem Wunsch, den schlechten Eindruck zu verwischen, den ihr Geschimpfe auf den Gutsherrn gemacht hatte. »Ach, Väterchen, Euer Erlaucht«, fuhr sie in zutraulichem Flüsterton fort, »ich habe schon alles hin und her überlegt, aber ich kann es nicht fassen, warum er so geworden ist. Es müssen ihn wohl böse Menschen behext haben.« Sie machte eine kurze Pause. »Wenn man bloß jemand fände, der ihn heilen kann.«

»Was redest du für Unsinn, Arina! Behexen kann man niemand!«

»Ach, Väterchen, so behexen kann man jemand, daß im ganzen Leben kein richtiger Mensch mehr aus ihm wird. Es gibt genug schlechte Menschen auf der Welt. Da nimmt einer aus Bosheit eine Handvoll Erde aus der Fußspur von jemand – oder sonst was – und behext ihn damit fürs ganze Leben; das Unglück liegt immer auf der Lauer. Ich habe mir schon gedacht, ob ich nicht mal zum alten Dunduk gehen soll, der in Worobjowka wohnt: Er kennt alle möglichen Sprüchlein und Kräuter, er kann einen bösen Zauber aufheben und aus dem Kreuz Wasser ablassen – ob der uns wohl helfen kann? Vielleicht heilt er ihn...«

Ja, so ist es mit Not und Unwissenheit, dachte der junge Gutsbesitzer bekümmert, als er mit gesenktem Kopf und großen Schritten auf der Dorfstraße weiterging. Was fange ich mit ihm an? Ihn in dieser Lage zu lassen ist unmöglich: erstens in meinem eigenen Interesse, zweitens wegen des schlechten Beispiels für andere und drittens um seiner selbst willen, zählte er die Gründe an den Fingern ab. Ich kann ihn in dieser Lage nicht ertragen, aber wie befreie ich ihn daraus? Er zerstört meine schönsten Pläne für die Wirtschaft. Wenn ich solche Bauern dulde, werden sich meine Träume nie verwirklichen, dachte er und empfand Unwillen und Erbitterung gegen den Bauern, der seine Pläne zunichte machte. Ob ich ihn wirklich in die Siedlungsgebiete schicke oder zum Militär gebe, wie Jakow es empfiehlt, da er sich selbst gegen eine Besserung seiner Lage sträubt? Ja, wirklich: dann wäre ich ihn wenigstens los, und außerdem könnte ich ihn statt eines ordentlichen Bauern schicken, überlegte er.

Er dachte mit Befriedigung daran; doch zugleich hatte er im Unterbewußtsein das Empfinden, daß er die Sache nur einseitig nach Vernunftgründen beurteile und daß da etwas nicht stimme. Er blieb stehen. Halt, sagte er sich, woran denke ich? Ja, ob ich ihn in die Siedlungsgebiete oder zum Militär schicke. Wofür? Er ist ein gutmütiger Mensch, besser als viele andere, und weiß ich überhaupt ... Ob ich ihn freilassen soll? überlegte er, als er die Frage nicht mehr wie vorher nur vernunftmäßig prüfte. Nein, das wäre ungerecht und ist auch nicht möglich. Doch da kam ihm auf einmal ein Gedanke, der ihn sehr erfreute; er lächelte, wie es jemand tut, der eine schwierige Aufgabe gelöst hat. Ich werde ihn auf den Gutshof nehmen, beschloß er, werde selbst Obacht auf ihn geben und ihn durch Güte, Ermahnungen und richtige Wahl der Beschäftigung ans Arbeiten gewöhnen und ihn bessern!

13

Ja, so werde ich es machen, dachte Nechljudow erfreut und mit sich selbst zufrieden, und da ihm einfiel, daß er noch den reichen Bauern Dutlow aufsuchen mußte, ging er auf ein hohes, weiträumiges Bauernhaus mit zwei Schornsteinen und zahlreichen Nebengebäuden zu, das in der Mitte des Dorfes stand. Als er sich dem Anwesen näherte, begegnete ihm vor dem Nachbarhaus eine stattliche, schlicht gekleidete Bäuerin von vielleicht vierzig Jahren.

»Frohen Sonntag, Väterchen!« redete ihn die Bäuerin völlig unbefangen an, während sie vor ihm stehenblieb und sich mit einem freundlichen Lächeln verneigte.

»Guten Tag, Amme«, erwiderte er. »Wie geht's? Ich will gerade zu deinem Nachbarn.«

»So, so, Väterchen, Euer Erlaucht, das ist recht. Aber wollen Sie nicht auch mal zu uns hereinschauen? Wie würde sich mein Alter freuen!«

»Nun, das kann ich ja tun, dann plaudern wir ein wenig, Amme. Ist dies dein Haus?«

»Ja, dieses, Väterchen.«

Und die Amme eilte voraus. Nechljudow folgte ihr bis in den Vorbau, setzte sich dort auf einen kleinen Kübel und zündete sich eine Zigarette an.

»Drinnen ist es heiß; laß uns lieber hierbleiben und ein bißchen plaudern«, sagte er, als die Amme ihn bat, in die Stube zu treten. Die Amme war eine noch frische, gutaussehende Frau. Aus ihren Gesichtszügen und namentlich aus den großen schwarzen Augen sprach eine starke Ähnlichkeit mit dem Gutsherrn. Sie faltete die Hände unter dem Brustlatz der Schürze, blickte, unaufhörlich den Kopf bewegend, dem Gutsherrn freimütig ins Gesicht und fragte ihn:

»Nun, Väterchen, was führt Sie denn zu Dutlow?«

»Ja, ich möchte, daß er bei mir Land pachtet, ungefähr dreißig Deßjatinen, und es selbst bewirtschaftet, und außerdem will ich ihm vorschlagen, mit mir gemeinsam Wald anzukaufen. Geld hat er doch, was soll er es ungenützt liegenlassen? Wie denkst du darüber, Amme?«

»Nun, warum soll er nicht? Die Dutlows sind ja mächtige Leute, Väterchen; der Alte ist wohl der reichste Bauer in der ganzen Gemeinde«, antwortete, den Kopf hin und her wiegend, die Amme. »Vorigen Sommer hat er sich das zweite Haus aus eigenem Holz gebaut, um welches aus dem Gutsforst brauchte er nicht zu bitten. Pferde haben sie, außer den Füllen und Jungtieren, um sechs Troikas damit zu bespannen, und wenn das übrige Vieh, die Kühe und Schafe, von der Weide kommt und die Weiber herausstürzen, es in den Hof zu treiben, dann gibt es vor dem Tor ein solches Gedränge, daß man seine liebe Not hat; und Bienenstöcke hat er auch an die zweihundert, wenn nicht noch mehr. Er ist sehr mächtig, Geld muß er schon haben.«

»Meinst du, daß er viel Geld hat?«

»Die Leute sagen ja, vielleicht aus Mißgunst, daß der Alte nicht wenig Geld hat; das wird er natürlich nicht zugeben, und er verheimlicht es auch vor den Söhnen, aber haben muß er schon was. Warum sollte er nicht auch Wald kaufen? Höchstens daß er fürchtet, in den Ruf zu kommen, daß er Geld hat. Vor fünf Jahren, da hat er auch schon mal zusammen mit dem Herbergswirt Schkalik Wiesen gekauft und sich für solche Geschäfte interessiert; aber der Schkalik hat ihn dabei wohl übervorteilt, so daß der Alte dreihundert Rubel, glaube ich, verloren hat, und seitdem hat er es aufgegeben. Na, wie sollten sie auch nicht in Wohlstand leben, Väterchen, Euer Erlaucht?« fuhr die Amme fort. »Sie bewirtschaften drei Landanteile, die Familie ist groß, alle arbeiten mit, und der Alte selbst, das muß man ihm lassen, ist ein tüchtiger Wirtschafter. Er hat in allem eine glückliche Hand, so daß die Leute sogar staunen; mit dem Getreide, mit den Pferden, mit dem Vieh, mit den Bienen, mit den Kindern – mit allem hat er Glück. Jetzt hat er alle Söhne verheiratet. Für die ältesten hat er Frauen unter seinesgleichen ausgesucht, und Iljuschka hat er jetzt mit einer Freigelassenen verheiratet, die er selbst losgekauft hat. Auch sie ist eine tüchtige Arbeiterin geworden.«

»Leben denn alle einträchtig zusammen?« fragte der Gutsherr.

»Wenn im Hause ein richtiger Kopf da ist, dann herrscht auch Eintracht. Mit dem Weibervolk ist es natürlich auch bei den Dutlows wie überall: die Schwägerinnen zanken sich untereinander hinterm Ofen, aber die Söhne halten unter dem Alten Frieden.«

Die Amme schwieg eine Weile.

»Jetzt, heißt es ja, will der Alte den ältesten Sohn, den Karp, zum Herrn im Hause einsetzen. ›Ich bin schon alt‹, sagt er ›will mich nur noch mit den Bienen abgeben.‹ Der

Karp ist auch ein tüchtiger, ordentlicher Bauer, aber so ein Hausherr wie der Alte wird er längst nicht werden. Er hat nicht den Verstand.«

»Dann wird sich vielleicht Karp für den Kauf von Wald und für das Stück Land interessieren – was meinst du?« fragte Nechljudow, der von der Amme alles ausforschen wollte, was sie von ihren Nachbarn wußte.

»Wohl kaum, Väterchen«, antwortete die Amme. »Vom Geld hat der Alte dem Sohn nichts gesagt. Solange er lebt und das Geld bei sich im Hause hat, wird alles nach dem Willen des Alten gehen. Sie geben sich auch mehr mit dem Fuhrgeschäft ab.«

»Und der Alte selbst wird nicht wollen?«

»Er wird Angst haben.«

»Wovor denn Angst?«

»Ja, wie wird denn ein höriger Bauer verraten, daß er Geld hat, Väterchen? Wenn das Unglück es will, kann er sein ganzes Geld loswerden! Mit dem Herbergswirt, da hat er sich ja eingelassen und ist reingefallen. Wie konnte er dran denken, mit ihm zu prozessieren! Das Geld war hin; und gegen den Gutsbesitzer könnte er schon gar nichts machen, wenn das vorkäme.«

»Ach, deswegen...«, sagte Nechljudow und wurde rot. »Auf Wiedersehen, Amme!«

»Auf Wiedersehen, Väterchen, Euer Erlaucht. Ergebensten Dank!«

14

Ob ich nicht lieber nach Hause gehe? dachte Nechljudow, als er am Dutlowschen Hoftor anlangte; er fühlte sich irgendwie bedrückt und seelisch ermüdet.

Doch in diesem Augenblick tat sich knarrend das neue, aus dicken Brettern gezimmerte Tor auf, und in ihm erschien, fuhrmannsmäßig gekleidet, ein hübscher, rotwangiger blonder Bursche von etwa achtzehn Jahren, der drei starkbeinige, noch schweißbedeckte zottige Pferde führte;

mit einer energischen Kopfbewegung sein helles Haar zurückwerfend, verneigte er sich vor dem Gutsherrn.

»Ist der Vater zu Hause, Ilja?« erkundigte sich Nechljudow.

»Bei den Bienenstöcken hinter dem Hof ist er«, antwortete der Bursche; während er die Pferde, eins nach dem anderen, durch das halbgeöffnete Tor führte.

Nein, ich werde standhaft bleiben, werde ihm den Vorschlag machen und tun, was mir möglich ist, beschloß Nechljudow und betrat, nachdem er die Pferde vorbeigelassen hatte, den geräumigen Dutlowschen Hof. Man sah, daß vom Hof erst vor kurzem der Dünger abgefahren worden war: die Erde war noch schwarz und schwitzig, und stellenweise, besonders im Torweg, lagen rötliche, faserige Klumpen. Auf dem Hof und unter den hohen Schutzdächern standen in Reih und Glied zahlreiche Wagen, Hakenpflüge, Schlitten, Tröge, Fässer und alle möglichen landwirtschaftlichen Geräte. Im Schatten unter den breiten stabilen Dachsimsen flatterten und gurrten Tauben; es roch nach Dünger und Teer. In einer Ecke des Hofes waren Karp und Ignat dabei, an einem großen dreispännigen eisenbeschlagenen Wagen einen neuen Lenkschemel anzubringen. Die Söhne Dutlows sahen sich alle drei sehr ähnlich. Ilja, der jüngste von ihnen, den Nechljudow am Tor getroffen hatte, war bartlos, etwas kleiner, hatte rötere Wangen und war adretter angezogen als die älteren Brüder; der mittlere, Ignat, der etwas größer und dunkler war und einen kleinen Spitzbart trug, hatte, obwohl auch er mit hohen Stiefeln, einem Fuhrmannshemd und einem Filzhut bekleidet war, doch nicht das fesche, unbekümmerte Aussehen seines jüngeren Bruders; Karp, der älteste, der noch größer war und einen roten Vollbart hatte, trug Bastschuhe, einen grauen Rock und ein Hemd ohne Achselzwickel und machte einen ernsten, ja fast finsteren Eindruck.

»Wünschen Euer Erlaucht, daß wir nach dem Vater schicken?« fragte er, während er auf den Gutsherrn zukam und sich unbeholfen leicht verneigte.

»Nein, ich werde ihn selbst am Bienenstand aufsuchen und mir mal sein Werk ansehen; aber ich muß auch mit dir sprechen«, sagte Nechljudow und ging zur anderen Seite des Hofes hinüber, damit Ignat nicht höre, was er mit Karp besprechen wollte.

Durch die Selbstsicherheit und einen gewissen Stolz, die sich in der ganzen Haltung der beiden Bauern ausdrückten, sowie durch die Mitteilungen, die ihm die Amme gemacht hatte, war der junge Gutsherr so befangen, daß es ihm schwerfiel, mit ihnen über die von ihm beabsichtigten Dinge zu sprechen. Er fühlte sich wie von einer Schuld bedrückt, und es schien ihm leichter, mit einem der Brüder zu sprechen, ohne daß der andere es hörte. Karp wunderte sich offenbar, daß der Gutsherr ihn beiseite führte, folgte ihm indessen.

»Ja, was ich dich fragen wollte«, begann Nechljudow stockend. »Habt ihr viele Pferde?«

»Fünf Dreigespanne werden wohl zusammenkommen, und Füllen haben wir auch«, antwortete Karp ungezwungen und kraute sich den Nacken.

»Deine Brüder fahren wohl für die Post?«

»Für die Post fahren von uns drei Troikas, und Iljuschka führt Transporte aus; eben ist er von einem zurückgekommen.«

»Ist das denn vorteilhaft für euch? Wieviel verdient ihr dabei?«

»Was kann man da schon von Vorteil reden, Euer Erlaucht? Sein Essen und das Pferdefutter schlägt man wenigstens heraus – auch dafür muß man Gott danken.«

»Warum beschäftigt ihr euch dann nicht mit etwas anderem? Ihr könntet doch zum Beispiel Wald kaufen oder Land pachten.«

»Gewiß, Euer Erlaucht, ein Stück Land könnte man schon pachten, wenn sich was in der Nähe fände.«

»Da will ich euch folgendes vorschlagen: Anstatt sich mit dem Fuhrgeschäft abzugeben, um gerade so satt zu werden, solltet ihr lieber Land von mir pachten, vielleicht dreißig Deßjatinen. Ich bin bereit, euch das ganze Ackerland zu überlassen, das hinter den Sapowschen Feldern liegt; da könnt ihr einen großen landwirtschaftlichen Betrieb einrichten.«

Und Nechljudow, begeistert von seinem Plan, Bauernfarmen zu errichten, der ihn schon oft beschäftigt hatte und von ihm nach allen Seiten durchdacht war, setzte dem Bauern, nunmehr völlig unbefangen, seine Vorstellungen von einer Bauernfarm auseinander.

Karp hörte dem Gutsherrn mit großer Aufmerksamkeit zu.

»Wir sind Euer Erlaucht sehr dankbar«, sagte er, als Nechljudow geendet hatte und ihn in Erwartung einer Antwort fragend ansah. »Dagegen ist natürlich nichts zu sagen. Sich mit Ackerbau beschäftigen ist für einen Bauern besser als herumzukutschieren. Wenn man immer unter Leute kommt und mit allen möglichen Menschen zu tun hat, wird unsereinem leicht der Kopf verdreht. Für einen Bauern ist es am besten, sich mit Landwirtschaft zu beschäftigen.«

»Wie denkst du also darüber?«

»Solange der Vater lebt, Euer Erlaucht, was kann ich da schon viel denken? Er bestimmt alles.«

»Dann führe mich zu den Bienenstöcken; ich werde mit ihm sprechen.«

»Hier, bitte«, sagte Karp und ging langsam auf die hinterste Scheune zu. Er öffnete ein niedriges Pförtchen, das zum Bienenstand führte, und ließ den Gutsherrn durch; dann schloß er es wieder, kehrte zu Ignat zurück und nahm wortlos die unterbrochene Arbeit auf.

15

Nechljudow ging gebückt durch das niedrige Pförtchen und trat aus dem Schatten des Schutzdachs zu dem hinter dem Hof befindlichen Bienenstand hinaus, der von einem mit Stroh abgedichteten Flechtzaun eingehegt war. Das kleine Gelände, auf dem, symmetrisch angeordnet, die mit Bretterresten gedeckten und von golden schimmernden, laut summenden Bienen umschwärmten Bienenstöcke standen, war ganz von den heißen, gleißenden Strahlen der Junisonne überflutet. Von dem Pförtchen führte ein schmaler ausgetretener Weg zur Mitte des Geländes, wo ein überdachtes

Holzkreuz stand, an dem ein unter Glas gelegtes metallenes Heiligenbildchen angebracht war, das grell in der Sonne glänzte. Das leise Rauschen einiger stattlicher junger Linden, die mit ihren dichten dunkelgrünen Kronen das Strohdach des Nachbarhofes überragten, vermischte sich mit dem Summen der Bienen. Vom Zaun, von den Linden und von den mit Brettern gedeckten Bienenstöcken fielen schwarze, kurze Schatten auf das niedrige krause Gras, das zwischen den Bienenstöcken hervorsproß. Vor der Tür einer aus rohen Balken gezimmerten, mit Moos abgedichteten und mit frischem Stroh gedeckten Hütte, die zwischen den Linden stand, zeichnete sich die gebückte, mittelgroße Gestalt des alten Bauern ab, dessen unbedeckter ergrauter Kopf mit seiner Glatze in der Sonne glänzte. Als das Pförtchen knarrte, wandte sich der Alte um, wischte sich mit einem Hemdzipfel sein schweißbedecktes, sonnengebräuntes Gesicht ab und kam dem Gutsherrn mit einem sanften, freudigen Lächeln entgegen.

Hier beim Bienenstand war es so anheimelnd, so ruhig, heiter und sonnig, und der ganzen Erscheinung des alten Mannes, mit seinen vielen, an den Augen strahlenförmig auseinanderlaufenden Runzeln, der in plumpem, über die bloßen Füße gestreiftem Schuhzeug auf den Gutsherrn zugestapft kam und ihn gutmütig und selbstzufrieden lächelnd in seinem ureigensten Besitztum begrüßte, war etwas so Treuherziges und Mildes eigen, daß Nechljudow im Nu die deprimierenden Eindrücke des Morgens vergaß und sich lebhaft die Verwirklichung seines Herzenswunsches vorstellte. Im Geiste sah er bereits seine sämtlichen Bauern so reich und zufrieden wie den alten Dutlow, und alle lächelten ihm freundlich und fröhlich zu, weil er es war, dem sie ihren Wohlstand und ihr Glück verdankten.

»Wollen Euer Erlaucht nicht ein Netz nehmen? Jetzt sind die Bienen gereizt und stechen«, sagte der Alte und nahm einen nach Honig riechenden, unsauberen Leinenbeutel, der an einen Borkenreifen festgenäht war, vom Zaun, um ihn dem Gutsherrn anzubieten. »An mich sind die Bienen gewöhnt, mich stechen sie nicht«, fügte er mit dem sanften

Lächeln hinzu, das fast ständig sein schönes sonnengebräuntes Gesicht umspielte.

»Dann brauche ich auch keins. Schwärmen sie denn schon?« fragte Nechljudow und lächelte nun ebenfalls, ohne selbst zu wissen, warum.

»Na ja, Väterchen Mitri Mikolajitsch, was man so schwärmen nennt«, antwortete der Alte, der in die Anrede des Gutsherrn mit Vor- und Vatersnamen eine besondere Innigkeit legte. »So richtig fangen sie gerade erst an. Der Frühling war kalt dieses Jahr, wie Sie wissen.«

»Ich habe neulich in einem Buch gelesen, daß...«, begann Nechljudow, während er eine Biene zu vertreiben suchte, die sich in seinem Haar verhaspelt hatte und unmittelbar an seinem Ohr summte, »daß die Bienen früher mit dem Schwärmen anfangen, wenn die Waben geradestehen, auf kleinen Stangen. Deshalb werden jetzt Bienenstöcke aus Brettern hergestellt ... mit Querhölzern... «

»Sie dürfen nicht nach ihr schlagen, dann wird sie wütend«, sagte der Alte. »Soll ich Ihnen nicht doch lieber das Netz geben?«

Der Stich schmerzte Nechljudow; doch aus einer Art kindlicher Eitelkeit mochte er es nicht zugeben, sondern lehnte das Netz abermals ab und fuhr fort, dem Alten jene Einrichtung der Bienenstöcke auseinanderzusetzen, von der er im »Maison rustique« gelesen hatte und die, seiner Meinung nach, ein doppelt so starkes Schwärmen der Bienen bewirken sollte. Aber da stach ihn eine Biene in den Hals, er verlor den Faden, stockte und brach seine Schilderung mitten im Satz ab.

»Gewiß, Väterchen Mitri Mikolajitsch, in den Büchern schreiben sie manches«, sagte der Alte mit einem väterlich wohlwollenden Blick auf den Gutsherrn. »Aber vielleicht halten sie einen auch nur zum Narren und lachen hinterher, wenn man es wirklich so macht, wie sie schreiben. Das gibt es auch! Wie kann man den Bienen beibringen, wo sie die Waben befestigen sollen? Das richten sie sich im Stock selbst ein, mal quer, mal gerade. Belieben Sie herzusehen«, fügte er hinzu, während er an einem der nächststehenden Bienenstöcke den Spund aus der Öffnung zog und ins Innere hineinblickte, wo es von Bienen wimmelte, die über die schiefstehenden Waben krabbelten. »Dies ist ein junger Schwarm, an der Spitze sieht man, da sitzt die Königin, und die Waben legen sie gerade und auch schräg an, wie es ihnen im Stock am besten paßt«, erklärte der Alte, der offenbar ganz in seinem Fahrwasser war und gar nicht bemerkte, in welcher Lage sich der Gutsherr befand. »Heute wagen sie sich heraus, es ist ein warmer Tag, da kann man alles gut sehen«, fügte er hinzu, während er den Spund in die Öffnung zurücksteckte, eine herausgekrochene Biene mit einem Lappen andrückte und dann mit der Fläche seiner rauhen Hand ein paar andere Bienen von seinem Nacken abstreifte. Er wurde von den Bienen nicht gestochen; dagegen konnte Nechljudow kaum noch den Wunsch unterdrücken, von den Bienenstöcken wegzulaufen: die Bienen hatten ihn bereits an mehreren Stellen gestochen und umschwärmten von allen Seiten seinen Kopf und Nacken.

»Hast du viele Bienenstöcke?« fragte er, auf das Pförtchen zugehend.

»Was Gott beschert hat«, antwortete Dutlow lachend. »Zählen soll man sie nicht, das haben die Bienen nicht gern. Ja, worum ich Euer Erlaucht bitten wollte«, fuhr er fort und zeigte auf einige unansehnliche Bienenstöcke, die am Zaun standen. »Wenn Sie so gütig sein möchten, Ossip, dem Mann der Amme, vorzuhalten, daß es nicht recht ist, im eigenen Dorf so den Nachbarn zu schikanieren.«

»Was tut er denn? ... Au! Sie stechen aber ziemlich arg!« antwortete der Gutsherr, während er bereits nach der Klinke des Pförtchens griff.

»Jahr für Jahr läßt er seine Bienen zu meinen jungen Schwärmen herein. Sie müßten ausruhen, und da holen ihnen die fremden Bienen das Wachs weg und zerstören auch noch die Waben«, erklärte der Alte, ohne das verzerrte Gesicht des Gutsherrn zu beachten.

»Schön, später, gleich...«, stotterte Nechljudow, und außerstande, sich länger zu beherrschen, verließ er, mit beiden Händen die Bienen abwehrend, fluchtartig den Bienenstand.

»Mit etwas Erde einreiben, dann schmerzt es nicht«, sagte

der Alte, der dem Gutsherrn durch das Pförtchen gefolgt war. Nechljudow rieb die Stellen, an denen er gestochen war, mit Erde ein, blickte sich errötend nach Karp und Ignat um, die ihn jedoch gar nicht beachteten, und verzog ärgerlich das Gesicht.

16

»Worum ich Euer Erlaucht noch wegen meiner Söhne bitten wollte«, begann der Alte, der den grimmigen Gesichtsausdruck des Gutsherrn gar nicht zu bemerken schien oder wenigstens so tat.

»Nun?«

»Ja, mit Pferden ist es bei uns gottlob ganz gut bestellt, und einen Knecht haben wir auch, da kann der Frondienst nicht zu kurz kommen.«

»Was willst du also?«

»Wenn Euer Erlaucht so gütig sein wollten, die Burschen gegen Kopfzins freizugeben, dann könnten Iljuschka und Ignat den ganzen Sommer mit drei Troikas Transporte ausführen und sich vielleicht auch etwas Geld verdienen.«

»Wohin sollen sie denn fahren?«

»Wie es gerade kommt«, mischte sich Iljuschka ein, der die Pferde inzwischen unter dem Schutzdach angebunden hatte und zu dem Vater herangetreten war. »Die Kadminschen Burschen sind mit acht Troikas nach Romny gefahren, haben dabei ihr Essen gehabt, sagen sie, und noch an die dreißig Rubel pro Troika nach Hause mitgebracht; auch nach Odessa kann man fahren, dort soll das Futter billig sein.«

»Hierüber eben wollte ich mit dir sprechen«, wandte sich der Gutsherr an den Alten, bemüht, das Gespräch möglichst geschickt auf seine Pläne zu bringen. »Sag mal, ist es denn vorteilhafter, Transporte auszuführen als zu Hause Ackerbau zu treiben?«

»Wie soll es denn nicht vorteilhafter sein, Euer Erlaucht?« mischte sich nochmals Iljuschka ein und warf mit einer energischen Kopfbewegung sein Haar zurück. »Zu Hause hat man nicht mal das Futter für die Pferde.«

»Nun, und wieviel kannst du dabei während des Sommers erarbeiten?«

»Im Frühling, als das Futter teuer war, sind wir mit einem Warentransport nach Kiew gefahren, und von Kursk bis Moskau haben wir dann eine Ladung Grütze mitgenommen; dabei sind wir und die Pferde satt geworden, und fünfzehn Rubel habe ich noch bar mitgebracht.«

»Gegen ein ehrbares Gewerbe ist natürlich nichts einzuwenden, welcherart es auch sein mag«, wandte sich der Gutsherr wiederum an den Alten, »aber ich meine doch, daß sich auch eine passendere Beschäftigung finden ließe; und wenn ein junger Bursche auf solche Weise überall herumkommt und mit allen möglichen Menschen zusammentrifft, kann ihm auch leicht der Kopf verdreht werden«, fügte er, die Bemerkung Karps wiederholend, hinzu.

»Womit können sich denn Leute wie wir schon befassen, wenn nicht mit dem Fuhrgeschäft?« erwiderte der Alte mit seinem sanften Lächeln. »Man macht eine gute Fahrt, dann wird man selbst satt, und auch die Pferde werden satt; und was das Kopfverdrehen betrifft, so ist's Gott sei Dank nicht das erste Jahr, daß meine Söhne fahren; auch bin ich früher selbst unterwegs gewesen und habe von niemand etwas Schlechtes, sondern immer nur Gutes erfahren.«

»Es gibt genug andere Möglichkeiten, womit ihr euch zu Hause beschäftigen könntet: mit Ackerbau, auf den Wiesen...«

»Wie sollten wir das, Euer Erlaucht!« fiel Iljuschka lebhaft ein. »Wir sind im Fuhrgeschäft aufgewachsen, kennen alles, was dazugehört, es ist für uns die passende Beschäftigung, die uns am meisten zusagt, Euer Erlaucht!«

»Aber wollen Euer Erlaucht uns nicht die Ehre erweisen, näher zu treten? Sie sind noch gar nicht in unserer neuen Behausung gewesen«, sagte der Alte mit einer tiefen Verbeugung und blinzelte seinem Sohn zu. Iljuschka lief schleunigst ins Haus, und Nechljudow, geleitet von dem Alten, folgte ihm.

17

Im Haus verneigte sich der Alte nochmals, fuhr mit einem Zipfel seines Rockes über das Ende der nächststehenden Bank und fragte: »Was dürfen wir Ihnen anbieten, Euer Erlaucht?«

Die Wohnstube, die einen Rauchabzug hatte, war sauber und geräumig, mit Pritschen und Liegeplätzen auf dem Ofen. Die frischen Espenbalken, zwischen denen das eben erst verdorrte Moos vorblickte, waren noch nicht nachgedunkelt; die neuen Bänke und die Bretter der Liegeplätze waren noch nicht glattgerieben, der Fußboden nicht festgestampft. Auf einer Pritsche saß eine junge, schmächtige Bäuerin mit versonnenem Gesicht, Iljas Frau, und schaukelte mit dem Fuß eine Hängewiege, die an einer langen Stange unter der Decke angebracht war. In der Wiege lag, kaum hörbar atmend, mit zugekniffenen Äuglein ein schlummernder Säugling; eine andere Bäuerin, die Frau Karps, eine rotwangige, kräftige Person, die die Ärmel bis über die Ellbogen ihrer sonnengebräunten Arme aufgestreift hatte, war damit beschäftigt, neben dem Ofen Zwiebeln in eine Holzschale zu schnipseln. Eine pockennarbige schwangere Frau stand, den Arm vor das Gesicht haltend, vor dem Feuer. In der Stube, wo es ohnehin schon von der Sonne warm war und der Ofen noch mehr Hitze verbreitete, roch es stark nach frisch gebackenem Brot. Von den Liegeplätzen auf dem Ofen blickten zwei blondköpfige Buben und ein kleines Mädchen herunter, die sich dort in Erwartung des Mittagessens verkrochen hatten, und musterten neugierig den Gutsherrn.

Nechljudow war es angenehm, dieses Wohlleben zu sehen, doch zugleich genierte er sich vor den Frauen und den Kindern, die ihn alle anschauten. Er wurde rot und setzte sich auf die Bank.

»Gib mir ein Stückchen von dem warmen Brot, das esse ich gern«, sagte er und errötete noch stärker.

Karps Frau schnitt eine große Scheibe Brot ab und brachte sie auf einem Teller dem Gutsherrn. Nechljudow schwieg, weil er nicht wußte, was er sagen sollte; die Frauen schwiegen gleichfalls; der Alte lächelte sanft.

Weshalb geniere ich mich eigentlich so, als sei ich mir irgendeiner Schuld bewußt? dachte Nechljudow. Warum soll ich ihm nicht den Vorschlag wegen der Farm machen? Das ist ja albern! ... Doch er sagte immer noch nichts.

»Nun, Väterchen Mitri Mikolajitsch, wie haben Sie wegen meiner Leute entschieden?« fragte da der Alte.

»Ja, ich würde dir raten, sie überhaupt nicht wegzulassen und lieber hier eine Beschäftigung für sie zu finden«, erklärte Nechljudow, sich plötzlich ein Herz fassend. »Weißt du, ich habe mir da einen Plan für dich zurechtgelegt: du könntest halbpart mit mir ein Stück Wald aus dem Staatsforst kaufen, und dazu Land...«

Das sanfte Lächeln war plötzlich aus dem Gesicht des Alten verschwunden.

»Wo denken Sie hin, Euer Erlaucht?« unterbrach er den Gutsherrn. »Woher soll ich das Geld dazu nehmen?«

»Es braucht ja kein großes Stück zu sein – für zweihundert Rubel ungefähr«, bemerkte Nechljudow.

Der Alte lächelte grimmig.

»Gewiß, wenn ich das Geld hätte, könnte man schon kaufen«, sagte er.

»Hast du denn etwa nicht so viel?« fragte der Gutsherr vorwurfsvoll.

»Ach, Väterchen, Euer Erlaucht«, erwiderte der Alte in wehleidigem Ton und blickte sich zur Tür um. »Man muß schon froh sein, die Familie satt zu kriegen, wo kann unsereiner da Wald kaufen.«

»Aber du hast doch Geld! Warum soll es denn unnütz daliegen?« beharrte Nechljudow.

Der Alte geriet plötzlich in große Erregung; seine Augen blitzten, die Schultern begannen zu zucken.

»Das haben vielleicht böse Menschen von mir behauptet«, erwiderte er mit bebender Stimme. »Aber so wahr mir Gott helfe«, versicherte er, sich immer mehr ereifernd und die Augen immer wieder auf das Heiligenbild richtend, »ich will erblinden, will auf der Stelle in den Erdboden versinken, wenn ich mehr habe als die fünfzehn Rubel, die Iljuschka mitgebracht hat, und davon müssen auch noch die Kopfsteuern bezahlt werden. Sie wissen ja selbst: das neue Häuschen...«

»Also gut, schon gut!« fiel ihm der Gutsherr ins Wort und stand auf. »Auf Wiedersehen allesamt!«

18

Mein Gott, mein Gott! Sind alle meine Träume von dem Sinn und den Verpflichtungen meines Lebens wirklich eine Torheit gewesen? dachte Nechljudow, als er durch die schattigen Alleen des verwilderten Parks nach Hause ging und zerstreut Blätter und Zweige abbrach, die ihm gerade unter die Finger kamen. Warum fühle ich mich so bedrückt und verstimmt, als sei ich mit mir selbst unzufrieden, während ich doch geglaubt habe, daß ich, wenn ich erst einmal den rechten Weg eingeschlagen hätte, ständig von dem gleichen Gefühl moralischer Genugtuung erfüllt sein würde, das ich damals empfand, als mir zum erstenmal diese Gedanken kamen? Und er rief sich ungemein klar und lebendig jene beglückenden Augenblicke ins Gedächtnis, die er vor einem Jahr durchlebt hatte.

Gequält und aufgewühlt von einem unklaren, im verborgenen gärenden Gefühl jugendlichen Überschwangs, war er eines Tages im Mai in aller Frühe, als alles im Hause noch schlief, aufgestanden, hatte sich ohne bestimmtes Ziel in den Garten und von dort in den Wald begeben und war inmitten der wiedererwachten, saft- und kraftstrotzenden und doch ruhigen Natur einsam und gedankenlos umhergeirrt, bedrückt durch jenes überströmende Gefühl, für das er keinen Ausdruck zu finden vermochte. Zuerst gaukelte ihm seine Phantasie mit dem ganzen Zauber, den alles Unbekannte für die Jugend besitzt, das Bild einer liebreizenden Frau vor, und er hatte geglaubt, daß hierin sein unklar empfundener Wunsch verkörpert sei. Doch ein anderes, höheres Gefühl widersprach ihm und bewog ihn, nach etwas anderem zu forschen. Dann entrückte ihn sein unerfahrener, reger Geist in immer höhere, abstraktere Sphären, in denen sich ihm die Gesetze des Daseins zu offenbaren schienen, und er hatte mit stolzer Befriedigung bei diesen Gedanken haltgemacht. Doch wiederum sagte ihm ein höheres Gefühl, daß dies nicht das Rechte sei, und veranlaßte ihn, aufs neue nach etwas anderem zu suchen und sich zu erregen. Abgespannt, wie man es immer nach angestrengter Tätigkeit ist, legte er sich, ohne etwas zu denken und zu wünschen, rücklings unter einen Baum und blickte zu den lichten Wolken hinauf, die über ihm am blauen, unendlichen Himmel vorüberzogen. Da traten ihm plötzlich ganz unvermittelt Tränen in die Augen, und weiß Gott auf welchem Wege kam ihm plötzlich der Gedanke, der seine ganze Seele erfüllte und den er mit Wonne aufgriff – der Gedanke, daß Liebe und Güte die Wahrheit und das Glück des Lebens bedeuteten, und zwar das einzig wahrhafte, auf Erden mögliche Glück. Diesmal widersprach kein höheres Gefühl; er stand auf und begann diesen Gedanken zu prüfen. Ja, das ist es, das ist es! sagte er sich freudig erregt, als er alle seine früheren Überzeugungen, alle Erscheinungen des Lebens an der, wie es ihm schien, völlig neuen Wahrheit maß, die sich ihm jetzt offenbart hatte. Wie töricht ist alles, was ich bisher gewußt, woran ich geglaubt und was ich geliebt habe! Liebe und Selbstentsagung, das ist das einzig wahrhafte, von keinem Zufall abhängige Glück, sagte er lächelnd und gestikulierend zu sich selbst. Er maß diesen Gedanken von allen Seiten an der Wirklichkeit, und als er seine Richtigkeit sowohl im Leben als auch durch die innere Stimme bestätigt fand, die ihm sagte, daß es so recht sei, wurde er von einem für ihn ganz neuen Gefühl beglückender Erregung und Begeisterung ergriffen. Ich muß also Gutes tun, um glücklich zu sein, dachte er, und seine ganze Zukunft stellte sich ihm nicht mehr in abstrakten Formen dar, sondern in lebendigen Bildern seines Lebens als Gutsherr.

Er hatte ein riesiges, für das ganze Leben ausreichendes Wirkungsfeld vor sich gesehen, auf dem er Gutes tun und dadurch glücklich sein würde. Er brauchte sich nicht erst ein Betätigungsfeld zu suchen: es war bereits vorhanden.

Er hatte feststehende Pflichten, hatte die Bauern seines Gutes ... Und welch eine beglückende, dankbare Aufgabe stand ihm darin bevor, inmitten dieser schlichten, empfänglichen und unverbildeten Klasse des Volkes zu wirken, sie aus ihrer Armut zu befreien und zum Wohlstand zu führen, ihr etwas von der Bildung zu vermitteln, die ihm selbst glücklicherweise zuteil geworden war, ihre auf Unwissenheit und Aberglauben beruhenden Laster zu bekämpfen und ihre Moral zu heben, sie zu lehren, das Gute zu lieben ... Welch eine verheißungsvolle, glückliche Zukunft! Und während er alles dies für sein eigenes Glück tun würde, könnte er sich an der Dankbarkeit dieser Menschen erfreuen und dabei sehen, wie er sich von Tag zu Tag immer mehr dem gesteckten Ziel näherte. Eine berauschend schöne Zukunft! Wie war es nur möglich, daß er sie nicht schon früher erkannt hatte?

Und außerdem, hatte er ferner gedacht, wird mich ja nichts daran hindern, auch selbst durch die Verbindung mit einer geliebten Frau glücklich zu sein und ein glückliches Familienleben zu genießen! Und seine jugendliche Phantasie hatte ihm die Zukunft in immer bezaubernderen Farben ausgemalt: Gemeinsam mit meiner Frau, die ich so innig lieben werde, wie auf Erden noch nie jemand einen anderen geliebt hat, werde ich ständig inmitten dieser ruhigen, poetischen ländlichen Natur leben, mit unseren Kindern und vielleicht auch mit der alten Tante. Wir haben unsere gegenseitige Liebe, die Liebe zu den Kindern, und wir wissen beide, daß unsere Bestimmung darin besteht, Gutes zu tun. Wir helfen einander, dieses Ziel zu erreichen. Ich treffe die allgemeinen Anordnungen, teile den Leuten gerecht bemessene Unterstützungen zu, richte Farmen, Sparkassen und Werkstätten ein, während sie, mit ihrem hübschen Köpfchen, das schlichte weiße Kleid über ihrem zierlichen Füßchen schürzend, durch den Straßenschmutz geht, um in der Dorfschule, im Krankenhaus oder bei einem unglücklichen Bauern vorzusprechen, der in Wirklichkeit gar keine Hilfe verdient, und überall Trost spendet, helfend eingreift. Kinder, alte Männer, Bäuerinnen – alle vergöttern sie und betrachten sie als einen Engel, als eine Himmelsbotin. Wenn sie dann zurückkommt, verschweigt sie mir, daß sie den unglücklichen Bauern besucht und ihm Geld gegeben hat; doch ich errate alles, umarme sie zärtlich und küsse innig ihre schönen Augen, die schamhaft errötenden Wangen und den lächelnden roten Mund...

19

Wo sind sie hin, diese Träume? fragte sich der Jüngling in Gedanken, als er jetzt nach seinen Besuchen auf das Gutshaus zuschritt. Nun suche ich auf diese Weise schon seit über einem Jahr nach dem Glück – und was habe ich gefunden? Gewiß, mitunter habe ich das Gefühl, mit mir zufrieden sein zu können; doch das ist nur eine nüchterne, verstandesmäßige Zufriedenheit. Wie man's auch nimmt, ich bin ausgesprochen unzufrieden mit mir selbst! Ich bin unzufrieden, weil ich hier kein Glück empfinde, das ich mir doch wünsche, so sehnlich wünsche. Mir sind keinerlei Freuden beschieden gewesen, und inzwischen habe ich mir alles verbaut, wodurch ich sie mir verschaffen könnte. Wozu? Wem zuliebe? Wer hat es dadurch leichter? Die Tante hatte recht, als sie schrieb, es sei leichter, sein eigenes Glück zu schmieden als das anderer. Hat sich etwa der Wohlstand meiner Bauern erhöht? Ihr Bildungsgrad, ihre Moral? Nicht im geringsten! Sie haben es nicht besser als vorher, während für mich das Leben mit jedem Tage schwerer und schwerer wird. Wenn ich bei meinem Unternehmen einen Erfolg, wenn ich wenigstens Dankbarkeit sehen würde – doch nein, ich sehe nur verlogene Routine, Laster, Mißtrauen, Hilflosigkeit. Ich vergeude für nichts und wieder nichts die besten Jahre meines Lebens, dachte er, und es fiel ihm dabei ein, daß die Nachbarn, wie er von der Kinderfrau gehört hatte, ihn als unreifen Jüngling bezeichneten; daß die Kasse im Kontor bereits völlig leer war; daß die von ihm erfundene neue Dreschmaschine zum allgemeinen Gelächter der Bauern lediglich gepfiffen, aber nicht funktioniert hatte, als sie in der Tenne im Beisein zahlreicher Zuschauer erstmalig in

Gang gebracht werden sollte; daß er tagtäglich mit dem Eintreffen des Landrichters rechnen mußte, der sein Gut pfänden würde, weil er, mit allen möglichen wirtschaftlichen Neuerungen beschäftigt, die termingemäße Entrichtung der Abgaben versäumt hatte. Und ebenso lebendig, wie er sich vorhin seinen ländlichen Spaziergang im Wald und seine damaligen Träume vom Leben als Gutsbesitzer ins Gedächtnis gerufen hatte, stellte er sich jetzt plötzlich sein Moskauer Studentenstübchen vor, in dem er beim Schein einer Kerze bis spät in die Nacht hinein mit seinem besten Freund, einem sechzehnjährigen Studienkameraden, gesessen hatte. Wenn sie fünf Stunden hintereinander alle möglichen langweiligen Paragraphen des Zivilrechts gelesen und wiederholt hatten, ließen sie das Abendessen bringen, leisteten sich gemeinsam eine Flasche Champagner und unterhielten sich über die Zukunft, die ihrer harrte. Wie ganz anders hatte sie sich dem jungen Studenten dargestellt! Damals schien die Zukunft voller Freuden zu sein, eine vielseitige Tätigkeit, glänzende Erfolge und das zu verheißen, was sie damals für das höchste Glück auf Erden hielten: Ruhm.

Ja, er schreitet bereits schnell fort auf diesem Weg, dachte Nechljudow in Erinnerung an seinen Freund, während ich...

Doch mittlerweile war er am Hause angelangt, vor dessen Tür wohl ein Dutzend Bauern und Gesindeleute standen, die mit verschiedenen Anliegen auf den Gutsherrn warteten, und von seinen Träumen mußte er sich wieder der Wirklichkeit zuwenden.

Da gab es eine Bauersfrau mit zerzaustem Haar, blutverschmiert und mit zerfetzter Kleidung, die sich weinend über ihren Schwiegervater beklagte, der sie angeblich hatte erschlagen wollen; da gab es zwei Brüder, die schon seit über einem Jahr dabei waren, ihre Bauernwirtschaft untereinander zu teilen, und einander mit grimmigem Haß ansahen; da gab es einen grauhaarigen, unrasierten Hofknecht, dessen Hände vom vielen Trinken zitterten und den sein Sohn, der Gärtner, zum Gutsherrn gebracht hatte, um über seinen ausschweifenden Lebenswandel Klage zu führen; da gab es einen Bauern, der seine Frau aus dem Hause gejagt, weil sie während des ganzen Frühlings nicht gearbeitet hatte; und auch die Frau selbst war da, die vor der Tür auf dem Rasen saß und, ohne etwas zu sagen, schluchzend ihren geschwollenen und entzündeten, unordentlich mit einem schmutzigen Lappen umwickelten Fuß zeigte...

Nechljudow hörte sich alle Bitten und Klagen an, und nachdem er die einen beraten, zwischen anderen Streit geschlichtet und dritten die Erfüllung ihrer Wünsche zugesagt hatte, begab er sich mit einem aus Ermüdung, Scham, Hilflosigkeit und Zerknirschung gemischten Gefühl in sein Zimmer.

20

In dem kleinen Zimmer, das Nechljudow bewohnte, standen ein altes, mit kleinen Kupfernägeln beschlagenes Ledersofa, einige Sessel von der gleichen Art, ein auseinandergeklappter, altertümlicher Spieltisch mit Intarsien und Messingbeschlägen, auf dem verschiedene Schriftstücke lagen, und ein aufgeschlagener, altmodischer englischer Flügel aus gelbem Holz mit schmalen, stark abgegriffenen und verbogenen Tasten. Zwischen den Fenstern hing ein großer Spiegel in einem alten vergoldeten und mit Schnitzereien verzierten Rahmen. Neben dem Tisch lagen auf dem Fußboden ganze Stapel von Papieren, Büchern und Rechnungen. Überhaupt machte das Zimmer einen unpersönlichen und unordentlichen Eindruck und bildete mit seiner lebendigen Unordnung einen schroffen Gegensatz zu der steifen, altherrschaftlichen Ausstattung der übrigen Räume des großen Hauses. Beim Eintritt ins Zimmer warf Nechljudow seinen Hut mißmutig auf den Tisch, setzte sich mit übereinandergeschlagenen Beinen auf den Stuhl vor dem Flügel und ließ den Kopf hängen.

»Werden Sie jetzt frühstücken, Euer Erlaucht?« fragte eine große, hagere Alte mit runzligem Gesicht, die, in einem Kattunkleid, mit einem großen Tuch um die Schultern und einer Haube auf dem Kopf, ins Zimmer gekommen war.

Nechljudow sah sich zu ihr um und schwieg eine Weile, als wollte er sich auf etwas besinnen.

»Nein, meine Liebe, ich habe keinen Appetit«, antwortete er dann und versank wieder in Gedanken.

Die Kinderfrau schüttelte mißbilligend den Kopf und seufzte: »Ach, Väterchen Dmitri Nikolajitsch, warum sind Sie so bedrückt? Es gibt keinen Kummer, der nicht auch wieder vergeht, wahrhaftig...«

»Ich bin ja gar nicht bedrückt. Wie kommst du darauf, meine gute Malanja Finogenowna?« fragte Nechljudow, bemüht, sich ein Lächeln abzuzwingen.

»Ja, sehe ich denn nicht, wie bedrückt Sie sind?« ereiferte sich die Kinderfrau. »Tag um Tag vergeht, und immer dieselbe Einsamkeit! Und alles nehmen Sie sich zu Herzen, um alles kümmern Sie sich selbst; das Essen rühren Sie kaum noch an. Ist das vernünftig? Wenn Sie wenigstens mal in die Stadt fahren oder die Nachbarn besuchen wollten – man muß doch auch unter Menschen kommen! Sie sind jung, da darf man sich nicht alles so zu Herzen nehmen! Erlauben Sie, daß ich mich setze, Väterchen«, sagte sie und fuhr, nachdem sie neben der Tür Platz genommen hatte, fort: »Die Bauern lassen Sie tun, was sie wollen, so daß niemand mehr Respekt hat. Handelt denn so ein Herr? Dabei kommt nichts Gutes heraus: sich selbst richtet man zugrunde, und die Leute verfallen nur in Schlendrian. So ist nun mal unser Volk: es merkt es gar nicht. Wenigstens zur Tante sollten Sie mal fahren, was sie geschrieben hat, war doch richtig«, redete die Kinderfrau auf ihn ein.

Nechljudow wurde es immer schwerer ums Herz. Er stützte den rechten Arm aufs Knie und berührte mit der Hand mechanisch die Tasten. Es erklang so etwas wie ein Akkord, dann ein zweiter, ein dritter... Nechljudow rückte näher heran, nahm die andere Hand aus der Tasche und begann zu spielen. Die Akkorde, die er anschlug, waren manchmal unsauber, ja falsch, viele waren abgeschmackt und verrieten keinerlei musikalische Begabung; aber sein Spiel bereitete ihm dennoch eine Art wehmütigen Genuß. Bei jedem Wechsel der Harmonie wartete er mit stockendem Herzen, was sich daraus ergeben würde, und wenn er es dann hörte, ergänzte er in Gedanken unbewußt das Fehlende. Es war ihm, als höre er hunderterlei Melodien: einen Chor, ein Orchester, die auf seine Harmonien abgestimmt waren. Den größten Genuß bereitete ihm indessen die gesteigerte Lebhaftigkeit seiner Phantasie, die ihm unzusammenhängend und bruchstückweise, doch mit außerordentlicher Klarheit die verschiedensten bunt durcheinandergewürfelten und zum Teil völlig sinnlosen Bilder und Gestalten aus der Vergangenheit und der Zukunft vorspiegelte. Einmal glaubte er die aufgeschwemmte Gestalt Dawydka Belys zu sehen, mit seinem gekrümmten Rücken und den mächtigen, mit weißen Haaren bedeckten Händen, wie er angesichts der dunklen sehnigen Faust seiner Mutter ängstlich mit seinen weißen Wimpern blinzelt und geduldig, in sein Schicksal ergeben, alle Prüfungen und Entbehrungen hinnimmt. Dann wiederum tauchte die forsche Amme auf, die im Umgang mit dem Hofgesinde selbstbewußt geworden ist; er glaubte zu sehen, wie sie durch die Dörfer geht und den Bauern einschärft, ihr Geld vor den Gutsbesitzern zu verbergen, und er murmelte unbewußt vor sich hin: »Ja, vor den Gutsbesitzern muß man das Geld verbergen.« Nun stellte er sich plötzlich seine künftige Frau vor, die, aus irgendeinem Grunde weinend und tief bekümmert, ihr blondes Köpfchen an seine Schulter lehnt. Hierauf glaubte er die gütigen blauen Augen Tschurissjonoks zu sehen, die dieser zärtlieh auf sein einziges, dickbäuchiges Söhnchen gerichtet hat. »Ja, er sieht in ihm nicht nur den Sohn, sondern auch den Gehilfen und Retter. Das ist wahre Liebe!« flüsterte er vor sich hin. Dann erinnerte er sich der Mutter Juchwankas, des Ausdrucks allverzeihender Geduld, den er in ihrem greisenhaften Gesicht ungeachtet seiner entstellten Züge und des aus dem Munde hervorragenden Zahnes wahrgenommen hatte. In ihrem siebzigjährigen Leben bin ich wahrscheinlich der erste gewesen, der das bemerkt hat, dachte er und murmelte: »Sonderbar!« Während er unbewußt immer wieder in die Tasten griff und auf die Töne lauschte, stellte er sich nun lebhaft seine Flucht aus dem Bienenstand vor sowie den Ausdruck in den Gesichtern von Karp und Ignat, die offenbar lachen mußten, aber so taten, als sähen sie ihn nicht. Er wurde rot und blickte sich unwillkürlich nach der Kinderfrau um, die noch immer schweigend an der Tür saß, ihn gespannt beobachtete und ab und zu ihren ergrauten Kopf schüttelte. Da tauchte in seiner Phantasie plötzlich ein Dreigespann schweißbedeckter Pferde auf und dazu die schöne, kräftige Gestalt Iljuschkas mit seinem blonden Lockenkopf, den übermütig blitzenden, schmalen blauen Augen, den frischen roten Wangen und dem hellen Flaum, der gerade erst auf seiner Oberlippe und dem Kinn sprießt. Er erinnerte sich, wie Iljuschka gefürchtet hatte, man könne ihm weitere Fahrten verwehren, und wie eifrig er für diese ihm so zusagende Beschäftigung eingetreten war. Dann wieder ist es ein trüber, nebliger Morgen, und er sieht eine glitschige Chaussee, auf der sich eine lange Reihe dreispänniger, hochbeladener, mit Bastmatten bedeckter und mit großen schwarzen Buchstaben gezeichneter Fuhren hinzieht. Die starkbeinigen, wohlgenährten Pferde graben ihre scharfbeschlagenen Hufe fest in den schlüpfrigen Boden und ziehen, die Zügel straffend und mit den Glöckchen klimpernd, die schweren Fuhren mit vereinter Kraft über den bergan führenden Weg. Unter fröhlichem Schellengeläut, das von den hohen Wäldern widerhallt, die sich in der Ferne zu beiden Seiten des Weges erstrecken, kommt bergab, dem Wagenzug entgegen, in schneller Fahrt die Post angesaust.

»Hü! Hü!« ruft mit lauter, heller Stimme, die Peitsche über sich schwingend, der Kutscher des ersten Postwagens, der einen Filzhut mit Kokarde aufhat.

Neben den Vorderrädern der ersten Fuhre stapft in mächtigen Stiefeln der rotbärtige Karp mit finsterem Gesicht einher. Auf der zweiten Fuhre lugt vorn unter der Bastmatte das hübsche Gesicht Iljuschkas hervor, der sich in der Morgensonne gewärmt hat. Drei mit Koffern beladene Troikas kommen unter dröhnendem Rädergerassel, lauten Rufen und Schellengeläut vorübergefahren. Iljuschka steckt seinen hübschen Kopf wieder unter die Matte und schläft ein. Doch nun ist ein klarer, warmer Abend angebrochen. Vor den ermüdeten Dreigespannen, die sich vor der Herberge drängen, geht knarrend das Brettertor auf, und einer nach dem anderen fahren die hochbeladenen Wagen holpernd über das Brett im Torweg und verschwinden in den geräumigen Unterständen des Hofes. Iljuschka begrüßt fröhlich die Herbergswirtin, eine Frau mit zartem Gesicht und starker Brust, deren glänzende, einschmeichelnde Augen mit Wohlgefallen auf dem schmucken Burschen ruhen, als sie ihn fragt: »Kommt ihr von weit her? Habt ihr zum Abendessen tüchtigen Hunger mitgebracht?« Nachdem er seine Pferde versorgt hat, geht er in die heiße, überfüllte Gaststube, bekreuzigt sich, nimmt vor einer gefüllten Holzschüssel Platz und plaudert lustig mit der Wirtin und mit seinen Kameraden. Dann sucht er unter dem Schutzdach, von wo aus der weite Sternenhimmel zu sehen ist, sein Nachtlager auf dem duftenden Heu neben den Pferden auf, die schnaufend und von einem Fuß auf den anderen tretend, in der Holzkrippe das Futter durchwühlen. Er ist an das Heu herangetreten und wendet sich gen Osten, und nachdem er, das blonde Lockenhaar zurückwerfend, über seiner breiten, kräftigen Brust wohl dreißigmal nacheinander das Kreuz geschlagen, das Vaterunser gesprochen und dabei mindestens zwanzigmal »Herr, erbarme dich!« gemurmelt hat, zieht er sich seinen Bauernrock über den Kopf und versinkt in den gesunden, sorglosen Schlaf eines kräftigen jungen Menschen. Und nun träumt er wohl von Kiew mit seinen Wallfahrern und Pilgerscharen, von Romny mit all den Kaufleuten und Waren, er sieht, von unsichtbaren Flügeln durch die Lüfte getragen, Odessa und das ferne blaue Meer mit weißen Segeln, sieht Zargrad mit seinen golden glänzenden Häusern und Türkinnen mit weißem Busen und schwarzen Augenbrauen. In leichtem, unbeschwertem Flug fliegt er immer weiter und weiter, sieht unter sich von leuchtend goldenem Licht überflutete Städte und das blaue Meer mit weißen Segeln, er sieht den blauen Himmel mit zahllosen Sternen, er fühlt sich wohl und ist glücklich, immer noch weiter und weiter zu fliegen...

»Wie schön!« flüstert Nechljudow, und ihm kommt der Gedanke, warum er nicht Iljuschka sei.

1856

Der Tod des Iwan Iljitsch

1

In einem der Säle des Justizpalastes fand heute der Prozeß der Melwinskis statt, und in einer Verhandlungspause, in der sich die Mitglieder des Richterkollegiums und der Staatsanwalt in das Zimmer Iwan Jegorowitsch Schebeks zurückgezogen hatten, kam das Gespräch auf den berühmten Fall Krassow. Fjodor Wassiljewitsch versuchte, sich immer mehr ereifernd, die Unzuständigkeit des Gerichts nachzuweisen, während Iwan Jegorowitsch auf seiner gegenteiligen Ansicht beharrte und Pjotr Iwanowitsch, der sich an der Auseinandersetzung von Anfang an nicht beteiligt hatte, die eben von einem Gerichtsdiener hereingebrachte Zeitung durchsah.

»Meine Herren!« wandte sich Pjotr Iwanowitsch plötzlich an die andern. »Iwan Iljitsch ist gestorben.«

»Ist das möglich?«

»Hier, lesen Sie selbst!« sagte er und hielt Fjodor Wassiljewitsch die frische, noch nach Druckerschwärze riechende Zeitung hin.

Die schwarzumrandete Anzeige lautete: »Praskowja Fjodorowna Golowina gibt allen Verwandten und Bekannten in tiefem Schmerz bekannt, daß ihr inniggeliebter Mann, Iwan Iljitsch Golowin, Mitglied des Obersten Gerichtshofes, gestern, am 4. Februar 1882, verschieden ist. Die Beisetzung erfolgt Freitag um 1 Uhr mittags.«

Iwan Iljitsch war ein Kollege der anwesende Herren und hatte sich allseitiger Beliebtheit erfreut. Er war schon seit mehreren Wochen bettlägerig gewesen, und es hatte geheißen, seine Krankheit sei unheilbar. Seinen Posten hatte man für ihn bislang noch frei gehalten, doch in Kollegenkreisen vermutete man schon, daß im Falle seines Ablebens möglicherweise Alexejew zu seinem Nachfolger ernannt und dessen bisherige Stelle entweder Winnikow oder Stabel übertragen würde. Als die im Zimmer Schebeks anwesenden

Herren nun vom Tode Iwan Iljitschs erfuhren, war ihr erster Gedanke, welche Folgen dieser Tod in bezug auf Umbesetzungen und Beförderungen für sie selbst oder ihre Bekannten nach sich ziehen könnte.

Jetzt werde ich bestimmt den Posten von Stabel oder Winnikow bekommen, dachte Fjodor Wassiljewitsch. Mir ist das schon lange versprochen worden, und diese Beförderung bedeutet für mich, ganz abgesehen von den höheren Diäten, eine Gehaltszulage von achthundert Rubel.

Ich muß mich jetzt um die Versetzung meines Schwagers aus Kaluga nach hier bemühen, dachte Pjotr Iwanowitsch. Meine Frau wird sich sehr freuen. Sie wird dann nicht mehr sagen können, ich tue nie etwas für ihre Angehörigen.

»Ich habe mir schon gedacht, daß er nicht wieder auf die Beine kommen wird«, sagte Pjotr Iwanowitsch. »Ein trauriger Fall.«

»Was hat ihm eigentlich gefehlt?«

»Die Ärzte konnten es nicht feststellen. Das heißt, Diagnosen haben sie wohl gestellt, aber jeder eine andere. Bei meinem letzten Besuch hatte ich den Eindruck, daß sich sein Zustand gebessert habe.«

»Ich bin leider seit den Feiertagen nicht mehr bei ihm gewesen. Ich hatte es mir aber vorgenommen.«

»War er eigentlich vermögend?«

»Seine Frau besitzt, glaube ich, etwas Vermögen. Aber das kann nur ganz unbedeutend sein.«

»Man muß ihr nun wohl einen Beileidsbesuch machen. Sie wohnen ja furchtbar weit.«

»Das heißt, für Sie ist es weit. Von Ihrer Wohnung ist es überallhin weit.«

»Er kann mir noch immer nicht verzeihen, daß ich jenseits des Flusses wohne«, sagte Pjotr Iwanowitsch lächelnd, wobei er mit dem Kopf auf Schebek wies. Und nachdem man noch eine Weile über die großen Entfernungen in der Stadt gesprochen hatte, begaben sich die Herren in den Sitzungssaal zurück.

Abgesehen von den Erwägungen, die nun alle anstellten wegen der möglicherweise zu erwartenden Umbesetzungen und dienstlichen Veränderungen anläßlich dieses Todesfalles, rief die Nachricht vom Ableben eines nahen Bekannten, bei jedem, der davon erfuhr, ein Gefühl der Freude darüber hervor, daß ein anderer gestorben war und nicht er selbst.

Ja, das ist eben Schicksal: ihn hat's getroffen, ich aber lebe weiter, dachte oder fühlte ein jeder. Und die näheren Bekannten Iwan Iljitschs, sozusagen seine Freunde, dachten dabei unwillkürlich auch noch daran, daß sie nun der Anstandspflicht nachkommen müßten, den höchst langweiligen Beisetzungsfeierlichkeiten beizuwohnen und der Witwe des Verstorbenen einen Beileidsbesuch abzustatten.

Dem Trauerhause am nächsten standen Pjotr Iwanowitsch und Fjodor Wassiljewitsch.

Pjotr Iwanowitsch hatte mit Iwan Iljitsch zusammen das Institut für Rechtswissenschaften besucht und fühlte sich ihm besonders verbunden.

Nachdem er seiner Frau beim Mittagessen vom Hinscheiden Iwan Iljitschs berichtet und ihr seine Erwägungen über die jetzt vielleicht mögliche Versetzung des Schwagers in den hiesigen Bezirk mitgeteilt hatte, legte er sich diesmal nicht zu einem Mittagsschläfchen nieder, sondern zog gleich seinen Frack an und fuhr ins Trauerhaus.

Vor dem Hause Iwan Iljitschs hielten eine Privatequipage und zwei Droschken. In der Vorhalle im Erdgeschoß stand, neben dem Kleiderständer an die Wand gelehnt, der mit Glanzstoff bezogene und mit Quasten und einer mit Putzpulver blankgeriebenen Goldborte geschmückte Sargdekkel. Zwei Damen in Trauerkleidung legten gerade ihre Pelzmäntel ab. Mit der einen von ihnen, einer Schwester Iwan Iljitschs, war Pjotr Iwanowitsch bereits bekannt; wer die andere war, wußte er nicht. Schwarz, ein Kollege von Pjotr Iwanowitsch, schickte sich eben an, aus dem Obergeschoß herunterzukommen, blieb jedoch, als er ihn erblickte, an der obersten Treppenstufe stehen und zwinkerte ihm zu, als wollte er sagen: Das hat Iwan Iljitsch dumm angestellt, Leuten wie uns hätte so etwas nicht passieren können.

In dem Gesicht von Schwarz, das ein englischer Backenbart umrahmte, in seiner hageren, mit einem Frack bekleideten Gestalt und in seiner ganzen, stets eleganten Erscheinung drückte sich betonte Feierlichkeit aus – eine Feierlichkeit, die so gar nicht mit seinem flatterhaften Wesen in Einklang stand, die aber hier – so schien es Pjotr Iwanowitsch – einen ganz besonderen Eindruck machte.

Pjotr Iwanowitsch ließ den Damen den Vortritt und ging hinter ihnen her langsam die Treppe hinauf. Schwarz blieb oben stehen, und Pjotr Iwanowitsch erriet auch, weshalb: er wollte offenbar verabreden, wo man sich heute zum Kartenspiel traf. Im Obergeschoß angekommen, begaben sich die Damen zu der Witwe, während Schwarz seinem Gesicht durch ein Zusammenpressen der vollen Lippen einen ernsten Ausdruck gab und Pjotr Iwanowitsch mit einer vielsagenden Bewegung der Brauen auf das rechts liegende Zimmer verwies, in dem der Tote aufgebahrt war.

Als Pjotr Iwanowitsch das Zimmer betrat, war er, wie man es in solchen Fällen immer ist, im Zweifel darüber, wie er sich nun verhalten sollte. Er wußte immerhin, daß es vor einer Bahre nie fehl am Platze sein konnte, sich zu bekreuzigen, war sich aber nicht im klaren, ob er sich dabei auch noch verneigen mußte, und wählte daher einen Mittelweg, indem er sich beim Eintritt ins Zimmer bekreuzigte und ein wenig den Kopf senkte. Soweit die Bewegungen mit den Händen und dem Kopf ihm dies gestatteten, schaute er sich zugleich im Zimmer um. Zwei ganz junge Leute, anscheinend Neffen des Verstorbenen, von denen der eine Gymnasiast war, hatten sich eben mehrmals bekreuzigt und verließen das Zimmer. Neben dem Sarg stand regungslos ein altes Mütterchen, und eine Dame mit seltsam hochgezogenen Brauen flüsterte ihr etwas zu. Ein Diakon in langem schwarzem Rock, temperamentvoll und von robuster Gestalt, las mit lauter Stimme und entschiedenem, keinen Widerspruch duldendem Ton etwas vor. Der Büfettdiener Gerassim kam mit leisen Schritten an Pjotr Iwanowitsch vorbei und bestreute den Fußboden mit irgendeinem Pulver. Als Pjotr Iwanowitsch das sah, verspürte er auch sofort den leichten Geruch der in Verwesung übergehenden Leiche. Den Büfettdiener Gerassim hatte Pjotr Iwanowitsch schon bei seinem letzten Besuch in Iwan Iljitschs Zimmer angetroffen; er versah damals die Pflichten eines Krankenwärters, und Iwan Iljitsch hatte ihn besonders gern gehabt. Pjotr Iwanowitsch bekreuzigte sich immer wieder und verband damit jedesmal eine leichte Verneigung halb in Richtung auf den Sarg und den Diakon, halb in Richtung auf die Heiligenbilder, die in einer Ecke des Zimmers auf einem Tisch standen. Als es ihm dann schien, daß er sich lange genug bekreuzigt hatte, hielt er damit inne und begann den Toten zu betrachten.

Der Tote lag mit der allen Toten eigenen besonderen Schwere im Sarg, so daß seine erstarrten Glieder in der weichen Unterlage versanken; von dem Kissen, auf das der für immer herabgeknickte Kopf gebettet war, zeichnete sich scharf die wächserne gelbe Stirn mit den kahlen Stellen an den eingefallenen Schläfen ab, und die hervorstehende Nase erweckte den Anschein, als drückte sie die Oberlippe des Toten nieder. Iwan Iljitsch hatte sich seit Pjotr Iwanowitschs letztem Besuch sehr verändert und war noch mehr abgemagert, doch sein Gesicht sah, wie bei allen Toten, schöner und vor allem bedeutender aus als zu seinen Lebzeiten. In seinen Gesichtszügen schien sich auszudrücken, daß alles, was getan werden mußte, vollbracht, und zwar auf richtige Weise vollbracht war. Außerdem sprach aus seinen Gesichtszügen noch ein Vorwurf oder eine Ermahnung für die Lebenden. Pjotr Iwanowitsch hielt diese Ermahnung für unangebracht oder bezog sie zum mindesten nicht auf sich selbst. Ihn überkam ein unangenehmes Gefühl, und daher bekreuzigte er sich schnell noch ein weiteres Mal, wandte sich dann, wie es ihm nachträglich erschien, mit allzu großer, gegen den Anstand verstoßender Hast von der Bahre ab und ging auf die Tür zu. Schwarz erwartete ihn im Durchgangszimmer; er stand da mit weit auseinandergespreizten Beinen und drehte hinter seinem Rücken mit beiden Händen den Zylinder spielerisch hin und her. Allein schon ein Blick auf das selbstgefällige, saubere und elegante Äußere von Schwarz wirkte auf Pjotr Iwanowitsch erfrischend. Ihm wurde klar, daß Schwarz über jegliche Sentimentalität erhaben war und sich keinen niederdrückenden Gefühlen hingab. Sein ganzes Aussehen schien zu besagen: Der Inzident dieser Totenmesse für Iwan Iljitsch kann keinesfalls als stichhaltiger Grund zur Änderung der Tagesordnung angesehen werden – das heißt, nichts kann uns daran hindern, heute abend ein neues Päckchen Karten aufzureißen und, während vom Diener vier frische Kerzen aufgestellt werden, mit dem Spiel zu beginnen, wie es überhaupt abwegig ist, anzunehmen, daß dieser Zwischenfall uns davon abhalten könnte, auch den heutigen Tag auf angenehme Weise zu verbringen. Etwas Ähnliches flüsterte er denn auch dem an ihm vorübergehenden Pjotr Iwanowitsch zu und schlug vor, zu einer Partie Karten bei Fjodor Wassiljewitsch zusammenzukommen. Doch schien es Pjotr Iwanowitsch vom Schicksal nicht bestimmt zu sein, an diesem Abend Karten zu spielen. Praskowja Fjodorowna, eine kleine korpulente Dame, deren Figur sich trotz aller gegenteiligen Bemühungen von den Schultern abwärts immer mehr verbreiterte, kam, ganz in Schwarz gekleidet und den Kopf von einem Schleier verhüllt, die Brauen ebenso seltsam hochgezogen wie jene Dame, die Pjotr Iwanowitsch vorhin am Sarge aufgefallen war, zusammen mit mehreren anderen Damen aus ihren Gemächern, ging mit ihnen bis an die Tür des Zimmers, in dem der Tote aufgebahrt war, und sagte:

»Treten Sie ein, die Messe beginnt gleich.«

Schwarz, der stehengeblieben war, machte eine unverbindliche Verbeugung, aus der nicht hervorging, ob er dieser Aufforderung zu folgen gedachte oder nicht. Praskowja Fjodorowna bemerkte jetzt Pjotr Iwanowitsch, kam seufzend auf ihn zu, ergriff seine Hand und sagte:

»Ich weiß, Sie sind ein wahrer Freund Iwan Iljitschs gewesen«, worauf sie ihn bewegt ansah und von ihm offensichtlich eine ihren Worten entsprechende Handlung erwartete.

Pjotr Iwanowitsch wußte, daß er ihr, ebenso wie er sich vorhin an der Bahre hatte bekreuzigen müssen, jetzt die Hand drücken, einen Seufzer ausstoßen und sagen mußte: Das können Sie mir glauben! Das machte er denn auch. Und nachdem er es getan, fühlte er, daß sich das gewünschte Ergebnis eingestellt hatte: er war gerührt, und sie war gerührt.

»Kommen Sie, solange es dort noch nicht angefangen hat, ich muß was mit Ihnen besprechen«, sagte Praskowja Fjodorowna. »Geben Sie mir den Arm.«

Pjotr Iwanowitsch reichte ihr den Arm, und sie begaben sich zu den auf der anderen Seite der Wohnung liegenden Zimmern, wobei Schwarz, als sie an ihm vorbeigingen, Pjotr Iwanowitsch bekümmert zublinzelte. Da haben wir nun unsern Whist! Sie dürfen es uns nicht verübeln, wenn wir jetzt einen andern Partner nehmen. Und sollten Sie sich hier doch noch frei machen können, dann spielen wir eben zu fünft! besagte sein verschmitzter Blick.

Pjotr Iwanowitsch stieß einen noch tieferen, noch wehmütigeren Seufzer aus, und Praskowja Fjodorowna drückte ihm dankbar die Hand. Nachdem sie den mit rosa Kretonne ausgeschlagenen Salon betreten hatten, in dem eine stets trüb brennende Lampe stand, nahmen sie am Tisch Platz – sie auf dem Sofa und Pjotr Iwanowitsch auf einem niedrigen gepolsterten Hocker, dessen Sprungfedern nicht mehr in Ordnung waren und sich dem Druck seines Gewichts widersetzten. Praskowja Fjodorowna hatte eigentlich beabsichtigt, ihn vorher auf die Schadhaftigkeit des Hockers hinzuweisen und ihn zu nötigen, sich auf einen andern Stuhl zu setzen, doch dann schien ihr das nicht ihrer Lage angemessen zu sein, und sie gab ihre Absicht auf. Als sich Pjotr Iwanowitsch nun auf den Hocker setzte, fiel ihm ein, wie sich Iwan Iljitsch bei der Ausstattung dieses Salons mit ihm über den rosa, mit einem grünen Blättermuster durchwirkten Kretonne beraten hatte. Als sich Praskowja Fjodorowna auf das Sofa setzen wollte und um den Tisch herumging – der ganze Salon war mit Möbeln und allen möglichen Sächelchen überladen –, blieb sie mit den Spitzen ihrer Mantille an den Schnitzereien des Tisches hängen. Pjotr Iwanowitsch erhob sich ein wenig, um die Spitzen loszulösen, wobei die von seiner Last befreiten Sprungfedern des Hockers sich wieder zu regen begannen und ihm Püffe erteilten. Da sich aber die Witwe schon selbst bemühte, die Spitzen loszulösen, setzte sich Pjotr Iwanowitsch wieder hin und drückte die widerspenstigen Sprungfedern nieder. Die Witwe hatte indessen nicht alle Spitzen freibekommen, und Pjotr Iwanowitsch mußte sich nochmals erheben, wobei die Sprungfedern wiederum rebellisch wurden, ja sogar knirschten. Nachdem das alles erledigt war, zog Praskowja Fjodorowna ein sauberes Batisttüchlein hervor und begann zu weinen. Auf Pjotr Iwanowitsch hatte jedoch der Zwischenfall mit den Spitzen und sein Kampf mit dem Hocker abkühlend gewirkt, so daß er jetzt mit finsterer Miene dasaß. Diese peinliche Situation wurde durch Sokolow, den Küchenmeister Iwan Iljitschs, unterbrochen, der mitteilte, daß der Platz auf dem Friedhof, den Praskowja Fjodorowna ins Auge gefaßt hatte, zweihundert Rubel kosten würde. Praskowja Fjodorowna hörte auf zu weinen, warf Pjotr Iwanowitsch einen leidenden Blick zu und sagte auf französisch, ihr sei so schwer ums Herz. Pjotr Iwanowitsch nickte bedeutungsvoll, zum Zeichen dafür, daß dies seiner festen Überzeugung nach auch gar nicht anders sein könne.

»Rauchen Sie bitte«, sagte Praskowja Fjodorowna großmütig und schmerzerfüllt zugleich, wobei ihr die Stimme zu versagen drohte, dann wandte sie sich wieder Sokolow zu, um mit ihm wegen des Preises für die Grabstätte zu sprechen. Während Pjotr Iwanowitsch eine Zigarette rauchte, hörte er, wie sie sich haarklein nach den Preisen für die verschiedenen Plätze erkundigte, bevor sie ihre Entscheidung traf, welcher Platz genommen werden sollte. Anschließend gab sie noch Anweisungen wegen der Kirchensänger, und Sokolow entfernte sich wieder.

»Ich mache alles selbst«, sagte sie zu Pjotr Iwanowitsch und rückte die auf dem Tisch liegenden Alben auf die andere Seite hinüber; und als sie sah, daß die Asche seiner Zigarette jeden Augenblick auf den Tisch fallen konnte, beeilte sie sich, ihm einen Aschenbecher zuzuschieben, und fuhr fort: »Ich finde, es wäre Heuchelei, wenn ich erklären würde, ich sei vor Kummer außerstande, mich mit praktischen Dingen zu befassen. Im Gegenteil, wenn mich etwas zwar nicht trösten, aber immerhin ein wenig ablenken kann, dann sind es die Pflichten, die ich letzten Endes doch um seinetwillen erfülle.« Sie holte aufs neue ihr Taschentuch hervor und schien wieder weinen zu wollen, nahm sich jedoch plötzlich zusammen, schüttelte, sich gleichsam überwindend, den Kopf und sagte ganz ruhig: »Ja, ich habe etwas mit Ihnen zu besprechen.«

Pjotr Iwanowitsch verneigte sich leicht und war dabei darauf bedacht, die Sprungfedern des Hockers niederzuhalten, die sofort wieder in Bewegung gekommen waren.

»In den letzten Tagen hat er furchtbar gelitten.«

»So große Schmerzen hat er gehabt?« fragte Pjotr Iwanowitsch.

»Ach, ganz fürchterliche Schmerzen! Die letzten, nicht nur Minuten, nein, Stunden hat er in einem fort geschrien. Drei Tage und drei Nächte lang hat er, ohne auch nur einmal Atem zu holen, ununterbrochen geschrien. Es war unerträglich. Ich begreife jetzt gar nicht, wie ich das ertragen konnte. Drei Zimmer weiter war es noch zu hören. Ach, was ich ausgestanden habe!«

»Und war er die ganze Zeit bei Bewußtsein?« fragte Pjotr Iwanowitsch.

»Ja«, flüsterte sie, »bis zum letzten Augenblick. Eine Viertelstunde vor seinem Hinscheiden nahm er von uns Abschied und bat dann noch, Wolodja hinauszuführen.«

Der Gedanke an die Qualen eines Menschen, den er so gut gekannt hatte, zuerst als fröhlichen Knaben und Schulkameraden und im späteren Leben als Kollegen, erfüllte Pjotr Iwanowitsch trotz des peinlichen Bewußtseins, daß er und diese Frau ihren Schmerz nur heuchelten, ganz plötzlich mit Entsetzen. Er sah wieder diese Stirn, sah wieder die Nase, die auf die Oberlippe drückte, und ihm wurde bange für sich selbst.

Drei Tage und Nächte voller fürchterlicher Qualen und dann der Tod! Das kann ja von heute auf morgen, kann jeden Augenblick auch mir beschieden sein, dachte er und wurde für einen Moment von Grauen gepackt. Doch gleich darauf kam ihm, er wußte selbst nicht wie, der in solchen

Fällen übliche Gedanke zu Hilfe, daß dies nur Iwan Iljitsch vom Schicksal bestimmt gewesen sei und daß mit ihm selbst keineswegs das gleiche zu geschehen brauche oder auch nur zu befürchten sei; durch solche Grübeleien, dachte er, versetzt man sich nur in düstere Stimmung, und das darf man, wie deutlich aus dem Gesicht von Schwarz zu ersehen gewesen war, nicht tun. Nachdem Pjotr Iwanowitsch diese Erwägungen angestellt hatte, wurde er wieder ruhig und erkundigte sich nun so interessiert nach den Einzelheiten, unter denen Iwan Iljitsch gestorben war, als handelte es sich bei dem Tod um ein Ereignis, das nur Iwan Iljitsch, aber keinesfalls ihm selbst zustoßen konnte.

Nachdem eine Weile über die Einzelheiten der in der Tat fürchterlichen körperlichen Qualen gesprochen worden war, die Iwan Iljitsch ausgestanden hatte und die Pjotr Iwanowitsch vornehmlich danach ermessen konnte, was die Witwe ihm davon erzählte, wie sich Iwan Iljitschs Qualen auf ihre Nerven ausgewirkt hatten, hielt diese es offenbar für angebracht, zur Sache überzugehen.

»Ach, Pjotr Iwanowitsch, wie schwer, wie entsetzlich schwer ist das alles«, sagte sie und fing wieder an zu weinen.

Pjotr Iwanowitsch seufzte und wartete ab, bis sie sich die Nase geputzt haben würde. Nachdem sie das getan hatte, sagte er:

»Glauben Sie mir...«. Da faßte sie sich wieder und rückte endlich damit heraus, was offensichtlich ihr Hauptanliegen an ihn war – nämlich die Frage, auf welche Weise sie anläßlich des Todes ihres Mannes möglichst viel Geld aus der Staatskasse erhalten könnte. Sie gab sich den Anschein, als wollte sie Pjotr Iwanowitsch nur wegen der ihr zustehenden Pension um Rat fragen; doch er erkannte bald, daß sie nicht nur hierüber bereits bis in alle Einzelheiten unterrichtet war, sondern darüber hinaus auch noch mehr wußte als er selbst: ihr waren aufs genaueste alle Beträge bekannt, die sich infolge dieses Todes aus der Staatskasse erlangen ließen, aber sie wollte hören, ob es nicht eine Möglichkeit gebe, noch mehr Geld herauszupressen. Pjotr Iwanowitsch gab sich Mühe, eine solche Möglichkeit zu ersinnen, doch nachdem er eine Weile nachgedacht und anstandshalber eine tadelnde Bemerkung über die Knauserigkeit der Regierung gemacht hatte, erklärte er, daß kaum Aussicht bestehe, noch mehr Geld herauszuholen. Praskowja Fjodorowna stieß hierauf einen Seufzer aus und suchte jetzt offensichtlich nur noch nach einem Vorwand, sich von ihrem Besucher zu befreien. Pjotr Iwanowitsch, der das merkte, löschte seine Zigarette, stand auf, drückte ihr die Hand und ging hinaus, um sich ins Vorzimmer zu begeben.

Als er durch das Speisezimmer kam, in dem jene Uhr hing, die Iwan Iljitsch in einem Antiquitätenladen erstanden und an der er so viel Freude gehabt hatte, traf er dort den Priester und mehrere Bekannte an, die sich zur Teilnahme an der Totenmesse eingefunden hatten. Hier entdeckte er auch die ihm gut bekannte Tochter des Hauses, eine sehr hübsche junge Dame. Sie war ganz in Schwarz gekleidet, wobei ihre ohnehin ungewöhnlich schlanke Taille noch schlanker wirkte als sonst. Ihr Gesicht hatte einen finsteren, verbissenen, ja fast zornigen Ausdruck. Sie nickte Pjotr Iwanowitsch mit so düsterer Miene zu, als hätte er sich irgend etwas zuschulden kommen lassen. Hinter der Tochter stand mit ebenso verbissener Miene ein Pjotr Iwanowitsch auch schon bekannter, für sehr wohlhabend geltender junger Mann, der den Posten eines Untersuchungsrichters bekleidete und, wie es hieß, mit ihr verlobt sein sollte. Pjotr Iwanowitsch wollte schon mit einer stummen Verbeugung an ihnen vorüber ins Totenzimmer gehen, als hinter dem Treppengeländer der halbwüchsige Sohn Iwan Iljitschs auftauchte, ein Gymnasiast, der seinem Vater geradezu erschreckend ähnlich sah. Es war buchstäblich der jugendliche Iwan Iljitsch, wie ihn Pjotr Iwanowitsch aus der Zeit in Erinnerung hatte, als sie gemeinsam das Institut für Rechtswissenschaften besuchten. Seine Augen waren verweint und hatten jenen Ausdruck, der für dreizehn- bis vierzehnjährige, nicht mehr unschuldige Jungen charakteristisch ist. Als er Pjotr Iwanowitsch erblickte, verzog er das Gesicht zu einer störrischen, verschämten Miene. Pjotr Iwanowitsch nickte ihm zu und begab sich nun in das Totenzimmer. Jetzt begann auch schon die Messe – mit brennenden Kerzen, Weihrauchdunst, Seufzern, Tränen und lautem Schluchzen. Pjotr Iwanowitsch stand mit gerunzelter Stirn da und starrte auf den Fußboden. Er blickte kein einziges Mal auf den Toten, widerstand bis zu Ende der auf die Nerven gehenden Wirkung der Zeremonien und verließ als einer der ersten das Zimmer. In der Vorhalle war niemand. Gerassim, der Büfettdiener, kam aus dem Zimmer des Toten gestürzt, durchwühlte mit seinen breiten Händen sämtliche Pelze, bis er den von Pjotr Iwanowitsch herausgefunden hatte, und reichte ihn ihm hin.

»Nun, alter Freund, tut es dir leid um deinen Herrn?« fragte Pjotr Iwanowitsch, um überhaupt etwas zu sagen.

»Alles ist Gottes Wille. Mal werden wir alle dort sein«, antwortete Gerassim und entblößte dabei die lückenlose Reihe seiner kräftigen weißen Zähne, dann riß er wie ein mit Arbeit überhäufter Mensch die Tür auf, rief Pjotr Iwanowitschs Droschke herbei, half ihm beim Einsteigen und lief darauf eilig ins Haus zurück, als sei ihm etwas eingefallen, womit er sich noch betätigen könnte.

Nach dem Weihrauch-, Karbol- und Leichengeruch, der im Hause geherrscht hatte, empfand es Pjotr Iwanowitsch besonders angenehm, wieder frische Luft einzuatmen.

»Wohin befehlen Sie?« fragte der Kutscher.

Nun, es ist noch nicht spät, vielleicht komme ich noch rechtzeitig zu Fjodor Wassiljewitsch, dachte Pjotr Iwanowitsch und nannte dem Kutscher die Adresse.

Er traf die Spieler auch wirklich noch beim Robber an, so daß er sich ohne weiteres als fünfter Mann einreihen konnte.

2

Das Leben Iwan Iljitschs war höchst einfach und durchaus nicht ungewöhnlich, aber dennoch ungemein tragisch verlaufen.

Iwan Iljitsch starb im Alter von fünfundvierzig Jahren, als er den Posten eines Mitglieds des Obersten Gerichtshofs bekleidete. Er war der Sohn, eines Beamten, der in Petersburg in verschiedenen Ministerien und Departements jene Karriere gemacht hatte, bei der die Leute eine Stellung erreichen, aus der sie infolge ihrer langen Dienstzeit und ihres Ranges nicht mehr abgeschoben werden können, obwohl sich ihre Unfähigkeit, einen halbwegs wichtigen Posten zu bekleiden, hinlänglich erwiesen hat; diese Leute erhalten dann fiktive, eigens für sie erfundene Posten, aber durchaus reale Gehälter in Höhe von sechs- bis zehntausend Rubel, die ihnen bis ans Ende ihrer Tage gezahlt werden.

Ein solcher Mann war auch der Geheime Staatsrat Ilja Jefimowitsch Golowin, ein unnützes Mitglied verschiedener unnützer Institutionen.

Er hatte drei Söhne, von denen Iwan Iljitsch der zweitälteste war. Der älteste Sohn hatte die gleiche Karriere gemacht wie der Vater, nur in einem anderen Ministerium, und näherte sich bereits jenem Dienstalter, bei dem die Gehaltszulagen unabhängig von den Leistungen automatisch weiterlaufen. Der dritte Sohn war ein Pechvogel. Nachdem er in verschiedenen Stellungen versagt hatte, stand er jetzt bei der Eisenbahnverwaltung in Diensten. Sowohl sein Vater als auch seine Brüder und namentlich deren Frauen vermieden es nach Möglichkeit, mit ihm zusammenzutreffen, und erinnerten sich seiner Existenz nur, wenn es sich als unumgänglich notwendig erwies. Die Tochter war mit einem Baron Gräf verheiratet, einem ebensolchen Petersburger Beamten, wie es sein Schwiegervater war. Iwan Iljitsch galt als »le phénix de la famille«. Er war keine so kühle Natur, nicht so penibel wie sein älterer Bruder und nicht so verwegen wie der jüngere, sondern hielt zwischen beiden die Mitte – er war ein intelligenter, lebhafter, gut zu leidender Mensch von anständiger Gesinnung. Seine Erziehung hatte er zusammen mit dem jüngeren Bruder am Institut für Rechtswissenschaften genossen. Der Bruder war nicht vorwärtsgekommen und mußte aus der fünften Klasse abgehen, während Iwan Iljitsch den ganzen Lehrgang absolvierte und die Abschlußprüfung gut bestand. Schon am Institut hatte er sich als der Mensch gezeigt, der er sein ganzes weiteres

Leben hindurch geblieben war: ein begabter, gutmütig-fröhlicher und geselliger Mensch, der aufs peinlichste alles erfüllte, was er für seine Pflicht hielt; und als seine Pflicht betrachtete er alles, was höherstehende Persönlichkeiten dafür ansahen. Er war nie, weder als Knabe noch später als erwachsener Mann, ein Kriecher gewesen, doch ähnlich einer Fliege, die zum Licht drängt, hatte er sich schon seit seiner frühesten Jugend zu den höherstehenden Gesellschaftskreisen hingezogen gefühlt, sich deren Umgangsformen sowie Lebensauffassung zu eigen gemacht und danach getrachtet, mit ihnen freundschaftliche Beziehungen anzuknüpfen. Alle in der Kindheit und Jugend begangenen Torheiten waren vorübergegangen, ohne in ihm wesentliche Spuren zu hinterlassen; er hatte sich ab und zu von Sinnlichkeit hinreißen lassen, hatte seiner Eitelkeit gefrönt und zuletzt – in den obersten Klassen des Instituts – auch liberalen Neigungen gehuldigt, aber das alles nur in jenen gewissen Grenzen, die er instinktiv als richtig erkannte.

Zur Zeit seiner Ausbildung am Institut hatte er manches getan, was ihm damals verwerflich erschienen war und ihn mit Abscheu vor sich selbst erfüllt hatte; doch später, als er sah, daß das gleiche auch von hochgestellten Persönlichkeiten getan und von ihnen nicht für verwerflich angesehen wurde, da hielt er solche Handlungen zwar nicht für ausgesprochen gut, aber er vergaß sie gänzlich und war nicht im geringsten verdrossen, wenn er sich ihrer einmal erinnerte.

Als Iwan Iljitsch nach Absolvierung der zehnten Klasse seine Ausbildung am Institut abgeschlossen und vom Vater Geld für seine Equipierung erhalten hatte, bestellte er im Atelier von Scharmer einige Anzüge, befestigte an seiner Uhrkette ein Anhängsel mit der Inschrift »respice finem«, verabschiedete sich von dem Prinzen und dem Erzieher, dinierte mit seinen Kameraden bei Donon, und ausgestattet mit einem modernen neuen Koffer, allerfeinster Wäsche und Garderobe, elegantem Rasierzeug und den verschiedensten Toilettenutensilien, was alles in den ersten Geschäften der Stadt bestellt oder gekauft worden war, reiste er in die Provinz, um dort beim Gouverneur den ihm von seinem Vater verschafften Posten eines Beamten für besondere Angelegenheiten anzutreten.

In der Provinz gestaltete Iwan Iljitsch sein Leben gleich von Anfang an ebenso leicht und angenehm, wie er es am Institut für Rechtswissenschaften gehabt hatte. Er tat seinen Dienst, machte Karriere und fand immer Zeit, sich an netten und harmlosen Vergnügungen zu beteiligen. Wenn er hin und wieder von Amts wegen in die verschiedenen Verwaltungsbezirke reiste, benahm er sich sowohl Vorgesetzten wie Untergebenen gegenüber stets würdig und führte aufs genaueste und mit unantastbarer, ihn zu Recht mit Stolz erfüllender Redlichkeit alle ihm erteilten Aufträge aus, die übrigens vorwiegend mit der Raskolniki-Bewegung in Verbindung standen.

Bei der Ausübung dienstlicher Pflichten verhielt er sich ungeachtet seines jugendlichen Alters und seiner Neigung zu leichten Belustigungen äußerst zurückhaltend, offiziell, ja sogar streng; doch im Privatleben war er stets ein frohgelaunter, geistreicher und immer toleranter Gesellschafter mit formvollendeten Manieren – ein »bon enfant«, wie ihn sein Chef und dessen Frau nannten, in deren Hause er aus und ein ging.

In der Provinz unterhielt er ein Verhältnis zu einer Dame der Gesellschaft, die sich dem schneidigen jungen Juristen aufgedrängt hatte, und war außerdem mit einer Modistin eng befreundet; hin und wieder kam er auch zu Zechgelagen mit durchreisenden Flügeladjutanten, worauf man nach dem Abendessen in eine bestimmte entlegene Straße fuhr, und es gab auch eine gewisse Liebedienerei vor dem Chef und sogar vor dessen Frau. Doch all das vollzog sich in so dezenten, anständigen Formen, daß man es unmöglich mit häßlichen Worten benennen, sondern nur das französische Sprichwort zitieren konnte: »Il faut que jeunesse se passe.« All das geschah mit sauberen Händen, in sauberen Hemden, bei französischer Konversation und vor allem innerhalb der obersten Gesellschaftsschicht, das heißt also, mit Billigung hochstehender Persönlichkeiten.

Nachdem Iwan Iljitsch so fünf Jahre lang in der Gouvernementsverwaltung gearbeitet hatte, trat eine Änderung im Dienst ein. Es wurden neue Gerichtsinstitutionen eingeführt, und hierzu waren neue Menschen nötig.

Ein solcher neuer Mensch wurde auch Iwan Iljitsch.

Ihm wurde der Posten eines Untersuchungsrichters angeboten, und er nahm ihn auch an, obwohl sich der neue Wirkungskreis in einem andern Gouvernement befand und er seine bisherigen Beziehungen aufgeben und sich um neue erst wieder bemühen mußte. Seine Freunde gaben ihm das Geleit, es wurde eine Gruppenaufnahme gemacht, man überreichte ihm zum Andenken ein silbernes Zigarettenetui, und er trat die Reise zu dem neuen Ort seiner Tätigkeit an.

In seiner Stellung als Untersuchungsrichter blieb Iwan Iljitsch ebenso comme il faut, blieb er derselbe anständige Mensch, der er bisher gewesen war, ein Mensch, der dienstliche Pflichten und Privatleben voneinander zu trennen verstand und sich bei allen die gleiche Achtung verschaffte, deren er sich auch als Beamter für besondere Angelegenheiten erfreut hatte, zudem erschien ihm die Tätigkeit als Untersuchungsrichter bedeutend interessanter und reizvoller. In seiner früheren Stellung war es angenehm gewesen, in einem legeren, von Scharmer gefertigten Uniformjackett mit elastischen Schritten an den zitternd auf ihren Empfang harrenden Bittstellern vorüberzugehen und, begleitet von den neidischen Blicken der Kanzleibeamten, ohne weiteres in das Arbeitszimmer des Chefs zu verschwinden und mit ihm bei einem Glas Tee eine Zigarette zu rauchen; doch hatte es nur eine beschränkte Anzahl von Menschen gegeben, die unmittelbar von seiner Willkür abhingen. Zu diesen Menschen gehörten lediglich die Kreisrichter sowie die Mitglieder der Raskolniki-Bewegung. Wenn er auf seinen Dienstreisen mit ihnen zu tun hatte, behandelte er diese von ihm abhängigen Leute gern besonders höflich, ja fast kameradschaftlich und empfand eine Genugtuung, sie fühlen zu lassen, daß er, in dessen Macht es stand, sie zu vernichten, dennoch freundschaftlich, ohne Anmaßung mit ihnen umging. Aber mit solchen Leuten war er in seiner früheren Stellung nur wenig zusammengekommen. Jetzt hingegen, als Untersuchungsrichter, wußte er, daß sich alle, ohne Unterschied, und seien es auch noch so vornehme und selbstzufriedene Leute, in seiner Hand befanden und daß er nur ein paar Worte auf ein Amtsformular zu schreiben brauchte – und auch der vornehmste und selbstzufriedenste Herr würde ihm als Angeklagter oder Zeuge vorgeführt werden und müßte, vor ihm stehend, die an ihn gerichteten Fragen beantworten, wenn er ihn nicht großmütig zum Sitzen aufforderte. Iwan Iljitsch mißbrauchte seine Machtbefugnisse nie, er war im Gegenteil darauf bedacht, sie in der Praxis möglichst milde zu handhaben, aber das Bewußtsein, im Besitz dieser Macht zu sein und die Möglichkeit zu haben, sie zu mildern, bildete für ihn das Hauptinteresse und den größten Reiz seiner jetzigen Stellung. Bei der Ausübung seines Dienstes und namentlich bei den Verhören machte es sich Iwan Iljitsch von vornherein zur Regel, alles auszuschalten, was nicht unmittelbar zur Sache gehörte, und die Protokolle so abzufassen, daß in ihnen selbst in den kompliziertesten Fällen ausschließlich der reine Sachverhalt ohne jede persönliche Stellungnahme seinerseits geschildert und vor allem aufs peinlichste die vorgeschriebene äußere Form gewahrt wurde. Es handelte sich hierbei um eine neue Methode, und Iwan Iljitsch war einer der ersten, der die im Jahre 1864 angeordnete Gerichtsreform praktisch durchführte.

Nachdem Iwan Iljitsch als Untersuchungsrichter an den neuen Ort übergesiedelt war, knüpfte er neue Bekanntschaften und Verbindungen an, schuf sich eine neue gesellschaftliche Stellung und änderte in mancher Hinsicht seine bisherigen Gepflogenheiten. Er wahrte zwischen sich und den Beamten der Gouvernementsverwaltung eine gewisse Distanz, wählte seinen Umgang nur innerhalb des Kreises der höheren Justizbeamten und der reichen Adligen aus, die in der Stadt ansässig waren, und trug eine leichte Unzufriedenheit mit der Regierung zur Schau, die er mit der Bekundung einer gemäßigten liberalen Gesinnung kultivierten Bürgertums verband. Außerdem hörte er in seiner neuen

Stellung damit auf, sich das Kinn zu rasieren, und ließ seinen bisherigen Knebelbart unbeschadet seiner auch weiterhin stets eleganten Kleidung nach Belieben wachsen.

Auch an seinem neuen Wohnort gestaltete sich das Leben für Iwan Iljitsch allmählich sehr angenehm. Der gegen den Gouverneur frondierende Kreis, der aus Angehörigen der besten Gesellschaftsschicht bestand, hielt einmütig zusammen. Iwan Iljitsch bezog jetzt ein höheres Gehalt, und eine nicht geringe Bereicherung der Annehmlichkeiten des Lebens war für ihn das Whistspiel, an dem er neuerdings Gefallen gefunden hatte; dank seinem guten Auffassungsvermögen und einer ungemein scharfen Kombinationsgabe wurde er bald ein perfekter Spieler und ging aus den meisten Partien als Gewinner hervor.

Nach zweijähriger Tätigkeit als Untersuchungsrichter lernte Iwan Iljitsch seine künftige Frau kennen. Praskowja Fjodorowna Michel war eine überaus liebreizende, elegante und kluge junge Dame, die den Kreisen angehörte, in denen Iwan Iljitsch verkehrte. Neben anderen Vergnügungen und Arten der Erholung nach der Arbeit als Untersuchungsrichter knüpfte Iwan Iljitsch nun auch noch einen kleinen Flirt mit Praskowja Fjodorowna an.

Früher, als er den Posten eines Beamten für besondere Angelegenheiten bekleidete, hatte Iwan Iljitsch gern und einfach um des Vergnügens willen getanzt, während er nun, als Untersuchungsrichter, nur noch ausnahmsweise tanzte. Wenn er jetzt tanzte, tat er es nur, um zu zeigen, daß er, obwohl er jetzt eine ganz andere Stellung innehatte und in die fünfte Rangstufe aufgerückt war, auch auf diesem Gebiet seinen Mann stehen konnte. So hatte er auf Bällen, meist gegen Ende des Abends, auch mit Praskowja Fjodorowna ein paarmal getanzt und vornehmlich während dieser Tänze ihr Herz erobert. Sie verliebte sich in ihn. Iwan Iljitsch trug sich keineswegs mit bestimmten Heiratsplänen, doch als er sah, daß sich das junge Mädchen in ihn verliebt hatte, beschäftigte er sich immer mehr mit dieser Frage. Ja, in der Tat, dachte er, warum sollte man nicht heiraten?

Praskowja Fjodorowna entstammte einem alten Adelsgeschlecht und war keine üble Erscheinung; sie besaß auch ein kleines Vermögen. Iwan Iljitsch hätte auf eine glänzendere Partie rechnen können, doch auch diese war recht gut. Er hatte sein Gehalt, und sie, so hoffte er, würde über Einkünfte in gleicher Höhe zu verfügen haben. Die Verwandtschaft war untadelig, und sie selbst war ein liebes, hübsches und durch und durch anständiges junges Mädchen. Zu sagen, Iwan Iljitsch habe sich zur Heirat entschlossen, weil er Praskowja Fjodorowna liebgewonnen und in ihr eine Übereinstimmung mit seiner eigenen Lebensauffassung gefunden hätte, wäre ebenso unzutreffend gewesen wie die Ansicht, er habe sich dazu entschlossen, weil diese Heirat in seinen Kreisen gutgeheißen wurde. Iwan Iljitsch ließ sich bei seinem Entschluß von beiden Erwägungen leiten: er tat etwas Angenehmes für sich, indem er eine so reizende Frau nahm, und zugleich auch das, was in der obersten Gesellschaftsschicht für richtig gehalten wurde.

Und so heiratete Iwan Iljitsch.

Die Hochzeitsfeier sowie die erste Zeit des Ehelebens mit den bei Jungvermählten üblichen Zärtlichkeiten und der Freude an neuen Möbeln, neuem Geschirr und neuer Wäsche verliefen bis zu Praskowja Fjodorownas Schwangerschaft sehr schön, so daß Iwan Iljitsch schon glaubte, der Charakter seines leichten, angenehmen, fröhlichen und stets anständigen und von der Gesellschaft gebilligten Lebens, den er für einen Wesenszug des Lebens überhaupt hielt, werde durch die Ehe nicht nur keine Einbuße, sondern noch eine Verstärkung erfahren. Doch dann, schon in den ersten Monaten der Schwangerschaft seiner Frau, trat etwas Neues, Unangenehmes und Anstößiges ein, worauf er gar nicht gefaßt gewesen war und dem man sich nicht entziehen konnte.

Seine Frau begann ohne jeden Anlaß, wie Iwan Iljitsch schien – de gaîté de cœur, dachte er im stillen –, den angenehmen und anständigen Lebensablauf zu stören; ohne den geringsten Grund dafür zu haben, wurde sie eifersüchtig, verlangte von ihm, daß er sie umhegen und umsorgen sollte, fand an allem etwas auszusetzen und machte ihm unangenehme, ausfällige Szenen.

Anfangs hoffte Iwan Iljitsch noch, er könne sich aus dieser unerfreulichen Situation befreien, indem er seine frühere unbekümmerte und anständige Lebensweise, die ihm in seiner Junggesellenzeit über alles Unangenehme hinweggeholfen hatte, fortsetzte; er versuchte, die Launenhaftigkeit seiner Frau zu ignorieren, war bemüht, sich das Leben wieder leicht und angenehm zu gestalten, lud Freunde zum Kartenspiel ein oder fuhr selbst in den Klub oder zu Kollegen. Doch nun wurde seine Frau dermaßen ausfallend gegen ihn, daß er ganz bestürzt war; sie beschimpfte ihn und überhäufte ihn jedesmal, wenn er sich ihren Forderungen nicht fügte, mit den wüstesten Vorwürfen, womit sie offenbar nicht aufzuhören gedachte, bevor er sich ihr nicht ganz unterordnete, das heißt zu Hause bliebe und ebenso Trübsal bliese wie sie. Er erkannte, daß eine Ehe – zum mindesten die mit seiner Frau – nicht immer dazu beitragen würde, das Leben angenehm und den allgemeinen Anstandsregeln entsprechend zu gestalten, sondern im Gegenteil dabei oftmals störend wirkt und daß es daher notwendig war, sich gegen solche Störungen zu schützen. Und Iwan Iljitsch sann darüber nach, wie er das bewerkstelligen könnte. Das einzige, was Praskowja Fjodorowna respektierte, war seine dienstliche Tätigkeit, und so nutzte Iwan Iljitsch sein Amt und die sich daraus ergebenden Pflichten zum Kampf gegen seine Frau aus, und er schloß sich in seine eigene, unabhängige Welt ein.

Mit der Geburt des Kindes, den vergeblichen Stillversuchen Praskowja Fjodorownas und den damit verbundenen Mißhelligkeiten, mit den teils wirklichen, teils eingebildeten Krankheiten des Kindes und der Mutter, bei denen von Iwan Iljitsch Anteilnahme verlangt wurde, von denen er aber nichts verstand, wurde für ihn das Bedürfnis, sich außerhalb der Familie eine eigene Welt zu schaffen, noch dringender.

Je reizbarer und anspruchsvoller seine Frau wurde, um so mehr verlegte Iwan Iljitsch den Schwerpunkt seines Lebens auf seine dienstliche Tätigkeit. Er fand in ihr immer größere Befriedigung und wurde ehrgeiziger, als er es früher gewesen war.

Sehr bald, nicht später als ein Jahr nach seiner Heirat, war Iwan Iljitsch der festen Überzeugung, daß das Eheleben zwar einige Annehmlichkeiten mit sich bringe, im wesentlichen jedoch eine sehr komplizierte und belastende Angelegenheit sei, zu der man sich, in gleicher Weise wie zum Dienst, ein ganz bestimmtes Verhältnis ausarbeiten müsse.

Und ein solches Verhältnis zum ehelichen Leben arbeitete sich Iwan Iljitsch nun auch aus. Er verlangte vom Familienleben nur noch jene Bequemlichkeiten, die es ihm ohne weiteres geben konnte; einen gedeckten Tisch, Häuslichkeit, ein Bett und vor allem die äußere Wahrung der von der öffentlichen Meinung vorgezeichneten Anstandsformen. Darüber hinaus suchte er zu Hause lediglich eine geruhsame Behaglichkeit, und wenn er die fand, war er sehr dankbar; stieß er hingegen auf Abwehr und Launenhaftigkeit, zog er sich sofort in seine abgesonderte Welt des Dienstes zurück und fühlte sich dort wohl.

Iwan Iljitsch wurde höheren Orts als tüchtiger Beamter geschätzt und nach drei Jahren zum Staatsanwalt ernannt. Seine neuen Obliegenheiten und deren Wichtigkeit, das Bewußtsein, jedermann vor Gericht stellen und ins Gefängnis bringen zu können, sein öffentliches Auftreten und der Erfolg, den er mit seinen Reden erzielte – all das trug dazu bei, ihm den Dienst noch reizvoller zu machen.

Es wurden weitere Kinder geboren. Praskowja Fjodorowna war immer mürrischer und streitsüchtiger geworden, aber dank der Einstellung, die sich Iwan Iljitsch inzwischen zum häuslichen Leben zu eigen gemacht hatte, prallten ihre Ausfälle an ihm so gut wie spurlos ab.

Nach siebenjährigem Dienst in ein und derselben Stadt wurde Iwan Iljitsch zum Oberstaatsanwalt befördert und in ein anderes Gouvernement versetzt. Iwan Iljitsch siedelte also mit seiner Familie um, viel Geld war nicht vorhanden, und seiner Frau mißfiel der neue Wohnort. Er bezog jetzt zwar ein höheres Gehalt als bisher, doch dafür war hier der Lebensunterhalt kostspieliger. Außerdem starben zwei Kinder, wodurch das Familienleben für Iwan Iljitsch noch unleidlicher wurde.

Für alle Mißhelligkeiten, die sich am neuen Wohnort ereigneten, schob Praskowja Fjodorowna ihrem Mann die Schuld zu. Bei allen Gesprächen zwischen Mann und Frau, und namentlich bei solchen, die mit der Erziehung der Kinder zusammenhingen, wurde die Erinnerung an frühere unliebsame Auseinandersetzungen geweckt, und jeden Augenblick drohte der Streit aufs neue zu entbrennen. Unterbrochen wurde die ständig gespannte Stimmung nur, wenn bei den Eheleuten ab und zu wieder einmal die Verliebtheit aufflammte, doch das währte nie lange. Das waren sozusagen kleine Inseln, an denen sie zeitweilig landeten, aber bald fuhren sie wieder auf das Meer verborgener Feindschaft hinaus, die in einer zunehmenden gegenseitigen Entfremdung ihren Niederschlag fand. Eine solche Entfremdung hätte Iwan Iljitsch schmerzlich berührt, wenn er der Meinung gewesen wäre, sie sei unnötigerweise entstanden; doch inzwischen hatte er die Überzeugung gewonnen, daß dieser Zustand ganz normal und zwangsläufig eingetreten sei, und hatte sein weiteres Verhalten in der Familie bereits darauf eingestellt. Er verfolgte das Ziel, sich mehr und mehr von diesen Unannehmlichkeiten zu befreien und ihnen einen nicht kompromittierenden, nicht gegen den Anstand verstoßenden Charakter zu geben. Dies erreichte er dadurch, daß er immer weniger Zeit innerhalb der Familie zubrachte, und wenn es sich nicht vermeiden ließ, versuchte er, seine Position durch die Anwesenheit dritter Personen zu untermauern. Doch das Wichtigste für Iwan Iljitsch war sein Dienst, auf ihn konzentrierte er sein ganzes Lebensinteresse. Und dieses Interesse verschlang ihn. Das Bewußtsein seiner Macht, die Möglichkeit, jeden beliebigen Menschen nach seinem Gutdünken ins Verderben zu stürzen, die Wichtigkeit, mit der seine Stellung schon rein äußerlich umkleidet war – er wurde, wenn er den Gerichtssaal betrat, ehrfurchtsvoll von den untergeordneten Beamten begrüßt –, seine Erfolge bei Vorgesetzten und Untergebenen und vor allem die Meisterschaft, mit der er, wie er selbst fühlte, seines Amtes waltete – alles das bereitete ihm Freude und füllte neben dem gemütlichen Beisammensein, dem gemeinsamen Mittagessen und Kartenspiel mit Kollegen sein ganzes Leben aus. Im großen und ganzen spielte sich Iwan Iljitschs Leben demnach so ab, wie er es für nötig hielt: angenehm und anständig.

Auf diese Weise verlebte er auch die nächsten sieben Jahre. Seine älteste Tochter stand jetzt bereits im siebzehnten Lebensjahr, inzwischen war nochmals ein Kind gestorben, und als Stammhalter blieb ihm nur ein jüngerer Sohn, der das Gymnasium besuchte und dessentwegen Iwan Iljitsch schon oft Streit mit seiner Frau gehabt hatte. Er wollte den Sohn am Institut für Rechtswissenschaften ausbilden lassen, aber Praskowja Fjodorowna hatte ihn ihm zum Trotz aufs Gymnasium gegeben. Die Tochter wurde zu Hause unterrichtet und gedieh gut, auch der Junge war kein schlechter Schüler.

3

Unter solchen Lebensbedingungen waren seit Iwan Iljitschs Verheiratung mittlerweile siebzehn Jahre verflossen. Er war nun schon lange Zeit Oberstaatsanwalt und hatte die ihm angebotenen Versetzungen mehrmals ausgeschlagen, um auf eine ihm begehrenswerter erscheinende Stellung zu warten, als ein Umstand eintrat, der für ihn eine große Enttäuschung bedeutete und seine ganze Lebensruhe störte. Er hatte auf den Posten des Gerichtspräsidenten in einer Universitätsstadt gehofft, und nun war Hoppe, der sich auf irgendeine Weise vorgedrängt hatte, mit diesem Posten betraut worden. Iwan Iljitsch war entrüstet, machte Hoppe Vorwürfe und verzankte sich mit ihm und mit seinen unmittelbaren Vorgesetzten; die Folge war, daß man sich ihm gegenüber kühl verhielt und ihn auch bei der nächsten Beförderung überging.

Das alles spielte sich im Jahre 1880 ab. Es war überhaupt das schwerste Jahr in Iwan Iljitschs Leben. In diesem Jahr stellte sich erstens heraus, daß sein Gehalt nicht zur Bestreitung der Lebenskosten ausreichte, und zweitens, daß ihn alle vergessen hatten und in der empörenden, unerhörten Ungerechtigkeit, die ihm seines Erachtens widerfahren war, gar nichts Ungewöhnliches sahen. Selbst sein Vater hielt es nicht für seine Pflicht, ihm zu helfen. Er fühlte sich von allen im Stich gelassen, weil sie seine mit einem Gehalt von dreitausendfünfhundert Rubeln dotierte Stellung für durchaus normal, ja sogar für einen Glücksfall ansahen. Er allein wußte, daß seine Stellung in Anbetracht der ihm widerfahrenen ungerechten Behandlung, der ewigen Sticheleien seiner Frau und der Schulden, die er machen mußte, weil er über seine Verhältnisse lebte – er allein wußte, daß seine Lage keineswegs normal war.

Um die Unkosten des Lebensunterhalts etwas herabzudrücken, nahm er im Sommer dieses Jahres Urlaub und fuhr mit seiner Frau aufs Land zu ihrem Bruder, bei dem er mit ihr die Sommermonate zu verbringen gedachte.

Auf dem Lande, ohne Beschäftigung, fühlte sich Iwan Iljitsch zum ersten Male nicht nur gelangweilt, sondern auch sehr bedrückt; er kam zu der Erkenntnis, daß ein solches Leben unerträglich sei und daß er irgendwelche energischen Schritte unternehmen müsse.

Nach einer schlaflos verbrachten Nacht, in der Iwan Iljitsch die ganze Zeit auf der Terrasse auf und ab gegangen war, beschloß er, nach Petersburg zu fahren und sich – zur Strafe für jene Leute, die ihn nicht nach Gebühr zu schätzen wußten – um seine Versetzung in ein anderes Ministerium zu bemühen.

Am nächsten Tage trat er, trotz aller Versuche seiner Frau und des Schwagers, ihn zurückzuhalten, die Reise nach Petersburg an. Er unternahm sie einzig zu dem Zweck, sich einen Posten mit mindestens fünftausend Rubel Gehalt zu verschaffen. Welches Ministerium, welche Art von Beschäftigung und welches Aufgabengebiet es sein würden, war ihm jetzt gleichgültig. Es kam ihm lediglich auf eine Stellung an – sei es im Verwaltungsdienst, im Bankfach, bei der Eisenbahndirektion, in den unter dem Protektorat der Zarin Marija stehenden Institutionen, ja selbst beim Zoll –, durch die er seine Einkünfte auf fünftausend Rubel erhöhen konnte und aus dem Ministerium wegkäme, in dem man seine Tätigkeit so wenig zu würdigen verstand.

Nun, dieser Reise Iwan Iljitschs war ein erstaunlicher, alle Erwartungen übertreffender Erfolg beschieden. In Kursk bestieg F. S. Iljin, mit dem Iwan Iljitsch gut bekannt war, den Zug, setzte sich zu ihm in das Abteil erster Klasse und teilte ihm mit, beim Gouverneur in Kursk sei soeben ein Telegramm eingegangen, dem zufolge im Ministerium in den nächsten Tagen eine wichtige Veränderung erfolgen würde: Pjotr Iwanowitsch solle durch Iwan Semjonowitsch abgelöst werden.

Die erwartete Veränderung hatte, abgesehen von der Bedeutung, die sie für das ganze Land haben mußte, für Iwan Iljitsch noch insofern eine besondere Bedeutung, als damit ein neuer Mann, Pjotr Petrowitsch, und höchstwahrscheinlich auch dessen Freund Sachar Iwanowitsch zu Spitzenstellungen kommen würden, was für Iwan Iljitsch überaus günstig war. Zu Sachar Iwanowitsch, der sein Studienkamerad gewesen war, unterhielt er freundschaftliche Beziehungen.

In Moskau bestätigte sich die Richtigkeit der Nachricht. Nach seiner Ankunft in Petersburg suchte Iwan Iljitsch daher sofort Sachar Iwanowitsch auf und erhielt von ihm die Zusicherung, daß man ihn mit einem höheren Posten im Justizministerium, demselben Ministerium also, dem er bislang unterstanden hatte, betrauen werde.

Eine Woche später telegraphierte Iwan Iljitsch an seine Frau:

»Sachar an Stelle Millers beim ersten Rapport bekomme neuen Posten.«

Infolge der Umbesetzungen an den höchsten Stellen kam Iwan Iljitsch ganz unerwartet zu einem Posten, der ihn um zwei Rangstufen höher stellte als seine Altersgenossen und ihm fünftausend Rubel Gehalt einbrachte und außerdem dreitausend Rubel für Umzugskosten. Aller Ärger über seine früheren Feinde und über das ganze Ministerium war vergessen, Iwan Iljitsch fühlte sich überaus glücklich.

Aufs Land kehrte er so frohgelaunt und zufrieden zurück,

wie er es schon lange nicht mehr gewesen war. Praskowja Fjodorowna geriet ebenfalls in fröhliche Stimmung, so daß es zwischen den Eheleuten zu einem Waffenstillstand kam. Iwan Iljitsch erzählte, wie ehrenvoll er in Petersburg behandelt worden sei, alle ihm bisher feindlich gesinnten Beamten hatten wie begossene Pudel dagestanden und vor ihm gekatzbuckelt, wie man ihn um seine neue Stellung beneidete und vor allem, welch allseitiger Beliebtheit er sich in Petersburg erfreue.

Praskowja Fjodorowna hörte sich das alles an, gab sich den Anschein, alles zu glauben, was er erzählte, und widersprach ihm nicht, weil ihre Gedanken schon ganz mit den Plänen beschäftigt waren, wie sie das Leben in ihrem neuen Wohnort nach der Übersiedlung einrichten würde. Iwan Iljitsch sah mit Freuden, daß ihre Pläne mit seinen übereinstimmten, daß sie einander wieder nähergekommen waren und daß sein zeitweilig in Unordnung geratenes Leben aufs neue den wahren, ihm gemäßen Charakter unbekümmerter Fröhlichkeit und Wohlanständigkeit anzunehmen versprach.

Iwan Iljitsch war nur für kurze Zeit zurückgekehrt. Am 10. September mußte er seinen neuen Posten antreten, und außerdem erforderte es eine gewisse Zeit, sich an dem neuen Wohnort einzurichten. Der ganze Haushalt mußte aus der Provinz herübergeschafft werden, viele Neuanschaffungen waren nötig, und mit den Handwerkern mußte verhandelt werden, um – kurz gesagt – alles so herzurichten, wie es in seinem Kopf schon feststand und zugleich fast genau auch den Wünschen Praskowja Fjodorownas entsprach.

Nun, nachdem alles eine so glückliche Wendung genommen hatte, da seine und seiner Frau Wünsche miteinander in Einklang standen und sie überdies wenig zusammen waren, hatte sich zwischen ihnen ein so einträchtiges Verhältnis herausgebildet, wie es seit den ersten Jahren ihrer Ehe nicht mehr bestanden Hatte. Ursprünglich hatte Iwan Iljitsch die Absicht gehabt, seine Familie gleich mitzunehmen, aber auf die dringenden Bitten seiner Schwester und des Schwagers, die plötzlich ihre herzlichen, verwandtschaftlichen Gefühle für ihn und seine Familie herauskehrten, gab er nach und reiste zunächst allein ab.

Die heitere Stimmung, in die Iwan Iljitsch durch die Freude an seinen Erfolgen und durch das Einvernehmen mit seiner Frau versetzt worden war, wobei das eine durch das andere noch verstärkt wurde, hielt auch nach seiner Abreise die ganze Zeit über unvermindert an. Es fand sich eine wundervolle Wohnung, die genau den Wünschen der Eheleute entsprach. Die großen, hohen, in altem Stil erbauten Empfangsräume, ein bequemes, imposantes Arbeitszimmer für ihn selbst, ein Boudoir für seine Frau, ein nettes Zimmer für die Tochter, ein besonderes Unterrichtszimmer für den Sohn – all das schien eigens für sie erdacht zu sein. Der Ausstattung der Wohnung widmete sich Iwan Iljitsch persönlich; er wählte selbst die Tapeten, suchte selbst die Möbelstoffe aus, mit denen er einigen alten Sesseln, die er zu dem vorhandenen Mobiliar hinzugekauft hatte, ein besonders stilvolles Aussehen verlieh; die Arbeit schritt gut voran, und alles näherte sich immer mehr der Vorstellung, die er von Anfang an gehabt hatte. Schon als die Einrichtung der Wohnung bis zur Hälfte fertig war, übertraf sie alle seine Erwartungen. Jetzt konnte er bereits deutlich erkennen, wie gediegen, wie vornehm und nicht abgeschmackt alles nach der endgültigen Fertigstellung wirken würde. Abends, vor dem Einschlafen, stellte er sich vor, welchen Eindruck der Saal hervorrufen würde, wenn er erst vollständig eingerichtet wäre. Wenn er sich im Salon umschaute, der noch nicht ganz fertig war, sah er im Geiste bereits, wie der Kamin mit einem Schirm davor, die Etagere, die zwanglos gruppierten kleinen Sessel sowie all die Wandteller, Nippsachen und Bronzefiguren wirken würden, sobald sie alle ihren Platz gefunden hätten. Er freute sich bei dem Gedanken, welche erstaunten Gesichter Pascha und Lisanka machen würden, die in bezug auf Wohnkultur ebenfalls einen guten Geschmack besaßen und sicherlich nicht darauf gefaßt waren, eine solche Pracht vorzufinden. Besonders einige altertümliche Gegenstände, die er irgendwo aufgestöbert und billig erstanden hatte, gaben dem Ganzen ein vornehmes Gepräge. In den Briefen an seine Angehörigen stellte er mit Absicht alles viel weniger schön dar, als es in Wirklichkeit war, damit sie dann bei ihrer Ankunft um so angenehmer überrascht sein sollten. All das fesselte ihn so sehr, daß er selbst an seinem neuen Amt nicht die Freude fand, die er erwartet hatte, obwohl er doch seine Arbeit liebte. Bei den Sitzungen kam es mitunter vor, daß er zerstreut war, weil er gerade darüber nachdachte, welche Stangen für die Fenstervorhänge genommen werden sollten, ob gerade oder gewölbte. Er war mit solchem Eifer bei der Sache, daß er oftmals selbst Hand anlegte, indem er die Möbel umgruppierte und eigenhändig die Drapierung der Fenstervorhänge änderte. Als er eines Tages auf eine Trittleiter gestiegen war und dem Tapezierer, der ihn nicht richtig verstanden hatte, zeigen wollte, wie er die Vorhänge drapieren sollte, verfehlte er einen Tritt und stürzte, konnte sich jedoch – stark und gewandt, wie er war – im Fallen noch festhalten und stieß lediglich mit einer Seite gegen den Fenstergriff. Die getroffene Stelle schmerzte, doch das legte sich bald. Iwan Iljitsch fühlte sich während dieser ganzen Zeit besonders wohl und gut gelaunt. »Mir ist, als sei ich um fünfzehn Jahre jünger«, schrieb er in seinen Briefen. Er hatte damit gerechnet, im Laufe des Septembers mit allem fertig zu werden, aber dann zogen sich die Arbeiten doch noch bis Mitte Oktober hin. Doch dafür war auch alles wunderschön geworden, was nicht nur er selbst fand, sondern ihm auch von allen versichert wurde, die die Einrichtung zu sehen bekamen.

Im Grunde genommen aber war seine Wohnung genauso ausgestattet, wie es die Wohnungen aller nicht sehr bemittelten Leute sind, die danach trachten, den Eindruck von Reichtum zu erwecken, und dadurch nur erreichen, daß alle diese Wohnungen einander ähneln; in einer wie der andern sieht man die gleichen Stoffe, die gleichen Möbel aus Ebenholz, die gleichen Blumen, Teppiche, matte und glänzende Bronzefiguren – alles das, womit manche Menschen ihre Wohnungen ausstatten, damit sie den Wohnungen von Leuten eines gewissen Standes gleichen. Auch die Einrichtung Iwan Iljitschs hatte diesen schablonenhaften

Charakter, und nichts in ihr erregte besondere Aufmerksamkeit; nur ihm selbst erschien alles als etwas ganz Besonderes. Als er mit den Seinen, die er vom Bahnhof abgeholt hatte, an der hell erleuchteten, vollständig eingerichteten Wohnung anlangte und der Diener mit weißem Schlips ihnen die Tür zu dem mit Blumen geschmückten Vorzimmer öffnete und Iwan Iljitsch mit ihnen in den Salon und ins Herrenzimmer ging, wo alle vor Staunen den Mund aufrissen, war er grenzenlos glücklich, er führte sie überall herum und strahlte bei ihren Ausrufen des Entzückens über das ganze Gesicht. Und als sich Praskowja Fjodorowna dann abends beim Tee unter anderem nach seinem Unfall beim Anbringen der Fenstervorhänge erkundigte, lachte er und führte anschaulich vor, wie er von der Leiter gestürzt war und den Tapezierer in Schrecken versetzt hatte.

»Nicht umsonst bin ich Turner. Ein anderer hätte sich dem Hals gebrochen, während ich mich nur leicht gestoßen habe – hier, an dieser Stelle. Wenn ich sie berühre, schmerzt sie noch etwas, aber auch das läßt schon nach; nur ein blauer Fleck ist noch zu sehen.«

Sie machten es sich nun in der neuen Wohnung bequem, und abgesehen davon, daß man – wie es gewöhnlich der Fall ist, wenn man sich erst richtig eingelebt hat – gern ein Zimmer mehr gehabt hätte und daß auch das von Iwan Iljitsch in seiner neuen Stellung bezogene Gehalt nicht ganz ausreichte – es fehlte nicht viel, nur etwa fünfhundert Rubel –, war alles sehr schön. Besonders schön war es in der Zeit, als noch nicht alles eingerichtet war und es noch manches zu tun gab: das eine und andere mußte noch gekauft oder bestellt werden, man mußte einige Möbel umstellen, verschiedene Gegenstände sollten einen anderen Platz erhalten. Und wenn sich dabei auch zuweilen Meinungsverschiedenheiten zwischen den Eheleuten ergaben, so waren doch beide zufrieden und so stark beschäftigt, daß es zu keinen ernsten Streitigkeiten kam. Mit der Zeit, als an der Einrichtung nichts mehr zu ändern und zu vervollständigen war, wurde das Leben eintönig, am vollen Glück fehlte etwas; doch nun wurden Bekanntschaften geschlossen, es bürgerten sich bestimmte Gewohnheiten ein, und der Tageslauf war ausgefüllt.

Iwan Iljitsch, der den Vormittag im Gericht zubrachte und erst zum Mittagessen nach Hause zurückkehrte, war in der ersten Zeit immer gut aufgelegt, obwohl seine Stimmung gerade in Verbindung mit der Wohnungseinrichtung mitunter etwas beeinträchtigt wurde. Jeder Fleck auf dem Tischtuch oder auf den Möbelbezügen, jede an den Fenstervorhängen abgerissene Schnur bereitete ihm Verdruß. Er hatte so viel Mühe auf die ganze Ausstattung verwandt, daß ihn jeder kleine Zwischenfall dieser Art schmerzlich berührte. Doch im allgemeinen wickelte sich das Leben Iwan Iljitschs so ab, wie es seiner Auffassung nach sein mußte: unbeschwert, angenehm, und korrekt. Er stand um neun Uhr auf, trank seinen Kaffee, las die Zeitung, zog sein Uniformjackett an und fuhr ins Gericht. Dort kam er sofort in das Getriebe, in das er jetzt eingespannt war und dem er sich bereits angepaßt hatte – mit der Abfertigng von Bittstellern, Nachfragen in der Kanzlei, der Kanzleiarbeit selbst, öffentlichen und verwaltungstechnischen Sitzungen. Bei all diesen Dingen mußte man verstehen, jegliche instinktive, rein menschliche Gefühle auszuschalten, durch die eine ordnungsgemäße Abwicklung der dienstlichen Angelegenheiten immer gestört wird. Man durfte zu den Menschen keine anderen Beziehungen unterhalten als dienstliche, das heißt, dem Verkehr mit ihnen mußte ein dienstlicher Anlaß zugrunde liegen, und der Verkehr selbst mußte sich in dienstlichen Formen abspielen. Zum Beispiel: Es kommt ein Mann zu Iwan Iljitsch und bittet um eine Auskunft. In seiner bloßen Eigenschaft als Mensch kann Iwan Iljitsch zu diesem Besucher keinerlei Beziehungen haben; besteht hingegen zwischen dem Betreffenden und ihm als Amtsperson irgendeine Beziehung, eine solche, die sich auf einem Amtsbogen ausdrücken läßt, dann tut Iwan Iljitsch in den Grenzen seiner dienstlichen Möglichkeiten auch wirklich alles, was er irgend kann, um die Wünsche des Betreffenden zu erfüllen, und befleißigt sich dabei einer ausgesuchten Höflichkeit. Doch sobald die dienstliche Beziehung beendet ist, hört damit auch jede andere auf. Diese Fähigkeit, dienstliche Angelegenheiten und rein menschliche Gefühle auseinanderzuhalten, beherrschte Iwan Iljitsch ausgezeichnet und hatte sie dank seiner Begabung dafür und einer langen Praxis zu einem so hohen Grade entwickelt, daß er es sich, wie ein Virtuose, mitunter sogar erlaubte, gleichsam als Scherz, das rein Menschliche mit dem Dienstlichen zu vermischen. Er konnte sich das erlauben, weil er in sich die Kraft fühlte, jederzeit, sobald er es für notwendig hielt, wieder das Dienstliche hervorzukehren und die menschlichen Gefühle zu unterdrücken. Alles das erledigte Iwan Iljitsch leicht, reibungslos, korrekt, ja geradezu virtuos. In den Pausen rauchte er, trank Tee und unterhielt sich ein wenig über Politik und allgemeine Tagesfragen, ein wenig über Kartenspiele und am meisten über zu erwartende oder schon erfolgte Ernennungen. Ermüdet, doch mit dem Gefühl eines Virtuosen, der in einem Orchesterkonzert glänzend seinen Part als erster Geiger gespielt hat, kehrte er schließlich nach Hause zurück. Seine Frau und die Tochter waren dann irgendwohin ausgefahren oder hatten Besuch; der Sohn, der das Gymnasium besuchte, war unter Beistand von Nachhilfelehrern mit seinen Schulaufgaben beschäftigt und lernte gewissenhaft alles, was auf einem Gymnasium gelehrt wird. Alles war schön und gut. Nach dem Essen las Iwan Iljitsch, sofern keine Gäste da waren, zuweilen ein Buch, von dem gerade viel gesprochen wurde, und gegen Abend setzte er sich wieder an die Arbeit, das heißt, er sah Akten durch, schlug wegen der einen oder andern Frage in Gesetzbüchern nach, verglich die Aussagen und stellte fest, welche Gesetzesparagraphen in Betracht kamen. Diese Arbeit bereitete ihm weder Freude noch Verdruß. Verdrießlich wäre es gewesen, wenn er dadurch ein Whistspiel versäumt hätte; wenn es aber doch keine Gelegenheit zum Whistspiel gab, war das immerhin besser, als den Abend allein ohne Beschäftigung oder nur in Gesellschaft seiner Frau zu verbringen. Eine ausgesprochene Freude hingegen bereiteten Iwan Iljitsch die kleinen Diners, zu denen er wichtige Persönlichkeiten des öffentlichen Lebens mit ihren Frauen einlud, wobei die Unterhaltung mit ihnen ganz der Art entsprach, in der sich solche Leute gewöhnlich die Zeit vertreiben, wie auch sein Salon allen anderen Salons glich.

Einmal gaben sie sogar eine Abendgesellschaft mit Tanz. Die Sache machte Iwan Iljitsch große Freude, und alles wäre sehr schön gewesen, wenn es nicht zum Schluß einen argen Streit mit seiner Frau wegen der Torten und des Konfekts gegeben hätte. Praskowja Fjodorowna hatte wegen der Bewirtung ihren eigenen Plan, aber Iwan Iljitsch hatte darauf bestanden, alles von einem teuren Konditor zu beziehen, und hatte eine Menge Torten bestellt; und da nun von den Torten viel übriggeblieben war, die Rechnung des Konditors aber fünfundvierzig Rubel ausmachte, war es zu dem Streit gekommen. Die Auseinandersetzung verlief in sehr heftigen, drastischen Formen, bei denen Praskowja Fjodorowna ihren Mann einen »jämmerlichen Tropf« nannte. Iwan Iljitsch griff sich hierauf an den Kopf und erwähnte in seiner Erregung etwas von Scheidung. Doch der Abend selbst verlief äußerst vergnügt. Es waren lauter Leute der obersten Gesellschaftsschicht versammelt, und Iwan Iljitsch tanzte mit der Fürstin Trufonowa, deren Schwester durch die Gründung des Vereins »Nimm alles Leid von mir« allgemein bekannt war. Dienstliche Freuden waren für Iwan Iljitsch Freuden seiner Eigenliebe, und gesellschaftliche Freuden waren Freuden seines Ehrgeizes, doch eine wahre Freude bedeutete für ihn einzig das Whistspiel. Er gestand sich selbst, daß nach allem, was er Betrübliches erlebt hatte, die einzige wahre Freude, die wie eine brennende Kerze alles andere überstrahlte, für ihn darin bestand, sich mit guten, beherrschten Spielern zu einer Partie Whist zusammenzufinden – aber unbedingt zu viert, denn bei einem Spiel zu fünft war es immer ärgerlich, wenn man ausscheiden und sich dabei noch den Anschein geben mußte, es sehr gern zu tun –, dann mit Ernst und Scharfsinn zu spielen – besonders wenn man gute Karten bekommen hatte – und hierauf zu Abend zu essen und ein Glas Wein zu trinken. Und nach dem Kartenspiel, namentlich wenn er einen kleinen Gewinn buchen konnte – einen großen einzustecken wäre peinlich gewesen –, ging Iwan Iljitsch jedesmal in besonders guter Stimmung zu Bett.

Auf diese Weise wickelte sich ihr Leben ab. Sie verkehrten in den besten Gesellschaftskreisen und wurden sowohl von hochgestellten Persönlichkeiten als auch von jungen Leuten besucht.

In der Beurteilung ihres Bekanntenkreises waren sich Mann, Frau und Tochter durchaus einig; wie auf Grund einer stillschweigenden Übereinkunft waren alle drei gleichermaßen bestrebt, sich jene Freunde und kompromittierenden Verwandten vom Halse zu halten, die sich ihnen mit Schmeicheleien aufdrängten und Zutritt zu ihrem mit japanischen Wandtellern geschmückten Salon zu erlangen suchten. Bald blieben diese unerwünschten Gäste aus, und der Verkehr der Golowins setzte sich nur noch aus Angehörigen der besten Gesellschaft zusammen. Die jungen Leute machten Lisa den Hof, und da der Untersuchungsrichter Petristschew, der Sohn Dmitri Iwanowitsch Petristschews und alleinige Erbe seiner Besitztümer, sich ernstlich für Lisa zu interessieren schien, erwogen Iwan Iljitsch und seine Frau schon, für sie eine Troikafahrt oder eine Liebhaberaufführung zu arrangieren. So nahm ihr Leben einen steten, glatten Verlauf, und alles war wunderschön.

4

Alle waren gesund. Iwan Iljitsch erklärte zwar hin und wieder, einen seltsamen Geschmack im Munde zu haben und ein gewisses Unbehagen an der linken Magenseite zu verspüren, aber von einer Krankheit konnte man deswegen nicht sprechen.

Allein das Unbehagen verstärkte sich und ging allmählich, wenn auch nicht ausgesprochen in Schmerz, so doch in ein ständiges Druckgefühl an der einen Seite über, durch das Iwan Iljitsch in eine gereizte Stimmung versetzt wurde. Seine Reizbarkeit verschärfte sich zusehend und begann schon die leichte, angenehme und anständige Lebensweise zu beeinträchtigen, die sich in der Familie Golowin herausgebildet hatte. Die Eheleute gerieten immer häufiger in Streit, das leichte, angenehme Leben war dahin, und sie mußten sich sehr zusammennehmen, um auch nur den äußeren Anstand zu wahren. Heftige Auseinandersetzungen waren abermals an der Tagesordnung, und übrig blieben nur jene kleinen Inseln – und auch davon nur wenige –, auf die sich die Eheleute zurückziehen konnten, ohne daß ein Streit zwischen ihnen ausbrach.

Jetzt war Praskowja Fjodorowna nicht im Unrecht, wenn sie erklärte, ihr Mann habe einen unleidlichen Charakter. Mit dem ihr eigenen Hang zum Übertreiben behauptete sie, sein Charakter sei schon immer so schrecklich gewesen und es habe ihrer ganzen Gutmütigkeit bedurft, es zwanzig Jahre lang zu ertragen. Richtig war, daß die Streitigkeiten jetzt immer von ihm ausgingen. Er begann mit seinen Nörgeleien vorwiegend unmittelbar vor dem Mittagessen oder nachdem er gerade ein paar Löffel Suppe zu sich genommen hatte. Bald erregte er sich darüber, daß ein Stück des Geschirrs beschädigt war, bald fand er am Essen etwas auszusetzen, bald ärgerte er sich über den Sohn, weil er den Ellbogen auf den Tisch gestützt hatte, bald mißfiel ihm die Frisur der Tochter. Und an allem schob er seiner Frau die Schuld zu. Anfangs widersprach ihm Praskowja Fjodorowna und sagte ihm ebenfalls unangenehme Dinge, doch nachdem er zweimal kurz nach Beginn des Essens einen regelrechten Tobsuchtsanfall bekommen hatte, begriff sie, daß es sich bei ihm um einen krankhaften Zustand handelte, der durch das Essen hervorgerufen wurde, und beherrschte sich; sie widersprach nicht mehr, sondern war nur noch bemüht, die Mahlzeiten möglichst schnell zu beenden. Ihre Friedfertigkeit rechnete sich Praskowja Fjodorowna als großes Verdienst an. Wenn sie bedachte, wie unausstehlich der Charakter ihres Mannes war und daß er sie damit fürs ganze Leben unglücklich gemacht hatte, wurde sie von Mitleid mit sich selbst erfüllt. Und je mehr sie sich bemitleidete, um so stärker wurde sie von Haß gegen ihn gepackt. In ihr regte sich, schon der Wunsch, er möge sterben, doch das konnte sie nicht wünschen, weil damit zugleich auch das Gehalt fortfiele. Dieser Umstand brachte sie noch mehr gegen ihn auf. Sie hielt ihr Geschick gerade deshalb für besonders tragisch, weil ihr selbst sein Tod keine Erlösung bringen würde; dieser Gedanke machte sie gereizt, sie suchte es zu verbergen, doch wurde durch diese versteckte Gereiztheit die Reizbarkeit ihres Mannes nur noch gesteigert.

Als es wieder einmal zu einem Zusammenstoß gekommen war, bei dem ihr Iwan Iljitsch besonders ungerechte Vorwürfe gemacht hatte, und nachdem er bei der Aussprache auch offen zugab, daß er gereizt gewesen sei, was er auf sein schlechtes Befinden zurückführte, sagte sie zu ihn, wenn er sich krank fühle, müsse er etwas dagegen unternehmen, und bestand darauf, daß er einen berühmten Arzt konsultiere.

Iwan Iljitsch fuhr zu dem berühmten Arzt. Dort fand er alles so vor, wie er es erwartet hatte; es war alles so, wie es immer zu sein pflegt: das lange Warten, das wichtige Gehabe des Arztes, das ihm nicht fremd war, weil es genau dem Gehabe entsprach, das er sich selbst zu Gerichtssitzungen zulegte, das Beklopfen und Abhorchen, die Fragen, die im voraus festgelegte und offenbar ganz unnötige Antworten erfordern, der tiefgründige Blick, mit dem alle Ärzte ihre Patienten ansehen und der besagen soll, man brauche sich nur ihnen anzuvertrauen, sie würden die Sache schon beheben, ihnen sei mit unzweifelhafter Sicherheit bekannt, welche Mittel sie einem verordnen und wie sie ihre Patienten behandeln müßten – nämlich alle nach Schema F, um welche Krankheit es sich auch handeln möge. Alles war genauso wie auf dem Gericht. Genauso streng und prüfend, wie er selbst die vor Gericht stehenden Angeklagten anzusehen pflegte, sah der berühmte Arzt auch ihn an.

Der Arzt sagte, dies und das deute darauf hin, daß bei ihm dies und das vorliege; sollte es sich jedoch bei den und den Untersuchungen nicht bestätigen, könne man annehmen, daß es sich bei ihm um dies und das handele, und wenn man dies und das annehme, dann... und so fort. Für Iwan Iljitsch war einzig die Frage wichtig, ob sein Zustand gefährlich war oder nicht. Aber über diese ungehörige Frage ging der Arzt stillschweigend hinweg. Nach Auffassung des Arztes war diese Frage müßig und stand nicht zur Erörterung; für ihn galt es nur, die verschiedenen Möglichkeiten gegeneinander abzuwägen, ob es sich bei den Beschwerden um eine Wanderniere, einen chronischen Katarrh oder den Blinddarm handelte. Es ging nicht um Iwan Iljitschs Leben, sondern um einen Streit zwischen Wanderniere und Blinddarm. Diesen Streit entschied der Arzt im Beisein Iwan Iljitschs auf souveräne Weise zugunsten des Blinddarms, mit dem Vorbehalt freilich, daß die Urinuntersuchung neue Verdachtsmomente ergeben könne und daß dann eine nochmalige Überprüfung des Falles notwendig sein würde. Alles das stimmte Punkt für Punkt mit der Manier überein, in der er selbst schon tausendmal Angeklagten gegenüber aufgetreten war. Ebenso souverän faßte der Arzt seine Schlußfolgerungen zusammen und blickte über seine Brille hinweg Iwan Iljitsch triumphierend, ja sogar vergnügt wie einen überführten Angeklagten an. Aus dem Resümee des Arztes zog Iwan Iljitsch den Schluß, daß es schlecht um ihn bestellt sein müsse, daß dies jedoch dem Arzt und wahrscheinlich auch allen andern völlig gleichgültig sei. Diese Erkenntnis war für Iwan Iljitsch äußerst schmerzlich und rief in ihm tiefes Mitleid mit sich selbst und große Erbitterung über den Arzt hervor, der sich einer solchen schwerwiegenden Frage gegenüber dermaßen gleichgültig verhielt.

Doch er unterdrückte seinen Unmut, stand auf, legte das Geld auf den Tisch, stieß einen Seufzer aus und sagte:

»Wir Kranken stellen Ihnen wahrscheinlich oft überflüssige Fragen. Aber ich möchte doch wissen, ob es bei mir etwas Gefährliches ist.«

Der Arzt sah ihn streng durch seine Brillengläser an, als wollte er sagen: Angeklagter, wenn Sie sich nicht in den Grenzen der Ihnen vorgelegten Fragen halten, werde ich genötigt sein, Ihre Entfernung aus dem Sitzungssaal anzuordnen!

»Ich habe Ihnen ja schon gesagt, was sich im Augenblick sagen läßt und wie Sie sich verhalten sollen«, antwortete der Arzt. »Alles weitere wird sich aus der Analyse des Urins ergeben.« Und der Arzt verbeugte sich.

Iwan Iljitsch ging langsam hinaus, setzte sich mißmutig in den Schlitten und fuhr nach Hause. Während der ganzen Fahrt rief er sich immer wieder ins Gedächtnis, was der Arzt gesagt hatte, und war bemüht, alle diese verworrenen, unklaren medizinischen Ausdrücke in die normale Sprache zu übertragen und aus ihnen eine Antwort auf die Frage herauszulesen, ob es schlecht, sehr schlecht um ihn bestellt sei oder ob noch eine Hoffnung auf Besserung bestehe. Und der Sinn all dessen, was der Arzt gesagt hatte, schien ihm darauf hinauszulaufen, daß sein Zustand sehr ernst sei. Alles machte auf ihn jetzt einen trübseligen Eindruck: die Droschkenkutscher, die Häuser, die Straßenpassanten, die Läden. Der Schmerz, dieser dumpfe, ätzende Schmerz, den er an der einen Seite verspürte, hörte dabei keinen Moment auf und schien ihm in Verbindung mit den unklaren Redensarten des Arztes eine neue, ernstere Bedeutung anzunehmen. Und er achtete jetzt mit größerer Sorge auf diesen Schmerz.

Zu Hause angelangt, erzählte er seiner Frau von seinem Besuch bei dem Arzt. Sie hörte zu, doch mitten im Gespräch kam die Tochter ins Zimmer; sie hatte bereits ein Hütchen auf und wollte mit der Mutter irgendwohin fahren. Sie setzte sich, um diesen langweiligen Bericht mit anzuhören, hielt es jedoch nicht lange aus, und auch die Mutter stand auf, bevor er geendet hatte.

»Nun, ich bin sehr froh«, sagte Praskowja Fjodorowna. »Jetzt mußt du aber auch pünktlich die verordnete Medizin einnehmen. Gib mir das Rezept, ich werde Gerassim in die Apotheke schicken«, fügte sie hinzu und ging hinaus, um sich für die Ausfahrt zurechtzumachen.

Iwan Iljitsch stockte der Atem, solange sie noch im Zimmer war, und er atmete erst tief auf, als sie sich entfernt hatte.

Nun, dachte er, vielleicht ist es wirklich noch nichts Ernstes.

Er nahm jetzt regelmäßig seine Medizin ein und befolgte alle Anordnungen des Arztes, die auf Grund des Ergebnisses der Urinuntersuchung geändert wurden. Doch nun stellte sich heraus, daß bezüglich dieser geänderten Vorschriften irgendein Mißverständnis vorliegen mußte, denn nach ihrer Befolgung traten nicht die vom Arzt vorausgesagten Folgen ein. An den Arzt war nicht heranzukommen, und so war es möglich, daß seinen Anordnungen zuwidergehandelt wurde. Entweder hatte der Arzt etwas vergessen oder ihn getäuscht und ihm absichtlich einen Befund verschwiegen.

Wie denn auch sei, Iwan Iljitsch führte weiterhin die Anordnungen des Arztes aus und fand dadurch in der ersten Zeit eine gewisse Beruhigung.

Seit seinem Besuch beim Arzt bestand Iwan Iljitschs wichtigste Beschäftigung darin, aufs genaueste die Anordnungen des Arztes bezüglich der Hygiene und des Einnehmens der Medikamente auszuführen sowie Obacht auf seinen Schmerz und die Funktion seines ganzen Organismus zu geben. Zugleich interessierte er sich jetzt ganz besonders für die Krankheiten und den Gesundheitszustand anderer Leute. Wenn in seiner Gegenwart von kranken, gestorbenen oder wiederhergestellten Personen gesprochen wurde, hörte Iwan Iljitsch – bemüht, seine Erregung zu verbergen – aufmerksam zu, erkundigte sich nach Einzelheiten und verglich die betreffenden Symptome mit denen seiner eigenen Beschwerden.

Die Schmerzen hielten bei ihm unvermindert an, aber er zwang sich zu der Annahme, daß sich sein Zustand gebessert habe. Diese Selbsttäuschung gelang ihm auch, solange nichts vorkam, worüber er sich aufregte. Doch sobald er unliebsame Auseinandersetzungen mit seiner Frau, Mißerfolge im Dienst oder Pech beim Whistspiel hatte, spürte er sofort die ganze Stärke seiner Beschwerden. Zunächst hatte er noch versucht, sich mit solchen Mißhelligkeiten abzufinden, hatte gehofft, einen Fehler im Dienst durch neue Erfolge wettzumachen, ein andermal beim Kartenspiel wieder mehr Glück zu haben; doch nun warf ihn jeder Mißerfolg um und versetzte ihn in Verzweiflung. Gerade hat sich eine Besserung bemerkbar gemacht, dachte er, hat die Medizin zu wirken begonnen, und da muß nun dieses verdammte Mißgeschick, diese Unannehmlichkeit kommen! Er war wütend über sein Mißgeschick und über die Leute, die ihm Unannehmlichkeiten bereiteten und ihn damit umbrachten, und er war außerstande, seine Wut zu unterdrücken.

Man sollte meinen, er hätte sich darüber im klaren sein müssen, daß eine solche ständige Gereiztheit seinen Zustand verschlimmerte und daß er daher hätte bemüht sein müssen, über belanglose unangenehme Zwischenfälle hinwegzusehen; doch er verhielt sich genau umgekehrt: er sagte, er brauche Ruhe, achtete peinlich auf alles, was seine Ruhe stören konnte, und geriet aus den geringfügigsten Anlässen in Erregung. Außerdem verschlechterte sich sein Zustand noch dadurch, daß er medizinische Bücher las und dauernd Ärzte zu Rate zog. Es ging stetig bergab, doch wenn er seinen Zustand von einem Tage zum andern verglich, konnte er sich darüber hinwegtäuschen: es war kein großer Unterschied zu merken. Konsultierte er hingegen Ärzte und hörte sich deren Meinungen an, dann hatte er den Eindruck, es gehe mit ihm bergab, und zwar sehr schnell.

In diesem Monat suchte er noch eine andere Kapazität auf. Diese Kapazität sagte fast genau das gleiche, was der andere berühmte Arzt gesagt hatte, stellte aber auf andere Weise die Fragen, und durch die Konsultation dieser Kapazität wurde die Ratlosigkeit und Angst Iwan Iljitschs nur noch verstärkt. Der Freund eines seiner Kollegen, der im Ruf stand, ein besonders tüchtiger Arzt zu sein, stellte eine ganz andere Diagnose, und wenn er Iwan Iljitsch auch seine völlige Wiederherstellung verhieß, so brachte er ihn doch durch seine Fragen und Mutmaßungen noch mehr in Verwirrung. Ein Homöopath kam noch zu einem anderen Befund und verordnete ein Medikament, das Iwan Iljitsch nun schon seit einer Woche heimlich einnahm. Als er aber nach Ablauf einer Woche keine Erleichterung verspürte, verlor er das Zutrauen zu diesem wie auch zu allen bislang schon geschluckten Medikamenten und ließ vollends den Kopf hängen. Einmal erzählte eine mit der Familie bekannte Dame von einem Kranken, der Genesung durch ein wundertätiges Heiligenbild gefunden haben sollte. Iwan Iljitsch hörte aufmerksam zu und ertappte sich dabei, daß er eine solche Möglichkeit wirklich ernsthaft in Betracht zog. Doch dann erschrak er über sich selbst. Bin ich denn schon so schwachsinnig geworden, an solchen Blödsinn zu glauben? dachte er. Aber man darf nicht wankelmütig werden, sondern muß sich einem bestimmten Arzt anvertrauen und konsequent alles befolgen, was er verordnet. Das will ich auch tun und nicht mehr von einem zum andern laufen. Ich werde nicht mehr grübeln und bis zum Sommer streng alle Vorschriften des Arztes ausführen. Dann wird man weitersehen. Dieses Hinundherschwanken muß aufhören!

Das war leicht gesagt, erwies sich indessen als unmöglich. Der Schmerz an der einen Seite quälte ihn beharrlich, schien sich zu verstärken und wurde zum Dauerzustand; der eigentümliche Geschmack im Munde wurde penetranter, und sein Atem nahm, wie es ihm schien, einen widerwärtigen Geruch an; sein Appetit ließ zusehends nach, er kam immer mehr herunter. Jetzt gab es für Iwan Iljitsch keine Selbsttäuschung mehr: in seinem Innern vollzog sich etwas Schreckliches, etwas Neues und so Bedeutsames, wie er es noch nie erlebt hatte. Und nur er selbst wußte davon, während die Leute in seiner Umgebung es nicht merkten oder nicht merken wollten und der Meinung waren, alles gehe in der Welt seinen üblichen Gang. Das war für Iwan Iljitsch besonders schmerzlich. Er sah, daß seine Angehörigen, namentlich die Frau und die Tochter, die gerade jetzt, auf der Höhe der Saison, fast täglich zu Bällen und anderen Vergnügungen eingeladen waren, seinen Zustand nicht erkannten und sich mehr ärgerten, weil er – als sei es bei ihm bloß Launenhaftigkeit – immer so mürrisch und anspruchsvoll war, und obgleich sie das zu verbergen suchten, entging es ihm doch nicht, daß sie ihn als Störenfried betrachteten. Im übrigen hatte sich seine Frau hinsichtlich seiner Krankheit eine bestimmte Einstellung zu eigen gemacht, die sie hartnäckig beibehielt, was immer er auch tun und sagen mochte. Diese Einstellung zeigte sich zum

Beispiel, wenn sie mit Bekannten über seinen Zustand sprach.

»Wissen Sie«, sagte sie dann, »Iwan Iljitsch bringt es nicht fertig, sich genau an die Anordnungen des Arztes zu halten, wie es sonst alle vernünftigen Leute tun. Heute nimmt er vielleicht seine Tropfen ein, beachtet die Diätvorschriften und geht zur normalen Zeit zu Bett; aber morgen, wenn ich mal nicht darauf geachtet habe, vergißt er plötzlich, die Medizin einzunehmen, ißt Stör, was er nicht darf, und sitzt bis ein Uhr nachts beim Kartenspiel.«

»Nun, wann ist denn das schon mal vorgekommen?« fragte dann wohl Iwan Iljitsch gereizt. »Das eine Mal bei Pjotr Iwanowitsch.«

»Und gestern bei Schebek.«

»Ich hätte ja sowieso vor Schmerzen nicht schlafen können.«

»Um eine Ausrede bist du nie verlegen, aber so wirst du nie gesund werden und quälst uns nur.«

Wenn Praskowja Fjodorowna mit anderen oder mit ihm selbst über seine Krankheit sprach, klang es immer so, als habe er sie selbst verschuldet und als sei seine ganze Krankheit nur eine weitere Unannehmlichkeit, mit der er ihr das Leben erschwere. Er wußte, daß sie das alles unüberlegt und nicht mit Vorbedacht sagte, doch dadurch wurde die Kränkung nicht vermindert.

Auch im Gericht bemerkte oder glaubte er neuerdings ein verändertes, ihn unangenehm berührendes Verhalten seiner Kollegen ihm gegenüber zu bemerken. Bald schien es ihm, man sehe ihn daraufhin an, ob er bald gezwungen sein würde, seinen Platz zu räumen, bald fühlte er sich verletzt, wenn die Kollegen einmal in gutmütigem Ton die Sorge um seinen Gesundheitszustand bespöttelten – als ob jenes Furchtbare, unvorstellbar Schreckliche, das sich in seinem Innern gebildet hatte, das ohne Unterlaß an ihm saugte und ihn unaufhaltsam irgendwohin zog, der amüsanteste Anlaß zu Witzeleien sei! Insbesondere Schwarz, der ihn durch seine Eleganz und sein ganzes lebensprühendes Wesen daran erinnerte, wie er selbst einmal vor zehn Jahren gewesen war, fiel ihm ständig auf die Nerven.

Eines Abends kamen Freunde zu ihm, und man setzte sich zu einer Partie Whist zusammen. Die neuen, noch steifen Karten wurden auseinandergebogen, verteilt, und jeder sortierte die seinen: Iwan Iljitsch hatte sieben Karos. Sein Partner sagte: »Ohne Trumpf!« und spielte zweimal nacheinander Karo aus. Was konnte man noch mehr wünschen? Iwan Iljitsch, sollte man meinen, hätte in bester Stimmung sein müssen: ein Schlemm war jetzt so gut wie sicher. Doch unversehens verspürte er wieder diesen saugenden Schmerz, diesen greulichen Geschmack im Munde, und es kam ihm widersinnig vor, daß er sich dabei noch über einen Schlemm freuen konnte.

Iwan Iljitsch sah zu, wie Michail Michailowitsch, sein Partner, mit seiner kräftigen Hand auf den Tisch schlug und dann aus höflicher Nachsicht davon absah, die Stiche selbst einzuheimsen, sondern sie ihm zuschob, um ihm das Vergnügen zu lassen, die Karten ohne Anstrengung, ohne die Hand bis zur Mitte des Tisches ausstrecken zu müssen, an sich zu nehmen. Meint er denn, ich sei schon so schwach, daß ich nicht mehr den Arm ausstrecken kann? dachte Iwan Iljitsch, vergaß dabei die Trümpfe, spielte eine falsche Karte aus – und der Schlemm war verloren. Das Erschreckendste dabei aber war, daß ihn dieses Pech im Gegensatz zu Michail Michailowitsch, den es begreiflicherweise sehr verdroß, völlig gleichgültig ließ. Und es erfüllte ihn mit Entsetzen, an den Grund seiner Gleichgültigkeit zu denken.

Die anderen Herren sahen, wie er litt, und schlugen vor, das Spiel abzubrechen, wenn er ermüdet sei; er solle eine Weile ausruhen. Ausruhen? Nein, er sei nicht im geringsten müde, versicherte er und spielte den Robber bis zu Ende mit. Alle waren in düstere Stimmung geraten und schweigsam geworden. Iwan Iljitsch fühlte, daß er sie in diese trübselige Stimmung versetzt hatte, war jedoch außerstande, sie zu zerstreuen. Dann wurde zu Abend gegessen, die Gäste brachen auf, und Iwan Iljitsch blieb allein zurück mit der bitteren Erkenntnis, daß sein Leben vergiftet war, daß er das Leben anderer vergiftete und daß sich die Wirkung dieses Giftes nicht abschwächte, sondern mehr und mehr seinen ganzen Körper durchdrang.

In diesem Bewußtsein, gepaart mit körperlichen Schmerzen und der Verzweiflung über seinen Zustand, ging Iwan Iljitsch zu Bett und konnte oft bis zum Morgengrauen vor Schmerzen nicht einschlafen. Und am Morgen mußte er wieder aufstehen, sich ankleiden, aufs Gericht fahren, reden und schreiben oder, wenn er zu Hause blieb, auch dort wieder vierundzwanzig Stunden unter den gleichen Qualen zubringen. Und so, schon am Rande des Abgrunds, war er sich allein überlassen, ohne einen Menschen zu haben, der ihn verstand und ihm beigestanden hätte.

5

So verging ein Monat und ein zweiter. In der Zeit vor Neujahr kam sein Schwager in die Stadt und stieg bei ihnen ab. Bei seiner Ankunft befand sich Iwan Iljitsch auf dem Gericht, und Praskowja Fjodorowna war ausgefahren, um Einkäufe zu machen. Als Iwan Iljitsch nach Hause zurückkehrte und in sein Arbeitszimmer ging, traf er dort den Schwager an, einen vor Gesundheit strotzenden Mann, der gerade dabei war, selbst seinen Koffer auszupacken. Beim Eintritt Iwan Iljitschs richtete er den Kopf auf und sah ihn einen Moment sprachlos an. Dieser Blick offenbarte Iwan Iljitsch alles. Der Schwager konnte offensichtlich nur mit Mühe einen Ausruf des Entsetzens unterdrücken, doch seine Miene besagte genug.

»Habe ich mich sehr verändert?«

»Ja... etwas verändert hast du dich schon.«

Und soviel sich Iwan Iljitsch danach auch bemühte, im Gespräch mit dem Schwager wieder die Rede auf sein Aussehen zu bringen – der Schwager wich jeder klaren Antwort aus. Nach einer Weile kam Praskowja Fjodorowna nach Hause, und der Schwager begab sich zu ihr. Iwan Iljitsch verschloß die Tür und betrachtete sich im Spiegel, zuerst von vorn, dann im Profil. Er nahm ein Bild zur Hand, auf dem er zusammen mit seiner Frau dargestellt war, und verglich es mit dem, was er im Spiegel sah. Der Unterschied war ungeheuer. Dann krempelte er die Ärmel bis zu den Ellbogen auf, betrachtete seine Arme, streifte die Ärmel wieder zurück, setzte sich auf die Chaiselongue, und sein Gesicht wurde finsterer als die Nacht.

»Nein, nein, es hat keinen Zweck!« murmelte er vor sich hin und sprang auf, ging an seinen Schreibtisch und nahm sich ein Aktenstück vor, um es durchzulesen, war aber nicht fähig, seine Gedanken zu konzentrieren. Nun schloß er die Tür wieder auf und ging in den Saal. Die Tür zum Salon war geschlossen. Er trat leise an die Tür heran und horchte.

»Ach, du übertreibst«, hörte er Praskowja Fjodorowna sagen.

»Nein, ich übertreibe nicht. Siehst du denn nicht, wie er aussieht: er ist ein todgeweihter Mensch. Man braucht ihm nur in die Augen zu blicken – sie sind ganz trübe. Was hat er denn?«

»Niemand weiß es. Nikolajew« – das war der zuletzt konsultierte Arzt – »hat irgend etwas festgestellt, aber ich entsinne mich nicht mehr daran. Lestschetizki« – das war der berühmte Arzt – »erklärte dagegen...«

Iwan Iljitsch trat von der Tür zurück, begab sich in sein Zimmer, legte sich auf die Chaiselongue und versank in Gedanken. Die Niere, eine wandernde Niere! ging es ihm wieder durch den Kopf. Er rief sich alles ins Gedächtnis, was ihm von den Ärzten darüber gesagt worden war, wie sich die Niere losgelöst hatte und in Bewegung gekommen war. Und er machte krampfhafte Anstrengungen, sich vorzustellen, wie nun diese Niere abfangen, zum Stillstand bringen und wieder an ihrem Platz befestigen könnte; es schien doch nur so wenig dazu nötig zu sein. Ja, ich will noch einmal zu Pjotr Iwanowitsch fahren! (Pjotr Iwanowitsch war jener Kollege, der in freundschaftlichen Beziehungen zu dem zweiten Arzt stand.) Er klingelte, befahl, das Pferd anzuspannen, und machte sich für die Fahrt fertig.

»Wohin willst du, Jean?« fragte ihn seine Frau in besonders kläglichem, ungewohnt gutmütigem Ton.

Dieser unterstrichen gutmütige Ton reizte ihn. Er sah sie finster an.

»Ich muß zu Pjotr Iwanowitsch.«

Er fuhr also zu jenem Kollegen, der mit dem Arzt befreundet war, und in dessen Begleitung weiter zum Arzt. Sie trafen den Arzt zu Hause an, und Iwan Iljitsch hatte mit ihm eine lange Unterredung.

Nachdem sich Iwan Iljitsch sowohl von der Anatomie wie von der Physiologie her über alle Einzelheiten jener Vorgänge unterrichtet hatte, die sich nach Ansicht des Arztes in seinem Innern abspielten, wurde ihm alles klar.

Es handelte sich um einen Schaden, einen geringfügigen Schaden am Blinddarm, der sich auch wieder beseitigen ließ. Man mußte die Energie des einen Organs verstärken und die Funktion eines anderen abschwächen, dann würde eine Aufsaugung erfolgen, und der ganze Schaden wäre behoben. Als Iwan Iljitsch nach Hause kam, wartete man mit dem Mittagessen schon auf ihn. Bei Tisch unterhielt er sich angeregt, konnte sich aber lange nicht dazu aufraffen, in sein Zimmer zu gehen, um zu arbeiten. Nachdem er endlich doch in sein Arbeitszimmer gegangen war, setzte er sich dort sofort an den Schreibtisch. Er studierte Akten, vertiefte sich in die Arbeit, doch im Unterbewußtsein blieb ihm dabei immer gegenwärtig, daß er sich hinterher noch mit einer wichtigen, ihn persönlich betreffenden Angelegenheit befassen mußte. Als er alle Akten durchstudiert hatte, erinnerte er sich, daß es sich bei jener wichtigen Angelegenheit darum handelte, Überlegungen über den Zustand seines Blinddarms anzustellen. Aber er verschob dieses Vorhaben erneut und begab sich in den Salon zum Tee. Es waren Gäste erschienen, man unterhielt sich, es wurde Klavier gespielt und gesungen; auch jener Untersuchungsrichter, der von Iwan Iljitsch und seiner Frau erwünschte Freier um ihre Tochter, war zugegen. Iwan Iljitsch war an diesem Abend, wie es Praskowja Fjodorowna erschien, in fröhlicherer Stimmung als sonst, doch vergaß er keinen Augenblick, daß ihm noch die Überlegungen über seinen Blinddarm bevorstanden. Um elf Uhr verabschiedete er sich und zog sich zurück. Seit seiner Erkrankung schlief er allein in einem kleinen Nebenraum seines Arbeitszimmers. Er trat ein, zog sich aus und nahm einen Roman von Zola zur Hand, las aber nicht, sondern war mit anderen Gedanken beschäftigt. In seiner Phantasie malte er sich aus, wie die ersehnte Genesung seines Blinddarms vor sich ging. Da wurde irgend etwas eingesogen, etwas anderes ausgeschieden und auf diese Weise die normale Funktion des Blinddarms, wiederhergestellt. Ja, das geht alles seinen Gang, dachte er, man muß der Natur nur nachhelfen! Er erinnerte sich seiner Medizin, richtete sich auf, nahm sie ein, legte sich auf den Rücken und gab acht, wie wohltuend die Medizin wirkte und den Schmerz stillte. Ich muß sie nur regelmäßig einnehmen und mich vor schädlichen Einflüssen hüten, dachte er. Schon jetzt fühle ich mich etwas, ja sogar erheblich besser ... Er betastete die Stelle, von der immer der Schmerz ausging. Bei der Berührung tat sie jetzt nicht weh. Nein, sie schmerzt nicht mehr, dachte er, es ist wirklich schon eine wesentliche Besserung eingetreten... Er löschte die Kerze und drehte sich auf die Seite. Ja, der Blinddarm kommt wieder in Ordnung, saugt sich voll. Doch jählings, verspürte er wieder den alten dumpfen, quälenden Schmerz, dieses beharrliche, stille und drohende Nagen in seinem Körper. Und auch im Mund hatte er abermals jenen, widerwärtigen Geschmack. Sein Herz krampfte sich zusammen, ihm wurde schwarz vor Augen. »Oh, mein Gott, mein Gott!«. stammelte er. »Immer wieder ist es dasselbe und hört niemals auf.« Und auf einmal stellte sich ihm sein Leiden von einer ganz anderen Seite dar. Der Blinddarm! Eine Niere! Nein, weder um den Blinddarm noch um eine Niere geht es hier, sondern um das Leben und ... den Tod! Ja, das Leben, das in mir war, schwindet immer mehr dahin, und ich kann es nicht aufhalten. Wozu soll ich mich selbst täuschen? Sehen außer mir nicht alle schon längst, daß ich dahinsieche und daß es sich nur darum handelt, wieviel Wochen, wieviel Tage es noch dauern wird oder ob das Ende schon unmittelbar bevorsteht?

Bis jetzt war Licht um mich, bald wird es Finsternis sein. Bis jetzt bin ich hier gewesen, nun werde ich dorthin gezogen. Wohin? ... Er schauerte zusammen, sein Atem setzte aus. Nur das Hämmern seines Herzens hörte er.

Wenn ich nicht mehr bin, was wird dann sein? Nichts wird sein. Ja, wo werde ich denn sein, wenn ich nicht mehr bin? Muß ich wirklich sterben? Nein, ich will nicht! ... Er richtete sich auf, wollte die Kerze anzünden, scharrte mit zitternden Händen auf dem Nachttisch herum, die dabei umgestoßene Kerze fiel samt dem Leuchter auf den Fußboden, und er sank in die Kissen zurück. Wozu mühe ich mich ab? Es läßt sich ja doch nichts ändern, dachte er und starrte in die Finsternis. Der Tod kommt. Ja, der Tod. Aber von denen dort weiß es niemand und will es niemand wissen, niemand hat Mitleid mit mir. Sie musizieren, dachte er, als er aus den anderen Zimmern Gesang und Klavierakkorde herüberschallen hörte. Ihnen ist alles gleichgültig, und doch werden auch sie einmal sterben. Diese Narren! Mir ist es früher, ihnen später beschieden, aber dem Tod entgeht niemand. Aber sie sind vergnügt. Hornvieh! ... Seine Wut nahm ihm den Atem. Von Schmerzen gequält, wurde ihm unerträglich schwer ums Herz. Es ist doch nicht möglich, dachte er, daß alle stets ohne Unterschied zu solcher Furcht verurteilt waren...

Er richtete sich wieder auf. Irgend etwas stimmt da nicht, sagte er sich. Ich muß mich beruhigen, muß alles noch einmal von Anfang an überdenken... Und er rief sich den ganzen Verlauf seiner Krankheit ins Gedächtnis: Ja, so fing es an. Ich stieß mich an der Seite, nahm es aber nicht weiter tragisch und blieb unverändert guter Laune. Ich spürte zunächst nur einen leichten Schmerz, dann wurde er stärker, ich ging zu den Ärzten; aber mein Befinden verschlechterte sich weiter, ich wurde trübselig, wandte mich wieder an die Ärzte. Und dabei näherte ich mich immer mehr dem Abgrund. Meine Kräfte schwanden. Immer weiter und weiter ging es bergab. Und jetzt bin ich zusammengebrochen, das Licht in meinen Augen ist erloschen. Der Tod ist gekommen, und ich denke dabei an den Blinddarm. Ich sinne darüber nach, wie man den Blinddarm heilen kann, und stehe dabei vor dem Tode. Ist es wirklich der Tod? ... Er wurde wieder von Grauen gepackt, geriet in Atemnot, beugte sich vor, um nach den Streichhölzern zu suchen, und stieß dabei mit dem Ellbogen gegen das Nachtschränkchen. Es störte ihn; er hatte sich an ihm weh getan, ärgerte sich, drückte in seiner Erregung noch heftiger gegen das Nachtschränkchen und warf es um. Verzweifelt, mühsam nach Atem ringend, sank er auf den Rücken zurück und war darauf gefaßt, jeden Augenblick zu sterben.

Die Gäste brachen gerade auf, und Praskowja Fjodorowna hatte sie ins Vorzimmer begleitet. Als sie das Gepolter hörte, kam sie zu ihm ins Zimmer.

»Was hast du?«

»Nichts weiter. Durch eine ungeschickte Bewegung habe ich das Nachtschränkchen umgestoßen.«

Praskowja Fjodorowna ging hinaus und kam mit einer Kerze zurück. Ihr Mann lag im Bett, atmete so schwer und hastig wie jemand, der eine lange Strecke gelaufen ist, und sah sie mit starren Augen an.

»Was ist dir, Jean?«

»Gar – nichts. Das Nacht-schränk-chen ist umgefallen.« Wo zu ihr viel erzählen? dachte er. Sie würde ja auch nichts verstehen.

Sie verstand auch wirklich nichts. Nachdem sie das Nachtschränkchen wieder hingestellt und die Kerze angezündet hatte, ging sie eilig hinaus: sie mußte noch die Gäste verabschieden.

Als sie zurückkam, lag er noch immer auf dem Rücken und starrte nach oben.

»Was ist mit dir? Geht es dir schlechter?«

»Ja.«

Sie schüttelte den Kopf und setzte sich zu ihm.

»Weißt du, Jean, ich meine, wir sollten Lestschetizki kommen lassen.«

Den berühmten Arzt um einen Hausbesuch bitten, das bedeutete, selbst vor großen Kosten nicht zurückzuscheuen. Er lächelte giftig und sagte, es sei nicht nötig. Nachdem sie noch eine Weile bei ihm gesessen hatte, trat sie an ihn heran und küßte ihn auf die Stirn.

Er haßte sie aus tiefster Seele bei diesem Kuß und mußte seine ganze Selbstbeherrschung aufbieten, um sie nicht zurückzustoßen.

»Gute Nacht! Gebe Gott, daß du schlafen kannst.«

»Ja, ja.«

6

Iwan Iljitsch ahnte, daß es mit ihm zu Ende ging, und befand sich in einem Zustand ununterbrochener Verzweiflung.

Im Grunde seiner Seele wußte er, daß er sterben mußte, hatte sich aber noch nicht an diese Tatsache gewöhnt und konnte sich auf keine Weise damit abfinden.

Jenes Beispiel eines Syllogismus, das er in der Logik von Kiesewetter gelernt hatte und das da lautete, Cajus sei ein Mensch, die Menschen seien sterblich, und demnach sei auch Cajus sterblich – dieser Syllogismus war Iwan Iljitsch sein ganzes Leben lang nur in bezug auf Cajus als richtig erschienen, keineswegs hingegen in bezug auf sich selbst. Cajus war der Mensch ganz allgemein, und für ihn traf jene Folgerung durchaus zu. Er, Iwan Iljitsch, aber war nicht Cajus, war nicht ein x-beliebiger Mensch, sondern hatte von Geburt an seine besondere, ihn von allen andern Menschen unterscheidende Eigenart gehabt: er war Wanja mit seiner Mama und dem Papa, mit Mitja und Wolodja, mit seinem Spielzeug, dem Kutscher, der Kinderfrau und später mit Katenka, mit allen Freuden und Kümmernissen, mit der ganzen Begeisterungsfähigkeit der Kindheit, der Knabenjahre und Jugend. Hatte Cajus etwa den Geruch des gestreiften Lederballs gekannt, der ihm als kleinem Jungen so lieb gewesen war? Hatte Cajus etwa der Mutter ebenso die Hand geküßt und beim Rascheln ihres seidenen Kleides das gleiche empfunden wie er in seiner Kindheit? Ist es etwa Cajus gewesen, der am Institut für Rechtswissenschaften den Aufruhr wegen der Pasteten angestiftet hatte? Ist etwa Cajus jemals so verliebt gewesen wie er? Ist etwa Cajus imstande, eine Sitzung zu leiten?

Ja, Cajus ist wirklich sterblich, und es ist ganz in der Ordnung, wenn er stirbt; aber bei mir, Iwan Iljitsch, dem einstigen Wanja, mit allen meinen Gefühlen und Gedanken, liegen die Dinge ganz anders. Es kann nicht sein, daß mir der Tod bestimmt ist. Das wäre ja entsetzlich.

Solche Gedanken gingen ihm durch den Kopf.

Wenn auch ich sterben müßte wie Cajus, dann wüßte ich das, eine innere Stimme würde es mir sagen; doch nichts davon trifft zu. Weder ich noch irgendeiner meiner Freunde hat die Sache so aufgefaßt, daß für uns das gleiche gelten sollte wie für Cajus. Und nun dieser Zustand! dachte er voller Entsetzen. Es ist doch undenkbar, daß ich sterben muß. Es ist undenkbar und ist dennoch so. Wie geht das zu? Wie soll man das verstehen?

Er konnte keine Erklärung finden und bemühte sich, den Gedanken an den Tod als ein haltloses, krankhaftes Hirngespinst zu verscheuchen und ihn durch andere, vernünftige Gedanken zu verdrängen. Allein dieser Gedanke, und nicht nur der Gedanke, nein, auch die Wirklichkeit stellte sich immer wieder ein und marterte ihn.

Um diesen Gedanken loszuwerden, versuchte er, sich mit verschiedenen anderen Gedanken zu beschäftigen, und hoffte, dadurch einen Halt zu gewinnen. Er bemühte sich, frühere Gedankengänge wachzurufen, die ihm ehedem den Gedanken an den Tod verdeckt hatten. Doch unbegreiflicherweise war alles das, was in ihm früher das Bewußtsein des nahenden Todes verhüllt und ausgelöscht hatte, jetzt nicht mehr imstande, die gleiche Wirkung zu vollbringen. Dazu hatte sich Iwan Iljitsch in letzter Zeit allzuoft mit den Versuchen beschäftigt, die früheren Gefühlsregungen wieder zu erwecken, die den Gedanken an den Tod unterdrückt hatten. Mitunter sagte er sich: Ich will mich mit meinen dienstlichen Pflichten befassen, die ja immer den Inhalt meines Lebens ausgemacht haben. Und alle Sorgen abschüttelnd, begab er sich aufs Gericht, knüpfte ein Gespräch mit diesem und jenem Kollegen an, setzte sich auf seinen Platz, überschaute seiner alten Gewohnheit nach zerstreut, mit versonnenen Blicken die Menschenmenge, beugte sich, die abgemagerten Hände auf die Armlehne des Eichensessels gestützt, wie gewöhnlich zu seinem Kollegen hinüber, schob ihm ein Aktenstück zu und wechselte mit ihm leise ein paar Worte, blickte dann plötzlich auf, setzte sich aufrecht hin und eröffnete mit der üblichen Redeformel die Sitzung. Doch plötzlich, während der Sitzung und ohne sich im geringsten um den Stand der Verhandlungen zu kümmern, meldete sich der bekannte Schmerz an der Seite und saugte und nagte in seinem Innern. Iwan Iljitsch erschrak, bemühte sich, den Schmerz nicht zu beachten, aber der ließ nicht nach und setzte beharrlich sein Werk fort. Und dann erschien *er*, stellte sich unmittelbar vor ihm auf und sah ihn an; Iwan Iljitsch erstarrte, der Glanz in seinen Augen erlosch, und er fragte sich wieder: Ist *er* wirklich das einzige, was unerschütterlich feststeht? Und seine Kollegen und Untergebenen nahmen mit Erstaunen und Bestürzung wahr, daß er, dieser feinsinnige, redegewandte Richter, häufig mitten im Satz stockte, daß ihm Fehler unterliefen. Er versuchte, sich zusammenzunehmen, war bemüht, sich wieder zu fassen, und leitete die Sitzung schlecht und recht bis zu Ende. Und nach Hause kehrte er dann zurück mit der bitteren Erkenntnis, daß seine dienstliche Tätigkeit ihm nicht mehr wie früher das verbergen konnte, was er sich nicht eingestehen wollte, und daß es ihm unmöglich war, sich durch die Ausübung seiner Amtspflichten von *ihm* zu befreien. Das Schrecklichste jedoch war, daß er nicht deshalb alle seine Gedanken auf sich lenkte, damit er dies oder jenes tun sollte, sondern nur, um ihn zu zwingen, *ihn* anzusehen, *ihm* unmittelbar ins Auge zu blicken und sich unsagbar zu quälen.

In dem Bemühen, sich aus diesem Zustand zu befreien, suchte und fand Iwan Iljitsch andere Schutzhüllen, die ihm für einige Zeit auch Erleichterung verschafften, die aber sehr bald, wenn auch nicht gerade zerstört, so doch durchsichtig wurden. Und hinter den Hüllen erschien dann wieder *er*, und es gab nichts, was *ihn* verdecken konnte.

Wenn Iwan Iljitsch in dieser letzten Zeit den Salon betrat, jenen von ihm persönlich ausgestatteten Salon, in dem er von der Leiter gestürzt war, empfand er es jedesmal als bitteren Hohn, daß er um dieser Ausstattung willen sein Leben geopfert hatte, denn seine Krankheit war ja, wie er wußte, eine Folge der damals bei dem Sturz erlittenen Verletzung. Als er wieder einmal in den Salon kam, entdeckte er auf dem polierten Tisch eine Schramme, die von einem scharfen Gegenstand verursacht sein mußte. Er ging der Sache nach und stellte fest, die Schramme rührte von einem der Alben her, dessen Bronzebeschlag an einer Ecke umgebogen war. Als er nun das kostbare, von ihm mit Liebe zusammengestellte Album in die Hand nahm und darin blätterte, ärgerte er sich über die Unachtsamkeit seiner Tochter und ihrer Freunde: hier war ein Blatt eingerissen, dort waren Bilder verkehrt eingesteckt. Er brachte das alles wieder sorgfältig in Ordnung und bog auch den Bronzebeschlag zurecht.

Anschließend kam ihm der Gedanke, das Tischchen mit den Alben in eine andere Ecke, vor den Blumenständer, zu stellen. Er rief nach dem Diener, doch da kamen schon seine Frau und die Tochter hinzu; sie machten Einwände gegen die Umstellung, er beharrte auf seinem Willen und ereiferte sich. Aber das hatte das Gute, daß er dabei nicht an *ihn* dachte, daß *er* sich nicht zeigte.

Doch als er sich dann anschickte, den Tisch selbst hinüberzuschaffen, und seine Frau sagte: »Laß das doch die Leute machen, du wirst dir noch einen Schaden zufügen!« – da tauchte hinter dem Schirm plötzlich wieder *er* auf. *Er* erschien nur für einen Augenblick, und Iwan Iljitsch hoffte noch, *er* werde gleich wieder verschwinden, achtete dabei aber ungewollt darauf, ob er an der Seite Schmerzen verspürte: ja, da saß immer noch dasselbe Übel und nagte unvermindert an seinem Körper. Jetzt konnte er sich durch nichts mehr ablenken und sah deutlich, wie *er* zwischen den Blumen hindurch zu ihm herüberblickte. Wozu dann das alles?

Sollte es wirklich so sein, daß ich an diesem Fenstervorhang wie bei einer Attacke im Krieg mein Leben verloren habe? fragte sich Iwan Iljitsch. Ist so etwas denn möglich? Wie schrecklich, wie albern ist das! Das kann doch nicht sein! Es kann nicht sein und ist doch so.

Iwan Iljitsch ging in sein Zimmer, legte sich nieder und war dort allein mit *ihm*. Er stand ihm Auge in Auge gegenüber und ließ sich nicht vertreiben. Iwan Iljitsch konnte nur *ihn* ansehen, und er erstarrte dabei vor Grauen.

7

Wie es im dritten Monat von Iwan Iljitschs Erkrankung soweit gekommen war, läßt sich schwer sagen, denn es hatte sich unmerklich, Schritt für Schritt vollzogen, doch war es jedenfalls Tatsache, daß alle, seine Frau, die Tochter und der Sohn, das Personal, die Bekannten, die Ärzte und vor allem er selbst sich darüber im klaren waren, daß das ganze Interesse, das andere an ihm nahmen, nur noch darin bestand, ob er seinen Platz endlich räumen, die Lebenden von dem in seiner Gegenwart empfundenen Zwang und sich selbst von seinem Leiden befreien werde.

Er schlief immer weniger; er bekam Opium und Morphiuminjektionen. Doch alles das brachte ihm nur vorübergehend Erleichterung. Das dumpfe, zehrende Gefühl, das er im Dämmerzustand empfand, wirkte sich nur zu Anfang, solange es noch etwas Neues war, schmerzlindernd aus, wurde dann aber ebenso qualvoll, wenn nicht noch ärger als die ungelinderten Schmerzen.

Für ihn wurden auf Anordnung der Ärzte besondere Gerichte zubereitet; aber diese Gerichte schmeckten fade und wurden ihm mehr und mehr zuwider.

Auch für die Verrichtung seiner Notdurft waren besondere Vorkehrungen getroffen worden, und der ganze Vorgang bedeutete für Iwan Iljitsch jedesmal eine Qual. Das Peinliche dabei, die Unsauberkeit, den Geruch, die Tatsache, daß ihm dabei immer ein anderer Mensch behilflich sein mußte – all das empfand er als quälend.

Aber dennoch brachte gerade diese unangenehme Angelegenheit auch etwas Tröstliches, und zwar durch den Büfettdiener Gerassim, der jedesmal zum Heraustragen des Geschirrs erschien.

Gerassim war ein sauberer, frischer, bei der städtischen Kost kräftig gewordener Bauernbursche von offenem, stets fröhlichem Wesen. Anfangs wurde Iwan Iljitsch jedesmal verlegen, wenn er diesen immer reinlich, auf volkstümlich russische Art gekleideten Burschen eine so widerwärtige Aufgabe verrichten sah.

Einmal, als er sich vom Nachtstuhl erhoben hatte und zu schwach war, die Beinkleider hochzuziehen, ließ er sich in einen Polstersessel fallen und betrachtete voller Entsetzen seine entblößten kraftlosen Lenden, an denen sich deutlich jeder Muskel abzeichnete.

In derben Stiefeln und um sich herum den von ihnen ausgehenden Teergeruch sowie den Duft frischer Winterluft verbreitend, kam mit leichten, festen Schritten Gerassim ins Zimmer; in sauberem Kattunkittel und ebenso sauberer grobleinener Schürze, die Ärmel über seinen kräftigen jungen Armen aufgekrempelt, ging er direkt auf den Nachtstuhl zu, ohne Iwan Iljitsch anzusehen und offensichtlich bemüht, die sich in seinem Gesicht widerspiegelnde Lebensfreude zurückzuhalten, um den Kranken nicht wehmütig zu stimmen.

»Gerassim!« rief ihn Iwan Iljitsch mit matter Stimme an.

Gerassim, der offenbar fürchtete, er habe etwas nicht richtig gemacht, zuckte zusammen und wandte sein jugendfrisches, treuherziges Gesicht, auf dem sich der erste Anflug eines Bartes zeigte, mit einer raschen Bewegung dem Kranken zu.

»Was belieben?«

»Ich denke, dir ist das unangenehm. Du mußt schon entschuldigen. Ich kann es nicht allein.«

»Aber nein, Gott bewahre!« sagte Gerassim, seine kräftigen weißen Zähne entblößend, und sah Iwan Iljitsch mit seinen leuchtenden Augen an. »Warum soll ich das für Sie nicht tun? Sie sind doch krank.«

Dann erledigte er mit gewandten, festen Griffen sein gewohntes Werk und ging mit leichten Schritten aus dem Zimmer. Nach fünf Minuten kam er mit ebenso leichten Schritten zurück.

Iwan Iljitsch saß noch in unveränderter Stellung im Sessel.

»Gerassim«, sagte er, nachdem dieser das gesäuberte, reingewaschene Geschirr wieder auf seinen Platz gestellt hatte, »komm doch mal her.« Gerassim kam zu ihm. »Hilf mir bitte aufzustehen. Mir fällt es schwer ohne Hilfe. Und Dmitri habe ich fortgeschickt.«

Gerassim trat zu ihm heran, und ebenso geschickt, wie er sich immer bewegte, umfaßte er ihn mit seinen starken Armen, hob ihn vorsichtig auf und zog ihm, während er ihn mit der einen Hand stützte, mit der anderen die Beinkleider hoch. Dann wollte er ihn in den Sessel zurücksetzen, doch Iwan Iljitsch bat ihn zum Sofa zu führen.

Anscheinend ohne jede Anstrengung und ohne ihn irgendwie zu drücken, führte ihn Gerassim zum Sofa und ließ ihn dort nieder.

»Ich danke dir. Wie geschickt und ordentlich du das alles machst...«

Gerassim lächelte wieder und wollte nun gehen. Iwan Iljitsch fühlte sich jedoch in seiner Gegenwart so wohl, daß er ihn noch nicht fortlassen wollte.

»Noch eins: rücke mir bitte jenen Stuhl heran – nein, den dort –, damit ich die Beine darauflegen kann. Es tut mir gut, wenn die Beine erhöht liegen.«

Gerassim brachte den Stuhl, stellte ihn sachte, ohne irgendwo anzustoßen, vor das Sofa und hob Iwan Iljitschs Beine auf. Während Gerassim ihm die Beine hochhob, meinte Iwan Iljitsch eine Erleichterung zu verspüren.

»Ja, ich fühle mich besser, wenn die Beine angehoben sind«, sagte er. »Lege mir nun noch dieses Kissen unter.«

Gerassim tat es. Er hob nochmals Iwan Iljitschs Beine hoch, um das Kissen darunterzulegen. Und solange Gerassim die Beine in der Schwebe hielt, glaubte Iwan Iljitsch abermals eine Linderung seiner Schmerzen wahrzunehmen, die aber gleich wieder heftiger wurden, sobald Gerassim die Beine niedergelegt hatte.

»Gerassim, hast du jetzt etwas Zeit?« fragte Iwan Iljitsch.

»Zu Befehl!« antwortete Gerassim, der es im städtischen Haushalt gelernt hatte, mit Herrschaften umzugehen.

»Vielleicht hast du noch was zu tun?«

»Was hab ich schon viel zu tun? Ich bin schon mit allem fertig, nur noch das Holz für morgen muß ich zerkleinern.«

»Kannst du mir dann wohl die Beine eine Weile hochhalten? Sieh mal – so.«

»Warum denn nicht, das geht zu machen!« Gerassim hob Iwan Iljitschs Beine hoch, und diesem schien es, als spüre er in dieser Stellung überhaupt keinen Schmerz mehr.

»Und wie ist es mit dem Holz?«

»Belieben Sie sich nicht zu beunruhigen. Das schaffe ich schon noch.«

Iwan Iljitsch nötigte Gerassim, sich neben ihn zu setzen, und unterhielt sich mit ihm, während dieser seine Beine hochhielt. Und so merkwürdig es war: er hatte das Gefühl, als ginge es ihm besser, solange ihm Gerassim die Beine hielt.

Fortan ließ Iwan Iljitsch Gerassim öfters zu sich kommen, legte ihm seine Beine auf die Schultern und hatte es gern, sich mit ihm dabei zu unterhalten. Gerassim entledigte sich seiner Aufgabe stets bereitwillig, gewandt und mit solcher Fürsorge, daß Iwan Iljitsch ganz gerührt war. Wenn Iwan Iljitsch sonst gesunde, kräftige und lebensfrohe Menschen sah, gab ihm das jedesmal einen Stich ins Herz; einzig die Kraft und Lebensfreude Gerassims wirkte auf ihn nicht aufreizend, sondern im Gegenteil beruhigend.

Die allergrößte Qual für Iwan Iljitsch war die Lüge, diese offenbar von allen für berechtigt angesehene Lüge, daß er, wenn er auch krank sei, so doch keineswegs vor dem Tode stehe, daß er nur der Ruhe bedürfe und die Anordnungen der Ärzte befolgen müsse, um wieder völlig zu genesen. Und dabei wußte er doch, daß nichts, was immer man auch mit ihm anstellen würde, zu etwas anderem führen konnte als zu noch qualvolleren Leiden und zum Tode. Er litt unter dieser Heuchelei, es empörte ihn, daß niemand zugeben wollte, was alle wußten und auch er selbst wußte, sondern daß alle darauf bedacht waren, ihn heuchlerisch über seine furchtbare Lage hinwegzutäuschen, ja ihn sogar zwingen wollten, selbst an dieser Heuchelei teilzunehmen. Dieses Lügengewebe, mit dem man ihn angesichts seines nahenden Todes umgarnte, mit dem der schauerlich erhabene Akt des Todes auf das Niveau all jener Visiten herabgewürdigt wurde, bei denen man sich über Fenstervorhänge und über zum Mittagessen genossenen Stör unterhält – dieses Lügengewebe war für Iwan Iljitsch eine furchtbare Marter. Schon oft, wenn die Leute ihn mit ihren Heucheleien quälten, war er nahe daran gewesen, ihnen zuzurufen: Laßt doch endlich diese Heuchelei! Ihr wißt ja, und ich weiß es, daß ich im Sterben liege, da hört doch wenigstens mit euren Lügen auf! Aber er hatte kein einziges Mal den Mut dazu aufgebracht. Er sah, daß der furchtbare, grauenvolle Akt seines Hinsterbens von allen Menschen seiner Umgebung wie eine zufällige Unannehmlichkeit, wenn nicht gar wie etwas Unschickliches behandelt wurde – etwa so, wie man sich einem Menschen gegenüber verhält, der einen Salon betritt und einen unangenehmen Geruch verbreitet –, getreu denselben Anstandsregeln, die für ihn sein ganzes Leben lang oberstes Gesetz gewesen waren; er sah, daß niemand mit ihm Mitleid hatte, weil niemand seinen wahren Zustand erkennen wollte. Einzig Gerassim hatte seinen Zustand erkannt und bezeigte ihm Mitleid. Und deshalb war Gerasaim auch der einzige, in dessen Gesellschaft sich Iwan Iljitsch wohl fühlte. Er empfand es so wohltuend, wenn Gerassim, nachdem er ihm mitunter ganze Nächte hindurch die Beine gehalten hatte, sich immer noch weigerte, schlafen zu gehen, und sagte: »Belieben Sie sich nicht zu beunruhigen, Iwan Iljitsch, ich werde mich schon noch ausschlafen«, und manchmal, unvermittelt zum »Du« übergehend, hinzufügte: »Ja, wenn du nicht krank wärst, aber so – warum sollte ich da nicht zu Diensten sein?« Einzig Gerassim log nicht, und aus seinem ganzen Verhalten war zu sehen, daß er erkannt hatte, wie es um Iwan Iljitsch stand, und es nicht für nötig hielt, dies zu verhehlen, sondern einfach mit seinem dahinsiechenden, entkräfteten Herrn Mitleid empfand. Einmal, als Iwan Iljitsch ihm zuredete, schlafen zu gehen, sagte er es auch ganz offen: »Wir alle werden mal sterben. Warum sollte ich mich da nicht etwas für Sie bemühen?«, womit er zu verstehen gab, daß er all die Mühe gern auf sich nahm, weil sie eben einem Sterbenden galt und er die Hoffnung hegte, es würde sich jemand auch für ihn in seiner letzten Stunde so abmühen.

Außer dieser Lüge oder im Zusammenhang mit ihr war es für Iwan Iljitsch am schmerzlichsten, daß ihm niemand so offenkundig herzliches Mitgefühl bezeigte, wie er es gewünscht hätte. Es gab Augenblicke, nachdem er stundenlang Schmerzen ausgestanden hatte, in denen er – obwohl er sich das nicht eingestehen wollte – den sehnlichen Wunsch hatte, gleich einem kranken Kind bemitleidet zu werden. Es verlangte ihn danach, daß man ihn streicheln, küssen und Tränen um ihn vergießen sollte, wie man kranke Kinder liebkost und tröstet. Er wußte, es war bei einem hohen Beamten, einem Mann, dessen Bart schon zu ergrauen begann, nicht angängig, aber dennoch sehnte er sich danach. Das Verhältnis zwischen ihm und Gerassim hatte etwas davon an sich, und deshalb empfand er den Umgang mit Gerassim als so wohltuend. Iwan Iljitsch hatte das Verlangen sich auszuweinen, gehätschelt und bemitleidet zu werden, aber dann erschien Schebek, Mitglied des Obersten Gerichtshofs und ein Kollege von ihm, und statt zu weinen, setzte Iwan Iljitsch eine ernste, tiefsinnige Miene auf, erläuterte seine Meinung bezüglich einer vom Appellationsgericht gefällten Entscheidung und verfocht beharrlich seine Ansicht. Dieses Lügengewebe, das ihn umgarnte, trug am allermeisten dazu bei, ihm die letzten Tage seines Lebens zu vergiften.

8

Es war Morgen. Iwan Iljitsch merkte es lediglich daran, daß sich Gerassim entfernte und der Diener Pjotr erschien, die Kerzen löschte, an einem der Fenster den Vorhang zurückzog und leise mit dem Aufräumen des Zimmers begann. Ob es Morgen oder Abend, Freitag oder Sonntag war, dadurch änderte sich nichts, es blieb alles das gleiche; der qualvoll zehrende, keinen Moment nachlassende Schmerz; das Bewußtsein des unaufhaltsam dem Ende entgegengehenden, aber immer noch nicht ganz erloschenen Lebens; das Herannahen des grauenvollen, verhaßten Todes, der das einzige Wirkliche war, und immer die gleiche Heuchelei seiner Umgebung. Was konnte es ihm da schon bedeuten, welcher Wochentag, welche Tageszeit es war?

»Belieben Sie, daß ich Ihnen jetzt den Tee bringe?« fragte der Diener.

Er muß auf Ordnung sehen, und dazu gehört, daß die Herrschaft morgens Tee trinkt, dachte Iwan Iljitsch und antwortete mit einem kurzen »Nein«.

»Wünschen Sie, daß ich Sie zur Chaiselongue führe?«

Er muß das Zimmer aufräumen, und ich störe ihn dabei, von mir kommt Unordnung, Unsauberkeit, dachte Iwan Iljitsch und antwortete: »Nein, laß nur.«

Der Diener machte sich weiter im Zimmer zu schaffen. Iwan Iljitsch streckte die Hand aus. Pjotr trat dienstbereit heran.

»Soll ich Ihnen etwas reichen?«

»Ja, die Uhr.«

Pjotr nahm die Uhr, die nebenan auf dem Nachttischchen lag, und reichte sie ihm hin.

»Halb neun ... Sind die andern noch nicht auf?«

»Nein, noch nicht. Wassili Iwanowitsch« – das war der Sohn – »ist ins Gymnasium gegangen, und Praskowja Fjodorowna hat befohlen, sie zu wecken, wenn Sie nach ihr fragen. Soll man sie wecken?«

»Nein, es ist nicht nötig...« Ob ich es doch mal versuche, etwas Tee zu trinken? überlegte er. »Übrigens ... den Tee kannst du mir jetzt bringen.«

Aber als Pjotr nun auf die Tür zuging, schauerte Iwan Iljitsch zusammen bei dem Gedanken, allein zu bleiben. Womit könnte ich ihn wohl zurückhalten? dachte er. Ja, die Medizin... »Pjotr, gib mir doch mal einen Löffel von der Medizin da!« Sie kann ja nicht schaden, dachte er, und vielleicht hilft sie doch noch. Er nahm den Löffel und schluckte die Medizin hinunter ... Nein, sie wird nicht helfen. Alles ist Unsinn und Betrug, dachte er, als er im Munde gleich wieder jenen widerlich süßen, entmutigenden Geschmack verspürte. Nein, zu all diesen Medikamenten habe ich kein Zutrauen mehr. Aber der Schmerz, woher kommt bloß der Schmerz – wenn er wenigstens für ein paar Augenblicke nachließe ... Und er stöhnte laut auf. Pjotr trat wieder zu ihm. »Nein, geh jetzt. Bringe den Tee.«

Pjotr ging hinaus. Allein geblieben, stöhnte Iwan Iljitsch weniger wegen der Schmerzen, sosehr sie ihn auch quälten, als vielmehr deshalb, weil ihm unsagbar schwer ums Herz war. Immer und immer wieder das gleiche, all diese endlosen Tage und Nächte. Wenn es bloß schneller dazu kommen wollte. Wozu? Zum Tod, zur Finsternis! Nein, ach nein! Alles ist immer noch besser als der Tod!

Als Pjotr zurückkam und auf einem Tablett den Tee brachte, sah ihn Iwan Iljitsch lange ratlos an, ohne zu begreifen, wer er war und was er wollte. Unter den Blicken Iwan Iljitschs wurde Pjotr verlegen. Und erst als Iwan Iljitsch Pjotrs Verlegenheit sah, kam er zur Besinnung.

»Ach ja ... der Tee«, sagte er. »Stell ihn dorthin. Und hilf mir dann erst noch beim Waschen und ein frisches Hemd anzuziehen.«

Und Iwan Iljitsch begann mit seiner Toilette. Während er sich Gesicht und Hände wusch und die Zähne putzte, mußte er mehrmals Atempausen einlegen, und als er dann sein Haar kämmte und dabei in den Spiegel blickte, erschrak er über sein Aussehen; besonders betroffen war er davon, wie flach sich die Haare an seine kreideweiße Stirn schmiegten.

Als sich Pjotr anschickte, ihm beim Wechseln des Hemdes zu helfen, wußte er, daß ihn der Anblick seines entblößten Körpers noch mehr erschüttern würde, und er sah geflissentlich zur Seite. Doch nun war alles geschafft. Er zog seinen Morgenrock an, bedeckte die Beine mit einem Plaid und setzte sich in den Sessel, um Tee zu trinken. Einige Augenblicke lang fühlte er sich erfrischt, doch kaum hatte er ein paar Schlucke zu sich genommen, spürte er aufs neue den widerwärtigen Geschmack im Mund und den gräßlichen Schmerz an der Seite. Er zwang sich, das Glas Tee auszutrinken, streckte dann die Beine aus, legte sich hin und entließ Pjotr.

Alles fing wieder von vorne an. Eben war ein Fünkchen Hoffnung aufgeleuchtet, und schon wurde es wieder von einem Meer der Verzweiflung gelöscht. Und abermals wurde er von Schmerzen, von Schwermut befallen – es war immer und immer wieder das gleiche. Sich allein überlassen, hätte er gern jemand zu sich gerufen, doch wußte er im voraus, daß er sich im Beisein anderer noch schlechter fühlen würde. Vielleicht sollte ich noch einmal Morphium bekommen, um mich wenigstens zeitweilig zu betäuben? dachte er. Ich will dem Arzt sagen, daß er mir irgendwie Erleichterung verschaffen muß, denn diese Schmerzen sind unerträglich, einfach unerträglich.

So verstrich eine Stunde und eine zweite. Doch nun ertönte an der Eingangstür die Klingel. Ob das der Arzt ist? Es war wirklich der Arzt; frisch, wohlgenährt und gutgelaunt, trat er mit einem Gesichtsausdruck ein, der zu besagen schien: Da habt ihr euch wieder mal unnötig einen Schreck einjagen lassen, aber ich werde das alles im Nu in Ordnung bringen. Der Arzt wußte, daß dieser Gesichtsausdruck hier nicht angebracht war; aber er hatte ihn eben ein für allemal angenommen und konnte ihn nicht mehr ablegen – ähnlich einem Menschen, der morgens einen Frack angezogen hat und eine Visite nach der andern macht.

Er rieb sich vergnügt, mit aufmunternder Miene die Hände.

»Meine Hände sind klamm geworden. Es ist tüchtiger Frost. Ich will mich erst einmal etwas erwärmen«, sagte er in einem Ton, als brauchte man nur ein wenig zu warten, bis er sich erwärmt hätte, dann würde er schon für alles Rat schaffen.

»Nun, wie ist das Befinden?...«

Iwan Iljitsch fühlte, daß der Arzt eigentlich hinzufügen wollte: »Wie stehen die Geschäfte?«, aber wohl einsah, daß dies nicht anging, und statt dessen sagte: »Wie haben Sie die Nacht verbracht?«

Als Iwan Iljitsch hierauf den Arzt anschaute, stand in seinem Gesicht deutlich die Frage geschrieben: Wirst du dir denn nie ein Gewissen daraus machen, so zu heucheln?

Allein der Arzt schien diese Frage nicht verstehen zu wollen, und Iwan Iljitsch sagte: »Die Nacht war wieder fürchterlich. Ich hatte unerträgliche Schmerzen. Wenn sie wenigstens für einen Augenblick nachgelassen hätten!«

»Ja, den Kranken scheint immer alles unerträglich zu sein. So, jetzt habe ich mich wohl genügend erwärmt, so daß selbst die fürsorgliche Praskowja Fjodorowna nicht behaupten kann, ich strömte Kälte aus. Also denn – guten Tag!« sagte der Arzt und drückte Iwan Iljitsch die Hand.

Er gab jetzt seinen scherzhaften Ton auf und begann mit ernstem Gesicht den Kranken zu untersuchen, fühlte ihm den Puls, prüfte die Temperatur und machte sich daran, seinen Körper zu beklopfen und abzuhorchen.

Für Iwan Iljitsch stand es außer Frage, daß dies alles leeres, unnützes Getue war, aber als der Arzt nun auch noch vor ihm niederkniete, sich über ihn ausstreckte, sein Ohr bald weiter oben, bald weiter unten auf die Brust legte und über ihm mit ungeheuer wichtiger Miene verschiedene gymnastische Verrenkungen ausführte, da ließ er sich dennoch zu der Annahme verleiten, es könnte vielleicht etwas Gutes dabei herauskommen – wie er sich früher mitunter auch von den Reden der Rechtsanwälte hatte beeinflussen lassen, obwohl ihm zur Genüge bekannt war, daß sie alle logen und warum sie logen.

Während der Arzt noch auf der Chaiselongue kniete und noch immer irgendwo herumklopfte, ertönte an der Tür das Rauschen des seidenen Kleides von Praskowja Fjodorowna, und man hörte, wie sie Pjotr Vorwürfe machte, weil er ihr nicht die Ankunft des Arztes gemeldet hatte.

Sie trat ein, küßte ihren Mann und versuchte sofort glaubhaft zu machen, daß sie schon lange aufgestanden und nur infolge eines Mißverständnisses beim Eintreffen des Arztes nicht zugegen gewesen sei.

Iwan Iljitsch sah sie an, musterte sie von Kopf bis Fuß, und der Anblick ihrer zarten, molligen, gepflegten Hände, des vollen Halses, ihrer glänzenden Haare und des Ausdrucks ihrer lebensprühenden Augen erfüllte ihn mit Ingrimm. Er haßte sie ohnehin aus voller Seele, und der bei ihrer Berührung in ihm neu aufgewallte Haß gegen sie bereitete ihm seelischen Schmerz.

Praskowja Fjodorownas Einstellung zu ihrem Mann und dessen Krankheit war immer noch dieselbe. Wie ein Arzt sich eine bestimmte Einstellung zu seinen Patienten zu eigen macht, von der er nicht mehr abkommen kann, so hatte auch sie sich in den Kopf gesetzt, daß er nicht das tue, was nötig war, daß er selbst schuld sei, wenn keine Besserung eintrete, und sie ihm nur aus Fürsorge für ihn deswegen Vorwürfe mache – und sie konnte von dieser Vorstellung nicht mehr loskommen.

»Ihm ist ja nicht zu helfen! Er nimmt die Medizin nie zur vorgeschriebenen Zeit ein, und vor allem liegt er dauernd in einer Stellung, die ihm sicherlich schädlich ist – mit den Füßen nach oben.«

Und sie erzählte, wie er Gerassim veranlasse, ihm die Beine hochzuhalten.

Der Arzt lächelte nachsichtig, und seine Miene besagte: Nun, lassen wir ihm doch seine Grillen! Die Kranken kommen zuweilen auf die albernsten Einfälle, das ist verzeihlich.

Als die Untersuchung beendet war, warf der Arzt einen Blick auf die Uhr, und Praskowja Fjodorowna eröffnete ihrem Mann, sie habe für heute den berühmten Arzt ins Haus gebeten; er werde ihn gemeinsam mit Michail Danilowitsch – so hieß der gewöhnliche Arzt – gründlich untersuchen und mit diesem eine Konsultation abhalten.

»Mache nun bitte keine Einwände mehr. Ich tue dies um meiner selbst willen«, sagte sie ironisch, gab jedoch durch ihren Ton zu verstehen, daß sie alles nur Mögliche für ihn tue und er sich daher nicht sträuben dürfe. Iwan Iljitsch sagte nichts und machte ein finsteres Gesicht. Das ihn umgebende Lügengewebe war schon so verworren, daß er sich darin nicht mehr zurechtfinden konnte.

Alles, was Praskowja Fjodorowna für ihren Mann unternahm, tat sie in ihrem eigenen Interesse; aber wenn sie zu ihm sagte, sie tue es nur für sich selbst, stellte sie das als eine so außergewöhnliche Selbstlosigkeit dar, daß sie ihm nicht glaubwürdig erscheinen konnte.

Um halb zwölf kam dann auch wirklich der berühmte Arzt. Wiederum wurde Iwan Iljitschs Körper beklopft und abgetastet, wiederum tauschten die Ärzte in seinem Beisein oder im Nebenzimmer vielsagende Bemerkungen über die Niere und den Blinddarm aus, und die reale Frage nach Leben und Tod – die einzige, die für ihn noch von Wichtigkeit war – wurde abermals von der Frage nach dem Zustand der Niere und des Blinddarms verdrängt, die nicht so funktionierten, wie sie sollten, und über die sich Michail Danilowitsch und die Kapazität jetzt hermachen wollten, um sie in Ordnung zu bringen.

Der berühmte Arzt verabschiedete sich mit ernstem, doch nicht ganz entmutigendem Gesichtsausdruck. Und auf die zaghafte Frage Iwan Iljitschs, der seine vor Angst und Hoffnung glühenden Augen auf ihn richtete, ob er noch Aussicht habe zu genesen, antwortete er, man könne für nichts garantieren, aber immerhin bestehe die Möglichkeit. Der von banger Hoffnung erfüllte Blick, mit dem Iwan Iljitsch dem Arzt nachschaute, war so ergreifend, daß Praskowja Fjodorowna sogar Tränen in die Augen traten, als sie aus dem Zimmer ging, um dem berühmten Arzt sein Honorar auszuhändigen.

Die gehobene Stimmung, in die Iwan Iljitsch durch die ermutigende Bemerkung des Arztes versetzt worden war, währte nicht lange. Wieder ödeten ihn ein und dieselben Zimmerwände und Tapeten, Fenstervorhänge, Bilder und Medizinfläschchen an, wieder krümmte er sich vor Schmerzen. Und Iwan Iljitsch begann zu stöhnen; man machte ihm eine Injektion, und er verlor allmählich das Bewußtsein.

Als er wieder zu sich kam, dämmerte es bereits; ihm wurde das Mittagessen gebracht. Er aß widerstrebend die Bouillon; und abermals war alles das gleiche, abermals stand ihm die anbrechende Nacht bevor.

Nach dem Mittagessen, um sieben Uhr, kam Praskowja

Fjodorowna zu ihm ins Zimmer – in großer Abendtoilette, den üppigen Busen fest eingeschnürt und mit Puderspuren auf dem Gesicht. Schon morgens hatte sie ihn daran erinnert, daß für den Abend ein Theaterbesuch vorgesehen war. Sarah Bernhardt war zu einem Gastspiel in die Stadt gekommen, und auf sein eigenes Drängen hin hatte man eine Loge bekommen. Inzwischen hatte er es jedoch vergessen, und ihre festliche Aufmachung reizte ihn. Doch er unterdrückte seinen Ärger, als ihm nun einfiel, daß er selbst darauf bestanden hatte, man sollte eine Loge nehmen und die Vorstellung besuchen, weil diese für die Kinder ein ästhetischer Genuß und zugleich von erzieherischer Bedeutung sein würde.

Praskowja Fjodorowna trat mit selbstgefälliger, doch ein wenig schuldbewußter Miene ein. Sie setzte sich, fragte nach seinem Befinden – was sie freilich, wie er deutlich merkte, nur tat, um Interesse zu zeigen, und nicht in der Erwartung, etwas Neues zu erfahren, denn sie wußte sehr gut, daß es nichts Neues gab – und brachte dann vor, was sie eigentlich sagen wollte: daß sie um keinen Preis ins Theater fahren würde, wenn man nicht schon die Loge genommen hätte und wenn nicht auch Hélène sowie die Tochter und Petristschew – jener Untersuchungsrichter, mit dem die Tochter verlobt. war – mitkommen sollten, die man doch nicht allein fahren lassen könne. Sie würde sonst viel lieber den Abend mit ihm verbringen. Aber nun solle er in ihrer Abwesenheit wenigstens nicht versäumen, genau die Anordnungen des Arztes zu befolgen.

»Ja, Pjotr Petrowitsch« – das war der Bräutigam – »wollte dich auch gern begrüßen. Ist es dir recht? Mit Lisa?«

»Sollen sie kommen.«

Seine Tochter, für den Theaterbesuch schon fertig angekleidet, kam mit halb entblößtem Oberkörper ins Zimmer, während ihm sein Körper so fürchterliche Qualen bereitete, stellte sie den ihren zur Schau. Kräftig, vor Gesundheit und Jugendfrische blühend und offenbar sehr verliebt, war ihr alles zuwider, was mit Krankheit, Leiden und Tod zusammenhing und ihr Glück stören konnte.

Ihr folgte Fjodor Petrowitsch: in Frack, mit riesiger weißer

Hemdbrust, den langen, sehnigen Hals in den engen weißen Kragen eingezwängt, seine kräftigen Schenkel von den straff anliegenden schwarzen Hosen umspannt und das Haar à la Capoul onduliert. Er hatte über die eine Hand schon den Handschuh gestreift und seinen Chapeau claque unter den Arm geklemmt.

Als letzter und von niemand beachtet kam auch der Sohn, der arme Junge, ins Zimmer geschlichen, in neuer Gymnasiastenuniform und Handschuhen. Er hatte tiefe blaue Ränder unter den Augen, über deren Bedeutung sich Iwan Iljitsch im klaren war.

Sein Sohn tat ihm immer leid. Es war ergreifend, wie bestürzt und mitleidig er den Vater jetzt ansah. Außer Gerassim, so schien es Iwan Iljitsch, war Wassja der einzige, der seinen Zustand erkannte und Mitleid mit ihm empfand.

Alle setzten sich, und Iwan Iljitsch wurde wieder nach seinem Befinden befragt. Dann trat ein bedrückendes Schweigen ein. Nach einer Weile fragte Lisa die Mutter wegen des Opernglases, und es folgte ein Wortgeplänkel zwischen Mutter und Tochter darüber, wer das Glas zuletzt gehabt und wohin er es gelegt habe. Es entstand eine Mißstimmung.

Fjodor Petrowitsch erkundigte sich bei Iwan Iljitsch, ob er schon einmal die Sarah Bernhardt gesehen habe. Iwan Iljitsch verstand nicht gleich, wonach er gefragt wurde, und sagte dann:

»Nein. Haben Sie sie schon gesehen?«

»Ja, in der ›Adrienne Lecouvreur‹.«

Praskowja Fjodorowna bemerkte, daß die Schauspielerin in der und der Rolle besonders hervorragend sei. Die Tochter widersprach. Es folgte ein Gespräch über die Noblesse und Natürlichkeit ihres Spiels – eines jener Gespräche, mit denen man in Gesellschaften gewöhnlich die Zeit ausfüllt.

Mitten im Gespräch sah Fjodor Petrowitsch zu Iwan Iljitsch und verstummte. Auch die andern verstummten, als sie Iwan Iljitsch nun ansahen. Er starrte mit blitzenden Augen vor sich hin und war offensichtlich empört über ihr Verhalten. Das mußte irgendwie wieder in Ordnung gebracht werden, doch das war nicht so einfach. Auf irgendeine Weise mußte das peinliche Schweigen gebrochen werden. Niemand konnte sich dazu entschließen, und alle fürchteten, das vom Anstand gebotene Lügengewebe könnte jählings zerreißen und alle würden sich der Wirklichkeit gegenübergestellt sehen. Lisa faßte als erste Mut und unterbrach das Schweigen. Sie wollte vertuschen, was alle empfanden, stellte es jedoch sehr ungeschickt an.

»Übrigens, wenn wir rechtzeitig hinkommen wollen, ist es höchste Zeit, daß wir aufbrechen«, sagte sie mit einem Blick auf die ihr einst vom Vater geschenkte Uhr, und mit einem vielsagenden, kaum merklichen Lächeln, dessen Bedeutung allein ihnen beiden verständlich war, zu ihrem Verlobten hinschauend, raffte sie ihr rauschendes Kleid zusammen und stand auf.

Alle anderen standen ebenfalls auf, verabschiedeten sich und fuhren los.

Nachdem sie gegangen waren, glaubte Iwan Iljitsch eine Erleichterung zu verspüren; er fühlte sich von dem Lügengewebe befreit, das zusammen mit ihnen verschwunden war, doch die Schmerzen waren immer die gleichen, und wenn sie auch mal für einen Augenblick schwächer wurden, traten sie doch gleich wieder mit verstärkter Heftigkeit ein, und es ging mit ihm immer weiter bergab.

Wiederum verstrich Minute um Minute, Stunde um Stunde; nichts änderte sich, das Ende ließ immer noch auf sich warten, näherte sich aber unaufhaltsam und machte die Erwartung des Todes immer qualvoller.

»Ja, schicke Gerassim zu mir«, antwortete Iwan Iljitsch auf Pjotrs Frage, ob er etwas wünsche.

9

Es war schon Nacht, als seine Frau nach Hause zurückkehrte. Sie kam auf Zehenspitzen zu ihm ins Zimmer, aber er hörte sie dennoch. Er öffnete die Augen, schloß sie jedoch schnell wieder. Praskowja Fjodorowna wollte Gerassim fortschicken und selber bei ihm bleiben. Iwan Iljitsch schlug die Augen auf und sagte: »Nein, laß ihn hier. Geh nur wieder.«

»Leidest du sehr?«

»Es ist immer dasselbe.«

»Nimm doch Opium.«

Er willigte ein und schluckte die Tropfen hinunter. Praskowja Fjodorowna entfernte sich hierauf.

Etwa drei Stunden brachte er nun in qualvoller Betäubung zu. Er hatte das Gefühl, als würde ihn jemand in einen engen, langen, schwarzen Sack stecken, ihn immer tiefer hineinstoßen, aber doch nicht ganz hineinzwängen können. Dieser fürchterliche Vorgang war für ihn eine Tortur. Einerseits fürchtete er, in dem Sack zu versinken, und wehrte sich; andererseits hatte er den Wunsch, den Grund zu erreichen, und half selbst nach. Dann verlor er plötzlich den Halt, sank hinunter – und wachte auf. Gerassim saß immer noch am Fußende des Bettes, hielt geduldig die abgemagerten, mit Strümpfen bekleideten Beine, die er ihm auf die Schultern gelegt hatte, und blickte verschlafen vor sich hin; hinter dem Schirm brannte immer noch die Kerze, und unvermindert quälten ihn wieder die gräßlichen Schmerzen.

»Geh schlafen, Gerassim, du bist müde«, flüsterte Iwan Iljitsch.

»Das macht nichts, ich kann noch bleiben.«

»Nein, geh jetzt.«

Iwan Iljitsch nahm seine Beine von den Schultern, legte sich seitlich auf den Arm und wurde von Mitleid mit sich selbst erfaßt. Er wartete nur ab, bis Gerassim ins Nebenzimmer gegangen war und die Tür hinter sich geschlossen hatte, dann hielt er seine Verzweiflung nicht länger zurück und weinte so bitterlich wie ein kleines Kind. Er weinte über seinen hilflosen Zustand, über seine furchtbare Einsamkeit, über die Grausamkeit der Menschen und die Grausamkeit Gottes, der ihn im Stich gelassen hatte.

»Warum tust du mir das alles an? Wofür hast du mich soweit gebracht? Wofür, wofür nur quälst du mich so fürchterlich?«

Eine Antwort erwartete er nicht, und er weinte, weil es hierauf keine Antwort gab und auch nicht geben konnte. Die Schmerzen verstärkten sich wieder, aber er blieb regungslos liegen und rief niemand herbei. Du kannst mich geißeln, geißele mich noch mehr! wandte er sich in Gedanken an Gott. Aber wofür? Womit habe ich mich vor dir versündigt, womit?

Dann wurde er still, hörte nicht nur mit dem Weinen auf, sondern hielt auch den Atem an und war ganz Aufmerksamkeit: es war, als lauschte er auf eine innere, nicht in Lauten erklingende Stimme, auf die in ihm aufwallenden Gedankengänge.

»Was willst du?« Diese Frage war der erste klare, in Worten ausgedrückte Satz, den er vernahm. »Was ich will?« wiederholte er mehrmals. »Ich will nicht Qualen erleiden, will leben.«

Und wiederum versank er in so gespannte Aufmerksamkeit, daß ihn dabei selbst seine Schmerzen nicht zu stören vermochten.

»Du willst leben? Wie leben?« fragte die Stimme in seinem Innern.

»Ja, so leben, wie ich früher gelebt habe: glücklich und angenehm.«

»Worin hat denn das Glück und das Angenehme deines früheren Lebens bestanden?« fragte die innere Stimme,

Und er versuchte, sich die glücklichsten Augenblicke seines früheren Lebens ins Gedächtnis zu rufen. Doch seltsam: alle diese glücklichsten Augenblicke seines früheren Lebens erschienen ihm jetzt in einem ganz andern Licht als ehedem. Alle, ausgenommen die ersten Erinnerungen an seine Kindheit. Damals, in der Kindheit, hatte es wirklich wahre Freuden gegeben, die das Leben angenehm gestalten könnten, wenn sie sich zurückrufen ließen. Doch jenen Menschen, der diese Freuden empfunden hatte, gab es jetzt nicht mehr: es war gleichsam die Erinnerung an einen andern.

Sobald er an die Zeit zurückdachte, in deren Verlauf er zu dem Menschen geworden war, den er jetzt darstellte, verblaßten alle einstigen Freuden und nahmen einen nichtigen und vielfach widerwärtigen Charakter an.

Und je weiter sich seine Gedanken von der Kindheit entfernten und je näher sie an die Gegenwart herankamen, um so nichtiger und fragwürdiger erschien ihm alles, was ihm früher Freude bereitet hatte. Das galt schon für das Leben am Institut für Rechtswissenschaften. Zunächst hatte es dort zwar noch manches wirklich Gute gegeben: es hatte Fröhlichkeit geherrscht, man hatte Freundschaften geschlossen, war von Hoffnungen erfüllt gewesen. Doch schon in den höheren Klassen waren diese glücklichen Momente seltener geworden. Später, während seiner ersten Stellung beim Gouverneur, hatte er noch einmal glückliche Augenblicke erlebt – jene, die mit seinen ersten Liebschaften verknüpft waren. Dann vermischte sich alles in seiner Erinnerung, und es blieb nur weniger Gutes übrig. Je länger er nachsann und je mehr sich seine Gedanken der unmittelbaren Vergangenheit zuwandten, um so seltener konnte er sich an etwas Erfreuliches erinnern.

Da war seine übereilte Heirat und die mit ihr verbundene Enttäuschung, der Geruch aus dem Munde seiner Frau, die Sinnlichkeit, die Heuchelei. Und dazu der starre Dienst, die ständigen Geldsorgen – so war es Jahr um Jahr, zehn, zwanzig Jahre hindurch gegangen und immer unverändert geblieben.

Je weiter das Leben fortschritt, um so mehr war es erstarrt.

Ja, dachte er, ich ging stetig bergab, bildete mir jedoch ein, bergauf zu steigen. Genauso war es. In der öffentlichen Meinung stieg ich höher und höher, und in gleichem Schritt entschwand mein Leben. Und jetzt bin ich am Ende angelangt, jetzt muß ich sterben!

Wie läßt sich das erklären? Wodurch? Das kann doch nicht möglich sein! Ist es denn möglich, daß mein Leben so sinnlos und schlecht gewesen wäre? Und selbst wenn es wirklich so sinnlos und schlecht gewesen sein sollte, warum muß ich dann unter solchen Qualen sterben? Etwas stimmt da nicht.

Oder habe ich nicht so gelebt, wie es nötig gewesen

wäre? – ging es ihm plötzlich durch den Kopf. Aber was läßt sich gegen mein Leben einwenden, da ich doch in allem gewissenhaft meine Pflicht erfüllt habe? dachte er und wies diese einzige Lösung des Rätsels über Leben und Tod sofort als eine gar nicht in Frage kommende Möglichkeit von sich.

Und was wünsche ich mir jetzt? Zu leben? Wie zu leben? So zu leben, wie ich es während meiner Amtstätigkeit getan habe, wenn der Gerichtsbeamte bei meinem Eintritt in den Sitzungssaal verkündete: »Das Gericht kommt!«? – »Das Gericht kommt, das Gericht kommt«, wiederholte er mehrmals für sich. »Und nun ist das Gericht da! Aber ich bin doch unschuldig!« schrie er voller Erbitterung. »Wofür werde ich bestraft?« Dann hörte er auf zu weinen, drehte sich mit dem Gesicht zur Wand und dachte immer wieder über ein und dasselbe nach: warum und wofür er so furchtbar leiden mußte.

Doch soviel er auch nachsann, er konnte hierauf keine Antwort finden. Und wenn sich in ihm der schon öfter aufgetauchte Gedanke regte, daß dies alles deshalb geschah, weil er nicht so gelebt hatte, wie es hätte sein müssen, rief er sich sofort die ganze Untadelhaftigkeit seiner Lebensweise ins Gedächtnis und verscheuchte diesen sonderbaren Gedanken.

10

So vergingen nochmals zwei Wochen. Iwan Iljitsch verließ nicht mehr die Chaiselongue. Er wollte nicht im Bett liegen und hatte sich als Lager die Chaiselongue gewählt. Und während er, das Gesicht meist der Wand zugekehrt, so dalag, krümmte er sich einsam unter den nie nachlassenden Schmerzen und grübelte einsam über immer dieselbe nicht zu entwirrende Frage nach: Wie steht es um mich? Ist es wirklich wahr, daß ich sterben muß? Und die Stimme in seinem Innern antwortete: Ja, es ist wahr. – Warum habe ich mich so zu quälen? Dann antwortete jene Stimme: Das ist nun mal so und läßt sich nicht ändern. Das war das einzige, was ihn noch interessierte; es schloß alles andere aus.

Schon seit dem Beginn seiner Krankheit, nachdem er zum erstenmal einen Arzt konsultiert hatte, war Iwan Iljitschs Leben von zwei einander entgegengesetzten und miteinander abwechselnden Stimmungen beherrscht. Bald war er in Erwartung des unfaßbaren, schrecklichen Todes von Verzweiflung erfüllt, bald war es die Hoffnung und das gespannte Interesse, mit dem er die Funktionen seiner Körperorgane beobachtete; bald richtete er sein Augenmerk einzig auf den Blinddarm oder die Niere, die zeitweilig die ordnungsgemäße Ausübung ihrer Pflichten verweigerten, bald sah er nur den unfaßbaren, schrecklichen Tod vor sich, dem man sich auf keine Weise entziehen konnte.

Von diesen beiden Stimmungen wurde er seit seiner Erkrankung abwechselnd beherrscht. Doch je weiter die Krankheit fortschritt, um so fragwürdiger und haltloser wurden seine Erwägungen über die Niere und um so mehr verstärkte sich das Bewußtsein des unaufhaltsam nahenden Todes.

Er brauchte nur seinen jetzigen Zustand mit dem vor drei Monaten zu vergleichen, brauchte nur daran zu denken, wie es mit ihm Schritt für Schritt bergab gegangen war – und alle seine Hoffnungen mußten zusammenbrechen.

In jener letzten Zeit, wenn er, das Gesicht der Rücklehne der Chaiselongue zugewandt, einsam in seinem Zimmer lag, einsam inmitten einer dichtbevölkerten Stadt, inmitten seiner vielen Bekannten und seiner Familie, in einer Einsamkeit, wie es sie nirgends, weder auf dem Grunde des Meeres noch in der Tiefe der Erde vollkommener geben konnte – in der letzten Periode dieser fürchterlichen Einsamkeit lebte Iwan Iljitsch nur noch in Erinnerungen an vergangene Zeiten. Eines nach dem andern erstanden vor seinem geistigen Auge die Bilder der Vergangenheit. Seine Erinnerungen begannen immer mit der jüngsten Vergangenheit, erstreckten sich nach und nach bis auf die am weitesten zurückliegende Zeit, auf die Kindheit, und verweilten dort. Wenn Iwan Iljitsch an das gekochte Pflaumenkompott dachte, das ihn an dem betreffenden Tage gebracht worden war, erinnerte er sich der rohen, leicht zusammengeschrumpften französischen Dörrpflaumen, die er in der Kindheit gegessen hatte; er vergegenwärtigte sich ihren eigentümlichen Geschmack und wie ihm das Wasser im Munde zusammengelaufen war, nachdem er sie bis auf den Kern durchgebissen hatte, und in Verbindung mit dieser Erinnerung an den Geschmack der Pflaumen wurde in ihm eine ganze Reihe anderer Erinnerungen an jene Zeit lebendig: an die Kinderfrau, den Bruder, das Spielzeug. Nein, ich darf nicht daran denken, es ist zu schmerzlich, sagte er sich dann und wandte seine Gedanken wieder der Gegenwart zu. Nun betrachtete er einen Knopf an der Rücklehne der Chaiselongue und die Krähenfüße, die sich um ihn herum im Saffianleder gebildet hatten. Saffianleder ist teuer und nicht dauerhaft, es hatte deswegen Auseinandersetzungen gegeben. Ja, da war schon einmal etwas aus Saffianleder gewesen und schon einmal eine Auseinandersetzung, als wir das Portefeuille unseres Vaters zerrissen hatten und von ihm bestraft wurden, worauf uns die Mutter zum Trost Zuckergebäck brachte! Und abermals war er mit seinen Erinnerungen bei der Kindheit angelangt, abermals wurde ihm schwer ums Herz, und er bemühte sich, diese Gedanken zu verscheuchen und an etwas anderes zu denken.

Und abermals kamen zugleich mit diesen Erinnerungen in seiner Seele andere Gedanken auf – wie sich seine Krankheit allmählich verschlimmert, sein Zustand sich verschlechtert hatte. Auch hierbei ergab sich dasselbe Bild: je weiter die Zeit zurücklag, um so mehr war sie von Leben erfüllt gewesen. Es hatte mehr Gutes im Leben gegeben, und das Leben selbst hatte mehr Inhalt gehabt. – Das eine verschmolz mit dem andern. Wie meine Qualen immer unerträglicher wurden, so ist auch das ganze Leben immer schlechter geworden, dachte Iwan Iljitsch. Einen Lichtpunkt hat es in weit zurückliegender Zeit, am Anfang des Lebens gegeben, doch in der Folge hat sich das Leben immer stärker und immer schneller verdüstert. In umgekehrter Proportion zum Quadrat der Entfernung vom Tode, sagte er sich. Und diese Vorstellung von einem Stein, der aus großer Höhe mit zunehmender Geschwindigkeit nach unten saust, setzte sich in seiner Seele fest. Das Leben mit all seinen immer unerträglicher werdenden Qualen flog schneller und schneller dem Ende, dem fürchterlichsten Untergang entgegen. Ich fliege... Er zuckte zusammen, bewegte sich, wollte sich wehren. Doch er wußte bereits, daß ein Widerstand nicht möglich war, und richtete seine Augen, die des Schauens müde waren, sich aber dennoch nicht dem Anblick dessen verschließen konnten, was vor ihm stand, erneut auf die Rücklehne der Chaiselongue und erwartete – erwartete den furchtbaren Sturz, den Aufprall auf die Erde, die grauenvolle Zerschmetterung. Wehren kann ich mich nicht, dachte er, aber wenn ich wenigstens begreifen könnte, wofür ich das erleiden muß. Aber auch das ist nicht möglich. Zu erklären wäre es nur, wenn man sagen könnte, ich hätte nicht so gelebt, wie es nötig war. Doch das kann mir wirklich niemand vorwerfen, sagte er sich eingedenk der ganzen Rechtschaffenheit und Korrektheit, des ganzen Anstands seiner Lebensführung. »Nein, das kann ich keinesfalls zugeben«, murmelte er vor sich hin und verzog die Lippen zu einem Lächeln, als ob jemand dieses Lächeln sehen und dadurch getäuscht werden könnte... »Es gibt keine Erklärung! Nur die Qualen und der Tod sind mir gewiß. Aber wofür?«

11

Unter solchen Umständen verstrichen weitere zwei Wochen. Im Verlauf dieser Wochen ereignete sich das, was Iwan Iljitsch und seine Frau schon lange gewünscht hatten: Petristschew hielt in aller Form um die Hand ihrer Tochter an. Das geschah an einem Abend. Als Praskowja Fjodorowna am nächsten Morgen zu ihrem Mann kam, dessen Zustand sich in der vorausgegangenen Nacht gerade wieder verschlechtert hatte, überlegte sie, wie sie ihn von dem Antrag Fjodor Petrowitschs in Kenntnis setzen sollte. Bei ihrem Eintritt lag Iwan Iljitsch wie gewöhnlich auf der Chaiselongue, doch in anderer Stellung als sonst. Er lag auf dem Rücken, stöhnte und starrte regungslos vor sich hin.

Praskowja Fjodorowna begann von den Medikamenten zu sprechen. Er wandte den Kopf zu ihr um – und sie brach den angefangenen Satz ab: eine solche unverkennbar gerade ihr geltende Wut sprach aus dem Blick, mit dem er sie ansah.

»Um Christi willen, laß mich in Ruhe sterben«, sagte er.

Sie war schon im Begriff, sich zurückzuziehen, als nun auch die Tochter erschien und an den Vater herantrat, um ihn zu begrüßen. Er maß die Tochter mit einem ebenso wütenden Blick wie vorhin seine Frau, und auf ihre Fragen nach seinem Befinden antwortete er schroff, er werde sie alle bald von seiner Gegenwart befreien. Mutter und Tochter sagten nichts mehr, blieben noch eine Weile sitzen und entfernten sich dann.

»Was haben wir denn verbrochen? Papa tut ja so, als seien wir an seiner Krankheit schuld. Er tut mir leid, aber es ist doch keine Art, seine schlechte Stimmung an uns auszulassen!«

Zur üblichen Zeit fand sich der Arzt ein. Iwan Iljitsch beantwortete seine Fragen mit einem kurzen »Ja« oder »Nein«, sah ihn unverwandt wütend an und sagte schließlich: »Sie wissen ja, daß es nichts gibt, womit Sie mir helfen können – lassen Sie mich doch in Ruhe.«

»Ich kann Ihnen Erleichterung für Ihre Schmerzen verschaffen«, erwiderte der Arzt.

»Auch das können Sie nicht; lassen Sie mich.«

Der Arzt ging und begab sich in den Salon, wo er Praskowja Fjodorowna erklärte, daß es um ihren Mann sehr schlecht stehe und daß es nur noch ein Mittel gebe, das Opium, ihm seine Qualen zu lindern, die furchtbar sein müßten.

Der Arzt sprach von Iwan Iljitschs körperlichen Qualen und hatte recht, wenn er sie als furchtbar bezeichnete; doch noch fürchterlicher als die körperlichen waren seine seelischen Qualen, unter denen er jetzt am allermeisten litt.

Seine seelischen Qualen rührten daher, daß ihm in der

letzten Nacht, während er auf das gutmütige, hartknochige Gesicht des schlaftrunkenen Gerassim geblickt hatte, plötzlich der Gedanke durch den Kopf geschossen war, daß sein Leben, sein ganzes bewußtes Leben vielleicht doch nicht so untadelhaft gewesen sein könnte, wie er immer geglaubt hatte.

Ihm war der Gedanke gekommen, die von ihm so lange für völlig unmöglich gehaltene Annahme, er habe sein ganzes Leben lang nicht so gelebt, wie es nötig gewesen wäre, könnte am Ende vielleicht doch zutreffen. Ihm war der Gedanke gekommen, daß jene leisen Anwandlungen, gegen das anzukämpfen, was von höchststehenden Persönlichkeiten als richtig erachtet wurde – daß jene Anwandlungen, die ihn nur hin und wieder befallen hatten und von ihm sofort unterdrückt worden waren, vielleicht doch berechtigt gewesen sind und alles andere falsch war. Seine dienstliche Tätigkeit und seine ganze Lebensführung, die Familie, die vielen gesellschaftlichen und dienstlichen Interessen – sollte das alles verkehrt gewesen sein? Er versuchte, alles das vor sich selbst zu rechtfertigen. Doch dann wurde er sich plötzlich der ganzen Nichtigkeit dessen bewußt, was er zu rechtfertigen versuchte. Es gab dafür keine Rechtfertigung.

Wenn dem so ist, dachte er hierauf, und ich mit der Erkenntnis aus dem Leben scheiden muß, daß ich alles vergeudet habe, was mir gegeben war, und daß es sich nicht wiedergutmachen läßt – was ergibt sich dann daraus? – Er legte sich auf den Rücken und begann sein ganzes Leben von einem neuen Gesichtspunkt aus zu überdenken. Als er morgens den Diener kommen sah, als dann nacheinander seine Frau, die Tochter und der Arzt erschienen, fand er in jeder ihrer Bewegungen, in jedem ihrer Worte die furchtbare Wahrheit dessen bestätigt, was sich ihm in der Nacht offenbart hatte. In ihnen sah er sich selbst, sah er alles, was den Inhalt seines Lebens ausgemacht hatte, und ihm wurde klar, das alles war verkehrt und eine schreckliche, ungeheure Täuschung gewesen, die ihm den Blick für die Frage von Leben und Tod getrübt hatte. Diese Erkenntnis steigerte, verzehnfachte seine körperlichen Qualen. Er stöhnte, warf sich hin und her und zerrte an seiner Kleidung. Ihm schien es, als enge sie ihn ein und erschwere ihm das Atmen, und in seinem Ärger darüber wurde ihm seine ganze Umgebung verhaßt.

Man verabreichte ihm eine große Dosis Morphium, nach der er in Halbschlummer versank. Doch schon um die Mittagszeit kam er wieder zu sich, trieb alle von sich fort und warf sich abermals von einer Seite auf die andere.

Seine Frau trat an ihn heran und sagte: »Jean, Liebster, tue es um meinetwillen.« – Um ihretwillen? – »Schaden kann es nie, aber es hat schon vielen Erleichterung verschafft. Es ist ja nichts Außergewöhnliches. Auch Gesunde haben oft...«

Er riß die Augen weit auf.

»Was soll ich? Das Abendmahl nehmen? Warum das? Es ist nicht nötig! Übrigens, vielleicht...«

Seiner Frau rannen Tränen über die Wangen.

»Ja, bist du bereit, Liebster? Ich werde den Priester unserer Kirche herbitten lassen, er ist ein so lieber Mensch.«

»Nun gut, ausgezeichnet.« Er willigte ein.

Als der Priester erschien und ihm die Beichte abnahm, wurde er weicher gestimmt; seine Zweifel bedrückten ihn weniger, und als Folge davon glaubte er auch ein Nachlassen seiner Schmerzen zu verspüren und faßte wieder Mut. Er dachte wieder an den Blinddarm und an die Möglichkeit, ihn in Ordnung zu bringen. Beim Ablegen der Beichte hatte er Tränen in den Augen.

Nachdem man ihn im Anschluß an das Abendmahl wieder gebettet hatte, fühlte er sich in den ersten Augenblicken erleichtert und schöpfte erneut Hoffnung auf Genesung. Er überlegte, ob er in die ihm vorgeschlagene Operation einwilligen solle. »Ich will leben, will am Leben bleiben!« murmelte er vor sich hin. Seine Frau kam, um ihn zum Empfang des Abendmahls zu beglückwünschen; sie sagte die üblichen Worte und fragte: »Nicht wahr, du fühlst dich jetzt doch besser?«

»Ja«, antwortete er, ohne sie anzusehen.

Ihre Kleidung, ihre Figur, der Ausdruck ihres Gesichts, der Klang ihrer Stimme – alles sagte ihm dasselbe: Du hast verkehrt gelebt! Alles das, was bis jetzt dein Leben ausgefüllt hat, ist Lug und Trug gewesen und hat dir den wahren Sinn von Leben und Tod verdeckt. Der Gedanke entfachte aufs neue seinen Haß, zugleich damit begannen auch wieder seine unerträglichen Schmerzen, und diese wiederum brachten ihm den unabwendbaren nahen Untergang zum Bewußtsein. In seinem Zustand war etwas Neues hinzugekommen: Es war ihm, als bohre und stoße etwas in seinem Körper und als drücke ihm jemand die Kehle zu.

Der Ausdruck seines Gesichts, als er zu seiner Frau »ja« sagte, war erschreckend. Nachdem er dieses »Ja« ausgesprochen und ihr gerade ins Gesicht geblickt hatte, drehte er sich im Hinblick auf seine Schwäche ungewöhnlich schnell um, vergrub das Gesicht in die Kissen und schrie: »Geht hinaus, geht hinaus! Laßt mich allein!«

12

Von dieser Minute an begann sein drei Tage lang ununterbrochen andauerndes Schreien, das noch im übernächsten Zimmer zu hören war und so fürchterlich klang, daß es jeden erschauern ließ. In jenem Augenblick, als er seiner Frau geantwortet hatte, war ihm klargeworden, daß er verloren war, daß es keine Rückkehr gab, daß ihm das Ende, das endgültige Ende unmittelbar bevorstand, daß seine Zweifel ungelöst waren und er sie ungelöst mit ins Grab nehmen werde.

»Uh! U-u-u! Uh!« schrie er in verschiedenen Intonationen. Zuallererst hatte er geschrien: »Weg du!«, und so klangen seine Schreie auch weiter auf den U-Laut aus.

Während dieser ganzen drei Tage, in denen ihm jeder Zeitbegriff fehlte, hatte er wieder das Gefühl, von einer unsichtbaren, unüberwindlichen Kraft in einen schwarzen Sack hineingezwängt zu werden. Er schlug um sich, wie es ein zum Tode Verurteilter in den Armen des Henkers tut, wußte aber zugleich, daß es keine Rettung für ihn gab; mit jeder Minute erkannte er deutlicher, daß er sich ungeachtet seines krampfhaften Widerstands immer mehr dem Augenblick näherte, vor dem ihm so graute. Er fühlte, daß seine Qualen davon herrührten, daß er in diesen dunklen Schlund gesteckt werden sollte, und daß sie noch verstärkt wurden, weil man ihn nicht ganz hineinzwängen konnte. Verhindert wurde es nämlich durch seine Überzeugung, sein Leben sei untadelhaft gewesen. Diese Rechtfertigung seines Lebens umklammerte ihn, hielt ihn zurück und bereitete ihm damit die allerschlimmsten Qualen.

Plötzlich war ihm, als stoße ihn jemand gegen die Brust und in die Seite, seine Atembeklemmungen verstärkten sich, er versank in den Schlund und sah dort auf dem Grunde des Schlundes etwas aufleuchten. Es erging ihm ähnlich, wie es einem zuweilen bei einer Bahnfahrt ergeht, wenn man vorwärts zu fahren glaubt, in Wirklichkeit jedoch rückwärts fährt und auf einmal die tatsächliche Richtung erkennt.

Ja, es ist alles verkehrt gewesen, dachte er. Aber das ist nicht so schlimm, man kann, bestimmt kann man das Richtige noch nachholen. Aber was ist »das Richtige?« fragte er sich und wurde plötzlich still.

Das geschah am Ende des dritten Tages, eine Stunde vor seinem Tode. Zur selben Zeit war sein Sohn, der Gymnasiast, leise ins Zimmer gekommen und an das Bett herangetreten. Der Sterbende schrie immer noch verzweifelt, schlug um sich und traf mit der einen Hand den Kopf des Gymnasiasten. Der Gymnasiast ergriff die Hand, preßte sie an die Lippen und brach in Tränen aus.

Das war der Augenblick, als Iwan Iljitsch in den Schlund gefallen war, auf dessen Grund er das Licht erblickt hatte und ihm die Erleuchtung gekommen war, daß er verkehrt gelebt habe, was sich jedoch, wie er glaubte, noch wiedergutmachen lasse; und als er sich hierauf fragte, was denn »das Richtige« sei, und in Erwartung einer Antwort den Atem anhielt, spürte er plötzlich, daß ihm jemand die Hand küßte. Er öffnete die Augen und nahm seinen Sohn wahr.

Der Junge tat ihm leid. Seine Frau kam hinzu. Er wandte sich zu ihr um. Den Mund halb geöffnet und die Wangen naß von Tränen, sah sie ihn voller Verzweiflung an. Auch sie tat ihm leid.

Ja, ich quäle alle, dachte er. Sie haben Mitleid mit mir, aber sie werden es besser haben, wenn ich erst gestorben bin... Er wollte ihnen das sagen, fand jedoch nicht mehr die Kraft dazu. Nun, wozu soll ich noch viel Worte machen, ich muß eben wirklich sterben, dachte er. Er deutete mit dem Kopf auf den Sohn und sagte, mühsam die Worte hervorbringend, zu seiner Frau:

»Führ ihn ... hinaus, er tut ... mir leid ... und du auch... « Er wollte noch hinzufügen: Verzeiht mir, versprach sich jedoch und sagte irgendein ähnlich klingendes, anderes Wort, und zu entkräftet, um sich noch korrigieren zu können, machte er nur eine resignierte Handbewegung: der, dem es gilt, dachte er, wird es schon richtig verstehen.

Und plötzlich nahm er wahr, daß sich für all die unentwirrbaren Fragen, die ihn so lange gequält hatten, unversehens und zugleich von zwei, von zehn, von allen Seiten die Lösung zeigte.

Ja, sie sind zu bedauern, sagte er sich in Gedanken an seine Angehörigen. Ich muß dafür sorgen, daß sie nicht mehr zu leiden haben, muß sie und mich selbst von allen diesen Qualen befreien. Wie schön wird das sein und wie einfach ... Und meine Schmerzen? fragte er sich. Was wird aus ihnen werden? Sind sie überhaupt noch da?

Er betastete seinen Leib.

Ja, da stecken sie noch. Nun mögen sie bleiben ... Und der Tod? Wie ist es mit dem?

Er entsann sich seiner bisherigen ständigen Angst vor dem Tode und empfand jetzt nichts mehr davon. Was bedeutet der Tod? Das Gespenst des Todes war verschwunden, weil es keinen Tod mehr für ihn gab.

An die Stelle des Todes war Licht getreten.

»Also so ist es!« sagte er plötzlich laut vor sich hin. »Welche Freude!«

Für ihn vollzog sich das alles in einem einzigen Augenblick, und die Bedeutung dieses Augenblicks änderte sich nicht mehr. Für die Anwesenden hingegen dauerte seine Agonie noch zwei Stunden. In seiner Brust hörte man ein Röcheln und schnarrende Laute, und hin und wieder zuckte sein abgezehrter Körper. Dann ließ das Röcheln und Schnarren allmählich nach.

»Es ist zu Ende!« sagte jemand, der sich über ihn gebeugt hatte.

Er hörte diese Worte und wiederholte sie in seiner Seele. Der Tod ist vorüber, sagte er sich, es gibt ihn nicht mehr.

Er schöpfte tief Atem, hielt mitten dabei inne, streckte sich aus und verschied.

1886

Wofür?

1

Im Frühjahr 1830 wurde Pan Jaczewski auf seinem Stammgut Różanka von dem jungen Józef Migurski besucht, dem einzigen Sohn seines verstorbenen Freundes. Jaczewski, ein etwa fünfundsechzigjähriger breitschultriger Mann mit hoher Stirn, mächtigem Brustkasten, langem weißem Schnurrbart und ziegelroter Gesichtsfarbe, war ein Patriot aus den Zeiten der zweiten Teilung Polens. Er hatte in seiner Jugend zusammen mit dem alten Migurski unter den Fahnen Kościuszkos Dienst getan, haßte Katharina II., diese »apokalyptische Hure«, wie er sie nannte, und deren Geliebten, den nichtswürdigen Verräter Poniatowski, mit der ganzen Kraft seiner patriotischen Seele und glaubte an die Wiedergeburt Polens ebenso fest wie daran, daß nach jeder Nacht morgens wieder die Sonne aufgeht. Im Jahre 1812 hatte er in der Armee Napoleons, den er vergötterte, ein Regiment kommandiert. Der Sturz Napoleons hatte für ihn einen schmerzlichen Schlag bedeutet, doch war seine Überzeugung von der Wiedererrichtung eines wenn auch verstümmelten, so doch souveränen polnischen Königreichs unerschüttert geblieben. Die Eröffnung des Sejms in Warschau durch Alexander I. gab den Hoffnungen Jaczewskis neuen Auftrieb, aber durch die Heilige Allianz, die in ganz Europa herrschende Reaktion und das unsinnige, starrköpfige Gebaren Konstantins wurde die Verwirklichung seines sehnlichsten Wunsches immer wieder in weite Ferne gerückt. Im Jahre 1825 übersiedelte Jaczewski aufs Land; seitdem hauste er auf seinem Gut Różanka; er verbrachte die Zeit mit der Bewirtschaftung des Gutes, mit Jagden und mit dem Studium der eingegangenen Briefe und Zeitungen, an Hand deren er auch von hier aus mit glühendem Interesse die Ereignisse in seinem Vaterland verfolgte. Er war in zweiter Ehe mit einer hübschen Frau verheiratet, die einer verarmten kleinadligen polnischen Familie entstammte. Die Ehe war nicht glücklich. Jaczewski hegte für seine zweite Frau weder Liebe noch Achtung, empfand sie als eine Belastung und behandelte sie so grob, als wollte er an ihr seinen Ärger darüber auslassen, daß er den Fehler begangen hatte, ein zweites Mal zu heiraten. Die zweite Ehe war kinderlos geblieben, während aus der ersten zwei Töchter da waren: Wanda, die ältere, war eine stolze Schönheit, die den Wert ihrer Schönheit kannte und sich auf dem Lande langweilte; Albina, die jüngere, der Liebling des Vaters, war ein lebhaftes, schmächtiges junges Mädchen mit lockigem blondem Haar und ebensolchen weit auseinanderstehenden blauen Augen, wie sie der Vater hatte.

Albina war fünfzehn Jahre alt, als Józef Migurski nach Różanka kam. Migurski hatte auch schon früher, als Student, bei den Jaczewskis in Wilna verkehrt, wo die Familie die Wintermonate verbrachte, und er hatte damals Wanda den Hof gemacht, doch war es jetzt das erste Mal, daß er als erwachsener und unabhängiger Mensch zu ihnen kam. Über den Besuch des jungen Migurski waren alle Gutsbewohner erfreut. Der Hausherr freute sich, weil ihn das Beisammensein mit Józio Migurski an dessen Vater, seinen alten Freund, erinnerte und ihm die Zeit ins Gedächtnis rief, als sie beide jung gewesen waren, und weil Migurski zudem voller Begeisterung von den revolutionären Strömungen erzählte, die nicht nur in Polen, sondern auch im Ausland, von wo er gerade zurückgekehrt war, immer mehr um sich griffen und zu den kühnsten Hoffnungen berechtigten. Jaczewskis Frau freute sich über den Besuch, weil sich ihr Mann in Gegenwart von Gästen mehr zusammennahm und nicht bei jeder Gelegenheit ausfällig gegen sie wurde, wie er es sonst tat. Wanda freute sich, weil sie überzeugt war, Migurski sei ihretwegen gekommen und wolle um ihre Hand anhalten, sie war auch bereit, ihm ihr Jawort zu geben, beabsichtigte jedoch, wie sie im stillen zu sich selbst sagte, »lui tenir la dragée haute.« Und Albina freute sich, weil alle froh waren. Im übrigen war Wanda nicht als einzige davon überzeugt, daß Migurski in der Absicht gekommen war, ihr einen Antrag zu machen. Dasselbe vermuteten alle im Haus – angefangen vom alten Jaczewski bis zur Kinderfrau Ludwika –, wenn es auch niemand aussprach.

Und es verhielt sich wirklich so: Migurski war in dieser Absicht nach Różanka gekommen. Doch nachdem er eine Woche auf dem Gut verbracht hatte, schien er aus irgendeinem Grunde verwirrt und unschlüssig geworden zu sein und reiste ab, ohne den Antrag gemacht zu haben. Alle waren über diese plötzliche Abfahrt erstaunt, und außer Albina konnte sich niemand erklären, weshalb. Allein Albina wußte, daß Migurskis seltsames Verhalten mit ihr zusammenhing. Sie hatte beobachtet, daß Migurski während seines Aufenthaltes in Różanka immer nur im Umgang mit ihr besonders angeregt und fröhlich war. Er behandelte sie wie ein Kind, scherzte mit ihr und neckte sie; doch aus der ganzen Art, in der er es tat, sprach, wie sie mit ihrem weiblichen Instinkt sehr wohl spürte, nicht die Einstellung eines Erwachsenen zu einem Kind, sondern die eines Mannes zu einer Frau. Sie erkannte das an dem liebevollen Blick und dem zärtlichen Lächeln, womit er sie umfing, wenn sie ins Zimmer trat, und begleitete, wenn sie hinausging. Und legte sie sich auch keine klare Rechenschaft darüber ab, was das bedeutete, so bereitete ihr sein Verhalten doch Vergnügen, und sie war bemüht, das zu tun, woran er Gefallen fand. Und er fand an allem Gefallen, was sie tat. Deshalb war sie bei allem, was sie in seiner Gegenwart unternahm, in einer besonders freudigen Erregung. Ihm gefiel, wie sie mit dem prächtigen Windhund, der an ihr emporsprang und ihr das strahlende gerötete Gesicht leckte, um die Wette lief; wie sie beim geringsten Anlaß in schallendes, mitreißendes Lachen ausbrach; wie sie mit den Augen unentwegt weiterlachte, wenn ihr Gesicht bei der langweiligen Predigt des Priesters einen ernsten Ausdruck annahm; wie sie ungemein wahrheitsgetreu und komisch bald die alte Kinderfrau, bald den betrunkenen Nachbar oder auch ihn selbst nachahmte und dabei in der Darstellung der verschiedenen Personen blitzschnell von einer zur andern übersprang. Vor allem jedoch gefiel ihm ihre überschäumende Lebensfreude. Es schien, als hätte sie eben erst die ganze Schönheit des Lebens erkannt und als beeilte sie sich, sie zu genießen. Ihm gefiel die Intensität ihrer Lebensfreude, und diese wiederum wurde gerade dadurch besonders entfacht und gesteigert, weil sie merkte, wie sehr ihn diese Lebensfreude entzückte. Albina wußte daher als einzige Bescheid, warum Migurski, der gekommen war, um Wanda einen Antrag zu machen, abgereist war, ohne seine Absicht auszuführen. Und wenn sie sich auch nie dazu entschlossen hätte, es jemandem zu sagen, und es nicht einmal sich selbst offen eingestand, so hatte sie im Grunde ihres Herzens doch die Gewißheit, daß er sich, anstatt seine Liebe Wanda zu schenken, wie es seine Absicht gewesen war, in sie, Albina, verliebt hatte. Albina, die sich im Vergleich zu ihrer klugen, gebildeten und ungewöhnlich schönen Schwester für völlig nichtssagend hielt, war darüber höchst verwundert; aber es gab keinen Zweifel, daß es sich wirklich so verhielt, und sie freute sich darüber um so mehr, als sie sich auch ihrerseits in Migurski verliebt hatte – so glühend und innig, wie man nur bei der ersten Liebe und nur einmal im Leben liebt.

2

Gegen Ende des Sommers brachten die Zeitungen Meldungen über die Pariser Revolution. Anschließend trafen Nachrichten ein, daß auch in Warschau mit dem Ausbruch von Unruhen zu rechnen sei. Teils voller Bangen, teils voller Hoffnungen erwartete Jaczewski mit jeder Post die Mitteilung von der Ermordung Konstantins und dem Beginn der Revolution. Im November endlich erhielt man in Różanka zuerst die Nachricht von dem Überfall auf Belvedere und der Flucht Konstantin Pawlowitschs und dann davon, daß der Sejm die Dynastie Romanow des polnischen Thrones für verlustig erklärt habe, daß Chłopicki zum Diktator ernannt sei und das polnische Volk seine Freiheit wiedererlangt habe.

Der Aufstand hatte sich nicht bis Różanka ausgebreitet, aber die Bewohner des Gutes, die alle seinen Verlauf verfolgten, waren darauf gefaßt, daß er auch zu ihnen übergreifen werde, und bereiteten sich darauf vor. Der alte Jaczewski stand brieflich mit einem alten Bekannten, einem Führer des Aufstands, in Verbindung, empfing geheimnisvolle jüdische Agenten, die nicht wegen wirtschaftlicher, sondern wegen revolutionärer Angelegenheiten kamen, und bereitete sich darauf vor, sich im gegebenen Augenblick der Volkserhebung anzuschließen. Pani Jaczewska war nicht nur wie sonst, sondern in verstärktem Maße um das leibliche Wohl ihres Mannes besorgt, und er wurde dadurch noch gereizter. Wanda schickte einer Freundin in Warschau ihre Brillanten, die sie verkaufen und den Erlös dem Revolutionskomitee übergeben sollte. Albina interessierte sich nur dafür, was Migurski unternahm. Von ihrem Vater hatte sie gehört, daß er in Dwernickis Truppenteil eingetreten war, und sie bemühte sich nun, alles zu erfahren, was mit diesem Truppenteil zusammenhing. Von Migurski waren zwei Briefe gekommen; in dem ersten Brief teilte er mit, er sei in die Armee eingetreten, und im zweiten, der Mitte Februar geschrieben war, berichtete er begeistert von dem Sieg der Polen bei Stoczek, wo man sechs russische Geschütze erbeutet und eine große Anzahl Gefangener gemacht hatte. »Zwycięstwo Polaków i klęska Moskali! Vivat!« – so hatte er den Brief geschlossen. Albina war begeistert. Sie studierte die Landkarte und berechnete, wo und wann die Russen endgültig besiegt sein würden, und sie wurde blaß und sah zitternd zu, wenn der Vater langsam die mit der Post eingegangenen Briefe öffnete. Als die Stiefmutter eines Tages zu Albina ins Zimmer kam, stand sie gerade in Hosen und polnischer Nationalmütze vor dem Spiegel. Albina hatte die Absicht, in Männerkleidung heimlich das Haus zu verlassen, um sich dem polnischen Heer anzuschließen. Die Stiefmutter berichtete darüber dem Vater. Jaczewski ließ die Tochter zu sich kommen, und ohne sich anmerken zu lassen, wie sehr er ihre Gefühle zu würdigen wußte, ja sie deswegen sogar bewunderte, kanzelte er sie gehörig ab und befahl ihr, sich den wahnwitzigen Gedanken, am Krieg teilzunehmen, aus dem Kopf zu schlagen. Eine Frau, sagte er, habe eine andere Aufgabe zu erfüllen – die Aufgabe, mit Liebe und Trost die Menschen zu umhegen, die sich für das Vaterland opfern. Jetzt bedürfe er ihrer, sie bedeute für ihn Freude und Trost, und später einmal werde auch ihr Mann sie genauso brauchen. Der Alte wußte, wie er die Tochter nehmen mußte: er deutete an, er sei einsam und unglücklich, und küßte sie. Albina schmiegte sich mit dem Gesicht an ihn, und während ihre Tränen, die sie vergeblich zurückzuhalten versuchte, den Rockärmel des Vaters benetzten, versprach sie ihm, nichts ohne sein Einverständnis zu unternehmen.

3

Nur solche Menschen, die selbst erlitten haben, was die Polen nach der Teilung ihres Landes zu erleiden hatten, bei der ein Teil unter die Herrschaft der verhaßten Deutschen und ein anderer unter die der noch glühender gehaßten Moskowiter gekommen war, nur solche Menschen vermögen die Begeisterung der Polen in den Jahren 1830/31 nachzuempfinden, als sich nach den früheren mißglückten Befreiungsversuchen die Aussicht auf eine wirkliche Befreiungsmöglichkeit abzeichnete. Doch diese Hoffnung währte nicht lange. Die Kräfte waren allzu ungleich; die Revolution wurde auch diesmal niedergeschlagen. Wieder wurden Zehntausende blindlings gehorchender Russen nach Polen getrieben, die dort, ohne sich selbst über den Sinn ihres Tuns im klaren zu sein, unter dem Kommando Diebitschs und später Paskewitschs und des obersten Kriegsherrn, des Zaren Nikolai I., die Erde mit ihrem eigenen und dem Blut ihrer polnischen Brüder tränkten, diese unterjochten und aufs neue der Macht nichtiger, charakterloser Menschen überantworteten, denen es weder um die Freiheit noch die Unterdrückung der Polen ging, sondern ausschließlich um ihren eigenen Vorteil und die Befriedigung ihres kindischen Ehrgeizes.

Warschau war genommen worden, die verschiedenen polnischen Formationen zerschlagen, Hunderte, Tausende von Menschen wurden erschossen, zu Tode geprügelt oder in die Verbannung geschickt. Unter den Verbannten befand sich auch der junge Migurski. Sein Gut hatte man konfisziert und ihn selbst als einfachen Soldaten einem in Uralsk stationierten Infanteriebataillon zugeteilt.

Mit Rücksicht auf den Gesundheitszustand des alten Jaczewski, der nach den Ereignissen des Jahres 1831 herzkrank geworden war, verbrachte die Familie den Winter 1832 in Wilna. Hier erhielten sie von Migurski einen Brief aus der Festung. Migurski schrieb, so schwer es auch sei, was er durchgemacht habe und was ihm noch bevorstehe, er freue sich doch, für das Vaterland leiden zu dürfen; er verliere nicht die Hoffnung auf den Sieg der heiligen Sache, für die er einen Teil seines Lebens hingegeben habe und bereit sei, auch das restliche Leben zu opfern, und wenn sich morgen eine neue Möglichkeit böte, würde er wieder genauso handeln. Als der Alte, der den Brief vorlas, bis zu dieser Stelle gekommen war, brach er in Schluchzen aus und konnte sich lange nicht fassen. Im weiteren Teil des Briefes, den nun Wanda vorlas, schrieb Migurski, wie auch immer bei seinem letzten Besuch, der für ihn wohl der lichteste Punkt seines Lebens bleiben werde, *die von ihm gehegten Absichten und Träume gewesen sein mögen,* er könne und wolle jetzt nicht darüber sprechen.

Wanda und Albina deuteten diese Worte jede auf ihre Weise, sprachen jedoch mit niemand darüber. Am Schluß des Briefes übermittelte Migurski allen herzliche Grüße und richtete unter anderem an Albina in demselben neckischen Ton, in dem er mit ihr während seines Besuchs umgegangen war, die Frage, ob sie noch immer mit den Windhunden um die Wette laufe und alle anderen Menschen so geschickt nachzuahmen verstehe. Sodann wünschte er dem alten Jaczewski gute Gesundheit, seiner Frau Erfolg in den häuslichen Dingen, Wanda einen ihr würdigen Mann und Albina eine lange Dauer ihrer Lebensfreude.

4

Da sich der Gesundheitszustand des alten Jaczewski immer mehr verschlechterte, siedelte die ganze Familie 1833 ins Ausland über. Wanda lernte in Baden einen reichen polnischen Emigranten kennen und heiratete ihn. Die Krankheit des Alten verschlimmerte sich von Tag zu Tag, und Anfang des Jahres 1833 verschied er im Ausland in Albinas Armen. Die Pflege seiner Frau hatte er beharrlich abgelehnt, denn er konnte ihr bis zum letzten Augenblick nicht verzeihen, daß er den Fehler begangen hatte, sie zu heiraten. Pani Jaczewska und Albina kehrten nun wieder auf das Gut zurück. Das Hauptinteresse in Albinas Leben galt Migurski. Sie hielt ihn für einen außergewöhnlichen Helden und Märtyrer und beschloß, ihm ihr ganzes Leben zu weihen. Schon vor der Reise ins Ausland hatte sie mit ihm korrespondiert, zuerst im Auftrag des Vaters, dann aber auch von sich aus. Nach dem Tode des Vaters und ihrer Rückkehr nach Rußland setzte sie den Briefwechsel mit ihm fort, und als sie achtzehn Jahre alt geworden war, erklärte sie der Stiefmutter, sie habe sich entschlossen, nach Uralsk zu Migurski zu reisen und ihn dort zu heiraten. Die Stiefmutter bezichtigte Migurski des Egoismus und meinte, er gehe darauf aus, sein schweres Los dadurch zu erleichtern, daß er ein reiches junges Mädchen dazu verleite, sein Unglück mit ihm zu teilen. Albina wurde zornig und erklärte der Stiefmutter, nur sie sei fähig, einem Menschen, der alles für sein Volk geopfert habe, solche gemeine Gedanken zu unterschieben; Migurski habe im Gegenteil die ihm von ihr angebotene Hilfe abgelehnt, und sie sei unwiderruflich entschlossen, zu ihm zu reisen und seine Frau zu werden, sofern er bereit sein würde, ihr dieses Glück zu schenken. Albina war volljährig, und da ein verstorbener Onkel seinen beiden Nichten dreihunderttausend Golddukaten hinterlassen hatte, stand ihr auch genügend Geld zur Verfügung. Es gab somit nichts, was sie zurückhalten konnte.

Im November 1833 verabschiedete sich Albina von den Hausgenossen, die ihr beim Aufbruch in das entlegene unbekannte Land des barbarischen Moskowiterreiches schluchzend, als führe sie in den Tod, das Geleit gaben. Sie bestieg mit der ihr treu ergebenen alten Kinderfrau Ludwika, die sie mitnahm, die väterliche, für die lange Reise neu instand gesetzte Kutsche und trat die weite Fahrt an.

5

Migurski war nicht in einer der Kasernen untergebracht, sondern hauste in einer eigenen Wohnung. Auf Grund der von Nikolai erlassenen Anordnungen mußten die zu gemeinen Soldaten degradierten Polen nicht nur die ganze Schwere des rauhen Soldatenlebens auf sich nehmen, sondern auch alle Erniedrigungen über sich ergehen lassen, denen gemeine Soldaten in der damaligen Zeit ausgesetzt waren. Die meisten jener einfachen Menschen, die mit der Ausführung dieser Anordnungen betraut waren, zeigten für das schwere Los der Degradierten Verständnis und ließen die kaiserlichen Anordnungen, soweit es irgend anging, unausgeführt, ungeachtet der damit verbundenen Gefahr. Der halbgebildete, aus dem Mannschaftsstand hervorgegangene Bataillonskommandeur, dem Migurski zugeteilt worden war, empfand nach, wie der vormals reiche, gebildete junge Mensch, der sein ganzes Hab und Gut verloren hatte, unter der jetzigen Lage leiden mußte; er hatte Mitleid mit ihm, brachte ihm Achtung entgegen und verschaffte ihm alle möglichen Erleichterungen. Migurski konnte nicht umhin, die Gutmütigkeit des Oberstleutnants, dessen pausbäckiges Soldatengesicht von einem weißen Backenbart eingerahmt war, dankbar anzuerkennen, und um sich erkenntlich zu zeigen, erklärte er sich bereit, seinen Söhnen, die sich auf die Kadettenanstalt vorbereiteten, Unterricht in Mathematik und Französisch zu geben.

Das Leben, das Migurski nun schon seit über einem halben Jahr in Uralsk führte, war nicht nur eintönig, traurig und langweilig, sondern auch äußerst niederdrückend. An Bekannten hatte er hier, abgesehen von dem Bataillonskommandeur, dem er sich nach Möglichkeit fernzuhalten trachtete, einzig einen verbannten Polen, einen ungebildeten, durchtriebenen und unsympathischen Menschen, der mit Fischen handelte. Am meisten jedoch litt Migurski unter den materiellen Entbehrungen, denen er ausgesetzt war und an die er sich nicht gewöhnen konnte. Nach der Konfiskation seines Gutes verfügte er über keinerlei Mittel und fristete sein Leben vorläufig mit dem Verkauf der ihm verbliebenen Goldgegenstände.

Die einzige Freude in der Verbannung war für Migurski der Briefwechsel mit Albina, von der er seit seinem Besuch in Różanka in seinem Herzen eine von Liebreiz und Romantik erfüllte Vorstellung zurückbehalten hatte, die hier, fern der Heimat, immer mehr an Schönheit gewann. In einem ihrer ersten Briefe hatte Albina ihn gefragt, was er damit gemeint habe, als er kürzlich in seinem Brief schrieb, wie auch immer seine »Absichten und Träume« bei dem Besuch in Różanka gewesen sein mögen. Er antwortete, jetzt könne er ihr ja gestehen, daß er damals davon geträumt habe, sie bald einmal seine Frau zu nennen. Daraufhin erwiderte sie, daß sie ihn liebe. Er entgegnete nun, sie hätte ihm das besser nicht mitteilen sollen, denn es sei für ihn entsetzlich, daran zu denken, was hätte sein können und jetzt unmöglich geworden war. Sie antwortete, es sei auch jetzt keineswegs unmöglich, sondern ließe sich ganz bestimmt verwirklichen. Er antwortete, er könne ihr Opfer nicht annehmen, in seiner jetzigen Lage sei ihm das unmöglich. Kurz darauf war für ihn ein Wertbrief mit einer Überweisung von zweitausend Golddukaten angekommen. Am Poststempel auf dem Kuvert und an der Handschrift erkannte Migurski, daß Albina die Absenderin war, und er erinnerte sich nun, daß er ihr in einem der ersten Briefe in scherzhaftem Ton geschildert hatte, welches Vergnügen es ihm bereite, mit dem Unterricht, den er erteile, seinen Lebensunterhalt zu bestreiten und sich für das verdiente Geld alles kaufen zu können, was er brauche – Tee, Tabak, ja sogar Bücher! Er steckte das Geld in ein anderes Kuvert, schickte es ihr zurück und bat in einem Begleitbrief, sie möge die Heiligkeit ihrer Beziehungen nicht durch Geld entweihen. Es fehle ihm an nichts, schrieb er, und die Gewißheit, einen Freund wie sie zu besitzen, mache ihn unsagbar glücklich. Damit war ihr Briefwechsel abgebrochen.

Eines Tages im November, als sich Migurski in der Wohnung des Oberstleutnants aufhielt und den Knaben Unterricht erteilte, war von draußen sich näherndes Schellengeläut zu hören, auf dem hartgefrorenen Schnee ertönte das Knirschen von Schlittenkufen, und an der Haustür fuhr eine Postkutsche vor. Die Kinder sprangen auf und sahen nach, wer angekommen war. Migurski blieb im Zimmer sitzen und blickte, während er auf die Rückkehr seiner Schüler wartete, auf die Tür; doch statt der Kinder erschien die Mutter, die Frau des Oberstleutnants, in der Tür.

»Da sind zwei Damen angekommen und fragen nach Ihnen, Pan«, sagte sie. »Sie kommen wohl aus Ihrer Heimat, es scheinen Polinnen zu sein.«

Hätte man Migurski gefragt, ob er es für möglich halte, daß Albina hierher käme, würde er das als völlig ausgeschlossen bezeichnet haben, obwohl er es im Grunde seines Herzens hoffte. Das Blut strömte ihm zum Herzen, und vor Aufregung seiner selbst nicht mächtig, lief er in den Flur hinaus. Im Flur stand eine dicke pockennarbige Frau, die ihr um den Kopf geschlungenes Tuch aufband. Eine zweite weibliche Gestalt wollte sich gerade in das Wohnzimmer der Familie des Obersten begeben. Als sie hinter sich Schritte hörte, wandte sie sich um: Unter der Kapuze blickten Migurski freudestrahlend die weit auseinanderstehenden, von bereiften Wimpern beschatteten blauen Augen Albinas entgegen. Migurski blieb wie angewurzelt stehen und wußte nicht, was er sagen, wie er sie begrüßen sollte. »Józio!« rief sie, ihn so nennend, wie es der Vater immer getan hatte und wie auch sie selbst ihn in Gedanken nannte, und stürzte auf ihn zu, schlang die Arme um seinen Hals, schmiegte ihre vor Kälte geröteten Wangen an sein Gesicht und lachte und weinte zugleich.

Als die gutmütige Frau des Obersts hörte, wer Albina war und weshalb sie gekommen sei, nahm sie sie bei sich auf und gewährte ihr bis zur Hochzeit Unterkunft.

6

Dem gutmütigen Oberstleutnant gelang es höheren Orts, für Migurski die Genehmigung zum Heiraten zu erwirken, und ein aus Orenburg herbestellter polnischer Priester traute das junge Paar. Die Frau des Bataillonskommandeurs war die Brautmutter, einer von Migurskis Schülern trug das Heiligenbild, und Brzozowski, der verbannte Pole, fungierte als Hochzeitsmarschall.

Obwohl Albina ihren Mann leidenschaftlich liebte, kannte sie ihn, so seltsam das klingen mag, so gut wie nicht. Erst jetzt lernte sie ihn allmählich kennen. Begreiflicherweise fand sie bei dem lebendigen Menschen manche alltäglichen, poesielosen Züge, die auf dem Bild, das sie sich von ihm in ihrer Phantasie ausgemalt und in ihrem Herzen getragen hatte, nicht vorhanden waren; doch dafür, und gerade deshalb, weil er ein Mensch aus Fleisch und Blut war, entdeckte sie an ihm auch viele schlichte, gute Eigenschaften, die auf dem Phantasiebild gefehlt hatten. Da sie durch Bekannte und Freunde von seiner Tapferkeit im Krieg gehört hatte und wußte, wie mannhaft er damals den Verlust seines Vermögens und seiner Freiheit hinnahm, hatte sie ihn sich als einen Helden vorgestellt, der ein allzeit von Edelmut und Heldentum erfülltes Leben führte, während er in Wirklichkeit, wie sich jetzt zeigte, ungeachtet seiner außerordentlichen Körperkraft und Tapferkeit, so etwas wie ein sanftes, zahmes Lämmchen war – ein ganz gewöhnlicher Mensch mit Freude an gutmütigen Späßen, mit jenem kindlichen Lächeln um den von einem kurzen blonden Bart eingerahmten sinnlichen Mund, das sie schon damals in Różanka so bezaubert hatte, und mit einer nie ausgehenden Pfeife, die für sie, besonders während der Schwangerschaft, schwer zu ertragen war.

Auch Migurski lernte Albina erst jetzt richtig kennen, und er erkannte durch sie zum erstenmal das Wesen einer Frau. Die Frauen, die er vor der Heirat gekannt hatte, waren für die Frau im allgemeinen kein Maßstab gewesen. Das spezifisch Weibliche nun, das er in Albina erstmalig entdeckte, verwunderte ihn und hätte bei ihm leicht eine Enttäuschung über die Frauen hervorrufen können, hätte er nicht für Albina ein besonderes Gefühl von Zärtlichkeit und Dankbarkeit empfunden. Albina als Frau behandelte er mit zärtlicher, ein wenig ironischer Herablassung, während er für Albina als Albina nicht nur von inniger Liebe und Bewunderung durchdrungen war, sondern auch von dem Bewußtsein der unauslöschlichen Dankesschuld für ihr Opfer, das ihm ein unverdientes Glück gebracht hatte.

Die Migurskis waren glücklich, weil sie sich liebten, und wenn sie die ganze Kraft ihrer Liebe spürten, hatten sie inmitten der fremden Leute oft das Gefühl, zwei Menschen zu sein, die sich im Winter verirrt haben und sich in der Kälte aneinander wärmen. Ein glücklicher Umstand im Leben der Migurskis war es auch, daß sie die komische gutmütig-brummige, sich in alle Männer verliebende Kinderfrau Ludwika bei sich hatten, die ihre »Paniusia« hingebungsvoll liebte und in allem das Schicksal der Eheleute teilte. Außerdem wurden die Migurskis mit Kindern gesegnet. Nach einem Jahr brachte Albina einen Knaben zur Welt, anderthalb Jahre später ein Mädchen. Der Knabe ähnelte in allem der Mutter: er hatte ebensolche Augen und war gleich ihr ungewöhnlich lebhaft und anmutig. Das Mädchen war ein gesundes niedliches Tierchen.

Unglücklich hingegen waren die Migurskis wegen der Trennung von der Heimat und vor allem wegen der ungewohnten erniedrigenden Lage, in der sie sich hier befanden. Am schwersten litt Albina unter der Erniedrigung. Ihr Józio, ihr Held und Idol, mußte vor jedem x-beliebigen Offizier strammstehen und bestimmte Gewehrgriffe ausführen, Wache stehen und sich widerspruchslos jedem Befehl unterordnen.

Hinzu kam noch, daß die Nachrichten, die sie aus Polen erhielten, äußerst deprimierend waren. Fast ihre sämtlichen nächsten Verwandten und Freunde waren entweder verbannt worden oder ins Ausland geflüchtet, nachdem sie all ihr Hab und Gut verloren hatten. Und für sie selbst bestand keinerlei Aussicht, daß sich ihre Lage in absehbarer Zeit bessern könnte. Alle Bemühungen, eine Begnadigung oder wenigstens eine Erleichterung durch eine Beförderung Migurskis zum Offizier zu erlangen, waren vergeblich geblieben. Nikolai I. hielt Truppenschauen und Paraden ab, wohnte dem Exerzieren der Soldaten bei, besuchte Maskenbälle und flirtete mit weiblichen Masken, jagte ohne Notwendigkeit durch Rußland von Tschugujew nach Noworossisk, Petersburg und Moskau, versetzte die Bevölkerung in Angst und hetzte Pferde zu Tode, aber wenn sich irgendein beherzter Mann erdreistete, ihn um eine Milderung des Schicksals der verbannten Dekabristen und Polen zu bitten, die für ihre Liebe zum Vaterland, also gerade dafür litten, was er selbst in höchsten Tönen pries, streckte er die Brust hervor, starrte mit seinen bleiernen Augen auf irgendeinen Gegenstand und sagte: »Sie sollen weiterdienen. Es ist noch zu früh.« Als hätte er gewußt, wann es nicht mehr zu früh und wann es an der Zeit sein würde. Und seine ganze Umgebung, sämtliche Generäle und Kammerherren mitsamt ihren Frauen, die an seinem Hofe schmarotzten, waren von der außergewöhnlichen Weisheit und dem Scharfsinn dieses großen Mannes gerührt.

Im ganzen genommen gab es im Leben der Migurskis trotz allem mehr glückliche als unglückliche Stunden.

So verbrachten sie fünf Jahre. Doch nun wurden sie ganz unvorhergesehen von einem fürchterlichen Schicksalsschlag getroffen. Zuerst erkrankte ihr Töchterchen und zwei Tage darauf auch der Sohn. Nachdem er drei Tage ohne ärztliche Hilfe – ein Arzt war nicht aufzutreiben – mit hohem Fieber zu Bett gelegen hatte, verschied er am vierten Tag. Zwei Tage später starb das Mädchen.

Wenn Albina sich nicht im Uralfluß das Leben nahm, so hielt sie davon einzig der Gedanke an die unvorstellbare Verzweiflung ab, die ihren Mann bei der Nachricht von ihrem Freitod überwältigen würde. Doch das Leben fiel ihr fortan unsagbar schwer. Während sie früher immer etwas zu tun hatte und um alles besorgt gewesen war, überließ sie jetzt alles Ludwika, saß oft stundenlang ohne Beschäftigung da und blickte schweigend ins Leere; oder sie sprang plötzlich auf und lief in ihr kleines Zimmer, wo sie dann leise vor sich hin weinte und die Trostworte ihres Mannes und Ludwikas unbeantwortet ließ, nur den Kopf schüttelte und sie bat, zu gehen und sie allein zu lassen. Im Sommer ging sie auf den Friedhof, saß am Grab ihrer Kinder, und das Herz schmerzte ihr bei den Erinnerungen daran, was gewesen war, und dem Gedanken, wie alles hätte sein können. Am allermeisten quälte sie der Gedanke, daß die Kinder wahrscheinlich am Leben geblieben wären, hätten sie in einer Stadt gewohnt, in der ein Arzt gewesen wäre. »Wofür? Wofür bloß?« fragte sie sich. Józio ebenso wie ich, wir haben nie etwas anderes gewollt, als die Möglichkeit, unter denselben Verhältnissen zu leben, unter denen Józio geboren wurde und schon seine Ahnen und Urahnen gelebt haben, und für mich hatte ich keinen anderen Wunsch, als das Leben mit ihm zu teilen, ihn zu lieben und unsere Kinderchen zu herzen und zu erziehen... Doch dann wird er plötzlich gequält und verbannt, und mir ist jetzt das Teuerste genommen worden, was ich auf Erden besessen habe. Warum? Wofür? – diese Frage richtete sie immer wieder an die Menschen und an Gott. Aber sie vermochte sich nicht vorzustellen, daß es hierauf irgendeine Antwort geben könnte.

Ohne Antwort auf diese Frage konnte man jedoch nicht leben. Und so erstarrte ihr Leben. Das ärmliche Leben in der Verbannung, das sie früher dank ihrem Geschmack und Schönheitssinn etwas auszuschmücken verstanden hatte, war jetzt unerträglich geworden, für sie wie auch für Migurski, der um ihretwillen litt und nicht wußte, wie er ihr helfen sollte.

7

Zu dieser für die Migurskis schwersten Zeit traf in Uralsk der Pole Rossołowski ein, der in den großartigen Aufruhr und Fluchtplan des damals als Verbannter in Sibirien lebenden polnischen Priesters Sierociński verwickelt gewesen war.

Rossołowski, den man ebenso wie Migurski und Tausende anderer nach Sibirien verbannt hatte, weil er das sein wollte, als was er geboren war, das heißt Pole, war wegen Beteiligung an der Verschwörung körperlich gezüchtigt und dann als gemeiner Soldat in dasselbe Bataillon eingereiht worden, dem auch Migurski angehörte. Rossołowski, ein ehemaliger Mathematiklehrer, war ein hochaufgeschossener Mann mit leicht gekrümmtem Rücken, eingefallenen Wangen und zerfurchter Stirn.

Gleich am ersten Abend nach der Ankunft, als er bei den Migurskis zum Tee eingeladen war, erzählte Rossołowski mit seiner Baßstimme langsam und gemessen von der Sache, um derentwillen er so grausam zu leiden gehabt hatte. Es handelte sich darum, daß Sierociński eine über ganz Sibirien verzweigte Organisation ins Leben gerufen hatte, deren Aufgabe es war, mit Hilfe der in Kosaken- und Infanterieregimenter eingegliederten Polen die Soldaten und Sträflinge aufzuputschen, einen Aufruhr der zwangsweise Angesiedelten zu inszenieren, sich des Artillerieparks in Omsk zu bemächtigen und alle zu befreien.

»Ja, bestand denn dazu überhaupt eine Möglichkeit?« fragte Migurski.

»Doch, durchaus, es war alles vorbereitet«, antwortete Rossołowski mit finsterer Miene und schilderte dann ruhig und bedächtig alle Einzelheiten des Befreiungsplanes sowie die Maßnahmen, die zu seiner Verwirklichung und im Falle eines Mißlingens zur Rettung der Verschwörer getroffen waren. Aller Voraussicht nach wäre das Unternehmen gelungen, hätten nicht zwei gemeine Schufte den Plan verraten. Sierociński war Rossołowskis Worten zufolge ein genialer Mensch von großer seelischer Stärke. Er war als Held und Märtyrer gestorben. Rossołowski beschrieb nun mit seiner ruhigen, monotonen Baßstimme den Hergang des Strafvollzugs, dem er auf Anordnung der Obrigkeit zusammen mit den andern wegen dieser Sache vor Gericht gestellten Personen beiwohnen mußte.

»Zwei Bataillone Soldaten standen sich in zwei Reihen gegenüber, so daß sich zwischen ihnen ein langer schmaler

Weg hinzog, und jeder Soldat hielt einen biegsamen Stock in der Hand, der auf Grund allerhöchster Weisungen nur so dick sein durfte, daß drei solcher Stöcke in eine Gewehrmündung paßten. Als erster kam Doktor Szokalski an die Reihe. Zwei Soldaten führten ihn, während die andern mit ihren Stöcken auf seinen entblößten Rücken einhieben, wenn er an ihnen vorbeigeführt wurde. Ich sah das erst, als er bis zu der Stelle gekommen war, an der ich stand. Vorher hatte ich nur den Trommelwirbel gehört, aber als ich dann die Stöcke pfeifend auf den Körper niedersausen hörte, wußte ich, daß er sich näherte. Und ich sah, wie die Soldaten ihn an den Gewehren vorwärts zogen, wie er zusammenzuckte und den Kopf bald nach der einen, bald nach der anderen Seite drehte. Das eine Mal, als er an uns vorbeigeführt wurde, hörte ich, wie der russische Arzt zu den Soldaten sagte: »Schlagt nicht so stark, habt Mitleid!« Doch die Soldaten schlugen unentwegt weiter. Als er das zweite Mal an mir vorbeigeführt wurde, konnte er sich bereits nicht mehr auf den Füßen halten und mußte geschleppt werden. Sein Rücken bot einen grauenhaften Anblick. Ich schloß die Augen. Er brach zusammen und wurde weggetragen. Dann wurde ein zweiter die Reihen entlanggeführt. Dann ein dritter, ein vierter. Alle brachen zusammen, und alle trug man weg – die einen tot, die anderen lagen in den letzten Atemzügen, und wir mußten die ganze Zeit dabeistehen und zusehen. Das ging so sechs Stunden lang, vom frühen Morgen bis zwei Uhr nachmittags. Als letzter wurde Sierociński durch die Reihen geführt. Ich hatte ihn längere Zeit nicht gesehen und erkannte ihn kaum wieder, so gealtert war er. Sein rasiertes, von tiefen Falten durchzogenes Gesicht war grünlich blaß, die Haut des entblößten hageren Oberkörpers hatte eine gelbe Färbung, und an dem eingefallenen Leib traten die Rippen hervor. Auch Sierociński zuckte wie alle andern bei jedem Schlag zusammen und warf den Kopf zurück, doch stöhnte er nicht, sondern betete laut vor sich hin: ›Miserere mei, Deus, secundam magnam misericordiam tuam‹ – Ich habe es selbst gehört«, fügte Rossołowski, mit Mühe die Tränen zurückhaltend, hastig hinzu und preßte den Mund zusammen.

Ludwika, die am Fenster saß, bedeckte ihr Gesicht mit dem Taschentuch und schluchzte.

»Nein, das ist nicht mit anzuhören, wie Sie das alles so schildern! Tiere, wilde Tiere sind sie allesamt!« rief Migurski, warf seine Pfeife hin, sprang vom Stuhl auf und ging mit schnellen Schritten ins dunkle Schlafzimmer. Albina saß wie versteinert da und starrte in die dunkle Zimmerecke.

8

Als Migurski am nächsten Tag vom Exerzierplatz nach Hause kam, war er über die veränderte Stimmung seiner Frau erstaunt. Sie lief ihm wie in alten Zeiten mit leichten Schritten und strahlendem Gesicht entgegen und führte ihn ins Schlafzimmer.

»So, Józio, hör mal zu.«

»Nun, was gibt's denn?«

»Ich habe die ganze Nacht darüber nachgedacht, was Rosołowski erzählt hat. Und ich bin zu dem Schluß gekommen, daß ich so nicht weiterleben kann, daß ich es hier nicht aushalte. Ich kann es einfach nicht! Und wenn es mich das Leben kosten sollte – ich muß von hier fort!«

»Ja, was sollen wir denn tun?«

»Wir müssen flüchten!«

»Flüchten? Wie denkst du dir das?«

»Ich habe schon alles überlegt. Hör zu!«

Und sie setzte ihm den Plan auseinander, den sie sich in der letzten Nacht zurechtgelegt hatte. Diesem Plan zufolge sollte Migurski abends aus dem Haus gehen und am Ufer des Urals seinen Mantel und dazu einen Brief hinlegen mit der Mitteilung, er sei im Begriff, sich das Leben zu nehmen. Daraufhin wird man vermuten, er habe sich ertränkt, man würde nach dem Leichnam suchen und ein Protokoll aufsetzen. Er aber müßte sich verborgen halten. Sie würde ihn so gut verbergen, daß niemand ihn fände. In seinem Versteck müßte er mindestens einen Monat bleiben, und wenn sich alles beruhigt hätte, würden sie fliehen.

Migurski hielt Albinas Vorhaben im ersten Augenblick für unausführbar, doch sie setzte sich mit solcher Leidenschaft und Überzeugungskraft dafür ein, daß Migurski seine Bedenken allmählich aufgab und ihr zustimmte. Zu seinem Einverständnis trug überdies die Erwägung bei, daß im Falle eines Mißlingens der Flucht er allein eine Bestrafung in der von Rossołowski geschilderten Weise zu gewärtigen hätte, während andererseits, wenn die Flucht glücken sollte, außer ihm auch Albina frei wäre, für die das Leben hier nach dem Tod der Kinder, wie er wußte, unsagbar schwer geworden war.

Rossołowski und Ludwika wurden in den Plan eingeweiht, und nach langen Beratungen, mehrfachen Abänderungen und Korrekturen waren die Einzelheiten der Flucht endgültig festgelegt. Ursprünglich hatte man es so machen wollen, daß Migurski, sobald er für tot erklärt sein würde, zunächst allein zu Fuß fliehen sollte und daß Albina in einem Wagen die Stadt verlassen und mit ihm an einer verabredeten Stelle zusammentreffen würde. So war es im ersten Plan vorgesehen. Doch nachdem Rossołowski von all den mißglückten Fluchtversuchen berichtet hatte, zu denen es während der letzten fünf Jahre in Sibirien gekommen war – in dieser ganzen Zeit war nur einem einzigen Sträfling die Flucht gelungen –, machte Albina einen anderen Vorschlag, dem zufolge sich Migurski in der Reisekutsche verbergen und zusammen mit ihr und Ludwika bis Saratow fahren sollte. In Saratow sollte er in Verkleidung stromabwärts am Ufer der Wolga entlanggehen und an einer bestimmten Stelle in einen von Albina gemieteten Kahn einsteigen, in dem alle drei – er, Albina und Ludwika – die Wolga stromabwärts bis nach Astrachan und von dort über das Kaspische Meer nach Persien fahren würden. Dieser Plan wurde von allen und namentlich auch von Rossołowski, dem Hauptratgeber, gutgeheißen, doch bestand noch die Schwierigkeit, wie man, ohne die Aufmerksamkeit der Polizei zu erregen, in der Reisekutsche einen Behälter unterbringen könnte, der groß genug wäre, einen Menschen zu beherbergen. Als nun Albina eines Tages von den Gräbern ihrer Kinder zurückkehrte und zu Rossołowski sagte, wie schmerzlich es für sie sei, die sterblichen Überreste der Kinder in der Fremde zurückzulassen, besann er sich einen Augenblick und antwortete dann: »Bitten Sie die Polizeiverwaltung, man möge Ihnen gestatten, die Särge Ihrer Kinder mitzunehmen; man wird Ihnen das nicht abschlagen.«

»Nein, das kann ich nicht, das widerstrebt mir«, erklärte Albina.

»Bitten Sie dennoch darum, es kommt nur auf die Genehmigung an. In Wirklichkeit werden wir die Särge gar nicht aus den Gräbern nehmen, sondern nur eine angeblich für die Särge bestimmte große Kiste herrichten und darin Józio verbergen.«

Im ersten Augenblick lehnte Albina diesen Vorschlag ab, weil es ihr unangenehm war, das Andenken ihrer Kinder mit einem Täuschungsmanöver zu verbinden; doch als Migurski diesem Projekt erfreut zustimmte, willigte sie ein.

Der endgültige Plan sah nunmehr folgendermaßen aus: Migurski würde alles tun, was die Polizei zu der Überzeugung bringen könnte, er habe sich ertränkt. Sobald er amtlicherseits für tot erklärt wäre, würde Albina ein Gesuch einreichen, man möge ihr nunmehr, nach dem Tod ihres Mannes, die Rückkehr in die Heimat und dabei auch die Mitnahme der sterblichen Überreste ihrer Kinder gestatten. Nachdem sie die Genehmigung hierzu erhalten hätte, würde man vortäuschen, die Gräber geöffnet und die Särge herausgenommen zu haben; in Wirklichkeit wollte man jedoch die Särge an ihren Plätzen lassen und in der angeblich für die Särge vorbereiteten Kiste Migurski verbergen. Die Kiste würde man in die Reisekutsche stellen und so bis Saratow fahren. Von Saratow aus sollte die Reise in einem Kahn fortgesetzt werden. Im Kahn könnte Migurski aus der Kiste steigen, und man würde so bis ans Kaspische Meer kommen. Über das Meer wäre es dann ein leichtes, Persien oder die Türkei zu erreichen und damit die Freiheit zu gewinnen.

9

Das erste, was die Migurskis unternahmen, war die Anschaffung einer Reisekutsche. Sie kauften sie unter dem Vorwand, daß Ludwika in die Heimat zurückgeschickt werden sollte. Nun kam es darauf an, in die Kutsche eine Kiste einzubauen, in der ein Mensch, ohne zu ersticken, wenn auch zusammengekrümmt, liegen konnte und die ein schnelles und unauffälliges Aus- und Wiedereinsteigen ermöglichte. Alle drei – Albina, Rossołowski und Migurski – ersannen zweckmäßige Vorrichtungen und statteten damit die Kiste aus. Als besonders nützlich erwies sich dabei Rossołowski, der sich auf das Tischlerhandwerk verstand. Die Kiste wurde so gebaut, daß sie, befestigte man sie auf dem hinteren Teil des Wagengesteils, sich dicht an die Karosserie anschloß und daß sich dabei die der Karosserie zugewandte Seite zurückklappen ließ, so daß ein Mensch teils in der Kiste, teils auf dem Boden der Kutsche liegen konnte. Außerdem wurden in die Kiste Luftlöcher gebohrt, und von oben und von den Seiten sollte sie in Matten eingehüllt und mit Stricken verschnürt werden. Ein und aussteigen konnte man durch das Innere des Wagens, der mit einem Sitz versehen worden war.

Als man die Kutsche und die Kiste fertig hatte, ging Albina, um schon etwas vorzuarbeiten, noch vor dem Verschwinden ihres Mannes zur Kommandantur und erklärte dem Oberst, ihr Mann sei von Schwermut befallen, habe einen Selbstmordversuch unternommen; sie mache sich seinetwegen große Sorge und möchte bitten, ihn für einige Zeit vom Dienst zu befreien. Bei dieser Gelegenheit kam Albina sehr ihre schauspielerische Begabung zustatten. Die von ihr geheuchelte Unruhe und Angst um ihren Mann wirkten so natürlich, daß der Oberst ganz gerührt war und ihr versprach, er wolle alles tun, was in seiner Macht stehe. Nachdem Migurski den Brief aufgesetzt hatte, der am Ufer des Urals im Ärmelaufschlag seines Mantels gefunden werden sollte, ging er damit am Abend des vorgesehenen Tages an den Strom und wartete dort, bis es dunkel geworden war;

dann legte er seine Kleider sowie den Mantel mit dem Brief am Ufer nieder und kehrte im Schutz der Dunkelheit nach Hause zurück. Dort war für ihn in der verschlossenen Bodenkammer eine Unterkunft hergerichtet worden. Noch in derselben Nacht schickte Albina Ludwika zum Oberst und ließ ihm sagen, ihr Mann sei vor zwanzig Stunden aus dem Haus gegangen und immer noch nicht zurückgekehrt. Und als ihr am Morgen der Brief ihres Mannes gebracht wurde, ging sie damit weinend und höchste Verzweiflung simulierend zum Oberst.

Nach einer Woche reichte Albina wie vorgesehen ein Gesuch ein, in dem sie um die Genehmigung zur Rückkehr in die Heimat bat. Alle, die Albina sahen, waren von dem Kummer, der sich in ihrem Gesicht ausdrückte, tief betroffen. Jeder bedauerte die unglückliche Witwe und Mutter. Als ihr die Abreise gestattet worden war, reichte sie ein weiteres Gesuch ein: sie bat darum, die Leichen ihrer Kinder ausgraben und mitnehmen zu dürfen. Auf der Kommandantur wunderte man sich etwas über diese Sentimentalität, doch wurde ihr auch dieser Wunsch bewilligt.

Am Abend des nächsten Tages mieteten sie sich einen Wagen, und Albina, Rossołowski und Ludwika fuhren mit der Kiste, in der angeblich die Särge per Kinder transportiert werden sollten, zum Friedhof. Nachdem Albina an den Gräbern der Kinder niedergekniet war und gebetet hatte' gab sie sich einen Ruck, stand schnell auf und wandte sich mit finsterem Gesicht an Rossołowski.

»Erledigen Sie das Nötige, ich bringe es nicht über mich«, sagte sie und ging ein Stück zur Seite.

Rossołowski und Ludwika rückten den Grabstein weg und wühlten mit einem Spaten die obere Erdschicht des Grabes auf, so daß der Eindruck entstand, es sei geöffnet und wieder zugeschüttet worden. Als alles getan war, wurde Albina zurückgerufen, und sie fuhren mit der Kiste, in die sie Erde gefüllt hatten, wieder nach Hause.

Endlich war der für die Abreise bestimmte Tag gekommen. Rossołowski freute sich, daß das Unternehmen nun fast schon geglückt war. Ludwika, die kleines Gebäck und

Pasteten für die Reise gebacken hatte, wiederholte ständig ihre Lieblingsredensart: »Jak mamę kocham« und erklärte, ihr Herz drohe vor Angst und Freude zu zerspringen. Migurski war froh, daß er jetzt endlich aus der Dachkammer befreit wurde, in der er über einen Monat gehaust hatte, und er freute sich vor allem über Albinas wiedergewonnene Lebhaftigkeit und Lebenslust. Sie strahlte jetzt wieder wie einst in ihrer Mädchenzeit, wenn sie zu ihm in die Bodenkammer gelaufen kam, so als hätte sie alles frühere Leid und jegliche Gefahr vergessen.

Um drei Uhr nachts erschienen der zu ihrer Begleitung abkommandierte Kosak und ein Kutscher mit drei Pferden. Albina setzte sich mit Ludwika und ihrem Hündchen auf die im Wagen zum Sitzen ausgebreiteten und mit einem Teppich bedeckten Kissen. Der Kosak und der Kutscher stiegen auf den Bock. Migurski, der in Bauernkleidung war, lag im hinteren Teil der Kutsche. Bald war man zur Stadt hinausgefahren, und von drei kräftigen Pferden gezogen, rollte der Wagen in schneller Fahrt über den festgestampften, spiegelglatten Weg, der sich durch die endlose, ungepflügte, mit silberschimmernden Büscheln vorjährigen Grases überwucherte Steppe hinzog.

10

Vor Hoffnung und Freude blieb Albina schier das Herz stehen. In dem Wunsch, jemand an ihren Gefühlen teilnehmen zu lassen, lächelte sie von Zeit zu Zeit Ludwika zu und wies mit dem Kopf mal auf den breiten Rücken des auf dem Bock sitzenden Kosaken, mal auf den Boden der Kutsche. Ludwika, die mit vielsagender Miene regungslos vor sich hin blickte, reagierte nur mit einem kaum merklichen Schmunzeln. Es war ein klarer Tag. Ringsum erstreckte sich endlos weit die öde, in den schrägen Strahlen der Morgensonne silbern schimmernde Steppe. Bald auf der einen, bald auf der andern Seite der harten, gleichsam asphaltierten Landstraße, auf der das Getrappel der schnellen Baschkirenpferde laut widerhallte, sah man die kleinen, hügelförmig aufgeworfenen Erdhöhlen der Zieselmäuse; davor saß auf den Hinterbeinchen die Wache haltende Maus, die beim Nahen von Gefahr einen schrillen Warnlaut ausstieß und in die Höhle schlüpfte. Nur selten begegneten ihnen andere Fahrzeuge oder Reiter: einmal kam ihnen ein von Kosaken begleiteter Wagenzug mit Weizen entgegen, ein andermal trafen sie etliche berittene Baschkiren. mit denen der Kosak auf tatarisch angeregt ein paar Worte wechselte. Auf allen Stationen standen frische, kräftige Pferde bereit, und die von Albina verteilten reichlichen Trinkgelder trugen das Ihre dazu bei, daß die Kutscher die Pferde die ganze Zeit – »auf Feldjägerart«, wie sie sagten – zu schnellem Galopp antrieben.

Gleich auf der ersten Station, als der bisherige Kutscher sein Gespann weggeführt hatte, der neue aber noch nicht mit frischen Pferden gekommen und der Kosak in den Hof gegangen war, beugte sich Albina zu ihrem Mann hinunter und fragte ihn, wie er sich fühle und ob er etwas brauche.

»Ausgezeichnet fühle ich mich. Ich brauche nichts. Wenn's drauf ankommt, kann ich ohne weiteres noch achtundvierzig Stunden so liegen.«

Gegen Abend erreichten sie das große Dorf Dergatschi. Um ihrem Mann zu ermöglichen, einmal die Glieder zu strecken und sich zu erfrischen, kehrte Albina nicht auf der Poststation, sondern in einer Herberge ein, wo sie dem Kosaken sogleich Geld gab und ihn mit dem Auftrag losschickte, Eier und Milch einzukaufen. Die Kutsche stand unter einem Schutzdach. Im Hof war es dunkel, und nachdem Albina Ludwika als Posten aufgestellt hatte, damit sie rechtzeitig Bescheid gab, wenn der Kosak zurückkehrte, ließ sie ihren Mann aus seinem Versteck kriechen und gab ihm zu essen, worauf er sich, noch vor der Rückkehr des Kosaken, wieder in der Kiste verbarg. Dann wurde nach Pferden geschickt, und die Fahrt ging weiter. Albina wurde immer übermütiger und fröhlicher, und sie wußte sich vor lauter Freude und Begeisterung gar nicht mehr zu lassen. Da außer Ludwika, dem Kosaken und dem Hündchen Tresorka niemand da war, mit dem sie sich hätte unterhalten können, belustigte sie sich mit diesen dreien.

Ludwika, die ungeachtet ihrer Häßlichkeit bei jedem Zusammensein mit einem Mann vermutete, er hege Liebesgefühle für sie, setzte das jetzt auch bei dem ihnen zur Begleitung mitgegebenen urwüchsigen und gutmütigen Uralkosaken voraus, der ungewöhnlich klare, gütig blikkende blaue Augen hatte und beiden Frauen besonders durch seine Schlichtheit und treuherzige Freundlichkeit sympathisch war. Abgesehen von dem Spaß, den Albina an Tresorka hatte und dem sie jedesmal mit dem Finger drohte, wenn er sich anschickte, unter dem Wagensitz herumzuschnuppern, amüsierte sie sich auch über Ludwika und ihr komisches Kokettieren mit dem Kosaken, der keine Ahnung davon hatte, welche geheimen Gefühle ihm zugeschrieben wurden, und zu allem, was man ihm sagte, treuherzig lächelte. Albina, erregt durch die ständige Gefahr, das bisherige gute Gelingen der Flucht, das wundervolle Wetter und die Steppenluft, war wie schon seit langem nicht in einem Zustand kindlich-übermütiger Begeisterung und Fröhlichkeit. Wenn Migurski, der in seinem Versteck, obgleich er es nicht zugab, sehr unter der unbequemen Körperlage, unter Hitze und Durst litt, Albinas fröhliches Geplauder hörte' vergaß er für einen Augenblick die eigenen Nöte und freute sich über ihre frohe Stimmung.

Gegen Abend des zweiten Tages tauchten im Nebel irgendwelche verschwommenen Umrisse auf. Es waren die Häuser von Saratow und die Wolga. Der Kosak hatte mit seinen scharfen Steppenaugen sofort die Wolga und die Schiffsmasten erkannt und wies Ludwika darauf hin. Ludwika gab an, auch alles zu sehen. Albina konnte zwar in dem Nebel nichts unterscheiden, sagte jedoch, sich scheinbar an Tresorka wendend, mit so lauter Stimme, daß ihr Mann es hören konnte: »Saratow, die Wolga...«

Auf diese Weise, sich gleichsam mit dem Hund unterhaltend, informierte Albina ihren Mann über alles, was sie sah.

11

Albina ließ nicht nach Saratow hineinfahren, sondern kehrte in eine Herberge im Vorort Pokrowskaja ein, der am linken Wolgaufer unmittelbar gegenüber der Stadt lag. Hier hoffte sie im Laufe der Nacht die Möglichkeit zu haben, sich mit ihrem Mann zu unterhalten und ihn vielleicht sogar ins Freie zu lassen. Aber der Kosak rührte sich während der ganzen kurzen Frühlingsnacht keinen Augenblick von der Kutsche weg, sondern saß unentwegt auf einem leeren Leiterwagen, der dicht daneben unter dem Schutzdach stand. Ludwika, die auf Albinas Anweisung in der Kutsche sitzen geblieben und fest überzeugt war, der Kosak entferne sich nur ihretwegen nicht von der Kutsche, blinzelte ihm zu, lachte und bedeckte ihr pockennarbiges Gesicht schelmisch mit dem Tuch. Doch jetzt amüsierte sich Albina nicht mehr, sie konnte sich nicht erklären, warum der Kosak so beharrlich in der Nähe der Kutsche blieb, und machte sich darüber Sorge.

Während der kurzen Maiennacht, in der Abend- und Morgenröte fast miteinander verschmolzen, verließ Albina mehrmals die Gaststube und ging durch den muffigen Korridor auf den Hof hinaus. Der Kosak, der immer noch nicht schlief, saß auf dem neben der Kutsche stehenden leeren Leiterwagen und baumelte mit den Beinen. Erst kurz vor Tagesanbruch, als bereits von allen Seiten das Krähen der munter gewordenen Hähne ertönte und Albina aufs neue in den Hof kam, war es ihr möglich, ein paar Worte mit ihrem Mann zu wechseln. Der Kosak hatte sich in dem Leiterwagen lang ausgestreckt und schnarchte. Albina trat leise an die Kutsche heran und klopfte an die Kiste.

»Józio!« – Keine Antwort. »Józio, Józio!« rief sie, von Angst gepackt, ein wenig lauter.

»Ja, ja, was ist denn los, Liebste? Was gibt's?« ertönte aus der Kiste Migurskis schlaftrunkene Stimme.

»Warum hast du nicht gleich geantwortet?«

»Ich schlief«, erwiderte er, und am Klang seiner Stimme erkannte sie, daß er dabei lächelte. »Kann ich jetzt etwas an die Luft?«

»Nein, das geht nicht, der Kosak ist in der Nähe«, sagte sie und warf einen Blick auf den schlafenden Kosaken.

Aber wie merkwürdig: obwohl der Kosak schnarchte, waren seine treuherzigen blauen Augen geöffnet. Er schaute zu Albina herüber, und erst als er ihrem Blick begegnete, schloß er die Augen.

Ist mir das nur so vorgekommen, oder hat er wirklich nicht geschlafen? überlegte Albina. Ich habe mich wohl getäuscht, dachte sie und wandte sich wieder ihrem Mann zu.

»Du mußt dich noch ein Weilchen gedulden«, sagte sie. »Willst du etwas essen?«.

»Nein, aber rauchen möchte ich.«

Albina blickte wieder zu dem Kosaken hin. Er schlief. Ja, ich muß mich vorhin geirrt haben, sagte sie sich.

»Ich will jetzt zum Gouverneur fahren.«

»Nun, hoffentlich hast du Glück...«

Albina entnahm dem Koffer ein Kleid und ging ins Haus zurück, um sich umzuziehen.

Nachdem sie ihr bestes Witwenkleid angezogen hatte, fuhr sie auf die andere Seite der Wolga hinüber. Drüben am Kai nahm Albina eine Droschke und ließ sich zum Gouverneur fahren. Sie wurde vorgelassen. Die hübsche junge, so charmant lächelnde und ausgezeichnet französisch sprechende polnische Witwe gefiel dem alten, sich jugendlich aufspielenden Gouverneur außerordentlich. Er bewilligte alles, worum sie bat, und forderte sie auf, sich am nächsten Tag nochmals bei ihm einzufinden, um eine Anweisung für den Stadthauptmann von Zarizyn entgegenzunehmen. Erfreut sowohl über den Erfolg ihrer Bemühungen als auch über die Wirkung ihres anziehenden Wesens, die sie an dem Verhalten des Gouverneurs wahrgenommen hatte, stieg Albina wieder in eine Droschke und fuhr auf der abschüssigen, ungepflasterten Straße beglückt und voller Hoffnungen zum Hafen zurück. Die Sonne war bereits über dem Wald aufgegangen und spiegelte sich mit ihren schrägen Strahlen auf der gekräuselten Wasserfläche des gewaltigen Stromes. Auf den Anhöhen zur Rechten und zur Linken zeichneten sich wie weiße Wolken die über und über mit duftenden Blüten bedeckten Kronen der Apfelbäume ab. Das Ufer entlang ragte ein Wald von Masten empor, und auf dem in der Sonne schillernden, vom Wind leicht bewegten Wasserspiegel schimmerten weiße Segel. Am Hafen angelangt, fragte Albina den Kutscher, mit dem sie ins Gespräch gekommen war, ob man hier wohl ein Boot zu einer Fahrt nach Astrachan mieten könne – und im Nu war sie von ein paar Dutzend lebhafter, laut durcheinanderredender Schiffer umringt, die ihr alle ihre Dienste und Fahrzeuge anboten. Albina einigte sich mit einem ihr mehr als die anderen zusagenden Schiffer und ließ sich von ihm sein Fahrzeug zeigen, das zwischen den anderen, dicht zusammengedrängten Booten im Hafen lag. Das Boot war mit einem kleinen Segelmast ausgestattet, so daß man sich auch vom Wind treiben lassen konnte, und für den Fall der Windstille standen Ruder und zwei stämmige, muntere Bootsknechte zur Verfügung, die jetzt im Boot saßen und sich sonnten. Der fröhliche, gutmütige Steuermann riet Albina, die Kutsche nicht zurückzulassen, sondern die Räder abzunehmen und sie ins Boot zu stellen. »Sie wird gerade reinpassen, und Sie werden bequemer sitzen. So Gott uns gutes Wetter beschert, sind wir in fünf Tagen in Astrachan.«

Albina setzte mit dem Bootsbesitzer den Preis fest und befahl ihm, in die Vorstadt Pokrowskaja zu kommen und sich dort im Loginowschen Gasthof zu melden, um die Reisekutsche zu besichtigen und eine Anzahlung zu empfangen. Alles war ihr über Erwarten gut gelungen. In allerbester, glückseliger Stimmung fuhr sie ans andere Ufer der Wolga zurück, entlohnte den Droschkenkutscher und begab sich zum Gasthof.

12

Der Kosak Danilo Lifanow war aus Strelezki Umjot im Obstschi Syrt gebürtig. Er war vierunddreißig Jahre alt und gerade dabei, den letzten Monat seiner Militärzeit abzudienen. Danilos Familie zu Hause bestand aus dem neunzigjährigen Großvater, der sich noch auf Pugatschow besinnen konnte, zwei Brüdern, der Schwiegertochter des ältesten Bruders, den man wegen seiner Altgläubigkeit zu Zwangsarbeiten nach Sibirien verbannt hatte, seiner Frau, zwei Töchtern und zwei Söhnen. Sein Vater war im Krieg gegen Frankreich gefallen. Danilo war jetzt der älteste im Hause. Zur Wirtschaft gehörten sechzehn Pferde und zwei Gespanne Ochsen sowie fünfzehn Sotennik eigenes Ackerland, das mit Weizen bestellt wurde. Er, Danilo, hatte beim Militär in Orenburg und Kasan gedient und stand jetzt vor dem Abschluß seiner Dienstzeit. Er hielt streng an seinem alten Glauben fest, rauchte nicht, trank nicht, aß mit Andersgläubigen nicht aus demselben Geschirr und befolgte überhaupt alles aufs genaueste, wozu er sich eidlich verpflichtet hatte. Alle seine Obliegenheiten erledigte er mit pedantisch umständlicher Gründlichkeit; war ihm von den Vorgesetzten irgendein Auftrag erteilt worden, so konzentrierte er seine ganze Aufmerksamkeit darauf und war mit Leib und Seele bei der Sache, so lange, bis er alles ausgeführt hatte, wie es seiner Pflichtauffassung nach nötig war. Jetzt hatte er den Auftrag erhalten, zwei Polinnen, die Särge mit sich führten, nach Saratow zu begleiten und dafür zu sorgen, daß ihnen unterwegs nichts zustieß und daß sie sich auf der Fahrt ruhig verhielten und keinen Unfug anstellten, danach sollte er sie in Saratow ordnungsgemäß bei der vorgesetzten Behörde abliefern. So hatte er sie denn auch mitsamt ihrem Hündchen und den mitgeführten Särgen bis nach Saratow gebracht. Die Frauen hatten sich, obwohl es Polinnen waren, als ruhig und freundlich erwiesen und nichts Ungehöriges getan. Doch hier nun, in dem Vorort Pokrowskaja, war ihm, als er abends an der Kutsche vorbeiging, aufgefallen, daß das Hündchen in den Wagen hineinsprang und dort winselte und mit dem Schweif wedelte, und es war ihm vorgekommen, als hätte er unter dem Sitz der Kutsche die Stimme eines Menschen gehört. Eine der Polinnen – die ältere – war, als sie das Hündchen in der Kutsche erblickte, ganz erschrocken, hatte es ergriffen und fortgebracht.

Irgendwas stimmte da nicht, dachte der Kosak und begann die Kutsche zu beobachten. Als die junge Polin nachts auf den Hof kam und an die Kutsche herantrat, stellte er sich schlafend und hörte nun ganz deutlich eine aus der Kiste kommende männliche Stimme. Frühmorgens ging er zur Polizei und meldete, daß die seiner Obhut anvertrauten Polinnen nichts Gutes im Schilde führten und daß sie in der Kiste statt der angegebenen Leichen einen lebenden Mann transportierten.

Als Albina, fest davon überzeugt, nun sei alle Not beendet und sie würden in einigen Tagen frei sein, glückselig zum Gasthof zurückkehrte, bemerkte sie vor dem Tor mit Erstaunen ein elegantes Doppelgespann mit einem zusätzlichen Beipferd sowie zwei Kosaken.

Im Torweg drängte sich eine Menschenmenge und blickte in den Hof.

Albina war so von Hoffnungen und Tatendrang erfüllt, daß es ihr überhaupt nicht in den Sinn kam, diese Equipage und der Menschenauflauf könnten etwas mit ihr zu tun haben. Doch als sie in den Hof trat und zu der Stelle blickte, wo unter dem Schutzdach ihre Reisekutsche stand, da sah sie, daß sich dort die Leute drängten, und hörte zugleich das verzweifelte Gebell Tresorkas. Das Schlimmste, was man sich überhaupt vorstellen konnte, war geschehen. Neben der Kutsche stand, prunkend in seiner sauberen Uniform und mit den in der Sonne blitzenden Knöpfen, Achselschnüren und Lackstiefeln, ein würdevoll aussehender Offizier mit schwarzem Backenbart und erteilte in lautem, gebieterischem Ton Befehle. Vor ihm stand in Bauernkleidung und mit Heuhalmen im zerzausten Haar zwischen zwei Soldaten ihr Józio und zuckte, als begriffe er nicht, was sich um ihn herum abspielte, immer wieder mit seinen mächtigen Schultern. Tresorka, der nicht wußte, daß er den Anstoß zu dem ganzen Unglück gegeben hatte, kläffte mit gesträubtem Fell wütend den Polizeihauptmann an. Als Migurski Albina bemerkte, zuckte er zusammen und wollte auf sie zugehen, doch er wurde von den Soldaten zurückgehalten.

»Reg dich nicht auf, Albina, reg dich nicht auf!« bat Migurski mit dem ihm eigenen sanften Lächeln.

»Aha, da ist ja auch die Dame selbst«, sagte der Polizeihauptmann. »Kommen Sie gefälligst näher! So also sehen die Särge Ihrer Kinder aus? He?« fragte er Albina und zeigte spöttisch auf Migurski.

Albina antwortete nichts, sondern griff sich nur an die Brust und starrte voller Entsetzen auf ihren Mann.

Wie es in den letzten Augenblicken vor dem Tod und überhaupt in entscheidenden Momenten des Lebens oft vorkommt, hatte sie gleichzeitig eine Unzahl verschiedener Gefühle und Gedanken, ohne noch die ganze Größe ihres Unglücks zu erfassen und daran zu glauben. Das erste Gefühl war ihr schon seit langem vertraut: es war das Gefühl verletzten Stolzes angesichts der Demütigungen, die ihr heldenmütiger Mann durch die rohen, gemeinen Menschen erdulden mußte, die ihn jetzt in ihrer Gewalt hatten. Wie können sie sich unterstehen, dachte sie, ihm, dem besten aller Menschen, Gewalt anzutun?! Gleichzeitig mit diesem Gefühl übermannte sie das Bewußtsein, daß ein Unglück über sie hereingebrochen war. Dieses Bewußtsein wiederum weckte in ihr die Erinnerung an den schwersten Schicksalsschlag ihres Lebens – den Tod ihrer Kinder. Und zugleich fragte sie sich: Wofür? Wofür wurden mir die Kinder genommen? In Verbindung mit dieser Frage legte sie sich als nächstes die Frage vor, wofür ihr geliebter Mann, dieser gütigste aller Menschen, jetzt ins Unglück gestürzt und gemartert wurde. Und dabei wurde ihr klar, welche schmachvolle Strafe er jetzt zu gewärtigen hatte und daß sie, sie allein an allem schuld war.

»In welchem Verhältnis stehen Sie zu ihm? Sind Sie mit ihm verheiratet?« fragte der Polizeihauptmann schon zum zweitenmal.

»Wofür? Wofür bloß?« schrie Albina und sank, in hysterisches Gelächter ausbrechend, auf die Kiste nieder, die man inzwischen vom Wagen gehoben und neben ihn hingestellt hatte. Von Schluchzen geschüttelt, kam Ludwika mit tränenüberströmtem Gesicht auf Albina zu.

»Paniusia, liebe Paniusia! Jak Boga kocham, es wird nichts Schlimmes geschehen, ganz und gar nichts«, sagte sie und strich Albina über den Kopf.

Nachdem man Migurski Handschellen angelegt hatte, führte man ihn aus dem Hof. Albina lief ihm nach.

»Verzeih mir, verzeih mir!« rief sie. »Ich allein bin an allem schuld, ich ganz allein.«

»Das wird die Untersuchung ergeben, wer schuld ist. Auch Sie werden an die Reihe kommen«, sagte der Polizeihauptmann und schob sie mit der Hand zurück.

Als Migurski zur Fähre gebracht wurde, ging Albina, ohne zu wissen, weshalb, hinter ihm her und hörte nicht auf Ludwika, die sie davon abzuhalten versuchte.

Der Kosak Danilo Lifanow stand die ganze Zeit über neben der Kutsche und blickte mit finsterer Miene bald auf den Polizeihauptmann, bald auf Albina, bald zu Boden.

Nachdem Migurski abgeführt worden und Tresorka allein zurückgeblieben war, kam er zu Danilo, wedelte mit dem Schwanz und schmiegte sich an ihn; er hatte sich während der Reise mit ihm befreundet. Doch plötzlich trat der Kosak mit einem jähen Ruck vom Wagen weg, riß sich die Mütze vom Kopf, schleuderte sie auf die Erde, stieß mit dem Fuß Tresorka beiseite und ging in die Schankstube. In der Schankstube ließ er sich Schnaps geben, zechte Tag und Nacht und vertrank all sein Geld und alles, was er auf dem Leibe trug. Erst gegen Abend des nächsten Tages, als er in einem Straßengraben erwachte, hörte er auf, an die ihn quälende Frage zu denken, ob er recht gehandelt hatte, der Polizei von dem in der Kiste versteckten Mann der jungen Polin Meldung zu erstatten.

Migurski wurde vor Gericht gestellt und für seinen Fluchtversuch zu tausend Spießrutenschlägen verurteilt. Seinen Angehörigen und Wanda, die in Petersburg Verbindung besaß, gelang es jedoch, eine Milderung der Strafe zu erreichen. Er wurde zu lebenslänglicher Ansiedlung nach Sibirien verbannt. Albina folgte ihm dorthin.

Nikolai I. aber frohlockte, weil er nicht nur in Polen, sondern auch in ganz Europa die Hydra der Revolution zerschmettert hatte, und er brüstete sich damit, daß es ihm gelungen war, die Traditionen des russischen Selbstherrschertums zu wahren und zum Wohle des russischen Volkes die Herrschaft Rußlands über Polen aufrechtzuerhalten. Und da er dafür von all den Herrschaften in goldbestickten, mit Orden übersäten Uniformen aufs höchste gepriesen wurde, war er ehrlich überzeugt, er sei ein großer Mensch und sein Leben ein unermeßlicher Segen für die Menschheit und insbesondere für das russische Volk, auf dessen Demoralisation und Verdummung unbewußt sein ganzes Sinnen und Trachten gerichtet war.

1906

Chodynka

»Dieser Starrsinn ist mir unverständlich. Warum willst du dich morgen früh, statt auszuschlafen, unbedingt unter das Volk mischen, wo du doch später mit Tante Wera in aller Ruhe unmittelbar bis zum Pavillon fahren kannst. Von dort hast du einen Überblick über das Ganze. Ich sagte dir schon, daß Beer mir versprochen hat, dich zu begleiten. Als Hofdame hast du schließlich ein Recht darauf.«

So sprach der in der ganzen vornehmen Welt unter dem Spitznamen Pigeon bekannte Fürst Pawel Golizyn zu seiner dreiundzwanzigjährigen Tochter Alexandra, die allgemein Rina genannt wurde. Das Gespräch fand am Abend des 17. Mai 1896 statt und betraf das Volksfest, das am nächsten Tag anläßlich der Thronbesteigung Nikolaus' II. veranstaltet werden sollte. Rina, eine hübsche, stattliche junge Dame mit der für die Golizyns charakteristischen Adlernase, hatte die Zeit, in der die Bälle in den höchsten Gesellschaftskreisen ihr ein und alles waren, bereits hinter sich; sie war – oder bildete es sich zumindest ein – durchaus fortschrittlich gesinnt und eine Anhängerin der Narodniki. Als einzige Tochter und Liebling des Vaters tat sie alles, was sie wollte. Jetzt war sie, wie der Vater sich ausdrückte, auf die absurde Idee verfallen, sich nicht erst um die Mittagszeit mit dem Hof auf das Volksfest zu begeben, sondern in Begleitung ihres Vetters hinzugehen, zusammen mit dem Volk – mit dem Hausknecht und dem zweiten Kutscher, die sich vorgenommen hatten, in aller Frühe aufzubrechen.

»Ja, Papa, es kommt mir nicht darauf an, das Volk zu sehen, sondern ich will mit ihm zusammen sein. Ich möchte feststellen, wie die Leute dem jungen Zaren gesonnen sind. Ist es denn nicht möglich, wenigstens einmal...«

»Nun gut, tu schon, was du willst. Gegen deinen Starrsinn ist man einfach machtlos.«

»Sei nicht böse, liebster Papa. Ich verspreche dir, vernünftig zu sein. Und ich werde ja auch Alek immer zur Seite haben.«

So ungewöhnlich und verwegen dem Vater auch das Vorhaben der Tochter erschien – er war außerstande, ihr eine Bitte abzuschlagen.

»Selbstverständlich kannst du das«, antwortete er auf ihre Frage, ob sie den Wagen nehmen dürfe. »Du läßt dich bis zur Chodynka-Wiese fahren und schickst ihn dann zurück.«

»Großartig!«

Sie trat vor ihn hin. Er bekreuzigte sie wie gewöhnlich, und sie küßte seine große weiße Hand. Und jeder ging in sein Zimmer.

An jenem Abend wurde auch in der Wohnung einer gewissen Marja Jakowlewna, die Zimmer an Arbeiter einer Zigarettenfabrik vermietete, über das bevorstehende Volksfest gesprochen. In Jemeljan Jagodnows Zimmer saßen die zu ihm gekommenen Kameraden und verabredeten, wann sie am nächsten Morgen aufbrechen wollten.

»Es lohnt gar nicht mehr, sich hinzulegen, da kann man so leicht verschlafen«, sagte Jascha, ein fröhlicher junger Bursche, der hinter der Trennwand hauste.

»Na, eine Weile können wir noch schlafen«, meinte Jemeljan. »Beim Morgengrauen brechen wir dann auf. So machen es auch die andern.«

»Nun, wenn wir noch schlafen wollen, dann schnell. Ich verlaß mich drauf, daß du mich weckst, Semjonytsch.«

Jemeljan Semjonytsch versprach, ihn zu wecken. Dann kramte er aus einer Schublade ein Röllchen Nähgarn hervor, rückte die Lampe näher zu sich heran und begann einen abgerissenen Knopf an seinen Sommermantel anzunähen. Nachdem das getan war, legte er seinen Sonntagsanzug auf der Bank zurecht, putzte die Stiefel und sprach danach ein paar Gebete vor sich hin – das Vaterunser und das Gebet an die Muttergottes –, deren Sinn er nicht verstand und auch nie zu ergründen versucht hatte; anschließend zog er Schuhe und Hosen aus und legte sich auf die zerbeulte Matratze des knarrenden Betts.

Kann man es wissen? dachte er. Es kommt vor, daß Leute Glück haben. Vielleicht erwische ich einen Gewinn. (Unter der Bevölkerung liefen Gerüchte um, daß bei dem Volksfest außer Geschenken auch Lotterielose verteilt werden sollten.) Es brauchen ja nicht gleich zehntausend zu sein. Fünfhundert Rubel wären auch sehr schön. Was könnte ich damit alles anfangen! Den Eltern würde ich etwas von dem Geld schicken, und meine Frau müßte ihre Stelle kündigen. Was ist das schon für ein Leben, immer getrennt zu sein. Auch würde ich mir eine anständige Uhr kaufen und für uns beide Pelze anschaffen. So rackert und plagt man sich ab und kommt doch nie aus der Not heraus. Und dann träumte ihm, er gehe mit seiner Frau durch den Alexander-Park, und derselbe Polizist, von dem er voriges Jahr aufs Revier gebracht worden war, weil er ihn in der Betrunkenheit beschimpft hatte, sei jetzt kein Polizist mehr, sondern ein General, und dieser General lächle ihm zu und fordere ihn auf, mit ihm in eine Schenke zu gehen und das Spiel des Polyphons anzuhören. Das Polyphon spielte lange, und es klang ganz so, als schlüge eine Uhr. Jemeljan wachte auf, vernahm nun wirklich die schnarrenden Schläge der Uhr, hörte die Wirtin Marja Jakowlewna im Nebenzimmer husten und sah, daß das Fenster nicht mehr ganz so dunkel war wie beim Schlafengehen.

Daß wir nur nicht verschlafen! schoß es ihm durch den Kopf.

Jemeljan stand auf und ging barfuß hinter die Trennwand und weckte Jascha; dann zog er sich an und pomadisierte und frisierte sich vor dem zersprungenen kleinen Spiegel.

Ja, so sieht's gut aus, sagte er sich. Deshalb sind auch die Mädchen hinter mir her. Aber ich halte sie mir vom Halse...

Anschließend ging er zur Wirtin, ließ sich von ihr, wie tags zuvor verabredet, ein Weißbrot, zwei Eier, etwas Schinken und eine halbe Flasche Schnaps geben, verstaute alles in einem Beutel und trat beim ersten Morgengrauen mit Jascha den Weg zum Petrowski-Park an. Viele Menschen waren schon unterwegs. Vor ihnen gingen welche, andere kamen hinter ihnen her und überholten sie – von allen

Seiten strömten fröhliche, festlich gekleidete Männer, Frauen und Kinder auf die Straße, und alle schlugen dieselbe Richtung ein.

Nun waren sie an der Chodynka-Wiese angelangt. Die ganze Wiese war schwarz von Menschen. An verschiedenen Stellen stieg Rauch auf. In den Morgenstunden war es kalt, und die Leute hatten Äste und Holzscheite herbeigeschafft und Lagerfeuer angezündet.

Jemeljan und die Kameraden, mit denen er hier zusammentraf, zündeten ebenfalls ein Feuer an, sie setzten sich und sprachen dem mitgebrachten Frühstück und Schnaps zu. Strahlend hell ging die Sonne auf, und allen wurde fröhlich ums Herz. Man sang, man unterhielt sich, scherzte, lachte, freute sich über alles und erwartete weitere Freuden. Nachdem Jemeljan mit seinen Kameraden getrunken und sich eine Zigarette angezündet hatte, wurde ihm noch fröhlicher zumute.

Obwohl alle festlich gekleidet waren, fielen dennoch zwischen den Arbeitern und Arbeiterfrauen die reichen Leute und Kaufleute auf, die sich mit ihren Frauen und Kindern hier und da unter das Volk gemischt hatten. So fiel auch Rina Golizyna auf, als sie in Begleitung ihres Vetters Alek strahlend vor Freude, daß sie ihren Willen durchgesetzt hatte und inmitten des Volkes die Thronbesteigung des allgemein vergötterten Zaren feiern konnte, an den Lagerfeuern vorbeikam.

»Auf Ihre Gesundheit, schönes Fräulein!« rief ihr ein junger Fabrikarbeiter zu und führte ein Gläschen Schnaps an den Mund. »Nehmen Sie doch einen kleinen Imbiß mit uns!«

»Vielen Dank.«

»Lassen Sie sich's selber gut schmecken – mußt du sagen«, raunte ihr Alek zu, der stolz darauf war, sich in den Volksbräuchen auszukennen, und beide gingen weiter.

Gewohnt, überall bevorzugte Plätze einzunehmen, gingen sie in dem immer ärger werdenden Gedränge geradewegs zu dem Pavillon; es war so viel Volk zusammengeströmt, daß ungeachtet des klaren Morgens von dem Atem all der

Menschen eine dichte Dunstschicht über der Wiese lag. Doch die Polizisten ließen Alek und Rina nicht durch die Absperrung. »Nun gut, dann laß uns wieder umkehren«, sagte Rina, und sie begaben sich in den allgemeinen Trubel zurück.

»Du lügst! sagte Jemeljan, der mit seinen Kameraden um den auf einem Bogen Papier ausgebreiteten Imbiß saß, zu einem ihm bekannten Fabrikarbeiter, der eben hinzugekommen war und erzählte, daß man die Geschenke bereits verteile. »Du lügst!«

»Kannst es mir glauben. Recht ist es nicht, aber sie tun es. Ich hab selber gesehn, wie einer mit einem Bündel und einem Glas davonging.«

»Natürlich, das ist die verfluchte Bande vom Artel. Was macht es ihnen schon aus? Wem sie was geben wollen, dem geben sie es eben.«

»Aber das geht doch nicht. Das ist doch gegen alles Recht.«

»Du siehst ja, wie es geht.«

»Kommt, Kinder, gehn wir weiter! Sollen wir vielleicht hier herumsitzen und zusehen?«

Alle standen auf. Jemeljan steckte die Flasche mit dem restlichen Schnaps ein und ging mit seinen Kameraden weiter nach vorn. Doch sie hatten noch keine zwanzig Schritte zurückgelegt, da wurde das Gedränge so stark, daß sie kaum noch vorwärts kamen.

»Drängle doch nicht so!«

»Und warum drängelst du?«

»Meinst du, du willst allein dahin?«

»Hör auf!«

»Mein Gott, sie drücken mich tot!« hörte man eine Frau jammern.

Von der anderen Seite ertönte Kindergeschrei.

»Hol dich der Teufel, zum Donnerwetter!«

»Was fällt dir ein! Meinst du vielleicht, du allein sollst bloß was bekommen?«

»Bis man hinkommt, wird alles weg sein. Ich muß mich jetzt durchschlagen, zum Teufel noch mal!« schrie Jemeljan.

Und er stemmte sich mit seinen kräftigen breiten Schultern gegen die Menge, stieß sie mit den Ellbogen, so gut es ging, auseinander und versuchte sich nach vorn durchzudrängen, ohne recht zu wissen, warum, und nur deshalb, weil alle vorwärts drängten und es ihm schien, er müsse unbedingt nach vorn gelangen. Von hinten und von beiden Seiten war er zwischen Menschen eingekeilt, die alle auf ihn eindrängten, während sich die Menge vor ihm nicht vom Fleck rührte und den Weg versperrte. Alle schrien durcheinander, stöhnten und jammerten. Jemeljan preßte schweigend seine festen Zähne aufeinander, runzelte die Brauen und stieß beharrlich und mit aller Kraft die vor ihm stehenden Leute vorwärts, so daß er, wenn auch nur langsam, doch immer wieder ein Stück weiterkam. Plötzlich geriet die ganze Menge in Bewegung, machte einen Ruck nach vorn und flutete dann nach rechts. Jemeljan schaute in die gleiche Richtung und sah, daß dort hintereinander mehrere Packen durch die Luft flogen und in die Menge fielen. Er konnte nicht begreifen, was das sein könnte, doch da rief jemand dicht neben ihm: »Die verdammten Teufel! Sie schleudern die Sachen einfach in die Menge!«

Und von dort, wohin die Beutel mit den Geschenken flogen, hörte man Schreie, Gelächter, Weinen und Stöhnen.

Jemand versetzte Jemeljan einen empfindlichen Stoß in die Seite. Sein Ärger und seine Wut steigerten sich noch mehr. Gleich darauf, noch bevor sich der Schmerz in der Seite etwas gelegt hatte, trat ihm jemand auf den Fuß. Sein Mantel, der neue Mantel, blieb an irgend etwas hängen und zerriß. Von Wut gepackt, stemmte er sich mit aller Kraft gegen die vor ihm stehenden Leute und stieß sie vorwärts. Doch nun geschah etwas, was er zunächst gar nicht begreifen konnte. Während er bis dahin nichts anderes als die Rücken von Menschen vor sich gesehen hatte, bot sich ihm jetzt plötzlichh ein weiter Ausblick. Er sah die Zelte – die Zelte, vor denen die Geschenke verteilt werden sollten. Allein die Freude darüber währte nicht lange. Schon im nächsten Augenblick erkannte er, daß sich die weite Sicht nur deshalb eröffnet hatte, weil die Menschen vor ihm an einem Graben angelangt und alle, teils der Länge nach, teils kopfüber, hineingefallen waren; und zugleich wurde ihm klar, daß auch er in den Graben stürzen und die ihm nachfolgenden Menschen auf ihn fallen würden. Jetzt erschrak er zum erstenmal. Er stürzte. Eine Frau, die ein gemustertes Tuch um die Schultern hatte, fiel über ihn. Er schüttelte sie ab und wollte zurück, aber die Leute hinter ihm drängten nach, und er war nicht stark genug, sie aufzuhalten. Er torkelte nach vorn und fühlte, wie seine Füße auf eine weiche Masse traten – auf menschliche Körper. Die Leute griffen nach seinen Füßen und schrien. Ohne noch etwas zu sehen und zu hören, arbeitete er sich über die Menschen hinweg nach vorn durch.

»Brüder, nehmt meine Uhr, meine goldene Uhr! Brüder, helft mir heraus!« schrie ein Mann neben ihm.

Jetzt können mir alle Uhren gestohlen bleiben, dachte Jemeljan, während er die andere Seite des Grabens hinaufzuklettern versuchte. Sein Inneres war von zwei quälenden Gefühlen beherrscht: erstens von Angst um sein Leben und zweitens von Grimm über die außer Rand und Band geratenen Menschen, die ihn bedrängten. Trotz allem aber wollte er sein Ziel – bis zu den Zelten vorzudringen und einen Beutel mit Geschenken sowie ein Lotterielos in Empfang zu nehmen – immer noch nicht aufgeben.

Er sah die Zelte bereits vor sich, sah die mit der Ausgabe der Geschenke beauftragten Leute vom Artel, hörte die Rufe derer, die schon bis zu den Zelten vorgedrungen waren, und hörte auch das Knarren der Bretterstege, auf denen sich die vordersten Reihen der Menge zusammendrängten. Er nahm alle seine Kraft zusammen und hatte sich auch schon bis auf zwanzig Schritt den Zelten genähert, als er plötzlich unter oder vielmehr zwischen seinen Füßen ein Kind schreien und jammern hörte. Jemeljan blickte hinunter und sah einen kleinen Jungen mit bloßem Kopf und in zerrissener Hemdbluse, der auf dem Rücken lag, unaufhörlich schrie und seine Beine zu packen versuchte. Jemeljan krampfte sich plötzlich das Herz zusammen. Die Angst um sein Leben verflog, und auch der Zorn über die Menschen war vergangen. Ihm tat jetzt nur der kleine Junge leid. Er bückte sich und umfaßte seinen Leib, aber die Leute hinter ihm drängten dermaßen auf ihn ein, daß er beinahe gefallen wäre, und er ließ den Jungen wieder los; doch dann spannte er noch einmal seine ganze Kraft an, ergriff schnell den Jungen und warf ihn sich über die Schulter. Die Menge drängte jetzt etwas weniger, und Jemeljan ging mit dem Jungen weiter.

»Reich ihn mir rüber!« sagte ein neben Jemeljan gehender Kutscher; er nahm ihm den Jungen ab und hob ihn über die Menge empor.

»Sieh zu, wie du über den Leuten weiterkommst!«

Als sich Jemeljan umwandte, sah er, wie der Junge bald in der Menge untertauchte, bald wieder aus ihr auftauchte und über die Schultern und Köpfe der Leute hinweg immer weiter und weiter in der Ferne verschwand.

Jemeljan bewegte sich mechanisch vorwärts. Umzukehren war unmöglich, doch kam es ihm jetzt nicht mehr darauf an, sich bis zu den Zelten durchzuschlagen und die Geschenke in Empfang zu nehmen: Er dachte an den Jungen, fragte sich, wo Jascha geblieben und was aus den niedergetretenen und erdrückten Menschen geworden war, die er beim Überqueren des Grabens gesehen hatte. Als er bei den Zelten anlangte, wurden ihm ein Beutel und ein Glas ausgehändigt, doch es machte ihm jetzt keine Freude mehr. Was ihn im ersten Moment noch freute, war der Umstand, daß das Gedränge hier aufgehört hatte und daß man jetzt frei atmen und sich bewegen konnte. Allein auch diese Freude wurde ihm durch den Anblick genommen, der sich ihm gleich danach bot. Er erblickte eine Frau in einem zerrissenen gestreiften Kleid und mit zerzaustem, blondem Haar. Sie lag auf dem Rücken, und ihre Füße, die in Knöpfstiefeln staken, ragten starr empor. Die eine Hand der Frau lag auf dem Rasen, die andere mit verkrampften Fingern unterhalb der Brust. Ihr Gesicht war nicht einfach blaß, sondern hatte die bläulichweiße Färbung, wie sie Toten eigen ist. Diese Frau war als erste zu Tode getrampelt worden, und man hatte sie über die Umzäunung hierher, vor den kaiserlichen Pavillon, geworfen.

Zu der Zeit, da Jemeljan die Leiche sah, standen zwei Polizisten über sie gebeugt, und ein höherer Polizeibeamter gab ihnen irgendwelche Anweisungen. Gleich darauf erschienen auch berittene Kosaken, die auf Befehl ihres Offiziers auf Jemeljan und die übrigen hier versammelten Menschen zugesprengt kamen und sie in die Menge zurücktrieben. Und wieder befand sich Jemeljan inmitten der Volksmasse, und das Gedränge und Gewühl war noch ärger als vorher. Wieder schrien und stöhnten Frauen und Kinder, wieder stiegen Menschen über Menschen und traten einander nieder, weil es eben anders gar nicht ging. Aber Jemeljan bangte jetzt nicht mehr um sein Leben, und er empfand auch keinen Zorn gegen die Menschen, die auf ihn eindrängten; er hatte nur den einen Wunsch, sich aus dem Gewühl zu befreien, Klarheit über die Gefühle zu gewinnen, die in seinem Innern entstanden waren, zu rauchen und einen Schluck Schnaps zu nehmen. Er brannte förmlich darauf, zu rauchen und sein Verlangen nach Schnaps zu stillen. Und er konnte es auch: an einer freien Stelle trat er aus der Menge, zündete sich eine Zigarette an und trank von dem mitgebrachten Schnaps.

Anders war es Rina und Alek ergangen. Ohne auf einen Zwischenfall gefaßt zu sein, hatten sie sich unter die in Gruppen herumsitzenden Menschen gemischt und sich mit den Frauen und Kindern unterhalten, als sich plötzlich das Gerücht verbreitete, die Geschenke würden auf unrechtmäßige Weise verteilt, und die ganze Menge daraufhin zu den Zelten stürmte. Ehe sich's Rina versah, war sie von Alek getrennt und von der Menge mitgerissen worden. Sie wurde von Entsetzen gepackt. Sie versuchte sich zu beherrschen, konnte aber schließlich nicht mehr an sich halten, schrie auf und bat um Erbarmen. Doch hier gab es kein Erbarmen; sie wurde immer ärger gestoßen und gedrückt, ihr Kleid hing in Fetzen herunter, der Hut war ihr vom Kopf geflogen. Die Uhr war weg, und wenn sie es auch nicht mit Sicherheit behaupten konnte, so schien es ihr doch, als hätte man sie ihr samt der Kette vom Kleid gerissen. Sie war ein kräftiges junges Mädchen und würde vielleicht alles überstanden haben, wäre ihr seelischer Zustand nicht so qualvoll gewesen und hätte er ihr nicht den Atem benommen. In zerfetzter Kleidung und zerschunden, hielt sie sich gerade noch mit Mühe aufrecht; doch als die Kosaken auf das Volk zusprengten um es zurückzutreiben, geriet sie vollends in Verzweiflung und erlitt zugleich einen Schwächeanfall; ihr schwindelte, sie brach zusammen und verlor das Bewußtsein.

Als sie wieder zu sich kam, lag sie rücklings auf dem Rasen. Vor ihr hockte in einem zerrissenen Mantel ein Mann mit kurzem Bart – dem Anschein nach ein Handwerker – und spritzte ihr Wasser ins Gesicht. Als sie die Augen aufschlug, bekreuzigte sich der Mann und spie das in den Mund genommene Wasser aus. Es war Jemeljan.

»Wo bin ich? Wer sind Sie?«

»Auf der Chodynka-Wiese sind Sie. Und wer ich bin? Nun, ein Mensch. Mich haben sie auch tüchtig zerschunden. Aber unsereiner kann schon was vertragen«, sagte Jemeljan.

»Und was bedeutet das Geld hier?« fragte Rina und zeigte auf die in ihrem Schoß liegenden Kupfermünzen.

»Ja, da haben manche Leute wohl geglaubt, Sie seien umgekommen, und wollten ein Scherflein zur Beerdigung beitragen. Ich aber hab Sie mir genauer angesehn und gemerkt, daß Sie noch leben. Und da hab ich Sie mit Wasser bespritzt.«

Rina musterte ihr Äußeres und sah nun, daß ihre Kleidung völlig zerfetzt und ihre Brust zum Teil entblößt war. Sie schämte sich. Jemeljan erriet es und deckte sie zu.

Andere Leute kamen hinzu, darunter auch ein Polizist. Rina richtete sich auf und erklärte, wessen Tochter sie sei und wo sie wohne.Jemeljan machte sich auf, eine Droschke zu holen.

Mittlerweile hatte sich immer mehr Volk angesammelt. Als Jemeljan mit der Droschke zurückkam' stand Rina auf; man wollte sie in den Wagen heben, doch sie bestieg ihn, ohne die angebotene Hilfe zu beanspruchen. Sie schämte sich nur wegen ihres unordentlichen Aussehens.

»Nun, und wo ist das Brüderchen geblieben?« fragte eine der hinzugekommenen Frauen.

»Ich weiß nicht, weiß es ganz und gar nicht«, antwortete Rina verzweifelt. (Erst zu Hause erfuhr sie, daß Alek, als das Gedränge begonnen hatte, noch rechtzeitig aus der Menge herausgekommen und völlig unversehrt nach Hause zurückgekehrt war.)

»Dieser gute Mensch hier hat mich gerettet«, fuhr Rina fort und zeigte auf Jemeljan. »Ich weiß nicht, was mit mir geschehen wäre, hätte er sich nicht meiner angenommen... Wie ist Ihr Name?« wandte sie sich an Jemeljan.

»Mein Name? Der ist nicht wichtig«, sagte Jemeljan ausweichend.

»Sie ist ja eine Prinzeß«, raunte ihm eine der Frauen zu. »Und ganz furchtbar reich.«

»Kommen Sie, fahren Sie mit zu meinem Vater. Er wird Ihnen danken und sich erkenntlich zeigen.«

Da wurde es Jemeljan plötzlich ganz warm ums Herz, und er fühlte sich so glücklich, daß er dieses Gefühl auch nicht gegen einen Gewinn von zweihunderttausend Rubel eingetauscht hätte.

»Das ist nicht nötig. Nein, Fräulein, fahren Sie allein nach Haus. Was gibt's da noch viel zu danken.«

»Ach nein, ich würde keine Ruhe finden.«

»Leben Sie wohl, Fräulein, Gott mit Ihnen! Nur meinen Mantel dürfen Sie nicht mitnehmen«, sagte Jemeljan und lächelte dabei, seine weißen Zähne entblößend, so glückselig, daß sich Rina immer dieses Lächeln ins Gedächtnis rief, wenn sie in schweren Augenblicken ihres Lebens eines Trostes bedurfte.

Und ein ebensolches, ja noch beglückenderes Gefühl, das ihn alle Nöte des Lebens vergessen ließ, empfand Jemeljan jedesmal, wenn er an sein Erlebnis auf der Chodynka-Wiese, an diese junge Dame und die zuletzt mit ihr gewechselten Worte dachte.

Entstanden 1910

Es gibt keine Schuldigen in der Welt

Erste Fassung

1

Iwan Fjodorowitsch Porchunow, der Adelsmarschall eines großen reichen Kreises in einem der großrussischen Gouvernements, war am Abend zuvor von seinem Gut in der Kreisstadt eingetroffen und fand sich, nachdem er in seiner Stadtwohnung übernachtet hatte, um elf Uhr vormittags im Semstwo-Gebäude ein. Es lag eine Unmenge Arbeit vor: die Semstwo-Versammlung, einige Vormundschaftsangelegenheiten, die Rekrutenaushebungen, die Sanitäts- und Gefängniskommission, das Schulkomitee.

Porchunow stammte aus dem alten Geschlecht der Porchunows, die seit Menschengedenken auf dem großen Gut Nikolskoje-Porchunowo herrschten. Er war in der Kadettenanstalt erzogen worden, hatte jedoch nicht die militärische Laufbahn eingeschlagen, sondern war auf die Universität gegangen und hatte Literaturwissenschaft studiert. Nach Abschluß des Studiums hatte er kurze Zeit beim Generalgouverneur in Kiew Dienst getan, hatte in Kiew eine, was die gesellschaftliche Stellung betrifft, unter ihm stehende junge Dame, die unbegüterte Baronesse Klodt, liebgewonnen und geheiratet und war dann, nach Quittierung des Dienstes, aufs Land übergesiedelt. Dort war er gleich bei den nächsten Wahlen zum Adelsmarschall gewählt worden, und jetzt bekleidete er dieses Amt, in das man jeweils für drei Jahre gewählt wird, bereits zum drittenmal.

Porchunow war ein intelligenter, gebildeter und sehr belesener Mann; er verfügte über ein ungewöhnlich gutes Gedächtnis und verstand es, seine Gedanken klar und kurz auszudrücken. Der schönste Wesenszug an ihm, dank dem er sich allseitiger Sympathie erfreute, war seine Bescheidenheit. Von seinen äußeren Eigenschaften – seiner Bildung, Gutmütigkeit, Rechtschaffenheit und Wahrheitsliebe – hatte er selbst nur eine sehr geringe Meinung und war daher unablässig darauf bedacht, seine Bildung noch zu vervollkommnen und stets so ehrlich, gütig und offenherzig wie nur möglich zu sein. Er war also nicht im geringsten eingebildet, und so lebte er in der Vorstellung aller, zu denen er in Beziehungen trat – und das war ganz zu Recht und konnte gar nicht anders sein –, als der jederzeit freundliche, gütige, rechtschaffene und offenherzige Iwan Fjodorowitsch. Nach den Auffassungen des Kreises, in dem Iwan Fjodorowitsch lebte, führte er einen moralisch durchaus einwandfreien Lebenswandel: er war seiner Frau treu, enthielt sich jeglicher Ausschweifungen (die Periode der Ausschweifungen hatte sich bei ihm nur auf eine kurze Zeit vor der Heirat erstreckt, nur auf seinen Aufenthalt in Kiew) und stellte an die Bauern seines Gutes wie überhaupt an Arbeiter nicht größere Anforderungen, als das zur Aufrechterhaltung der Wirtschaft unbedingt erforderlich war. In politischen Fragen vertrat er einen fortschrittlichen Konservatismus; er hielt es für richtiger, seinen Teil zur Aufklärung des Volkes beizutragen und nach Möglichkeit auf eine Liberalisierung der bestehenden Ordnung hinzuwirken, als utopischen Wünschen nachzuhängen, alle und alles zu verurteilen und persönlich jede Teilnahme an den Staatsgeschäften abzulehnen. Er wäre auch in die Duma gewählt worden, doch zeigte sich, daß sein Gegenkandidat, ein ehemaliger Professor und gewandter Redner, die Wähler besser zu fesseln wußte, und so war dieser an Stelle Iwan Fjodorowitschs in die Duma entsandt worden.

In den für jeden Menschen wichtigsten Fragen – in Fragen der Religion – vertrat Iwan Fjodorowitsch ebenfalls einen fortschrittlichen Konservatismus. Zwar erlaubte er sich auch nicht den Schatten eines Zweifels an der Richtigkeit der griechisch-orthodoxen Dogmen, machte jedoch gegen wissenschaftliche Nachforschungen in Glaubensfragen, namentlich wenn sie historischen Charakters waren, keine Einwände und war auf diesem Gebiet sehr belesen. Nur hinsichtlich der Dogmen selbst war er äußerst vorsichtig. Jede diesbezügliche Erörterung bei Gesprächen oder in Büchern überging er mit Schweigen. Im täglichen Leben befolgte er auf das strengste alle kirchlichen Vorschriften; er nahm nicht nur regelmäßig das Abendmahl, er bekreuzigte sich auch bei allen Gelegenheiten und verrichtete jeden Morgen und jeden Abend die Gebete, die ihn in der Kindheit die Mutter gelehrt hatte. Überhaupt behütete er das Fundament, auf dem das menschliche Leben ruhte, mit großer Sorgfalt, vermied es jedoch, sich daraufzustellen, als bezweifelte er die Festigkeit. Im Umgang, in der Unterhaltung mit andern Leuten war er ein äußerst angenehmer Gesellschafter, und er verstand es, an passenden Stellen ein Zitat oder eine Anekdote einzuflechten. Abgesehen davon, daß er geistreich war, besaß er Humor und konnte die komischsten Dinge völlig ruhig und ernst erzählen. Er war ein passionierter Jäger und spielte gern und gut sowohl Karten als auch Schach.

2

Während Porchunow mit dem Sekretär bei der Arbeit saß, kam der Semstwo-Vorsitzende zu ihm ins Zimmer, ein extremer Reaktionär, mit dem Iwan Fjodorowitsch jedoch ungeachtet der verschiedenen Ansichten auf durchaus freundschaftlichem Fuß stand.

Anschließend erschien der Arzt, ein Mann, der politisch einen genau entgegengesetzten Standpunkt vertrat, er war Demokrat, ja fast Revolutionär. Zu ihm unterhielt Porchunow noch freundschaftlichere Beziehungen; mitunter fragte er ihn mit einem gutmütigen Lächeln, ob man Rußland nun wohl bald zur sozialistischen Republik proklamieren würde, worauf der Arzt ebenfalls mit einem Scherz antwortete.

»Nun, wie ist es, Iwan Iwanowitsch« (Iwan Iwanowitsch war der Verwaltungsvorsitzende), »haben Sie wieder mal Pech im Spiel gehabt und eine Partie ›ohne sechs‹ verloren wie neulich?« wandte er sich an den Verwaltungsvorsitzenden. »Doch Scherz beiseite, wir müssen anfangen! Es liegt eine Unmenge Arbeit vor.«

»Ja, es wird Zeit.«

»Nur habe ich noch ein kleines Anliegen an Sie beide, meine verehrten Mitarbeiter, das ich vorbringen möchte, ehe wir uns in die Arbeit stürzen.« Und auf die Frage des Arztes, worum es sich handele, erzählte Porchunow, der bei ihm für die Kinder als Hauslehrer angestellte Student gebe die Stellung auf und er brauche für ihn nun Ersatz. »Ich weiß«, sagte er zum Verwaltungsvorsitzenden, »Sie haben in Ihrem Bekanntenkreis junge Leute, die sich dafür eignen würden. Und Sie ebenfalls«, fügte er, zum Arzt gewandt, hinzu. »Können Sie mir vielleicht jemand empfehlen?«

»Nun, meine Bekannten dürften für Sie vermutlich, wie soll man es nennen ... allzu fortschrittlich sein«, entgegnete der Arzt.

»Das kann ich mir nicht denken. Ich bin sogar mit Neustrojew ausgekommen, und der ist nun wirklich durch und durch rot.«

»Was hat Neustrojew vor?«

»Er will fort. Sie sagen, Ihre Bekannten seien zu rot für mein Haus. Aber es kann kaum jemand radikaler gesinnt sein als Neustrojew. Und dennoch bin ich gut mit ihm ausgekommen, habe ihn sogar richtig liebgewonnen. Er ist ein prächtiger junger Mann. Natürlich gärt in seinem Kopf, wie das heutzutage bei der Jugend nun einmal so ist, ein noch nicht gargekochter, ungenießbarer Brei, aber im Grunde seiner Seele ist er ein lieber Kerl; ich habe mich richtig befreundet mit ihm.«

»Warum will er denn fort?«

»Er sagt mir nicht die Wahrheit. Der Zwang zum Lügen gehört ja zum Programm der Revolutionäre. Doch das tut nichts zur Sache. Kürzlich traf bei uns im Dorf ein Freund von ihm ein; er stieg bei Solowjow ab und kam mehrmals mit Neustrojew zusammen. Anscheinend ist er von seiner Partei oder Fraktion oder Grup-pe« (Iwan Fjodorowitsch sprach das doppelte p besonders akzentuiert aus), »oder wie man es sonst bei Ihnen nennt, angefordert worden, denn er erklärte anschließend, er könne nicht länger bleiben. Aber er hat sich als ein tüchtiger, gewissenhafter Lehrer und, ich wiederhole es noch einmal, prächtiger junger Mann erwiesen, obwohl er einer der Ihren, das heißt ein Revolutionär ist und offensichtlich einer Gruppe angehört«, fügte Porchunow hinzu und klopfte dem Arzt lächelnd aufs Knie.

Der Arzt konnte sich dem gewinnenden Lächeln Iwan Fjodorowitschs nicht verschließen und lächelte ebenfalls. Er ist ein Gutsbesitzer, ein Aristokrat und im Grunde seines Herzens ein Reaktionär, dachte der Arzt, aber dennoch muß man ihn gern haben.

»Könnten Sie nicht Solowjow dazu heranziehen?« fragte der Verwaltungsvorsitzende.

Solowjow war als Lehrer in der zu Porchunows Gut gehörenden Dorfschule tätig – ein hochgebildeter Mensch, der ein Seminar absolviert und anschließend studiert hatte.

»Solowjow?« wiederholte Iwan Fjodorowitsch lächelnd. »Ich würde ihn schon nehmen, aber Alexandra Nikolajewna« (das war Porchunows Frau) »will davon nichts hören.«

»Warum nicht? Weil er sich hin und wieder betrinkt? Aber das kommt doch bei ihm höchst selten vor.«

»Daß er trinkt, würde noch angehen. Aber er hat sich weit schwerwiegenderer Verstöße gegen die obersten Gesetze schuldig gemacht«, erwiderte Porchunow mit der ruhigen ernsten Miene, die er gewöhnlich aufsetzte, wenn er etwas Witziges erzählte. »Für Alexandra Nikolajewna ist er unmöglich, weil er beim Essen – welch schreckliche Vorstellung – das Messer zum Munde führt.«

Die beiden andern lachten.

»Ich kenne einen Seminaristen, der sich um eine Stelle bemüht, aber er wird Ihnen nicht zusagen. Er ist wirklich sehr konservativ.«

»Das ist fatal, meiner ist zu liberal und der von Iwan Iwanowitsch ist zu rückständig. Aber ich habe doch noch einen andern jungen Mann im Auge. An den werde ich einen Brief senden.«

»So, damit wäre diese Angelegenheit, wenn auch nicht erledigt, so doch eingeleitet; beginnen wir mit der eigentlichen Arbeit... Stepan Stepanytsch«, wandte sich Porchunow an den Sekretär, »sind alle beisammen? Können wir anfangen?«

»Ja, bitte.«

Nun begann die Rekrutenaushebung. Einer nach dem andern traten die jungen Leute ein; etliche von ihnen waren noch ledig, die meisten jedoch schon verheiratet. Man stellte die üblichen Fragen, machte entsprechende Eintragungen, und da die Zeit drängte und noch viel Arbeit bevorstand war man bemüht, die Leute möglichtst schnell abzufertigen und gleich wieder die nächsten hereinzurufen. Manche machten aus ihrem Verdruß über die Einberufung kein Hehl und waren so niedergedrückt, daß sie den Sinn der an sie gerichteten Fragen gar nicht zu verstehen schienen und nur stockend antworteten. Manche hingegen gaben sich den Anschein, sehr vergnügt und zufrieden zu sein. Auch gab es solche, die eine Krankheit vortäuschten, und andere, die wirklich krank waren. Schließlich war einer darunter, der zum Erstaunen der Anwesenden um die Erlaubnis bat, eine Erklärung abgeben zu dürfen.

»Was für eine Erklärung? Was willst du?«

Der Betreffende war ein junger Bauer mit gewelltem blondem Haar, kleinem Bärtchen, langer Nase und in Falten gelegter Stirn, auf der, wenn er sprach, über den Brauen unablässig die Muskeln zuckten.

»Eine Erklärung darüber, daß ich nicht zu den Soldaten...«, er verbesserte sich, »nicht beim Militär eintreten kann.« Nachdem er das gesagt hatte, wurde er ganz blaß, und jetzt zuckten nicht nur die Stirnmuskeln und die Braue über dem linken Auge, sondern auch beide Wangen.

»Bist du krank? Was fehlt dir?« fragte Porchunow.

»Doktor, wollen Sie bitte...«

»Nein, ich bin gesund. Aber ich kann den Eid nicht leisten und keine Waffen in die Hand nehmen, weil das gegen meine Überzeugung ist.«

»Gegen welche Uberzeugung?«

»Nun, gegen die, daß ich, wenn ich an Gott und Christus glaube, kein Mörder werden darf.«

Iwan Fjodorowitsch blickte sich zu seinen Kollegen um und schwieg eine Weile. Sein Gesicht nahm einen ernsten Ausdruck an.

»Soso«, sagte er dann. »Ob Sie...« (er duzte ihn jetzt nicht mehr, sondern ging zum Sie über) »den Militärdienst ableisten können oder nicht, kann ich Ihnen nicht beweisen und halte mich dazu auch nicht für verpflichtet. Meine Sache ist lediglich, Sie in das Verzeichnis der Einberufenen aufzunehmen. Und wegen Ihrer Überzeugungen müssen Sie dann eben mit Ihren Vorgesetzten sprechen ... Der nächste!«

Die Rekrutenaushebung zog sich bis zwei Uhr hin. Nach dem Frühstück wurde die Arbeit fortgesetzt: bei der Versammlung der Semstwo-Deputierten, dann mit der Gefängniskommission und so fort bis fünf Uhr.

Den Abend verbrachte Iwan Fjodorowitsch in seiner Wohnung, er unterzeichnete zuerst alle möglichen Schriftstücke und spielte dann mit dem Verwaltungsvorsitzenden, dem Arzt und dem Bezirkskommandanten Karten. Sein Zug ging am nächsten Morgen in aller Frühe. Ohne richtig ausgeschlafen zu haben, stand er beim Morgengrauen auf, setzte sich in den Zug und fuhr bis zu seiner Station, wo ein prächtiges Dreigespann brauner Traber aus eigener Halbblutzucht und der Kutscher Fedot, ein altes Faktotum des Hauses, auf ihn warteten. Gegen neun Uhr morgens fuhr er unter Schellengeläut am Park von Nikolskoje-Porchunowo vorbei und hielt am Portal des großen zweistöckigen Herrenhauses.

3

Die Familie Jegor Kusmins bestand aus dem schon ziemlich gebrechlichen, trunksüchtigen Vater, einem jüngeren Bruder, der alten Mutter und seiner jungen Frau, mit der man ihn verheiratet hatte, als er knapp achtzehn Jahre alt war. Auf Jegor ruhte eine große Arbeitslast. Doch die Arbeit verdroß ihn nicht, denn wie alle Menschen liebte er es, wenn auch unbewußt, sich in der Landwirtschaft zu betätigen. Mit geistigen Fähigkeiten ausgestattet, war er in der Schule ein guter Schüler gewesen und nützte auch jetzt, namentlich im Winter, jede freie Stunde zum Lesen. Vom Lehrer, der ihn gut leiden konnte, erhielt er fortbildende Bücher, Werke über Naturwissenschaften und Astronomie, und schon im Alter von siebzehn Jahren war in seiner Seele eine Wandlung vor sich gegangen, durch die seine ganze Einstellung zur Umwelt geändert wurde. Damals eröffnete sich ihm unversehens eine ganz neue Erkenntnis, die alles zerstörte, was er bis dahin geglaubt hatte: ihm erschloß sich die Welt der gesunden Vernunft. Aber ihn überraschte nicht das, worüber viele Leute aus dem einfachen Volk verblüfft sind, wenn sich ihnen das Reich der Wissenschaft offenbart – die Größe des Weltalls, die Entfernungen, die Unzahl der Sterne, die Tiefe der Forschungen und die scharfsinnigen Schlußfolgerungen –, nein, ihn überraschte vor allem die Vorstellung, daß die gesunde Vernunft die Voraussetzung für jede Erkenntnis ist. Ihn überraschte, daß man nicht für wahr hinnehmen dürfe, was die Alten erzählen, auch nicht das, was der Pope sagt, und selbst nicht das, was in Büchern, gleich welcher Art, steht, sondern einzig das glauben soll, was einen die gesunde Vernunft lehrt. Das war eine Entdeckung, die seine Weltanschauung von Grund auf änderte und die in der Folge auch sein ganzes Leben umgestaltete.

Kurz darauf kamen einige junge Leute aus dem Dorf, die in Moskau Fabrikarbeiter waren, über die Feiertage nach Hause. Sie brachten revolutionäre Bücher mit und hielten freiheitliche Reden. Die Titel der mitgebrachten Bücher lauteten: »Die Heldentaten eines Soldaten«, »König Hunger«, »Das Märchen von den vier Brüdern« und »Die Spinnen und die Fliegen.« Diese Bücher wirkten jetzt auf Jegor besonders stark. Sie klärten ihn theoretisch über die Bedeutung all dessen auf, was er nicht nur mit den Augen und Sinnen wahrnahm, sondern auch am eigenen Leib verspürte. Zusammen mit dem Vater besaß er zweieinhalb Anteile, das heißt zweieinhalb Deßjatinen Land. Selbst bei einer Durchschnittsernte reichte das Getreide nicht aus, vom Heu nicht zu reden. Bereits in den Sommermonaten fehlte es an Viehfutter, die Kühe bekamen nichts zu fressen, und die Kinder blieben ohne Milch. Die Stoppeln auf dem Brachfeld waren bis zur Erde abgenagt, und wenn es eine Zeitlang nicht geregnet hatte, gab es gar kein Futter mehr, und das Vieh brüllte vor Hunger. Dem Kaufmann hingegen und der Gutsherrin nebenan standen große Gärten, Wälder, Felder und Wiesen zur Verfügung, und sie zahlten einem fünfzig Kopeken Lohn für den Tag, wenn man sich zur Ernte als Mäher verdingte. Für die mähte man, die verkauften Heu, aber das eigene Vieh brüllte vor Hunger, und die eigenen Kinder weinten, weil sie keine Milch bekamen. Das war alles auch früher schon so gewesen, doch damals hatte er darüber hinweggesehen. Jetzt jedoch sah er es nicht nur, sondern jetzt fühlte er es mit seinem ganzen Wesen. Früher hatte er in einer Welt des Aberglaubens gelebt, in der das alles verhüllt war. Jetzt jedoch verhüllte nichts mehr die ganze Grausamkeit und Unsinnigkeit einer solchen Lebensordnung. Er glaubte jetzt nichts, was er nicht selbst geprüft hatte. Als er die Verhältnisse im Wirtschaftsleben untersuchte, war er über die schreiende Ungerechtigkeit und die noch schreiendere Unsinnigkeit entsetzt, die er dabei feststellte. Die gleiche Feststellung machte er hinsichtlich des religiösen Lebens in seiner Umgebung. Doch schien ihm das nicht so wichtig, und er führte das Leben weiter, wie es alle führten: er ging in die Kirche, nahm regelmäßig das Abendmahl, beachtete die Fastenvorschriften, bekreuzigte sich, wenn er sich zu Tisch setzte oder ein Zimmer verließ, und betete morgens und abends.

4

Im Winter fuhr Jegor nach Moskau. Die Kameraden hatten versprochen, ihm dort Arbeit in einer Fabrik zu besorgen. Man stellte ihn auch wirklich gegen einen Monatslohn von zwanzig Rubel ein und versprach ihm für später eine Zulage. Nachdem Jegor zu Hause die ganze Härte und Ungerechtigkeit erkannt hatte, unter der die Bauern auf dem Lande zu leiden hatten, sah er jetzt in Moskau, wo er sich inmitten der Arbeiterschaft befand, daß diese ein noch elenderes Leben führte. Männer, Frauen sowie schwächliche, kranke Kinder ruinierten ihre Gesundheit, indem sie täglich zwölf Stunden für die Reichen alles mögliche unnütze Zeug herstellten: Konfekt, Parfüm, Bronzefiguren und dergleichen Unsinn mehr. Und die reichen Fabrikanten heimsten seelenruhig das unter Zugrunderichten von Menschen erworbene Geld ein und steckten es in ihre ohnehin schon zum Brechen vollen Kassetten. Unter solchen Bedingungen hatte Generation auf Generation gelebt, und niemand hatte diese Ungerechtigkeit und diesen Wahnwitz wahrgenommen oder wahrnehmen wollen. In Moskau steigerte sich noch Jegors Haß gegen die Menschen, die an der Ungerechtigkeit schuld waren, und er hoffte immer zuversichtlicher, es würde sich eine Möglichkeit bieten, diesen Verhältnissen ein Ende zu bereiten. Doch er war noch keine vier Wochen in Moskau, da wurde er auf einer Arbeiterversammlung verhaftet und bei der anschließenden Gerichtsverhandlung zu drei Monaten Gefängnis verurteilt.

Im Gefängnis, in der Gemeinschaftszelle, hatte er sich zunächst mit den sozialrevolutionären Häftlingen befreundet, die die gleichen Ansichten hatten wie er; doch je näher er sie kennenlernte, um so mehr fühlte er sich von ihrer Eigenliebe, ihrem Ehrgeiz und rechthaberischen Charakter abgestoßen. Er legte darauf an sich selbst einen noch höheren, strengeren Maßstab. Da ergab sich, daß in dieselbe Zelle ein Bauer eingewiesen wurde, der wegen Schändung von Heiligtümern, das heißt von Ikonen, verurteilt worden war. Und im Verkehr mit diesem sanftmütigen, immer ruhigen und zu jedermann freundlichen Menschen offenbarte sich ihm eine noch einfachere und vernunftgemäßere Lebensauffassung. Dieser Bauer – Mitetschka wurde er von seinen Zellengenossen genannt, unter denen er sich allgemeiner Achtung erfreute – klärte Jegor darüber auf, daß alles Böse und alle Sünden in der Welt nicht davon kamen, daß böse Menschen andere Menschen schädigen und das

Land und die Erträge ihrer Arbeit rauben, sondern davon, daß die Geschädigten selber nicht gottgefällig leben. Man brauche nur gottgefällig zu leben, sagte er, dann werde einem niemand etwas zuleide tun. Alle Gebote Gottes stünden im Evangelium, das jedoch von den Popen falsch ausgelegt würde; man müsse aber nach dem wahren Evangelium leben und nicht nach der Lehre der Popen. Und dem Evangelium zufolge dürfe man nicht dem Fürsten dieser Welt, sondern allein Gott dienen.

Jegor nahm das alles bereitwillig in sich auf, und als er aus dem Gefängnis entlassen wurde, nahm er nicht mehr die Verbindung zu seinen früheren Kameraden auf und änderte seine Lebensweise. Da man ihn auf seiner früheren Stelle nicht mehr haben wollte, fuhr er nach Hause und arbeitete wieder in der Wirtschaft. Soweit war alles gut, doch konnte Jegor nicht mehr wie ehedem alle kirchlichen Vorschriften befolgen: er ging nicht in die Kirche, fastete nie und unterließ es sogar, sich bei den üblichen Gelegenheiten zu bekreuzigen. Als ihm Vater und Mutter deswegen Vorwürfe machten, versuchte er, ihnen seine Gründe zu erklären, fand bei ihnen jedoch kein Verständnis. Vom Vater wurde er sogar einmal geschlagen, als dieser betrunken war. Jegor bewahrte Ruhe. Doch bat er darum, man solle ihn wieder nach Moskau lassen, und kehrte dorthin zurück. In Moskau fand er lange keine Arbeit, so daß er kein Geld nach Hause schicken konnte, und der erzürnte Vater schrieb ihm folgenden Brief:

»Inden ersten zeilen von meinem Brief an meinen teuren Sohn Jegor Iwanow sende ich dir von deiner Mutter Awdotja Iwanowna meinen elterlichen Segen der dir bis ans Grab in aller ewigkeit unerschütterlich zum wole dienen soll und sende dir einen ehrbietigen Gruß und wünsche unserem lieben Bruder Jegor Iwanow immer gesund und wolbehalten zubleiben von deinen Schwestern warwara, Anna und Alexandra Iwanowa und sende dir einen ehrbietigen Gruß und wünsche meinem teuren Gatten Jegor Iwanow Gesundheit von deiner Gattin warwara michailowna und unserem Töchterchen katerina jegorowna sende ich dir meine ehefrauliche Hochachtung und wünsche dir allezeit Gesundheit und Wolergehen mein lieber Sohn Jegor Iwanow und wenn du diesen Brief bekommen hast hol dir deine Frau und schaff sie aus meinem Haus fort damit ich sie nicht mehr vor Augen hab. Ich kann nicht mit ihr zusammen leben denn sie hat ihren Angehörigen forgelogen, daß ich dir gesagt hab du sollst kein Geld schicken und den ganzen Satz Werkzeuge fortgenommen habe den wir gekauft haben und meine Schwester hat sie im Ganzen Dorf lächerlich gemacht. Aber ich weiß von nichts. Ich habe ihr kein Wort. gesagt nicht vom Geld und auch nicht über das Werkzeug. Wenn du sie nicht fortholst werde ich selber mit ihr kurzen Prozes machen und sie an die Luft setzen damit wir sie noch diese Woche los sind. Außerdem ist der Polizist dagewesen und hat für dich eine Aufforderung gebracht du sollst dich fürs militär stellen.«

Nach Empfang dieses Briefes fuhr Jegor nach Hause, und nachdem er schweigend die Schimpfereien des Vaters und die Klagen seiner Frau angehört hatte, ging er zu Fuß in die Stadt zur Rekrutenaushebung.

5

Zur selben späten Abendstunde, als Iwan Fjodorowitsch Porchunow sich vor Freude gar nicht zu lassen wußte, weil er dem Arzt, seinem Partner, so geschickt die Karo-Sieben zugespielt hatte, daß dieser, nachdem er die eigenen Stiche eingeheimst hatte, ihn zum Zuge kommen lassen konnte, wodurch ihnen, seiner Vorausberechnung entsprechend, sämtliche Stiche zufielen und sie glänzend die Partie gewannen – zur selben Stunde saß seine Frau, Alexandra Nikolajewna, in dem großen Salon des altertümlichen Hauses in Nikolskoje-Porchunowo und unterhielt sich mit dem Studenten Neustrojew, der bei ihnen zehn Monate lang Hauslehrer gewesen war und jetzt, wie Iwan Fjodorowitsch auch schon seinen Kollegen in der Stadt erzählt hatte, die Stellung aufgeben wollte.

Alexandra Nikolajewna zeichnete sich ungeachtet ihrer fünfundvierzig Jahre und der sechs Kinder immer noch durch jene späte, herbstliche Schönheit aus, die starken Frauen vor dem Verblühen eigen ist. Sie hatte große graue Augen, eine gerade Nase, dichtes gewelltes Haar, einen sinnlichen Mund mit einer lückenlosen Reihe blendendweißer eigener oder falscher Zähne, eine zarte Gesichtsfarbe und außergewöhnlich schöne, gepflegte, mit zwei Ringen geschmückte Hände. Unvorteilhaft wirkten einzig ihre Körperfülle und der übermäßig üppige Busen. Das seidene Kleid, das sie anhatte, war schlicht, doch modern gearbeitet und mit einem weißen Krägelchen verziert. Sie saß auf dem Sofa und redete erregt auf den ihr gegenüber sitzenden Neustrojew ein, dem sie dabei aufmerksam und gespannt in die Augen blickte.

Neustrojew war ein mittelgroßer, hagerer, gutgewachsener junger Mann; er war nicht sehr muskulös und hatte ein gutmütiges, kluges Gesicht, schmale Augen, dichtes, kurzgeschorenes Haar, markante schwarze Brauen und einen ebenfalls schwarzen Schnurr- und Backenbart. Am meisten fiel an seinem Gesicht das vorspringende Kinn mit dem Grübchen in der Mitte auf.

»Was ich Ihnen sage, sage ich nicht um meinetwillen, sosehr es mir im Hinblick auf die Kinder auch leid täte, Sie zu verlieren«, erklärte Alexandra Nikolajewna und wurde rot. »Aber ich nehme warmen Anteil an Ihrem Geschick und rate Ihnen in Ihrem eigenen Interesse dringend ab, die Stellung bei uns aufzugeben ... Wirklich, bleiben Sie doch... mir zuliebe«, sagte sie mit dem Selbstbewußtsein einer Frau, die sich ihrer Macht sicher ist.

Neustrojews Gesicht hatte immer einen ernsten, strengen Ausdruck, und wenn er doch einmal lächelte und dabei die Zähne entblößte, die sich blendendweiß von der braunen Haut und dem schwarzen Haar abhoben, wirkte sein Lächeln auf dem strengen Gesicht besonders reizvoll und gewinnend. Auch jetzt verzog sich sein Mund zu einem solchen Lächeln – einem Lächeln der Genugtuung über ihre Worte, aus denen mehr sprach als einfache Anteilnahme und die ganz offenkundig auf etwas abzielten, was er immer gefürchtet hatte: die Erregung seiner Sinnlichkeit, der zu widerstehen er, das wußte er, nicht stark genug sein würde. Doch dies empfand er nur dunkel im Unterbewußtsein. Er hätte nie geglaubt, daß diese stolze Frau und Aristokratin, die Herrin eines großen Hauses und Mutter von sechs Kindern, für ihn, der doch – das war ihr bekannt – ein Feind der Aristokraten und Bourgeois war, ein solches Gefühl hegen könnte. Er mochte es nicht glauben, fühlte jedoch, daß es Tatsache war.

»Ich kann nicht, Alexandra Nikolajewna. Es ist mir unmöglich, ganz unmöglich, sosehr ich auch die mir von Ihnen bezeigte Güte zu schätzen weiß.«

»Güte! Es ist weit mehr als Güte, ist etwas ganz and... Nun, das bleibt sich gleich. Hauptsache ist, daß Sie nicht abreisen.«

Er lächelte abermals.

»Wenn es Ihnen recht ist, werde ich Ihnen ohne Rücksicht auf den Unterschied in unserer gesellschaftlichen Stellung die volle Wahrheit sagen. Würde ich Sie lieben, wie ein Mann eine Frau liebt, würde ich im Hinblick auf die Verschiedenartigkeit unserer Weltanschauung gegen diese Liebe ankämpfen.«

»Ja, woraus schließen Sie denn, daß ich nicht aus vollem Herzen mit Ihnen übereinstimme? Ich kann gar nicht anders als auf Ihrer Seite stehen...« Sie schwieg ein paar Augenblicke, bevor sie fortfuhr: »Was gewesen ist, läßt sich nicht rückgängig machen. Aber auf die Dauer kann man auch nicht unterdrücken, was man fühlt. Hören Sie mich an, ich bitte Sie noch einmal: bleiben Sie hier! Werden Sie es tun? Ja?« Sie hielt ihm, nachdem sie das gesagt hatte, die Hand hin, und er ergriff die Hand.

»Ja, Alexandra Nikolajewna, seitdem ich Sie kennengelernt habe und mir Ihr Wesen vertraut geworden ist, seitdem ... liebe ich Sie auch«, sagte er, wobei es ihn offenbar Überwindung kostete, das Wort lieben auszusprechen.

»Wirklich?«

»Ja, glauben Sie mir, mit der ganzen Kraft meiner Seele

liebe ich Sie, wie eben ein Proletarier, der zu einem höheren Wesen aufblickt.«

»So dürfen Sie nicht sprechen, so dürfen Sie nicht sprechen.«

Sie waren allein, und nun geschah das, was sie beide nicht erwartet hatten und was ihr binnen einer einzigen Stunde das ganze Glück eines achtzehnjährigen reinen Ehelebens zerstörte und ihm für alle Zeit eine bedrückende Erinnerung blieb.

Es war zwei Uhr nachts, aber sie schlief immer noch nicht und dachte mit Entsetzen und Wonne an das Geschehene zurück; und das Bewußtsein ihrer schrecklichen Lage steigerte noch das glückselige Gefühl, in das sie durch die Erinnerung an seine Liebe versetzt wurde.

6

Michail Neustrojew war der Sohn eines an den Folgen der Trunksucht gestorbenen Veterinärfeldschers. Seine Mutter, eine ungebildete Frau, lebte noch und wohnte bei seinem Bruder Stepan, einem Magister des Staatsrechts, der einen Lehrstuhl an der Universität innehatte.

Er selbst war während seiner Studienzeit zusammen mit andern Studenten wegen revolutionärer Betätigung von der Universität verwiesen worden.

Zu dieser Zeit und insbesondere nach der Relegation von der Universität war es nur natürlich, daß sich ein begabter, sittlich hochstehender und energischer Mensch wie Neustrojew einer Gruppe aktiver Revolutionäre anschloß. Diese Gruppe hatte sich das Ziel gesetzt, unter allen Umständen, und sei es durch gewaltsame Beseitigung (Tötung) der reaktionärsten Persönlichkeiten, einen Sturz der damaligen Regierung herbeizuführen. Kurz nach Neustrojews Beitritt wurde die Gruppe von einem Provokateur, einem Spion, denunziert, und mehrere Mitglieder fielen der Polizei in die Hände; die wichtigsten hatten sich jedoch in Sicherheit bringen können, und Neustrojew war vom Gericht überhaupt nicht behelligt worden. In Freiheit geblieben, beschloß er nunmehr, eine Zeitlang auf dem Lande inmitten des Volkes zu leben, und nahm daher auf Anraten Solowjows vorübergehend bei den Porchunows die Stelle als Hauslehrer an. Nachdem er hier zehn Monate verbracht hatte, war nun vor drei Tagen einer seiner Parteigenossen bei Solowjow erschienen, hatte dort mit Neustrojew eine Zusammenkunft gehabt und ihm vom Exekutivkomitee die Aufforderung übermittelt, nach Moskau zu kommen, wo er mit einer wichtigen Aufgabe betraut werden sollte. Es handelte sich darum, daß man, um das nötige Geld für die Ausgaben der Partei zu beschaffen, einen Überfall auf das Schatzamt plante. Dazu wurden energische Leute gebraucht, und man forderte deshalb Neustrojew an. Aus diesem Grunde hatte er seine Stellung gekündigt, und in Verbindung damit war es dann abends zu diesem für ihn völlig überraschenden Vorfall gekommen, der ihn noch mehr als alles andere bewog, seine Abreise zu beschleunigen. Der Zug ging erst am nächsten Morgen. Er beschloß, zu seinem Freund, dem Dorfschullehrer Solowjow, zu gehen, bei ihm zu übernachten, von dort aus seine Sachen holen zu lassen und abzureisen, ohne noch einmal ins Gutshaus zurückzukehren.

So machte er es auch.

Solowjow bewohnte im hinteren Teil des Schulgebäudes ein kleines einfenstriges Zimmer. Auf dem Weg durchs Dorf begegnete Neustrojew niemandem außer dem Wächter. Es war eine dunkle Nacht, und der Wächter hielt ihn durch einen strengen Zuruf an.

»Ich bin es – Neustrojew.«

»Wer?«

»Nun, aus dem Gutshaus bin ich.«

»Und wohin wollen Sie?«

»Zu Pjotr Fjodorowitsch. Er wird doch wohl zu Hause sein?«

»Wo sollte er sonst sein. Sicherlich schläft er schon.«

Vor der Schule angelangt, trat Neustrojew ans Fenster und klopfte. Eine ganze Weile meldete sich niemand. Endlich ertönte eine muntere, energische und fröhliche Stimme: »Wer da? Antworte, oder es gibt einen Guß Wasser!«

Und man hörte, wie jemand barfüßig über die knarrenden Dielenbretter zum Fenster lief.

»Ach, du bist es, Mischa! Was treibst du dich denn mitten in der Nacht herum? Komm herein, komm, ich schließe die Tür auf.«

Solowjow ließ Neustrojew herein, zündete die kleine Lampe an, setzte sich, seine bloßen Füße aneinanderreibend, auf das eingelegene Bett und fragte Neustrojew, weswegen er gekommen sei und was er von ihm wünsche. Außer dem großen Bett gehörten zu der Zimmereinrichtung noch ein Tisch und zwei Stühle, ein mit zahlreichen Ikonen vollgestelltes Ecktischchen, über dem ein Öllämpchen hing, ein Bücherregal, das in einer andern Ecke stand, und eine Wäschetruhe, die eine weitere Ecke ausfüllte. Neustrojew setzte sich an den Tisch und erzählte Solowjow, daß er sich bereits von allen verabschiedet habe und morgen früh abreisen wolle, um sich der bewußten Angelegenheit zu widmen. Solowjow hatte den Kopf zur Seite geneigt und hörte mit halb geschlossenen Augen zu.

Solowjow war ein wenig älter als Neustrojew und von ganz anderem Schlage. Er war etwas größer, ging leicht gebeugt und gestikulierte beim Sprechen heftig mit den langen Armen. Und erst recht unterschied sich sein Gesicht von dem Neustrojews. Am charakteristischsten für Solowjows Gesicht waren die großen, fast kugelrunden hellblauen Augen, die gutmütig unter der breiten Stirn hervorblickten. Er hatte üppiges lockiges Haar und einen ebensolchen Bart. Die Nase wirkte ein wenig klobig, und wenn er lächelte, was er bei jeder möglichen Gelegenheit tat, waren in seinem großen Mund die schlechten Zähne zu sehen.

»Nun gut, deine Sachen können wir holen lassen«, bemerkte Solowjow, nachdem Neustrojew alles erzählt hatte, worauf es ihm ankam. »Nur muß ich dir sagen«, fuhr er fort, wobei er die rechte Hand durch die Luft schwang und mit der linken die ins Rutschen geratene Bettdecke zurechtzog, »muß ich dir sagen...«

»Ich weiß, ich weiß, wir kennen deine Theorien, doch damit kommt man zu langsam vorwärts.«

»Eile mit Weile...«

»Und keinen Schritt ohne Gott! Aber das weiß man alles schon zur Genüge.«

»Nichts weißt du zur Genüge! Du weißt es nicht, weil du nicht an Gott glaubst. Weil du keine Vorstellung von Gott hast.«

Und Solowjow begann ihm seine Auffassung von Gott so ausführlich darzulegen, als wäre es nicht zwei Uhr nachts gewesen und er nicht mitten aus dem festesten Schlaf geweckt worden und als hätte er nicht einen Menschen vor sich, mit dem er hierüber schon Dutzende Male gesprochen und von dem er selbst erklärt hatte, daß er für religiöse Flüssigkeit undurchdringbar sei. Neustrojew hörte lächelnd zu, während Solowjow immer weiter sprach. Er wußte, daß Neustrojew für irgendein terroristisches Unternehmen geholt wurde, und wenn er es auch nicht ablehnte, Verbindungsmann zwischen dem Freund und dessen Parteigenossen zu sein, so hielt er es doch für seine Pflicht, alles zu tun, was er konnte, um ihn davon zurückzuhalten.

Neustrojew hörte ihm zu und lächelte hin und wieder. Und als Solowjow für einen Augenblick innehielt, nutzte er die Gelegenheit, selbst eine Bemerkung einzuflechten.

»Ja, du hast gut reden, weil du deinen Lohn von diesen da erwartest«, sagte er und zeigte auf die Ikonen. »Unsereiner dagegen muß schaffen, was er kann, ohne an einen Vorteil für sich selbst zu denken.«

Solowjow drehte sich derweil eine Zigarette.

»Du sagst, meinen Lohn erhielte ich dort«, entgegnete er aufgeregt und zeigte zur Decke hinauf. »Nein, mein Lieber, mein Lohn ist hier enthalten«, fuhr er fort und schlug sich mit der Faust auf die Brust. »Hier ist er enthalten, und was ich tue, tue ich nicht für andere – hol sie der Teufel, die andern –, sondern für Gott und für mich, für das Wesen in mir, das mit Gott eins ist.«

Er zündete sich die Zigarette an und sog gierig den Rauch ein.

»Nun, diese Metaphysik geht über meinen Horizont. Ich schlafe dabei ein.«

»Leg dich schon hin, leg dich hin!«

7

Frühmorgens schickte Neustrojew, wie er es sich vorgenommen hatte, den Wächter nach seinen Sachen, und als der damit zurückkam, mietete er sich einen Wagen und fuhr zur Bahnstation. Solowjow, der noch schlief, hörte gar nicht, wie Neustrojew das Haus verließ.

Als er aufwachte, stellte er sich wie immer vor die Ikonen und sprach alle ihm seit der Kindheit geläufigen Gebete: das Vaterunser, das Glaubensbekenntnis, ein Gebet für seine verstorbenen Eltern, das Gebet an die Mutter Gottes und als letztes das Gebet »O Herr im Himmel«, das er besonders liebte: »Komm, kehre in uns ein und reinige uns von allem Bösen und rette, o gütiger Gott, unsere Seelen.« Eingedenk seiner Unterhaltung mit Neustrojew sprach er dieses Gebet heute besonders inbrünstig.

Er fühlte sich ungemein wohl. Schlafen wollte er nicht mehr. Es war ein Sonntag, also kein Unterricht, und so beschloß er, seine Briefe selbst zur Post zu bringen. Bis zum Postamt waren es ungefähr zwei Werst. Er wusch sich und überlegte dabei, wie lange wohl noch das zu den Feiertagen genommene Stück Seife reichen würde. Wenn es bis Ostern reicht, wird alles gut werden! – sagte er sich in Gedanken, ohne zu wissen, was gut werden sollte. Dann zog er seine hohen Stiefel und das schon sehr ausbesserungsbedürftige Jackett an, bei dem er mit der rechten Hand jedesmal in ein Loch statt in den Ärmel geriet. Ich werde mich an die Witwe Afanassjewna wenden müssen, dachte er, und als ihm dabei Natalja, die Tochter der Afanassjewna, einfiel, schüttelte er wegen der Gedanken an Natalja mißbilligend den Kopf.

Alles ringsum war mit herrlichem weißem Schnee bedeckt, und die frische kalte Luft erhöhte noch seine frohe

Stimmung. Auf der Post gab er einen Brief ab und nahm einen für ihn höchst unerfreulichen in Empfang. Der Brief kam von seinem jüngeren Bruder, einem unglückseligen sechsundzwanzigjährigen Burschen, der, nachdem er vorzeitig aus dem Seminar ausgetreten war (Solowjow war der Sohn eines Diakons), zu einem Krämer in Dienst gegangen und von diesem eines Diebstahls überführt worden war und der sich, als er anschließend beim Landpolizeihauptmann als Schreiber arbeitete, auch dort irgendeines Vergehens schuldig gemacht hatte. Der Bruder schilderte seine Not, erwähnte, er habe oft tagelang nichts zu essen, und bat, ihm etwas Geld zu schicken. Pjotr Fjodorowitsch war jedoch selbst knapp bei Kasse; er bezog ein Gehalt von vierzig Rubel, und da er hiervon nicht wenig an andere verteilte und für Bücher ausgab, besaß er im Augenblick alles in allem sieben Rubel und sechzig Kopeken. Er zählte das Geld gleich an Ort und Stelle noch einmal nach, und davon ging auch noch der Betrag ab, den er der Afanassjewna für die Kost zu zahlen hatte. Was tun? Er beschloß, dem Bruder einen Dreirubelschein zu senden und dann zuzusehen, daß er mit der Afanassjewna irgendwie anders zurechtkam. Es ist ja so traurig, dachte er, daß Wassja (so hieß der Bruder) bei diesem Leben zugrunde geht und daß man ihm nicht helfen kann. Den Bruder hungern zu lassen, das brachte er nicht übers Herz; erfüllte er aber dessen Bitte, dann machte Wassja es sich zur Gewohnheit, ihn um Geld zu bitten. Eigentlich hätte er die Bitte des Bruders ablehnen müssen, und zwar gerade in dessen eigenem Interesse, aber andererseits ging es doch auch nicht, ihn einfach ohne Hilfe zu lassen.

Mit dieser ungelösten Frage beschäftigt, machte er sich auf den Heimweg und stellte, zum Teil laut vor sich hin redend, seine Erwägungen an. Jetzt freute ihn der weiße Schnee schon nicht mehr so. Unterwegs holte ihn mit seinem Schlitten ein Bauer aus Nikolskole ein, wo Solowjow als Lehrer tätig war, und erbot sich, nachdem sie einander begrüßt hatten, ihn bis nach Hause mitzunehmen. Pjotr Fjodorowitsch stieg in den Schlitten, und sie kamen ins Gespräch. Der Bauer hatte das Anerbieten, den Lehrer in seinem Schlitten nach Hause zu bringen, nicht ganz ohne Hintergedanken gemacht. Er war wegen einer Gerichtssache beim Friedensrichter gewesen. Seine verwitwete Schwester, eine ältere Frau aus dem Nachbardorf, war im Zusammenhang damit, daß sie nicht pünktlich den Obrok gezahlt hatte, vom Friedensrichter zu drei Monaten Gefängnis verurteilt worden. Sie hatte die Gutsherrschaft um Stundung gebeten, aber die hatte es abgelehnt, und daraufhin war der Gemeindevorsteher zu ihr gekommen, um das Geld einzuziehen.

›Ich würde ja gern zahlen‹, sagte meine Schwester ›aber ich habe jetzt kein Geld. Laßt mir etwas Zeit, sobald ich das Geld beisammen habe, werde ich es bringen‹

Der Vorsteher ließ sich auf nichts ein, er verlangte das Geld sofort.

›Ich sage doch, ich habe keins‹

›Wenn du kein Geld hast, dann gib die Kuh her‹

›Die Kuh geb ich nicht her, ich habe Kinder, da kommen wir ohne Kuh nicht aus‹

›Aber ich verlange, daß du die Kuh hergibst‹

›Ich selbst gebe sie nicht her‹, sagte meine Schwester. ›Wenn ihr die Macht dazu habt, holt sie euch, aber ich selbst gebe sie freiwillig nicht her‹

Und wegen dieser Worte nun hat der Friedensrichter sie vorgeladen und zu Gefängnis verurteilt. Aber wo soll sie denn die Kinder lassen? Eben bin ich beim Richter gewesen, um für die Schwester zu bitten. ›Da läßt sich nichts machen‹, sagt er. ›Das Urteil ist gefällt‹, sagt er, ›und damit ist die Sache erledigt‹ Geht es nicht, Pjotr Fjodorowitsch, liebes Väterchen, daß Sie Schritte unternehmen?«

Solowjow hatte sich alles angehört, und seine Stimmung verschlechterte sich noch mehr.

»Man muß es mit einer Eingabe an das Friedensrichterplenum versuchen«, sagte er. »Ich werde sie euch aufsetzen.«

»Du Herzensguter!«

Als sie im Dorf anlangten, stieg Solowjow vom Schlitten und ging nach Hause. Der Schulwächter entfachte gerade den Samowar. Doch kaum hatte er sich mit Fedot zum Teetrinken niedergesetzt und sich eine Zigarette angezündet, da erschien eine Bäuerin von einem der Nachbargehöfte, ganz mit Blut beschmiert. Sie war von ihrem Mann mißhandelt worden, weil sie ihm nicht die Leinwand zum Vertrinken herausgeben wollte.

»Red du ihm ins Gewissen, um Christi willen, vielleicht hört er auf dich. Ich selbst, hat er gesagt, soll ihm nicht wieder unter die Augen kommen.«

Solowjow ging zum Nachbarhof; die Frau folgte ihm. Der Bauer stand vor der Tür.

»Das ist nicht schön von dir, so zu handeln, Parmjon«, sagte Solowjow. »Ist es denn recht...«

Parmjon ließ ihn gar nicht erst ausreden.

»Kümmre du dich um deinen eigenen Kram, unterrichte die Kinder, und wem ich eine Lehre erteile, das laß meine Sache sein.«

»Fürchte die Vergeltung Gottes.«

»Gott fürchte ich wohl, aber dich nicht. Scher dich fort und behalte deine Lehren lieber für dich, damit du dich nicht wieder so besäufst wie neulich. So, jetzt weißt du Bescheid ... Na und du geh meinetwegen schon ins Haus«, rief der Bauer seiner Frau zu, worauf sich beide ins Haus begaben und hinter sich die Tür zuschlugen.

Pjotr Fjodorowitsch blieb noch eine Weile stehen und schüttelte den Kopf, und als er dann ging, begab er sich nicht nach Hause, sondern zu Arina, einer Bäuerin, die unterderhand mit Schnaps handelte; er ließ sich eine halbe Flasche geben, trank und rauchte, und als er nach Herzenslust getrunken und geraucht hatte und schon ganz betrunken war, ging er zur Afanassjewna.

Diese schüttelte den Kopf, als sie ihn kommen sah.

»Na, du glaubst doch wohl nicht, daß ich betrunken bin! Doch, du kannst es glauben, ich bin wirklich betrunken. Und betrunken hab ich mich, weil ich schwach bin, und schwach bin ich, weil Gott nicht in mir ist. Wo ist denn Natalja?«

»Natascha ist etwas spazierengegangen.«

»Ach, Afanassjewna, deine Tochter ist ein so liebes Mädel.

Ich hab sie ins Herz geschlossen, und wenn ich ihr die richtige Auffassung vom Leben beibringen könnte, möchte ich sie wohl zur Frau nehmen. Wärst du einverstanden?«

»Schwatz keinen Unsinn! Leg dich lieber hin und schlaf bis zum Mittagessen deinen Rausch aus.«

»Das geht zu machen«, stimmte Pjotr Fjodorowitsch zu und stieg auf den Ofen. Er hielt der Afanassjewna noch einen längeren Vortrag über das rechte Leben, doch als sie hinausgegangen war, schlief er sofort ein und wachte bis zum Mittagessen nicht auf.

8

Pjotr Fjodorowitsch Solowjow war im Gouvernement Kostroma in dem großen Kirchdorf Iljinskoje als Sohn des dortigen Diakons geboren worden. Sein Vater hatte ihn auf die geistliche Schule geschickt, aus der er als bester Schüler ins Priesterseminar kam. Auch im Seminar zeichnete er sich durch seine Fähigkeiten aus und erhielt, nachdem er es absolviert hatte, eine der besten Abgangszensuren. Wie jedem Absolventen eines Priesterseminars standen ihm zwei Möglichkeiten offen: entweder Mönch zu werden, mit der Aussicht, vielleicht einmal die höchsten kirchlichen Würden zu erlangen, oder in den Priesterstand zu treten, der mit dem Zwang zur Heirat verbunden war. Er wählte die erste. Bei dieser Wahl ließ er sich keineswegs von ehrgeizigen Erwägungen leiten, sondern ausschließlich von dem Wunsch, für sein Seelenheil, für Gott zu leben. Doch noch vor der Mönchsweihe überlegte er es sich plötzlich anders, und zwar vor allem deshalb, weil ihm nicht nur von seinen Kameraden, sondern auch seitens der Lehrerschaft versichert worden war, sie seien überzeugt, er würde als Priester die höchsten hierarchischen Würden erreichen. Außerdem trug zu seiner Sinnesänderung auch sehr viel eine Ermahnung bei, die ihm der Bischof erteilt hatte. Dem Bischof war von dem theologischen Streitgespräch berichtet worden, das Solowjow mit einem der Lehrer über die Bedeutung einer ökumenischen Kirche geführt hatte, und obwohl der Bischof den von Solowjow verfochtenen Standpunkt an sich als richtig anerkannte, ließ er ihn doch zu sich kommen und sagte ihm folgendes: »Ich habe über dich immer nur Gutes und Löbliches gehört und gebe auch zu, daß du bei deiner Auseinandersetzung mit Vater Makari im Recht warst; aber dennoch hättest du dich im Eifer der Rede nicht zu heftigen Worten hinreißen lassen dürfen, sondern hättest dich beherrschen müssen, um den Älteren nicht zu kränken. Sei dir immer bewußt, daß in den höchsten kirchlichen Ämtern, wie du eins erstrebst und aller Wahrscheinlichkeit nach auch erreichen wirst, Behutsamkeit und weise Zurückhaltung erforderlich sind. So, nun kannst du gehen.«

Nachdem sich Solowjow die Rede des Bischofs angehört hatte, wurde ihm plötzlich klar, daß er im Grunde seines Herzens nicht nur den Wunsch hegte, Gott zu dienen und für sein Seelenheil zu leben, sondern daß damit noch ein anderer, verächtlicher Wunsch verbunden war: das Begehren nach Ehre und Ruhm unter den Menschen. Und diese Erkenntnis erfüllte ihn mit so starkem Widerwillen gegen sich selbst, daß er kurzerhand den Entschluß faßte, nicht Mönch zu werden. Hätte er nun ein Priesteramt übernommen, wäre es unumgänglich notwendig gewesen, vorher zu heiraten. Sein Vater, der damals noch am Leben war, hatte für ihn auch schon eine Frau und eine Stelle in Aussicht. Aber der Gedanke, nur zu heiraten, um als Priester angestellt zu werden, widerstrebte Solowjow so sehr und erschien ihm moralisch so verwerflich, daß er sich zu diesem Schritt nicht entschließen konnte und zum großen Leidwesen seiner Eltern auch auf die Priesterlaufbahn verzichtete.

Danach blieb ihm nur noch eins: der Beruf eines Volksschullehrers. Er nahm dann auch die Stelle als Lehrer in der Schule des Dorfes Nikolskoje-Porchunowo an. Diese Stelle hatte ihm einer seiner früheren Lehrer vermittelt, der ihn gut leiden konnte – Solowjow hatte von jeher das Glück, sich allseitiger Beliebtheit zu erfreuen. Die Stelle war insofern besonders vorteilhaft, als er neben seiner Tätigkeit in der Schule auch noch den Kindern des Kreisadelsmarschalls Porchunow Privatunterricht erteilte und dafür ein verhältnismäßig ansehnliches Extrahonorar erhielt. In seiner Eigenschaft als Lehrer der Kinder wohnte Solowjow im Herrenhaus. Er zog sich jedoch sehr bald das Mißfallen Alexandra Nikolajewnas zu, weil er sein Äußeres vernachlässigte, beim Essen das Messer zum Munde führte und vor allem, weil er sich mehrmals zusammen mit Bauern betrunken hatte. Alexandra Nikolajewna machte ihm bei passender Gelegenheit entsprechende Vorhaltungen und wollte ihm erklären, daß er sich, wenn er in einem anständigen Hause wohne, dieses und jenes nicht erlauben dürfe; aber Solowjow ließ sie gar nicht bis zu Ende reden, sondern fiel ihr mitten im Satz ins Wort: »Ich bin Ihnen sehr dankbar für die Nachsicht, Alexandra Nikolajewna, mit der Sie meine Ungehörigkeit so lange erduldet haben. Verzeihen Sie mir. Ich werde Ihnen nicht länger durch meine Anwesenheit Schande oder Ärgernis bereiten.«

Er blieb noch in seiner Stellung, bis man für ihn Ersatz gefunden hatte, und als dann einige Wochen später der neue Hauslehrer Neustrojew eintraf, siedelte er ins Schulgebäude über, zum großen Kummer der Kinder, insbesondere der beiden jüngsten: der achtjährigen Tanja und seines zehnjährigen Namensvetters Petja.

Nun wohnte Solowjow schon über ein Jahr im Dorf, ohne jemals wieder ins Herrenhaus gegangen zu sein; mit Neustrojew hingegen, der ihm von vornherein kameradschaftlich entgegengekommen war, verkehrte er freundschaftlich.

Was Solowjows politische Einstellung betraf, so tappte Neustrojew im dunkeln, und er wußte nicht, welcher Richtung er ihn zuzählen sollte. Er war alles andere als konservativ und monarchistisch gesinnt, war jedoch auch kein Revolutionär, stimmte aber in seinen Ansichten mit den Narodniki überein und unterschied sich durch nichts von den Sozialisten. Zugleich war er streng orthodox, hielt die Fastenvorschriften und die kirchlichen Feiertage ein, besuchte regelmäßig die Gottesdienste, nahm das Abendmahl und zitierte gern Stellen aus dem Evangelium, das er auswendig konnte. Wegen seines absonderlichen Wesens und vor allem, weil er sich häufig betrank, genoß er unter der Dorfbevölkerung keine große Achtung. Beköstigen ließ er sich von der Afanassjewna, und zwischen ihrer Tochter, der gesunden, pausbäckigen und immer fröhlichen Natascha, und ihm hatte sich ein eigenartiges Verhältnis herausgebildet. Er war gern mit ihr zusammen und unterhielt sich gern mit ihr, das heißt, die Unterhaltung bestritt vornehmlich er, indem er ihr von einem gottgefälligen Leben, von den Heiligen und vor allem von Christus erzählte, während sie sehr wenig sprach und meist nur lachte. Er versuchte auch, ihr das Lesen und Schreiben beizubringen, und wenn ihr das Lernen auch schwerfiel, so strengte sie sich doch ihm zu Gefallen an, hörte geduldig zu, wenn er etwas erzählte, und gab sich den Anschein, als interessiere sie sich dafür und verstünde alles.

Als er an diesem Sonntag sagte, er möchte Natalja wohl heiraten, hatte er in seiner Trunkenheit spontan ausgesprochen, was ihm wirklich auf dem Herzen lag. Gesund und schlicht, wie sie ist, dachte er, kann sie eine gute Hausfrau und Mutter werden. Und vielleicht komme ich auch einmal zu einem kleinen Stück Land und einem eigenen Haus. Vor allem aber ist man als Lediger ständig der Sünde ausgesetzt. Und das allein ist schlimmer als alles andere.

Diese Gedanken gingen ihm durch den Kopf, als er an diesem Sonntag bei der Afanassjewna mit Natalja zu Mittag aß und sich zärtlich mit ihr unterhielt.

9

Iwan Fjodorowitsch Porchunow kehrte am späten Morgen des nächsten Tages nach Hause zurück. Alexandra Nikolajewna war erst kurz vor Morgengrauen eingeschlafen und noch nicht aufgestanden, er wurde daher in der Vorhalle nur von der ältesten Tochter Alexandra, die gewöhnlich

Lina genannt wurde, sowie von der englischen Gouvernante und den drei jüngeren Kindern – die beiden kleinsten waren noch in der Obhut der Kinderfrau – empfangen.

Er küßte der Reihe nach die Kinder, fuhr der sechzehnjährigen Lina, einem sehr hübschen Mädchen mit offenem, frischem und immer strahlendem Gesicht, zärtlich über das im Nacken geringelte Haar und fragte sie lächelnd: »Nun, wie geht es Mama?«

»Ich glaube, sie ist sehr spät zu Bett gegangen. Den Tag über ging es ihr gut.«

»Und was ist mit Neustrojew geworden? Ist er geblieben?«

»Nein. Pjotr Wassiljewitsch« – das war der alte Diener des Hauses – »sagte vorhin, er sei heute in der Frühe mit allen seinen Sachen abgereist.«

»Schade. Er war ein tüchtiger Lehrer und anständiger Mensch – trotz seiner revolutionären Gesinnung. Ich habe immer noch gehofft, er würde bleiben ... Na, und du, alter Schlingel, bist du immer noch so ein Raufhold?« sagte er zu seinem Söhnchen Petja und begab sich dann in sein Zimmer.

Wenn Iwan Fjodorowitsch nach Hause zu seiner Familie zurückkehrte und von der gewohnten Umgebung und der altvertrauten geistigen Atmosphäre umfangen wurde, empfand er ein ähnlich wohltuendes Gefühl, als hätte er eine zu enge Uniform abgelegt und sich's in Schlafrock und Pantoffeln bequem gemacht oder als brauche er bei einer Fahrt sich nicht mehr nach allen Seiten umzuschauen und zu lenken, sondern könne die Zügel locker lassen und darauf vertrauen, dennoch sicher das Ziel zu erreichen. Die prächtig gediehenen Kinder, die guten, ruhigen Beziehungen zu den Bauern und den Dienstboten, die geregelte Einteilung des Tages mit den bestimmten Stunden für die Mahlzeiten, für das Ausruhen auf der Chaiselongue, die Arbeit am Schreibtisch sowie die immer interessante Lektüre und vor allem seine ihn liebende und von ihm geliebte Frau, die bei all ihren kleinen Schwächen, ihrer Exaltiertheit und dem für ihr Alter etwas leichtsinnigen Wesen doch ein goldenes Herz hatte und nicht nur sein bester Freund war, sondern ihm darüber hinaus geradezu ein zweites Ich bedeutete, das sein früheres eintöniges Einzeldasein erst interessant und abwechslungsreich gestaltet hatte – alles das verband sich für ihn mit der Vorstellung von seinem Heim.

Er war in seinem Arbeitszimmer eingeschlummert und wurde durch seine Frau geweckt.

»Ach, entschuldige, daß ich störe – ich wußte nicht, daß du schläfst.«

»Das macht nichts, ich bin froh, daß du kommst. Die Kinder habe ich schon gesehen. Und wie geht es dir?«

»Mir? Mir geht es ganz gut.«

Sie küßten einander. Er spürte, daß sie aus irgendeinem Grunde aufgeregt war. Doch da das bei ihr häufig vorkam, tat er in solchen Fällen, als merke er es nicht. So sah er auch diesmal darüber hinweg und erzählte ihr von dem Verlauf seiner Reise.

»Na und unser guter Neustrojew hat sich wirklich auf und davon gemacht?«

»Ich nehme es an. Er...«

»Du hast ihn also nicht davon abbringen können?«

»Was konnte ich schon tun...«

Mein Gott, dachte sie im stillen, wie schändlich benehme ich mich.

Was bin ich doch für ein abscheulicher Mensch, dachte Iwan Fjodorowitsch, wie konnte ich sie bloß verdächtigen, sie habe für ihn besondere Gefühle gehegt. Ja, solche Gedanken kommen einem, wenn man selber in der Jugend unmoralisch gelebt hat.

»Nun, wir müssen uns damit abfinden«, sagte er dann. »Ich werde an Mischa schreiben. Er wird für uns einen andern Studenten ausfindig machen.«

»Ja, das ist nun wohl nötig. Da schellt man zum Frühstück. Ich gehe schon voraus. Du kommst doch auch gleich?«

»Sofort, ich will nur schnell mal die Post durchsehen. Du kannst dir gar nicht vorstellen, wie wohl mir jedesmal zumute ist, wenn ich von einer Reise zurückgekehrt bin – zu dir, zu den Kindern, zu meiner Chaiselongue.«

Werde ich die Kraft aufbringen, in dieser Lüge, dieser

Gemeinheit weiterzuleben? überlegte Alexandra Nikolajewna beim Hinausgehen. Sagen kann ich es ihm nicht. Warum seine Seelenruhe zerstören? Aber verschweigen kann ich es auch nicht ... Doch dann erinnerte sie sich des anderen, an sein von Verliebtheit verzücktes Gesicht, und das Glück, von ihm geliebt zu werden, erschien ihr so groß, daß man um dieses Glückes willen auch Leid ertragen konnte. Wenn er sich nur nicht ins Verderben stürzt, wenn er nur am Leben bleibt! Allem Anschein nach hatte er jetzt irgendeine tollkühne Sache übernommen. Womöglich drohte ihm Gefängnis, ja der Tod. Ach, es ist nicht auszudenken.

Ihr Schuldbewußtsein und ihre Scham waren so groß, daß sie außerstande gewesen wäre, sie zu ertragen, hätte sie nicht an die Unüberwindlichkeit ihrer Liebe geglaubt und sich nicht von der Tiefe ihrer Gefühle übertriebene Vorstellungen gemacht. Nur so wurde sie von den Qualen der Scham und des Schuldbewußtseins befreit.

Sie stellte sich Neustrojew nicht nur als einen Menschen vor, wie ihr zuvor noch nie einer begegnet war und dem kein anderer glich, nein, sie war tatsächlich fest davon überzeugt, er sei der Gipfel der Vollkommenheit. Das kam daher, weil sie ihn liebte. Über alles, was an ihm vielleicht auszusetzen gewesen wäre, sah sie hinweg, und sie nahm ausschließlich die guten Eigenschaften wahr, die ihn auszeichneten: seine Intelligenz, sein Feingefühl, seinen Sinn für Kunst, seine Güte und Wahrheitsliebe und vor allem seine Aufopferungsbereitschaft, die ihm jetzt womöglich zum Verhängnis wurde.

Sie begab sich zum Frühstück, und durch die üblichen kleinen Pflichten, die sie hier hatte, wurde sie – wenigstens zeitweilig – von dem Gedanken an ihre furchtbare Schuld, an ihre Liebe zu ihm und die Angst um ihn abgelenkt.

Darin liegt eben eine tragische Seite des Lebens, daß man sich über körperliche Verletzungen und Krankheiten jeglicher Art nicht hinwegsetzen kann, weil man darunter zu leiden hat und dagegen ankämpfen muß, während Verletzungen moralischer, seelischer Natur bei Menschen, die kein ausgesprochen geistiges Leben führen, durch den üblichen Ablauf des Daseins, durch nichtige Wirtschaftsinteressen und den Kleinkram des Alltags geglättet und überdeckt werden. Dies traf auch auf Alexandra Nikolajewna zu.

Drei Monate waren verstrichen. Das Leben nahm seinen üblichen Lauf. Vorübergehend war es unruhig geworden, weil die Kinder an Keuchhusten erkrankt waren. Die Beziehungen Alexandra Nikolajewnas zu ihrem Mann waren nach wie vor herzlich, und auch im Verhältnis zu den Kindern hatte sich nichts geändert. Der neue Hauslehrer, den der Semstwo-Vorsitzende empfohlen hatte, erwies sich als ein sehr ruhiger Mensch. Vor einiger Zeit war die Familie eines Bruders von Iwan Fjodorowitsch zu Besuch gekommen, und man war dadurch mehrmals in die Kreisstadt und einmal auch in die Residenz gefahren, um dort mit alten Freunden zusammenzutreffen. Von »ihm« war nichts bekannt. Sie verfolgte aufmerksam alle Nachrichten darüber, was sich in der Welt der Revolutionäre zutrug: Es erfolgten Expropriationen und Terrorakte, doch von »ihm« wurde nie etwas erwähnt. Das Wichtigste und Furchtbarste jedoch war, daß sie jetzt nicht mehr daran zweifeln konnte, von ihm ein Kind zu erwarten.

10

In einem armen Viertel einer großen Universitätsstadt lebte im Hause der Witwe Perepelkina schon das zweite Jahr Matwej Semjonytsch Nikolajew, der im Zivilberuf eine Stellung als Statistiker beim Semstwo bekleidete, zugleich aber Mitglied des Exekutivkomitees der Narodwolzen und Leiter einer Gruppe war, der die Verbreitung sozialistischer Ideen unter den Arbeitern oblag. Er war jetzt zweiunddreißig Jahre alt, widmete sich bereits seit acht Jahren – nachdem er sein Studium an der Universität im vierten Semester abgebrochen hatte – hingebungsvoll der Sache der Revolution und genoß unter den Revolutionären großes Ansehen.

In der Nacht war durch Blitzschlag Feuer ausgebrochen und das halbe Dorf niedergebrannt. Aus den ersten beiden Gehöften hatte man so gut wie nichts retten können. Auch ein Pferd war verbrannt. Ein Bauer hatte schwere Verbrennungen erlitten. Die Weiber jammerten, während ihre Männer sich abmühten. Jewdokim Michaschin, ein junger Bursche – er sollte kommenden Herbst einberufen werden –, schleppte zusammen mit dem Vater die angekohlte Habe vom Hof.

»Was glotzt du so, faß lieber mit am Querbalken an. Oder bist du taub?« schrie ihn der Vater an. Jewdokim schüttelte sich, als sei er aus dem Schlaf geschreckt, und ging zum Vater. Als der Vater Jewdokim rief, starrte er gerade auf eine an der Brandstätte vorfahrende Kalesche, die von einem Paar schnell trabender Grauschimmel gezogen wurde. In der Kalesche saß die gnädige Frau mit einem kleinen Mädchen. Auf dem Bock thronte wohlgenährt und mit gekämmtem Vollbart der wackere Kutscher in blauem Hemd und Plüschweste.

»Hast du so was schon gesehen? Die sind doch bloß hergekommen, um sich an dem Anblick zu ergötzen. Los, faß an, wird's bald?«

Jewdokim faßte mit an, aber er hörte nur mit halbem Ohr, was der Vater sagte; er war vollauf mit seinen eigenen Gedanken beschäftigt. Er dachte nicht an die Feuersbrunst, nicht an Vater und Mutter, sondern an etwas ganz anderes. Gewiß, ein schwerer Schicksalsschlag hatte das Dorf getroffen, eine Feuersbrunst; in seiner Seele jedoch hatte sich erst tags zuvor etwas so Wesentliches abgespielt, daß er dem allgemeinen Unglück des ganzen Dorfes, dem Abbrennen von neun Höfen, auch nicht die geringste Bedeutung beizumessen vermochte, so wichtig war das, was in ihm vorgegangen war. Gerade gestern hatte er nach dem Lesen einer Broschüre, die ihm der Sohn des Diakons gegeben hatte, zum erstenmal begriffen, daß er sich mit der Wirklichkeit, in der er lebte, keineswegs abzufinden brauchte, sondern daß er sein Leben so gestalten mußte, wie sein Verstand es ihm sagte, daß diese Bauernweiber samt den Ikonen, die das Feuer löschen sollten, samt der Himmelskönigin, samt dieser mit Trabern ausfahrenden gnädigen Frau, samt der Witwe Uljana, samt den hungrigen und bloßen Kindern, samt dem die Abgaben eintreibenden Polizeiwachtmeister, samt dem dicken, gesunden, Wolle einheimsenden Popen, samt dem Zaren, der da irgendwo saß und nicht den kleinsten Gedanken an das gepeinigte Volk verschwendete, samt diesen Tausenden von Deßjatinen der Reichen, samt ihren Werken und Fabriken, in denen hungrige Arbeiter als Sklaven lebten, daß all das nicht zu sein brauchte, daß all das nur deshalb existierte, weil, wie auch bislang er und sein Vater, sowohl die Kinder als auch die klügsten und geachtetsten Bauern, verwirrt und betrogen, die Wahrheit nicht begriffen und sahen. Tags zuvor war das mit ihm geschehen, tags zuvor hatte er zum erstenmal begriffen, daß er wie alle Dorfbewohner von einer Mauer, ja von einem Gewölbe aus Betrug, Unwissenheit und Aberglauben umgeben war, und tags zuvor nun war ein Teil dieses Gewölbes in seiner Seele eingestürzt, und er hatte die ganze weite Welt Gottes erblickt. Einerseits erschreckte ihn der Gedanke, wie er in dieser Finsternis hatte leben können und wie sein Vater und alle anderen Dorfbewohner noch so leben konnten. Ein Stein war aus dem Gewölbe herausgebrochen, und er hatte die ganze grenzenlose Welt erblickt und gespürt, daß die Steine des Gewölbes schlecht zusammengefügt waren, daß jetzt jemand nur einen davon zu entfernen, sich nur noch kräftig dagegenzustemmen brauchte, damit alles einstürzte. Solche Gedanken erfüllten ihn also, und er hörte dem Vater nicht zu und war nicht bei der Sache, er dachte nur an das, was in seiner Seele vorgegangen war.

Geschehen war das erst tags zuvor, angebahnt aber hatte es sich schon längst, vor geraumer Zeit.

Dritte Fassung

1

Wie seltsam und wunderbar ist mein Schicksal. Es gibt, glaube ich, keinen einzigen unglücklichen, unter der Knechtschaft und dem Luxus der Reichen leidenden armen Tropf, der die ganze Ungerechtigkeit, Grausamkeit und Frivolität, mit der die Armen von den Reichen unterjocht werden, und die Unterdrückung, Erniedrigung und bittere Not, der die große Masse des arbeitenden, sich abmühenden und Leben hervorbringenden Volkes ausgesetzt ist, auch nur im entferntesten so intensiv verspürt wie ich gegenwärtig. Dieses Gefühl, das mich schon seit langem beherrscht, ist von Jahr zu Jahr immer stärker geworden und hat in letzter Zeit seinen Höhepunkt erreicht. Alles das ist mir jetzt zu einer qualvollen Gewißheit geworden, aber dennoch lebe ich weiter in dem demoralisierten, frevelhaften Milieu der Reichen und bin nicht imstande, bringe nicht die Entschlußkraft auf, mich davon loszusagen, und weiß nicht, wie ich mein Leben ändern könnte, damit nicht jede Befriedigung leiblicher Bedürfnisse – Essen, Schlaf, Kleidung, Bewegung – mit dem Bewußtsein des sündhaften und schmachvollen Charakters meiner Lage verbunden wäre.

Es hat eine Zeit gegeben, da war ich bemüht, diesen mit den Forderungen meiner Seele in Widerspruch stehenden Zustand zu ändern; allein die verwickelten Verhältnisse der Vergangenheit sowie die Familie mit ihren Ansprüchen entließen mich nicht aus den mir angelegten Fesseln, oder – richtiger gesagt – ich verstand es nicht und war nicht stark genug, mich davon zu befreien. Nunmehr, im neunten Jahrzehnt meines Lebens, wo meine körperlichen Kräfte nachlassen, habe ich die Versuche zur Befreiung bereits aufgegeben; doch sonderbar: je mehr meine körperlichen Kräfte schwinden, um so stärker empfinde ich die ganze Frevelhaftigkeit meiner Lage und um so schmerzlicher leide ich darunter.

Und da kommt mir der Gedanke, daß es wohl einen tieferen Sinn haben könnte, daß sich meine Lage so entwikkelte; ich soll durch sie vielleicht herausgefordert werden, unumwunden alles zu verkünden, was ich empfinde, und durch diese Verkündung den Umständen entgegenzuwirken, die mir so große Qualen bereiten; vielleicht würde ich dadurch jenen Menschen – oder wenigstens einer Anzahl von denen –, die noch nicht sehen, was ich so deutlich wahrnehme, die Augen öffnen und, wenn auch nur zum Teil, die Lage der großen Masse des arbeitenden Volkes erleichtern, das körperlich und seelisch unter den Verhältnissen leidet, die ihm von betrügerischen und selbst betrogenen Leuten aufgezwungen sind. Meine gegenwärtige Lage scheint mir in der Tat besonders geeignet zu sein, die ganze Verlogenheit und Frevelhaftigkeit der Verhältnisse aufzudecken, die sich zwischen den Menschen herausgebildet haben, und hinsichtlich dieser Verhältnisse die volle, weder durch den Wunsch nach Selbstrechtfertigung noch durch den von armen unterjochten Menschen gegen ihre reichen Unterjocher empfundenen Neid getrübte Wahrheit zu sagen. In eben einer solchen Lage befinde ich mich: nicht nur, daß ich keineswegs den Wunsch habe, mich zu rechtfertigen, nein, ich muß mir sogar Zwang auferlegen, um mich keiner Übertreibung schuldig zu machen bei der Beurteilung des verbrecherischen Verhaltens der herrschenden Gesellschaftsschicht, in deren Mitte ich lebe, der anzugehören ich mich schäme, deren Lebensweise mir zutiefst verhaßt ist und aus deren Gemeinschaft ich mich trotz allem nicht zu befreien vermag. Andererseits aber kann ich auch nicht in den üblichen Fehler der Angehörigen des geknechteten und unterjochten Volkes und seiner Verteidiger – der Demokraten – verfallen, die weder die Mängel und Fehler der breiten Volksmasse sehen noch die Milderungsgründe berücksichtigen, die sich aus den verwickelten Umständen der Vergangenheit ergeben und durch die sehr viele Leute der herrschenden Kreise weitgehend der Verantwortung für die jetzigen Zustände enthoben werden. Da ich keine Selbstrechtfertigung beabsichtige und keine Furcht vor dem befreiten Volk habe und auch frei von dem Neid und der

Verbitterung bin, die das Volk gegen seine Unterdrücker empfindet, bin ich in der denkbar günstigsten Lage, die wahren Verhältnisse zu erkennen und objektiv zu schildern. Möglicherweise hat mich das Schicksal eigens zu diesem Zweck in meine jetzige absonderliche Lage versetzt. Ich will mich bemühen, sie nach bestem Können auszunutzen. Vielleicht gelingt es mir, meine Lage dadurch wenigstens bis zu einem gewissen Grade zu erleichtern.

2

In dem herrschaftlichen Landhaus eines Gutsbesitzers, der mehr als tausend Deßjatinen Land besaß, war der Vetter der Hausfrau, Alexander Iwanowitsch Wolgin, ein in einer Moskauer Bank mit einem Gehalt von achttausend Rubeln angestellter und unter seinen Bekannten sehr angesehener Junggeselle, zu einem Besuch gekommen. Nachdem man im Kreise der Familie den ganzen Abend um ein Tausendstel Karten gespielt hatte, begab sich Alexander Iwanowitsch ermüdet in sein Schlafzimmer, legte die goldene Uhr, das silberne Zigarettenetui, die Brieftasche, das große wildlederne Portemonnaie sowie einen kleinen Taschenkamm und ein Bürstchen auf den mit einer Serviette bedeckten Nachttisch, zog Jackett, Weste, Hose, Unterwäsche, die seidenen Socken und die aus England stammenden Schuhe aus und brachte das alles, nachdem er Nachthemd und Schlafrock angezogen hatte, vor die Tür. Dann legte er sich in das saubere, frisch bezogene Sprungfederbett, das mit seinen zwei Matratzen, drei Kissen und der in einem Überschlaglaken eingeschlagenen Decke für ihn bereitstand. Die Uhr zeigte auf zwölf. Alexander Iwanowitsch zündete sich eine Zigarette an und vergegenwärtigte sich, auf dem Rücken liegend, noch etwa fünf Minuten lang die Erlebnisse des Tages; dann löschte er die Kerze, drehte sich auf die Seite und schlief, nachdem er sich noch eine ganze Weile hin und her gewälzt hatte, gegen ein Uhr nachts ein.

Als er am nächsten Morgen um acht Uhr aufwachte, zog

er Schlafrock und Pantoffeln an und klingelte. Darauf kam auf seinen krummen Beinen der alte Diener Stepan ins Zimmer geeilt, ein Familienvater, der bereits sechs Enkelkinder hatte und schon seit dreißig Jahren im Haus seinen Dienst versah, und brachte Alexander Iwanowitsch die blitzblank geputzten Schuhe, den ausgeklopften und gebürsteten Anzug und ein sorgfältig zusammengelegtes gestärktes Oberhemd. Alexander Iwanowitsch bedankte sich und erkundigte sich nach dem Wetter: die Fenstervorhänge waren zugezogen, damit die Sonne die Schläfer nicht störe, selbst wenn diese, wie es manche Familienmitglieder taten, bis elf Uhr im Bett blieben. Alexander Iwanowitsch warf einen Blick auf die Uhr: es war noch nicht spät, und so begann er in aller Ruhe Toilette zu machen, sich zu waschen und anzukleiden. Das Waschwasser stand bereit, und die tags zuvor verunreinigten Wasch- und Toilettenutensilien – die Seife, die Zahnbürste, die Bürsten für die Finger, für das Haar und den Bart sowie die Messerchen und Feilen zum Maniküren – waren gesäubert und für den Gebrauch zurechtgelegt. Nachdem sich Alexander Iwanowitsch gemächlich das Gesicht und die Hände gewaschen, sorgfältig die Fingernägel gereinigt und die Haut daran mit dem Handtuch zurückgeschoben hatte, rieb er mit einem Schwamm seinen fetten weißen Oberkörper ab, nahm ein Fußbad und begann sich zu frisieren. Vor dem Spiegel bürstete er mit einer doppelseitigen englischen Bürste seinen gekräuselten, an den Wangen schon von einzelnen Silberfäden durchzogenen Bart nach beiden Seiten auseinander und kämmte danach das sich bereits lichtende Haar zuerst mit einem grobzinkigen Schildpattkamm und anschließend mit einem dichten Kamm, wobei er die schmutzig gewordene Watte aus dem Kamm entfernte und sie gegen saubere austauschte. Nachdem er die Unterwäsche, die Socken und Schuhe, die von Hosenträgern mit glänzenden Schnallen gehaltenen Beinkleider und die Weste angezogen hatte, setzte er sich, um sich vom Ankleiden zu erholen, noch ohne Rock, auf einen Sessel, zündete sich eine Zigarette an und dachte darüber nach, wohin er heute einen Spaziergang unternehmen sollte

– ob in den Park oder in den Schlauch, wie man hier scherzhaft den zum Gut gehörenden Wald nannte. Er entschloß sich für den Schlauch. Übrigens, er mußte auch noch den von S. N. erhaltenen Brief beantworten. Doch das konnte später geschehen.

Er stand entschlossen auf, nahm seine Uhr – es war jetzt schon fünf Minuten vor neun – und steckte sie in die Westentasche, während er das Portemonnaie mit dem Geld, das ihm noch von den hundertachtzig Rubeln verblieben war, die er sich von einem Freund für die Reise und die kleinen Ausgaben während der zwei Wochen, die er hier zu verbringen gedachte, geliehen hatte, in die Hosentasche schob. Das silberne Zigarettenetui, das elektrische Feuerzeug und zwei Taschentücher verstaute er in den Rocktaschen, und dann ging er hinaus. Das Aufräumen des unordentlichen Zimmers überließ er selbstverständlich Stepan, dem fünfzigjährigen Diener, der von Alexander Iwanowitsch ein, wie er sich ausdrückte, gutes »Honorar« erwartete und an diese Arbeit schon so gewöhnt war, daß er sie durchaus nicht mehr als widerwärtig empfand.

Nachdem sich Alexander Iwanowitsch im Spiegel betrachtet und an seinem Äußeren nicht das Geringste auszusetzen gefunden hatte, begab er sich ins Speisezimmer. Dank der Mühe eines zweiten Dieners, der Wirtschafterin und des Büfettiers, der schon vor Morgengrauen zu seinem Sohn ins Dorf gelaufen war und ihm die Sense in Ordnung gebracht hatte, brodelte hier auf dem mit einem blendendweißen Damasttuch bedeckten Tisch ein silberner oder zumindest silbern aussehender Samowar und standen eine Kanne mit Kaffee, heiße Milch, Sahne, Butter und verschiedene Sorten Weißbrot und Gebäck. Anwesend waren nur der zweite Sohn der Familie, der für ihn als Hauslehrer angestellte Student und die Kontoristin, die die Aufsätze ins reine zu schreiben hatte, die der Gutsherr, ein namhafter Volkswirt, in seiner Eigenschaft als Semstwo-Mitglied verfaßte. Der Gutsherr selbst hatte bereits um acht Uhr einen Rundgang durch den Wirtschaftsbetrieb angetreten.

Beim Kaffeetrinken unterhielt sich Alexander Iwanowitsch mit dem Hauslehrer und der Kontoristin über das Wetter, über das gestrige Kartenspiel und über Feodorit und das rüpelhafte Benehmen, das er sich tags zuvor ohne jeden Anlaß dem Vater gegenüber erlaubt hatte. Feodorit war der aus der Art geschlagene erwachsene Sohn des Gutsbesitzerehepaars. Sein richtiger Name war Fjodor, doch jemand hatte ihn einmal im Scherz oder vielleicht auch mit Vorbedacht Feodorit genannt, und da das so lustig klang, wurde er auch weiterhin und selbst dann noch so genannt, als das, was er anstellte, durchaus nicht mehr belustigend war. So hatte es auch diesmal mit ihm Ärger gegeben. Nachdem er das auf der Universität begonnene Studium nach dem zweiten Semester aufgegeben hatte, war er bei der Gardekavallerie eingetreten, aber auch dort bald wieder ausgeschieden, und jetzt lebte er auf dem Gut, wo er überhaupt nichts tat, sondern nur an allem herumnörgelte und mit allem unzufrieden war. Zur Stunde schlief Feodorit noch, und auch die übrigen Hausbewohner – die Gutsherrin, Anna Michailowna, die Schwester des Gutsherrn und Witwe eines ehemaligen Gouverneurs, und ein im Haus logierender Landschaftsmaler – waren noch nicht aufgestanden.

Alexander Iwanowitsch nahm in der Vorhalle seinen Panamahut (er hatte zwanzig Rubel gekostet) sowie den Spazierstock mit geschnitztem Elfenbeingriff (er hatte fünfzig Rubel gekostet) und machte sich zu einem Spaziergang auf. Von der mit blühenden Topfpflanzen geschmückten Veranda trat er auf den Vorplatz hinaus; die Mitte des Vorplatzes zierte ein kegelförmiges Beet, das von gleichmäßigen Streifen weißer, roter und blauer Blumen durchzogen war und an dessen Rand sich – ebenfalls aus Blumen – die Anfangsbuchstaben des Vor-, Vaters- und Familiennamens der Gutsherrin abhoben. Alexander Iwanowitsch ging an diesem Blumenbeet vorbei zu der uralten Lindenallee, die gerade von einigen Bauernmädchen mit Hilfe von Schaufeln und Besen gefegt wurde. Der Gärtner war dabei, irgend etwas auszumessen, und ein junger Bursche kam mit einem hochbeladenen Wagen angefahren. Alexander Iwanowitsch ging an diesen Leuten vorüber und betrat den mindestens fünfzig Deßjatinen großen und nach allen Richtungen von gepflegten Fußwegen durchzogenen alten Park. Immer wieder an seiner Zigarette ziehend, ging Alexander Iwanowitsch seine Lieblingswege entlang und kam, an einer Laube vorüber, aufs freie Feld. So schön es auch im Park war – hier im Freien war es noch schöner. Rechter Hand erstreckte sich ein Acker, auf dem sich malerisch, gleich weißroten Tupfen, mit dem Roden von Kartoffeln beschäftigte Frauen abzeichneten, während sich linker Hand eine Wiese und ein Stoppelfeld ausdehnten, auf denen Vieh weidete, und weiter vorn, ein wenig nach rechts, sah man die dunkelgrünen Eichen des Waldes. Alexander Iwanowitsch atmete aus voller Brust die frische Luft ein und freute sich seines Lebens; ganz besonders freute er sich über den Aufenthalt hier, bei seiner Kusine, wo er sich so angenehm von der anstrengenden Tätigkeit in der Bank erholen konnte.

Wie gut haben es doch die Menschen, die auf dem Lande leben, dachte er. Gewiß, Nikolai Petrowitsch kommt mit seinen agronomischen Experimenten und Semstwo-Angelegenheiten auch hier nie zur Ruhe, aber das tut er ja aus freien Stücken. Und während sich Alexander Iwanowitsch kopfschüttelnd eine neue Zigarette anzündete und mit seinen kräftigen Füßen in den soliden englischen Schuhen forsch weiterging, vergegenwärtigte er sich, wie sehr er sich den Winter über in der Bank hatte plagen müssen. Von zehn bis zwei und manchmal, ja oft sogar Tag für Tag, hatte man bis fünf Uhr zu tun. Das ist leicht gesagt, aber dann kommen noch die Konferenzen und die privaten Anliegen hinzu. Und außerdem die Sitzungen in der Duma. Wie anders ist es hier! Ich fühle mich so wohl. Nun ja, sie wird sich allein wohl langweilen. Aber das ist nur für kurze Zeit – sagte er sich im stillen und lächelte vor sich hin.

Nachdem er eine Weile im Schlauch spazierengegangen war, kehrte er über das Brachfeld, das eben gepflügt wurde, nach Hause zurück. Auf dem Feld weideten die Kühe, Kälber, Schafe und Schweine der Bauern. Um auf dem kürzesten Weg zum Park zu gelangen, mußte er durch die Viehherden gehen. Die Schafe wurden beim Anblick Alexander Iwanowitschs scheu und ergriffen eins nach dem andern die Flucht, die Schweine taten das gleiche, nur zwei unansehnliche, magere Kühe blieben stehen und glotzten ihn an. Der Hirt, ein kleiner Bauernjunge, schrie hinter den Schafen her und schwang knallend die Peitsche. Wie rückständig ist doch alles hier bei uns im Vergleich zu Europa, dachte Alexander Iwanowitsch in Erinnerung an seine häufigen Auslandsreisen. In ganz Europa würde man keine einzige so jämmerliche Kuh finden, sagte er sich. Er wollte sich erkundigen, wohin der Weg führte, der von dem Weg abzweigte, auf dem er sich befand, und wem das Vieh gehörte, und rief den Jungen zu sich heran.

»Wessen Vieh ist das?«

Der kleine Bursche blickte erstaunt, ja fast bestürzt auf Alexander Iwanowitschs Hut, auf seinen gepflegten Bart und vor allem auf die goldene Brille und brachte zunächst kein Wort heraus. Erst als Alexander Iwanowitsch die Frage wiederholte, kam der Junge zu sich und sagte: »Unsers.«

»Ja, zu wem gehörst du denn? Woher kommt das Vieh?« fragte Alexander Iwanowitsch und schüttelte lächelnd den Kopf.

Der Junge trug Bastschuhe und Fußlappen sowie ein schmutziges, an der Schulter zerrissenes Hemd aus grobem Leinen und hatte eine Mütze mit abgerissenem Schirm auf dem Kopf.

»Woher kommst du denn?«

»Aus Pirogowo.«

»Wie alt bist du?«

»Das weiß ich nicht.«

»Kannst du lesen?«

»Nein, lesen kann ich nicht.«

»Gibt es bei euch im Dorf keine Schule?«

»Doch, in die bin ich gegangen.«

»Und da hast du nicht das Lesen gelernt?«

»Nein.«

»Nun sag mir noch, wohin dieser Weg führt.«

Der Junge sagte es ihm, und Alexander Iwanowitsch ging

in Richtung auf das Gutshaus weiter und stellte sich vor, wie er Nikolai Petrowitsch damit hänseln würde, daß es hier, trotz seiner Bemühungen, mit der Volksbildung noch recht schlecht bestellt war.

Als er sich dem Haus näherte und einen Blick auf die Uhr warf, bemerkte er, daß es schon auf zwölf ging, und ihm fiel ein, daß Nikolai Petrowitsch heute in die Stadt fuhr und er den Brief, den er ihm zur Weiterbeförderung nach Moskau mitgeben wollte, ärgerlicherweise noch gar nicht geschrieben hatte. Der Brief war jedoch sehr dringend, denn es handelte sich darum, daß ein Freund von ihm ein Gemälde, ein Madonnenbild, für ihn erwerben sollte, das auf einer Auktion zur Versteigerung kam. Als er am Haus anlangte, hielt vor dem Portal bereits eine vierspännige, in der Sonne glänzende schwarzlackierte Equipage; auf dem Bock saß der Kutscher in einem blauen Kaftan mit silbernem Gürtel, und die vier großen, wohlgenährten und gepflegten Rassepferde schüttelten von Zeit zu Zeit unter leisem Schellengeläut die Köpfe.

An der Haustür stand ein barfüßiger Bauer in zerrissenem Rock und ohne Kopfbedeckung. Der Bauer verneigte sich vor Alexander Iwanowitsch, und dieser fragte, was er hier suche.

»Ich will zu Nikolai Petrowitsch.«

»Weswegen?«

»Aus Not, mein Gaul ist krepiert.«

Alexander Iwanowitsch erkundigte sich nach Einzelheiten. Der Bauer erzählte ihm von seiner Lage, sprach davon, daß er fünf Kinder habe, und als er erwähnte, dies sei sein einziges Pferd gewesen, begann er zu weinen.

»Und was willst du nun?«

»Um Hilfe bitten.«

Bei diesen Worten kniete der Bauer nieder und war trotz allen Zuredens Alexander Iwanowitschs nicht zu bewegen, wieder aufzustehen.

»Wie heißt du?«

»Mitri Sudarikow«, antwortete der Bauer, ohne sich von den Knien zu erheben.

Alexander Iwanowitsch entnahm seinem Portemonnaie drei Rubel und reichte sie dem Bauern, der sich darauf mehrmals bis zur Erde verneigte. Danach begab sich Alexander Iwanowitsch ins Haus. In der Vorhalle traf er mit dem Hausherrn zusammen.

»Nun, wie ist es mit dem Brief?« fragte Nikolai Petrowitsch, als er in der Vorhalle auf ihn zukam. »Ich fahre jetzt gleich.«

»Ach, entschuldige, entschuldige schon. Wenn du noch einen Augenblick warten kannst, schreibe ich ihn sofort. Ich hatte ihn total vergessen. Bei euch ist es so schön, daß man an nichts anderes denken mag. Wunderschön habt ihr es hier!«

»Nun, etwas Zeit habe ich noch, aber mach bitte möglichst schnell. Die Pferde warten ohnehin schon seit einer Viertelstunde, und die Fliegen stechen wie wild.«

»Geht es, daß du mit den Pferden noch etwas wartest, Arsenti?« wandte sich Alexander Iwanowitsch an den Kutscher.

»Warum sollte es nicht gehn?« erwiderte der Kutscher. Im stillen aber dachte er: Warum läßt man bloß so früh anspannen, wenn man noch gar nicht fahren will? Zuerst hab ich mich mit den Stallburschen weiß Gott wie abgehetzt, und jetzt dient man hier den Fliegen zum Fraß.

»Gleich, gleich.«

Alexander Iwanowitsch war schon auf dem Weg in sein Zimmer, kehrte jedoch noch einmal um und erkundigte sich bei Nikolai Petrowitsch nach dem Bauern, der um Hilfe gebeten hatte.

»Hast du ihn gesehen?«

»Ja, er ist ein Trunkenbold, aber schlecht geht es ihm in der Tat. Doch nun mach bitte schnell.«

Alexander Iwanowitsch eilte darauf in sein Zimmer, nahm eine Schreibmappe zur Hand und schrieb den Brief; dann schnitt er aus seinem Scheckbüchlein ein Formular, stellte einen Scheck über hundertachtzig Rubel aus, steckte ihn zusammen mit dem Brief in ein Kuvert und brachte es Nikolai Petrowitsch.

»Nun, dann auf Wiedersehen!«

Bis zum Frühstück beschäftigte sich Alexander Iwanowitsch damit, die Zeitungen durchzusehen. Er las immer nur die Zeitungen »Russkije Wedomosti«, »Retsch« und zuweilen auch »Russkoje Slowo«, wogegen er die »Nowoje Wremja«, die der Hausherr abonniert hatte, nie in die Hand nahm.

Während Alexander Iwanowitsch in gewohnter Weise von den politischen Nachrichten, den Maßnahmen der Könige, Präsidenten und Minister sowie den Parlamentsbeschlüssen ruhig zu den Theaterbegebenheiten und wissenschaftlichen Neuigkeiten, den Berichten über Selbstmorde und Cholera und den feuilletonistischen Beiträgen überging, ertönte der Gong, der zum Frühstück rief. Als Ergebnis der Arbeit von über einem Dutzend ausschließlich für den herrschaftlichen Haushalt beschäftigten Menschen, den Wäscherinnen, den Köchen und deren Gehilfen, den Dienern, Wirtschafterinnen und Geschirrwäscherinnen, prangten auf dem mit einem blendendweißen Tafeltuch bedeckten Tisch acht silberne Gedecke, Karaffen mit Wasser, Kwaß, Wein und Mineralwasser und funkelndes Kristall; und dazu liefen unaufhörlich zwei Diener hin und her. Sie brachten die verschiedenen Imbisse, die kalten und warmen Gerichte herein, servierten sie und trugen sie wieder hinaus.

Die Hausfrau redete ununterbrochen und erzählte alles, was sie getan, gedacht und in dein und dem Fall gesagt hatte; sie war offenbar der Meinung, das alles sei höchst interessant und es müsse, außer den allerdümmsten Leuten, jedermann davon entzückt sein. Alexander Iwanowitsch wußte und erkannte, daß alles, was sie sagte, dumm war, durfte es sich aber natürlich nicht anmerken lassen und beteiligte sich wohl oder übel an der Unterhaltung. Feodorit starrte mit finsterer Miene schweigend vor sich hin, und der Hauslehrer wechselte hin und wieder ein paar Worte mit der Witwe. Mitunter trat allgemeines Schweigen ein, und dann tat sich Feodorit mit seiner Weisheit hervor, und es entstand eine furchtbare Langeweile. In solchen Fällen befahl die Hausfrau, irgendein neues, noch nicht serviertes Gericht zu bringen, worauf sich die Diener in Trab setzten und geschäftig zwischen Speisesaal und Küche hin- und herliefen. Niemand hatte Lust, noch etwas zu essen oder sich zu unterhalten. Aber trotz allem, wenn auch widerstrebend, aßen und redeten alle. So verlief das ganze Frühstück.

[3]

Der Bauer, dessen Pferd krepiert und der aus diesem Anlaß zum Gutsherrn gekommen war, um sich eine Unterstützung zu erbitten, hieß Mitri Sudarikow. Den ganzen vorangegangenen Tag hatte er sich mit dem verendeten Gaul herumgeplagt. Als erstes war er nach Andrejewka zum Schinder Sanin gegangen, hatte ihn jedoch nicht zu Hause angetroffen. Bis er ihn endlich zu Gesicht bekommen und sich mit ihm wegen des Preises für das Fell geeinigt hatte, war es Mittag geworden. Dann hatte er versucht, sich beim Nachbar ein Fuhrwerk zu leihen, um den toten Wallach zum Schindanger zu schaffen; denn ihn an Ort und Stelle verscharren, wo er krepiert war, das durfte man nicht. Aber Andrejan hatte das Fuhrwerk nicht hergegeben, weil er es selbst zum Einfahren von Kartoffeln brauchte. Schließlich war es ihm gelungen, Stepan dazu zu bewegen, ihm ein Fuhrwerk zu leihen; Stepan erbarmte sich seiner und half ihm auch, den toten Wallach auf den Wagen zu heben. Mitri riß dem Gaul von den Vorderbeinen die Hufeisen ab und übergab sie seiner Frau; von dem einen war nur noch eine Hälfte da, das andere war unbeschädigt. Während er noch mit dem Auswerfen der Grube beschäftigt war – der Spaten war sehr stumpf –, kam Sanin. Nun zogen sie dem Wallach das Fell ab, warfen ihn in die Grube und schütteten sie zu. Mitri war ganz erschöpft. Vor lauter Kummer kehrte er bei der Matrjona ein und leerte mit Sanin eine halbe Flasche Schnaps, stritt sich dann zu Hause mit seiner Frau und ging zum Schlafen in den Flur hinaus. Er schlief unausgezogen, in Hosen, und deckte sich mit seinem zerrissenen Rock zu.

Die Frau blieb mit den Kindern in der Stube. Sie hatten vier Töchter, von denen die jüngste ein fünf Wochen alter Säugling war.

Am nächsten Morgen wachte Mitri wie gewöhnlich schon vor dem Hellwerden auf. Als er sich des gestrigen Tages und der Todeskrämpfe des Wallachs erinnerte, wie dieser sich aufgebäumt hatte und dann zusammengebrochen war, und als ihm dabei zum Bewußtsein kam, daß er nun kein Pferd mehr besaß, sondern nur die vier Rubel und achtzig Kopeken für das Fell, da seufzte er tief. Er stand auf, zog seine Hosen zurecht und ging zuerst in den Hof hinaus und dann in die Stube. Die schmutzige und von Rauch geschwärzte Stuhe mit den schiefen Wänden wurde gerade geheizt. Die Bäuerin warf mit der einen Hand immer wieder Stroh in den Ofen, während sie mit der andern ihr kleines Mädelchen an die aus dem schmutzigen Hemd herausgeschobene schlaffe Brust hielt.

Mitri bekreuzigte sich dreimal nach der Zimmerecke hin, wobei er, ohne jeden Zusammenhang und ohne sich darunter etwas vorzustellen, die Worte »Dreifaltigkeit«, »Mutter Gottes«, »Ich glaube« und »Vaterunser« vor sich hin murmelte.

»Ist denn kein Wasser da?«

»Das Mädel ist nach Wasser gegangen. Sie wird, denke ich, schon zurück sein. Wie ist es, wirst du nun nach Ugrjumaja zum Gutsherrn gehn?«

»Ja, ich muß hin.«

Von dem Rauch aus dem Ofen bekam er einen Hustenanfall. Nun nahm er einen Lappen und ging in den Flur hinaus. Das Mädchen hatte gerade Wasser gebracht. Mitri schöpfte etwas Wasser aus dem Eimer, nahm es in den Mund und spuckte es auf die Hände. Nachdem er sich mit einem zweiten Mundvoll Wasser das Gesicht gewaschen und es mit dem Lappen trockengerieben hatte, glättete er mit der Hand das zerzauste Haar und den lockigen Bart. Dann ging er nach draußen.

Auf der Straße kam ein etwa zehn Jahre altes, nur mit einem schmutzigen Hemd bekleidetes Mädchen auf ihn zu.

»Guten Tag, Onkel Mitri. Du sollst zum Dreschen kommen.«

»Gut, ich komme«, sagte Mitri.

Er erriet, daß die Kaluschkins, die ebensolche armen Schlucker waren wie er, das Mädchen zu ihm geschickt hatten. Sie hatten ihm in der vorigen Woche bei der Arbeit mit der gemieteten Göpelmaschine geholfen und erwarteten jetzt von ihm einen Gegendienst.

»Gut, ich komme; sag, daß ich nach dem Frühstück komme. Ich muß erst noch nach Ugrjumaja.«

Darauf ging Mitri ins Haus, umwickelte seine Füße mit Fußlappen, zog die Bastschuhe an und machte sich auf den Weg zum Gutshaus. Nachdem er die drei Rubel von Alexander Iwanowitsch und ebensoviel von Nikolai Petrowitsch erhalten hatte, kehrte er nach Hause zurück und händigte das Geld seiner Frau aus. Dann nahm er Schaufel und Harke und ging zu den Kaluschkins.

Bei den Kaluschkins war schon seit langem das gleichmäßige Rattern der Dreschmaschine zu hören, und nur hin und wieder, wenn sich einmal Stroh festgeklemmt hatte, trat eine kurze Pause ein. Um den Antreiber herum liefen mit straff an gezogenen Strängen die mageren Pferde im Kreis. Der Antreiber rief ihnen immer wieder in gleichbleibendem Tonfall zu: »Nun los, los, meine Guten!« Ein paar Frauen banden die Garben auseinander, andere harkten das Stroh und die Ähren auf einen Haufen, und wieder andere rafften gemeinsam mit den Männern mit beiden Armen das Stroh zusammen und reichten es dem auf dem Schober stehenden Bauern hinauf. Die Arbeit war in vollem Gange. Auf dem Gemüseacker, an dem Mitri vorbeikam, grub ein barfüßiges, nur mit einem Hemd bekleidetes kleines Mädchen mit bloßen Händen Kartoffeln aus und tat sie in einen Bastkorb.

»Wo ist der Großvater?« fragte Mitri.

»Großvater ist auf der Tenne.«

Mitri ging zur Tenne und machte sich sofort an die Arbeit. Der alte Kaluschkin wußte bereits von Mitris Kummer. Nachdem er Mitri begrüßt hatte, wies er ihn an, sich neben den Schober zu stellen und das Stroh hinaufzureichen.

Mitri zog seinen zerrissenen Rock aus, rollte ihn zusammen, legte ihn neben den Flechtzaun und ging mit besonderem Eifer an die Arbeit; er spießte immer einen Strohhaufen auf die Heugabel und warf ihn zum Schober hinauf. So wurde ununterbrochen bis zur Mittagszeit gearbeitet. Die Hähne hätten bereits dreimal gekräht, aber im Eifer der Arbeit und bei den mit der Arbeit zusammenhängenden Gesprächen war das von allen überhört worden. Doch nun tönte von der drei Werst entfernten herrschaftlichen Tenne das Pfeifen der Dampfdreschmaschine herüber. Jetzt kam auch der Bauer, der große, achtzigjährige, sich noch sehr gerade haltende Massej, auf die Tenne.

»Na, macht eine Pause«, sagte er zu dem Antreiber der Pferde. »Es ist Zeit, Mittag zu essen.«

Nun ging die Arbeit noch schneller voran. Im Nu hatten sie das Stroh zusammengeharkt und auf den Schober gebracht und das Korn geworfelt. Dann gingen alle in die Stube.

Auch in diesem Haus gab es am Ofen keinen Abzug für den Rauch, aber die Stube war bereits gefegt, und um den Tisch herum waren Bänke aufgestellt, so daß sich alle – außer den Wirtsleuten waren es neun Personen –, nachdem sie sich den Ikonen zugewandt und gebetet hatten, hinsetzen konnten. Das Essen bestand aus Suppe, Brot, gekochten Kartoffeln und Kwaß.

Während des Essens kam ein einarmiger Bettler in die Stube. Er trug einen Sack auf dem Rücken und stützte sich auf eine Krücke.

»Friede diesem Hause! Gesegnete Mahlzeit! Um Christi willen, gebt eine milde Gabe!«

»Gott wird sie dir geben«, sagte die Hausfrau, die nicht mehr junge Schwiegertochter des Alten. »Nimm's nicht übel.«

Der Alte stand an der zur Vorratskammer führenden Tür.

»Das ist nicht recht, Marfa. Schneid ihm ein Stück Brot ab.«

»Ich weiß auch so schon nicht, wie wir auskommen sollen.«

»Ach, das ist schlecht von dir, Marfa. Gott gebietet uns, alles zu teilen. Schneid ihm ein Stück ab.«

Marfa gehorchte, und der Bettler ging weiter. Die Drescher standen auf, beteten, bedankten sich bei den Wirtsleuten und gingen hinaus, um Mittagsruhe zu halten.

Mitri legte sich nicht hin, sondern lief zum Krämer und kaufte Tabak. Er hatte das unbezähmbare Verlangen zu rauchen. Bei einem Gespräch, das er dabei mit einem Bauern aus Demenskoje e führte, erkundigte er sich nach den Viehpreisen. Er würde ja doch die Kuh verkaufen müssen. Als er zurückkehrte, schickten sich die andern schon an, die Arbeit wiederaufzunehmen. Und dann wurde in einem fort bis zum Abend gearbeitet.

Und inmitten dieser entrechteten, betrogenen, der Sittenverderbnis preisgegebenen und an Unterernährung und Überanstrengung bei der Arbeit langsam zugrunde gehenden Geschöpfe leben Menschen, die in ihrem müßigen, schmarotzerhaften Dasein aus der übermäßigen, erniedrigenden Arbeit dieser Sklaven auf Schritt und Tritt Nutzen ziehen, die darüber hinaus seelenruhig die von Millionen versklavter Fabrikarbeiter unter unsagbar schweren, menschenunwürdigen Arbeitsbedingungen hergestellten Samoware, Silbersachen, Equipagen, Maschinen und dergleichen mehr benutzen und von denen die einen sich für Christen halten, während die anderen sich einbilden, geistig so hoch zu stehen und über alles so erhaben zu sein, daß sie weder des Christentums noch irgendeiner anderen Religion bedürfen. Und inmitten dieser fürchterlichen Verhältnisse leben, ohne sie zu sehen oder sie absichtlich übersehend, oft im Grunde ihres Herzens gutmütige Greise und Greisinnen, die in aller Ruhe dem Ende ihrer Tage entgegengehen, leben junge Leute, Mütter und Kinder – unglückliche, durch ihre Erziehung demoralisierte und sittlich blind gemachte Kinder.

Da gibt es einen alten, unverheirateten Gutsbesitzer, Herr über tausend Deßjantinen Land, der sein ganzes Leben nur mit Müßiggang, Völlerei und Unzucht verbracht hat und der sich nun beim Lesen der »Nowoje Wremja« über die Unvernunft der Regierung empört, die den Juden das Recht zu studieren eingeräumt hat. Da gibt es einen Gast, einen verabschiedeten Gouverneur und Senator, der das etatmäßig festgelegte Ruhegehalt bezieht und beim Lesen der Zeitung mit Befriedigung davon Kenntnis nimmt, daß auf dem Juristenkongreß die Notwendigkeit der Todesstrafe anerkannt wurde. Da gibt es N. P., einen Gegner der Todesstrafe, der die »Russkije Wedomosti« liest und sich über die Kurzsichtigkeit der Regierung wundert, die den »Bund des russischen Volkes« zugelassen hat, und...

Da haben wir eine liebe, gütige Mutter, die ihrem Töchterchen die Geschichte von dem Hund »Fuchs« vorliest, der Mitleid mit den Kaninchen hatte. Und dieses liebe kleine Mädchen, das beim Spazierengehen barfüßigen, hungrigen Kindern begegnet, die hartes, unreifes Fallobst essen, gewöhnt sich daran, in diesen Kindern nicht Kinder ihresgleichen, sondern so etwas wie eine Kulisse, wie das Zubehör zu einem Landschaftsbild zu sehen.

Warum ist das so?

Entstanden 1908–1910

Romanfragmente

Anna Karenina

Anna Karenina ist zu Besuch in Moskau bei der Familie ihres Bruders, Stiwa Oblonski; sie trifft auf einem Ball mit Wronski zusammen, der sich in sie verliebt, obwohl allgemein erwartet wurde, daß er sich Kitty Stscherbazkaja erklärt, die später Konstantin Lewins Frau wird.

22

Der Ball hatte eben erst begonnen, als Kitty in Begleitung ihrer Mutter die breite, von Licht überflutete und mit blühenden Topfpflanzen dekorierte Treppe heraufkam, zu deren Seiten Lakaien in roten Livreen und gepuderten Perücken Aufstellung genommen hatten. Aus den Sälen drang wie aus einem summenden Bienenstock das eintönige Geräusch sich bewegender Menschen, und während die Damen in der Vorhalle vor einem der zwischen Palmen hängenden Spiegel noch ihre Frisuren und Kleider ordneten, erklangen im Tanzsaal die zaghaft einsetzenden Töne der Geigen, die den ersten Walzer anstimmten. Ein alter Herr in Zivil, der vor einem anderen Spiegel sein ergrautes Schläfenhaar gebürstet hatte und einen Wohlgeruch von Parfüm ausströmte, stieß mit ihnen auf der Treppe zusammen, machte ihnen Platz und war sichtlich von der ihm unbekannten Kitty entzückt. Ein bartloser junger Mann in auffallend tief ausgeschnittener Weste, einer jener Herrensöhnchen, die der alte Fürst Stscherbazki als »junge Dachse« bezeichnete, rückte im Gehen seine weiße Krawatte zurecht, verbeugte sich vor ihnen und kehrte, nachdem er schon vorbeigestürmt war, nochmals zurück, um Kitty zu einer Quadrille aufzufordern. Die erste Quadrille hatte sie bereits Wronski zugesagt, und für diesen Jüngling merkte sie nun die zweite vor. Ein Offizier, der an der Tür im Begriff war, seinen Handschuh zuzuknöpfen, trat zur Seite, strich sich über seinen Schnurrbart und blickte mit Wohlgefallen auf die rosige Kitty.

Obwohl ihre Toilette, die Frisur und alle anderen Vorbereitungen für den Ball mit viel Mühe und mannigfachen Erwägungen verbunden gewesen waren, betrat Kitty den Tanzsaal in ihrem kunstvoll gearbeiteten Tüllkleid mit einem rosafarbenen Unterkleid so natürlich und ungezwungen, als ob alle diese Rosetten und Spitzen, alles dieses Drum und Dran ihrer Toilette sie und ihre Angehörigen nicht das geringste Kopfzerbrechen gekostet hätten, als ob sie in diesem Tüll, in den Spitzen und der hohen, mit einer Rose und zwei kleinen Blättern geschmückten Frisur schon zur Welt gekommen wäre.

Als die alte Fürstin vor dem Betreten des Saals die an einer Stelle umgebogene Gürtelschärpe ihrer Tochter glätten wollte, wehrte Kitty leise ab. Sie hatte das Gefühl, daß alles an ihrer Erscheinung jetzt ganz von selbst schön und elegant sein müsse und daß nichts mehr einer Verbesserung bedürfe.

Kitty hatte einen ihrer glücklichen Tage. Das Kleid beengte sie nirgends, die Spitzenrüschen hingen an keiner Stelle herab, die Rosetten waren nicht zerdrückt oder abgerissen; die rosa Tanzschuhe mit den hohen geschwungenen Absätzen drückten nicht, sondern paßten sich ihren zierlichen Füßen bequem an. Die dichten bandeaux aus blondem Haar saßen auf ihrem kleinen Kopf wie eigenes Haar. Von den langen Handschuhen, die ihre Arme umspannten, ohne deren Form zu verändern, hatte sich beim Zuknöpfen keiner der drei Knöpfe gelöst. Das schwarze Samtband mit einem Medaillon schmiegte sich ihrem Hals ungemein zart an. Dieses Samtband wirkte bezaubernd, und schon zu Hause, als sich Kitty im Spiegel betrachtet hatte, hatte sie gefühlt, daß dieses schwarze Band für sich sprach. Und mochte an allem anderen vielleicht noch ein Zweifel möglich sein – dieses Samtband war eine Augenweide. Auch hier auf dem Ball lächelte Kitty, als sie einen Blick in den Spiegel warf. In den entblößten Schultern und Armen empfand Kitty eine marmorne Kälte, ein Gefühl, das sie besonders gern hatte.

Ihre Augen leuchteten, und im Bewußtsein ihrer Anmut konnte sie es nicht verhindern, daß sich ihre roten Lippen ganz von selbst zu einem Lächeln formten. Kaum hatte sie den Saal betreten und sich der Gruppe von Damen genähert, die in einer buntschillernden Woge von Tüll, Schleifen und Spitzen darauf warteten, zum Tanz engagiert zu werden (Kitty brauchte sich ihnen nie anzuschließen), als sie auch schon zum Walzer aufgefordert wurde, und zwar vom besten Tänzer und ersten Kavalier der Ballhierarchie, dem als Tanz- und Zeremonienmeister berühmten Jegoruschka Korsunski, einem verheirateten, sehr gut aussehenden Mann von stattlichem Wuchs. Als er, nachdem er die erste Tour mit der Gräfin Banina getanzt und sich von dieser eben getrennt hatte, sein Reich überschaute, in dem erst wenige Paare zum Tanz angetreten waren, erblickte er die gerade eintretende Kitty, eilte mit jenen leger tänzelnden Schritten, die nur Tanzmeistern eigen sind, auf sie zu, verbeugte sich und streckte, ohne erst ihre Zusage abzuwarten, den Arm aus, um ihre schlanke Taille zu umfassen. Sie blickte sich nach jemand um, dem sie ihren Fächer übergeben könnte, und die Frau des Hauses nahm ihn ihr mit einem freundlichen Lächeln ab.

»Wie schön, daß Sie pünktlich kommen«, sagte Korsunski, als er den Arm um ihre Taille legte. »Dieses Zuspätkommen ist wirklich eine Unsitte.«

Sie beugte den linken Arm, legte die Hand auf seine Schulter, und ihre kleinen Füße in den rosa Schuhen glitten mit schnellen, leichten und rhythmischen Schritten im Takt der Musik über das glatte Parkett.

»Es ist eine Erholung, mit Ihnen Walzer zu tanzen«, sagte er, nachdem sie die ersten gemessenen Walzerschritte gemacht hatten. »Bewundernswert, welch eine Leichtigkeit und précision«, fügte er hinzu, ein Kompliment, das er fast allen guten Bekannten zu machen pflegte.

Sie quittierte sein Lob mit einem Lächeln und setzte, über seine Schulter hinweg, ihre Beobachtungen im Saal fort. Es war nicht der erste Ball, den sie besuchte, so daß ihr nicht, wie bei einem Neuling, alle Gesichter zu einem einzigen zauberhaften Eindruck verschmolzen; aber sie gehörte auch nicht zu den jungen Mädchen, die von einem Ball zum andern geschleppt werden und denen auf Bällen alle Gesichter bis zum Überdruß bekannt sind; sie nahm eine Mittelstellung zwischen diesen beiden Gruppen ein, und obwohl sie erregt war, war sie doch genügend Herr ihrer selbst, um Beobachtungen anstellen zu können. In der linken Saalecke hatte sich, wie sie sah, die Creme der Gesellschaft zusammengefunden. Dort erkannte sie Liddy, die schöne, bis zur Unmöglichkeit dekolletierte Frau Korsunskis; dort stand die Frau des Hauses, von dort leuchtete die Glatze Kriwins herüber, der immer dort zu finden war, wo sich die Creme der Gesellschaft befand; dorthin blickten die Jünglinge, die sich nicht trauten, näher heranzutreten; und dort entdeckten ihre Blicke auch Stiwa und gleich darauf die bezaubernde Erscheinung Annas in einem schwarzen Samtkleid. *Er* befand sich ebenfalls dort. Kitty hatte ihn seit jenem Abend, an dem sie Lewin einen Korb gegeben hatte, nicht wiedergesehen. Dank ihren guten Augen erkannte sie ihn sofort und bemerkte sogar, daß er zu ihr herübersah.

»Nun, noch eine Tour? Sind Sie nicht müde geworden?« fragte Korsunski, ein wenig außer Atem gekommen.

»Nein, ich danke.«

»Wohin darf ich Sie führen?«

»Dort drüben glaube ich Frau Karenina bemerkt zu haben... Führen Sie mich zu ihr.«

»Ganz wie Sie wünschen.«

Nach allen Seiten »Pardon, mesdames, pardon, pardon, mesdames!« rufend, walzte Korsunski nun mit langsameren Schritten gerade auf die Gruppe in der linken Saalecke zu, und nachdem er sich, ohne auch nur eine Faser zu streifen, mit seiner Dame glücklich durch dieses Meer von Spitzen, Tüll und Bändern durchlaviert hatte, führte er mit ihr eine so scharfe Wendung aus, daß ihre schlanken Beine in den durchbrochenen Strümpfen sichtbar wurden und ihre Schleppe sich fächerartig ausbreitete und über Kriwins Knie legte. Korsunski verbeugte sich, wölbte die Brust in der tief ausgeschnittenen Weste und reichte Kitty die Hand, um sie zu Anna Arkadjewna zu geleiten. Kitty zog ihre Schleppe errötend von Kriwins Knien und sah sich, ein wenig schwindlig geworden, nach Anna um. Anna war nicht in Lila erschienen, wie Kitty es sich gewünscht hatte, sondern in einem schwarzen, tief ausgeschnittenen Samtkleid, das ihre vollen, wie aus altem Elfenbein geschnitzten Schultern, die Büste und die rundlichen Arme mit ihren winzig-zierlichen Handgelenken frei ließ. Das ganze Kleid war mit venezianischen Gipüren besetzt. In ihrem schwarzen Haar, das ohne Zuhilfenahme fremden Haares frisiert war, hatte sie ein paar Stiefmütterchen, und Stiefmütterchen waren auch zwischen weißen Spitzen an der schwarzen Schärpe des Gürtels befestigt. Ihre Frisur war nicht auffallend. Auffallend waren nur die kurzen, eigenwilligen Löckchen, die sich stets in ihrem Nacken und an den Schläfen hervorstahlen und sie so gut kleideten. Um ihren festen, ebenmäßigen Hals schmiegte sich eine Perlenkette.

Kitty war mit Anna täglich zusammengekommen, schwärmte für sie und hatte sie sich auf einem Ball nicht anders als in Lila vorstellen können. Doch nun, als sie Anna in Schwarz sah, wurde ihr bewußt, daß sie den ganzen Liebreiz ihrer Erscheinung vorher nicht erfaßt hatte. Sie hatte jetzt einen ganz neuen Eindruck von ihr, der sie überraschte. Jetzt begriff sie, daß es nicht Lila sein mußte und daß Annas Liebreiz gerade darin bestand, daß sie ihre Kleidung immer überragte, daß es auf die Kleidung bei ihr nicht so sehr ankam. Auch das schwarze Kleid mit seinem reichen Spitzenbesatz fiel an ihr gar nicht auf, es war lediglich der Rahmen; auf fiel allein sie selbst, ihre schlichte, natürliche und zugleich elegante, heitere und vitale Persönlichkeit.

Sie stand wie immer sehr gerade, hatte den Kopf dem Hausherrn zugewandt und unterhielt sich mit ihm über irgend etwas, als Kitty an die Gruppe herantrat.

»Nein, ich will auf niemanden einen Stein werfen«, antwortete sie auf eine Bemerkung von ihm, »aber unbegreiflich ist mir das Ganze«, fügte sie achselzuckend hinzu und wandte sich dann gleich mit einem freundlichen, wohlwollenden Lächeln zu Kitty um. Nachdem sie mit dem geübten Blick einer Frau blitzschnell deren Toilette gemustert hatte, machte sie eine kaum merkliche, aber von Kitty sofort verstandene Kopfbewegung, durch die sie ihre Zufriedenheit mit Kittys Toilette und ihrer Schönheit zu erkennen gab. »Sie tanzen ja schon beim Betreten des Saals«, fügte sie hinzu.

»Die Prinzessin ist eine meiner sichersten Stützen«, sagte Korsunski und verbeugte sich vor Anna Arkadjewna, die er noch nicht begrüßt hatte. »Sie trägt sehr dazu bei, daß ein Ball fröhlich und schön wird... Einen Walzer, Anna Arkadjewna?« forderte er sie mit einer Verbeugung auf.

»Sie sind miteinander bekannt?« fragte der Hausherr.

»Mit wem wären wir nicht bekannt? Meine Frau und ich sind wie bunte Pudel bekannt, uns kennt jeder«, antwortete Korsunski. »Einen Walzer, Anna Arkadjewna.«

»Ich tanze nicht, wenn es nicht unbedingt sein muß«, antwortete sie.

»Aber heute muß es sein«, sagte Korsunski.

In diesem Augenblick trat Wronski hinzu.

»Nun, wenn es nicht anders geht, dann kommen Sie«, sagte sie und legte die Hand, ohne Wronskis Verbeugung zu beachten, schnell auf Korsunskis Schulter.

Wodurch kann er sie wohl verärgert haben? fragte sich Kitty, der es nicht entgangen war, daß Anna Wronskis Gruß absichtlich übersehen hatte. Wronski trat an Kitty heran, erinnerte sie an die erste Quadrille und äußerte sein Bedauern darüber, sie so lange nicht gesehen zu haben. Kitty blickte bewundernd der tanzenden Anna nach und wartete zugleich darauf, was Wronski weiter sagen würde. Sie glaubte, daß er sie zum Walzer auffordern werde; aber er forderte sie nicht auf, und sie sah ihn befremdet an. Er wurde rot und beeilte sich nun, sie aufzufordern; doch kaum hatte er den Arm um ihre schlanke Taille gelegt und den ersten Schritt getan, da brach plötzlich die Musik ab. Kitty blickte ihm ins Gesicht, das dem ihren so nahe war, und noch lange nachher, wenn sie sich viele Jahre später dieses von Liebe erfüllten Blicks erinnerte, mit dem sie ihn damals angesehen und den er nicht erwidert hatte, krampfte sich ihr Herz vor Scham qualvoll zusammen.

»Pardon, pardon! Noch einen Walzer, noch einen Walzer!« schallte von der anderen Seite des Saals die Stimme Korsunskis herüber, der das erste beste Mädchen ergriff, das ihm in den Weg lief, und mit ihm tanzte.

23

Wronski tanzte mit Kitty mehrere Touren Walzer. Nach dem Tanz begab sich Kitty zu ihrer Mutter; kaum hatte sie einige Worte mit der Gräfin Nordston gewechselt, als Wronski sie auch schon zur ersten Quadrille holte. Was sie während der Quadrille sprachen, war nicht von Belang, es war ein zwangloses Gespräch, das sich etwa um die Eheleute Korsunski drehte, die Wronski sehr witzig als zwei vierzigjährige Kinder charakterisierte, dann wieder um das geplante öffentliche Theater, und nur einmal wurde Kitty von der Unterhaltung tiefer berührt: als sich Wronski nach Lewin erkundigte, ob er auch hier sei, und hinzufügte, er habe ihm sehr gut gefallen. Doch mehr hatte sich Kitty von der Quadrille auch nicht versprochen. Sie wartete stockenden Herzens auf die Masurka. Es schien ihr, bei der Masurka müsse sich alles entscheiden. Daß Wronski sie nicht schon während der Quadrille für die Masurka engagierte, beunruhigte sie nicht. Sie war überzeugt, daß er wie bei allen früheren Bällen auch diesmal die Masurka mit ihr tanzen würde, und hatte fünf andere Tänzer mit der Begründung abgewiesen, daß sie die Masurka bereits vergeben habe. Bis zur letzten Quadrille war Kitty der ganze Ball wie ein märchenhaftes, aus schillernden Farben, Klängen und Bewegungen bestehendes Traumbild erschienen. Sie tanzte fast pausenlos und gönnte sich nur eine kurze Erholung, wenn sie allzu ermüdet war. Doch als sie die letzte Quadrille mit einem langweiligen jungen Mann tanzte, den sie nicht gut hatte abweisen können, fügte es der Zufall, daß sie Wronski und Anna zum Gegenüber hatte. Nach der ersten Begegnung mit ihr zu Beginn des Balles hatte sie Anna aus den Augen verloren und war nun überrascht, sie plötzlich in einer völlig andern

Verfassung anzutreffen. Sie nahm an ihr die ihr selbst so gut bekannten Anzeichen einer durch Erfolg hervorgerufenen Erregung wahr. Sie sah, daß Anna trunken war von dem Entzücken, das sie erregte. Sie kannte dieses Gefühl, kannte seine Anzeichen und sah sie jetzt bei Anna – sah den vibrierenden, aufflammenden Glanz in ihren Augen, das beglückte, erregte Lächeln, das ihre Lippen ungewollt umspielte, und die makellose Grazie, Sicherheit und Leichtigkeit ihrer Bewegungen.

Wer ist es? fragte sie sich. Alle oder einer? Und während sie teilnahmslos zusah, wie der junge Mann, mit dem sie tanzte sich verzweifelt bemühte, den Faden des Gesprächs wiederzufinden, den er verloren hatte, während sie sich mechanisch den übermütig lauten Kommandos Korsunskis unterwarf, der die Tanzenden mal einen grand rond, mal eine chaîne bilden ließ – währenddessen beobachtete sie weiter, und ihr Herz krampfte sich mehr und mehr zusammen. Nein, nicht der Beifall der Menge hat sie berauscht, sondern die Bewunderung eines einzigen. Aber wer ist dieser eine? Sollte es wirklich *er* sein?

Jedesmal, wenn Wronski das Wort an Anna richtete, leuchteten ihre Augen fröhlich glänzend auf, und ein glückseliges Lächeln umspielte ihre Lippen. Sie war offenbar bemüht, diese Äußerungen der Freude zurückzuhalten, aber sie traten ganz von selbst auf ihrem Gesicht hervor. Und er? Kitty blickte zu ihm hin und schrak zusammen. Das gleiche, was sich so deutlich in Annas Gesicht spiegelte, nahm sie auch bei ihm wahr. Was war aus seiner sonst stets so gemessenen, selbstsicheren Haltung, dem unbekümmert ruhigen Ausdruck seines Gesichts geworden? Wenn er sich Anna zuwandte, senkte er jedesmal leicht den Kopf, als wolle er ihr zu Füßen fallen, und aus seinem Blick sprachen bedingungslose Unterwürfigkeit und Furcht. Ich will dich nicht verletzen, schien jeder seiner Blicke zu sagen, sondern ich will mich retten und weiß nicht, wie. Sein Gesicht hatte einen Ausdruck, wie sie ihn noch nie bei ihm gesehen hatte.

Anna und Wronski unterhielten sich über gemeinsame

Bekannte, führten ein ganz oberflächliches Gespräch, aber Kitty schien es, daß jedes von ihnen gesprochene Wort für beider und für ihr eigenes Schicksal entscheidend sei. Und merkwürdig: obgleich sie sich wirklich nur darüber unterhielten, wie komisch Iwan Iwanowitsch mit seinem Französisch wirke und darüber, daß Mademoiselle Jelezkaja eigentlich eine bessere Partie hätte machen können, hatten diese Worte für sie eine Bedeutung, und sie fühlten das ebenso wie Kitty. Der ganze Ball, die ganze Welt, alles hüllte sich im Herzen Kittys in einen grauen Nebel. Nur die strenge Schule, die sie durch ihre Erziehung genossen hatte, hielt sie aufrecht und veranlaßte sie, das zu tun, was von ihr verlangt wurde, das heißt zu tanzen, auf Fragen zu antworten, sich zu unterhalten, ja sogar zu lächeln. Doch als zur Masurka gerüstet wurde, als man bereits mit dem Aufstellen der Stühle begann und mehrere Paare sich aus den kleineren Räumen in den großen Saal begaben, da kam für Kitty ein Augenblick völliger Verzweiflung. Sie hatte fünf Aufforderungen ausgeschlagen und war jetzt ohne Partner. Es bestand für sie auch nicht einmal die Hoffnung, jetzt noch aufgefordert zu werden, weil sie sich zu großer Erfolge erfreute und niemand auf den Gedanken kommen konnte, daß sie noch nicht engagiert sei. Sie hätte am liebsten ihrer Mutter gesagt, daß sie sich krank fühle und nach Hause möchte, doch dazu brachte sie die Kraft nicht auf. Sie war völlig gebrochen.

Sie zog sich in die Ecke eines kleinen Salons zurück und ließ sich in einen Sessel fallen. Der hauchdünne Überwurf ihres Kleides bauschte sich wie eine Wolke um ihre schlanke Gestalt; der eine ihrer entblößten zarten Mädchenarme hing kraftlos herab und versank in den Falten der rosa Tunika; in der anderen Hand hielt sie den Fächer und befächelte mit hastigen, kurzen Bewegungen ihr erhitztes Gesicht. Doch obwohl sie in diesem Augenblick einem Schmetterling glich, der sich eben auf einem Halm niedergelassen hat und jeden Moment bereit ist, seine farbenprächtigen Flügel zu entfalten und weiterzuflattern, preßte eine furchtbare Verzweiflung ihr Herz zusammen.

Aber vielleicht irre ich mich, vielleicht war es gar nicht so?

Und vor ihrem geistigen Auge erstand aufs neue alles, was sie gesehen hatte.

»Kitty, was bedeutet denn das?« fragte die Gräfin Nordston, die auf dem Teppich unhörbar ins Zimmer getreten war. »Ich begreife das nicht.«

Kittys Unterlippe zuckte; sie stand schnell auf.

»Kitty, tanzt du denn die Masurka nicht mit?«

»Nein, nein«, antwortete Kitty mit tränenerstickter Stimme.

»Ich war dabei, als er sie zur Masurka aufforderte«, sagte die Gräfin, die ohne weiteres annahm, daß Kitty wissen werde, wer mit *er* und mit *sie* gemeint war. »Sie fragte ihn: ›Haben Sie denn nicht die Prinzessin Stscherbazkaja engagiert?‹«

»Ach, mir ist alles gleichgültig!« gab Kitty zur Antwort.

Niemand außer ihr selbst wußte, wie es um sie bestellt war, niemand ahnte, daß sie wenige Tage zuvor einen Menschen zurückgewiesen hatte, den sie vielleicht liebte, daß sie ihn zurückgewiesen hatte, weil sie einem andern vertraute.

Die Gräfin Nordston machte Korsunski ausfindig, der sie für die Masurka engagiert hatte, und veranlaßte ihn, Kitty aufzufordern.

Kitty tanzte mit Korsunski als erstes Paar und brauchte sich zu ihrem Glück nicht zu unterhalten, weil Korsunski als Tanzmeister dauernd Anordnungen zu geben hatte. Wronski und Anna saßen ihr fast unmittelbar gegenüber. Mit ihren scharf blickenden Augen sah Kitty die beiden von ihrem Platz aus, sie sah sie auch ganz in der Nähe, wenn die Paare einander beim Tanz begegneten, und je länger sie sie sah, um so mehr überzeugte sie sich, daß ihr Unglück besiegelt war. Sie sah, daß diese beiden Menschen in dem überfüllten Saal nur füreinander da waren. Und in den immer so ausgeglichenen und selbstbewußten Gesichtszügen Wronskis sah sie wieder jenen Ausdruck von Fassungslosigkeit und Unterwürfigkeit, der sie schon vorhin frappiert hatte und der sie an den Blick eines klugen Hundes erinnerte, der etwas verbrochen hat.

Anna lächelte – und das Lächeln teilte sich ihm mit. Sie sann über irgend etwas nach – und er wurde ernst. Eine übernatürliche Kraft schien Kitty zu zwingen, ihre Augen unablässig auf Anna zu richten. Diese sah in ihrem schlichten schwarzen Kleid bezaubernd aus; bezaubernd waren ihre vollen, mit Armbändern geschmückten Arme, bezaubernd der feste Hals mit der Perlenkette, bezaubernd die sich kräuselnden Haare der gelockerten Frisur, bezaubernd die leichten, graziöser Bewegungen ihrer Hände und Füße, bezaubernd ihr schönes Gesicht mit seinem angeregten Mienenspiel – aber es lag etwas Furchtbares und Grausames in diesem bezaubernden Aussehen.

Kitty war von Annas Schönheit noch mehr fasziniert als zuvor, und ihre Qual wurde immer größer. Sie fühlte sich wie vernichtet, und in ihrem Gesicht spiegelte sich das wider. Als Wronski mit ihr während der Masurka zusammentraf, erkannte er sie nicht gleich, so hatte sie sich verändert.

»Ein wunderschöner Ball«, sagte er zu ihr, um überhaupt etwas zu sagen.

»Ja«, antwortete sie.

Als Anna mitten in der Masurka eine komplizierte, von Korsunski erdachte Figur auszuführen hatte, trat sie in die Mitte des Kreises, wählte zwei Herren aus und winkte außer einer anderen Dame Kitty zu sich heran. Kitty folgte ihrem Wink mit erschrockenem Gesicht. Anna kniff leicht die Augen zusammen, als sie an sie herantrat, und drückte ihr lächelnd die Hand. Doch als sie sah, daß Kitty ihr Lächeln nur mit einem Ausdruck von Verzweiflung und Befremden erwiderte, wandte sie sich von ihr ab und begann angeregt mit der andern Dame zu sprechen.

Ja, sie hat etwas Geheimnisvolles, Dämonisches und Faszinierendes an sich! dachte Kitty.

Anna wollte nicht zum Abendessen bleiben, aber der Hausherr versuchte sie zu überreden.

»Lassen Sie sich erweichen, Anna Arkadjewna«, mischte

sich Korsunski ein und zog ihren entblößten Arm unter den seinen. »Sie werden sehen, welch einen famosen Kotillon ich ersonnen habe. Un bijou!«

Und er machte Miene, sie mit sich zu ziehen. Der Hausherr lächelte ermunternd.

»Nein, ich bleibe nicht«, antwortete Anna; sie lächelte dabei, aber sowohl Korsunski als auch der Hausherr merkten an dem entschiedenen Ton, in dem sie es sagte, daß sie wirklich nicht bleiben werde.

»Nein, ich habe ohnehin in Moskau schon allein auf Ihrem heutigen Ball mehr getanzt als in Petersburg während des ganzen Winters«, fügte Anna hinzu und sah sich dabei nach Wronski um, der neben ihr stand. »Vor der Reise muß ich mich noch etwas ausruhen.«

»Sie wollen unwiderruflich morgen abreisen?« fragte Wronski.

»Ja, das habe ich vor«, sagte Anna in einem Ton, als sei sie über die Kühnheit seiner Frage verwundert, zugleich aber versengte ihn das zitternde Glänzen in ihren Augen, das sie nicht verhindern konnte, und ihr Lächeln.

Anna blieb nicht zum Abendessen, sondern fuhr nach Hause [...]

Ein Pferderennen in Petersburg, dessen unglücklicher Ausgang Anlaß dafür ist, daß die bis dahin geheimgehaltenen Liebesbeziehungen zwischen Anna Karenina und Wronski offenbar werden

24

Als Wronski beim Abschied von Anna auf die Uhr blickte, war er so aufgeregt und mit seinen Gedanken beschäftigt, daß er wohl die Zeiger auf dem Zifferblatt sah, nicht aber zu begreifen vermochte, wie spät es eigentlich war. Er begab sich auf die Chaussee und ging, vorsichtig durch den Schmutz stapfend, auf seinen Wagen zu. Vollkommen von seinen Gefühlen für Anna erfüllt, dachte er gar nicht daran, ob ihm noch genügend Zeit zur Verfügung stand, zu Brjanski zu fahren. Seinem Gedächtnis war, wie das in ähnlichen Fällen häufig vorkommt, nur die äußere Funktionsfähigkeit verblieben, so daß er sich lediglich erinnerte, was alles zu tun war und in welcher Reihenfolge. Er trat an den Kutscher heran, der in dem schon schrägfallenden Schatten einer dichtbelaubten Linde auf dem Bock eingeschlummert war, bewunderte einen Augenblick den schillernden Mückenschwarm, der über den schweißbedeckten Pferden wogte, sprang in den Wagen und befahl dem Kutscher, den er geweckt hatte, zu Brjanski zu fahren. Erst nachdem sie bereits sieben Werst gefahren waren, kam er so weit zur Besinnung, daß er auf die Uhr sah und sich bewußt wurde, daß es halb sechs war und daß er sich zu lange aufgehalten hatte.

Für diesen Tag waren mehrere Rennen angesetzt: ein Rennen der Leibwache, dann ein Rennen über zwei und eins über vier Werst für Offiziere und das, an dem er teilnehmen sollte. Zu seinem Rennen konnte er es zeitlich noch schaffen, doch wenn er vorher noch zu Brjanski fahren wollte, würde er erst im letzten Augenblick eintreffen, nach dem Erscheinen des ganzen Hofes. Das war unangenehm. Da er aber Brjanski seinen Besuch fest zugesichert hatte, beschloß er, die Fahrt zu ihm fortzusetzen, und wies den Kutscher an, die Pferde nicht zu schonen.

Er langte bei Brjanski an, hielt sich fünf Minuten bei ihm auf und fuhr in rasendem Tempo zurück. Die schnelle Fahrt wirkte auf ihn beruhigend. All das Bedrückende, das seinem Verhältnis zu Anna innewohnte, das ganze Unbehagen über die ungeklärte Lage, das nach dem Gespräch mit ihr zurückgeblieben war, alles dies verflüchtigte sich aus seinem Kopf; er dachte mit enthusiastischer Freude und Erregung an das Rennen, freute sich, daß er trotz allem noch rechtzeitig hinkommen würde, und dazwischen durchzuckte der Gedanke an das Glück, das ihm das Wiedersehen in der kommenden Nacht verhieß, wie ein grelles Aufleuchten ab und zu seine Phantasie.

Er überholte die aus den Villenkolonien und aus Petersburg zur Rennbahn fahrenden Equipagen, und je weiter er in die Atmosphäre der Rennen vordrang, um so intensiver wurde die Spannung, die das bevorstehende Rennen in ihm erzeugte.

In seiner Wohnung traf er niemand mehr an; alle hatten sich bereits zur Rennbahn begeben, und nur sein Diener erwartete ihn an der Toreinfahrt. Während er sich umzog, berichtete ihm der Diener, daß das zweite Rennen schon begonnen habe; es seien zahlreiche Herren dagewesen, die nach ihm gefragt hätten, und auch der Stalljunge sei zweimal angelaufen gekommen.

Nachdem sich Wronski ohne Hast umgekleidet hatte (er ließ sich immer Zeit und verlor nie die Selbstbeherrschung), ließ er sich zu den Baracken fahren. Schon von den Baracken aus bot sich ihm ein Blick auf das Meer der Equipagen, Fußgänger und Soldaten, die die Rennbahn umgaben, und auf die von Menschen wimmelnden Tribünen. Anscheinend war das zweite Rennen im Gange, denn als er sich den Baracken näherte, ertönte gerade ein Glockenzeichen. Auf dem Wege zum Stall begegnete er Gladiator, dem weißbeinigen Fuchs Machotins, der in einem orangefarbenen, blaueingefaßten Überhang, unter dem die in blauen Hüllen steckenden Ohren mächtig groß erschienen, zur Rennbahn geführt wurde.

»Wo ist Cord?« fragte Wronski den Stallknecht.

»Im Stall, beim Satteln.«

Frou-Frou, bereits gesattelt, stand in der geöffneten Box und sollte gerade hinausgeführt werden.

»Komme ich noch rechtzeitig?«

»All right! All right! Alles ist in bester Ordnung«, versicherte der Engländer. »Regen Sie sich nur nicht auf.«

Wronski ließ den Blick nochmals über die wundervollen Formen des geliebten Pferdes schweifen, das am ganzen Körper zitterte, und verließ, nachdem er sich nur mit Mühe von diesem Anblick losgerissen hatte, die Baracke. Vor den Tribünen kam er insofern in einem günstigen Augenblick an, als aller Aufmerksamkeit gerade abgelenkt war und seine Ankunft nicht auffiel. Das Rennen über zwei Werst ging soeben seinem Ende entgegen, und alle Augen waren auf den an der Spitze galoppierenden Gardekavalleristen und den an zweiter Stelle liegenden Leibhusaren gerichtet, die sich dem Pfahl näherten und alles aufboten, aus ihren Pferden das Letzte herauszuholen. Aus der Mitte des Kreises und von außen drängte die Menge zum Pfahl hin, und die dort versammelten Offiziere und Soldaten des Gardekavallerieregiments brachen in Erwartung des Sieges ihres Kameraden und Vorgesetzten in laute Freudenrufe aus. Als sich Wronski unauffällig unter das Publikum mischte, ertönte gerade das abschließende Glockenzeichen, und der stattliche, mit Schmutz bespritzte Gardekavallerist, der als erster durchs Ziel gegangen war, ließ erschöpft die Zügel seines grauen, von Schweiß dunkelgefärbten und schweratmenden Hengstes herabsinken.

Der Hengst stampfte mit den Füßen angestrengt auf den Boden, um den Schwung seines mächtigen Körpers aufzuhalten, indessen der Gardekavallerieoffizier wie aus einem schweren Schlaf erwacht um sich blickte und gezwungen lächelte. Eine große Anzahl von Freunden und anderen Zuschauern umringte ihn.

Wronski mied mit Vorbedacht die auserlesene Gesellschaft der großen Welt, die ruhig und ungezwungen vor den Tribünen promenierte und sich unterhielt. Er erkannte unter anderen auch Anna, Betsy und die Frau seines Bruders, ging aber nicht zu ihnen, weil er sich durch nichts ablenken lassen wollte. Dennoch traf er auf Schritt und Tritt mit Bekannten zusammen, die ihn anhielten, ihm Einzelheiten der vorangegangenen Rennen schilderten und sich nach dem Grund seines späten Kommens erkundigten.

Als die siegreichen Reiter in die Loge gerufen wurden, um ihre Preise in Empfang zu nehmen, und sich alle dorthin umwandten, trat Wronskis älterer Bruder Alexander, ein Oberst mit den Achselschnüren des Generaladjutanten, an ihn heran; er war von mittlerem Wuchs und ebenso stämmig wie Alexej, aber hübscher; wie alle Trinker war er rotwangig, hatte eine gerötete Nase und einen offenherzigen Blick.

»Hast du mein Briefchen bekommen?« fragte er. »Du bist ja nie anzutreffen.«

Obwohl er ausschweifend lebte und stark trank, was allgemein bekannt war, waren Alexander Wronski die Manieren des vollendeten Weltmannes eigen.

Während er jetzt mit seinem Bruder über höchst unangenehme Dinge sprach und sich bewußt war, dem Blick vieler Augenpaare ausgesetzt zu sein, verzog er das Gesicht zu einem Lächeln, als unterhielte er sich mit dem Bruder über eine harmlose und amüsante Sache.

»Bekommen habe ich es, aber ich verstehe wirklich nicht, warum gerade du dir meinetwegen Sorgen machst«, antwortete Alexej.

»Darum mache ich mir Sorgen, weil ich mir eben sagen lassen mußte, daß du vermißt wirst und daß man dich am Montag in Peterhof gesehen habe.«

»Es gibt Dinge, die einzig und allein der Beurteilung derjenigen unterliegen, die sie angehen, und die Angelegenheit, die dir solche Sorgen macht, ist eben von dieser Art.«

»Ja, doch dann darf man nicht Offizier sein, nicht...«

»Ich bitte dich, jede Einmischung zu unterlassen, und damit basta!«

Das finstere Gesicht Alexej Wronskis wurde blaß, und der vorstehende Unterkiefer begann zu zucken, was bei ihm selten vorkam. Äußerst gutmütig von Natur, geriet er selten in Zorn, doch wenn er einmal zornig wurde und sein Kinn zitterte, dann war er, was auch Alexander Wronski wußte, in diesem Zustand gefährlich. Alexander Wronski machte ein fröhlich lächelndes Gesicht.

»Ich wollte dir lediglich Mamas Brief überbringen. Antworte ihr, und rege dich jetzt nicht auf. Bonne chance!« fügte er hinzu und ging weiter.

Doch anschließend wurde Wronski schon wieder durch eine freundschaftliche Begrüßung aufgehalten.

»Deine Freunde sind wohl Luft für dich? Guten Tag, mon cher!« grüßte Stepan Arkadjitsch, der hier, inmitten der Creme der Petersburger Gesellschaft, mit seinem rosigen Gesicht und dem geschniegelten, nach beiden Seiten gebürsteten Backenbart eine nicht minder glänzende Figur machte als in Moskau. »Ich bin seit gestern hier und freue mich, deinem Sieg beiwohnen zu können. Wann treffen wir uns?«

»Schau morgen mal zu uns ins Kasino herein«, sagte Wronski; er drückte, sich gleichsam entschuldigend, Stepan Arkadjitschs Arm und ließ ihn stehen, um sich in die Mitte der Rennbahn zu begeben, wohin bereits die Pferde für das große Hindernisrennen geführt wurden.

Die erschöpften, schweißbedeckten Pferde des vorangegangenen Rennens wurden von den Stallknechten zurückgeführt, und es erschienen ausgeruht und frisch eins nach dem anderen die jetzt an die Reihe kommenden Pferde, zum größten Teil englische Rasse, die mit ihren Kapuzen und den eingefallenen Bäuchen riesengroßen fremdartigen Vögeln ähnelten. Rechter Hand wurde die prachtvolle, sehnige Frou-Frou herangeführt, die mit ihren elastischen, ziemlich langen Fesseln federnd einen Fuß vor den anderen setzte. Ein Stück weiter war man dabei, den langohrigen Gladiator von seinem Überwurf zu befreien. Die Schönheit der mächtigen, vollkommen regelmäßigen Formen des Hengstes mit seinen wundervollen Schenkeln und den ungewöhnlich kurzen, unmittelbar über den Hufen sitzenden Fesseln zog unwillkürlich die Aufmerksamkeit Wronskis auf sich. Als er sich seinem eigenen Pferd zuwenden wollte, redete ihn wieder ein Bekannter an.

»Da kommt auch Karenin«, sagte der Bekannte im Laufe des Gesprächs. »Er sucht wohl seine Frau, die in der Mitte der Loge sitzt. Haben Sie sie nicht gesehen?«

»Nein, ich habe sie nicht gesehen«, erwiderte Wronski und ging, ohne sich auch nur nach der Loge umzusehen, in der Anna sitzen sollte, auf sein Pferd zu.

Wronski war noch nicht dazu gekommen, den Sattel auf eine etwa notwendige Verbesserung im Sitz zu prüfen, als die Reiter auch schon zur Loge beordert wurden, um ihr Los zu ziehen und Anweisungen für den Start entgegenzunehmen. Ernst, mit strengen, zum Teil auch bleichen Gesichtern versammelten sich die Offiziere, siebzehn an der Zahl, vor der Loge und zogen ihre Lose. Wronski zog die Nummer sieben. Gleich darauf ertönte das Kommando »Aufsitzen!«

In dem Bewußtsein, zusammen mit den übrigen Reitern im Mittelpunkt des allgemeinen Interesses zu stehen, trat Wronski, der im Zustand innerer Spannung gewöhnlich eine ruhige Haltung annahm, langsam und gelassen zu seinem Pferd. Cord hatte sich zur Feier des Tages in Gala geworfen: er trug einen schwarzen, bis obenhin zugeknöpften Rock und dazu einen steifgestärkten Kragen, der gegen seine Wangen stieß, einen runden schwarzen Hut und hohe Stiefel. Ruhig und selbstbewußt wie immer stand er neben dem Pferd, das er eigenhändig an den Zügeln hielt. Frou-Frou zitterte noch immer wie vom Fieber geschüttelt. Das eine ihrer blitzenden Augen schielte Wronski entgegen. Wronski steckte einen Finger unter den Sattelgurt. Das Pferd wandte den Kopf noch weiter um, fletschte die Zähne und legte die Ohren an den Kopf. Der Engländer verzog den Mund zu einem spöttischen Lächeln, weil es jemandem einfiel, eine von ihm vorgenommene Besattelung zu prüfen.

»Steigen Sie aufs Pferd, Sie werden sich dann weniger aufregen.«

Wronski sah sich ein letztes Mal nach seinen Gegnern um. Er wußte, daß er sie während des Rennens nicht mehr zu Gesicht bekommen würde. Zwei Offiziere ritten bereits an die Stelle, von der aus sie starten sollten. Galzin, einer der gefährlichen Gegner Wronskis, mit dem er befreundet war, bemühte sich um seinen Braunen, der sich nicht besteigen lassen wollte. Ein kleiner Leibhusar in engen Reithosen galoppierte vorüber und hatte sich, einen Engländer nachahmend, wie eine Katze an den Hals des Pferdes geschmiegt. Der Fürst Kusowljow saß mit bleichem Gesicht auf seiner aus dem Grabower Gestüt stammenden Vollblutstute, die ein englischer Jockei am Zügel führte. Wronski und allen seinen Kameraden war bekannt, daß sich Kusowljow durch schwache Nerven und ungeheuren Ehrgeiz auszeichnete. Sie wußten, daß ihm alles Furcht einflößte, daß er sich im Dienst sogar fürchtete, ein einfaches Reitpferd zu besteigen; aber jetzt, gerade deshalb, weil es sich um ein Wagnis handelte, weil sich manch einer dabei den Hals brach und an jedem Hindernis ein Arzt, ein mit rotem Kreuz versehener Krankenwagen und eine Krankenschwester postiert waren, gerade deshalb hatte er sich entschlossen, am Rennen teilzunehmen. Ihre Blicke trafen sich, und Wronski lächelte ihm freundlich und ermunternd zu. Nur einen sah er nirgends: seinen gefährlichsten Gegner Machotin auf Gladiator.

»Bewahren Sie Ruhe«, sagte Cord zu Wronski. »Und merken Sie sich eins: Sie dürfen das Pferd vor den Hindernissen weder hemmen noch antreiben; überlassen Sie es ihm selbst, wie es am besten zurechtkommt.«

»Schön, schön«, erwiderte Wronski und griff nach den Zügeln.

»Wenn möglich, übernehmen Sie die Führung, aber geben Sie bis zum letzten Augenblick nicht die Hoffnung auf, selbst dann nicht, wenn Sie zurückbleiben sollten.«

Das Pferd hatte sich kaum gerührt, als sich Wronski mit einer elastischen, kräftigen Bewegung in den stählernen, ausgezackten Steigbügel schwang und seinen trainierten Körper leicht und sicher in den knarrenden Ledersattel gleiten ließ. Während er den rechten Fuß in den Steigbügel steckte, ordnete er zwischen den Fingern mit geübten Griffen die doppelten Zügel, und Cord zog seine Hand zurück. Als ob sie nicht wußte, welchen Fuß sie zuerst vorsetzen sollte, zerrte Frou-Frou mit ihrem langen Hals an den Zügeln und setzte sich, den Reiter auf dem geschmeidigen Rücken schaukelnd, in Bewegung. Cord folgte im Laufschritt. In dem Bemühen, den Reiter zu täuschen, zog die Stute mal von der einen, mal von der anderen Seite an den Zügeln, und Wronski bemühte sich vergebens, das aufgeregte Tier durch Zuspruch und Handbewegungen zu beruhigen.

Wronski näherte sich auf dem Weg zu der Stelle, von der aus gestartet werden sollte, bereits einem zum Stauen gebrachten Flüßchen. Viele der Reiter ritten vor ihm, andere folgten ihm. Plötzlich hörte Wronski hinter sich auf dem aufgeweichten Boden Pferdegetrappel, und Machotin kam auf seinem weißbeinigen, langohrigen Gladiator vorbeigaloppiert. Machotin lächelte und zeigte dabei seine langen Stoßzähne, während Wronski ihm nur einen wütenden Blick zuwarf. Machotin war ihm ohnehin unsympathisch, und da er in ihm überdies seinen gefährlichsten Gegner beim Rennen sah, ärgerte er sich über ihn, weil er durch sein Vorbeigaloppieren Frou-Frou nervös gemacht hatte. Die Stute setzte mit dem linken Vorderfuß zum Galopp an, machte zwei Sätze und ging, unwillig an den gestrafften Zügeln zerrend, in einen federnden Trab über, der den Reiter im Sattel emporschnellen ließ. Cord ärgerte sich ebenfalls und kam fast atemlos hinter Wronski hergelaufen.

25

Siebzehn Offiziere nahmen an diesem Rennen teil. Es sollte auf der großen, vier Werst langen Bahn ausgetragen werden, die sich ellipsenförmig vor der Tribüne ausdehnte. Innerhalb der Rennstrecke waren neun Hindernisse zu überwinden: das gestaute Flüßchen, eine zwei Arschin hohe Barriere unmittelbar vor der Tribüne, ein trockener und ein mit Wasser gefüllter Graben, eine Anhöhe, eine irische Bankette (eins der schwierigsten Hindernisse), die aus einem mit Reisig verkleideten Wall bestand, hinter dem sich, für das Pferd unsichtbar, noch ein Graben hinzog, so daß das Pferd mit einem einzigen Satz beide Hindernisse nehmen oder halsbrecherisch stürzen mußte; dann kamen nochmals ein trockener und zwei mit Wasser gefüllte Gräben; gegenüber der Tribüne war das Ziel. Gestartet wurde allerdings nicht auf dem Rennplatz selbst, sondern etwa hundert Sashen seitlich davon entfernt, und auf dieser Strecke mußte das erste Hindernis überwunden werden – das gestaute, drei Arschin breite Flüßchen, das die Reiter nach Belieben entweder überspringen oder von den Pferden durchwaten lassen konnten.

Die Reiter hatten schon dreimal zum Start angesetzt, aber jedesmal war eins der Pferde aus der Reihe vorgeprescht, und die Aufstellung mußte wiederholt werden. Oberst Sestrin, ein versierter Starter, war nahe daran, die Geduld zu verlieren, doch als er nun zum viertenmal »Los!« kommandierte, gelang der Start endlich.

Schon während der Aufstellung hatten sich alle Augen, alle Ferngläser auf das bunte Häufchen der Reiter gerichtet.

»Jetzt! Sie jagen los!« Nach der gespannten Stille wurden von allen Seiten Rufe laut.

Die Zuschauer begannen einzeln und in Gruppen von einem Platz zum andern zu laufen, um besser sehen zu können. Das zusammengeballte Häufchen der Reiter löste sich gleich in den ersten Augenblicken in eine lange Reihe auf, und man sah, wie sie sich hintereinander zu zweien, zu dreien und einzeln dem Flüßchen näherten. Für die Zuschauer hatte es ausgesehen, als seien sie alle zusammen losgaloppiert; in Wirklichkeit gab es indessen Abstände von Sekunden, die für die Reiter von großer Bedeutung waren.

Die erregte und nervöse Frou-Frou hatte den ersten Moment verpaßt, und mehrere Pferde waren vor ihr losgaloppiert; doch noch bevor sie das Flüßchen erreicht hatten, überholte Wronski, der mit aller Kraft das sich in die Zügel legende Pferd zurückhielt, mühelos drei der Reiter, so daß ihm nur noch der leicht und gleichmäßig laufende rote Gladiator Machotins, unmittelbar vor ihm, voraus war sowie die prächtige, ganz an der Spitze liegende Diana, auf der sich, mehr tot als lebendig, Kusowljow im Sattel hielt.

Während der ersten Augenblicke war Wronski weder seiner selbst noch des Pferdes Herr geworden. Bis zum ersten Hindernis, dem Flüßchen, gelang es ihm nicht, sein Pferd zu regieren.

Gladiator und Diana erreichten zusammen das Ufer, setzten fast im gleichen Augenblick zum Sprung an und flogen auf die andere Seite hinüber. Kaum spürbar, gleichsam fliegend, schwang sich nach ihnen Frou-Frou über das Flüßchen, und im selben Augenblick, als er sich noch durch die Luft getragen fühlte, nahm Wronski nahezu unter den Füßen Frou-Frous den Fürsten Kusowljow wahr, der sich mit seinem Pferd am jenseitigen Ufer wälzte. Kusowljow hatte nach dem Sprung die Zügel losgelassen, und das Pferd war mit ihm kopfüber zu Boden gestürzt. Doch diese Einzelheiten erfuhr Wronski erst später, jetzt sah er nur, daß die

Hufe Frou-Frous möglicherweise die Beine oder den Kopf Dianas treffen konnten. Aber Frou-Frou machte, ähnlich einer fallenden Katze, in der Luft eine angestrengte Bewegung mit Füßen und Rücken und raste an dem am Boden liegenden Pferd vorüber.

Oh, du meine Gute! dachte Wronski.

Nach dem Passieren des Flüßchens hatte Wronski das Pferd vollständig in seine Gewalt bekommen und begann es zurückzuhalten, weil er die große Hürde erst nach Machotin zu nehmen gedachte, um dann auf der folgenden hindernislosen Strecke von etwa zweihundert Sashen den Versuch zu machen, ihn zu überholen.

Die Hürde war unmittelbar vor der Zarenloge errichtet. Der Herrscher, der ganze Hof und das zahlreiche Publikum – alle richteten die Augen auf sie, auf ihn und auf den eine Pferdelänge vor ihm liegenden Machotin, als sie sich dem Teufel (so wurde die große Hürde genannt) näherten. Wronski spürte die von allen Seiten auf ihn gerichteten Blicke, ohne aber etwas anderes zu sehen als Ohren und Hals seines Pferdes und die unter ihm vorüberhuschende Erde sowie die Kruppe und die weißen Füße Gladiators, die vor ihm im schnellem Takt bei immer gleichbleibendem Abstand auf den Boden stampften.

Gladiator setzte, ohne auch nur anzustoßen, über die Hürde, schwenkte einmal den kurzen Schweif und entschwand Wronskis Blicken.

»Bravo!« rief irgendwo eine einzelne Stimme.

Im selben Moment tauchte vor Wronskis Augen die Wand der Hürde auf. Das Pferd bäumte sich, ohne im geringsten seinen Lauf zu ändern, unter ihm auf, die Wand verschwand, und nur hinter sich hörte er den Widerhall eines Aufschlags. Angefeuert durch den vor ihr laufenden Gladiator, hatte sich Frou-Frou vor der Hürde ein wenig zu früh erhoben und war mit einem Hinterhuf an die Bretter gestoßen. Ihr Lauf änderte sich indessen nicht, und Wronski, dem ein Klumpen Schmutz ins Gesicht geflogen war, merkte gleich, daß der Abstand zwischen ihm und Gladiator der gleiche geblieben war. Er hatte nach wie vor dessen Kruppe, seinen kurzen Schweif und die sich schnell bewegenden, aber nicht entfernenden Füße vor Augen.

Als Wronski eben daran dachte, daß jetzt der Augenblick gekommen sei, Machotin zu überholen, hatte auch Frou-Frou seine Gedanken schon erraten; sie wartete nicht erst eine Aufmunterung ab, sondern beschleunigte aus eigenem Antrieb ihren Lauf und versuchte, sich Machotin von der Seite des Abgrenzungsseils zu nähern, die zum Überholen am günstigsten war. Machotin gab diesen Weg nicht frei, und während Wronski noch überlegte, ob er es von der Außenseite versuchen sollte, wechselte Frou-Frou bereits den Schritt und tat genau das, woran er gedacht hatte. Die sich allmählich vom Schweiß dunkel färbenden Schultern Frou-Frous schnellten zu der Kruppe Gladiators vor. Ein paar Augenblicke liefen beide Pferde Seite an Seite. Doch vor dem nächsten Hindernis begann Wronski, der den weiten Außenkreis vermeiden wollte, mit den Zügeln zu arbeiten, und unmittelbar vor der Anhöhe jagte er in schnellem Tempo an Machotin vorbei. Er sah einen kurzen Augenblick dessen Gesicht und glaubte sogar zu erkennen, daß er lächelte. Wronski hatte Machotin zwar überholt, aber er fühlte dessen Nähe unmittelbar hinter sich, hörte ununterbrochen das gleichmäßige Aufstampfen Gladiators und spürte den immer noch frischen Atem, der stoßweise seinen Nüstern entströmte.

Die nächsten beiden Hindernisse, ein Graben und eine Hürde, bereiteten keine Schwierigkeiten, aber Wronski hörte jetzt das Schnaufen und Stampfen Gladiators deutlicher. Er trieb sein Pferd an und merkte mit Freude, daß es mühelos seinen Lauf beschleunigte und daß die Hufschläge Gladiators wie der aus der früheren Entfernung zu hören waren.

Wronski lag an der Spitze, und da er somit das erreicht hatte, was er wollte und was dem Rat Cords entsprach, fühlte er sich jetzt seines Erfolges sicher. Seine Aufregung und Freude und sein Entzücken über Frou-Frou steigerten sich immer mehr. Er hätte sich gern umgeblickt, riskierte es aber nicht und suchte sich zu beruhigen, um nicht der Versuchung zu unterliegen, das Pferd anzutreiben, dem er unbedingt eine solche Reserve an Kraft erhalten wollte, wie sie seinem Gefühl nach Gladiator noch zur Verfügung stand. Nun mußte das schwierigste von allen Hindernissen genommen werden; gelang es ihm, dieses vor den anderen zu nehmen, dann konnte er gewiß sein, als erster durchs Ziel zu gehen. Er sprengte auf die irische Bankette zu, die sich schon von weitem vor ihm und seinem Pferd abzeichnete, und beide, er sowohl als auch sein Pferd, wurden einen Augenblick von einem leichten Zweifel befallen. Da er die Unentschlossenheit an den Ohren des Pferdes bemerkte, hob er die Peitsche, fühlte aber im selben Augenblick, daß seine Befürchtung unbegründet war: Frou-Frou wußte, was sie zu tun hatte. Sie steigerte das Tempo, stieg elastisch auf, stieß sich vom Boden ab und überließ sich der Schwungkraft des Körpers, von der sie, genauso wie Wronski es sich vorgestellt hatte, weit über den Graben hinweggetragen wurde; und im selben Takt und im gleichen Tempo setzte sie mühelos das Rennen fort.

»Bravo, Wronski!« riefen ihm mehrere Regimentskameraden und Freunde zu, die sich an diesem Hindernis aufgestellt hatten; er erkannte auch die ihm wohlbekannte Stimme Jaschwins, ohne ihn jedoch zu sehen.

Ach, du mein Kleinod! Er bedachte Frou-Frou in Gedanken mit einem Lob, während er gleichzeitig auf das horchte, was hinter ihm vorging. Er ist herüber! sagte er sich, als hinter seinem Rücken das Getrappel Gladiators laut wurde. Jetzt war als letztes Hindernis nur noch ein zwei Arschin breiter, mit Wasser gefüllter Graben zu nehmen. Wronski maß ihm keinerlei Bedeutung bei; da er aber den Wunsch hatte, vor den anderen mit einem weiten Vorsprung durchs Ziel zu gehen, begann er kreisförmig mit den Zügeln zu arbeiten und den Kopf des Pferdes im Takt des Galopps hinauf und herunter zu ziehen. Er fühlte, daß Frou-Frou im Begriff stand, ihre letzte Kraftreserve zu verausgaben, nicht nur ihr Hals und die Schultern waren naß vom Schweiß, sondern auch auf dem Widerrist, dem Kopf und auf ihren spitzen Ohren traten große Schweißtropfen hervor, und sie atmete schwer und kurz. Doch er war überzeugt, daß diese

Kraftreserve für die letzten zweihundert Sashen ausreichen würde. Nur daran, daß er sich dem Boden näher fühlte, und an der besonders weichen Bewegung erkannte Wronski, um wieviel die Stute schneller lief. Über den Graben setzte sie hinüber, als mache es ihr gar nichts aus. Sie flog wie ein Vogel über ihn hinweg; doch im selben Augenblick merkte Wronski zu seinem Erstaunen, daß er einen schweren, unverzeihlichen Fehler begangen hatte, als er, für ihn selbst ganz unerklärlich, den Bewegungen des Pferdes nicht genügend gefolgt war und sich mit voller Wucht in den Sattel zurückgesetzt hatte. Sein Körper nahm plötzlich eine veränderte Stellung ein, und er begriff, daß etwas Furchtbares geschehen sein mußte. Er war sich noch nicht im klaren darüber, was sich ereignet hatte, als unmittelbar neben ihm bereits die weißen Beine des Fuchses auftauchten und Machotin in schnellem Ritt an ihm vorbeijagte. Wronski berührte mit einem Fuß den Boden, und der Körper des Pferdes fiel auf sein Bein. Als es ihm endlich gelungen war, das Bein zu befreien, sank das Pferd schwer keuchend auf die Seite; den schlanken, schweißbedeckten Hals hielt es vorgestreckt, und in dem vergeblichen Bemühen, sich zu erheben, am ganzen Körper flatternd wie ein angeschossener Vogel, blieb es zu seinen Füßen liegen. Wronski hatte ihm durch seine ungeschickte Bewegung das Rückgrat eingedrückt. Doch dies wurde ihm erst viel später klar. Vorläufig sah er nur, daß sich Machotin schnell entfernte, während er taumelnd, allein und verlassen auf der schmutzigen, teilnahmslosen Erde stand und das schweratmende Pferd, das vor ihm lag, ihm den Kopf zuwandte und ihn aus seinen wundervollen Augen ansah. Wronski begriff immer noch nicht, was geschehen war, und zerrte das Pferd an den Zügeln. Es begann aufs neue, wie ein Fisch um sich zu schlagen, wobei die Sattelflügel knarrten, es streckte die Vorderbeine aus, aber unfähig, sich mit der Hinterpartie aufzurichten, taumelte es wieder und sank auf die Seite zurück. Das Gesicht vor Erregung entstellt, bleich und mit zuckendem Unterkiefer, stieß Wronski dem Tier mit dem Stiefelabsatz in den Bauch und begann nochmals an den

Zügeln zu zerren. Doch das Pferd rührte sich nicht, sondern steckte nur die Schnauze in die Erde und blickte seinen Herrn aus seinen sprechenden Augen an.

»Oh, oh, oh!« stöhnte Wronski und griff sich an den Kopf. »Oh, oh, oh! Was habe ich getan!« schrie er auf. »Das Rennen ist verloren! Und durch meine Schuld, eine schmachvolle und unverzeihliche Schuld! Und dieses liebe, unglückliche Tier ist zugrunde gerichtet! Oh, oh, oh, was habe ich getan!«

Es kamen Leute gelaufen, ein Arzt und ein Sanitäter, Offiziere seines Regiments. Zu seinem Kummer merkte er, daß er selbst unversehrt geblieben war. Das Pferd hatte sich das Rückgrat gebrochen und man beschloß, es zu erschießen. Wronski war unfähig, Fragen zu beantworten, war außerstande, mit jemand zu sprechen. Er drehte sich um und verließ die Rennbahn, ohne die ihm vom Kopf gefallene Mütze aufzuheben und ohne selbst zu wissen wohin. Er war zutiefst unglücklich. Zum erstenmal in seinem Leben hatte ihn ein schweres Unglück betroffen, ein Unglück, das nicht wiedergutzumachen war und das er selbst verschuldet hatte.

Jaschwin kam ihm mit der Mütze nachgelaufen und begleitete ihn nach Hause, und nach einer halben Stunde kam Wronski wieder zu sich. Aber dieses Rennen blieb noch lange die bedrückendste und schmerzlichste Erinnerung seines Lebens.

26

In den äußeren Beziehungen zwischen Alexej Alexandrowitsch und seiner Frau hatte sich nichts geändert. Der einzige Unterschied bestand allenfalls darin, daß er noch mehr beschäftigt war als früher. Wie alljährlich hatte er zu Beginn des Frühlings eine Reise ins Ausland angetreten, um dort in einem Kurort seine während des Winters durch die sich ständig mehrende Arbeit angegriffene Gesundheit wiederherzustellen, und wie gewöhnlich war er im Juli zurückgekehrt und hatte sich sofort mit verdoppelter Energie an seine Arbeit gemacht. Seine Frau war, wie immer im Sommer, in das Landhaus übergesiedelt, während er in Petersburg geblieben war.

Seit jenem Gespräch, das zwischen ihm und Anna damals im Anschluß an die Abendgesellschaft bei der Fürstin Twerskaja stattgefunden hatte, war er nicht wieder auf seine Vermutungen und seine Eifersucht zurückgekommen, und der bei ihm übliche Ton, mit dem er einen imaginären Dritten nachzuahmen pflegte, eignete sich aufs beste für sein jetziges Verhältnis zu seiner Frau. Er behandelte sie lediglich um eine Nuance kühler als früher. Es schien, als sei er gegen sie nur wegen jenes nächtlichen Gesprächs, in dem sie nicht auf ihn eingegangen war, etwas verstimmt. In seinem Umgang mit ihr machte sich ein gewisser Mißmut bemerkbar – nicht mehr. Du hast dich mit mir nicht aussprechen wollen, schien er ihr in Gedanken zu sagen, um so schlimmer für dich! Jetzt wirst du mich vielleicht bitten, aber dann werde ich es sein, der eine Aussprache ablehnt. Um so schlimmer für dich! sagte er in Gedanken, und er war damit einem Menschen ähnlich, der sich vergeblich bemüht, ein Feuer zu löschen, und angesichts seiner erfolglosen Anstrengungen wütend ausruft: Das hast du davon! Es geschieht dir nur recht, daß du verbrennst!

Er, ein so kluger Mensch und hervorragender Staatsmann, erkannte die ganze Unsinnigkeit nicht, die einem solchen Verhältnis zu seiner Frau innewohnte. Er erkannte sie nicht, weil er davor zurückschreckte, seine gegenwärtige Lage zu erfassen, und hatte in seinem Innern jenes Fach verschlossen und versiegelt, das seine Gefühle für die Familie, das heißt für seine Frau und den Sohn, enthielt. War er bisher ein zärtlicher Vater gewesen, so ging er gegen Ende des Winters dazu über, den Sohn auffallend kühl zu behandeln und ihm gegenüber den gleichen leicht spöttischen Ton anzuschlagen, dessen er sich im Umgang mit seiner Frau bediente. »Nun, junger Mann!« pflegte er ihn anzureden.

Alexej Alexandrowitsch war überzeugt und versicherte, nie zuvor derartig mit dienstlichen Obliegenheiten überlastet gewesen zu sein wie in diesem Jahr; er ließ indessen außer acht, daß er sich die neuen Obliegenheiten selbst ersann, daß sie eines der Mittel waren, die ihn von der Öffnung des Faches abhielten, das die Gefühle für die Familie und seine Frau sowie seine Gedanken an diese barg, die immer drückender wurden, je länger sie dort lagen. Wenn jemand das Recht gehabt hätte, Alexej Alexandrowitsch zu fragen, was er über das Benehmen seiner Frau dachte, dann wäre der sanfte und friedliebende Alexej Alexandrowitsch über denjenigen, der ihm eine solche Frage vorlegte, sehr entrüstet gewesen und hätte ihn keiner Antwort gewürdigt. Hieran lag es auch, daß Alexej Alexandrowitschs Gesicht stets einen merkwürdig stolzen und strengen Ausdruck annahm, wenn sich jemand bei ihm nach dem Befinden seiner Frau erkundigte. Alexej Alexandrowitsch wollte sich über das Benehmen und die Gefühle seiner Frau keine Gedanken machen, und er dachte auch tatsächlich nicht darüber nach.

Der ständige Sommersitz der Karenins war in Peterhof, und gewöhnlich war auch die Gräfin Lydia Iwanowna nach Peterhof übergesiedelt und hatte den Sommer in der Nachbarschaft und in regem Verkehr mit Anna zugebracht. In diesem Jahr hatte die Gräfin Peterhof als Sommeraufenthalt abgelehnt; sie hatte Anna auch kein einziges Mal besucht und Alexej Alexandrowitsch andeutungsweise darauf aufmerksam gemacht, daß der intime Verkehr seiner Frau mit Betsy und Wronski einen peinlichen Eindruck mache. Alexej Alexandrowitsch war ihr ins Wort gefallen, hatte in strengem Ton erklärt, daß seine Frau über jedes Gerede erhaben sei, und vermied es seitdem, mit der Gräfin Lydia Iwanowna zusammenzutreffen. Er wollte nicht sehen und sah nicht, daß seine Frau in der Gesellschaft schon von vielen scheel angesehen wurde; er wollte nicht begreifen und begriff es nicht, warum Anna so viel daran lag, nach Zarskoje überzusiedeln, wo Betsy wohnte und von wo es nicht weit bis zum Sommerlager von Wronskis Regiment war. Er weigerte sich, darüber nachzudenken, und er tat es auch nicht; aber obwohl er es sich nie eingestand und keinerlei Verdachtsgründe, geschweige denn Beweise hatte, war er sich im Grunde seines Herzens doch bewußt, von seiner Frau hintergangen zu werden, und war darüber zutiefst unglücklich.

Wie oft, wenn er im Laufe seiner achtjährigen glücklichen Ehe von untreuen Frauen und betrogenen Männern gehört hatte, wie oft hatte sich Alexej Alexandrowitsch dann gefragt: Wie kann man es nur so weit kommen lassen? Warum macht man diesem skandalösen Zustand nicht ein Ende? Doch nun, als das Unglück ihn selbst betroffen hatte, machte er sich nicht nur keine Gedanken darüber, wie man diesem Zustand ein Ende bereiten könne, sondern er wollte ihn überhaupt nicht zur Kenntnis nehmen, gerade deshalb nicht zur Kenntnis nehmen, weil er allzu schrecklich, allzu widersinnig war.

Seit der Rückkehr von seiner Auslandsreise war Alexej Alexandrowitsch zweimal in das Landhaus hinausgekommen. Das eine Mal hatte er dort das Mittagessen eingenommen und das zweite Mal den Abend dort mit Gästen verbracht; aber er war nicht einmal die Nacht über dageblieben, wie er es in früheren Jahren zu tun pflegte.

Der Tag, an dem das Rennen stattfand, war für Alexej Alexandrowitsch ein sehr arbeitsreicher Tag. Aber er hatte schon morgens eine genaue Einteilung der Zeit vorgenommen und beschlossen, früh Mittag zu essen, um gleich im Anschluß daran zu seiner Frau in das Landhaus und von dort zu den Rennen zu fahren, denen der ganze Hof beiwohnen sollte und wo er nicht fehlen durfte. Zu seiner Frau wollte er fahren, weil er es sich zur Regel gemacht hatte, sie anstandshalber einmal in der Woche zu besuchen. Außerdem mußte er ihr das Geld bringen, das er ihr gemäß der eingeführten Ordnung am Fünfzehnten jeden Monats für die laufenden Ausgaben auszuhändigen hatte.

Stets Herr seiner Gedanken, ließ er es auch jetzt, da er alles, was seine Frau anbetraf, überdacht hatte, nicht zu, daß sich seine Überlegungen auf Dinge erstreckten, mit denen er sich augenblicklich nicht befaßte.

Am Vormittag war Alexej Alexandrowitsch außerordentlich in Anspruch genommen. Tags zuvor hatte ihm die Gräfin Lydia Iwanowna eine kleine Broschüre eines berühmten, gerade in Petersburg weilenden Chinareisenden übersandt und ihn in einem beigefügten Brief gebeten, den Reisenden persönlich zu empfangen, da es sich um eine in vielerlei Hinsicht interessante und wichtige Persönlichkeit handelte. Alexej Alexandrowitsch war am Abend zuvor nicht mehr dazu gekommen, die Broschüre vollständig zu lesen, und las das letzte Kapitel morgens. Dann erschienen Bittsteller, Berichte mußten angehört und Besucher empfangen werden. Ernennungen und Entlassungen waren zu beschließen, Fragen über Auszeichnungen, Pensionen und Gehälter standen zur Erörterung, der Schriftwechsel – all jener Alltagskram, wie Alexej Alexandrowitsch es nannte, der so viel Zeit beanspruchte, mußte erledigt werden. Hierauf folgten als private Angelegenheiten der Besuch seines Arztes und eine Besprechung mit dem Vermögensverwalter. Der Vermögensverwalter hielt ihn nicht lange auf. Er händigte ihm nur die benötigte Summe aus und erstattete einen kurzen Bericht über die Vermögenslage, der nicht besonders günstig ausfiel; die häufigen Reisen in diesem Jahr hatten große Ausgaben erfordert, so daß ein Defizit entstanden war. Der Arzt hingegen, eine berühmte Petersburger Kapazität, der mit Alexej Alexandrowitsch persönlich befreundet war, nahm ihn lange in Anspruch. Alexej Alexandrowitsch hatte ihn heute gar nicht erwartet und war von seinem Besuch um so mehr überrascht, als der Arzt ihn sehr ausführlich nach seinem Gesundheitszustand befragte, ihm die Brust abhörte und beklopfte und die Leber abtastete. Alexej Alexandrowitsch wußte nicht, daß seine alte Freundin Lydia Iwanowna, die seit einiger Zeit seinen gar nicht guten Gesundheitszustand wahrgenommen hatte und dadurch beunruhigt war, den Arzt gebeten hatte, ihn aufzusuchen und einer Untersuchung zu unterziehen. »Tun Sie es um meinetwillen!« hatte die Gräfin Lydia Iwanowna hinzugefügt.

»Ich werd es um Rußlands willen tun, Gräfin«, hatte der Arzt geantwortet.

»Ja, er ist ein Mann von unschätzbarem Wert!« hatte die Gräfin abschließend gesagt.

Der Arzt war mit seinem Befund äußerst unzufrieden. Er fand die Leber erheblich vergrößert und stellte einen unbefriedigenden Ernährungszustand fest; die Kur war völlig ohne Erfolg geblieben. Der Arzt ordnete möglichst viel körperliche Bewegung an, verbot geistige Überanstrengung und vor allem jegliche Aufregung – also gerade das, was Alexej Alexandrowitsch ebensowenig vermeiden konnte wie das Atmen; und als er dann ging, ließ er Alexej Alexandrowitsch mit dem unangenehmen Gefühl zurück, daß irgend etwas bei ihm nicht in Ordnung sei und daß sich dies nicht beheben lasse.

Beim Verlassen des Hauses traf der Arzt vor der Tür mit Sljudin, dem Kanzleidirektor Alexej Alexandrowitschs, zusammen, den er gut kannte. Sie waren Studienfreunde, und obwohl sie nur selten zusammenkamen, schätzten sie einander und waren sehr befreundet, so daß der Arzt seiner Ansicht über den Zustand des Patienten niemand anderem als gerade Sljudin gegenüber so offenherzig Ausdruck geben konnte.

»Ich freue mich ja so, daß Sie ihn aufgesucht haben«, empfing ihn Sljudin. »Es steht nicht gut mit ihm, und ich glaube... Doch was meinen Sie?«

»Sehen Sie, es ist so«, sagte der Arzt und machte seinem Kutscher über Sljudins Kopf hinweg ein Zeichen, mit dem Wagen vorzufahren. »Es ist so«, wiederholte er, indem er einen Finger seiner Glacéhandschuhe in seine gepflegten Hände nahm und ihn straffzog. »Wenn eine Saite nicht gespannt ist und man will sie zerreißen, ist das sehr schwer; ist sie hingegen bis aufs äußerste gespannt und man drückt mit der ganzen Kraft des Fingers auf die gespannte Saite, dann platzt sie. Und bei der Verbissenheit und Gewissenhaftigkeit, mit denen er seinen dienstlichen Obliegenheiten nachgeht, ist er eben bis aufs äußerste angespannt; und ein Druck von außen ist vorhanden, und sogar ein schwererer«, schloß der Arzt und zog vielsagend die Brauen hoch. »Kommen Sie zu den Rennen?« fügte er hinzu, während er auf den vorgefahrenen Wagen zuging. »Ja, natürlich, es nimmt viel Zeit in Anspruch«, beantwortete der Arzt eine Bemerkung Sljudins, ohne sie recht verstanden zu haben.

Gleich nach dem Arzt, der Alexej Alexandrowitsch so lange aufgehalten hatte, erschien der berühmte Reisende, und Alexej Alexandrowitsch, der seine ohnehin vorhandenen Kenntnisse auf dem betreffenden Gebiet durch die eben gelesene Broschüre ergänzt hatte, verblüffte den Besucher durch die Gründlichkeit seiner Sachkenntnis und die Tiefe und Aufgeschlossenheit seiner Ansichten.

Mit dem Reisenden war auch die Ankunft des Gouvernementsadelsmarschalls gemeldet worden, der nach Petersburg gekommen war und mit dem eine Besprechung stattfinden mußte. Nachdem sich dieser wieder entfernt hatte, war die Erledigung der laufenden Angelegenheiten mit dem Kanzleidirektor abzuschließen, und wegen einer besonders schwierigen und wichtigen Frage war noch der Besuch bei einer hochgestellten Persönlichkeit erforderlich. Alexej Alexandrowitsch schaffte es nicht, früher als gegen fünf Uhr nach Hause zu kommen, zu welcher Zeit er üblicherweise sein Mittagessen einnahm; er hatte dazu den Kanzleidirektor mitgebracht und lud diesen nach dem Essen ein, ihn auch ins Landhaus und zu den Rennen zu begleiten.

Ohne sich dessen bewußt zu sein, war Alexej Alexandrowitsch in letzter Zeit darauf bedacht, bei den Zusammenkünften mit seiner Frau stets einen Dritten zugegen zu haben.

27

Anna stand im Obergeschoß vor dem Spiegel und war im Begriff, an ihrem Kleid mit Hilfe Annuschkas die letzte Schleife zu befestigen, als vor dem Hause auf dem Kies das Knirschen von Rädern laut wurde.

Betsy kann es noch nicht sein, überlegte Anna; und als sie dann durchs Fenster schaute, erblickte sie die Equipage, in deren Tür gerade der schwarze Hut und die ihr so wohlbekannten Ohren Alexej Alexandrowitschs auftauchten.

Ach, wie ungelegen! Ob er gar übernachten will? dachte sie, und alle Folgen, die sich daraus ergeben konnten, stellten sich ihr so furchtbar und schrecklich dar, daß sie kurz entschlossen hinunterging und den Ankömmlingen mit heiterem, strahlendem Gesicht entgegentrat; sie fühlte, wie sich ihrer der schon gewohnte Geist von Lug und Trug bemächtigte, gab sich ihm sofort hin und begann zu sprechen, ohne sich vorher zu überlegen, was sie sagte.

»Ach, das ist aber nett!« sagte sie, als sie ihrem Mann die Hand reichte und Sljudin, der zu den intimen Freunden des Hauses gehörte, mit einem Lächeln begrüßte. »Ich hoffe, du bleibst zur Nacht?« lauteten die ersten Worte, die ihr der Geist der Lüge in den Mund legte. »Nun können wir ja zusammen fahren. Nur schade, daß ich mich mit Betsy verabredet habe. Sie holt mich ab.«

Als sie den Namen Betsy nannte, verfinsterte sich das Gesicht Alexej Alexandrowitschs.

»Oh, ich will die Unzertrennlichen nicht trennen«, sagte er in seinem üblichen spöttischen Ton. »Ich werde mit Michail Wassiljewitsch fahren. Übrigens haben mir die Ärzte Bewegung empfohlen. Da kann ich unterwegs ein Stück zu Fuß gehen und werde mir einbilden, im Kurpark zu promenieren.«

»Es ist ja noch viel Zeit. Trinken Sie eine Tasse Tee?« fragte sie und klingelte.

»Bringen Sie Tee und sagen Sie Serjosha Bescheid, daß Alexej Alexandrowitsch gekommen ist ... Nun, wie geht es dir? ... Sie sind noch gar nicht hier gewesen, Michail Wassiljewitsch; sehen Sie sich nur an, wie schön es auf der Terrasse ist«, sagte sie, indem sie sich einmal an den einen und dann wieder an den anderen wandte.

Anna sprach ungezwungen und natürlich, aber ein wenig zu viel und zu schnell. Sie merkte das selbst, zumal sie an der Aufmerksamkeit, mit der Michail Wassiljewitsch sie betrachtete, zu erkennen glaubte, daß er sie beobachtete.

Michail Wassiljewitsch folgte ihrer Aufforderung sogleich und trat auf die Terrasse hinaus.

Sie setzte sich zu ihrem Mann.

»Du siehst nicht sehr gut aus«, bemerkte sie.

»Ja«, sagte er, »heute ist auch der Doktor zu mir gekommen und hat mich eine ganze Stunde aufgehalten. Ich vermute, er ist von einem meiner Freunde geschickt worden; für so kostbar wird meine Gesundheit gehalten.«

»Und was hat er gesagt?«

Sie erkundigte sich nach seiner Gesundheit und seiner Arbeit, riet ihm, sich mehr Erholung zu gönnen und zu ihr überzusiedeln.

Alles dies brachte sie hastig, in heiterem Ton und mit einem besonderen Glanz in den Augen vor. Aber Alexej Alexandrowitsch schenkte ihrem Ton jetzt keine Beachtung; er hörte lediglich ihre Worte und las aus ihnen nicht mehr heraus als ihre buchstäbliche Bedeutung. Er antwortete in natürlichem, wenn auch scherzhaftem Ton. In dem ganzen Gespräch lag nichts Besonderes; doch nie konnte sich Anna in späterer Zeit dieser kurzen Szene erinnern, ohne von brennender Scham gequält zu werden.

Serjosha erschien in Begleitung seiner Gouvernante. Wenn Alexej Alexandrowitsch dafür einen Blick gehabt hätte, wäre ihm nicht entgangen, mit welch verschüchtertem, hilflosem Ausdruck Serjosha den Vater und anschließend die Mutter ansah. Doch er wollte nichts merken und merkte auch nichts.

»Ah, der junge Mann! Er wird groß, sieht schon ganz erwachsen aus. Guten Tag, junger Mann!«

Mit diesen Worten reichte er dem erschrockenen Serjosha die Hand.

Serjosha war seinem Vater gegenüber schon immer schüchtern gewesen; jetzt jedoch, seitdem Alexej Alexandrowitsch ihn »junger Mann« zu nennen pflegte und der Knabe sich Gedanken darüber machte, ob Wronski als Freund oder Feind zu betrachten sei, flößte ihm der Vater geradezu Furcht ein. Er sah sich gleichsam schutzflehend zur Mutter um. Die Mutter war die einzige, bei der er sich wohl fühlte. Alexej Alexandrowitsch, der ein Gespräch mit der Gouvernante angeknüpft hatte, hielt den Sohn während der ganzen Zeit an der Schulter fest, und Serjosha stand dabei eine solche Qual aus, daß er, wie Anna sah, nahe daran war, in Tränen auszubrechen.

Anna war schon beim Eintreten des Sohnes errötet, und als sie nun Serjoshas Zustand merkte, sprang sie schnell auf und nahm Alexej Alexandrowitschs Hand von seiner Schulter; sie küßte den Sohn, führte ihn auf die Terrasse hinaus und kam dann gleich wieder zurück.

»Doch nun wird es allmählich Zeit«, sagte sie mit einem Blick auf ihre Uhr. »Ich verstehe nicht, wo Betsy bleibt.«

»Übrigens«, sagte Alexej Alexandrowitsch und stand auf, legte die Hände ineinander und knackte mit den Fingern, »übrigens bin ich auch gekommen, um dir Geld zu bringen, denn von schönen Worten allein wird niemand satt. Du wirst es brauchen können, nehme ich an?«

»Nein, ich brauche keins ... oder doch... «, erwiderte sie, ohne ihn anzusehen, und wurde bis unter die Haarwurzeln rot. »Aber ich denke doch, du kommst nach dem Rennen wieder?«

»O ja!« antwortete Alexej Alexandrowitsch. »Und da ist auch schon die Zierde Peterhofs, die Fürstin Twerskaja«, fügte er hinzu, als er bei einem Blick durchs Fenster ein Gespann englischer, Scheuklappen tragender Pferde vor einer Equipage mit ungewöhnlich hoch sitzender, winzig kleiner Karosserie wahrnahm. »Welche Eleganz! Fabelhaft! Nun, dann wollen wir ebenfalls aufbrechen!«

Die Fürstin Twerskaja stieg nicht aus, und nur ihr Lakai, in Stiefeletten, kurzer Pelerine und schwarzem Hütchen, sprang vor der Haustür vom Wagen ab.

»Ich komme schon!« rief Anna. »Auf Wiedersehen!« Sie küßte ihren Sohn, ging auf Alexej Alexandrowitsch zu und reichte ihm die Hand. »Es war sehr lieb von dir, daß du gekommen bist.«

Alexej Alexandrowitsch küßte ihr die Hand.

»Also, bis nachher! Du wirst zum Tee wiederkommen, das ist fein!« sagte sie und ging strahlend und heiter hinaus. Doch sobald sie ihn nicht mehr vor Augen hatte, verspürte sie auf ihrer Hand die von seinen Lippen berührte Stelle und zuckte angewidert zusammen.

28

Als Alexej Alexandrowitsch auf der Rennbahn erschien, saß Anna bereits in der Loge an der Seite Betsys, in jener Loge, die der Sammelpunkt der großen Welt war. Sie bemerkte ihren Mann schon von weitem. Zwei Menschen, ihr Mann und der Geliebte, waren für sie die Angelpunkte ihres Lebens, und auch ohne Zuhilfenahme der äußeren Wahrnehmungsorgane spürte sie deren Nähe. Auch diesmal hatte sie schon von weitem die Annäherung ihres Mannes gefühlt, und ungewollt beobachtete sie nun, wie er sich durch die Menschenwoge weiterbewegte. Sie sah, wie er auf dem Wege zur Tribüne hier eine ehrerbietige Verbeugung durch ein herablassendes Kopfnicken erwiderte, dort freundlich, aber zerstreut Gleichgestellte begrüßte oder respektvoll auf den Blick irgendeines Mächtigen dieser Welt wartete und seinen großen runden Hut lüftete, der gegen die Spitzen seiner Ohren stieß. Sie kannte dieses ganze Gehabe, das ihr so widerwärtig war. Nur Ehrgeiz, nur die Sucht nach Erfolg, das ist alles, was seine Seele bewegt, dachte sie, und die hochtrabenden Gedankengänge, die Vorliebe für Aufklärung, die Religion – alles das ist für ihn nichts weiter als Mittel zum Zweck.

An der Art, wie er seine Augen über die Damenloge wandern ließ (sein Blick ruhte eine Weile auf Anna, doch in diesem Meer von Tüll, Schleifen, Federn, Sonnenschirmen und Hüten erkannte er sie nicht), merkte sie, daß er sie suchte; aber sie kam ihm absichtlich nicht zu Hilfe.

»Alexej Alexandrowitsch!« rief ihn die Fürstin Betsy an. »Sie können anscheinend Ihre Frau nicht finden; hier ist sie!«

Er verzog das Gesicht zu seinem üblichen kühlen Lächeln.

»Hier herrscht ein solcher Glanz, daß die Augen geblendet werden«, sagte er beim Betreten der Loge. Er lächelte Anna zu, wie es sich für einen Mann gehört, der seiner Frau, mit der er eben erst zusammen gewesen ist, begegnet; er begrüßte die Fürstin und auch die übrigen Bekannten und zollte jedem die gebührende Achtung, indem er die Damen mit einem Scherzwort bedachte und mit den Herren kurze

Begrüßungen austauschte. Unten an der Logenbrüstung stand ein von Alexej Alexandrowitsch sehr geschätzter Generaladjutant, der für außergewöhnlich klug und gebildet galt. Alexej Alexandrowitsch sprach ihn an.

Es war gerade eine Pause zwischen zwei Rennen, so daß man sich ungeniert unterhalten konnte. Der Generaladjutant mißbilligte das Abhalten von Rennen. Alexej Alexandrowitsch widersprach und setzte sich für den Rennsport ein. Anna hörte seine dünne, monotone Stimme; ihr entging keins seiner Worte, und jedes Wort kam ihr erheuchelt vor und klang ihr schmerzhaft in den Ohren.

Als sie sich bei Beginn des großen Hindernisrennens vorbeugte und unverwandt zu Wronski hinüberblickte, der auf sein Pferd zuging und dann aufsaß, hörte sie zugleich diese widerwärtige Stimme ihres Mannes, der immer weitersprach. Sosehr sie auch unter der Sorge um Wronski litt, noch mehr litt sie unter dem ihr so gut bekannten Tonfall der dünnen Stimme ihres Mannes, die überhaupt nicht mehr verstummen wollte.

Ich bin eine schlechte, eine verworfene Frau, sagte sie sich in Gedanken, aber ich hasse die Lüge und kann sie nicht ertragen; für *ihn* hingegen ist das Lügen die tägliche Nahrung. Er weiß alles, sieht alles – was kann er fühlen, wenn er dennoch fähig ist, sich so ruhig zu unterhalten? Wenn er mich, wenn er Wronski töten wollte, würde er mir Achtung einflößen. Doch nein, ihm ist es nur um ein Trugbild und um den äußeren Anstand zu tun, dachte Anna, ohne sich vorzustellen, was sie eigentlich von ihrem Mann wollte und wie er sich ihren Wünschen nach verhalten sollte. Sie begriff auch nicht, daß die heute so große Redseligkeit Alexej Alexandrowitschs, die ihr so auf die Nerven fiel, nur der Ausdruck seiner inneren Erregung und Unruhe war. Wie ein Kind, das sich verletzt hat, herumspringt und sein Blut in Bewegung bringt, um den Schmerz zu betäuben, in ähnlicher Weise mußte Alexej Alexandrowitsch sein Gehirn in Bewegung setzen, um jene Gedanken an seine Frau zu unterdrücken, die sich in ihrer und Wronskis Gegenwart und bei der häufigen Wiederholung von dessen Namen ganz von selbst einstellten. Und wie für das Kind das Springen ein natürlicher Ausweg ist, ebenso natürlich war es für ihn, in klugen und wohlformulierten Reden Ablenkung zu suchen. Er sagte: »Das Moment der Gefahr ist bei Pferderennen, bei Rennen für Offiziere eine unerläßliche Bedingung. Wenn England in der Geschichte seiner Kriege auf so glänzende Leistungen der Kavallerie hinweisen kann, so ist dies ausschließlich darauf zurückzuführen, daß es die hierzu erforderlichen Fähigkeiten bei Menschen und Tieren im Laufe von Jahrhunderten entwickelt hat. Dem Sport kommt meiner Ansicht nach eine große Bedeutung zu; aber wir sehen wie gewöhnlich nur die Oberfläche der Sache.«

»Nicht nur die Oberfläche«, warf die Fürstin Twerskaja ein. »Einer der Offiziere hat sich, wie ich höre, zwei Rippen gebrochen.«

Alexej Alexandrowitsch verzog den Mund zu einem Lächeln, das nur die Zähne bloßlegte, ohne sonst etwas auszudrücken.

»Zugegeben, Fürstin, daß ein Rippenbruch nichts Oberflächliches ist, sondern etwas Tiefergehendes«, sagte er. »Doch nicht darum handelt es sich«, fuhr er fort und wandte sich wieder dem General zu, mit dem er in ernsthaftem Ton sprach. »Wir dürfen nicht vergessen, daß es Offiziere sind, die das Rennen austragen, Männer, die sich diesen Beruf selbst gewählt haben, und Sie werden zugeben, daß jeder Beruf auch seine Kehrseite hat. Hier haben wir es mit etwas zu tun, was unmittelbar mit den Obliegenheiten eines Offiziers zusammenhängt. Der rohe Sport des Faustkampfes oder der spanischen Toreadore ist ein Zeichen von Barbarei. Aber der spezialisierte Sport ist ein Merkmal kultureller Entwicklung.«

»Nein, ich komme kein zweites Mal her; es regt mich zu sehr auf«, sagte die Fürstin Betsy. »Findest du nicht auch, Anna?«

»Aufregend ist es wohl, aber man kann sich nicht losreißen«, bemerkte eine andere Dame. »Wenn ich als Römerin geboren wäre, hätte ich keinen einzigen Gladiatorenkampf versäumt.«

Anna sagte nichts; sie nahm das Fernglas keinen Moment

von den Augen und blickte unverwandt in ein und dieselbe Richtung.

In diesem Augenblick betrat ein hoher Offizier die Loge. Alexej Alexandrowitsch hielt in seiner Rede inne, stand hastig, aber nicht ohne Würde auf und verneigte sich tief vor dem vorübergehenden Offizier.

»Reiten Sie nicht mit?« fragte der Offizier scherzend.

»Mein Rennen ist von schwierigerer Art«, antwortete Alexej Alexandrowitsch höflich.

Und obwohl diese Antwort rein gar nichts besagte, machte der Offizier ein Gesicht, als habe er von einem klugen Mann ein kluges Wort gehört und durchaus la pointe de la sauce verstanden.

»Wir müssen zweierlei unterscheiden«, nahm Alexej Alexandrowitsch das unterbrochene Gespräch wieder auf, »einmal die Ausübenden und zum zweiten die Zuschauer. Ich gebe zu, daß die Freude an solchen Darbietungen das sicherste Merkmal für eine niedrige Entwicklungsstufe der Zuschauer ist, aber andererseits...«

»Fürstin, machen wir eine Wette!« ertönte von unten die Stimme Stepan Arkadjitschs, dessen Anruf Betsy galt. »Wer ist Ihr Favorit?«

»Anna und ich setzen auf den Fürsten Kusowljow«, antwortete Betsy.

»Ich auf Wronski. Um ein Paar Handschuhe!«

»Abgemacht!«

»Es ist doch faszinierend, nicht wahr?«

Alexej Alexandrowitsch schwieg, solange um ihn herum gesprochen wurde, ergriff dann aber sofort wieder das Wort.

»Ich bestreite nicht, daß Spiele, die Mut erfordern...«, begann er.

Doch in diesem Augenblick starteten die Reiter, und alle Gespräche wurden abgebrochen. Alexej Alexandrowitsch verstummte ebenfalls; alle erhoben sich und blickten zu dem Flüßchen. Da sich Alexej Alexandrowitsch für Rennen nicht interessierte, beobachtete er nicht die Reiter, sondern ließ seine müden Augen über die Zuschauer schweifen. Sein Blick blieb auf Anna haften.

Ihr Gesicht war blaß und hatte einen strengen Ausdruck. Sie sah offensichtlich nichts und niemanden, ausgenommen einen einzigen. Ihre Hand umklammerte krampfhaft den Fächer, und sie hielt den Atem an. Alexej Alexandrowitsch blickte eine Weile zu ihr hin, wandte sich dann schnell ab und begann die anderen Gesichter zu mustern.

Ja, jene Dame dort und die anderen sind ebenfalls sehr aufgeregt; das ist nur natürlich, sagte sich Alexej Alexandrowitsch. Er wollte nicht zu seiner Frau hinsehen, aber ungewollt wurden seine Augen von ihr angezogen. Sein Blick blieb abermals auf Anna haften, und wenn er sich auch sträubte, von ihrem Gesicht abzulesen, was so deutlich in ihm geschrieben stand, so mußte er doch dort zu seinem Entsetzen das wahrnehmen, was er durchaus nicht wissen wollte.

Der Sturz Kusowljows, kurz nach Beginn des Rennens am Flüßchen, versetzte alle in Aufregung; aber an dem triumphierenden Ausdruck in Annas blassem Gesicht erkannte Alexej Alexandrowitsch deutlich, daß nicht derjenige gestürzt war, den sie mit ihren Augen verfolgte. Als Machotin und Wronski die große Hürde genommen hatten und der ihnen folgende Offizier einen Kopfsturz machte und bewußtlos liegenblieb, ging ein Raunen des Entsetzens durch die ganze Menge; Alexej Alexandrowitsch jedoch sah, daß Anna das Geschehene überhaupt nicht bemerkt hatte und nur mit Mühe erfaßte, wovon eigentlich um sie herum die Rede war. Jetzt blickte er immer häufiger zu ihr hinüber und beobachtete sie immer hartnäckiger. Anna, ganz hingerissen von dem Anblick des über die Bahn sprengenden Wronski, fühlte von der Seite den auf sie gerichteten Blick der kalten Augen ihres Mannes.

Sie sah sich für einen kurzen Augenblick um, blickte ihn fragend an und wandte sich mit einem leichten Stirnrunzeln wieder ab.

Ach, mir ist alles gleichgültig, schien ihre Miene ihm sagen zu wollen, und von nun an blickte sie sich kein einziges Mal mehr zu ihm um.

Das Rennen stand unter keinem glücklichen Stern: von

den siebzehn Reitern waren mehr als die Hälfte gestürzt und verletzt. Gegen Ende des Rennens hatte sich aller eine starke Erregung bemächtigt, die noch dadurch gesteigert wurde, daß der Herrscher seine Unzufriedenheit zu erkennen gab.[...]

Eine Schlüsselszene des Romans mit dem zweiten Haupthelden, Konstantin Lewin, dessen Leben und Anschauungen den Kontrapunkt zum Schicksal Anna Kareninas bilden.

4

Mit der persönlichen Angelegenheit, die Lewin während des Gesprächs mit seinem Bruder eingefallen war, hatte es folgende Bewandtnis. Als er sich zur Zeit der vorjährigen Heuernte einmal über den Verwalter geärgert hatte und auf die Wiesen gekommen war, hatte er zu seinem üblichen Beruhigungsmittel gegriffen: Er hatte einem der Arbeiter die Sense abgenommen und selbst gemäht.

Diese körperliche Arbeit hatte ihm so gefallen, daß er sie mehrmals wiederholte und damals die ganze Wiese vor dem Haus abmähte. In diesem Jahr hatte er sich schon zu Beginn des Frühlings vorgenommen, zusammen mit den Arbeitern mehrere Tage hindurch vom Morgen bis zum Abend zu mähen. Nach der Ankunft des Bruders waren ihm jedoch Zweifel gekommen, ob er sich persönlich am Mähen beteiligen sollte oder nicht. Es war ihm peinlich, den Bruder tagelang allein zu lassen, und überdies fürchtete er, sich in dessen Augen damit lächerlich zu machen. Doch als er vorhin über die Wiesen gegangen war, hatte er sich unter dem Einfluß der Erinnerung an seine vorjährige Mitarbeit so gut wie endgültig entschlossen, auch diesmal selbst zu mähen. Und eben dieser Vorsatz war ihm anschließend an das gereizte Gespräch mit dem Bruder wieder eingefallen.

Ich muß mir körperliche Bewegung verschaffen, damit mein Charakter nicht völlig verdirbt, sagte er sich und war nun fest entschlossen, sich selbst am Mähen zu beteiligen, ohne Rücksicht darauf, ob es seinen Bruder und die Leute befremden würde oder nicht.

Gegen Abend begab sich Konstantin Lewin ins Kontor und traf Anordnungen für die Arbeiten, er veranlaßte, daß in die verschiedenen Dörfer geschickt wurde, um für den nächsten Morgen die Mäher zu bestellen, die mit dem Mähen der Kalinowschen Wiese beginnen sollten, der größten und besten von allen.

»Ja, und meine Sense schicken Sie bitte zu Tit, damit er sie schärft und morgen mit hinausbringt; ich werde vielleicht auch selbst mähen«, fügte er hinzu und bemühte sich, seine Verlegenheit zu unterdrücken.

Der Verwalter lächelte und antwortete: »Wie Sie wünschen.«

Abends beim Tee sagte Lewin es auch seinem Bruder.

»Das Wetter scheint jetzt beständig zu bleiben. Morgen fangen wir mit dem Mähen an.«

»Das Mähen ist, finde ich, etwas sehr Schönes«, sagte Sergej Iwanowitsch.

»Es macht mir furchtbar viel Freude. Ich habe hin und wieder auch schon selbst mit den Bauern gemäht und beabsichtige, es morgen den ganzen Tag über zu tun.«

Sergej Iwanowitsch hob den Kopf und sah den Bruder erstaunt an.

»Wie? Seite an Seite mit den Bauern und den ganzen Tag hindurch?«

»Ja, es ist sehr schön«, sagte Lewin.

»Es ist schön als körperliche Entspannung, doch ich bezweifle, daß du es durchhalten kannst«, bemerkte Sergej Iwanowitsch ohne jeden Spott.

»Ich habe es schon versucht. Zuerst fällt es schwer, doch dann arbeitet man sich ein. Ich glaube, ich werde Schritt halten...«

»Sieh mal an! Aber sage mal, wie nehmen es denn die Bauern auf? Sie machen sich wahrscheinlich über die Schrullen ihres Herrn lustig?«

»Das glaube ich nicht; es ist übrigens eine so fröhliche

und zugleich doch so schwere Arbeit, daß man zum Nachdenken gar keine Zeit findet.«

»Willst du denn auch draußen gemeinsam mit den Arbeitern Mittag essen? Dir Rotwein und Putenbraten hinausschicken zu lassen geht wohl nicht gut an.«

»Nein, wenn sie ihre Mittagspause machen, unterbreche auch ich die Arbeit und komme zum Essen nach Hause.«

Am nächsten Morgen stand Lewin früher als gewöhnlich auf; da er jedoch durch alle möglichen Anordnungen in der Wirtschaft aufgehalten wurde, langte er auf der Wiese erst an, als die Mäher bereits bei der zweiten Reihe waren.

Schon von der Anhöhe aus bot sich ihm der Blick auf die Niederung, in der sich im Schatten die grauen Streifen des bereits abgemähten Teils der Wiese und als dunkle Häufchen die Röcke der Mäher abzeichneten, die diese an der Stelle zurückgelassen hatten, von der aus sie mit dem Mähen begonnen hatten.

Als er näher heranritt, sah er, wie die Bauern – manche hatten noch ihre Röcke an, manche nur Hemd und Hose – in einer langgezogenen Reihe, einer hinter dem anderen, die Sensen verschiedenartig schwangen. Er zählte und stellte fest, daß es im ganzen zweiundvierzig Mann waren.

Sie bewegten sich langsam über den unebenen Wiesengrund, in dem früher einmal ein Staubecken gewesen war. Einige seiner eigenen Leute konnte Lewin jetzt schon erkennen. Er bemerkte den alten Jermil in einem ungewöhnlich langen Russenhemd, der sich jedesmal, wenn er mit der Sense ausholte, vorbeugte; ferner Wassili, einen jungen Burschen, der bei Lewin Kutscherdienste versah; er holte jedesmal weit aus. Und da war auch Tit, ein kleines, schmächtiges Bäuerlein, das Lewin im Mähen unterwiesen hatte; er schritt in aufrechter Haltung an der Spitze, und wenn er das Gras in breiten Garben niederlegte, dann sah es so aus, als spiele er nur mit der Sense.

Als Lewin vom Pferd stieg und dieses am Gatter anband, kam Tit mit einer zweiten Sense auf ihn zu, die er hinter einem Busch hervorgeholt hatte.

»Sie ist in Ordnung, Herr; sie rasiert nur so, mäht ganz

von selbst«, sagte Tit lächelnd, während er seine Mütze zog und Lewin die Sense reichte.

Lewin nahm die Sense und holte probeweise ein paarmal aus. Die Mäher, die mit ihren Reihen fertig waren, traten schweißbedeckt und fröhlich, einer nach dem anderen, auf den Weg und begrüßten lächelnd ihren Herrn. Alle beobachteten ihn, aber keiner von ihnen sagte etwas, bis ein hochgewachsener alter Mann mit zerfurchtem, bartlosem Gesicht, der eine kurze Lammfelljoppe anhatte, auf den Weg trat und ihn anredete.

»Denk daran, Herr, wer mal angefangen hat, muß auch durchhalten«, sagte er, worauf unter den Mähern ein verhaltenes Gelächter laut wurde.

»Ich werde mich bemühen, nicht zurückzubleiben«, antwortete Lewin; er stellte sich hinter Tit und wartete auf den Wiederbeginn der Arbeit.

»Denk daran!« rief ihm der alte Bauer nochmals zu.

Tit setzte sich in Bewegung, und Lewin folgte ihm. Hier am Rande der Wiese war das Gras niedrig, und Lewin, der seit langem nicht mehr gemäht hatte und von den Blicken der ihn beobachtenden Bauern irritiert wurde, mähte zunächst schlecht, obwohl er mit der Sense weit ausholte. Hinter ihm wurden Stimmen laut. »Die Sense ist schlecht gestielt, der Griff ist zu hoch; seht, wie er sich bücken muß«, sagte einer der Bauern.

»Drücke doch mit dem Hacken mehr auf!« rief ihm ein anderer zu.

»Laß nur, er wird sich schon einarbeiten«, mischte sich der alte Bauer wieder ein. »Siehst du, jetzt legt er los ... Du holst zu weit aus, wirst sehr schnell müde werden ... Ja, wenn sich der Herr anstrengt, ist's sein eigener Nutzen! Aber sieh mal, was für einen Streifen du stehengelassen hast! Da würde unsereins was zu hören bekommen.«

Jetzt kam weicheres Gras, und Lewin, der alle Bemerkungen hörte, aber nichts antwortete, ging hinter Tit her und war bemüht, seine Sache so gut wie nur möglich zu machen. Sie hatten etwa hundert Schritt zurückgelegt. Tit ging immer weiter, blieb keinen Augenblick stehen und zeigte keine

Spur von Müdigkeit. Lewin hingegen war ziemlich erschöpft und hegte bereits große Befürchtungen, daß er die Arbeit nicht durchhalten würde.

Er merkte, daß er die Sense nur noch unter Aufgebot seiner letzten Kraft heben konnte, und wollte Tit bitten, eine Pause zu machen. Doch da blieb Tit schon von selbst stehen; er bückte sich, nahm eine Handvoll Gras, rieb die Sense ab und begann sie zu schärfen. Lewin reckte die Glieder, atmete tief auf und blickte sich um. Hinter ihm kam ein Bauer, der offenbar ebenso ermüdet war, denn er blieb, noch bevor er Lewin erreicht hatte, stehen und begann seine Sense zu schärfen. Nachdem Tit sowohl seine eigene als auch Lewins Sense geschärft hatte, nahmen sie die Arbeit wieder auf.

Beim zweiten Anlauf war es nicht anders. Tit schwang ununterbrochen die Sense, blieb keinen Augenblick stehen und wurde nicht müde. Lewin folgte ihm und bemühte sich, nicht zurückzubleiben, aber es wurde ihm immer schwerer; einige Male glaubte er sich am Ende seiner Kraft, doch dann blieb auch Tit jedesmal stehen, um die Sensen zu schärfen.

So beendeten sie die erste Reihe. Diese lange Reihe war Lewin schwerer gefallen, als er erwartet hatte; doch nun, als Tit am Ende der Reihe seine Sense über die Schulter nahm und mit langsamen Schritten auf den Spuren zurückging, die seine Stiefelabsätze auf dem gemähten Streifen hinterlassen hatten, konnte Lewin ihm auch mit Genugtuung auf dem von ihm selbst gemähten Streifen folgen. Ungeachtet des Schweißes, der ihm in Strömen über das Gesicht rann und von der Nase tropfte, und obwohl sein Rücken so naß war, als sei Lewin eben aus dem Wasser gezogen worden, fühlte er sich ungemein wohl. Am meisten beglückte ihn jetzt das sichere Gefühl, daß es ihm möglich sein werde, durchzuhalten.

Etwas beeinträchtigt wurde seine Freude nur dadurch, daß seine Reihe nicht besonders gut ausgefallen war. Ich muß weniger den Arm und vielmehr den ganzen Körper schwingen, dachte er bei sich, als er den schnurgeraden, von Tit gemähten Streifen mit seinem eigenen verglich, der sich ungleichmäßig in einer Zickzacklinie hinzog.

Lewin hatte beobachtet, daß Tit, der seinen Herrn wahrscheinlich auf die Probe stellen wollte, beim Mähen der ersten Reihe ungewöhnlich schnell vorgegangen war, und es war eine besonders lange Reihe gewesen. Mit den folgenden Reihen kam Lewin schon besser zurecht, wenn er auch seine ganze Kraft aufbieten mußte, um nicht hinter den Bauern zurückzubleiben.

Er dachte an nichts anderes und war nur von dem einen Wunsch beseelt, nicht hinter den Bauern zurückzustehen und seine Arbeit so gut wie möglich zu verrichten. Er hörte nichts als das Sausen der im Halbkreis geschwungenen Sensen und sah vor sich nur den aufrecht schreitenden Tit, die sich langsam und wellenförmig über die Schneide seiner Sense neigenden Gräser und Blumenköpfchen und ganz vorn das Ende der Reihe, wo seine Erholung winkte.

Ohne sich darüber im klaren zu sein, was es war und wodurch es hervorgerufen wurde, verspürte er plötzlich mitten in der Arbeit auf seinen erhitzten, schweißbedeckten Schultern eine wohltuende Kühle. Als wieder die Sensen geschärft werden mußten, blickte er zum Himmel auf. Eine dunkle, niedrig hängende Wolke, die unbemerkt aufgezogen war, entlud sich in einem heftigen Regenguß. Einige der Bauern eilten zu ihren Kleidern und zogen die Röcke an, während die andern, ebenso wie Lewin, nur mit den Schultern zuckten und sich erfreut der angenehmen Erfrischung aussetzten.

Sie mähten eine Reihe zu Ende und wandten sich dann der nächsten, der übernächsten zu. Es gab längere Reihen und auch kürzere, mit gutem Gras und auch mit schlechtem. Lewin hatte jetzt jeden Maßstab für die Zeit verloren und wußte nicht, ob es noch früh oder schon spät war. Während seiner Arbeit bemerkte er jetzt eine Veränderung, die ihn sehr beglückte. Während des Mähens kam es vor, daß er minutenlang vergaß, was er tat, daß er sich plötzlich erleichtert fühlte und in solchen Minuten fast ebenso gleichmäßig und gut mähte wie Tit. Doch er brauchte sich nur darauf zu besinnen, was er tat, und sich um ein möglichst gleichmäßiges Mähen zu bemühen, dann fühlte er auch sofort wieder die ganze Schwere der Arbeit, und die Reihe wurde schlecht.

Als er eine weitere Reihe zu Ende gemäht hatte und nach vorn gehen wollte, um mit der nächsten zu beginnen, wurde er von Tit zurückgehalten, der auf den alten Bauern zuging und diesem etwas zuflüsterte. Beide blickten zur Sonne auf.

Worüber mögen sie wohl sprechen, und warum zögern sie weiterzumähen? fragte sich Lewin, der gar nicht daran dachte, daß die Bauern mindestens vier Stunden ununterbrochen gemäht hatten und nun auch frühstücken mußten.

»Wir wollen frühstücken, Herr«, sagte der alte Bauer.

»Ist es denn schon soweit? Nun, dann frühstückt.«

Lewin gab Tit die Sense und ging mit den Bauern, die ihr Brot aus den Röcken holen wollten, die sie abgelegt hatten, zu seinem Pferd zurück. Und erst jetzt, als er über den langgestreckten, abgemähten Teil der vom Regen etwas feuchten Wiese ging, wurde ihm bewußt, daß er sich mit dem Wetter verrechnet hatte und durch den Regen das Heu naß werden würde.

»Das Heu wird noch verderben«, sagte er.

»Laß nur, Herr«, antwortete der alte Bauer. »Wer im Nassen mäht, fährt im Trocknen ein.«

Lewin band sein Pferd los und ritt nach Hause zum Kaffeetrinken.

Sergej Iwanowitsch stand gerade erst auf. Lewin trank seinen Kaffee und ritt zur Wiese zurück, bevor Sergej Iwanowitsch mit dem Ankleiden fertig war und im Speisezimmer erschien.

5

Nach der Frühstückspause war Lewin nicht mehr auf seinem bisherigen Platz, er schritt jetzt zwischen dem humorvollen Alten, der ihn aufgefordert hatte, an seiner Seite zu mähen, und einem jungen, erst seit dem Herbst verheirateten Bauern, der in diesem Sommer zum erstenmal bei der Heuernte mitarbeitete.

Der alte Bauer, der hochaufgerichtet voranging, setzte seine nach außen gekehrten Füße gleichmäßig und breitspurig und legte mit einer genau abgepaßten, stets gleichbleibenden Bewegung, die ihn anscheinend nicht mehr Mühe kostete als das gewöhnliche Schwenken der Arme beim Gehen, wie spielend eine Schicht des hohen Grases nach der andern nieder. Es schien, als sei nicht er es, der arbeitete, sondern als sause die scharfe Sense von selbst ins saftige Gras.

Hinter Lewin mähte der junge Mischka. In seinem hübschen jugendlichen Gesicht – das Haar wurde von einem Gewinde aus frischem Gras zusammengehalten – arbeitete vor Anstrengung jeder Muskel; er lächelte jedoch, sobald man ihn ansah. Offensichtlich wäre er eher bereit gewesen zu sterben, als zuzugeben, daß ihm die Arbeit schwerfiel.

Lewin mähte zwischen diesen beiden. In der heißen Mittagssonne empfand er das Mähen als weniger anstrengend. Der Schweiß, der an ihm herunterrann, wirkte kühlend, und die Sonne, die auf seinem Rücken, dem Kopf und den bis zum Ellbogen entblößten Armen brannte, schien seine Kraft und Ausdauer bei der Arbeit noch zu verstärken. Immer häufiger stellten sich jetzt jene Minuten der Selbstvergessenheit ein, in denen man nicht daran zu denken braucht, was man tut. Die Sense mähte wie von selbst. Es waren beglückende Minuten. Noch beglückender war es indessen, wenn man das Flußufer erreicht hatte; dort endeten die Reihen, und dort rieb der alte Bauer die Sense mit einem dicken Büschel feuchten Grases ab, spülte ihre stählerne Klinge in dem klaren Flußwasser, schöpfte den Blechbehälter des Wetzsteins voll und hielt ihn Lewin zum trinken hin.

»Versuch mal von meinem Kwaß? Schmeckt er nicht fein?« sagte er und zwinkerte dabei mit den Augen.

Und in der Tat, Lewin glaubte, noch nie ein so köstliches Getränk getrunken zu haben wie dieses warme Wasser, auf dem etwas Grünes schwamm und das einen metallenen, vom Blechbehälter herrührenden Beigeschmack hatte. Und unmittelbar darauf folgte ein langsamer, erquickender Gang mit der Sense in der Hand, bei dem man Zeit fand, sich den Schweiß aus dem Gesicht zu wischen, aus voller Brust Atem zu holen und die ganze sich lang hinziehende Reihe der Mäher zu beobachten und auch das, was im Walde und auf dem Felde vorging.

Je länger Lewin mähte, um so häufiger gab es bei ihm jene Minuten der Selbstvergessenheit, in denen es schien, als ob die Sense nicht mehr von den Armen geschwungen würde, sondern ihrerseits seinen ganzen Körper regierte, der von bewußtem Leben durchdrungen war, und als ob sich die Arbeit wie durch Zauberei, ohne daß er an sie dachte, ordnungsgemäß und einwandfrei gleichsam wie von selbst verrichtete. Das waren die schönsten Augenblicke.

Schwierig wurde es freilich, wenn man die mechanisch ausgeführten Bewegungen unterbrechen und nachdenken mußte, so zum Beispiel, wenn es darauf ankam, einen kleinen, mit Gras bewachsenen Erdhügel zu mähen oder eine beim Jäten übersehene Sauerampferstaude. Der alte Bauer machte das sehr einfach. Sobald er auf einen Erdhügel stieß, änderte er die Bewegung und benutzte mal den Hacken, mal die Spitze der Sense, um mit kurzen Hieben den Hügel von beiden Seiten abzumähen. Und während er so arbeitete, paßte er scharf auf und übersah nichts, was ihm in den Weg kam; mal pflückte er eine Siegwurz, die er selbst aß oder Lewin anbot, mal räumte er mit der Sensenspitze einen Zweig aus dem Wege, mal sah er sich ein Wachtelnest an, aus dem das Weibchen erst beim Sensenstreich herausgeflogen kam, oder er stieß auf eine kleine Schlange, die er mit der Sense wie mit einer Gabel aufhob, Lewin zeigte und dann fortschleuderte.

Lewin und dem jungen Bauern, der hinter ihm mähte, machten derartige Bewegungswechsel Schwierigkeiten. Wenn sie eine gewisse Routine gewonnen hatten und richtig in Gang gekommen waren, brachten sie es nicht fertig, den Arbeitsgang zu ändern und auf das zu achten, was ihnen in den Weg kam.

Lewin merkte nicht, wie die Zeit verging. Wenn ihn jemand gefragt hätte, wie lange er schon mähe, würde er eine halbe Stunde angegeben haben – und dabei ging es bereits auf den Mittag zu. Als sie wieder einmal die Reihe zurückgingen, um mit einer neuen anzufangen, machte der alte Bauer Lewin auf eine Anzahl kleiner Mädchen und Jungen aufmerksam, die, hinter dem hohen Gras kaum sichtbar, auf den Wiesen und Wegen aus verschiedenen Richtungen näher kamen und die Bündel mit Brot und die mit Lappen zugestopften Krüge mit Kwaß für die Mäher nur mit Mühe in ihren kleinen Händen hielten.

»Sieh mal, da kommen die Käferchen angekrabbelt!« Er zeigte auf sie, dann blickte er, die Augen mit der hohlen Hand abschirmend, zur Sonne.

Nachdem sie zwei weitere Reihen gemäht hatten, blieb der Alte stehen.

»So, Herr, jetzt erst mal Mittag essen!« sagte er entschieden. Die am Fluß angelangten Mäher gingen die gemähten Reihen entlang zu ihren Kleidern zurück, neben denen bereits die Kinder saßen und mit dem Essen auf sie warteten. Die Bauern setzten sich gruppenweise zusammen – die aus entfernteren Ortschaften im Schatten ihrer Wagen, die aus der Nachbarschaft unter Weidengebüsch, über das sie Gras warfen.

Lewin gesellte sich zu ihnen; er hatte keine Lust, nach Hause zu reiten.

Jegliche Befangenheit vor dem Herrn war längst verschwunden. Die Bauern bereiteten sich auf das Essen vor. Einige wuschen sich, die jungen Burschen badeten im Fluß, andere richteten sich ein Lager zum Ausruhen, banden die Bündel auf und öffneten die Krüge mit Kwaß. Der alte Bauer zerkrümelte in einer Schale Brot, zerdrückte es mit dem Löffelstiel, übergoß es aus dem Wetzsteinbehälter mit Wasser, tat nochmals kleingeschnittenes Brot und etwas Salz hinzu und begann, sich nach Osten umwendend, zu beten.

»Nun, Herr, koste mal meine Brotsuppe«, sagte er und hockte sich vor der Schale nieder.

Die Brotsuppe schmeckte Lewin so gut, daß er es endgültig aufgab, zum Mittagessen nach Hause zu reiten. Er aß mit dem alten Bauern und fragte ihn nach seinen häuslichen Verhältnissen, die sein lebhaftes Interesse erregten; dann erzählte er dem Alten von seiner eigenen Wirtschaft und teilte ihm alle Vorkommnisse und Umstände mit, die ihn interessieren konnten. Er fühlte sich diesem alten Bauern enger verbunden als seinem eigenen Bruder, und er lächelte unwillkürlich über das warme Gefühl, das er für ihn empfand. Als der Alte dann aufstand, wieder betete, sich an Ort und Stelle unter einem Strauch ausstreckte, nachdem er sich etwas Gras unter den Kopf geschoben hatte, tat Lewin das gleiche; und ungeachtet all der in der Sonne besonders aufdringlichen Fliegen und der anderen Insekten, die sich auf sein schweißbedecktes Gesicht und auf den Körper setzten, schlief er unverzüglich ein und wachte erst auf, als die Sonne auf ihrer Wanderung den Strauch umgangen hatte und er ihren Strahlen ausgesetzt war. Der Alte hatte seinen Schlaf schon lange beendet und war dabei, die Sensen der jungen Burschen zu schärfen.

Lewin blickte um sich und erkannte die Gegend nicht wieder, so sehr hatte sich alles verändert. Der weitaus größte Teil der riesigen Wiese war bereits gemäht, und die Reihen des am Boden liegenden und schon nach Heu duftenden Grases leuchteten in den schrägen Strahlen der Abendsonne in einem besonderen Glanz. Die Sträucher am Flußufer, um die ringsum das Gras weggemäht war, und der Fluß selbst, den man vorher nicht hatte sehen können und der sich jetzt mit seinen Windungen wie glitzernder Stahl von der Landschaft abhob, die sich bückenden und wieder aufrichtenden Mäher, die steile Wand des Grases auf dem noch nicht gemähten Teil der Wiese und die über der kahlen Wiese kreisenden Habichte – alles dies war völlig neu. Als Lewin zu sich kam, überlegte er, wieviel bereits gemäht war und wieviel bis zum Abend noch zu schaffen sein würde.

Die zweiundvierzig Männer hatten eine ungewöhnlich große Leistung vollbracht. Fast die ganze große Wiese, an der zur Zeit der Fronarbeit dreißig Mäher zwei Tage lang zu tun gehabt hatten, war nun schon abgemäht. Zu mähen blieben nur noch die Ecken mit den kurzen Reihen. Lewin, dem es darauf ankam, gleich am ersten Tage möglichst viel zu schaffen, ärgerte sich über die Sonne, die ihm zu schnell zu sinken begann. Er verspürte überhaupt keine Müdigkeit und war nur von dem einen Wunsch beseelt, die Arbeit fortzusetzen, das Tempo zu beschleunigen und möglichst viel fertigzubringen.

»Was meinst du«, wandte er sich an den alten Bauern, »ob wir den Maschkin-Hügel heute noch schaffen?«

»Das steht bei Gott; die Sonne will schon untergehen. Gibt es für die Burschen nachher auch ein Schnäpschen?«

Als man sich zur Vesper setzte und die Raucher ihren Tabak zur Hand nahmen, erklärte der Alte den Leuten: »Wenn wir den Maschkin-Hügel noch schaffen, gibt's Schnaps!«

»Natürlich schaffen wir ihn! Fang an, Tit! Das geht im Nu! Satt essen können wir uns auch noch abends. Los!« wurde von allen Seiten gerufen, und die noch am letzten Stück Brot kauenden Mäher machten sich an die Arbeit.

»So, Kinder, nun haltet euch ran!« rief Tit und ging, an der Spitze mähend, fast im Sturmschritt voran.

»Schneller, schneller!« trieb ihn der Alte an, der ihm folgte und ihn mühelos einholte. »Sieh dich vor, ich schneide dich gleich!«

Jung und alt mähte gleichsam um die Wette. Doch obwohl sich alle beeilten, arbeiteten sie doch sorgfältig, und die Reihen fielen ebenso ordentlich und gleichmäßig aus wie zuvor. Der letzte vorgeschobene Zipfel wurde in fünf Minuten abgemäht. Noch ehe die letzten Mäher am Ende ihrer Reihe angelangt waren, warfen sich die ersten bereits ihre Röcke über die Schulter, überquerten den Weg und gingen auf den Maschkin-Hügel zu.

Die Sonne neigte sich bereits den Bäumen zu, als sie mit den in ihren Blechbehältern klappernden Wetzsteinen die kleine Waldschlucht am Maschkin-Hügel erreichten. Das Gras, das ihnen im Grunde des Tals bis an den Gürtel reichte, war hier zart, weich und breithalmig und im Walde stellenweise mit Kuhblumen durchsetzt.

Nach kurzer Beratung, ob man längs oder quer mähen solle, trat Prochor Jermilin, ein hünenhafter, schwarzhaariger Bauer und zugleich ein bewährter Mäher, vor. Er schritt eine Reihe ab, kehrte um und begann zu mähen; alle schlossen sich ihm der Reihe nach an und mähten zuerst bis ins Tal hinunter und dann den Hügel hinauf unmittelbar bis an den Waldrand. Die Sonne verschwand hinter den Bäumen. Jetzt fiel schon Tau, und nur noch auf der Spitze des Hügels kamen die Mäher in den Bereich der Sonnenstrahlen, während sie im Tal, über dem Dunst aufstieg, und auf der anderen Seite des Hügels von kühlem, taufeuchtem Schatten umfangen wurden. Die Arbeit war in vollem Gang.

Das hohe, würzig duftende Gras sank unter den Streichen der Sensen mit einem saftig klatschenden Laut zu Boden. Bei der Kürze der Reihen kamen die Mäher ins Gedränge, ihre Sensen stießen aneinander und klirrten, die Blechbehälter klapperten; unter lautem Knirschen schärften sie die stumpf gewordenen Sensen und feuerten einander durch fröhliche Zurufe an.

Lewin hatte seinen Platz auch hier zwischen dem jungen Burschen und dem Alten. Der alte Bauer, der seine Lammfelljoppe angezogen hatte, war noch immer so fröhlich, so zum Spaßen aufgelegt und beweglich wie den ganzen Tag schon. Im Wald stießen die Mäher ununterbrochen auf Kapuzinerpilze, die in dem saftigen Gras ganz glitschig geworden waren und von den Sensen mitgemäht wurden. Nur der Alte bückte sich jedesmal, wenn er auf einen Pilz stieß, pflückte ihn und steckte ihn unter die Bluse. »Da kann ich meiner Alten doch etwas mitbringen«, murmelte er dabei vor sich hin.

So leicht sich das nasse, schlaffe Gras auch mähen ließ, es war doch sehr anstrengend, den steil abfallenden Abhang hinunter- und wieder hinaufzusteigen. Dem Alten machte das indessen nichts aus. Ununterbrochen die Sense schwingend, arbeitete er sich in seinen großen Bastschuhen mit kurzen, festen Schritten den Abhang hinauf, und obwohl er am ganzen Körper zitterte und ihm die bis unter den Hemdrand gerutschten Hosen um die Beine schlotterten, ließ er sich kein einziges Grashälmchen, keinen einzigen Pilz entgehen und scherzte nach wie vor mit den anderen Bauern und mit Lewin. Während dieser ihm folgte, dachte er oft, er müsse unweigerlich fallen, wenn er sich mit der Sense in den Händen eine steile Böschung hinaufarbeitete, die selbst ohne Behinderung durch die Sense nicht ohne Mühe zu erklimmen war; doch er kam hinauf und tat, was nötig war. Er hatte das Gefühl, durch irgendeine äußere Einwirkung in Bewegung gesetzt zu werden. [...]

Karenin und Wronski am Krankenbett Annas, nachdem die inoffizielle Trennung der Ehegatten bereits erfogt ist.

17

In Gedanken unwillkürlich die Eindrücke rekapitulierend, die er von den bei Tisch und nach dem Essen geführten Gesprächen empfangen hatte, kehrte Alexej Alexandrowitsch in sein ödes Hotelzimmer zurück. Darja Alexandrownas Versuch ihn zum Verzeihen zu überreden, hatte ihn nur verdrossen. Die Frage, ob sich die Gebote der Christenliebe auf seinen Fall anwenden ließen oder nicht, war allzu schwierig, um allzu leichtgenommen werden zu können, und überdies hatte Alexej Alexandrowitsch sie schon längst in verneinendem Sinne entschieden. Von allem, was dort gesprochen worden war, hatte ihn am stärksten die Bemerkung des guten, einfältigen Turowzyn berührt: »Er ist mit Schneid vorgegangen, hat ihn gefordert und erschossen.« Alle anderen hatten im stillen offenbar das gleiche gedacht und sich nur aus Höflichkeit nicht darüber geäußert.

Im übrigen ist diese Frage abgeschlossen, und es ist überflüssig, sich noch mit ihr zu befassen, sagte sich Alexej Alexandrowitsch. Er war in Gedanken nur noch mit seiner bevorstehenden Reise und der durchzuführenden Revision beschäftigt, als er in seinem Zimmer anlangte und sich bei dem ihn begleitenden Portier erkundigte, wo sein Diener sei; der Portier antwortete, der Diener sei eben erst hinausgegangen. Alexej Alexandrowitsch bestellte Tee, setzte sich an den Tisch und nahm den Frum zur Hand, um seine Reiseroute festzulegen.

»Zwei Telegramme sind gekommen«, sagte der Diener, der sich wieder eingefunden hatte und ins Zimmer kam. »Entschuldigen Exzellenz, ich bin nur für einen Augenblick hinausgegangen.«

Alexej Alexandrowitsch nahm die Telegramme und riß sie auf. Das erste Telegramm enthielt die Nachricht, daß Stremow auf den Posten berufen sei, den Alexej Alexandrowitsch für sich gewünscht hatte. Er bekam einen roten Kopf, warf das Telegramm hin und begann im Zimmer auf und ab zu gehen. »Quos vult perdere dementat«, sagte er vor sich hin, wobei er mit quos jene Leute meinte, die sich für die Ernennung Stremows eingesetzt hatten. Er ärgerte sich nicht darüber, daß nicht er den Posten erhalten und man ihn offenbar bewußt übergangen hatte; aber es war ihm unerklärlich und unbegreiflich, daß die maßgebenden Stellen nicht erkannten, wie wenig gerade dieser geschwätzige Stremow für diesen Posten geeignet war. Wie konnten sie nur übersehen, daß sie sich selbst, ihr eigenes Prestige, durch diese Ernennung aufs schwerste schädigten!

Wahrscheinlich noch etwas von dieser Art, dachte er bei sich, als er verbittert das zweite Telegramm entfaltete. Das Telegramm war von seiner Frau. Die mit Blaustift geschriebene Unterschrift »Anna« fiel ihm als erstes ins Auge.

»Ich sterbe und bitte, flehe Sie an, zu kommen. Wenn Sie mir vergeben, werde ich ruhiger sterben.«

Er lächelte verächtlich und warf das Telegramm auf den Tisch. Für ihn stand es im ersten Augenblick fest, daß er es hier mit einer List, mit einem Täuschungsmanöver zu tun hatte.

Es gibt nichts, wovor sie zurückschrecken würde, dachte er bei sich. Sie muß jetzt niederkommen. Vielleicht hängt es damit zusammen. Doch was bezweckt sie? Das Kind zu legitimieren, mich zu kompromittieren und die Scheidung zu vereiteln, überlegte er. Aber da steht ja: »Ich sterbe...« Er las das Telegramm noch einmal durch; und nun war er plötzlich von dem klaren Sinn seines Inhalts betroffen. Und wenn es nun wirklich wahr wäre? fragte er sich. Wenn sie, von Schmerzen gequält und den Tod vor Augen, wirklich aufrichtig bereuen sollte und ich mich, aus Angst, angeführt zu werden, nun weigere, zu ihr zu kommen? Das wäre nicht nur grausam und würde von allen verurteilt werden, es wäre auch dumm von mir, so zu handeln.

»Pjotr, eine Droschke!« rief er seinem Diener zu. »Ich reise nach Petersburg.«

Alexej Alexandrowitsch hatte beschlossen, nach Petersburg zu fahren und sich zu seiner Frau zu begeben. Wenn die Krankheit vorgetäuscht sein sollte, dann würde er stillschweigend wieder abreisen. Wenn sie wirklich im Sterben läge und den Wunsch haben sollte, ihn vor dem Tode zu sprechen, dann würde er ihr verzeihen, wenn er sie noch am Leben anträfe, oder ihr die letzte Ehre erweisen, falls er zu spät käme.

Während der Reise dachte er kein einziges Mal mehr darüber nach, wie er sich verhalten würde.

Müde und mit jenem Gefühl von Unsauberkeit, das man nach einer auf der Bahn verbrachten Nacht empfindet, fuhr Alexej Alexandrowitsch im Petersburger Frühnebel den ausgestorbenen Newski-Prospekt entlang und blickte vor sich ins Leere, ohne darüber nachzudenken, was seiner harrte. Er mochte nicht daran denken; denn wenn er sich das vorstellte, konnte er sich nicht des Gedankens erwehren, daß ihr Tod ihn mit einem Schlage von allen Schwierigkeiten befreien würde. Die Bäckerjungen, die geschlossenen Geschäfte, die Nachtdroschken, die Hausknechte, die die Bürgersteige reinigten, tauchten vor seinen Augen auf, und er beobachtete alles, um nur nicht an das zu denken, was ihm bevorstand, was er nicht zu wünschen wagte und doch wünschte. Er fuhr am Hause vor. Vor der Haustür standen eine Droschke und eine Equipage mit einem schlafenden Kutscher auf dem Bock.

Beim Betreten des Hausflurs zog Alexej Alexandrowitsch gleichsam aus einem versteckten Winkel seines Gehirns den gefaßten Entschluß hervor und prägte ihn sich wieder ein.

Er lautete: Wortlose Verachtung und Abreise im Falle einer Täuschung; Beachtung des Anstands, wenn es wahr sein sollte.

Noch ehe Alexej Alexandrowitsch zum Klingeln gekommen war, öffnete der Portier schon die Tür. In einem alten Gehrock, ohne Krawatte und mit Pantoffeln an den Füßen, machte der Portier Petrow, der nach seinem Vatersnamen meist Kapitonytsch genannt wurde, einen seltsamen Eindruck.

»Wie geht es der gnädigen Frau?«

»Sie ist gestern glücklich niedergekommen.«

Alexej Alexandrowitsch blieb stehen und verfärbte sich. Jetzt erkannte er deutlich, wie sehr er sich ihren Tod gewünscht hatte.

»Und ihr Befinden?«

Kornej, in seiner üblichen Morgenschürze, kam die Treppe heruntergelaufen.

»Es steht sehr schlecht«, berichtete er. »Gestern haben die Ärzte eine Beratung abgehalten, und auch jetzt ist ein Arzt da.«

»Nimm das Gepäck!« wies Alexej Alexandrowitsch den Diener an und ging ins Vorzimmer; da immerhin noch die Hoffnung auf ihren Tod zu bestehen schien, empfand er eine gewisse Erleichterung.

Am Garderobenständer hing ein Militärmantel. Alexej Alexandrowitsch bemerkte ihn und fragte: »Wer ist alles da?«

»Der Arzt, die Hebamme und Graf Wronski.«

Alexej Alexandrowitsch begab sich in die inneren Räume.

Im Salon war niemand; aus dem Zimmer seiner Frau kam ihm die Hebamme, die seine Schritte gehört hatte, in einem Häubchen mit lila Bändern entgegen.

Sie kam auf ihn zu und nahm ihn mit der Vertraulichkeit, die die Nähe des Todes mit sich bringt, beim Arm, um ihn ins Schlafzimmer zu führen.

»Gott sei Dank, daß Sie gekommen sind! Sie redet nur von Ihnen und immer nur von Ihnen«, sagte sie.

»Geben Sie schnell mal etwas Eis her!« ertönte aus dem Schlafzimmer die gebieterische Stimme des Arztes.

Alexej Alexandrowitsch betrat ihr Zimmer. Auf dem niedrigen Stuhl, der vor ihrem Schreibtisch stand, saß, den Rücken schräg zur Lehne und mit den Händen das Gesicht bedeckend, Wronski und weinte. Aufgeschreckt durch die Stimme des Arztes, sprang er auf, nahm die Hände vom Gesicht und bemerkte Alexej Alexandrowitsch. Als er plötzlich ihren Mann vor sich sah, geriet er so in Verwirrung, daß er sich wieder setzte und den Kopf zwischen die Schultern einzog, als wollte er irgendwohin verschwinden; doch dann nahm er sich zusammen, stand auf und sagte: »Sie liegt im Sterben. Die Arzte sagen, es bestehe keine Hoffnung mehr. Ich unterwerfe mich Ihnen in allem, aber ich bitte Sie, lassen Sie mich hier ... Im übrigen, Sie haben zu entscheiden, ich...«

Als er Wronski weinen sah, fühlte Alexej Alexandrowitsch, daß sich seiner jene geistige Verwirrung zu bemächtigen drohte, die ihn angesichts des Leides anderer immer befiel; er wandte das Gesicht ab und ging, ohne Wronski bis zu Ende anzuhören, schnell auf die Tür zu. Aus dem Schlafzimmer drang ihm die Stimme Annas entgegen, die etwas sprach. Ihre Stimme klang heiter, lebhaft, und ungemein ausdrucksvoll. Alexej Alexandrowitsch betrat das Schlafzimmer und ging an ihr Bett. Ihr Gesicht war ihm zugewandt. Ihre Wangen waren gerötet, die Augen glänzten, und ihre kleinen weißen Hände, die aus der Manschette der Jacke herausschauten, spielten mit einem Zipfel der Bettdecke, den sie zusammenzurollen trachtete. Man hätte meinen können, sie sei nicht nur vollkommen gesund und frisch, sondern auch in allerbester Stimmung. Sie sprach schnell, klangvoll und mit einer gefühlvollen Betonung.

»Denn Alexej, ich meine jetzt Alexej Alexandrowitsch – welch eine seltsame, tragische Fügung ist es, daß beide Alexej heißen –, Alexej hätte mir meine Bitte nicht abgeschlagen. Ich würde es überwinden, er würde mir verzeihen... Warum kommt er denn noch immer nicht? Er ist gütig, er weiß es selbst nicht, wie groß seine Güte ist. Oh, mein Gott, mir ist so schwer ums Herz! Gebt mir schnell etwas Wasser! Ach nein, das wird meinem Töchterchen schaden. Nun gut, besorgt ihr eine Amme. Ich bin einverstanden, es ist sogar besser. Wenn er kommt, könnte es ihm weh tun, sie zu sehen. Bringt sie weg!«

»Anna Arkadjewna, er ist gekommen. Hier steht er!« sagte die Hebamme, die Annas Aufmerksamkeit auf Alexej Alexandrowitsch lenken wollte.

»Ach, was für ein Unsinn!« fuhr Anna fort, ohne ihren Mann wahrzunehmen. »Geben Sie mir doch die Kleine, geben Sie sie her! Er ist ja noch nicht da. Sie meinen, daß er nicht verzeihen wird, weil Sie ihn nicht kennen. Niemand kennt ihn. Nur ich allein weiß, was er für ein Mensch ist, und selbst mir ist es schwergefallen. Man muß seine Augen kennen; Serjosha hat die gleichen Augen, und deshalb ertrage ich ihren Anblick nicht. Hat Serjosha sein Mittagessen bekommen? Ich weiß ja, daß niemand daran denkt. Er würde es nicht vergessen haben. Man muß Serjosha ins Eckzimmer umquartieren und Mariette bitten, auch dort zu schlafen.«

Plötzlich schrak sie zusammen, verstummte und hielt, gleichsam einen Schlag gewärtigend, die Hände wie zum Schutz vor das Gesicht. Sie hatte ihren Mann erblickt.

»Nein, nein«, begann sie wieder, »ich fürchte ihn nicht, ich fürchte den Tod. Komm hierher, Alexej! Ich muß mich beeilen, weil ich keine Zeit habe, weil ich nicht mehr lange zu leben habe; gleich wird das Fieber wiederkommen, und dann verstehe ich nichts. Jetzt ist mein Kopf klar, ich verstehe und sehe jetzt alles.«

Das zerfurchte Gesicht Alexej Alexandrowitschs nahm einen leidenden Ausdruck an. Er ergriff ihre Hand und wollte etwas sagen, aber er brachte kein Wort über die Lippen. Sein Unterkiefer zitterte, doch er kämpfte immer noch gegen seine Aufregung an und blickte ihr nur von Zeit zu Zeit ins Gesicht. Und jedesmal, wenn er sie ansah, blieb sein Blick an ihren Augen haften, aus denen ihm eine so glückselige und innige Zärtlichkeit entgegenstrahlte, wie er sie noch nie erlebt hatte.

»Höre zu, du weißt nicht ... Einen Augenblick, einen Augenblick...«, rief sie und brach ab, als wollte sie ihre Gedanken sammeln. »Ja«, begann sie wieder, »ja, ja, das war es, was ich sagen wollte. Du mußt dich über mich nicht wundern. Ich bin immer noch dieselbe... Aber in mir verbirgt sich eine andere, vor der habe ich Angst; sie hat jenen andern liebgewonnen, und ich zwang mich, dich zu hassen, und konnte doch nicht vergessen, wie ich früher gewesen bin. Die andere, das bin ich nicht. Jetzt bin ich wieder, was ich wirklich bin. Ich muß jetzt sterben, das weiß ich, du kannst ihn fragen. Auch in diesem Augenblick spüre ich sie, diese schweren Gewichte an den Händen, an den Füßen und Fingern. Sieh nur, wie riesenlang meine Finger sind! Doch das wird bald alles zu Ende sein... Nur einen Wunsch habe ich noch: du mußt mir verzeihen, alles verzeihen! Ich bin sehr, sehr schlecht; aber meine Kinderfrau hat mir einmal von jener heiligen Märtyrerin erzählt – wie hieß sie doch? –, die ist noch schlechter gewesen. Ich werde nach Rom fahren, dort gibt es eine Einsiedelei, dann werde ich niemand mehr im Wege stehen; nur Serjosha und die Kleine werde ich mitnehmen... Nein, du kannst mir nicht verzeihen! Ich weiß, daß man so etwas nicht verzeihen kann! Nein, nein, gehe nur, du bist zu gut!« Mit der einen ihrer glühenden Hände hielt sie seine Hand fest, mit der anderen stieß sie ihn von sich.

Die seelische Verwirrung Alexej Alexandrowitschs, die sich immer mehr gesteigert hatte, erreichte jetzt einen solchen Grad, daß er den Versuch aufgab, weiter gegen sie anzukämpfen. Er fühlte plötzlich, daß das, was er für seelische Verwirrung gehalten hatte, vielmehr ein beseligender Seelenzustand war, der ihm ein neues, noch nie empfundenes Glück eröffnete. Daß die Gebote der Christenliebe, die er sich zur Richtschnur für sein ganzes Leben genommen hatte, es ihm zur Pflicht machten, seine Feinde zu lieben und ihnen zu verzeihen, daran dachte er nicht; aber das beglückende Gefühl, zu verzeihen und Böses durch Liebe zu vergelten, erfüllte seine Seele. Er kniete nieder, legte den Kopf auf die Biegung ihres Armes, dessen Hitze er durch den Jackenärmel spürte, und schluchzte wie ein Kind. Sie umarmte seinen Kopf, auf dem sich das Haar schon lichtete, rückte näher zu ihm und schlug triumphierend die Augen auf.

»Ja, so ist er, ich habe es gewußt! Jetzt lebt wohl, lebt alle wohl! ... Da kommen sie schon wieder, warum gehen sie nicht weg? ... Nehmt mir doch alle diese Pelze ab!«

Der Arzt löste ihre Arme, bettete die Kranke behutsam in die Kissen und bedeckte sie bis zu den Schultern. Sie blieb gehorsam auf dem Rücken liegen und blickte mit leuchtenden Augen vor sich hin.

»Glaube es mir, ich wollte nur deine Verzeihung haben, weiter brauche ich nichts ... Warum kommt *er* denn nicht?« sagte sie und wandte sich durch die Tür an Wronski: »Komm, komm her! Reiche mir die Hand!«

Wronski trat an das Fußende des Bettes heran und bedeckte, als er Anna erblickte, sein Gesicht wieder mit den Händen.

»Nimm die Hände vom Gesicht, und sieh ihn an! Er ist ein Heiliger«, sagte sie. »So nimm doch die Hände weg!« fuhr sie böse fort. »Alexej Alexandrowitsch, nimm ihm die Hände vom Gesicht! Ich will ihn sehen.«

Alexej Alexandrowitsch nahm Wronskis Hände und zog sie von dem Gesicht weg, das infolge des Leids und der Scham, die sich in ihm ausdrückten, einen entsetzlichen Anblick darbot.

»Reiche ihm die Hand! Vergib ihm.«

Alexej Alexandrowitsch reichte Wronski die Hand und vermochte nicht, die Tränen zurückzuhalten, die ihm aus den Augen strömten.

»Gott sei Dank! Gott sei Dank, jetzt ist alles geschafft«, fuhr Anna fort. »Nur die Füße möchte ich noch ein wenig ausstrecken. Ja, so ist es schön ... Wie geschmacklos sind diese Blumen, sie sehen gar nicht wie Veilchen aus«, sagte sie und zeigte auf die Tapete. »Mein Gott, o mein Gott! Wann wird dies ein Ende haben? Gebt mir Morphium! Doktor, geben Sie mir doch Morphium! O mein Gott, mein Gott!«

Und sie warf sich von einer Seite auf die andere.

Die Ärzte hatten übereinstimmend Kindbettfieber festgestellt, das in neunundneunzig von hundert Fällen mit dem Tode endete. Das Fieber hielt den ganzen Tag an, und die

Wöchnerin war meist ohne Besinnung und phantasierte. Um Mitternacht war völlige Bewußtlosigkeit eingetreten, und der Puls war kaum noch tätig.

Man erwartete von Minute zu Minute das Ende.

Wronski, der nach Hause gefahren war, kam am nächsten Morgen wieder, um sich zu erkundigen, wie es stehe, und traf im Vorzimmer mit Alexej Alexandrowitsch zusammen.

»Bleiben Sie hier, sie könnte nach Ihnen verlangen«, sagte Alexej Alexandrowitsch und führte ihn selbst in das Zimmer seiner Frau.

Gegen Morgen geriet die Kranke wieder in Aufregung; aufs neue begann dieses überstürzte, von einem Gedanken zum anderen überspringende Sprechen, bis zum Schluß abermals Bewußtlosigkeit eintrat. Am dritten Tag wiederholte sich das gleiche, und die Ärzte erklärten, daß der Zustand jetzt nicht ganz hoffnungslos sei. An diesem Tag begab sich Alexej Alexandrowitsch in das Zimmer, in dem sich Wronski aufhielt, schloß die Tür ab und nahm ihm gegenüber Platz.

»Alexej Alexandrowitsch«, sagte Wronski, der fühlte, daß der Augenblick der Aussprache gekommen war, »ich bin nicht fähig zu sprechen, nicht fähig, einen Gedanken zu fassen. Üben Sie Nachsicht mit mir! Sosehr Sie auch leiden, glauben Sie mir, ich leide noch entsetzlicher.«

Er wollte aufstehen. Doch Alexej Alexandrowitsch hielt ihn am Arm zurück und sagte: »Ich bitte Sie, mich anzuhören, es ist notwendig. Ich muß Ihnen die Gefühle erklären, von denen ich mich leiten ließ und auch künftig leiten lassen werde, damit Sie sich von mir keine irrige Vorstellung machen. Sie wissen, daß ich mich zur Scheidung entschlossen hatte und sogar schon die ersten Schritte dazu unternommen habe. Ich will Ihnen nicht verhehlen, daß mir dieser Entschluß nicht leichtgefallen ist, daß ich mit mir gekämpft habe; ich bekenne, daß mich der Gedanke verfolgte, an Ihnen und an ihr Rache zu üben. Als ich das Telegramm bekam, trat ich meine Reise hierher mit den gleichen Gefühlen an, ja noch mehr: ich wünschte mir ihren Tod. Doch dann...« Er zauderte und überlegte, ob er ihm Einblick in alle ihn bewegenden Gefühle geben sollte oder nicht. »Doch dann sah ich sie vor mir und verzieh ihr. Und das Glück des Verzeihens hat mir meine Pflicht offenbart. Ich habe uneingeschränkt verziehen. Ich bin bereit, den anderen Backen darzubieten, bin bereit, auch den Rock nicht zu wehren, wenn mir der Mantel genommen ist, und flehe nur zu Gott, daß er mir nicht das Glück des Verzeihens nehmen möge!« Seine Augen füllten sich mit Tränen und frappierten Wronski durch ihren lichten, ruhigen Ausdruck. »So steht es mit mir«, fuhr er fort. »Sie können mich in den Schmutz ziehen, mich zum Gespött der Welt machen – ich würde sie dennoch nicht verlassen und Ihnen kein Wort des Vorwurfs sagen. Meine Pflicht ist mir klar vorgezeichnet: ich muß an ihrer Seite bleiben und werde es auch... Wenn sie den Wunsch äußern sollte, Sie zu sprechen, werde ich Sie benachrichtigen; inzwischen aber ist es, glaube ich, am besten, wenn Sie sich entfernen.«

Er brach schluchzend ab und stand auf. Wronski erhob sich ebenfalls, blieb jedoch in gebeugter Stellung stehen und blickte mit gesenktem Kopf zu ihm auf. Die Gemütsverfassung Alexej Alexandrowitschs begriff er nicht; aber er fühlte, daß er es hier mit erhabenen Gedanken zu tun hatte, die sein Begriffsvermögen überstiegen.

18

Nach dem Gespräch mit Alexej Alexandrowitsch verließ Wronski das Kareninsche Haus und blieb vor der Haustür stehen; er konnte sich nicht gleich zurechtfinden, wo er war und wohin er gehen oder fahren sollte. Er fühlte sich schuldig, beschämt und gedemütigt und sah keine Möglichkeit, sich von seiner Schmach zu befreien. Er fühlte sich aus jenem Geleise geworfen, auf dem er bis jetzt so unbeschwert und stolz einhergeschritten war. Alles, was bisher scheinbar so unumstößlich festgestanden hatte, seine Gepflogenheiten und Lebensregeln hatten sich plötzlich als irrig und unbrauchbar erwiesen. Der hintergangene Ehemann, in dem er bisher ein armseliges Geschöpf, ein zufälliges und ein wenig lächerlich wirkendes Hindernis seines Glücks gesehen hatte, war plötzlich von ihr selbst gerufen und zu einer majestätischen Höhe erhoben worden, und auf dieser Höhe hatte er sich nicht als boshafter, hinterhältiger und lächerlicher, sondern als gütiger, gerader und großmütiger Mensch gezeigt. Dieser Tatsache konnte sich Wronski nicht verschließen. Die Rollen waren plötzlich vertauscht. Er erkannte die Größe und den Gerechtigkeitssinn des anderen und wurde sich der eigenen Niedrigkeit und seines Unrechts bewußt. Er fühlte, daß der andere auch im Schmerz großmütig war, während er sich mit seinem Betrug kleinlich und unwürdig benommen hatte. Und dennoch machte die Erkenntnis seiner Niedrigkeit und Schuld vor dem Manne, auf den er zu Unrecht von oben herabgesehen hatte, nur einen geringen Teil seines Unglücks aus. Unsagbar unglücklich fühlte er sich vor allem deshalb, weil seine leidenschaftliche Liebe zu Anna, die, so war es ihm erschienen, sich in letzter Zeit abgekühlt hatte, jetzt, wo er sie für immer verloren wußte, heftiger aufloderte als je zuvor. Er hatte während ihrer Krankheit ihr ganzes Wesen, ihre ganze Seele kennengelernt, und ihm schien, er habe sie bis jetzt nie wahrhaft geliebt. Und nun, nachdem er sie ganz erkannt hatte und von einer echten Liebe erfüllt war, stand er erniedrigt vor ihr, mußte er sie für immer aufgeben und würde in ihrem Herzen nichts weiter als eine bedrückende Erinnerung hinterlassen. Am meisten quälte ihn der Gedanke an jene lächerliche, beschämende Situation, in der er sich befunden hatte, als Alexej Alexandrowitsch ihm die Hände von seinem schuldbewußten Gesicht weggezogen hatte. Er stand wie verloren auf der Freitreppe des Kareninschen Hauses und wußte nicht, was er tun sollte.

»Wünschen Sie eine Droschke?« fragte ihn der Portier.

»Ja, eine Droschke.«

Nach Hause zurückgekehrt, warf sich Wronski, ohne sich auszukleiden, mit dem Gesicht nach unten auf den Diwan, verschränkte die Arme und legte den Kopf darauf. Nach drei schlaflos verbrachten Nächten war sein Kopf schwer. Alle möglichen seltsamen Bilder, Erinnerungen und Gedanken tauchten in rasend schneller Folge und Klarheit vor ihm auf und lösten einander ab; bald war er es selbst, wie er die Arznei verschüttete, die er der Kranken auf einem Löffel reichen wollte, bald waren es die weißen Hände der Hebamme oder Alexej Alexandrowitsch, den er in einer sonderbaren Stellung auf dem Fußboden vor Annas Bett sah.

Einschlafen! Vergessen! sagte er zu sich mit der ruhigen Selbstsicherheit eines gesunden Menschen, der nicht daran zweifelt, daß er, wenn er müde ist und schlafen will, auch gleich einschlafen wird. Und in der Tat, im selben Augenblick verwirrte sich alles in seinem Kopf, und er versank in den Abgrund des Vergessens. Schon schlugen über ihm die Meereswogen unbewußten Lebens zusammen, als er plötzlich das Gefühl hatte, in seinem Innern habe sich eine ungeheure elektrische Spannung entladen; er zuckte so heftig zusammen, daß er mit dem ganzen Körper auf den Sprungfedern des Diwans emporschnellte und, sich auf die Arme stützend, auf die Knie sprang. Seine Augen waren weit geöffnet, als wäre er noch nicht am Einschlafen gewesen. Die Schwere im Kopf und die Mattheit der Glieder, die er noch vor wenigen Augenblicken empfunden hatte, waren plötzlich verschwunden.

»Sie können mich in den Schmutz ziehen«, hörte er Alexej Alexandrowitsch sagen, und er sah ihn vor sich; er sah auch die fieberhaft geröteten Wangen und glänzenden Augen Annas, die zärtlich und liebevoll nicht zu ihm, sondern zu Alexej Alexandrowitsch aufblickten; er sah seine eigene Gestalt, die einen so dummen, lächerlichen Eindruck machte, als Alexej Alexandrowitsch ihm die Hände vom Gesicht zog. Er streckte die Beine wieder aus, warf sich in der früheren Stellung auf den Diwan zurück und schloß die Augen.

»Einschlafen! Einschlafen!« wiederholte er. Doch mit geschlossenen Augen sah er das Gesicht Annas noch deutlicher, sah er es so, wie er es von jenem denkwürdigen Abend vor dem Rennen in Erinnerung hatte.

»Das gibt es nicht mehr und wird es nie wieder geben, und sie will es aus ihrem Gedächtnis löschen. Ich aber kann ohne sie nicht leben. Wie können wir uns wieder versöhnen? Wie können wir uns nur versöhnen?« sagte er laut und wiederholte diesen Satz immer wieder. Dieses stete Wiederholen der gleichen Worte unterdrückte neue Bilder und Erinnerungen, die sich, wie er fühlte, in seinem Kopfe drängten. Für lange war jedoch die Arbeit seiner Phantasie auf diese Weise nicht aufzuhalten. Aufs neue erstanden vor ihm in schneller Folge die beglückendsten Augenblicke seiner Liebe und zugleich mit ihnen auch das Bild der soeben erduldeten Schmach. »Nimm die Hände weg!« hört er Annas Stimme sagen. Er nimmt die Hände weg und fühlt, mit welch beschämtem, dummem Gesicht er dasteht.

Er versuchte immer noch einzuschlafen, obwohl hierzu nicht die geringste Hoffnung bestand, und flüsterte immer wieder ihm zufällig durch den Sinn gehende Worte vor sich hin, um dadurch das Entstehen neuer Phantasiebilder zu verhindern. Er horchte und vernahm die stammelnd, gleichsam von einem Irren wiederholten Worte: »Nicht zu schätzen, nicht zu nutzen gewußt habe ich es! Nicht zu schätzen, nicht zu nutzen gewußt habe ich es!«

Was geht mit mir vor? Verliere ich den Verstand? fragte er sich. Das ist gut möglich. Manch einer verliert ja in einer solchen Lage den Verstand, manch einer nimmt sich das Leben, gab er sich selbst zur Antwort und nahm, als er dabei die Augen aufschlug, neben seinem Kopf mit Erstaunen das Sofakissen wahr, das Warja, die Frau seines Bruders, einst für ihn gearbeitet hatte. Er berührte die Quaste des Kissens und versuchte, sich Warja und das letzte Beisammensein mit ihr in Erinnerung zu rufen. Doch er brachte es nicht fertig, an irgendwelche nebensächlichen Dinge zu denken. Nein, ich muß einschlafen! Er zog das Kissen an sich und preßte den Kopf darauf, aber es wollte ihm trotz aller Anstrengung nicht gelingen, die Augen geschlossen zu halten. Er sprang auf und setzte sich aufrecht hin. Das ist für mich vorbei, sagte er sich. Ich muß überlegen, was jetzt zu tun ist. Was ist mir geblieben? In schnellem Gedankenflug ließ er alles Revue passieren, was in seinem Leben außer der Liebe zu Anna eine Rolle gespielt hatte.

Sein Ehrgeiz? Serpuchowskoi? Gesellschaftliche Stellung? Beziehungen zum Hof? Nichts von alledem reizte ihn. All das hatte früher einmal Bedeutung gehabt, jetzt aber war es bedeutungslos geworden. Er stand vom Diwan auf, zog den Rock aus, lockerte den Leibriemen, machte, um leichter atmen zu können, seine behaarte Brust frei und begann im Zimmer auf und ab zu gehen. So verliert man den Verstand, sagte er sich wieder, und so nimmt man sich das Leben... um der Schmach zu entgehen, fügte er in Gedanken langsam hinzu.

Er ging zur Tür und schloß sie. Hierauf trat er mit konzentriertem Blick und fest zusammengepreßten Zähnen an den Tisch, nahm seinen Revolver in die Hand, prüfte die Ladung, drehte den Lauf um und versank in Gedanken. Etwa zwei Minuten blieb er mit gesenktem Kopf und gespanntem Gesichtsausdruck mit dem Revolver in der Hand bewegungslos stehen und dachte nach. Selbstverständlich, sagte er zu sich, als sei er durch einen logischen, langwierigen und klaren Gedankengang zu einem unumstößlichen Schluß gekommen. In Wirklichkeit indessen war dieses »Selbstverständlich«, mit dem er sich zu überzeugen suchte, lediglich die Folge einer nochmaligen Durchwanderung jenes verzauberten Kreises von Erinnerungen und Vorstellungen, die er sich im Laufe dieser Stunde schon ein dutzendmal hatte durch den Kopf gehen lassen. Es waren dieselben Erinnerungen an ein für immer verlorenes Glück, dieselben Vorstellungen von der Sinnlosigkeit alles dessen, was ihm das Leben noch geben konnte, dasselbe Empfinden seiner Demütigung. Es waren dieselben Vorstellungen und Gefühle, an denen sich nichts deuteln ließ.

Selbstverständlich, wiederholte er, während sich seine Gedanken zum drittenmal in dem verzauberten Kreis von Erinnerungen und Vorstellungen drehten und er sich gleichzeitig die Mündung des Revolvers auf die linke Brustseite setzte, wobei er mit der ganzen Hand eine heftige Bewegung ausführte, als wollte er sie plötzlich zur Faust ballen, und den Hahn abdrückte. Den Knall des Schusses hörte er nicht, aber ein starker Schlag gegen die Brust warf ihn zu Boden.

Er wollte sich an der Tischkante festhalten, ließ dabei den Revolver fallen, taumelte, setzte sich auf den Fußboden und blickte verwundert um sich. Er erkannte sein Zimmer nicht wieder, als sein Blick vom Boden aus auf die geschwungenen Beine des Tisches, auf den Papierkorb und das Tigerfell fiel. Die knarrenden Stiefel seines Dieners, der mit schnellen Schritten durch den Salon kam, brachten ihn zur Besinnung. Unter Anspannung seiner ganzen Willenskraft begriff er, daß er auf dem Boden saß, und als er das Blut auf dem Tigerfell und an seiner Hand bemerkte, wurde es ihm auch klar, daß er auf sich geschossen hatte.

»Wie dumm! Ein Fehlschuß!« murmelte er, während er den Fußboden nach dem Revolver abtastete. Der Revolver lag dicht neben ihm, aber er suchte ihn weiter weg. Als er sich, immer noch suchend, auf die andere Seite umwenden wollte, verlor er das Gleichgewicht und sank blutüberströmt zusammen.

Der Diener, ein flotter Bursche mit Backenbart, der im Gespräch mit Bekannten oft über seine schwachen Nerven klagte, bekam angesichts seines am Boden liegenden Herrn einen solchen Schreck, daß er ihn in seinem Blute liegenließ und weglief, um Hilfe zu holen. Nach Verlauf einer Stunde erschien Warja, die Frau des Bruders von Wronski, und mit Hilfe dreier Ärzte, nach denen sie in alle Himmelsrichtungen geschickt hatte und die nun gleichzeitig eintrafen, wurde der Verwundete zu Bett gebracht; Warja selbst blieb bei ihm, um ihn zu pflegen.

19

Als sich Alexej Alexandrowitsch zu dem Wiedersehen mit seiner Frau entschlossen hatte, war ihm insofern ein Fehler unterlaufen, als er nicht die Möglichkeit in Betracht gezogen hatte, daß sie, nachdem sie aufrichtig bereut und er ihr verziehen haben würde, am Leben bleiben könnte, und diesen Fehler erkannte er nun, zwei Monate nach seiner Rückkehr aus Moskau, in seiner ganzen Auswirkung. Der von ihm begangene Fehler war allerdings nicht einzig darauf zurückzuführen, daß er jene Möglichkeit nicht bedacht hatte, sondern rührte auch daher, daß er bis zum Wiedersehen mit seiner todkranken Frau sein eigenes Herz nicht gekannt hatte. Am Krankenbett seiner Frau hatte er sich erstmalig mit ganzem Herzen jenem Gefühl der Rührung und des Mitleids hingegeben, das ihn angesichts der Leiden anderer Menschen zu überkommen pflegte und dessen er sich bis dahin wie einer unliebsamen Schwäche geschämt hatte. Das Mitleid mit ihr, das Schuldbewußtsein, ihren Tod gewünscht zu haben, und vor allem die Freude am Verzeihen selbst hatten in ihm nicht nur eine plötzliche Linderung seiner Herzensnöte, sondern auch eine seelische Ruhe hervorgerufen, wie er sie nie zuvor empfunden hatte. Er fühlte auf einmal, daß alles, was er für die Quelle seiner Leiden gehalten hatte, für ihn zur Quelle eines Labsals der Seele geworden war und daß sich alles, was ihm unlösbar erschienen war, solange er gerichtet, verurteilt und gehaßt hatte, als ganz einfach und klar erwies, sobald er sich von Liebe und dem Wunsch, zu verzeihen, leiten ließ.

Er hatte seiner Frau verziehen und bemitleidete sie wegen ihrer Schmerzen und der Vorwürfe, die sie sich selbst machte. Er hatte auch Wronski verziehen und bedauerte ihn um so mehr, als ihm Gerüchte über dessen Verzweiflungstat zu Ohren gekommen waren. Auch mit seinem Sohn empfand er jetzt größeres Mitleid als bisher und warf sich vor, zuwenig Interesse für ihn aufgebracht zu haben. Für das neugeborene Mädchen indessen empfand er etwas ganz Eigenartiges, nicht nur Mitleid, sondern auch Zärtlichkeit. Zunächst hatte ihn nur Mitleid bewogen, sich um das hilflose kleine Wesen zu kümmern, das nicht sein Kind war und während der Krankheit der Mutter wahrscheinlich aus Mangel an Pflege gestorben wäre, wenn er sich seiner nicht angenommen hätte – und er hatte selbst nicht bemerkt, wie sehr ihm das kleine Ding ans Herz gewachsen war. Er kam mehrmals täglich ins Kinderzimmer und hielt sich dort längere Zeit auf, so daß sich die Amme und die Kinderfrau, die zuerst in seiner Anwesenheit befangen gewesen waren, schon an ihn gewöhnt hatten. Mitunter betrachtete er schweigend eine halbe Stunde lang das rosiggelbliche, faltige Gesichtchen des schlafenden Kindes und beobachtete, wie sich die Stirn runzelte und wie sich die Kleine mit dem Rücken der rundlichen Fäustchen die Äuglein und das Näschen rieb. Namentlich in solchen Augenblicken fühlte sich Alexej Alexandrowitsch innerlich vollkommen ruhig und zufrieden, und er sah dann in seiner Lage nichts Ungewöhnliches, nichts Unnatürliches, das ihn zu einer Änderung genötigt hätte.

Doch je weiter die Zeit fortschritt, um so deutlicher erkannte er, daß, so natürlich ihm jetzt die Lage auch schien, es ihm nicht vergönnt sein werde, alles beim alten zu lassen. Er ahnte, daß es außer jener sanften, geistigen Kraft, die seine Seele jetzt erfüllte, noch eine andere, eine rohe und ebenso mächtige oder noch mächtigere Kraft gab, die für sein Leben bestimmend war und ihm nicht die beschauliche Ruhe lassen werde, nach der er sich sehnte. Er fühlte, daß man ihn allerseits mit Befremden und Erstaunen anblickte, daß man sein Verhalten nicht verstand und irgendwelche Schritte von ihm erwartete. Insbesondere empfand er das Verhältnis zu seiner Frau als unnatürlich und unhaltbar.

Als sich jene weiche Stimmung, die die Nähe des Todes in Anna hervorgerufen hatte, immer mehr verflüchtigte, bemerkte Alexej Alexandrowitsch, daß seine Frau ihn fürchtete, daß sie sich durch ihn bedrückt fühlte und ihm nicht unbefangen in die Augen sehen konnte. Es schien immer, als ob sie ihm etwas sagen wollte, wozu sie sich nicht aufraffen konnte, und daß auch sie das Unhaltbare ihrer Beziehungen fühlte und irgend etwas von ihm erwartete.

Ende Februar war Annas neugeborenes Töchterchen, das ebenfalls den Namen Anna erhalten hatte, plötzlich erkrankt. Alexej Alexandrowitsch hatte sich morgens ins Kinderzimmer begeben und war, nachdem er Anweisung gegeben hatte, einen Arzt zu rufen, ins Ministerium gefahren. Nach Erledigung seiner Obliegenheiten kehrte er gegen vier Uhr nachmittags nach Hause zurück. Im Vorzimmer traf er einen

Lakaien in schmucker Livree mit einer Pelerine aus Bärenfell, der einen weißen Damenpelz aus amerikanischem Hundefell über dem Arm hielt.

»Mit wem sind Sie gekommen?« fragte Alexej Alexandrowitsch.

»Mit der Fürstin Jelisaweta Fjodorowna Twerskaja«, antwortete der Lakai, wie Alexej Alexandrowitsch zu bemerken glaubte, mit einem verhaltenen Lächeln.

Während dieser ganzen schweren Zeit hatte Alexej Alexandrowitsch die Beobachtung gemacht, daß alle, mit denen er gesellschaftlich verkehrte, und namentlich die Frauen, einen überaus regen Anteil an seinem und seiner Frau Ergehen nahmen. Alle seine Bekannten schienen aus irgendeinem Grunde von einer nur mit Mühe unterdrückten Freude ergriffen, von einer ähnlichen Freude, wie er sie in den Augen des Rechtsanwalts und eben jetzt in den Augen des Lakaien wahrgenommen hatte. Alle waren so freudig erregt, als hätten sie ein jungvermähltes Paar zu beglückwünschen. Jeder, der ihm begegnete, erkundigte sich mit unverkennbarer Freude nach Annas Befinden.

Eine Begegnung mit der Fürstin Twerskaja war Alexej Alexandrowitsch, in Anbetracht der mit ihr verknüpften Erinnerungen und weil er sie ohnehin nicht leiden konnte, unerwünscht, und er begab sich daher direkt zu den Kindern. Serjosha, der im ersten Kinderzimmer auf einem Stuhl kniete und die Brust gegen den Tisch preßte, zeichnete irgend etwas und begleitete sein Tun mit einem fröhlichen Gemurmel. Die Engländerin, die während Annas Krankheit die Französin abgelöst hatte und mit einer kunstvollen Häkelarbeit neben dem Knaben saß, stand eilig auf, knickste und gab Serjosha einen leichten Stoß.

Alexej Alexandrowitsch strich seinem Sohn mit der Hand übers Haar, beantwortete die Frage der Gouvernante nach dem Befinden seiner Frau und fragte, was der Arzt bei dem Baby festgestellt habe.

»Der Arzt sagt, daß es nichts Gefährliches sei; er hat Wannenbäder verordnet, gnädiger Herr.«

»Aber ihr muß doch etwas fehlen«, meinte Alexej Alexandrowitsch, als er die Kleine im Nebenzimmer wieder schreien hörte.

»Ich glaube, daß die Amme nichts taugt, gnädiger Herr«, sagte die Engländerin entschieden.

»Warum meinen Sie das?« fragte Alexej Alexandrowitsch und blieb vor ihr stehen.

»Bei der Gräfin Pohl war es ebenso, gnädiger Herr. Dem Kinde wurden Medikamente eingegeben, bis sich schließlich herausstellte, daß es einfach hungrig war: die Amme hatte nicht genug Milch, gnädiger Herr.«

Alexej Alexandrowitsch besann sich einige Augenblicke und ging dann ins Nebenzimmer. Die Kleine, die mit zurückgeworfenem Köpfchen und sich krümmend in den Armen der Amme lag, nahm die ihr hingehaltene volle Brust nicht und hörte nicht auf zu schreien, obwohl die Amme und die Kinderfrau, die danebenstand und sich über sie beugte, ihr gut zuredeten und sie zu beruhigen suchten.

»Noch keine Besserung?« fragte Alexej Alexandrowitsch.

»Sie ist sehr unruhig«, antwortete die Kinderfrau flüsternd.

»Miß Edward meint, daß die Amme vielleicht nicht genug Milch hat.«

»Das ist auch meine Meinung, Alexej Alexandrowitsch.«

»Ja, warum sagen Sie denn kein Wort?«

»Wem soll man es denn sagen? Anna Arkadjewna ist ja immer noch krank«, antwortete die Kinderfrau gereizt.

Die Kinderfrau war schon lange im Hause. Auch aus ihren einfachen Worten glaubte Alexej Alexandrowitsch eine Anspielung auf seine Lage herauszuhören.

Die Kleine schrie immer heftiger, wurde heiser und krümmte sich. Die Kinderfrau wußte sich nicht zu helfen; sie nahm der Amme das Baby ab und begann es, auf und ab gehend, in ihren Armen zu schaukeln.

»Man muß den Arzt bitten, die Amme zu untersuchen«, entschied Alexej Alexandrowitsch.

Die dem Aussehen nach gesunde, adrett gekleidete Amme hörte mit Besorgnis, daß ihr möglicherweise eine Entlassung drohe, und murmelte etwas vor sich hin; und als sie nun ihre üppige Brust verbarg, lächelte sie verächtlich, weil man ihre Tauglichkeit als Amme zu bezweifeln wagte. Alexej Alexandrowitsch aber glaubte auch in diesem Lächeln eine Bespöttelung seiner Lage zu erkennen.

»Das arme Ding!« sagte die Kinderfrau, die immer noch auf und ab ging und das Kindchen zu besänftigen suchte.

Alexej Alexandrowitsch setzte sich auf einen Stuhl und verfolgte mit leidender, bedrückter Miene die im Zimmer umhergehende Kinderfrau.

Als das Baby endlich zur Ruhe gekommen war und die Kinderfrau, nachdem sie das Kissen zurechtgerückt und das Kind in sein Bettchen gelegt hatte, zurücktrat, stand Alexej Alexandrowitsch auf und ging auf Zehenspitzen vorsichtig an das Bett heran. Er blieb einige Augenblicke schweigend stehen und betrachtete mit immer noch bedrückter Miene das Baby; doch plötzlich verzog sich die Haut über seiner Stirn, ein Lächeln erschien auf seinem Gesicht, und er verließ, wieder auf Zehenspitzen gehend, das Zimmer.

Im Speisezimmer klingelte er und gab dem hierauf erschienenen Diener Anweisung, daß nochmals nach dem Arzt geschickt werden solle. Er ärgerte sich über seine Frau, weil sie sich sowenig um dieses reizende Kindchen kümmerte, und war nicht aufgelegt, in dieser mißmutigen Stimmung zu ihr zu gehen; auch wollte er ein Zusammentreffen mit der Fürstin Betsy vermeiden. Doch als er sich dann sagte, daß es Anna befremden könne, wenn er entgegen seiner Gewohnheit nicht zu ihr käme, beschloß er, seinen Ärger zu unterdrücken und sie doch aufzusuchen. Als er auf dem weichen Teppich bis vor die Tür des Schlafzimmers gekommen war, hörte er ungewollt ein Gespräch mit an, das er lieber nicht gehört hätte.

»Wenn er nicht wegführe, könnte ich Ihre und ebenso auch seine Weigerung verstehen. Ihr Mann jedenfalls müßte hierin großzügig sein«, hörte Alexej Alexandrowitsch Betsy sagen.

»Ich will es nicht um meines Mannes willen, sondern meinetwegen vermeiden. Sprechen wir nicht weiter darüber!« antwortete Anna erregt.

»Aber Sie können doch unmöglich den Wunsch haben,

sich ohne Abschied von einem Menschen zu trennen, der sich Ihretwegen das Leben nehmen wollte...«

»Gerade deswegen bin ich gegen ein Wiedersehen.«

Alexej Alexandrowitsch war erschrocken und schuldbewußt stehengeblieben und wollte sich unbemerkt zurückziehen. Doch als er sich dann überlegte, daß dies seiner unwürdig wäre, kehrte er wieder um, hüstelte und ging an die Tür zurück. Das Gespräch brach ab, und er trat ins Schlafzimmer ein.

Anna, deren kurzgeschnittenes Haar in dichten schwarzen Büscheln vom Kopf abstand, saß in einem grauen Morgenrock auf dem Ruhebett. Wie immer, wenn sie ihres Mannes ansichtig wurde, war das lebhafte Mienenspiel plötzlich aus ihrem Gesicht verschwunden; sie ließ den Kopf sinken und blickte unruhig zu Betsy. Betsy, in einem blaugrauen Kleid nach der allerletzten Mode, dessen schräge Streifen oben nach der einen Seite und unten nach der anderen Seite verarbeitet waren, und mit einem Hut, der sich gleichsam schwebend wie der Schirm einer Hängelampe über ihrem Kopf ausbreitete, saß mit ihrer hohen, schmalen Figur steif aufgerichtet neben Anna und blickte, den Kopf leicht auf die Seite gelegt, Alexej Alexandrowitsch mit einem spöttischen Lächeln entgegen.

»Ah!« sagte sie, scheinbar überrascht. »Ich freue mich sehr, Sie zu Hause anzutreffen. Sie lassen sich ja nirgends blicken, und ich habe Sie seit Annas Erkrankung nicht mehr zu Gesicht bekommen. Ich bin über alles unterrichtet – über ihren ganzen Kummer. Ja, Sie sind ein bewunderungswürdiger Mann«, sagte sie und sah ihn dabei so vielsagend und wohlwollend an, als verleihe sie ihm einen Orden für Hochherzigkeit wegen seines Verhaltens zu seiner Frau.

Alexej Alexandrowitsch begrüßte sie durch eine kühle Verbeugung und erkundigte sich bei seiner Frau, der er die Hand küßte, nach ihrem Befinden.

»Ich glaube, es geht mir besser«, antwortete sie, seinem Blick ausweichend.

»Ihr Gesicht scheint mir aber fiebrig«, sagte er mit Betonung des Wortes »fiebrig«.

»Wir haben uns wohl zu angeregt unterhalten«, bemerkte Betsy. »Ich sehe ein, daß das von mir egoistisch war, und will mich nun schleunigst zurückziehen.«

Sie stand auf; aber Anna, die plötzlich rot geworden war, griff hastig nach ihrer Hand.

»Ach nein, bleiben Sie doch noch! Ich muß Ihnen sagen... vielmehr Ihnen«, wandte sie sich an Alexej Alexandrowitsch, indes eine tiefe Röte ihren Hals und ihre Stirn bedeckte. »Ich will und kann Ihnen nichts verbergen«, sagte sie zu ihm.

Alexej Alexandrowitsch knackte mit den Fingern und senkte den Kopf.

»Betsy sagte mir, daß Graf Wronski den Wunsch habe, uns vor seiner Abreise nach Taschkent einen Abschiedsbesuch zu machen«, fuhr sie fort, ohne ihren Mann anzusehen und offenbar bemüht, möglichst schnell alles auszusprechen, was ihr Herz bedrückte. »Ich habe ihr erklärt, es sei mir nicht möglich, ihn zu empfangen.«

»Sie sagten, meine Liebste, daß dies von Alexej Alexandrowitsch abhängen würde«, berichtigte sie Betsy.

»Nein, ich kann ihn nicht empfangen, und es hätte ja auch keinen...« Sie brach plötzlich ab und sah fragend auf ihren Mann, der jedoch nicht aufblickte. »Mit einem Wort, ich will nicht...«

Alexej Alexandrowitsch trat näher an sie heran und schickte sich an, ihre Hand zu ergreifen.

In einer ersten Aufwallung zog sie ihre Hand vor der feuchten, mit dicken Adern durchzogenen Hand ihres Mannes zurück; doch dann faßte sie sich und drückte mit sichtlicher Überwindung seine ihr dargebotene Hand.

»Ich bin Ihnen für Ihr Vertrauen sehr dankbar, aber...« Er brach verwirrt und mißmutig ab, weil er fühlte, daß er das, was er allein für sich leicht und klar zu entscheiden vermochte, nicht in Gegenwart der Fürstin Twerskaja erörtern konnte, in der er eine Verkörperung jener rohen Kraft sah, von der sein Ansehen in der Welt abhing und die ihn daran hinderte, seinem Gefühl zu folgen, das von Liebe und dem Wunsch, zu verzeihen, erfüllt war. Er hielt inne und blickte auf die Fürstin Twerskaja.

»Nun, leben Sie wohl, Liebste!« sagte Betsy und stand auf. Sie küßte Anna und ging hinaus. Alexej Alexandrowitsch begleitete sie.

»Alexej Alexandrowitsch! Ich kenne Sie als einen wahrhaft großherzigen Menschen«, sagte Betsy, die im kleinen Salon stehenblieb und ihm noch einmal mit besonderer Herzlichkeit die Hand drückte. »Ich habe kein Recht, mich einzumischen, aber ich liebe Anna so sehr und achte Sie so hoch, daß ich mir einen Rat erlauben möchte. Lassen Sie seinen Besuch zu! Alexej Wronski ist die Ehrenhaftigkeit in Person, und er ist nach Taschkent versetzt.«

»Ich bin Ihnen für Ihre Teilnahme und Ihre guten Ratschläge sehr dankbar, Fürstin. Aber ob meine Frau jemand empfangen kann oder nicht, das zu entscheiden obliegt ihr selbst.«

Er sagte dies in dem ihm eigenen würdevollen Ton, mit hochgezogenen Brauen, besann sich aber im selben Augenblick darauf, daß seine Lage, was immer er auch sagen mochte, alles andere als würdevoll war. Dies bestätigte ihm auch das verhaltene, boshaft-spöttische Lächeln, mit dem ihn Betsy nach seinen Worten ansah.[...]

Beginnendes Zerwürfnis zwischen Anna Karenina und Wronski, das später mit dem Selbstmord Annas endet.

23

Wenn im Familienleben irgendeine Änderung vorgenommen werden soll, muß zwischen den Ehepartnern entweder ein völliges Zerwürfnis oder ein auf Liebe beruhendes Einvernehmen vorliegen. Wenn indessen weder das eine noch das andere trifft und die Ehepartner in einem unbestimmten gegenseitigen Verhältnis leben, kann nie eine Änderung zustande kommen.

Viele Familien harren nur deshalb jahrelang unter den alten, beide Ehepartner bedrückenden Verhältnissen aus, weil zwischen ihnen weder ein völliges Zerwürfnis noch völliges Einvernehmen besteht.

Das Leben in Moskau bei Hitze und Staub, als die Sonne nicht mehr frühlingsmäßig mild, sondern sommerlich heiß schien und alle Bäume entlang des Boulevards schon längst ausgeschlagen hatten und ihre Blätter bereits mit Staub bedeckt waren, empfanden Wronski und Anna gleichermaßen als unerträglich; aber dennoch unterließen sie die seit langem beschlossene Übersiedlung nach Wosdwishenskoje und setzten das allen beiden zum Überdruß gewordene Leben in Moskau fort, weil zwischen ihnen in letzter Zeit kein Einvernehmen bestand.

Die Spannung, die sich zwischen ihnen herausgebildet hatte, war nicht durch äußere Umstände entstanden, und alle Versuche, sie durch eine Aussprache zu beseitigen, waren nicht nur fehlgeschlagen, sondern hatten sie noch verschärft. Es war eine innere Gereiztheit, die bei Anna durch die offensichtliche Abschwächung seiner Liebe und bei Wronski durch die Reue darüber hervorgerufen wurde, daß er sich um ihretwillen in eine schwierige Lage gebracht hatte, die sie ihm, statt sie ihm zu erleichtern, immer noch schwerer machte. Keiner von beiden sprach über die Gründe seiner Verstimmung, aber jeder hielt den anderen für schuldig und bemühte sich bei jeder Gelegenheit, ihm dies zu beweisen.

Da Anna den ganzen Menschen Wronski – mit allen seinen Gewohnheiten, Gedanken und Wünschen, allen seinen geistigen und physischen Eigenschaften – einzig nach seinen Gefühlen für Frauen beurteilte und da seine Liebe, auf die sie allein Anspruch zu haben glaubte, nachgelassen hatte, folgerte sie daraus, daß er einen Teil seiner Liebe auf andere Frauen oder eine andere Frau übertragen hatte, und war eifersüchtig. Ihre Eifersucht war nicht auf eine bestimmte Frau gerichtet, sondern entsprang der Verminderung seiner Liebe zu ihr selbst. Da sie noch nicht wußte, gegen wen sie ihre Eifersucht richten sollte, begann sie danach zu suchen. Schon die geringsten Anzeichen waren Anlaß genug, ihre Eifersucht von einer Person auf die andere zu übertragen. Bald argwöhnte sie, daß er sich mit jenen ordinären Frauen abgab, zu denen er ja dank seinen Verbindungen aus der Junggesellenzeit so leicht Beziehungen aufnehmen konnte; bald waren es Damen der Gesellschaft, mit denen er ein Stelldichein haben konnte, denen ihre Eifersucht galt, und ein andermal war sie auf ein nur in ihrer Phantasie existierendes junges Mädchen eifersüchtig, um dessentwillen er, wie sie meinte, mit ihr brechen wollte, um jene heiraten zu können. Und diese letzte Art der Eifersucht quälte sie deshalb ganz besonders, weil er ihr selbst in einem Augenblick der Offenherzigkeit unbedachterweise gesagt hatte, seine Mutter kenne ihn so wenig, daß sie es sich herausgenommen habe, ihn zu einer Heirat mit der Prinzessin Sorokina überreden zu wollen.

Von ihrer Eifersucht gequält, war Anna ständig über Wronski entrüstet und suchte überall nach einem Anlaß, ihre Entrüstung zu entfachen. Für alles Schwere, womit ihre Lage verbunden war, machte sie ihn verantwortlich. Die schreckliche Zeit des Wartens, die sie, gleichsam zwischen Himmel und Erde schwebend, in Moskau zubringen mußte, die Langsamkeit und Unentschlossenheit Alexej Alexandrowitschs, ihre Einsamkeit – alles legte sie Wronski zur Last. Wenn er sie liebte, müßte er doch die ganze Schwere ihrer Lage verstehen und sie daraus befreien. Daß sie sich in Moskau aufhalten mußte, anstatt aufs Land zu ziehen, auch daran war er schuld. Er konnte es nicht ertragen, abgeschnitten von der Welt auf dem Lande zu leben, wie sie es sich wünschte. Er brauchte Gesellschaft und hatte sie in diese entsetzliche Lage versetzt, deren Schwere er nicht begreifen wollte. Und auch daran, daß sie für immer von ihrem Sohn getrennt sein sollte, trug er die Schuld.

Selbst in den Augenblicken zärtlichen Beisammenseins, die jedoch sehr selten geworden waren, fand Anna keine Beruhigung; sie glaubte in seiner Zärtlichkeit einen Anflug von Sicherheit und Selbstbewußtsein zu bemerken, der früher nicht dagewesen war und der sie jetzt mehr und mehr reizte.

Es dämmerte bereits. Anna war allein, und während sie auf die Rückkehr Wronskis wartete, der zu einem Junggesellenessen gefahren war, ging sie in seinem Arbeitszimmer (in dem der Straßenlärm am wenigsten zu hören war) auf und ab und überdachte in allen Einzelheiten den Verlauf ihres gestrigen Streites. Nachdem sie sich alle verletzenden Worte, die dabei gefallen waren, in umgekehrter Reihenfolge ins Gedächtnis gerufen hatte und endlich am Ausgangspunkt des Streits angelangt war, konnte sie es lange nicht fassen, daß er durch eine an sich so belanglose, keinem von ihnen am Herzen liegende Frage hervorgerufen worden sein sollte. Und dennoch war es so.

Angefangen hatte das Ganze damit, daß er eine spöttische Bemerkung über die Mädchengymnasien gemacht hatte, die er für unnötig hielt, und sie ihm widersprochen hatte. Im weiteren hatte er sich über die weibliche Bildung schlechthin abfällig geäußert und erklärt, daß für Hanna, die von Anna betreute junge Engländerin, Kenntnisse in der Physik völlig überflüssig seien.

Das hatte Anna gereizt. Sie sah darin eine Anspielung auf ihre eigene Tätigkeit. Und sie hatte eine passende Erwiderung gefunden und ausgesprochen, mit der sie ihm die ihr zugefügte Kränkung heimzahlen konnte: »Ich erwarte nicht, daß Sie für mich und meine Gefühle so viel Verständnis haben, wie man es bei jemand, von dem man wirklich geliebt wird, voraussetzen kann; aber ich hätte doch geglaubt, wenigstens auf die einfachste Höflichkeit rechnen zu können.«

Er war daraufhin auch wirklich vor Ärger rot geworden und hatte irgendeine schroffe Antwort gegeben. Sie wußte nicht mehr genau, was sie dann erwidert hatte, sondern erinnerte sich nur, daß er hierauf, offenbar mit der Absicht, ihr ebenfalls weh zu tun, gesagt hatte: »Ihr Hang zu diesem Mädchen ist mir allerdings unverständlich, denn ich halte ihn für unnatürlich.«

Die Grausamkeit, mit der er jene kleine Welt zerstörte, die sie sich mit so viel Mühe aufgebaut hatte, um sich über ihr schweres Leben hinwegzuhelfen, und die Ungerechtigkeit, mit der er sie der Verstellung und Unnatürlichkeit bezichtigte, hatten sie vollends außer sich gebracht.

»Es tut mir sehr leid, daß Sie nur für das Grobe und

Materielle Verständnis haben und es für natürlich halten«, hatte sie geantwortet und war aus dem Zimmer gegangen.

Als er dann gestern abend zu ihr gekommen war, hatte keiner von ihnen den vorausgegangenen Streit erwähnt; aber beide hatten gefühlt, daß er äußerlich zwar abgetan war, im verborgenen jedoch weiterschwelte.

Heute war er den ganzen Tag über nicht zu Hause gewesen, und in dem Bewußtsein, sich mit ihm entzweit zu haben, fühlte sie sich so vereinsamt und bedrückt, daß sie bereit war, alles zu vergessen und zu verzeihen, um sich mit ihm zu versöhnen; sie versuchte, ihn zu rechtfertigen, und schrieb alle Schuld sich selbst zu.

Ich bin selbst schuld. Ich bin gereizt und ohne jeden Grund eifersüchtig. Wir werden uns aussöhnen und dann aufs Land fahren, wo ich ruhiger sein werde, dachte sie bei sich.

Unnatürlich! fiel ihr da plötzlich wieder das Wort ein, das sie deshalb besonders verletzt hatte, weil sich darin seine Absicht kundtat, ihr weh zu tun.

Ich weiß, was er damit sagen wollte; er wollte sagen, es sei unnatürlich, keine Liebe für die eigene Tochter zu empfinden und dabei ein fremdes Kind zu lieben. Was versteht er schon von der Liebe einer Mutter, von meiner Liebe zu Serjosha, den ich um seinetwillen geopfert habe? Aber er wollte mir weh tun! Ja, er muß eine andere Frau lieben, anders läßt es sich nicht erklären.

Doch als sie nun erkannte, daß sie sich, statt Beruhigung zu finden, ständig in demselben Kreise bewegte und zum Schluß immer wieder gereizt wurde, erschrak sie über sich selbst. Ist es denn wirklich unmöglich? Kann ich nicht alle Schuld auf mich nehmen? fragte sie sich und begann denselben Kreislauf von neuem. Er ist aufrichtig, er ist ehrlich, er liebt mich. Ich liebe ihn, und in den nächsten Tagen wird es zur Scheidung kommen. Was brauche ich noch mehr? Ich brauche Ruhe und Vertrauen, ich werde alle Schuld auf mich nehmen. Ja, wenn er jetzt kommt, werde ich ihm sagen, daß ich schuld gewesen sei, obschon das gar nicht zutrifft, und dann werden wir abreisen.

Und um nicht länger zu grübeln und sich der gereizten Stimmung hinzugeben, klingelte sie und gab Anweisung, die Koffer zu bringen, um die für den Landaufenthalt notwendigen Sachen einzupacken.

Um zehn Uhr kam Wronski nach Hause.

»Nun, hast du dich gut unterhalten?« fragte sie in mildem, versöhnlichem Ton, als sie ihm entgegenging.

»Wie gewöhnlich«, antwortete er und erkannte schon auf den ersten Blick, daß sie heute einen ihrer guten Tage hatte. Er war an solche Übergänge bereits gewöhnt und freute sich über ihre gute Stimmung diesmal besonders, weil er selbst in bester Laune war.

»Was sehe ich? Das ist recht so!« sagte er mit einem Blick auf die im Vorzimmer stehenden Koffer.

»Ja, wir müssen abreisen. Ich habe eine Spazierfahrt gemacht, und es war so schön, daß mich die Sehnsucht nach dem Lande gepackt hat. Dich hält hier doch nichts zurück?«

»Es ist auch mein sehnlichster Wunsch. Ich komme gleich, dann können wir alles besprechen, ich will mich nur umziehen. Laß inzwischen den Tee bringen.«

Und er ging in sein Zimmer.

Es lag etwas Verletzendes darin, wie er gesagt hatte: »Das ist recht so!« So spricht man mit einem Kinde, wenn es aufgehört hat, launisch zu sein, dachte sie. Noch verletzender fand sie den Gegensatz zwischen ihrem unterwürfigen und seinem selbstbewußten Ton. Für einen Augenblick regte sich in ihrem Innern aufs neue der Kampfgeist, doch sie unterdrückte ihn und zwang sich, als Wronski zurückkam, ebenso heiter zu sein wie vorher.

Sie erzählte ihm nun mit zum Teil vorher zurechtgelegten Worten, wie sie den Tag verbracht und welche Pläne sie für die Abreise gefaßt hatte.

»Weißt du, es ist fast wie eine Erleuchtung über mich gekommen«, sagte sie. »Warum soll ich hier auf die Scheidung warten? Kann ich das nicht ebensogut auf dem Lande tun? Ich bin außerstande, länger zu warten. Ich will nicht immer vergebens hoffen, will überhaupt nichts von der Scheidung hören. Ich habe beschlossen, mein weiteres Leben nicht davon abhängig zu machen. Bist du einverstanden?«

»Ja, gewiß«, antwortete er und blickte beunruhigt in ihr erregtes Gesicht.

»Wie habt ihr denn die Zeit verbracht? Wer war alles da?« fragte sie nach kurzem Schweigen.

Wronski nannte die Teilnehmer.

»Das Essen war vorzüglich, und auch die Regatta und alles übrige war ganz nett, obschon es in Moskau nie ohne ridicule abgeht. Eine Dame trat auf, die Schwimmlehrerin der Königin von Schweden, und führte ihre Künste vor.«

»Wie? Sie ist geschwommen?« fragte Anna mit finsterem Gesicht.

»Ja, in einem roten costume de natation – eine alte, häßliche Person. Wann wollen wir also abfahren?«

»Was für ein dummer Einfall!« sagte Anna, ohne auf seine Frage einzugehen. »War denn an ihrem Schwimmen etwas Besonderes?«

»Absolut nichts Besonderes. Wie ich schon sagte, das Ganze war furchtbar albern. Wann also, meinst du, sollen wir abfahren?«

Anna schüttelte den Kopf, als wollte sie einen unangenehmen Gedanken verscheuchen.

»Wann wir abfahren sollen? Je eher, desto besser. Morgen werden wir es nicht schaffen. Übermorgen.«

»Schön ... nein, warte mal. Übermorgen ist Sonntag, und ich muß zu maman hinausfahren«, sagte Wronski und wurde verlegen, weil er, sobald er seine Mutter genannt hatte, Annas durchdringenden, argwöhnischen Blick auf sich gerichtet fühlte. Seine Verlegenheit bestärkte sie in ihrem Verdacht. Sie wurde feuerrot und rückte von ihm ab. Jetzt war es nicht mehr die Schwimmlehrerin der schwedischen Königin, die sie sich in ihrer Phantasie vorstellte, sondern die Prinzessin Sorokina, die sich zusammen mit der Gräfin Wronskaja in deren Landhaus in der Nähe Moskaus aufhielt.

»Kannst du denn nicht schon morgen zu ihr hinfahren?« fragte sie.

»Nein, das geht nicht. Die Angelegenheit, wegen der ich

hin muß – die Vollmacht zur Abhebung des Geldes –, läßt sich morgen nicht erledigen«, antwortete er.

»Wenn es so ist, dann fahren wir eben gar nicht!«

»Wieso denn gar nicht?«

»Später fahre ich nicht. Entweder Montag oder überhaupt nicht!«

»Ja, warum denn nicht?« fragte Wronski erstaunt. »Das ist doch völlig sinnlos.«

»Für dich ist es sinnlos, weil du auf mich nie Rücksicht nimmst. Du willst mein Leben nicht verstehen. Das einzige, was mich hier beschäftigt hat, ist Hanna. Du sagst, das sei Heuchelei. Du hast gestern doch gesagt, daß ich nicht meine Tochter liebe, sondern so tue, als liebte ich diese Engländerin, und das sei unnatürlich. Ich möchte wissen, wie ich hier ein natürliches Leben führen soll!«

Für einen Augenblick kam sie zur Besinnung und war entsetzt, ihrem Vorsatz untreu geworden zu sein. Aber obwohl sie wußte, daß sie sich damit selbst ins Verderben stürzte, konnte sie sich nicht mehr zurückhalten; sie konnte nicht darauf verzichten, ihm sein Unrecht vorzuhalten, konnte sich ihm nicht unterwerfen.

»Das habe ich nie gesagt; ich habe nur gesagt, daß mir diese plötzliche Liebe unverständlich ist«, erwiderte Wronski.

»Warum hältst du, obwohl du dir so viel auf deine Offenheit einbildest, mit der Wahrheit zurück?«

»Ich bilde mir nichts ein und spreche nie die Unwahrheit«, sagte er ruhig, bemüht, den in ihm aufsteigenden Zorn zu unterdrücken. »Es tut mir sehr leid, wenn du keine Achtung...«

»Von Achtung zu sprechen, das hat man erfunden, um den leeren Platz zu verbergen, den die Liebe einnehmen sollte. Wenn du mich nicht mehr liebst, dann tätest du besser, es ehrlich zuzugeben.«

»Nein, das wird nachgerade unerträglich!« rief Wronski und stand auf. Er blieb vor ihr stehen. »Warum stellst du meine Geduld auf die Probe?« sagte er langsam und in einem Ton, als müsse er sich zurückhalten, um nicht noch vieles andere zu sagen. »Sie hat Grenzen.«

»Was wollen Sie damit sagen?« rief sie und nahm mit Entsetzen den unverhüllten Haß wahr, der sich in seinem ganzen Gesicht und besonders in dem harten, drohenden Ausdruck seiner Augen kundtat.

»Ich will sagen...«, begann er, brach aber den Satz ab. »Ich muß Sie bitten, mir zu sagen, was Sie von mir wünschen.«

»Was kann ich wünschen? Ich kann nur wünschen, daß Sie mich nicht verlassen, wie Sie es vorhaben«, sagte Anna, die alles erraten hatte, was von ihm unausgesprochen geblieben war. »Doch das ist nicht die Hauptsache, was ich mir wünsche. Ich brauche Liebe, und da sie fehlt, ist alles aus!«

Sie ging auf die Tür zu.

»Warte... warte doch!« sagte Wronski und ergriff, immer noch mit finster zusammengezogenen Brauen, ihre Hand. »Was liegt denn vor? Ich habe gesagt, daß wir die Abreise um drei Tage verschieben müssen, und du hast darauf geantwortet, daß ich lüge und ein unehrlicher Mensch sei.«

»Ja, und ich wiederhole auch jetzt, daß ein Mensch, der mir Vorhaltungen darüber macht, daß er alles um meinetwillen geopfert hat«, sagte sie und spielte auf die bei einem früheren Streit gefallenen Worte an, »daß ein solcher Mensch noch schlimmer ist als ein unehrlicher, denn er ist herzlos.«

»Nein, jede Geduld hat ihre Grenzen!« rief Wronski und gab schnell ihre Hand frei.

Er haßt mich, das steht fest, dachte sie und verließ schweigend, ohne sich noch einmal umzusehen, mit unsicheren Schritten das Zimmer.

Er liebt eine andere Frau, das ist jetzt ganz sicher, sagte sie sich, als sie in ihr Zimmer gekommen war. Ich brauche seine Liebe, und da sie fehlt, ist alles aus. Sie wiederholte in Gedanken die Worte, die sie vorhin gesagt hatte. Ich muß Schluß machen!

Aber wie? fragte sie sich und setzte sich in den vor dem Spiegel stehenden Sessel.

Sie überlegte, wohin sie jetzt fahren könnte, zu ihrer Tante, bei der sie erzogen worden war, oder zu Dolly, oder ob sie allein ins Ausland reisen sollte; sie dachte daran, was Wronski jetzt allein in seinem Arbeitszimmer machte, ob der jetzige Streit den endgültigen Bruch bedeute oder ob noch eine Versöhnung möglich sei; sie dachte auch daran, was ihre früheren Petersburger Bekannten jetzt von ihr sagen würden, wie Alexej Alexandrowitsch ihre Trennung von Wronski aufnehmen werde, und noch viele andere Gedanken über die Folgen ihres Zerwürfnisses gingen ihr durch den Kopf; aber sie gab sich diesen Gedanken nicht mit ganzer Seele hin. In ihrer Seele schlummerte noch ein anderer Gedanke, der als einziger für sie von Interesse war, über den sie sich aber noch nicht klarwerden konnte. Als sie jetzt noch einmal an Alexej Alexandrowitsch dachte, vergegenwärtigte sie sich dabei auch die Zeit ihrer Krankheit nach der Niederkunft und das Gefühl, das sie damals unablässig bewegt hatte. Warum bin ich nicht gestorben? Sie erinnerte sich ihrer damaliger Gedanken und Empfindungen. Und nun wurde ihr auf einmal klar, was sich in ihrer Seele verbarg. Ja, das war die einzige Möglichkeit, die alles entscheiden würde: Sterben!

Die Schande und Schmach Alexej Alexandrowitschs und Serjoshas, ihre eigene furchtbare Schande – alles würde durch ihren Tod getilgt werden. Wenn sie stürbe, dann würde sich Wronski Vorwürfe machen, würde sie bedauern, sie lieben und um ihretwillen leiden... Während sie mit einem auf ihrem Gesicht erstarrten Lächeln des Mitleids mit sich selbst im Sessel saß und den Ring an ihrer linken Hand abwechselnd abzog und wieder aufstreifte, stellte sie sich lebhaft und in allen Einzelheiten vor, was er nach ihrem Tode empfinden würde.

Näher kommende Schritte, *seine* Schritte, rissen sie aus ihren Gedanken. Sie gab sich den Anschein, mit dem Einsortieren ihrer Ringe beschäftigt zu sein, und drehte sich bei seinem Eintreten nicht zu ihm um.

Er trat auf sie zu, nahm ihre Hand und sagte leise: »Anna, wir wollen morgen abreisen, wenn dir daran liegt. Ich bin mit allem einverstanden.«

Sie schwieg.

»Nun, wie ist es?« fragte er.

»Du weißt es selbst«, sagte sie, und nicht mehr fähig, sich zu beherrschen, brach sie in Tränen aus.

»Verlaß mich doch, verlaß mich!« stammelte sie schluchzend. »Ich werde morgen abreisen... Ich werde noch mehr tun. Was bin ich? Eine gefallene Frau! Ein Stein an deinem Halse! Ich will dir nicht das Leben vergällen, ich will es nicht! Ich gebe dich frei. Du liebst mich nicht, liebst eine andere!«

Wronski beschwor sie, sich zu beruhigen, und versicherte ihr, daß ihre Eifersucht völlig unbegreiflich sei, daß seine Liebe zu ihr nie nachgelassen habe und nie nachlassen werde und daß er sie jetzt noch mehr liebe als früher.

»Anna, warum quälst du dich selbst und mich so furchtbar?« fragte er und küßte ihre Hände. In seinem Gesicht drückte sich jetzt Zärtlichkeit aus, und während sie seiner Stimme aufsteigende Tränen anzumerken glaubte, fühlte sie zugleich, wie sie ihre Hand benetzten. Und im Nu schlug ihre hemmungslose Eifersucht in ebenso hemmungslose, leidenschaftliche Zärtlichkeit um; sie umarmte ihn und bedeckte sein Gesicht, seinen Hals und seine Hände mit Küssen.

25

In dem Gefühl, daß die Aussöhnung vollständig gewesen sei, traf Anna am nächsten Morgen mit Eifer die Vorbereitungen zur Abreise. Da gestern einer dem anderen nachgeben wollte, stand es noch nicht fest, ob sie nun am Montag oder Dienstag abreisen würden, aber Anna, der es jetzt völlig gleichgültig war, ob die Abreise einen Tag früher oder später erfolgen sollte, bereitete sich auf alle Fälle schon geschäftig darauf vor. Sie stand in ihrem Zimmer vor dem geöffneten Koffer und ordnete ihre Sachen, als Wronski bereits fertig angezogen, früher als gewöhnlich zu ihr kam.

»Ich will gleich zu maman hinausfahren und mit ihr verabreden, daß sie mir das Geld durch Jegorow schickt. Und morgen können wir dann abreisen.«

So gut Anna auch gelaunt war, versetzte ihr seine Mitteilung, daß er auf den Landsitz seiner Mutter fahre, dennoch einen Stich.

»Nein, ich werde bis morgen selbst nicht fertig«, antwortete sie und lachte dabei im stillen: Also hat es sich doch so einrichten lassen, wie ich wollte. – »Nein, nun lassen wir es schon dabei, wie du es vorhattest. Geh schon ins Speisezimmer, ich will hier nur noch einige unnötige Sachen aussortieren und komme gleich nach«, sagte sie, während sie dem Berg abgelegter Kleider, den Annuschka bereits auf dem Arm hatte, noch etwas hinzufügte.

Als Anna ins Speisezimmer kam, war Wronski dabei, sein Beefsteak zu verzehren.

»Du kannst dir nicht vorstellen, wie überdrüssig ich dieser Räume geworden bin«, sagte sie, während sie sich neben ihn an ihr Kaffeegedeck setzte. »Es gibt nichts Gräßlicheres als solche chambres garnies. Sie haben kein Gesicht, keine Seele. Diese Uhr, die Gardinen und besonders die Tapeten – alles wirkt wie ein Alpdruck. An Wosdwishenskoje denke ich wie an das Gelobte Land. Schickst du die Pferde schon voraus?«

»Nein, ich will sie nachkommen lassen. Brauchst du noch einen Wagen?«

»Ja, ich wollte zu der Wilson fahren. Ich muß ihr Kleider bringen. Also bleibt es endgültig bei morgen?« fragte sie in angeregtem Ton. Doch gleich darauf verfinsterte sich ihr Gesicht.

Der Kammerdiener Wronskis war ins Zimmer gekommen, um von diesem die Empfangsbescheinigung für ein Telegramm aus Petersburg abzuholen. Es war nichts Außergewöhnliches, daß Wronski ein Telegramm erhielt; auffallend war nur, daß er, wie er dem Diener sagte, die Empfangsbescheinigung in seinem Arbeitszimmer liegengelassen hatte und sich nun, wie ihr schien, mit besonderer Hast an sie wandte: »Ja, bis morgen werde ich bestimmt mit allem fertig sein.«

»Von wem ist denn das Telegramm?« fragte sie, ohne darauf zu hören, was er sagte.

»Von Stiwa«, antwortete er unwillig.

»Warum hast du es mir denn nicht gezeigt? Was Stiwa telegraphiert, brauchst du mir doch wohl nicht zu verheimlichen.«

Wronski rief den Diener zurück und befahl ihm, das Telegramm zu bringen.

»Ich wollte es dir nicht zeigen, weil Stiwa eine Vorliebe dafür hat, immer gleich zu telegraphieren. Wozu ein Telegramm, wenn doch nichts entschieden ist?«

»Wegen der Scheidung?«

»Ja. Aber er telegraphiert, daß er noch nichts erreichen konnte. Man habe ihm für die nächsten Tage einen endgültigen Bescheid versprochen. Hier, lies selbst!«

Anna nahm mit zitternden Händen das Telegramm und las nun dasselbe, was Wronski ihr bereits mitgeteilt hatte. Zum Schluß war noch hinzugefügt: »Ich habe wenig Hoffnung, werde aber alles Mögliche und Unmögliche unternehmen.«

»Ich habe doch erst gestern gesagt, daß es mir völlig gleichgültig ist, wann und ob es überhaupt zur Scheidung kommen wird«, sagte sie und wurde rot. »Es war also unnötig, mir das Telegramm vorzuenthalten.« Und sie dachte: So kann er mir auch seinen Briefwechsel mit anderen Frauen verheimlichen.

»Jaschwin wollte übrigens im Laufe des Vormittags mit Woitow herkommen«, sagte Wronski. »Er hat anscheinend Pewzow beim Spiel dessen ganze Barschaft abgenommen und sogar mehr gewonnen, als dieser überhaupt zahlen kann, an die sechzigtausend Rubel.«

Sie war gereizt und fuhr, verärgert darüber, daß er ihr durch diesen Übergang zu einem anderen Gesprächsthema ihre Gereiztheit so offensichtlich zu verstehen gab, fort: »Warum nimmst du eigentlich an, diese Nachricht hätte für mich so große Bedeutung, daß du es sogar für nötig hältst, sie mir zu verheimlichen? Ich habe doch gesagt, daß ich an diese Frage nicht denken will, und wünschte nur, sie hätte für dich ebensowenig Interesse wie für mich.«

»Sie hat für mich Interesse, weil ich Klarheit liebe«, antwortete Wronski.

»Klarheit hängt nicht von der äußeren Form ab, sondern von der Liebe«, sagte sie, immer mehr gereizt, nicht so sehr durch das, was er sagte, als vielmehr durch den Ton unerschütterlicher Ruhe, in dem er es sagte. »Warum liegt dir daran?«

Mein Gott, schon wieder die Liebe! dachte er stirnrunzelnd und antwortete: »Du weißt es doch, warum: deinetwegen und um der Kinder willen, die wir einst haben werden.«

»Kinder werden wir nicht haben.«

»Das ist sehr schade«, bemerkte er.

»Um der Kinder willen möchtest du Klarheit haben, aber an mich denkst du nicht«, hielt sie ihm vor, wobei sie ganz außer acht ließ oder es einfach überhört hatte, daß er nicht nur von den Kindern, sondern auch von ihr gesprochen hatte.

Die Frage, ob sie Kinder haben wollten, war zwischen ihnen schon seit langem ein strittiger Punkt, dessen Erörterung Anna jedesmal in Erregung versetzte. Aus seinem Wunsch, Kinder zu haben, folgerte sie, daß er auf die Erhaltung ihrer Schönheit keinen Wert lege.

»Ach, ich habe doch gesagt, deinetwegen. Vor allem deinetwegen«, erwiderte er und verzog, wie von einem Schmerz gequält das Gesicht. »Denn ich bin überzeugt, daß deine Gereiztheit hauptsächlich auf die Unklarheit der Lage zurückzuführen ist.«

So, jetzt verstellt er sich nicht mehr, und da kommt der bodenlose Haß, den er gegen mich empfindet, zum Vorschein, dachte sie und starrte, ohne seine Worte zu hören, entsetzt auf den kalten, grausamen Richter, der ihr spöttisch aus seinen Augen entgegenblickte.

»Das ist nicht der Grund«, sagte sie. »Und ich verstehe gar nicht, wie du den Grund meiner, wie du es nennst, Gereiztheit in der Unklarheit der Lage sehen kannst, da ich mich ja vollständig in deiner Gewalt befinde. Kann da noch von einer unklaren Lage die Rede sein? Im Gegenteil...«

»Es tut mir sehr leid, daß du mich nicht verstehen willst«, unterbrach er sie, in dem beharrlichen Wunsch, seinen Gedanken bis zu Ende auszusprechen. »Die Unklarheit besteht darin, daß du mich für ungebunden hältst.«

»In dieser Hinsicht kannst du völlig beruhigt sein«, antwortete sie und wandte sich von ihm ab, um ihren Kaffee zu trinken.

Sie nahm die Tasse und führte sie an den Mund, wobei sie den kleinen Finger abspreizte. Nachdem sie ein paar Schlucke getrunken hatte, blickte sie zu ihm hinüber und glaubte seinem Gesichtsausdruck deutlich zu entnehmen, daß ihm ihre Hand, ihre Geste und der Laut, den ihre Lippen hervorbrachten, widerwärtig seien.

»Es ist mir völlig gleichgültig, was deine Mutter denkt und mit wem sie dich verheiraten will«, sagte sie und stellte mit zitternder Hand die Tasse zurück.

»Darum handelt es sich jetzt nicht.«

»Doch, gerade darum. Und ich kann dir nur sagen, daß ich für eine Frau, die kein Herz hat, ob sie nun alt oder nicht alt ist und ob es sich um deine Mutter oder jemand anders handelt, kein Interesse habe und nichts von ihr wissen will.«

»Anna, ich bitte dich, von meiner Mutter nicht in abfälligem Ton zu sprechen.«

»Eine Frau, deren Herz ihr nicht sagt, worin das Glück und die Ehre ihres Sohnes bestehen, ist herzlos.«

»Ich wiederhole meine Bitte, von meiner Mutter, die ich verehre, nicht in abfälligem Ton zu sprechen«, sagte er mit erhobener Stimme und blickte sie streng an.

Sie antwortete nicht. Während sie einen durchdringenden Blick auf ihn richtete, auf sein Gesicht, seine Hände, vergegenwärtigte sie sich in allen Einzelheiten die Szene ihrer gestrigen Versöhnung und seine leidenschaftlichen Zärtlichkeiten. Genau solche Zärtlichkeiten hat er an andere Frauen verschwendet und wird und will sie auch künftig an andere Frauen verschwenden, dachte sie.

»Du liebst deine Mutter gar nicht. Das sind alles Phrasen, Phrasen, nur Phrasen!« sagte sie und sah ihn haßerfüllt an.

»Wenn es so steht, dann muß...«

»Dann muß es zu einer Entscheidung kommen, und ich habe mich entschieden«, fiel sie ihm ins Wort und schickte sich an, das Zimmer zu verlassen. Doch in diesem Augenblick trat Jaschwin ein. Anna begrüßte ihn und blieb stehen.

Was sie dazu bewog, während in ihrer Seele ein Sturm tobte und sie sich bewußt war, an einem Wendepunkt ihres Lebens zu stehen, bei dem der nächste Schritt entsetzliche Folgen nach sich ziehen konnte, was sie dazu bewog, sich in einem solchen Augenblick vor einem fremden Menschen zu verstellen, der früher oder später doch alles erfahren würde, das wußte sie nicht. Aber sie beschwichtigte sofort den Sturm in ihrem Innern, setzte sich und begann sich mit dem Gast zu unterhalten.

»Nun, wie sieht es bei Ihnen aus? Haben Sie Ihren Gewinn einkassiert?« fragte sie Jaschwin.

»Einigermaßen; alles werde ich kaum bekommen, und Mittwoch muß ich wieder weg. Wann reisen Sie denn?« erkundigte sich Jaschwin, der Wronski dabei mit zusammengekniffenen Augen fixierte und offenbar erriet, daß sie sich gestritten hatten.

»Wahrscheinlich übermorgen«, antwortete Wronski.

»Sie haben es ja schon lange vor.«

»Ja, aber jetzt steht es endgültig fest«, sagte Anna und sah Wronski dabei mit einem Blick in die Augen, der ihm sagte, daß er sich jeden Gedanken an die Möglichkeit einer Versöhnung aus dem Kopf schlagen solle.

»Tut Ihnen der unglückliche Pewzow denn gar nicht leid?« fuhr sie in der Unterhaltung mit Jaschwin fort.

»Wenn ich gewonnen habe, Anna Arkadjewna, habe ich mir noch nie Gedanken darüber gemacht, ob mir der Verlierer leid tut oder nicht. Ich trage ja mein ganzes Hab und Gut hier bei mir«, sagte er und zeigte auf seine Brusttasche, »und bin im Augenblick ein reicher Mann, aber wenn ich später in den Klub fahre, ist es gut möglich, daß ich ihn als Bettler verlasse. Wer sich mit mir an den Spieltisch setzt, will mich ja ebenso bis aufs Hemd ausplündern wie ich ihn. Nun, da kämpfen wir halt, und darin besteht das Vergnügen.«

»Und wenn Sie nun verheiratet wären«, meinte Anna. »Was würde Ihre Frau dazu sagen?«

Jaschwin lachte.

»Deshalb eben habe ich nicht geheiratet und es auch nie vorgehabt.«

»Und Helsingfors?« griff Wronski ins Gespräch ein und warf dabei einen Blick auf Anna, die Jaschwin lächelnd zuhörte.

Doch als sie seinen Blick auffing, nahm ihr Gesicht sofort einen kalten, abweisenden Ausdruck an, der unmißverständlich besagte: Es ist nichts vergessen. Es bleibt dabei.

»Waren Sie wirklich einmal verliebt?« fragte sie Jaschwin.

»Mein Gott, wie oft schon! Aber sehen Sie, ein anderer setzt sich an den Spieltisch und kann wieder aufstehen, sobald die Zeit zum Rendezvous gekommen ist; ich aber kann mich auf Liebesabenteuer nur einlassen, wenn ich abends nicht zu spät zur Partie komme. Das ist meine Richtschnur.«

»Nein, davon spreche ich nicht, ich meine eine ernsthafte Liebe...« Sie wollte eigentlich hinzufügen: in Helsingfors, unterließ es jedoch, weil sie nicht das von Wronski gebrauchte Wort wiederholen mochte.

Jetzt trat Woitow ins Zimmer, der einen Hengst kaufen wollte. Anna stand auf und ging hinaus.

Bevor Wronski das Haus verließ, kam er zu ihr ins Zimmer. Sie wollte sich zuerst den Anschein geben, als suche sie etwas auf dem Tisch; doch dann schämte sie sich vor sich selbst, sich so zu verstellen, und blickte ihm offen ins Gesicht.

»Was wollen Sie?« fragte sie in kaltem Ton auf französisch.

»Den Stammbaum von ›Gambetta‹ holen, ich habe ihn verkauft«, antwortete er in einem Ton, der deutlicher als Worte besagte: Ich habe jetzt keine Zeit für Auseinandersetzungen, die doch zu nichts führen würden.

Ich habe mir ihr gegenüber nichts zuschulden kommen lassen, dachte er. Wenn sie sich selbst bestrafen will, tant pis pour elle. Doch beim Hinausgehen schien es ihm, als hätte sie noch etwas gesagt, und vor Mitleid mit ihr krampfte sich unversehens sein Herz zusammen.

»Hast du etwas gesagt, Anna?« fragte er.

»Nein«, antwortete sie in unverändert kaltem und ruhigem Ton.

Nicht, nun dann tant pis, dachte er, drehte sich, wieder hart geworden, um und ging auf die Tür zu. Als er dabei einen Blick in den Spiegel warf, sah er ihr blasses Gesicht und die zuckenden Lippen. Er wollte stehenbleiben und ihr ein versöhnliches Wort sagen; aber seine Füße trugen ihn aus dem Zimmer, bevor ihm eingefallen war, was er ihr sagen könnte. Er brachte den ganzen Tag außerhalb des Hauses zu, und als er spätabends zurückkehrte, bestellte ihm das Mädchen, daß Anna Arkadjewna Kopfschmerzen habe und nicht gestört werden möchte. [...]

1875–1878

Ästhetische und publizistische Schriften

Versuch darüber, was Kunst und was keine Kunst ist, und darüber, wann Kunst eine wichtige und wann sie eine nichtige Sache ist

In unserem Leben gibt es viel müßiges und sogar schädliches Tun, das bei den Menschen unverdientermaßen Ansehen genießt oder aber von ihnen nur deswegen geduldet wird, weil man es als künstlerische Betätigung betrachtet; die Kunst aber gilt als eine wichtige Angelegenheit. Das Malen von Blümchen, Pferdchen und Landschaften, das schlechte Einüben von Musikstücken, wie es in den meisten unserer sogenannten gebildeten Familien üblich ist, und das Schreiben schlechter Erzählungen und Gedichte, wie sie zu Hunderten in Zeitungen und Zeitschriften erscheinen, stellen offensichtlich keine künstlerische Betätigung dar. Unanständige, die Sinnlichkeit erregende pornographische Bilder zu malen und solche Lieder und Erzählungen zu schreiben ist, selbst wenn diese Bilder, Lieder und Erzählungen künstlerischen Wert besitzen sollten, nichts Gutes und verdient keine Anerkennung.

Es wäre daher, meine ich, nützlich, alles, was bei uns produziert wird und sich künstlerische Betätigung nennt, erstens danach zu unterteilen, was wirklich Kunst ist und was kein Recht hat, so genannt zu werden; und zweitens innerhalb dessen, was wirklich Kunst ist, die wichtige und gute Kunst von der wertlosen und schlechten zu scheiden.

Wie und wo die Linie gezogen werden soll, die Kunst von Nichtkunst und gute und wichtige Kunst von wertloser und schlechter scheidet, das ist eine Frage von sehr großer praktischer Bedeutung.

Viele Sünden oder Fehler in unserem Leben entstehen dadurch, daß wir etwas Kunst nennen, das keine Kunst ist, alles, was Kunst ist, als etwas Gutes betrachten und damit einer Tätigkeit unangemessene Achtung zubilligen, die keineswegs solche verdient, sondern ganz im Gegenteil verurteilt und verachtet werden sollte. Ganz abgesehen von den gewaltigen Anstrengungen, die Menschen auf die Herstellung von Gegenständen verwenden, die man für Kunstwerke braucht: Ateliers, Farben, Leinwand, Marmor, Musikinstrumente, Theater mit ihren Dekorationen und Maschinen, werden auch bei der Ausbildung von Künstlern die Menschen durch einseitige Belastung geradezu zu Krüppeln gemacht. Hunderttausende, vielleicht sogar Millionen von Kindern werden in der sogenannten Kunst des Tanzes und der Musik zu einseitiger qualvoller Übungsarbeit gezwungen. Abgesehen von den Kindern der gebildeten Klassen, die den Künsten ihren Tribut in Form qualvoller Unterrichtsstunden zahlen, macht man die Kinder, die Berufstänzer oder Berufsmusiker werden sollen, im Namen der Kunst, der man sie geweiht hat, geradezu zu Krüppeln. Wenn es möglich ist, daß sieben- und achtjährige Kinder gezwungen werden, täglich einige Stunden ein Instrument zu spielen und das zehn, fünfzehn Jahre lang sieben, acht und zehn Stunden täglich fortzusetzen; wenn es möglich ist, daß kleine Mädchen in Ballettschulen gegeben und später gezwungen werden, in den ersten Schwangerschaftsmonaten Entrechat zu machen, und dies alles im Namen der Kunst geschieht, dann muß unbedingt zuallererst einmal geklärt werden, was echte Kunst ist, damit nicht etwa unter dem Schein von Kunst nur etwas Kunstähnliches hervorgebracht wird; und dann muß noch bewiesen werden, daß die Künste etwas für die Menschen Wichtiges sind.

Wo verläuft nun die Linie, durch welche ein Kunstwerk, ein für die Menschen wichtiger, notwendiger und wertvoller Gegenstand, von wertloser Beschäftigung, handwerklicher Produktion oder gar unsittlichen Gegenständen abgegrenzt wird? Worin bestehen Wesen und Bedeutung echter Kunst?

Die eine Theorie – ihre Gegner nennen sie »Tendenztheorie« – besagt, das Wesen echter Kunst bestehe darin, daß der von ihr dargestellte Gegenstand für die Menschen bedeutsam sei; und damit Kunst echt sei, müsse sie etwas Wichtiges, für die Menschen Notwendiges, etwas Gutes, Sittliches und Belehrendes zum Inhalt haben.

Nach dieser Theorie wählt sich also der Künstler, das heißt jemand, der über ein gewisses technisches Können verfügt, ein möglichst wichtiges Thema, das gerade die Gesellschaft beschäftigt, kleidet es in eine künstlerische Form und kann auf diese Weise ein echtes Kunstwerk hervorbringen. Dieser Theorie zufolge stellen in künstlerische Form gekleidete religiöse, sittliche, soziale und politische Wahrheiten Kunstwerke dar.

Eine andere Theorie – sie nennt sich selbst die »ästhetische« Theorie oder »Kunst für die Kunst« – besagt, das Wesen echter Kunst bestehe in der Schönheit der Form; und damit Kunst echt sei, müsse das, was sie darstelle, schön sein.

Nach dieser Theorie muß also der Künstler, um ein Kunstwerk zu schaffen, die Technik seiner Kunst beherrschen und sich einen Gegenstand wählen, der einen möglichst angenehmen Eindruck hervorruft, und eine schöne Landschaft, Blumen, Früchte, Aktbilder und Ballettanz wären demzufolge Kunstwerke.

Die dritte Theorie besagt, das Wesen der Kunst bestehe in der wahrheitsgetreuen, realistischen Darstellung der Wirklichkeit; und damit Kunst echt sei, müsse sie das Leben darstellen, wie es wirklich ist.

Nach dieser Theorie wäre also all das ein Kunstwerk, was der Künstler sieht und hört, alles, was er ohne Rücksicht auf Bedeutung, Inhalt und Schönheit der Form in seinem Darstellungsapparat hat einfangen können.

Das besagen die Theorien. Und auf dem Boden dieser drei Theorien entstehen sogenannte Kunstwerke, die bald der einen, bald der anderen, bald der dritten Theorie genügen. Doch selbst abgesehen davon, daß jede dieser Theorien die anderen negiert, genügt keine einzige von ihnen der Hauptforderung, die darin besteht, jene Linie zu bestimmen, durch die ein Kunstwerk von einem handwerklichen, wertlosen oder gar schädlichen Erzeugnis geschieden wird. Nach jeder dieser Theorien können Kunstwerke wie jedes beliebige handwerkliche Erzeugnis pausenlos geschaffen werden, können wertlos und schädlich sein.

Nach der ersten Theorie kann man bedeutende Inhalte – religiöse, sittliche, soziale und politische – jederzeit fertig vorfinden und daher ständig sogenannte Kunstwerke produzieren. Außerdem können diese Inhalte so unklar und unecht dargestellt werden, daß sich ein Werk mit dem erhabensten Inhalt als wertlos und sogar schädlich erweisen kann, wenn nämlich der erhabene Inhalt durch nicht wahrheitsgetreue Darstellung verdorben wird.

Ganz ebenso kann nach der zweiten Theorie jeder, der die Technik irgendeines Kunstzweigs erlernt hat, jederzeit und pausenlos etwas Schönes und Angenehmes produzieren, und dieses Schöne und Angenehme kann wertlos und schädlich sein.

Ganz genauso kann auch nach der dritten Theorie jeder beliebige, der ein Künstler sein möchte, pausenlos sogenannte Kunstwerke produzieren, denn für irgend etwas interessiert sich ja ein jeder. Und wenn einen Autor nun Wertloses und Schlechtes interessiert, dann wird auch sein Werk wertlos und schlecht sein.

Die Hauptsache aber ist, daß nach allen drei Theorien sogenannte Kunstwerke pausenlos produziert werden können wie jedes beliebige handwerkliche Erzeugnis. Und so werden sie ja praktisch auch produziert. Diese drei vorherrschenden, einander widersprechenden Theorien tragen also keineswegs dazu bei, jene Linie zu bestimmen, die Kunst von Nichtkunst trennt, sondern vor allem dazu, den Bereich der Kunst auszuweiten und alles Wertlose und Schädliche darin aufzunehmen.

Wo ist nun also die Linie, durch welche die Kunst, die notwendig und wichtig ist und Achtung verdient, von jener geschieden wird, die nicht notwendig und nicht wichtig ist und keine Achtung, sondern als etwas geradezu Sittenverderbendes nicht selten Verachtung verdient? [Was ist also Kunst? Ich kenne keine einzige klare und mich befriedigende Antwort auf diese Frage. Die üblichste und verbreitetste Definition der Kunst ist, Kunst sei eine menschliche Tätigkeit, die nicht materiellen Nutzen zum Ziel hat, sondern den Menschen Genuß verschafft; dabei wird gewöhnlich hinzugefügt: veredelnden oder die Seele erhebenden Genuß.

Diese Definition entspricht der Vorstellung, welche die meisten von der Kunst haben; aber sie ist nicht exakt und nicht ganz klar und läßt eine sehr willkürliche Deutung zu.

Unklar ist sie insofern, als sie unter dem Begriff Kunst sowohl die Tätigkeit des Kunstproduzenten als auch das Gefühl des Kunst-in-sich-Aufnehmenden vereint; und willkürliche Deutung läßt sie insofern zu, als sie nicht definiert, worin denn der veredelnde oder die Seele erhebende Genuß besteht; es kann also einer behaupten, er empfange solch einen Genuß von einem Werk, von dem ein anderer keinerlei Genuß empfängt. Und um daher Kunst zu definieren, muß man die Besonderheit dieser Tätigkeit und ihr Entstehen in dem Menschen definieren, der Kunst schafft, sowie auch die Besonderheit der Einwirkung dieser Tätigkeit auf andere, die sie in sich aufnehmen. Diese Tätigkeit unterscheidet sich von jeder anderen, vom Handwerk, vom Handel, ja sogar von der Wissenschaft (obgleich sie dieser sehr verwandt ist) dadurch, daß sie von keinerlei materiellem Bedürfnis hervorgerufen wird, sondern sowohl dem Produzenten eines Kunstwerks als auch dem, der es in sich aufnimmt, einen besonderen, sogenannten Kunstgenuß verschafft. Will man sich diese Besonderheit klarmachen, muß man verstehen, was die Menschen zu dieser Tätigkeit bewegt, wie ein Kunstwerk ensteht.] Worin besteht die wissenschaftliche und künstlerische Tätigkeit?

Um eine klare Antwort auf diese Frage geben zu können, müssen wir aus der wissenschaftlichen und künstlerischen Tätigkeit zunächst die gewöhnlich mit Wissenschaft und Kunst verwechselte Weitergabe solcher Kenntnisse und Auffassungen ausklammern, die von früheren Generationen übernommen wurden, und sie unterscheiden vom Erwerb neuer Kenntnisse und Auffassungen, eben jener, die später von Generation zu Generation weitergegeben werden.

Weitergabe dessen, was früheren Generationen bekannt war, ist Lern- und Lehrtätigkeit, sowohl auf wissenschaftlichem wie auch auf künstlerischem Gebiet. Das Hervorbringen von etwas Neuem dagegen ist schöpferische, eben wissenschaftliche und künstlerische Tätigkeit.

Die Weitergabe von Wissen, die Lehrtätigkeit, besitzt keine selbständige Bedeutung und hängt völlig davon ab, was die Menschen als schöpferische Tätigkeit ansehen, das heißt, was nach ihrer Ansicht in der Hauptsache von Generation zu Generation weitergegeben werden muß. Und deswegen ist die Bestimmung dessen, was schöpferische Tätigkeit ist, auch bestimmend dafür, was weitergegeben wird. Davon abgesehen, wird der Lehrtätigkeit gewöhnlich auch keine besondere Bedeutung zuerkannt. Die Vorstellung von wissenschaftlicher und künstlerischer Tätigkeit verbindet man mit dem eigentlichen Schaffen, das heißt mit den wissenschaftlichen und künstlerischen Werken.

Was ist nun wissenschaftliches und künstlerisches Schaffen?

Wissenschaftliches und künstlerisches Schaffen ist eine geistige Tätigkeit, die einen dunkel vorschwebenden Gedanken oder ein dunkel empfundenes Gefühl zu solcher Klarheit steigert, daß der Gedanke von anderen erfaßt wird und das Gefühl sich auch anderen mitteilt.

Schöpferische Tätigkeit, die jedem zugänglich ist und die daher jeder aus eigener Erfahrung kennt, vollzieht sich wie folgt: Jemand vermutet oder fühlt unklar etwas, das für ihn völlig neu ist, wovon er noch nie und von niemandem etwas gehört hat. Dieses Neue überrascht ihn, und er teilt es anderen mit. Allein die anderen sind zunächst außerstande, das, was er ihnen mitteilt, zu erkennen oder zu fühlen. Dieser Umstand beunruhigt ihn zunächst, [und der Betreffende prüft sich und bemüht sich, das, was er sieht, fühlt und begreift, wieder anderen unter neuem Aspekt mitzuteilen; doch diese begreifen das, was er ihnen mitteilt, auch nicht oder begreifen es nicht so, wie er es begreift und fühlt. Was (für) ihn verständlich ist, bleibt für die anderen unverständlich]. Und der Betreffende fragt sich, ob er vielleicht etwas sieht und fühlt, was es gar nicht gibt, oder ob es so ist, daß die anderen etwas, was es wirklich gibt, nicht sehen und fühlen. Und um diesen Zweifel zu beheben, spannt er alle Kräfte an, um sich selbst über dieses Etwas so klarzuwerden, daß es für ihn an der Wirklichkeit dessen, was er sieht, auch nicht den geringsten Zweifel mehr geben kann. Und sobald dieser Klärungsprozeß beendet ist und der Betreffende an der Existenz dessen, was er sieht, begreift und fühlt, nicht mehr zweifelt, sehen, begreifen und fühlen auch die anderen augenblicklich ganz dasselbe wie er. Und ebendieses Streben, über etwas, das anderen und einem selbst dunkel und unklar erscheint, Klarheit und Gewißheit zu erlangen, ist die Quelle, der die wissenschaftliche und künstlerische Tätigkeit entspringt.

Etwas von den Menschen früher nicht Gesehenes, nicht Empfundenes, nicht Begriffenes, das einen solchen Grad von Klarheit erreicht hat, daß es den Menschen verständlich wird, ist ein Werk der Wissenschaft und der Kunst.

Hierin besteht die Tätigkeit dessen, der Kunstwerke schafft, und mit dieser Tätigkeit ist auch das Fühlen dessen verknüpft, der ein Kunstwerk in sich aufnimmt. Dieses Fühlen hat seine Quelle im Nachahmungsvermögen oder richtiger in der Fähigkeit, sich anstecken zu lassen, in einem gewissen Hypnotismus, darin, daß die geistige Anspannung des Künstlers, sich über das klarzuwerden, was den Gegenstand seiner Zweifel ausmacht, durch das Kunstwerk auf den übertragen wird, der es in sich aufnimmt.

Auf dem Gebiet der Wissenschaft (ich spreche weiterhin von der Wissenschaft in weitestem Sinne, verstehe darunter alles, was die Menschen wissen) verläuft der Prozeß, durch den über einen vermuteten Gegenstand Klarheit und Gewißheit gewonnen wird, in der Weise, daß die Richtigkeit der Vermutung durch eine sich bewahrheitende Voraussage bewiesen wird. Wovon ein Wissenschaftler auch immer sprechen mag: von der Bewegung der Gestirne, vom Weizensäen, von den Gesetzen der Elektrizität, von der Art und Weise, wie man Pelzmäntel näht, von den grammatischen Regeln einer europäischen Sprache, er kann seine Behauptungen nur dadurch beweisen, daß er eine Voraussage trifft, die überprüft werden kann. Der Mond kreist um die Erde – der Beweis lautet: Wenn wir den Mond an dem und dem Tag betrachten, werden wir das und das sehen. Weizen muß so und so gesät werden, dann wird das und das geschehen; der Beweis dafür ist ein bestimmter auf dem Feld oder in Gefäßen gesäter Weizen; die Flexion in einer Sprache hat die und die Bedeutung; der Beweis dafür besteht darin, daß wir jedesmal, wenn wir einem Wort die betreffende Bedeutung beilegen, einen klaren und zusammenhängenden Sinn erhalten.

Jedes neue Wissen, über das eine solche Klarheit des Beweises erlangt worden ist, daß die Folgen der Anwendung dieses Wissens fehlerfrei vorausgesagt werden können, ist ein Werk wissenschaftlichen Schöpfertums. Und darum sind die Eigenschaften eines wissenschaftlichen Werkes folgende: 1. Neuheit des Gedankens, 2. Klarheit seiner Darlegung und 3. absolute Gewißheit des Gedankens, die durch überprüfte Voraussage bestätigt wird.

Künstlerisches Schöpfertum ist seinem Ursprung nach ganz das gleiche. Nur unterscheidet es sich vom wissenschaftlichen darin, daß ein wissenschaftliches Werk dann abgeschlossen ist, wenn es zur Möglichkeit der Voraussage geführt wurde, ein Kunstwerk aber dann, wenn es einen solchen Grad von Klarheit erlangt hat, daß es sich anderen mitteilt und in ihnen das gleiche Gefühl erzeugt, das der Künstler beim Schaffensprozeß empfindet. Es steckt gleichsam an.

Neues, früher Unbekanntes, das durch Anspannung des Gefühls zu solcher Klarheit erhoben worden ist, daß es allen zugänglich wird, ist ein Kunstwerk. Die Befriedigung der emotionalen Spannung des Künstlers, der sein Ziel erreicht hat, macht den Genuß des Künstlers aus. Und der Genuß derjenigen, die ein Kunstwerk in sich aufnehmen, besteht darin, daß sie ganz die gleiche emotionale Spannung empfinden, sie befriedigen, sich diesem Gefühl unterwerfen, es nachahmen, von ihm angesteckt werden wie vom Gähnen eines anderen, daß sie in wenigen Augenblicken all das erleben, was der Künstler erlebte, als er sein Werk schuf.

Das also ist nach meiner Ansicht das Besondere, das Kunst von jeder anderen Tätigkeit unterscheidet. Und alles, was den Menschen etwas Neues vermittelt, das durch Anspannung des Fühlens und Denkens eines Künstlers errungen wurde, ist nach dieser Definition ein Kunstwerk.

Bedeutung und Würde der Kunst bestehen also darin, daß sie den Menschen etwas zugänglich, begreiflich und erstrebenswert macht, was ihnen früher unzugänglich war, daß sie ihren Gesichtskreis erweitert und ihren geistigen Reichtum mehrt, das Kapital der Menschheit. Als Kunstwerk kann nach dieser Definition ein Werk anerkannt werden, das etwas der Menschheit bislang Unbekanntes enthält. Ein Kunstwerk wird immer etwas Neues enthalten, aber die Erschließung von irgend etwas Neuem muß nicht immer ein Kunstwerk sein. Soll ein Werk ein Kunstwerk sein, ist erforderlich, daß:

1. jenes Neue, das den Inhalt des Werks ausmacht, für die Menschen wichtig ist; 2. dieser Inhalt so klar ausgedrückt ist, daß die Menschen ihn begreifen können; und 3. der Autor sein Werk nicht aus äußeren Beweggründen, sondern aus einem inneren Bedürfnis heraus schafft.

Und daher können alle die Werke keine Kunstwerke sein, durch die nichts Neues erschlossen wird; und ebensowenig jene, die etwas völlig Wertloses und daher für die Menschen Unwichtiges zum Inhalt haben, mögen sie auch noch so verständlich ausgedrückt sein und mag der Verfasser an seinem Gegenstand aus ehrlichem inneren Antrieb gearbeitet haben; auch die Werke nicht, die so ausgedrückt wurden, daß sie für die Menschen unverständlich bleiben, mag ihr Inhalt für alle auch noch so wichtig und mag die Einstellung des Autors zu seinem Gegenstand auch noch so aufrichtig sein; und ebensowenig diejenigen, die der Autor nicht aus innerem Bedürfnis, sondern um äußerer Ziele willen geschaffen hat, mag der Inhalt auch noch so wichtig und mögen sie auch noch so verständlich ausgedrückt sein.

Ein Kunstwerk erschließt etwas Neues und genügt gleichzeitig in bestimmtem Grade drei Bedingungen, und zwar hinsichtlich des Inhalts, der Form und der Aufrichtigkeit. Und da ergibt sich schon eine Schwierigkeit: wie soll man jene unterste Grenze des Inhalts, der Schönheit und der Aufrichtigkeit bestimmen, bei der ein Werk zum Kunstwerk werden kann? Die Schwierigkeit entsteht dadurch, daß in jedem Falle ein Kunstwerk nur dann vorliegt, wenn alle drei Bedingungen vereint sind. Ein vollkommenes Kunstwerk ist es dann, wenn sein Inhalt für alle Menschen wichtig und bedeutsam und daher sittlich ist, wenn der Ausdruck für alle Menschen absolut klar und verständlich und daher schön und die Einstellung des Autors absolut ehrlich, aufrichtig und daher absolut wahrhaftig ist. Unvollkommen, aber dennoch ein Kunstwerk ist ein Werk, in dem alle drei Bedingungen zwar in Erscheinung treten, aber nicht in gleichem Grade. Kein Kunstwerk wird ein Werk nur dann sein, wenn entweder sein Inhalt nichtig und für die Menschen nicht notwendig oder wenn der Ausdruck völlig unverständlich oder wenn die Einstellung des Autors zu seinem Werk völlig unaufrichtig ist.

Entsprechend dem Vollkommenheitsgrad, den ein Werk in dieser oder jener oder der dritten Beziehung erreicht, unterscheiden sich alle echten Kunstwerke hinsichtlich ihres Wertes. Manchmal überwiegt das eine, manchmal das zweite, manchmal das dritte.

Bei jungen Künstlern beispielsweise überwiegt meist die Aufrichtigkeit, während der Inhalt unbedeutend und die Form mehr oder weniger schön ist. Bei älteren Künstlern hat ganz im Gegenteil die Bedeutsamkeit des Inhalts häufig das Übergewicht über die Schönheit der Form und die Aufrichtigkeit. Bei fleißigen Künstlern stehen Inhalt und Aufrichtigkeit hinter der Schönheit der Form zurück.

Alle Kunstwerke können danach bewertet werden, ob in ihnen das eine, das andere oder das dritte Wertmerkmal vorherrscht, und alle können unterteilt werden in: 1. inhaltsreiche, schöne, aber wenig aufrichtige; 2. inhaltsreiche, wenig schöne und wenig aufrichtige; 3. inhaltsarme, schöne und aufrichtige; 4. inhaltsarme, wenig schöne, aber aufrichtige und so weiter in allen möglichen Verbindungen und Kombinationen. Alle Werke der Kunst und überhaupt der geistigen Tätigkeit des Menschen können nur an Hand dieser drei Grundbedingungen bewertet werden; und so werden sie von den Menschen seit eh und je bis auf den heutigen Tag auch bewertet.

Die Unterschiede in der Bewertung hatten und haben ihren Ursprung in der Höhe der Anforderungen, die in bestimmten Zeiten und von bestimmten Leuten hinsichtlich jeder dieser drei Bedingungen an die Kunst gestellt werden.

Beispielsweise waren in der Antike die Anforderungen an den Inhalt weit höher und die Anforderungen an die Klarheit und die Wahrhaftigkeit weit niedriger, als sie es später und besonders heute geworden sind; die Anforderungen an die Schönheit sind im Mittelalter gestiegen, dafür wurden niedrigere Anforderungen an Inhalt und Aufrichtigkeit gestellt; und heute sind die Anforderungen an Aufrichtigkeit und Wahrhaftigkeit viel größer, aber dafür sind die Anforderungen an die Schönheit und insbesondere an den Inhalt niedriger geworden.

Eine solche Bewertung ist immer richtig, wenn sie alle drei Bedingungen beachtet, und immer unrichtig, wenn ein Werk nicht unter Berücksichtigung aller drei, sondern nur einer Bedingung bewertet wird.

Aber gerade diese Art der Bewertung eines Kunstwerks unter Berücksichtigung nur einer der drei Bedingungen ist ein heutzutage besonders verbreiteter Fehler, der einmal das gesamte Niveau der Anforderungen an die Kunst senkt und in den Bereich der Kunst Dinge einschleust, die nur Abklatsch von Kunst sind, und der andererseits bei Kritikern, Publikum und Künstlern zu einer Begriffsverwirrung darüber führt, was echte Kunst ist und wo ihre Grenze liegt, jene Linie, die Kunst von handwerklicher Produktion und Belustigung scheidet.

Diese Verwirrung hat ihren Ursprung darin, daß diejenigen, die nicht imstande sind, die Bedeutung von Kunstwerken voll zu begreifen, sie unter nur einem Aspekt beurteilen, in ihnen (je nach Charakter und Erziehung) nur den einen, den anderen oder den dritten Aspekt erkennen und sich einbilden, sich vorstellen, in diesem von ihnen erkannten Aspekt und in der auf diesem einen Aspekt, dieser einen Bedingung beruhenden Bedeutung des Kunstwerks sei die ganze Kunst inbegriffen. Die einen sehen nur die Bedeutsamkeit des Inhalts, die anderen nur die Schönheit der Form, die dritten nur die Aufrichtigkeit und daher Wahrhaftigkeit; und je nachdem, was sie sehen, bestimmen sie auch die Eigenschaft der Kunst. Das trifft für die große Mehrheit zu, und als Vertreter dieser Mehrheit erscheinen Verfasser ästhetischer Theorien, die den Begriffen und Forderungen dieser Mehrheit genügen.

Alle diese Theorien beruhen darauf, daß man die volle Bedeutung der Kunst nicht begreift und die drei Hauptbedingungen echter Kunst isoliert betrachtet. Unter diesen Pseudotheorien gibt es drei führende entsprechend der Dreizahl der isoliert betrachteten Hauptbedingungen der Kunst.

Die erste Theorie erkennt ein Werk als Kunstwerk an, wenn es unabhängig von Schönheit und Aufrichtigkeit einen wenn auch nicht neuen, so doch wichtigen und für alle Menschen sittlichen Inhalt zum Gegenstand hat. Diese Theorie wird von ihren Gegnern Tendenztheorie genannt.

Die zweite erkennt nur ein Werk als Kunstwerk an, wenn es unabhängig von der Neuheit, der Wichtigkeit des Inhalts und der Aufrichtigkeit über Schönheit der Form verfügt. Diese Theorie heißt Theorie der Kunst für die Kunst.

Die dritte Theorie erkennt nur ein Werk als Kunstwerk an, wenn es die aufrichtige Einstellung des Autors zu seinem Gegenstand und damit Wahrhaftigkeit enthält. Diese Theorie erklärt, der Inhalt könne noch so unbedeutend sein, bei mehr oder weniger schöner Form sei ein Werk gut, wenn der Autor zu dem, was er darstellt, eine aufrichtige und damit wahrhafte Einstellung hat. Diese Theorie heißt Theorie des Realismus.

All diese Theorien vergessen eins, daß nämlich weder Bedeutsamkeit noch Schönheit, noch auch Wahrhaftigkeit Bedingungen für ein Kunstwerk sind, daß die Grundbedingung für ein Kunstwerk darin besteht, daß der Künstler etwas Neues und Wichtiges erkennt.

Und deswegen muß ein echter Künstler seit eh und je und in aller Zukunft imstande sein, etwas völlig Neues zu sehen, und damit der Künstler etwas Neues sehen kann, muß er sich umschauen und nachdenken, darf er sich in seinem Leben nicht mit Bagatellen abgeben, die ihn daran hindern, in die Erscheinungen des Lebens aufmerksam hineinzusehen und sich hineinzudenken. Damit nun zum ersten jenes Neue, das er sieht, für die Menschen auch wichtig sei, darf er nicht als Egoist leben, sondern muß am gemeinsamen Leben der Menschheit teilnehmen. Sobald er aber dieses Neue und Wichtige sieht, findet er auch die Form, durch die er es ausdrücken kann, und ist auch die Aufrichtigkeit gegeben, die eine notwendige Bedingung für ein Kunstwerk darstellt. Er muß einen künstlerischen Inhalt so ausdrücken können, daß alle ihn begreifen. Dazu muß er die Technik seiner Kunst so beherrschen, daß er bei der Arbeit ebensowenig an diese Technik denkt wie ein Spaziergänger an die Regeln der Mechanik.

Um drittens an seinem Gegenstand nicht aus äußeren Beweggründen, sondern um der Befriedigung eines inneren Bedürfnisses willen arbeiten zu können, muß er sich über Gewinnsucht und Eitelkeit erheben.

Und um all das zu erreichen, muß der Künstler tun, was Bileam tat, als die Boten zu ihm kamen und er sich in die Einsamkeit zurückzog und auf Gott wartete, um nur das zu sagen, was Gott ihn heißen werde; und darf nicht tun, was der gleiche Bileam tat, als er sich, von Geschenken verführt, wider Gottes Geheiß auf den Weg zum König machte, was sogar der Eselin klar war, auf der er ritt, was er selber aber nicht sah, als Gewinnsucht und Eitelkeit ihn blendeten.

Die Menschen unserer Zeit haben sich gleichsam gesagt: »Kunstwerke sind etwas Gutes und Nützliches; es muß also dafür gesorgt werden, daß es möglichst viele gibt.«

Es wäre wirklich sehr gut, gäbe es mehr davon; allein das Unglück besteht darin, daß auf Bestellung nur Werke geschaffen werden können, die alle drei Bedingungen vermissen lassen und daher nur Handwerk darstellen. Ein echtes Kunstwerk kann nicht auf Bestellung geschaffen werden, denn ein wirkliches Kunstwerk ist Offenbarung einer neuen Lebenserkenntnis, die sich nach unbegreiflichen Gesetzen in der Seele des Künstlers vollzieht und dann, wenn der Künstler ihr Ausdruck verleiht, den Weg erhellt, auf dem die Menschheit schreitet.

1889

Die Sklaverei unserer Zeit

Ihr habt gehört, daß da gesagt ist: »Auge um Auge, Zahn um Zahn.« *(Matthäus 5, 38; Exodus 21, 24)*

Ich aber sage euch, daß ihr nicht widerstreben sollt dem Übel; sondern, so dir jemand einen Streich gibt auf deinen rechten Backen, dem biete den andern auch dar.

Und so jemand mit dir rechten will und deinen Rock nehmen, dem laß auch den Mantel.

Und so dich jemand nötigt eine Meile, so gehe mit ihm zwei. *(Matthäus 5, 39–41)*

Wer dich bittet, dem gib; und wer dir das Deine nimmt, da fordere es nicht wieder.

Und wie ihr wollt, daß euch die Leute tun sollen, also tut ihnen gleich auch ihr. *(Lukas 6, 30 und 31)*

Alle aber, die gläubig waren geworden, waren beieinander und hielten alle Dinge gemein. *(Apostel 2, 44)*

Aber er antwortete und sprach: Des Abends sprecht ihr: Es wird ein schöner Tag werden, denn der Himmel ist rot; und des Morgens sprecht ihr: Es wird heute Ungewitter sein, denn der Himmel ist rot und trübe. Ihr Heuchler! über des Himmels Gestalt könnt ihr urteilen; könnt ihr denn nicht auch über die Zeichen dieser Zeit urteilen? *(Matthäus 16, 2 und 3)*

Denn wer das Schwert nimmt, der soll durchs Schwert umkommen. *(Matthäus 26, 52)*

Das System, nach dem alle Völker der Welt handeln, beruht auf dem allerplumpesten Betrug, auf der allerschlimmsten Unbildung oder auf beidem zugleich: Wie immer also die Prinzipien, von denen dieses System getragen wird, auch variiert werden mögen, es ist außerstande, Gutes für die Menschen zu bewirken; im Gegenteil, seine praktischen Folgen müssen unheilvoll sein und ständig Unheil erzeugen. *(Robert Owen)*

In jüngster Zeit haben wir die große Erfindung der Zivilisation, die Arbeitsteilung, gründlich studiert und wesentlich vervollkommnet; nur geben wir ihr eine falsche Bezeichnung. Nicht die Arbeit ist geteilt, muß es richtig heißen, sondern der Mensch: Er ist in bloße menschliche Segmente geteilt, zu kleinen Stückchen, zu Krümeln auseinandergebrochen worden; daher reicht das kleine bißchen Vernunft, welches dem Menschen verblieb, nicht aus, eine ganze Nadel oder einen ganzen Nagel herzustellen, sondern erschöpft sich darin, eine Nadelspitze oder einen Nagelkopf anzufertigen. Gewiß ist es gut und wünschenswert, täglich viele Nadeln herzustellen; doch wenn wir sehen könnten, mit welchem Sand wir sie glätten – mit dem Sand menschlicher Seelen –, würden wir uns wohl überlegen, ob dies nicht auch seine Schattenseiten hat.

Man kann Menschen in Fesseln schlagen, sie quälen, als Zugvieh vorspannen, sie töten wie Sommerfliegen, und dennoch können solche Menschen in einem gewissen Sinne, im allerbesten Sinne, frei bleiben. Aber ihre unsterblichen Seelen niederdrücken, sie würgen und die zarten Keime ihrer menschlichen Vernunft zu faulenden Stummeln zu machen, ihr Fleisch und ihre Haut als Riemen zum Antreiben von Maschinen zu gebrauchen, das ist wahre Sklaverei. Lediglich diese Erniedrigung und Verwandlung des Menschen in eine Maschine ist es, welche die Arbeiter veranlaßt, sinnlos, zerstörerisch und vergeblich um eine Freiheit zu kämpfen, deren Wesen sie gar nicht begreifen. Ihr Grimm auf den Reichtum und auf die Herren ist nicht durch Hungerspein und nicht durch die ständige Verletzung ihres Stolzes hervorgerufen (diese zwei Ursachen haben schon immer das ihre getan; aber die Grundlagen der Gesellschaft sind nie so angeschlagen gewesen wie heute). Entscheidend ist nicht, daß sich die Menschen erbärmlich ernähren, entscheidend ist, daß die Arbeit, durch die sie ihr Brot verdienen, ihnen keine Freude macht, und daher betrachten sie den Reichtum als einzige Quelle der Freude.

Entscheidend ist nicht, daß die Menschen unter der Verachtung der oberen Klassen leiden, entscheidend ist, daß sie es nicht ertragen können, sich selbst zu verachten, fühlen sie doch, die Arbeit, zu der sie verurteilt sind, ist erniedrigend, demoralisiert sie und macht sie zu Wesen, die weniger sind als Menschen. Nie zuvor haben die oberen Klassen den niederen soviel Liebe und Sympathie entgegengebracht wie heute, und dennoch sind sie von ihnen noch nie so gehaßt worden. (*Ruskin*)

Einleitung

Vor nahezu fünfzehn Jahren hat die Volkszählung in Moskau einige Gedanken und Gefühle in mir ausgelöst, die ich, so gut ich es vermochte, in meinem Buch *Was sollen wir denn tun?* dargelegt habe. Ende vergangenen Jahres, also Ende 1899, mußte ich dieselben Fragen erneut überdenken, und die Antworten, zu denen ich gelangte, lauteten ebenso wie in dem Buch *Was sollen wir denn tun*?; doch da ich den Eindruck habe, es ist mir in diesen fünfzehn Jahren dank den jetzt verbreiteten Lehren gelungen, den in *Was sollen wir denn tun?* untersuchten Gegenstand ruhiger und ausführlicher zu durchdenken, möchte ich dem Leser die neuen Argumente vorlegen, die zu den gleichen Antworten wie früher führen. Ich glaube, diese Argumente können für alle diejenigen von Nutzen sein, die ehrlich bemüht sind, ihre Stellung in der Gesellschaft zu klären und die sich daraus ergebenden sittlichen Pflichten klar zu bestimmen, und daher veröffentliche ich sie.

Hauptanliegen jenes Buches wie auch des vorliegenden Aufsatzes ist die Negierung der Gewalt. Diese Negierung habe ich begriffen und erfahren aus dem Evangelium, wo sie am klarsten in den Worten ausgesprochen ist: Euch ist gesagt: Auge um Auge ... das heißt, man hat euch gelehrt, Gewalt gegen Gewalt zu setzen, ich aber lehre euch: Haltet euren anderen Backen hin, wenn man euch schlägt, das heißt, duldet Gewalt, aber übt keine. Ich weiß, diese großen Worte sind von den Liberalen und der Kirche leichtfertig und in gleichem Sinne mißdeutet worden und werden daher den meisten sogenannten Gebildeten zum Anlaß dienen, meinen Aufsatz gar nicht oder voreingenommen zu lesen, dennoch stelle ich diese Worte meinem Aufsatz als Motto voran.

Ich kann Leute, die sich als aufgeklärt bezeichnen, nicht daran hindern, die Lehre des Evangeliums als eine rückständige, von der Menschheit längst abgetane Richtschnur für das Leben zu betrachten. Meine Aufgabe besteht vielmehr darin, die Quelle zu zeigen, aus der ich die Erkenntnis jener Wahrheit schöpfte, die von den Menschen bei weitem noch nicht erkannt und die allein imstande ist, sie aus ihrem Elend zu erlösen. Und das tue ich hiermit.

28. Juni 1900

1

Ein Bekannter von mir, Waagemeister bei der Moskau-Kasaner Eisenbahn, erzählte mir bei einem Gespräch, die Bauern, welche die Waren auf seine Waage lüden, arbeiteten ohne Pause sechsunddreißig Stunden.

Obwohl ich an der Wahrheitsliebe des Erzählers nicht im geringsten zweifelte, konnte ich ihm nicht glauben. Ich dachte, entweder irrt er sich, oder er übertreibt, oder ich habe etwas mißverstanden.

Jedoch der Waagemeister berichtete mir so ausführlich von den Bedingungen, unter denen diese Arbeit geleistet wird, daß es keinen Zweifel mehr geben konnte. Nach seiner Darstellung beschäftigt die Moskau-Kasaner Eisenbahn etwa zweihundertfünfzig solcher Verladearbeiter. Sie sind in Gruppen zu fünf Mann eingeteilt, arbeiten im Akkord und bekommen für 1000 Pud verladener oder entladener Waren 1 Rubel beziehungsweise 1 Rubel 15 Kopeken. Sie kommen morgens, arbeiten den Tag und die Nacht beim Entladen, beginnen am Morgen, sobald die Nacht zu Ende ist, mit dem Beladen und arbeiten noch einen Tag, schlafen also in zweimal vierundzwanzig Stunden nur eine Nacht. Ihre Arbeit besteht darin, Ballen von 7, 8 und bis zu 10 Pud auszuladen und zu transportieren. Zwei wälzen den drei anderen die Ballen auf den Rücken, und diese tragen sie. Bei dieser Arbeit verdienen sie in vierundzwanzig Stunden, wenn sie sich selbst verpflegen, weniger als 1 Rubel. Sie arbeiten ununterbrochen, ohne Feiertage.

Der Bericht des Waagemeisters enthielt so viele Einzelheiten, daß man ihn nicht bezweifeln konnte, dennoch wollte ich mich selbst davon überzeugen und fuhr zum Güterbahnhof.

Als ich meinen Bekannten auf dem Güterbahnhof ausfindig gemacht hatte, sagte ich ihm, ich sei gekommen, mir anzusehen, was er mir erzählt habe.

»Keiner, dem ich davon erzählt habe, will mir glauben«, sagte ich.

»Nikita«, wandte sich der Waagemeister, ohne mir zu

antworten, an jemanden im Wägehäuschen, »komm mal her!«

Aus der Tür trat ein hochgewachsener, magerer Arbeiter in zerrissener Weste.

»Wann habt ihr mit der Arbeit angefangen?«

»Wann? Gestern früh.«

»Und wo seid ihr die Nacht gewesen?«

»Beim Entladen natürlich.«

»Ihr habt in der Nacht gearbeitet?« fragte nun ich.

»Natürlich.«

»Und wann habt ihr heute hier angefangen?«

»Früh, wann denn sonst?«

»Und wann macht ihr Feierabend?«

»Feierabend machen wir, wenn man uns gehen läßt.«

Es kamen noch die vier anderen, die zusammen mit ihm eine Fünfergruppe bildeten. Alle waren ohne Pelzjacke, in zerrissenen Westen, obwohl an die zwanzig Grad Frost herrschten. Ich fragte nun nach Einzelheiten ihrer Arbeit, und offensichtlich waren sie erstaunt, daß ich mich für eine so einfache und, wie ihnen schien, so natürliche Sache wie ihre sechsunddreißigstündige Arbeit interessierte.

Alle stammten vom Lande, die meisten aus Tula, waren also Landsleute von mir; einige kamen aus Orjol, andere auch aus Woronesh. In Moskau wohnen sie zur Miete, einige mit ihren Familien, die meisten jedoch allein. Wer ohne Familie lebt, schickt seinen Verdienst nach Hause. Beköstigt werden sie jeweils bei ihren Wirtsleuten. Das Essen kostet sie 10 Rubel im Monat. Sie essen immer Fleisch, halten die Fasten also nicht ein. Auf Arbeit sind sie nicht nur sechsunddreißig Stunden, sondern immer länger, denn für den Hin- und Rückweg brauchen sie über eine halbe Stunde, und außerdem hält man sie oft über die festgesetzte Zeit hinaus fest. Bei dieser siebenunddreißigstündigen Arbeit verdienen sie, das Essen noch nicht abgezogen, etwa 25 Rubel monatlich.

Auf meine Frage, warum sie diese Zuchthäuslerarbeit verrichten, antworteten sie: »Wohin sollen wir sonst?«

»Aber müßt ihr denn sechsunddreißig Stunden hintereinander arbeiten? Läßt es sich nicht einrichten, daß ihr in Schichten arbeitet?«

»So lautet die Vorschrift.«

»Und warum laßt ihr euch das gefallen?«

»Wir lassen's uns gefallen, weil wir essen müssen. Wem's nicht paßt, der kann gehen. Sogar wenn man mal eine Stunde zu spät kommt, kriegt man gleich den Laufpaß, und ab mit dir. Und auf deinen Platz warten schon zehn andere.«

Die Arbeiter waren alle junge Leute, nur einer war etwas älter, wohl um die Vierzig. Alle hatten abgezehrte, erschöpfte Gesichter und müde Augen, als hätten sie getrunken. Bei dem mageren Arbeiter, mit dem ich zuerst gesprochen hatte, war mir dieser seltsame müde Blick besonders aufgefallen. Ich fragte ihn, ob er heute etwas getrunken hätte.

»Ich trinke nicht«, antwortete er, ohne zu zögern, wie es Leute zu tun pflegten, die tatsächlich nicht trinken. »Ich rauche auch nicht«, fügte er hinzu.

»Aber die anderen trinken?« fragte ich.

»Ja. Sie bringen sich was mit.«

»Die Arbeit ist nicht leicht. Es gibt immerhin ein bißchen Mumm«, sagte der ältere Arbeiter. Dieser hatte auch heute etwas getrunken, aber man merkte es ihm nicht im geringsten an.

Ich unterhielt mich noch eine Weile mit den Arbeitern und ging dann zum Entladen.

An langen Reihen aller möglichen Waren vorbei gelangte ich zu den Arbeitern, die langsam einen vollen Waggon schoben. Das Heranschieben der Waggons und das Reinigen der Rampe von Schnee werden den Arbeitern, wie ich später erfuhr, nicht bezahlt. So steht es auch in den gedruckten Arbeitsbedingungen. Die Arbeiter waren genauso abgerissen und abgezehrt wie die, mit denen ich gesprochen hatte. Als sie den Waggon an Ort und Stelle hatten und anhielten, trat ich zu ihnen und fragte, wann sie mit der Arbeit begonnen und wann sie zu Mittag gegessen hätten. Sie antworteten, sie hätten um sieben angefangen und gerade erst zu Mittag gegessen. Die Arbeit habe es so ergeben, man hätte sie nicht gehen lassen.

»Und wann könnt ihr gehen?«

»Wie es gerade kommt, manchmal dauert's bis zehn«, antworteten die Arbeiter und brüsteten sich gleichsam mit ihrer Ausdauer.

Als die Arbeiter sahen, daß ich mich für ihre Lage interessierte, umringten sie mich und teilten mir, da sie mich vermutlich für einen Vorgesetzten hielten, einander unterbrechend, mit, was sie offensichtlich am meisten verdroß, daß nämlich der Raum, in dem sie sich hin und wieder zwischen der Tages und der Nachtschicht ein wenig aufwärmen und auch ein Stündchen schlafen konnten, viel zu klein war. Alle brachten zum Ausdruck, was für ein Ärgernis diese Enge für sie war.

»Für hundert Mann ein Raum, nirgends kann man sich lang legen, sogar unter den Pritschen ist es zu eng«, sagten unzufriedene Stimmen. »Sehen Sie sich's mal selber an, es ist nicht weit.«

Der Raum war tatsächlich zu klein. In der 10 Arschin messenden Stube konnten auf den Pritschen etwa vierzig Mann Platz finden. Einige Arbeiter waren nach mir eingetreten, und alle beklagten sich, einander ins Wort fallend, voll Erbitterung über die Enge. »Nicht mal unter den Pritschen kann man sich ausstrecken«, sagten sie.

Anfangs kam es mir seltsam vor, daß sich diese Menschen, die bei zwanzig Grad Frost ohne Pelzjacke siebenunddreißig Stunden lang Lasten von 10 Pud auf ihrem Rücken schleppten und ihr Mittag- und Abendbrot nicht zu der Zeit einnehmen durften, da sie es brauchten, sondern wenn es ihrem Vorgesetzten paßte, und deren Lage insgesamt viel schlechter als die von Lastpferden war – daß sich diese Menschen nur über die Enge in ihrer Wärmestube beklagten. Anfangs erschien mir das seltsam, doch als ich mich in ihre Lage hineindachte, begriff ich, was diese durchfrorenen Menschen, die nie ausschlafen konnten, empfanden, wenn sie sich nicht einmal ein wenig ausruhen und aufwärmen konnten, sondern statt dessen auf dem schmutzigen Fußboden unter die Pritschen kriechen mußten, wo sie in der stickigen, verunreinigten Luft ihre zerschlagenen Glieder und ihre Erschöpfung nur noch mehr spürten.

Erst in dieser qualvollen Stunde, da sie vergeblich versuchen, Schlaf und Erholung zu finden, fühlen sie wahrscheinlich schmerzhaft, wie entsetzlich diese siebenunddreißigstündige, ihre Lebenskraft aufzehrende Arbeit ist, und empören sich daher besonders über einen scheinbar so unbedeutenden Umstand wie die Enge eines Raumes.

Ich beobachtete mehrere Gruppen bei der Arbeit, sprach mit einigen weiteren Arbeitern, bekam von allen dasselbe zu hören und fuhr nach Hause in der Gewißheit, daß mir mein Bekannter die Wahrheit berichtet hatte.

Die Wahrheit lautete, daß Menschen, die als frei gelten, es für notwendig erachten, sich gegen einen Lohn, der gerade zum Essen reicht, zu einer Arbeit herzugeben, zu welcher in den Zeiten der Leibeigenschaft selbst der grausamste Sklavenhalter seine Sklaven nicht gezwungen hätte. Doch was rede ich von Sklavenhalter, kein Pferdekutscher würde sein Pferd dazu hergeben, denn ein Pferd kostet Geld, und es hieße schlecht wirtschaften, wollte man das Leben eines wertvollen Tieres dadurch verkürzen, daß man es siebenunddreißig Stunden lang weit über seine Kräfte arbeiten läßt.

2

Menschen zwingen, siebenunddreißig Stunden ohne Schlafpause zu arbeiten, ist nicht nur grausam, sondern auch unökonomisch. Dennoch können wir einen so unökonomischen Verbrauch von Menschenleben ständig und allerorts beobachten.

Gegenüber dem Haus, in dem ich wohne, liegt eine nach den modernsten Erkenntnissen der Technik eingerichtete Seidenwarenfabrik. Dort arbeiten und leben etwa dreitausend Frauen und siebenhundert Männer. Während ich gerade in meinem Zimmer sitze, höre ich das nie verstummende Dröhnen der Maschinen und weiß, denn ich war einmal dort, was dieses Dröhnen zu bedeuten hat. Dreitausend Frauen stehen zwölf Stunden lang in ohrenbetäubendem Lärm an Maschinen, wo sie Seidenfäden, die für die Produktion von Seidenstoffen benötigt werden, aufwickeln, abwickeln und durch die Maschine laufen lassen. Alle Frauen, nur die ausgenommen, die gerade erst aus den Dörfern gekommen sind, haben ein ungesundes Aussehen. Die meisten führen ein hemmungsloses und unsittliches Leben, fast alle verheirateten und unverheirateten Frauen schicken ihre Kinder sofort nach der Geburt fort, entweder in ihr Dorf oder in ein Erziehungsheim, wo achtzig Prozent dieser Kinder sterben, die jungen Mütter selbst gehen, um ihren Arbeitsplatz nicht zu verlieren, am zweiten oder dritten Tag nach der Niederkunft wieder arbeiten.

Zwanzig Jahre lang also und bis auf den heutigen Tag richten, wie ich weiß, Tausende und aber Tausende junger, gesunder Frauen und Mütter ihr eigenes und das Leben ihrer Kinder zugrunde, um Samt- und Seidenstoffe herzustellen.

Gestern begegnete mir ein junger Bettler von athletischer Gestalt, aber in gekrümmter Haltung und an Krücken. Er hatte mit der Schubkarre gearbeitet, sich verhoben und innere Verletzungen davongetragen. Was er besaß, hat er zu Kurpfuscherinnen und Ärzten geschafft, er ist jetzt acht Jahre ohne Unterkunft, geht betteln und murrt über Gott, weil der ihm nicht den Tod schickt.

Wie häufig kommt es zu solcher Vergeudung von Menschenleben, von der wir nichts wissen oder von der wir zwar wissen, die wir aber nicht beachten, da wir meinen, das müsse eben so sein.

In der Eisenhütte von Tula kenne ich Hochofenarbeiter, die, um wenigstens jeden zweiten Sonntag frei zu haben, nach der Tagschicht auch in der Nacht dableiben und vierundzwanzig Stunden ohne Unterbrechung arbeiten. Ich habe diese Arbeiter gesehen. Alle trinken Wein, um sich aufzumuntern, und vergeuden offensichtlich ebenso wie diese Eisenbahntransportarbeiter nicht nur die Zinsen, sondern das Kapital ihres Lebens. Und wie viele Menschen büßen das Leben ein, weil sie erklärtermaßen gesundheitsschädliche Arbeiten verrichten: Drucker, die Bleistaub einatmen, Arbeiter in Spiegelfabriken, in Karten- und Streichholzfabriken, in Zucker-, Tabak- und Glasfabriken, Bergarbeiter und Grubenräumer!

Die statistischen Angaben Englands besagen, daß die Lebensdauer von Angehörigen der oberen Klassen fünfundfünfzig Jahre beträgt, für Arbeiter gesundheitsschädlicher Berufe dagegen nur neunundzwanzig Jahre.

Man sollte meinen, wenn wir das wissen (und es ist ausgeschlossen, daß wir es nicht wissen), dann dürften wir, die wir uns diese Menschenleben verschlingende Arbeit zunutze machen, keine ruhige Minute mehr haben, falls wir nicht wilde Tiere sind, in Wirklichkeit aber ist es so, daß wir wohlhabenden, liberalen und humanen Menschen, die auf Leiden von Menschen, ja sogar von Tieren überaus empfindlich reagieren, aus solcher Arbeit ständig Nutzen ziehen und immer reicher und reicher werden, das heißt solche Arbeit in immer größerem Umfang beanspruchen und dabei nichts von unserem Seelenfrieden einbüßen.

Sobald wir beispielsweise erfahren, daß Transportarbeiter siebenunddreißig Stunden arbeiten und eine erbärmliche Unterkunft haben, schicken wir einen gutbezahlten Inspektor dorthin, lassen Arbeit, die zwölf Stunden übersteigt, verbieten und überlassen es den Arbeitern, die nun ein Drittel ihres Lohnes einbüßen, irgendwie durchzukommen, verpflichten dazu noch die Eisenbahn, für die Arbeiter eine bequeme und geräumige Unterkunft zu schaffen, und können dann unsere Waren mit völlig ruhigem Gewissen durch diese Eisenbahn anliefern und versenden lassen und unser Gehalt, unsere Dividende, die Einnahmen von unseren Häusern, von unserem Grund und Boden und dergleichen mehr beziehen. Erfahren wir dagegen, daß in einer Seidenfabrik die Frauen und Mädchen, die fern von ihren Familien und in einem Milieu übler Verlockungen leben, sich und ihre Kinder zugrunde richten, daß mehr als die Hälfte der Wäscherinnen, die unsere gestärkten Hemden bügeln, oder der Drucker, die zu unserer Zerstreuung Bücher und Zeitungen drucken, an Schwindsucht leiden, zucken wir nur die Achseln, sagen, es täte uns sehr leid, daß dies so ist, aber wir könnten nichts dagegen tun, und kaufen auch weiterhin ruhigen Gewissens Seidenstoffe, tragen gestärkte Hemden und lesen unsere Morgenzeitungen. Wir sind sehr besorgt um den Urlaub der Kaufmannsgehilfen, noch besorgter darüber, daß unsere Kinder in den Gymnasien überfordert werden, verbieten den Lastkutschern aufs strengste, ihre Pferde schwere Lasten ziehen zu lassen, und richten sogar das Schlachten auf den Viehhöfen so ein, daß die Tiere möglichst wenig leiden müssen. Warum befällt uns dann eine so erstaunliche Blindheit, sobald es sich um jene Millionen Arbeiter handelt, die allerorts langsam und oft unter Qualen bei Arbeiten dahingemordet werden, die wir zu unserer Bequemlichkeit und unserem Vergnügen beanspruchen?

3

Diese erstaunliche Verblendung der Menschen unserer Kreise kann man nur damit erklären, daß sich die Menschen, wenn sie verwerflich handeln, immer eine Weltanschauung ausdenken, die ihre verwerfliche Handlungsweise nicht mehr als verwerflich erscheinen läßt, sondern als eine Folge unabänderlicher und ihrem Machtbereich entzogener Gesetze. Im Altertum besagte diese Weltanschauung, es gäbe einen unerforschlichen und unabänderlichen Willen Gottes, der dem einen eine niedrige Stellung und Arbeit vorbestimmt habe und dem anderen eine hohe Stellung und den Genuß aller Lebensgüter.

Über diese Weltanschauung sind schon eine Unmenge Bücher geschrieben und unzählige Predigten gehalten worden. Dieses Thema wurde unter den verschiedensten Aspekten abgehandelt. Es wurde bewiesen, Gott habe unterschiedliche Menschen geschaffen – Sklaven und Herren – und beide müßten mit ihrer Lage zufrieden sein; dann wurde bewiesen, die Sklaven würden es im Jenseits besser haben; später erklärte man, die Sklaven seien zwar Sklaven und müßten es bleiben, ihre Lage würde aber gar nicht so schlecht sein, verhielten sich die Herren ihnen gegenüber gnädig; die allerjüngste Erklärung schließlich, die nach der Sklavenbefreiung aufkam, lautete, der Reichtum sei von Gott nur einigen anvertraut worden, damit sie einen Teil davon für gute Taten verwendeten, und daher stelle der Reichtum der einen und die Armut der anderen nichts Verwerfliches dar.

Diese Erklärungen befriedigten sowohl die Armen wie auch die Reichen – die Reichen insbesondere – sehr lange. Es kam jedoch eine Zeit, da diese Erklärungen nicht mehr genügten, besonders nicht den Armen, die anfingen ihre Lage zu begreifen, und nun wurden neue Erklärungen benötigt. Und sie tauchten auch genau zum rechten Zeitpunkt auf. Diese neuen Erklärungen erschienen im Gewand der Wissenschaft, der politischen Ökonomie, die behauptet, sie habe die Gesetze gefunden, nach denen die Arbeit und der Genuß der Arbeitsprodukte auf die Menschen verteilt werden. Diese Gesetze bestehen nach der Lehre dieser Wissenschaft darin, daß die Verteilung der Arbeit und die Beanspruchung von Arbeit durch Nachfrage und Angebot bestimmt werden, durch das Kapital, die Bodenrente, den Lohn, den Wert, den Gewinn und so weiter, überhaupt durch unabänderliche Gesetze, die das ökonomische Handeln der Menschen regeln.

Über dieses Thema sind innerhalb kurzer Frist nicht weniger Bücher und Broschüren geschrieben und Vorträge gehalten worden als über das frühere Thema theologische Traktate und Predigten, und auch heute werden darüber pausenlos Berge von Broschüren und Büchern geschrieben und Vorträge gehalten; und alle diese Bücher und Vorträge sind ebenso nebelhaft und unverständlich wie die theologischen Traktate und Predigten, und sie erreichen ihr vorherbestimmtes Ziel ebenso wie die theologischen Traktate: Sie liefern eine Erklärung der herrschenden Ordnung, bei der die einen ruhigen Gewissens nicht zu arbeiten brauchen und sich die Arbeit der anderen zunutze machen können.

Zwar hat man bei den Untersuchungen dieser angeblichen Wissenschaft nicht etwa die Lage der Menschen in der ganzen Welt und während der gesamten Menschheitsgeschichte als Maßstab für eine allgemeine Ordnung zugrunde gelegt, sondern die Lage der Menschen in dem kleinen, eine absolute Sonderstellung einnehmenden England am Ende des vorigen und zu Beginn dieses Jahrhunderts, aber dieser Umstand hat niemanden daran gehindert, die Behauptungen, zu der die Forscher gelangten, als wahr hinzunehmen; wie dies ja auch durch die ewigen Diskussionen und Meinungsverschiedenheiten der Vertreter dieser Wissenschaft nicht verhindert wird, die sich nicht einig werden können, wie man Bodenrente, Mehrwert, Profit und dergleichen mehr verstehen soll. Eine einzige Grundthese dieser Wissenschaft wird von allen anerkannt – daß nämlich die menschlichen Beziehungen nicht dadurch geregelt werden, was die Menschen als gut oder böse ansehen, sondern dadurch, was für die von Vorteil ist, die eine privilegierte Stellung einnehmen.

Als unumstößliche Wahrheit gilt, wenn es in der Gesellschaft viele Räuber und Diebe gibt, die den arbeitenden Menschen die Produkte ihrer Arbeit wegnehmen, dann nicht, weil die Räuber und Diebe verwerflich handeln, sondern weil die unabänderlichen ökonomischen Gesetze so lauten, die sich nur in allmählicher, von der Wissenschaft festgelegter Evolution verändern, und daher können nach der Lehre dieser Wissenschaft alle, die zu den Räubern, Dieben oder Hehlern zählen und Raub und Diebstahl zu ihrem Geschäft gemacht haben, getrost auch weiterhin genießen, was sie zusammenstehlen und zusammenrauben.

Die meisten Menschen unserer Welt kennen die beruhigenden Erklärungen der Wissenschaft zwar nicht in ihren Einzelheiten, wie auch viele Menschen der Vergangenheit die theologischen Erklärungen, die ihre Lage rechtfertigen sollten, nicht in allen Einzelheiten kannten, dennoch aber wissen alle, daß es diese Erklärungen *gibt*, daß gelehrte, gescheite Männer bewiesen haben und auch weiterhin beweisen, die jetzige Ordnung der Dinge sei, wie sie eben zu sein habe, und man könne daher getrost in dieser Ordnung der Dinge leben und brauche sich nicht zu bemühen, sie zu ändern.

Nur so vermag ich mir jene erstaunliche Verblendung zu erklären, in der sich die gutherzigen Menschen unserer Gesellschaft befinden, die Tieren aufrichtigen Herzens wohlwollen, das Leben ihrer Brüder aber mit reinstem Gewissen für sich beanspruchen.

4

Die Theorie, der zufolge Gottes Wille darin besteht, daß die einen Besitzgewalt über die anderen hätten, konnte die Menschen sehr lange beruhigen. Aber diese Theorie, welche die menschliche Grausamkeit rechtfertigte, trieb diese Grausamkeit bis zum äußersten und löste damit Widerstand und Zweifel an ihrer Richtigkeit aus.

Auch die heutige Theorie, laut der die ökonomische Entwicklung nach unabänderlichen Gesetzen verläuft, denen zufolge die einen Kapital anhäufen, die anderen dagegen ihr ganzes Leben arbeiten müssen, um dieses Kapital zu mehren und sich auf die verheißene Vergesellschaftung der Produktionsmittel vorzubereiten, auch diese Theorie, die eine verschärfte Grausamkeit der einen gegenüber den anderen zur Folge hat, löst, insbesondere unter den einfachen, von der Wissenschaft noch nicht verdummten Menschen, gewisse Zweifel aus.

Wir sehen beispielsweise Transportarbeiter, die ihr Leben durch siebenunddreißigstündige Arbeit zugrunde richten, oder Frauen in der Fabrik oder Wäscherinnen und Drucker oder all die Millionen, die unter den schweren, unnatürlichen Bedingungen einförmiger, abstumpfender, nur unter Zwang geleisteter Arbeit leben, und fragen uns selbstverständlich: Was hat diese Menschen in eine solche Lage gebracht, wie können sie daraus erlöst werden? Und die Wissenschaft gibt uns zur Antwort, diese Menschen befänden sich in einer solchen Lage, weil die Eisenbahn der und der Gesellschaft gehört, die Seidenfabrik dem und dem Herrn und weil alle Fabriken, Druckereien und Wäschereien insgesamt den Kapitalisten gehören, und diese Lage werde sich dadurch ändern, daß die Arbeiter sich in Verbänden und Genossenschaften zusammenschließen, durch Streiks und Beteiligung an der Regierung immer mehr Einfluß auf die Fabrikherren und die Regierung gewinnen, zunächst eine Verringerung der Arbeitszeit und eine Erhöhung ihres Lohns durchsetzen und schließlich erreichen, daß alle Produktionsmittel in ihre Hände übergehen. Und dann werde alles gut; jetzt hingegen laufe alles, wie es laufen muß, und es brauche nicht das Geringste verändert zu werden.

Diese Antwort muß allen ungelehrten und besonders allen russischen Menschen höchst erstaunlich vorkommen. Erstens: Was die Transportarbeiter oder die Frauen in den Fabriken oder all die Millionen anderer Arbeiter anlangt, die schwere, gesundheitsschädliche und abstumpfende Arbeit leisten müssen, so erklärt die Besitzgewalt der Kapitalisten an den Produktionswerkzeugen nicht das geringste. Die landwirtschaftlichen Produktionswerkzeuge jener Arbeiter, die heute bei der Eisenbahn beschäftigt sind, wurden von den Kapitalisten keineswegs geraubt: Diese Arbeiter besitzen Grund und Boden, Pferde, Pflüge, Eggen und alles, was zur Bearbeitung des Bodens erforderlich ist; ebensowenig sind die Frauen in den Fabriken zu dieser Arbeit gezwungen worden, weil man ihnen die Produktionswerkzeuge weggenommen hätte, ganz im Gegenteil, in den meisten Fällen geschieht es gegen den Willen der älteren Familienmitglieder, wenn sie die Häuser verlassen, in denen ihre Arbeit dringend benötigt wird und wo sie alle Produktionswerkzeuge besitzen. In der gleichen Lage befinden sich die Millionen Arbeiter in Rußland und allen anderen Staaten. Die Ursache für das Elend der Arbeiter darf also nicht darin gesehen werden, daß die Kapitalisten die Produktionswerkzeuge an sich reißen. Die Ursache muß in dem gesucht werden, was die Arbeiter aas ihren Dörfern vertreibt. Das zum ersten. Zweitens aber ist eine Erlösung der Arbeiter aus ihrer Lage selbst in jener fernen Zukunft, in der die Wissenschaft ihnen diese Erlösung verheißt, weder von einer Verringerung der Arbeitszeit zu erwarten noch von einer Erhöhung des Lohns, noch auch von der verheißenen Vergesellschaftung der Produktionsmittel.

All das vermag ihre Lage nicht zu verbessern, denn die Elendslage der Arbeiter bei der Eisenbahn, in der Seidenweberei und jeder anderen Fabrik und jedem anderen Unternehmen hat ihre Ursache nicht in einer größeren oder geringeren Anzahl der Arbeitsstunden (die Bauern arbeiten bisweilen achtzehn Stunden täglich und sechsunddreißig Stunden hintereinander und fühlen sich dabei glücklich), auch nicht in niedrigem Lohn oder darin, daß die Eisenbahn oder die Fabrik nicht ihnen gehört, sondern darin, daß die Arbeiter einmal gezwungen sind, unter den schädlichen, unnatürlichen und für ihr Leben häufig gefährlichen und verhängnisvollen Bedingungen des städtischen Kasernenlebens zu arbeiten, das voll von Verführung und Laster ist, und daß sie zum anderen eine ihnen wesensfremde und erzwungene Arbeit leisten müssen.

In jüngster Zeit sind die Arbeitsstunden verringert und ist der Lohn erhöht worden, aber die Verringerung der Arbeitszeit und die Lohnerhöhung haben die Lage der Arbeiter nicht verbessert, sieht man von mehr dem Luxus zuzurechnenden Gewohnheiten ab, wie sie eine Uhr mit Kette, Seidentücher, Tabak, Wein, Rindfleisch, Bier und dergleichen darstellen, und hat dafür den wahren Wohlstand der Arbeiter im Auge, das heißt ihre Gesundheit und Moral und vor allem ihre Freiheit.

In der Seidenweberei, die ich kenne, waren vor zwanzig Jahren überwiegend Männer tätig, die bei vierzehnstündiger Arbeit im Durchschnitt fünfzehn Rubel verdienten und dieses Geld meist ihren Angehörigen aufs Dorf schickten. Heute sind dort fast ausschließlich Frauen beschäftigt, die elf Stunden arbeiten und in einigen Fällen bis zu fünfundzwanzig Rubel monatlich verdienen, im Durchschnitt jedoch über fünfzehn Rubel, und meist schicken sie ihren Verdienst nicht nach Hause, sondern verbrauchen ihn hier, vorwiegend für

Putz, Alkohol und Ausschweifungen. Die Verringerung der Arbeitsstunden aber verlängert nur die Zeit, die sie in den Kneipen versitzen.

Genauso sieht es mehr oder weniger in allen Fabriken aus. Trotz der Verringerung der Arbeitszeit und der Erhöhung des Lohns verschlechtert sich im Vergleich zum Leben auf dem Lande überall der Gesundheitszustand, verringert sich die durchschnittliche Lebensdauer und schwindet die Moral, wie das ja auch gar nicht anders sein kann, wenn der Mensch aus den Verhältnissen herausgerissen wird, die der Moral am förderlichsten sind – dem Familienleben und der freien, gesunden, abwechslungsreichen, sinnvollen landwirtschaftlichen Arbeit.

Es kann durchaus sein, daß, wie einige Wirtschaftsexperten behaupten, die Verringerung der Arbeitszeit, die Erhöhung des Lohns und die Verbesserung der hygienischen Bedingungen in den Fabriken zu einer Verbesserung des Gesundheitszustands und der Moral der Arbeiter im Vergleich zu der Situation führen, in der sich die Fabrikarbeiter früher befanden. Es ist sogar möglich, daß in jüngster Zeit und in einigen Gegenden die Lage der Arbeiter in den Fabriken – was die äußeren Bedingungen anlangt – besser ist als die Lage der Landbevölkerung. Doch das ist – und auch nur in einigen Gegenden – lediglich deswegen der Fall, weil Regierung und Gesellschaft unter dem Einfluß der Wissenschaft alles mögliche tun, um die Lage der Landbevölkerung zu verschlechtern und die der Fabrikarbeiter zu verbessern.

Ist die Lage der Fabrikarbeiter in einigen Gegenden, und auch dort nur äußerlich, besser als die der Landarbeiter, so beweist dies nur, daß man das äußerlich allerbeste Leben durch alle möglichen Beschränkungen zu einem Elendsdasein machen kann und es keine noch so unnatürliche und schlimme Lage gibt, an die sich der Mensch nicht anpassen könnte, wenn er mehrere Generationen darin verharrt.

Das Elend des Fabrikarbeiters und überhaupt des Arbeiters in der Stadt besteht nicht darin, daß er lange arbeiten muß und wenig verdient, sondern darin, daß er der natürlichen Lebensbedingungen in der freien Natur, daß er seiner Freiheit beraubt und gezwungen ist, wider seinen Willen eine ihm wesensfremde und eintönige Arbeit zu verrichten.

Und deshalb kann die Antwort auf die Frage, warum sich die Arbeiter in den Fabriken und Städten in einer Elendslage befinden und wie man dem abhelfen könnte, keineswegs lauten, das käme daher, weil sich die Kapitalisten in den Besitz der Produktionsmittel gebracht hätten, und die Lage der Arbeiter würde besser, wenn die Arbeitszeit verringert, der Lohn erhöht und die Produktionsmittel vergesellschaftlicht würden.

Die Antwort auf diese Fragen muß einmal die Ursachen aufdecken, durch welche die Arbeiter ihrer natürlichen Lebensbedingangen in der freien Natur beraubt und in die Sklaverei der Fabrik getrieben wurden, und zum anderen die Mittel zeigen, welche die Arbeiter von dem Zwang erlösen, dem freien Leben auf dem Dorf den Rücken zu kehren und dafür das unfreie Fabrikleben zu führen.

Und deshalb enthält die Frage, warum sich die Arbeiter in den Städten in einer Elendslage befinden, vor allem die andere Frage, welche Ursachen diese Menschen aus den Dörfern vertrieben haben, wo sie oder ihre Vorfahren lebten und noch leben könnten und wo bei uns in Rußland auch heute noch solche Menschen leben, und was sie gegen ihren Willen in die Fabriken trieb und treibt.

Wenn es nun Arbeiter gibt, die wie in England, Belgien und Deutschland schon mehrere Generationen in den Fabriken arbeiten, dann leben auch diese nicht freiwillig dort, sondern weil ihre Eltern, Großeltern oder Urgroßeltern aus irgendeinem Grunde gezwungen waren, das Bauernleben, das sie liebten, gegen das Leben in der Stadt und der Fabrik einzutauschen, das ihnen als Last erschien. Zuerst hat man der Landbevölkerung gewaltsam das Land weggenommen, sagt K. Marx, sie vertrieben und zu Landstreichern gemacht, dann hat man sie auf Grund grausamer Gesetze gefoltert, mit glühenden Eisen gebrandmarkt und mit Peitschen geschlagen, um sie den Forderungen der Lohnarbeit gefügig zu machen. Und daher müßte die Frage, wie die Arbeiter aus ihrer Elendslage erlöst werden können, natürlicherweise auf die Frage hinauslaufen, wie die Ursachen beseitigt werden können, die einige Menschen – denen alle übrigen noch folgen sollen – aus einer Lage vertrieben, in der sie sich wohl fühlten, und sie dafür in eine Lage drängten und drängen, die sie seit eh und je als ein Unglück betrachten.

Die ökonomische Wissenschaft weist zwar im Vorbeigehen auf die Ursachen hin, welche die Arbeiter aus den Dörfern vertrieben haben, interessiert sich aber nicht für die Frage, wie diese Ursachen beseitigt werden können, sondern konzentriert ihre ganze Aufmerksamkeit auf die Verbesserung der Lage der Arbeiter in den bereits bestehenden Fabriken, gleichsam als setze sie voraus, die Existenz der Arbeiter in diesen Fabriken sei etwas Unabänderliches, etwas, das um jeden Preis für alle, die sich bereits in den Fabriken befinden, erhalten und für alle, die dem Dorf und der Landarbeit noch nicht den Rücken gekehrt haben, zu etwas ebenso Unabänderlichem gemacht werden müsse.

Darüber hinaus hat sich die ökonomische Wissenschaft so sehr in den Glauben verrannt, alle Menschen, die auf dem Lande arbeiten, müßten zwangsläufig den Zustand des städtischen Fabrikarbeiters durchlaufen, daß sie entgegen der Ansicht aller Weisen und Dichter der ganzen Welt, welche die Verwirklichung des Ideals menschlichen Glücks immer nur in der Landarbeit sahen, und ungeachtet der Tatsache, daß alle Arbeiter, die noch keine widernatürlichen Gewohnheiten angenommen haben, da sie die Landarbeit immer jeder anderen vorzogen und vorziehen, und obwohl Fabrikarbeit immer ungesund und eintönig, Landarbeit dagegen die gesündeste und abwechslungsreichste ist und Landarbeit immer frei ist, weil nämlich der Arbeiter nach eigenem Willen auf Arbeit Erholung folgen lassen kann, während die Arbeit in der Fabrik, selbst wenn diese den Arbeitern gehören würde, immer unfrei und von der Maschine abhängig ist, und obwohl die Fabrikarbeit sekundäre, die Landarbeit aber primäre Arbeit ist, ohne die keine Fabrik existieren könnte – daß sie also trotz alledem behauptet, der Übergang vom Dorf in die Stadt bringe allen Menschen vom Lande nicht etwa Leiden, sondern entspräche ihrem eigenen Wunsch und werde von ihnen herbeigesehnt.

5

So unrichtig nun aber die Behauptung der Wissenschaftler auch ist, das Glück der Menschheit müsse in ebenjener Erscheinung bestehen, die dem menschlichen Empfinden so tief zuwider ist, nämlich in der eintönigen, nur unter Zwang geleisteten Fabrikarbeit – die Vertreter der Wissenschaft können gar nicht anders, als zu dieser unrichtigen Behauptung zu gelangen, wie ja auch die Theologen zwangsläufig zu der ebenso unrichtigen Behauptung gelangten, Sklaven und Herren seien unterschiedliche Wesen und die Ungleichheit ihrer Stellung in dieser Welt würde in der künftigen Welt vergolten.

Diese eindeutig falsche Behauptung hat ihre Ursache darin, daß alle, welche die Stellung der Wissenschaft seit eh und je bestimmen, den wohlhabenden Klassen angehören und in einem solchen Maße an die vorteilhaften Bedingungen gewöhnt sind, unter denen sie leben, daß sie nicht einmal den Gedanken aufkommen lassen, die Gesellschaft könne außerhalb dieser Bedingungen existieren.

Und die Lebensbedingungen, an welche die Angehörigen der reichen Klassen gewöhnt sind, werden eben durch jene großzügige Produktion der verschiedensten, ihrer Bequemlichkeit und ihrem Vergnügen dienenden Gegenstände geschaffen, die nur dank den jetzt bestehenden Fabriken und ihrer jetzigen Produktionsweise möglich ist. Wenn daher Wissenschaftler, die den wohlhabenden Klassen angehören, über die Verbesserung der Lage der Arbeiter sprechen, schlagen sie immer nur Verbesserungen vor, bei denen die Fabrikproduktion unverändert bleibt und daher auch die Privilegien, die sie genießen, unverändert bleiben.

Sogar die fortschrittlichsten Vertreter der Wissenschaft,

die Sozialisten, welche die vollständige Übergabe der Produktionswerkzeuge an die Arbeiter fordern, setzen immer voraus, daß die Produktion in denselben oder in ganz gleichen Fabriken und mit der heutigen Arbeitsteilung weitergehen wird und man dann die gleichen beziehungsweise fast die gleichen Gegenstände wie jetzt herstellt. Der Unterschied besteht nach ihrer Vorstellung lediglich darin, daß nicht sie allein, sondern alle in den Genuß der Bequemlichkeiten kommen werden, die heute nur ihnen vorbehalten sind. Sie haben eine dunkle Vorstellung davon, daß bei einer Vergesellschaftung der Arbeitswerkzeuge auch sie, die Vertreter der Wissenschaft, und überhaupt die Angehörigen der herrschenden Klassen mitarbeiten werden, vorzugsweise freilich in leitender Stellung: als Zeichner, Gelehrte oder Künstler. Wie und von wem aber die weiße Farbe in den Maulkörben hergestellt werden soll, wer Heizer, wer Bergmann und Kloakenreiniger wird, darüber schweigen sie sich aus, oder sie nehmen an, all das würde so vervollkommnet, daß selbst die Arbeit in den Kloaken und untertage zu einer angenehmen Beschäftigung werde. So stellen sie sich in Utopien wie der von Bellamy und in gelehrten Abhandlungen die ökonomische Praxis vor.

Ihrer Theorie zufolge werden sich die Arbeiter alle in Verbänden und Genossenschaften zusammenschließen, sich zur Solidarität erziehen und mit Hilfe ihrer Verbände und Streiks und durch Mitarbeit in den Parlamenten schließlich dahin gelangen, daß sie alle Produktionswerkzeuge, den Grund und Boden eingeschlossen, in ihren Besitz bringen; und dann werden sie sich so gut ernähren, sich so gut kleiden und sich so viele Sonntagsvergnügungen leisten können, daß sie dem Leben in der Stadt, inmitten von kaltem Stein und Fabrikschloten, vor dem freien Leben auf dem Lande, unter Pflanzen und Haustieren, den Vorzug geben und ihnen die einförmige, durch Klingelkommandos geregelte Arbeit an der Maschine angenehmer erscheinen wird als die abwechslungsreiche, gesunde und freie Landarbeit.

Obwohl diese Vorstellung ebensowenig Wahrscheinlichkeit für sich hat wie die Vorstellung der Theologen vom Paradies, dessen sich die Arbeiter im Jenseits zum Lohn dafür erfreuen werden, daß sie in dieser Welt so schwer gearbeitet haben, glauben die klugen und gebildeten Menschen unserer Kreise fest an diese seltsame Lehre, wie ja auch die klugen und gelehrten Menschen der Vergangenheit an das Paradies für die Arbeiter im Jenseits geglaubt haben.

Und wenn die Gelehrten und ihre Schüler – Angehörige der wohlhabenden Klassen – dies glauben, dann deswegen, weil sie gar nicht anders können. Sie stehen vor einem Dilemma: Entweder müssen sie erkennen, daß alles, was sie im Leben genießen, von der Eisenbahn bis zum Streichholz und der Zigarette, der menschenmordenden Arbeit ihrer Brüder entstammt und daß sie, die sich an dieser Arbeit nicht beteiligen, sondern sie nur in Anspruch nehmen, sehr unehrenhaft handeln, oder aber sie müssen glauben, daß alles, was geschieht, nach den unabänderlichen Gesetzen der ökonomischen Wissenschaft zum allgemeinen Glück geschieht. Hierin besteht die innere psychologische Ursache dafür, daß die gescheiten und gebildeten, aber unaufgeklärten Angehörigen der Wissenschaft im Brustton der Überzeugung und mit großer Beharrlichkeit eine so offenkundig falsche Behauptung aufstellen wie die, es wäre für die arbeitenden Menschen ihres Glückes wegen besser, wenn sie ihr glückliches und gesundes Leben in der freien Natur aufgeben und in die Fabriken gehen, um dort ihren Leib und ihre Seele zugrunde zu richten.

6

Doch selbst wenn man die eindeutig unwahre und allen Eigenschaften der menschlichen Natur widersprechende Behauptung einmal gelten ließe, es sei für die Menschen besser, in Fabriken und Städten zu wohnen und unter Zwang an der Maschine zu arbeiten, statt auf dem Lande freie Handarbeit zu leisten, selbst wenn man das also gelten ließe, so enthält doch das Ideal, dem uns der Lehre der Wissenschaftler zufolge die ökonomische Entwicklung entgegenführt, einen inneren Widerspruch, der sich beim besten Willen nicht lösen läßt. Dieses Ideal besteht darin, daß die Arbeiter, zu Herren aller Produktionswerkzeuge geworden, in den Genuß all der Bequemlichkeiten und Vergnügungen gelangen, die jetzt allein den Wohlhabenden vorbehalten sind. Alle werden sich gut kleiden, gut wohnen, gut essen, alle werden bei elektrischer Beleuchtung durch asphaltierte Straßen laufen, Konzerte und Theater besuchen, Zeitungen und Bücher lesen, Auto fahren und dergleichen mehr. Doch wenn alle Menschen in den Genuß bestimmter Gegenstände kommen sollen, muß die Produktion der erwünschten Gegenstände geplant, muß also festgelegt werden, wie lange jeder Arbeiter arbeiten muß: Wie soll das festgelegt werden?

Statistische Angaben können (und auch das nur sehr unvollkommen) die Bedürfnisse der Menschen in einer von Kapitalismus, Konkurrenzzwang und Not beherrschten Gesellschaft bestimmen; aber keinerlei statistische Angaben lassen erkennen, wie viele und welche Gegenstände erforderlich sind, um die Bedürfnisse der Menschen in einer Gesellschaft zu befriedigen, in der die Produktionswerkzeuge der Gesellschaft selbst gehören, das heißt dort, wo die Menschen frei sein werden. Dies läßt sich in einer solchen Gesellschaft deswegen nicht bestimmen, weil die Bedürfnisse in einer solchen Gesellschaft die Möglichkeiten zu ihrer Befriedigung immer um ein vielfaches übersteigen. Jeder wird all das haben wollen, was heute die Reichsten besitzen, und deswegen ist es völlig unmöglich, die Menge der für eine solche Gesellschaft benötigten Gegenstände vorauszusagen.

Wie will man außerdem die Menschen dazu bringen, Gegenstände herzustellen, welche die einen als notwendig, andere aber als unnötig oder sogar schädlich betrachten? Hat man beispielsweise ermittelt, daß zur Befriedigung der Bedürfnisse der Gesellschaft jeder mindestens sechs Stunden täglich arbeiten muß, wer will dann in einer freien

Gesellschaft jemanden zu diesen sechs Stunden Arbeit zwingen, wenn der Betreffende weiß, daß ein Teil dieser Stunden zur Herstellung von Gegenständen verwendet wird, die er als unnötig oder sogar schädlich betrachtet?

Es steht außer Zweifel, daß bei der jetzigen Einrichtung der Gesellschaft dank der maschinellen Arbeit und vor allem dank der Arbeitsteilung mit großer Ökonomie der Kräfte außerordentlich komplizierte und den höchsten Grad der Vollkommenheit aufweisende Gegenstände zur unterschiedlichsten Verwendung hergestellt werden, deren Produktion für den Hersteller vorteilhaft ist und die zu verwenden wir als höchst bequem und angenehm empfinden. Doch daß diese Gegenstände gut gemacht und mit geringem Kräfteverschleiß hergestellt wurden, daß sie dem Kapitalisten Vorteil bringen und wir sie als notwendig betrachten, beweist noch nicht, daß freie Menschen diese Gegenstände ohne Zwang auch weiterhin herstellen würden. Es besteht kein Zweifel, daß Krupp bei der jetzigen Arbeitsteilung sehr schnell und sehr kunstreich wundervolle Kanonen herstellt, daß N. N. sehr schnell und sehr kunstreich bunte Seidenstoffe produziert, daß S. S. teure Parfüms, Glanzkärtchen und Gesichtspuder und Popow köstlichen Wodka und dergleichen liefern und daß dies sowohl für die Konsumenten dieser Gegenstände wie auch für die Besitzer der Unternehmen, wo sie hergestellt werden, sehr vorteilhaft ist. Allein nach Kanonen und Parfüms und Wodka werden diejenigen verlangen, die die chinesischen Märkte beherrschen wollen oder die gern Wodka trinken oder Gesichtspflege treiben, es wird jedoch Leute geben, die die Produktion solcher Gegenstände als schädlich betrachten. Aber ganz abgesehen von solchen Gegenständen, es werden sich auch immer Menschen finden, die meinen, daß Ausstellungen, Aktfiguren, Bier und Fleisch nicht notwendig und sogar schädlich sind. Wie will man diese Menschen veranlassen, sich an der Herstellung solcher Gegenstände zu beteiligen?

Doch selbst wenn man ein Mittel fände, alle dazu zu bringen, freiwillig bestimmte Gegenstände herzustellen – obwohl es, außer dem Zwang, ein solches Mittel nicht gibt: Wer soll in einer freien Gesellschaft, ohne kapitalistische Produktion, ohne die Konkurrenz von Angebot und Nachfrage, bestimmen, für welche Gegenstände die Kräfte in erster Linie eingesetzt werden? Wer als erster, wer als zweiter arbeiten soll? Ob erst die sibirische Eisenbahn gebaut und Port Arthur befestigt, der Straßenbau in den Landkreisen dagegen erst danach in Angriff genommen werden soll oder umgekehrt? Was ist vorrangig: die elektrische Beleuchtung oder die Bewässerung der Felder? Und dann gibt es noch eine Frage, die nicht gelöst werden kann, wenn die Arbeiter frei sind: Wer wird welche Arbeit tun? Denn gewiß werden alle lieber Heu mähen oder zeichnen als die Arbeit eines Heizers oder Kloakenreinigers übernehmen. Wie will man bei der Verteilung der Arbeiten die Menschen unter einen Hut bringen? Auf all diese Fragen können statistische Daten keine Antwort geben. Nur eine theoretische Lösung ist möglich, das heißt, es wird Menschen geben, welche die Macht haben, all das anzuordnen. Die einen werden sich mit der Lösung dieser Fragen befassen, die anderen werden sich ihnen unterordnen.

Doch abgesehen von der Frage der Planung und Lenkung der Produktion und der Wahl der Arbeit bei der Vergesellschaftung der Produktionswerkzeuge gibt es noch eine weitere, die allerwichtigste Frage – den Grad der Arbeitsteilung, der in einer sozialistisch organisierten Gesellschaft festgelegt werden kann. Die heutige Arbeitsteilung ist durch die Notlage der Arbeiter bedingt. Der Arbeiter willigt ein, sein ganzes Leben lang unter der Erde zu arbeiten oder sein ganzes Leben lang den hundertsten Teil eines Gegenstandes herzustellen, sein ganzes Leben lang inmitten dröhnender Maschinen immer wieder die gleiche Armbewegung zu machen, nur weil er anders seinen Lebensunterhalt nicht finden kann. Ein Arbeiter jedoch, der Besitzer von Produktionswerkzeugen ist und daher keine Not leidet, kann nur durch Zwang dazu gebracht werden, die abstumpfenden und alle seelischen Fähigkeiten abtötenden Bedingungen der Arbeitsteilung auf sich zu nehmen, unter denen die Menschen heute arbeiten. Arbeitsteilung ist für die Menschen zweifelsohne sehr vorteilhaft und entspricht ihrem Wesen, doch wenn die Menschen frei sind, ist Arbeitsteilung nur bis zu einem gewissen, nicht sehr hohen Grade möglich, der in unserer Gesellschaft schon weit überschritten ist.

Wenn ein Bauer vorwiegend Schuhe herstellt und seine Frau Stoffe webt, ein anderer Bauer den Acker pflügt und ein dritter als Schmied arbeitet, wenn alle in ihrer Arbeit eine außerordentliche Geschicklichkeit erreichen und sie ihre Erzeugnisse dann tauschen, ist eine solche Arbeitsteilung für alle vorteilhaft, und freie Menschen werden ihre Arbeit selbstverständlich in dieser Weise teilen. Aber eine Arbeitsteilung, bei der einer sein Leben lang den hundertsten Teil eines Gegenstandes herstellt oder als Heizer in einer Fabrik bei fünfzig Grad Hitze arbeiten oder schädliche Gase einatmen muß – eine solche Arbeitsteilung ist für die Menschen nicht von Vorteil, denn sie dient der Erzeugung wertloser Gegenstände und vernichtet das wertvollste Gut, das Leben des Menschen. Daher kann eine Arbeitsteilung, wie sie heute besteht, nur unter Bedingungen des Zwangs existieren.

Rodbertus erklärt, Arbeitsteilung verbinde die Menschen zum Kommunismus. Das stimmt, aber nur freie Arbeitsteilung verbindet die Menschheit, also eine solche, bei der die Menschen ihre Arbeit freiwillig teilen.

Wenn Menschen beschlossen haben, eine Straße zu bauen, und der eine Erde schaufelt, der andere Steine fährt, der dritte die Steine zerkleinert und so weiter, dann verbindet eine solche Arbeitsteilung die Menschen. Wenn jedoch, ohne daß die Arbeiter es wünschen und bisweilen sogar gegen ihren Wunsch, eine strategische Eisenbahnlinie gebaut wird oder ein Eiffelturm oder all der Humbug, mit dem die Pariser Ausstellung angefüllt ist, und der eine Arbeiter Eisenerz fördern, der zweite Kohlen heranfahren, der dritte das Eisenerz schmelzen und der vierte Bäume fällen und sie behauen muß und keiner auch nur die geringste Vorstellung vom Verwendungszweck der jeweiligen Gegenstände hat, dann verbindet eine solche Arbeitsteilung die Arbeiter nicht nur nicht, sondern im Gegenteil, sie trennt sie.

Daher werden die Menschen, wenn sie frei sind, bei der Vergesellschaftung der Arbeitswerkzeuge nur eine Arbeitsteilung akzeptieren, bei welcher der Segen dieser Teilung größer ist als das Unheil, das sie dem Arbeiter zufügt. Und da jeder Mensch natürlicherweise Ausweitung und Abwechslungsreichtum seiner Tätigkeit als segensreich betrachtet, ist die heute herrschende Arbeitsteilung in einer freien Gesellschaft selbstverständlich undenkbar.

Sobald jedoch die heutige Arbeitsteilung geändert werden sollte, würde – und zwar in sehr hohem Grade – die Produktion jener Gegenstände sinken, die wir jetzt beanspruchen und die (angenommen, es handle sich um einen sozialistischen Staat) dann von der gesamten Gesellschaft beansprucht werden.

Anzunehmen, bei einer Vergesellschaftung der Produktionswerkzeuge werde auch weiterhin der gleiche Überfluß an Gegenständen herrschen, der ein Ergebnis erzwungener Arbeitsteilung darstellt, ist dasselbe, wie anzunehmen, bei Abschaffung der Leibeigenschaft würde es auch weiterhin alle Hausorchester, alle Parks, Teppiche, Spitzen und Theater geben, die von den Leibeigenen geschaffen wurden. Somit enthält die Annahme, bei einer Verwirklichung des sozialistischen Ideals würden alle Menschen frei sein und gleichzeitig in den Genuß all dessen oder fast all dessen kommen, was heute die wohlhabenden Klassen genießen, einen unverkennbaren inneren Widerspruch.

7

Es wiederholt sich in vollem Umfang, was sich zur Zeit der Leibeigenschaft abgespielt hat. Wie damals von den meisten Fronherren und überhaupt von den meisten Angehörigen der wohlhabenden Klassen die Lage der Leibeigenen zwar nicht als rosig bezeichnet wurde, sie aber zur Verbesserung dieser Lage nur Veränderungen vorschlugen, welche die hauptsächlichen Privilegien der Gutsherren unangetastet ließen, so schlagen auch heute die Angehörigen der wohlhabenden Klassen, soweit sie die Lage der Arbeiter nicht als uneingeschränkt gut bezeichnen, zur Verbesserung dieser Lage nur Maßnahmen vor, welche die privilegierte Stellung der wohlhabenden Klassen nicht antasten. Wie damals wohlwollende Gutsbesitzer von väterlicher Macht sprachen und den Gutsherren wie seinerzeit schon Gogol rieten, ihren Leibeigenen gegenüber mehr Güte und Fürsorge walten zu lassen, jeden Gedanken an eine Befreiung aber, die sie für schädlich und gefährlich hielten, unterdrückten, ganz ebenso raten auch heute die meisten Wohlhabenden unserer Zeit den Fabrikherren, mehr Fürsorge um das Wohlergehen ihrer Arbeiter an den Tag zu legen, unterdrücken aber ebenso jeden Gedanken an eine Veränderung des Wirtschaftslebens, bei der die Arbeiter völlige Freiheit erlangen könnten.

Genau wie damals fortschrittliche Liberale die Lage der Leibeigenen zwar als unabänderlich erkannten, von der Regierung aber eine Einschränkung der Macht der Herren verlangten und Verständnis für die Empörung der Leibeigenen zeigten, so erkennen auch heute die Liberalen unserer Zeit die bestehende Ordnung als unabänderlich an, verlangen aber von der Regierung eine Begrenzung der Macht der Kapitalisten und Fabrikherren und zeigen Verständnis für die Verbände, die Streiks und überhaupt für das Aufbegehren der Arbeiter. Und genau wie damals die fortschrittlichsten Menschen die Befreiung der Leibeigenen forderten, in ihren Projekten aber die Abhängigkeit von den Landbesitzern, den Gutsherren – beziehungsweise die Obrok- und Steuerabhängigkeit – beibehielten, so fordern auch heute die fortschrittlichsten Menschen die Befreiung der Arbeiter von den Kapitalisten und die Vergesellschaftung der Produktionswerkzeuge, belassen dabei aber die Arbeiter in Abhängigkeit von der heutigen Planung und Arbeitsteilung, die ihrer Ansicht nach unverändert bleiben muß. Die Lehre der ökonomischen Wissenschaft, der alle Wohlhabenden folgen, die sich als aufgeklärt und fortschrittlich betrachten, obwohl sie nicht in alle Einzelheiten dieser Lehre eindringen, erscheint bei oberflächlicher Betrachtung als liberal und sogar radikal, enthält sie doch Angriffe auf die reichen Gesellschaftsklassen, ihrem Wesen nach aber ist sie in höchstem Grade konservativ, barbarisch und unmenschlich. Auf diesem oder jenem Weg wollen die Vertreter der Wissenschaft und in ihrem Gefolge alle wohlhabenden Klassen die heute bestehende Distribution und Arbeitsteilung um jeden Preis aufrechterhalten, da sie ihnen ermöglicht, all die Gegenstände in großer Zahl herzustellen, die sie beanspruchen. Die bestehende ökonomische Ordnung nennen die Vertreter der Wissenschaft und in ihrem Gefolge alle Angehörigen der wohlhabenden Klassen Kultur und erblicken in dieser Kultur – in den Eisenbahnen, den Telegraphen, Telephonen, Photographien, Röntgenstrahlen, Kliniken, Ausstellungen und vor allem in den Einrichtungen des Komforts – etwas derartig Heiliges, daß sie jeden Gedanken an Veränderungen unterdrücken, die all das oder auch nur einen kleinen Teil dieser Errungenschaften beseitigen könnten. Alles kann nach den Lehren dieser Wissenschaft verändert werden, nur nicht, was sie Kultur nennen. Dabei wird immer deutlicher, daß diese Kultur nur existieren kann, weil die Arbeiter zu ihrer Arbeit gezwungen werden. Jedoch die Vertreter der Wissenschaft sind restlos davon überzeugt, diese Kultur sei die größte aller Segnungen, und erklären daher kühn das Gegenteil von dem, was einst die Juristen sagten: fiat justitia – pereat mundus. Heute heißt es dagegen: fiat cultura – pereat justitia. Und sie sagen das nicht nur, sondern handeln auch danach. Alles kann in der Praxis wie auch in der Theorie verändert werden. Nur die Kultur nicht – all das nicht, was in den Fabriken hergestellt und vor allem in den Geschäften verkauft wird.

Ich dagegen glaube, aufgeklärte Menschen, die das christliche Gesetz der Brüderlichkeit und Nächstenliebe bekennen, müssen das genaue Gegenteil sagen:

Elektrisches Licht ist etwas sehr Schönes, Telephone, Ausstellungen, alle Gärten Arkadiens mit ihren Konzerten und

Aufführungen, alle Zigarren und Streichholzschachteln, Hosenträger und Motoren sind etwas sehr Schönes; doch der Teufel soll sie holen und nicht nur sie allein, sondern auch die Eisenbahnen und alle fabrikmäßig hergestellten Baumwoll- und Wollstoffe in der ganzen Welt, wenn ihre Produktion zur Voraussetzung hat, daß neunundneunzig Prozent der Menschheit in Sklaverei leben und Tausende bei Arbeiten zugrunde gehen, die zur Herstellung dieser Gegenstände erforderlich sind. Wenn die elektrische Beleuchtung Londons oder Petersburgs oder der Bau von Ausstellungshallen oder die Herstellung schöner Farben oder die schnelle Produktion vieler schöner Stoffe zur Voraussetzung hat, daß Menschenleben – wie wenig auch immer – geopfert, verkürzt oder verunstaltet werden (und die Statistik zeigt uns, wie groß die Zahl der Opfer ist), dann mag London oder Petersburg mit Gas- oder Öllampen beleuchtet werden, dann mag es keinerlei Ausstellung, keine Farben und Stoffe geben, Hauptsache, es gibt keine Sklaverei mehr und es werden demzufolge keine Menschenleben zugrunde gerichtet. Wahrhaft aufgeklärte Menschen werden immer lieber bereit sein, zum Reit- und Packpferd zurückzukehren, und sogar die Erde lieber mit dem Pfahl oder ihren bloßen Händen umgraben, als Eisenbahnen zu benutzen, die regelmäßig soundso viel Menschen jährlich überfahren, nur weil ihre Besitzer es für vorteilhafter erachten, den Familien der Opfer eine Entschädigung zu zahlen, als die Eisenbahnlinien so anzulegen, daß niemand überfahren werden kann, wie das in Chicago der Fall ist. Der Wahlspruch wirklich aufgeklärter Menschen lautet nicht fiat cultura – pereat justitia, sondern fiat justitia – pereat cultura.

Aber die Kultur, die nützliche Kultur, wird nicht untergehen. Die Menschen werden unter keinen Umständen zu Verhältnissen zurückkehren, wo sie ihren Boden mit Pfählen umgraben und ihre Stube mit Kienspänen beleuchten müssen. Nicht umsonst hat die Menschheit trotz ihrer Sklavenordnung so große Erfolge in der Technik erzielt. Wenn die Menschen erst einmal begriffen haben, daß es nicht angeht, zu seinem Vergnügen das Leben seiner Mitbrüder zu beanspruchen, werden sie alle Errungenschaften der Technik zu nutzen wissen, ohne das Leben ihrer Brüder zu opfern, werden sie das Leben so zu gestalten wissen, daß sie alle Werkzeuge der Macht des Menschen über die Natur verwenden, die verwendet werden können, ohne dabei ihre Brüder als Sklaven zu behandeln.

8

Nehmen wir einmal einen Menschen aus einem uns völlig fremden Land, der keinerlei Vorstellung von unserer Geschichte und unseren Gesetzen hat und dem wir unser Leben in seinen verschiedenen Erscheinungsformen zeigen und ihn dann fragen, worin er den Hauptunterschied in der Lebensweise der Menschen unserer Welt erblickt. Der Hauptunterschied in der Lebensweise der Menschen, den jener nennen würde, besteht darin, daß die einen – eine Minderzahl – saubere weiße Hände haben, gut essen, sich schön kleiden und schön wohnen, sehr wenig und sehr leichte oder auch gar keine Arbeit leisten und nur ihren Zerstreuungen nachgehen, wobei sie für diese Zerstreuungen Millionen von schweren Arbeitstagen anderer vergeuden; die anderen hingegen sind immer schmutzig, ärmlich gekleidet, haben schlechte Wohnungen und ernähren sich kärglich, haben schwielige, schmutzige Hände und arbeiten unaufhörlich von früh bis spät und bisweilen ganze Nächte hindurch für diejenigen, die nichts tun und ständig nur Zerstreuung suchen.

Wenn es schwerfällt, zwischen den heutigen Sklaven und Sklavenhaltern eine ebenso scharfe Trennlinie zu ziehen wie die, welche zwischen den früheren Sklaven und Sklavenhaltern verlief, und wenn es unter den Sklaven unserer Zeit einige gibt, die nur vorübergehend Sklaven sind, später aber zu Sklavenhaltern aufsteigen, oder andere, die gleichzeitig Sklaven und Sklavenhalter sind, so wird durch diese Vermengung an den Berührungspunkten in keiner Weise die wahre Feststellung abgeschwächt, daß alle Menschen unserer Zeit in Sklaven und Herren unterteilt sind, und zwar so eindeutig wie trotz der Dämmerung Tag und Nacht voneinander getrennt sind.

Wenn der Sklavenhalter unserer Zeit keinen Sklaven Iwan besitzt, den er in die Abortgrube schicken kann, damit er sie von seinen Exkrementen reinigt, so besitzt er doch jene drei Rubel, die Hunderte Iwans so dringend benötigen, daß es sich der Sklavenhalter unserer Zeit leisten kann, irgendeinen von diesen hundert Iwans auszuwählen und ihm die Wohltat zu erweisen, daß er ihm den Vorzug vor den anderen gibt und ihm erlaubt, in die Abortgrube zu steigen.

Sklaven sind in unserer Zeit nicht nur alle Fabrikarbeiter, die sich um ihrer Existenz willen mit Haut und Haar an die Fabrikherren verkaufen müssen, Sklaven sind auch fast alle Grundeigentümer, die ohne Atempause auf fremden Feldern arbeiten, fremdes Getreide ernten und es auf fremde Tennen bringen oder die ihre eigenen Felder nur bearbeiten, um den Bankherren die Zinsen für ihre untilgbare Schuld zahlen zu können, ebensolche Sklaven sind auch all die zahllosen Lakaien und Köche, Stubenmädchen und Prostituierten, Hausknechte und Kutscher, Bademeister, Kellner und dergleichen, die ihr ganzes Leben lang Pflichten erfüllen, welche dem menschlichen Wesen höchst unangemessen und ihnen selbst zuwider sind.

Wir haben Sklaverei ohne jede Einschränkung. Nur sind wir uns ihrer ebensowenig bewußt, wie sich das Europa des ausgehenden 18. Jahrhunderts der Sklaverei der Leibeigenschaftsordnung bewußt war. Man war zu jener Zeit der Ansicht, die Lage von Menschen, die für die Herren den Boden bearbeiten müssen und ihnen hörig sind, sei eine natürliche, unausweichliche ökonomische Bedingung, und bezeichnete diese Lage nicht als Sklaverei.

Ebenso ist es auch bei uns: die Menschen unserer Zeit betrachten die Lage der Arbeiter als eine natürliche, unausweichliche ökonomische Bedingung und bezeichnen sie nicht als Sklaverei.

Und wie man im ausgehenden 18. Jahrhundert in Europa allmählich begriff, daß die bis dahin als natürliche und unvermeidliche Form des Wirtschaftslebens betrachtete Lage der Bauern, die sich völlig in der Gewalt der Herren befanden, eine schlimme, ungerechte und unsittliche Lage war und einer Änderung bedurfte, so beginnen heute die Menschen unserer Zeit zu begreifen, daß die früher als durchaus gerechtfertigt und normal angesehene Lage der Lohnarbeiter und überhaupt aller Arbeiter nicht so ist, wie sie sein müßte, und einer Änderung bedarf.

Die Sklaverei unserer Zeit befindet sich jetzt in der gleichen Phase, in der sich Ende des 18. Jahrhunderts die Leibeigenschaft in Europa und im zweiten Viertel des 19. Jahrhunderts die Leibeigenschaft bei uns und die Sklaverei in Amerika befanden.

Erst jetzt erkennen die fortschrittlichen Kräfte unserer Gesellschaft, daß die Arbeiter Sklaven sind; die meisten Menschen aber leben noch immer in der unerschütterlichen Überzeugung, bei uns gebe es keine Sklaverei.

In diesem Verkennen der eigenen Lage werden die Menschen unserer Zeit auch dadurch bestärkt, daß wir in Rußland und Amerika die Sklaverei gerade erst abgeschafft haben. In Wirklichkeit hingegen handelte es sich bei der Abschaffung der Leibeigenschaft und der Sklaverei nur um die Abschaffung einer veralteten, hinfällig gewordenen Form der Sklaverei und ihre Ablösung durch eine härtere Form, der eine größere Zahl Sklaven als früher zum Opfer fiel. Die Abschaffung der Leibeigenschaft und der Sklaverei kann mit der Art und Weise verglichen werden, wie die Krimtataren ihre Gefangenen behandelten, sie schlitzten ihnen die Fußsohlen auf und streuten kleingehackte Borsten in die Wunden. Nach dieser Operation nahmen sie ihnen die hölzernen Fußfesseln und die Ketten wieder ab. Die Beseitigung der Leibeigenschaft in Rußland und der Sklaverei in Amerika hat zwar die frühere Form der Sklaverei aufgehoben, ihr Wesen jedoch nicht im geringsten angetastet, zu dieser Beseitigung kam es vielmehr erst, als die Borsten in den Fußsohlen eitrige Geschwüre hervorriefen und man gewiß sein konnte, die Gefangenen würden auch ohne Ketten und Fußfesseln nicht fliehen, sondern arbeiten.

(Die Nordstaatler in Amerika konnten die Abschaffung der alten Form der Sklaverei unbedenklich fordern, denn im Norden hatte die neue, die Geldsklaverei, dem Volk schon allzu deutlich ihre Fesseln angelegt. Die Südstaatler jedoch sahen noch keine deutlichen Anzeichen der neuen Form der Sklaverei und erklärten sich daher nicht bereit, die alte Form abzuschaffen.)

Bei uns in Rußland ist die Leibeigenschaft erst abgeschafft worden, als aller Grund und Boden bereits usurpiert war. Wo aber den Bauern Land gegeben wurde, dort erlegte man ihnen Abgaben auf, welche die Bodensklaverei ablösten. In Europa beseitigte man die Abgaben, die das Volk im Zustand der Sklaverei hielten, erst, als man dem Volk alles Land weggenommen, es der Landarbeit entwöhnt und durch die Verlockungen des städtischen Luxus so verseucht hatte, daß es in völlige Abhängigkeit von den Kapitalisten geraten war. Erst dann hat man in England die Getreidezölle abgeschafft. Jetzt befreit man in Deutschland und anderen Ländern die Arbeiter allmählich von den Abgaben und erlegt diese den Reichen auf, aber nur, weil die Mehrheit des Volkes der Macht der Kapitalisten bereits ausgeliefert ist. Ein Mittel zur Versklavung wird erst abgeschafft, wenn ein anderes bereits an seine Stelle getreten ist. Solcher Mittel aber gibt es mehrere. Und wenn nicht dieses, so hält ein anderes und manchmal eine ganze Reihe solcher Mittel das Volk im Zustand der Sklaverei, das heißt versetzt das Volk in eine Lage, wo der eine, der kleinere Teil uneingeschränkte Macht über Arbeit und Leben der Mehrheit besitzt. Und in dieser Versklavung der Mehrheit des Volkes durch eine kleine Zahl von Menschen besteht die Hauptursache für das Elend des Volkes. Deswegen muß das Mittel zur Verbesserung der Lage der Arbeiter zum ersten in der Anerkennung der Tatsache gesehen werden, daß wir Sklaverei haben, und zwar nicht in irgendeinem übertragenen metaphorischen, sondern im allereinfachsten und direktesten Sinne, eine Sklaverei, durch welche die Mehrheit der Gewalt einer Minderheit ausgeliefert ist, zum zweiten muß dieses Mittel darin gesehen werden, daß man zusammen mit der

Anerkennung dieser Lage die Ursachen für die Versklavung der einen durch die anderen aufdeckt, und zum dritten, daß man diese aufgedeckten Ursachen beseitigt.

9

Worin besteht nun die Sklaverei unserer Zeit? Was ist es, welche Kräfte sind es, die die einen zu Sklaven der anderen machen? Wenn wir alle Arbeiter in Rußland, Europa oder Amerika, mögen sie nun in Fabriken arbeiten oder in Städten und Dörfern die verschiedensten Lohnarbeiten ausführen, wenn wir sie fragen, was die Menschen veranlaßt hat, sich für die Lage zu entscheiden, in der sie sich befinden, so werden alle sagen, sie seien dazu gebracht worden, entweder weil sie keinen Grund und Boden haben, auf dem sie arbeiten könnten und möchten (das werden alle russischen und sehr viele europäische Arbeiter sagen), oder weil man Abgaben von ihnen verlangt, direkte wie indirekte, die sie nur bezahlen können, wenn sie sich zur Arbeit verdingen, oder aber es sind die Verlockungen eines schon luxuriös zu nennenden Lebens, die sie in den Fabriken festhalten, gewisse Gewohnheiten, die sie angenommen haben und die sie nur befriedigen können, wenn sie ihre Arbeit und ihre Freiheit verkaufen.

Die beiden ersten Ursachen – Landmangel und Abgaben – treiben den Menschen gleichsam mit Gewalt in die Unfreiheit, die dritte Ursache hingegen, die Nichtbefriedigung erhöhter Bedürfnisse, lockt ihn, sich diesen Bedingungen zu beugen, und hält ihn darin fest.

Man kann sich vorstellen, daß Grund und Boden entsprechend dem Projekt Henry Georges vom persönlichen Eigentumsrecht befreit wird und damit die erste Ursache entfällt, welche die Menschen in die Sklaverei treibt – der Landmangel. Man kann sich auch vorstellen, daß die Abgaben beseitigt und den reichen Klassen übertragen werden, wie das jetzt in einigen Ländern geschieht; aber völlig ausgeschlossen ist es, sich bei der heutigen ökonomischen Ordnung vorzustellen, daß die reichen Klassen darauf verzichten, immer üppigere und häufig schädliche Lebensgewohnheiten anzunehmen, daß diese Gewohnheiten nicht allmählich ebenso unausweichlich und unaufhaltsam, wie trockene Erde Wasser aufsaugt, auf die mit den Reichen in Berührung kommenden arbeitenden Klassen übergehen und zu Bedürfnissen der arbeitenden Klassen werden, für deren Befriedigung die Arbeiter bereit sind, sogar ihre Freiheit zu verkaufen.

Daher ist diese dritte Bedingung, obwohl sie dem freien Willensentscheid unterworfen ist, das heißt, obwohl der Mensch den Verlockungen ja scheinbar nicht zu erliegen brauchte, und obwohl die Wissenschaft diese Bedingung gar nicht als Ursache für das Arbeiterelend anerkennt – ist diese Bedingung also die entscheidende, durch nichts zu beseitigende Ursache der Sklaverei.

Da die Arbeiter in der Nähe der Reichen leben, werden sie immer wieder von neuen Bedürfnissen infiziert, und sie erhalten die Möglichkeit zur Befriedigung dieser Bedürfnisse nur in dem Maße, wie sie auch den letzten Rest ihrer Arbeitskraft für diese Befriedigung hingeben. Die Arbeiter in England und Amerika, die bisweilen das Zehnfache von dem verdienen, was sie unbedingt für ihre Existenz brauchten, sind daher um nichts weniger Sklaven als früher.

Drei Ursachen sind es, welche, wie die Arbeiter selbst erklären, die Sklaverei bedingen, in der sie sich befinden; die Geschichte der Versklavung der Arbeiter und deren tatsächliche Lage bestätigen diese Erklärung. Diese drei Ursachen haben die Arbeiter in ihre jetzige Lage gebracht und halten sie darin fest.

Diese Ursachen wirken von verschiedenen Richtungen her auf die Menschen ein und sind so mächtig, daß sich keiner der Versklavung entziehen kann. Der Landwirt, der keinen oder zuwenig Boden besitzt und sich vom Acker ernähren will, ist immer gezwungen, sich für alle Zeit oder vorübergehend dem als Sklave zu verkaufen, der Grund und Boden besitzt. Bringt er aber auf diese oder jene Weise einmal so viel Grund und Boden zusammen, daß er sich darauf durch eigene Arbeit ernähren könnte, verlangt man von ihm so hohe direkte oder indirekte Abgaben, daß er wieder gezwungen ist, sich als Sklave zu verkaufen, damit er sie bezahlen kann. Hört er andererseits auf, den Acker zu bearbeiten, um sich von der Bodensklaverei zu befreien, lebt er statt dessen auf fremdem Grund und Boden, geht einem Handwerk nach und tauscht seine Arbeitsprodukte gegen die von ihm benötigten Gegenstände, dann wird er einesteils von den Abgaben und andererseits von der Konkurrenz der Kapitalisten, die dieselben Gegenstände herstellen wie er, nur mit vollkommeneren Werkzeugen, wieder gezwungen, sich für alle Zeit oder vorübergehend als Sklave an den Kapitalisten zu verkaufen. Könnte er schließlich zu dem Kapitalisten, bei dem er arbeitet, freie Beziehungen herstellen, Beziehungen, bei denen er seine Freiheit nicht zu verkaufen brauchte, würde er durch neu angenommene Gewohnheiten und neue Bedürfnisse unausweichlich gezwungen, dies dennoch zu tun.

So oder anders also wird der Arbeiter immer Sklave derer sein, an die er Abgaben zu zahlen hat und die sich im Besitz des Grund und Bodens und der Gegenstände befinden, welche er zur Befriedigung seiner Bedürfnisse benötigt.

10

Die deutschen Sozialisten haben die Gesamtheit der Bedingungen, welche die Arbeiter den Kapitalisten untertan machen, das eiserne Lohngesetz genannt und verstehen unter eisern, daß dieses Gesetz etwas Unabänderliches sei. Diese Bedingungen enthalten jedoch nichts Unabänderliches. Sie sind nur eine Folge der von Menschen geschaffenen gesetzlichen Bestimmungen über Steuern, Grund und Boden und vor allem über die Gegenstände zur Befriedigung der Bedürfnisse, das heißt über das Eigentum. Gesetzliche Bestimmungen aber werden von Menschen erlassen und wieder außer Kraft gesetzt. Nicht irgendwelche eisernen, soziologischen Gesetze also sind Ursache der Sklaverei, sondern gesetzliche Bestimmungen. In unserem Falle ist die moderne Sklaverei höchst klar und eindeutig nicht durch irgendein eisernes, spontan wirkendes Gesetz hervorgerufen worden, sondern durch von Menschen erlassene gesetzliche Bestimmungen: über Grund und Boden, über die Steuern und über das Eigentum. Eine gesetzliche Bestimmung besagt, daß jede beliebige Menge Grund und Boden Eigentum von Privatpersonen sein und auf dem Weg der Erbfolge, durch Testament und Verkauf von einer Person auf eine andere übergehen kann; eine zweite gesetzliche Bestimmung besagt, daß jeder Mensch widerspruchslos die Steuern zu zahlen hat, die man von ihm einfordert; und eine dritte gesetzliche Bestimmung besagt, daß jede beliebige Menge gleich wie erworbener Gegenstände das unabdingbare Eigentum derer bildet, die diese Gegenstände besitzen; und infolge dieser gesetzlichen Bestimmungen existiert die Sklaverei.

An all diese Bestimmungen haben wir uns in einem solchen Maße gewöhnt, daß sie uns als natürliche Bedingungen des menschlichen Lebens erscheinen, deren Notwendigkeit und Berechtigung nicht angezweifelt werden können, genau wie es früher mit den gesetzlichen Bestimmungen über die Leibeigenschaft und die Sklaverei der Fall gewesen ist; und wir können daran nichts Anfechtbares finden. Doch wie damals eine Zeit kam, da die Menschen die verderblichen Folgen der Leibeigenschaft erkannten und an der Berechtigung und Notwendigkeit der sie begründenden gesetzlichen Bestimmungen zu zweifeln begannen, so kommen heute, da die verderblichen Folgen der bestehenden ökonomischen Ordnung unverkennbar geworden sind, unwillkürlich auch uns Zweifel an der Berechtigung und Notwendigkeit der gesetzlichen Bestimmungen über Grund und Boden, Steuern und Eigentum, die diese Folgen verursachen.

Wie früher gefragt wurde, ob es denn gerecht sei, wenn Menschen Eigentum anderer Menschen sind, nichts Eigenes besitzen und alle Produkte ihrer Arbeit an ihre Besitzer abliefern, so müssen auch wir uns heute fragen, ob es denn gerecht ist, daß Menschen Grund und Boden nicht nutzen dürfen, weil dieser als Eigentum anderer gilt. Ob es gerecht ist, daß Menschen gezwungen werden, Teile ihrer Arbeit in Form von Steuern an andere abzuliefern. Ob es gerecht ist, daß Menschen Gegenstände nicht benutzen dürfen, die als Eigentum anderer betrachtet werden.

Ist es wahr, daß Menschen Grund und Boden nicht nutzen dürfen, wenn er als Eigentum eines anderen gilt, der ihn nicht bearbeitet?

Es heißt, man habe dieses Gesetz geschaffen, weil Grundeigentum eine notwendige Voraussetzung für das Gedeihen des Ackerbaues sei, und wenn es kein privates, vererbbares Eigentum gäbe, würden die Menschen einander von dem Grund und Boden, den sie an sich gerissen haben, vertreiben, würde keiner arbeiten und würde niemand den Teil Boden, auf dem er sitzt, kultivieren. Ist das wahr?

Die Antwort auf diese Frage geben Geschichte und moderne Wirklichkeit. Die Geschichte sagt, das Grundeigentum ist keineswegs entstanden, weil man den Bodenbesitz sichern wollte, sondern weil sich Eroberer den allen gehörenden Grund und Boden angeeignet und ihn an diejenigen verteilt haben, die ihnen dienten. Die Institution des Grundeigentums hatte also nicht das Ziel, den Ackerbau zu fördern. Die Wirklichkeit wiederum zeigt, wie unhaltbar die Behauptungen sind, das Grundeigentum gebe den Landwirten die Gewißheit, man werde ihnen den Boden, den sie bearbeiten, nicht wegnehmen. In Wirklichkeit geschieht seit eh und je und überall das Gegenteil. Das Recht auf Grundeigentum, das vorwiegend die Großgrundbesitzer beanspruchten und beanspruchen, hat bewirkt, daß alle oder fast alle Landwirte, das heißt die erdrückende Mehrheit, sich jetzt in der Lage von Menschen befinden, die fremden Boden bearbeiten, von dem sie jemand, der den Boden nicht bearbeitet, nach Gutdünken vertreiben kann. Das bestehende Recht auf Grundeigentum stellt also keineswegs einen Rechtsschutz für den Landwirt dar, der ihm etwa garantierte, daß er aus der auf den Boden verwandten Mühe auch den Nutzen ziehen wird, sondern ist ganz im Gegenteil ein Mittel, dem Landwirt das von ihm bearbeitete Land wegzunehmen und es Müßiggängern zu übergeben, und es stellt daher ein Mittel nicht etwa zur Förderung, sondern ganz im Gegenteil zur Verschlechterung des Ackerbaus dar.

Von den Abgaben behauptet man, die Menschen müßten sie zahlen, weil sie mit dem wenn auch stillschweigenden Einverständnis aller eingeführt worden seien und, zu aller Vorteil, für gesellschaftliche Bedürfnisse verwendet würden.

Ist das wahr?

Die Antwort auf diese Frage geben sowohl die Geschichte wie die Wirklichkeit. Die Geschichte sagt, Abgaben wurden niemals mit dem Einverständnis aller, sondern ganz im Gegenteil immer nur infolge der Tatsache eingeführt, daß einige Leute durch kriegerische Eroberung oder auf anderem Wege die Gewalt über andere Menschen an sich rissen und ihnen Tributzahlungen auferlegten – nicht zur Befriedigung gesellschaftlicher, sondern zur Befriedigung ihrer eigenen Bedürfnisse. Dasselbe geschieht auch heute. Die Abgaben stecken diejenigen in die Tasche, welche die Macht dazu haben. Und wenn heute auch ein gewisser Teil dieses Tributs, der als Abgabe und Steuer bezeichnet wird, für gesellschaftliche Angelegenheiten verwendet wird, dann größtenteils für solche, die den meisten Menschen eher schaden als nützen.

Beispielsweise wird in Rußland dem Volk ein Drittel der Gesamteinnahmen weggenommen, für das wichtigste Bedürfnis aber, für die Volksbildung, verwendet man nur den fünfzigsten Teil der Gesamteinnahmen, und das für eine Bildung, die dem Volk mehr schadet als nützt, weil sie es verdummt. Die übrigen neunundvierzig Fünfzigstel hingegen werden für unnötige und das Volk schädigende Dinge verwendet, zum Beispiel für die Ausrüstung der Armee, für strategische Straßen, Festungen und Gefängnisse, für den Unterhalt der Geistlichkeit und des Hofes und für die Gehälter von Militär- und Zivilbeamten, das heißt für den Unterhalt von Leuten, die es mit ermöglichen, dem Volk dieses Geld wegzunehmen.

Dasselbe geschieht nicht nur in Persien, der Türkei und Indien, sondern auch in allen christlichen konstitutionellen Monarchien und demokratischen Republiken: Man nimmt der Mehrheit des Volkes nicht so viel Geld weg, wie benötigt wird, sondern soviel wie irgend möglich und völlig unabhängig davon, ob die Besteuerten damit einverstanden sind oder nicht (jeder weiß, wie Parlamente zustande kommen und wie wenig sie den Willen des Volkes vertreten), und dieses Geld wird nicht zum allgemeinen Nutzen, sondern für Dinge verwendet, welche die herrschenden Klassen für sich selbst als notwendig erachten: für den Krieg in Kuba und auf den Philippinen, für den Raub und die Ausbeutung der Reichtümer Transvaals und dergleichen mehr. Die Erklärung also, die Menschen müßten Abgaben zahlen, weil diese mit dem Einverständnis aller festgelegt worden seien und zum allgemeinen Nutzen verwendet würden, ist ebenso unwahr wie jene andere, der zufolge das Grundeigentum zur Förderung des Ackerbaus geschaffen worden sei.

Ist es wahr, daß Menschen Gegenstände, die sie zur Befriedigung ihrer Bedürfnisse benötigen, nicht benutzen dürfen, wenn diese Gegenstände Eigentum anderer sind?

Es wird behauptet, das Recht auf Eigentum an erworbenen Gegenständen sei eingeführt worden, um dem arbeitenden Menschen zu garantieren, daß ihm niemand seine Arbeitsprodukte wegnimmt.

Ist das wahr?

Ein kurzer Blick auf unsere Welt, in der solches Eigentum besonders streng geschützt wird, genügt, um zu erkennen, wie sehr diese Behauptung durch die Wirklichkeit unseres Lebens widerlegt wird.

In unserer Gesellschaft geschieht infolge des Rechts auf Eigentum an erworbenen Gegenständen gerade das, was dieses Recht eigentlich verhüten soll, denn alle Gegenstände, welche die Arbeiter je erzeugt haben und laufend erzeugen, werden so, wie sie hergestellt werden, ihren Produzenten auf der Stelle weggenommen.

Die Behauptung also, das Eigentumsrecht garantiere den arbeitenden Menschen die Möglichkeit, Nutzen aus ihren Arbeitsprodukten zu ziehen, ist offensichtlich noch unhaltbarer als die Rechtfertigung des Rechts auf Grundeigentum, und sie beruht auf demselben Sophismus. Zuerst hat man dem Arbeiter widerrechtlich und gewaltsam seine Arbeitsprodukte weggenommen und danach die gesetzlichen Vorschriften festgelegt, denen zufolge diese widerrechtlich und gewaltsam weggenommenen Arbeitsprodukte als unanfechtbares Eigentum der Räuber zu betrachten sind.

Eine Fabrik beispielsweise, die durch Schurkereien und Betrug an den Arbeitern erworben wurde, gilt als Arbeitsprodukt und trägt die geheiligte Bezeichnung Eigentum; das Leben der Arbeiter dagegen, die sich in dieser Fabrik zu Tode schuften, und ihre Arbeitskraft gelten nicht als ihr Eigentum, sondern gleichsam als Eigentum des Fabrikherren, wenn er die Arbeiter unter Mißbrauch ihrer Notlage durch einen rechtskräftigen Vertrag gebunden hat. Hunderttausende Pud Getreide, die man den Bauern durch Wucher und Erpressung abgenötigt hat, gelten als Eigentum des Kaufmanns, das von den Bauern auf dem Acker angebaute Getreide hingegen gilt als Eigentum eines anderen, wenn der Betreffende diesen Acker von seinen Groß- und Urgroßeltern geerbt hat, die ihn ihrerseits dem Volk wegnahmen.

Es heißt, das Gesetz schütze in gleicher Weise das Eigentum, sowohl das der Fabrikherren, Kapitalisten und Grundbesitzer wie auch das der Fabrik- und Landarbeiter. Mit der Gleichheit zwischen Kapitalisten und Arbeitern verhält es sich wie mit der Gleichheit zweier Kämpfer, von denen man dem einen die Hände fesselt, während man dem anderen eine Waffe in die Hand gibt und dann beim eigentlichen Kampf streng darauf achtet, daß für beide die gleichen Bedingungen gelten.

Alle Behauptungen also von der Berechtigung und Notwendigkeit der drei gesetzlichen Bestimmungen, welche die Sklaverei verursachen, sind ebenso falsch wie seinerzeit die Behauptungen von der Berechtigung und Notwendigkeit der Leibeigenschaft. Alle drei Gesetze dienen keinem anderen Ziel, als jene neue Form der Sklaverei anzuerkennen, welche die frühere Form abgelöst hat. Wenn die Menschen früher Gesetze erließen, denen zufolge Menschen andere Menschen kaufen und verkaufen, sie besitzen und zur Arbeit zwingen konnten, und das Sklaverei war, so haben die Menschen heute Gesetze erlassen, denen zufolge Menschen Grund und Boden, der als Besitz eines anderen gilt, nicht nutzen dürfen, die von ihnen verlangten Steuern zahlen müssen und von Gegenständen, die als Eigentum anderer betrachtet werden, keinen Gebrauch machen dürfen, und das *ist* Sklaverei, die Sklaverei unserer Zeit.

11

Die Sklaverei unserer Zeit hat drei gesetzliche Bestimmungen zur Ursache: über den Grund und Boden, über die Abgaben und über das Eigentum. Deswegen richten sich die Versuche aller, welche die Lage der Arbeiter verbessern wollen, unwillkürlich, wenn auch unbewußt, gegen diese drei Bestimmungen.

Die einen wollen die Steuern abschaffen, die das arbeitende Volk zu zahlen hat, und sie den Reichen auferlegen; die anderen möchten das Recht auf Grundeigentum beseitigen, und in Neuseeland sowie in einem amerikanischen Staat gibt es bereits Versuche, das zu verwirklichen (eine Annäherung hieran stellt die Begrenzung der Verfügungsgewalt über Grund und Boden in Irland dar); die dritten wiederum, die Sozialisten, die von der Vergesellschaftung der Arbeitswerkzeuge ausgehen, schlagen vor, Gewinn und Erbschaft zu besteuern und die Rechte der kapitalistischen Unternehmer zu beschränken. Damit scheinen ebenjene Gesetze aufgehoben zu werden, welche die Sklaverei verursachen, und man müßte daher auf diesem Weg eine Beseitigung der Sklaverei erwarten können. Sobald wir aber die Bedingungen näher betrachten, unter denen die Abschaffung dieser Gesetze erfolgen soll, erkennen wir, daß alle, nicht nur die praktischen, sondern auch die theoretischen Projekte zur Verbesserung der Lage der Arbeiter nichts weiter darstellen als die Ablösung der einen Art von Gesetzen, die Sklaverei verursachen, durch eine andere Art von Gesetzen, die neue Formen der Sklaverei begründen. Wer beispielsweise die Armen von Abgaben und Steuern befreit, indem er zunächst das Gesetz über die direkten Steuern aufhebt und diese dann den Reichen auferlegt, muß zwangsläufig die Gesetze über das Eigentum an Grund und Boden, an den Produktionswerkzeugen und anderen Gegenständen beibehalten, denen ja die ganze Last der Abgaben aufgebürdet wird. Die Beibehaltung der Gesetze über Grund und Boden und Eigentum wiederum befreit die Arbeiter zwar von den Abgaben, macht sie aber zu Sklaven der Grundbesitzer und Kapitalisten. Wer andererseits, wie Henry George und seine Anhänger, die Gesetze über das Grundeigentum abschafft, schlägt neue Gesetze über eine obligatorische Bodenrente vor, die obligatorische Bodenrente jedoch errichtet zwangsläufig eine neue Form der Sklaverei, denn wer zur Zahlung einer Bodenrente oder einer Einheitssteuer gezwungen ist, muß bei jeder Mißernte und bei jedem Mißgeschick von denen Geld leihen, die welches besitzen, und gerät wieder in die Sklaverei. Und wer schließlich, wie die Sozialisten, in seinem Projekt die Gesetze über das Eigentum an Grund und Boden und den Produktionswerkzeugen abschafft, behält die Gesetze über die Abgaben bei und muß außerdem notwendigerweise Gesetze über den Arbeitszwang erlassen, das heißt die Sklaverei in ihrer Urform wieder einführen.

Bisher also haben alle, sowohl die praktischen wie auch die theoretischen Maßnahmen zur Abschaffung von Gesetzen, die eine bestimmte Form der Sklaverei hervorbrachten, so oder anders immer nur dazu geführt, daß neue Gesetze an ihre Stelle traten, die eine andere, neue Form der Sklaverei begründeten.

Das ist, als löste ein Gefängniswärter seinem Gefangenen die Halsketten und fesselte ihm dafür die Hände oder als fesselte er ihm statt der Hände die Beine oder nähme ihm die Ketten ganz ab, verstärkte dafür aber die Riegel und Gitterstäbe.

Alle bisherigen Verbesserungen der Lage der Arbeiter haben nur in solchen Handlungen bestanden.

Die gesetzlichen Bestimmungen über das Recht der Herren, ihre Sklaven wider deren Willen zur Arbeit zu zwingen, wurden abgelöst durch die Gesetze über den Grundbesitz der Herren. Die Gesetze über den Grundbesitz der Herren wurden abgelöst durch Gesetze über die Abgaben, die der Verfügungsgewalt der Herren unterliegen. Die Gesetze über die Abgaben wurden abgelöst durch den Schutz des Rechtes auf Eigentum an Gebrauchsgegenständen und Arbeitswerkzeugen. Die Gesetze über das Recht auf Eigentum an Grund und Boden, Gebrauchsgegenständen und Produktionswerkzeugen sollen nun durch Gesetze über den Arbeitszwang abgelöst werden.

Die ursprüngliche Form der Sklaverei hatte in direktem Arbeitszwang bestanden. Nachdem sie nun den ganzen Kreis ihrer verschiedenen verhüllten Formen – des Grundeigentums, der Abgaben, des Eigentums an Gebrauchsgegenständen und Produktionswerkzeugen – durchlaufen hat, kehrt die Sklaverei nun, obwohl in veränderter Gestalt, zu ihrer ursprünglichen Form, dem direkten Arbeitszwang zurück.

Es liegt daher auf der Hand, daß die Abschaffung eines jener Gesetze, welche die Sklaverei unserer Zeit begründen: des Gesetzes über die Abgaben oder über das Grundeigentum oder über das Eigentum an Gebrauchsgegenständen und Produktionswerkzeugen, die Sklaverei nicht beseitigen kann, sondern nur eine ihrer Formen abschafft, die jedoch auf der Stelle durch eine neue Form ersetzt wird, wie das bei der Abschaffung der persönlichen Sklaverei – der Leibeigenschaft – und der Beseitigung der Abgaben der Fall war. Doch selbst die Aufhebung aller drei gesetzlichen Bestimmungen beseitigt die Sklaverei nicht, sondern hat nur eine neue, uns noch nicht bekannte Form der Sklaverei zur Folge, die schon jetzt allmählich Gestalt annimmt in einer die Freiheit der Arbeiter beschneidenden Gesetzgebung – in Beschränkungen bezüglich der Arbeitszeit, des Alters und des Gesundheitszustandes, in Forderungen nach obligatorischem Schulbesuch, in Abzügen für Alters- und Invalidenversorgung, in allen Maßnahmen der Fabrikinspektion, in den Vorschriften der Genossenschaften und dergleichen mehr. All das ist nichts anderes als eine fortschrittliche Gesetzgebung, die eine neue, noch nicht erprobte Form der Sklaverei vorbereitet.

Damit wird deutlich, daß das Wesen der Sklaverei nicht in den drei gesetzlichen Bestimmungen zu suchen ist, von denen sie heute getragen wird, ja überhaupt nicht in dieser oder jener gesetzlichen Bestimmung, sondern in der Tatsache, daß es überhaupt gesetzliche Bestimmungen *gibt,* daß es Menschen gibt, welche die Möglichkeit haben, Gesetze zu erlassen, die für sie vorteilhaft sind, und damit wird weiter deutlich, daß es Sklaverei geben wird, solange Menschen diese Möglichkeit haben.

Früher war es für die Menschen vorteilhaft, unmittelbare Sklaven zu besitzen – und sie schufen Gesetze über die persönliche Sklaverei. Dann wurde es vorteilhaft, eigenen Grund und Boden zu besitzen, Abgaben zu erheben und erworbenes Eigentum zu bewahren – und man schuf die entsprechenden Gesetze. Heute ist es für die Menschen vorteilhaft, die bestehende Distribution und Arbeitsteilung beizubehalten – und sie schaffen Gesetze, welche die Menschen bei der bestehenden Distribution und Arbeitsteilung zur Arbeit zwingen können. Und daher besteht die Hauptursache für die Sklaverei in den Gesetzen, darin, daß es Menschen gibt, welche die Möglichkeit haben, Gesetze zu schaffen.

Was sind Gesetze, und was gibt den Menschen die Möglichkeit, Gesetze zu schaffen?

12

Es gibt eine ganze Wissenschaft, die noch älter und verlogener und nebelhafter ist als die politische Ökonomie und deren Diener im Verlauf der Jahrhunderte Millionen (einander meist widersprechender) Bücher geschrieben haben, um diese Fragen zu beantworten. Da aber das Ziel dieser Wissenschaft, ebenso wie das der politischen Ökonomie, nicht darin besteht, zu erklären, was ist und was sein soll, sondern darin, zu beweisen, daß alles, was ist, auch so sein soll, kann man in dieser Wissenschaft sehr viele Gedanken über das Recht, über Objekt und Subjekt, über die Idee des Staates und ähnliche Gegenstände finden, die nicht nur dem Lernenden, sondern auch all jenen unverständlich sind, die diese Wissenschaften lehren; irgendeine klare Antwort auf die Frage aber, was ein Gesetz ist, findet man dort nicht.

Die Wissenschaft lehrt, ein Gesetz sei Willensausdruck des ganzen Volkes; da aber die Zahl derer, welche die Gesetze übertreten oder doch gern übertreten möchten und dies nur aus Furcht vor den Strafen nicht tun, die auf die Nichteinhaltung von Gesetzen stehen, in jedem Falle größer ist als die Zahl derer, welche die Einhaltung der Gesetze wünschen, leuchtet ohne weiteres ein, daß Gesetze keinesfalls als Willensausdruck des ganzen Volkes aufgefaßt werden können.

Zum Beispiel gibt es Gesetze, laut denen Telegraphenmasten nicht beschädigt werden dürfen oder bestimmten Personen Ehrerbietung zu erweisen ist, Gesetze, die fordern, daß jeder seiner Militärpflicht genügt oder sich als Geschworener zur Verfügung stellt, oder es gibt Gesetze, die verbieten, bestimmte Gegenstände über eine bestimmte Grenzlinie zu tragen, Grund und Boden zu nutzen, der als Eigentum eines anderen gilt, Wertzeichen herzustellen oder Gegenstände zu benutzen, die als Eigentum eines anderen betrachtet werden.

Alle diese Gesetze und viele andere sind äußerst vielgestaltig und können die unterschiedlichsten Motive haben, kein einziges aber bringt den Willen des ganzen Volkes zum Ausdruck. Alle diese Gesetze haben nur eines gemeinsam: Wenn jemand sie nicht einhält, schicken diejenigen, die diese Gesetze geschaffen haben, Bewaffnete, und die Bewaffneten verabreichen dem Ungehorsamen Prügel, berauben ihn seiner Freiheit oder nehmen ihm sogar das Leben.

Wenn einer nicht bereit ist, den verlangten Teil seiner Arbeit in Form von Abgaben abzuliefern, kommen Bewaffnete, nehmen ihm weg, was von ihm gefordert wird, und wenn er sich widersetzt, verprügeln sie ihn, berauben ihn seiner Freiheit und bisweilen auch seines Lebens. Ebenso ergeht es einem, der sich einfallen läßt, Grund und Boden zu nutzen, der als Eigentum eines anderen gilt. Dasselbe widerfährt jedem, der Gegenstände benutzen möchte, die er zur Befriedigung seiner Bedürfnisse oder zur Arbeit benötigt, die aber als Eigentum eines anderen betrachtet werden: Bewaffnete kommen, nehmen ihm weg, was er haben wollte, und wenn er Widerstand leistet, verprügeln sie ihn, berauben ihn der Freiheit oder sogar des Lebens. Genauso ergeht es jedem, der einem anderen, dem Ehrerbietung zu erweisen vorgeschrieben ist, keine Ehrerbietung erweist, wie auch jedem, der nicht die Forderung befolgt, Soldat zu werden, oder der Wertzeichen herstellt... Für jede Mißachtung der erlassenen Gesetze werden die Missetäter mit Schlägen, Freiheitsentzug oder sogar Tötung durch diejenigen bestraft, welche die Gesetze geschaffen haben.

Man hat viele verschiedene Verfassungen ersonnen, angefangen von der englischen und amerikanischen bis hin zur japanischen und türkischen, welche die Menschen glauben machen sollen, alle Gesetze, die in ihrem Staat erlassen werden, würden nach ihrem eigenen Willen erlassen. Jeder aber weiß, daß nicht nur in despotisch regierten, sondern auch in den pseudofreiheitlichsten Staaten, wie zum Beispiel England, Amerika und Frankreich, Gesetze nicht nach dem Willen der Gesamtheit, sondern allein nach dem Willen derer erlassen werden, welche die Macht in Händen haben, und daher gibt es immer und überall nur Gesetze, die für die Machthaber von Vorteil sind, mögen das nun viele oder wenige oder mag das auch nur ein einziger sein. Einhaltung der Gesetze aber erwirkt man immer und überall allein durch das eine Mittel, mit dem seit eh und je, immer und überall Menschen gezwungen werden, den Willen anderer auszuführen, nämlich durch Schläge, Freiheitsentzug und Mord, wie das anders auch gar nicht sein kann.

Nicht anders sein kann das aber deshalb, weil Gesetze Forderungen sind, bestimmte Vorschriften zu erfüllen. Und Menschen zwingen, bestimmte Vorschriften zu erfüllen, das heißt zu tun, was andere von ihnen wollen, kann man nur mit Hilfe von Schlägen, Freiheitsentzug und Mord. Wenn es Gesetze gibt, muß es auch eine Kraft geben, welche die

Menschen zwingen kann, sie zu erfüllen. Die einzige Kraft aber, die imstande ist, Menschen zur Erfüllung von Vorschriften, das heißt zur Ausführung des Willens anderer zu zwingen, ist die Gewalt, nicht die einfache Gewalt, wie sie Menschen in Augenblicken der Leidenschaft gegeneinander gebrauchen, sondern die organisierte, die von Menschen, welche die Macht dazu besitzen, bewußt und mit dem Ziel gebrauchte Gewalt, andere zu zwingen, jederzeit die von ihnen geschaffenen Vorschriften zu erfüllen, das heißt zu tun, was sie wollen.

Und daher besteht das Wesen der Gesetze keineswegs im Subjekt oder im Objekt des Rechts, nicht in der Form des Staates, im Gesamtwillen des Volkes und dergleichen unbestimmten und verworrenen Begriffen, sondern in der Tatsache, daß es Menschen gibt, denen organisierte Gewalt zu Gebote steht und die daher die Möglichkeit haben, andere zu zwingen, ihren Willen auszuführen.

Die exakte, gemeinverständliche und unanfechtbare Definition der Gesetze lautet daher wie folgt:

Gesetze sind Vorschriften, die von Menschen, denen organisierte Gewalt zu Gebote steht, erlassen werden und deren Nichteinhaltung mit Schlägen, Freiheitsentzug und sogar Mord geahndet wird.

Diese Definition enthält auch die Antwort auf die Frage: Was gibt den Menschen die Möglichkeit, Gesetze zu erlassen? Die Möglichkeit, Gesetze zu erlassen, gibt, was ihre Einhaltung gewährleistet: die organisierte Gewalt.

13

Die Ursache für die Elendslage der Arbeiter ist die Sklaverei. Ursache der Sklaverei sind die Gesetze. Die Gesetze wiederum haben die organisierte Gewalt zur Grundlage.

Die Lage der Menschen kann daher nur verbessert werden, wenn die organisierte Gewalt beseitigt wird.

Organisierte Gewalt jedoch heißt Regierung. Können wir etwa ohne Regierung leben? Ohne Regierung gäbe es Chaos,

Anarchie, wären alle Erfolge der Zivilisation zum Untergang verurteilt und würden die Menschen zur Barbarei der Urzeit zurückkehren. Versucht nur einmal, an die bestehende Ordnung der Dinge zu rühren, sagen gemeinhin nicht nur diejenigen, für die diese Ordnung der Dinge von Vorteil ist, sondern auch andere, denen sie eindeutig Nachteil bringt, die sich aber so sehr an diese Ordnung gewöhnt haben, daß sie sich ein Leben ohne Unterdrückung durch die Regierung nicht vorstellen können. Die Abschaffung der Regierung würde unermeßliches Unglück nach sich ziehen – Ausschreitungen, Raub und Mord, und darauf würde die Herrschaft aller schlimmen Elemente und die Versklavung aller guten Menschen folgen, erklären sie. Aber abgesehen davon, daß all dies, das heißt Ausschreitungen, Raub und Mord und die darauf folgende Herrschaft der Bösen und die Versklavung der Guten, daß all dies schon dagewesen und auch heute anzutreffen ist, ganz abgesehen davon also kann die Vermutung, eine Durchbrechung der bestehenden Ordnung werde zu Wirren und Unordnung führen, keineswegs beweisen, diese Ordnung sei gut.

Versucht nur einmal, an die bestehende Ordnung zu rühren, und ihr habt das größte Elend.

Sobald man einen einzigen Ziegelstein unter tausend Ziegeln anrührt, die zu einer mehrere Sashen hohen dünnen Säule aufgetürmt sind, fallen alle Ziegel auseinander und zerbrechen. Jedoch die Tatsache, daß das Herausnehmen irgendeines Ziegels und irgendein beliebiger Anstoß eine solche Säule und alle ihre Ziegel zum Einsturz bringen, beweist keineswegs, daß es vernünftig war, die Ziegel in eine so unnatürliche und unzweckmäßige Lage zu bringen. Im Gegenteil, es beweist, daß Ziegel nicht zu einer solchen Säule, sondern so geschichtet werden müssen, daß sie festen Halt haben und man sie benutzen kann, ohne das ganze Gebilde zum Einsturz zu bringen. Das gleiche gilt auch für unser heutiges Staatsgebilde. Der Staat ist ein sehr künstliches und anfälliges Gebilde, und wenn der geringste Anstoß es zum Einsturz bringt, beweist das nicht etwa seine Notwendigkeit, sondern ganz im Gegenteil, daß dieses Gebilde zwar möglicherweise irgendwann einmal notwendig war, heute aber keineswegs benötigt wird und daher schädlich und gefährlich ist.

Schädlich und gefährlich ist es, weil bei dieser Ordnung alles Böse, was sich in der Gesellschaft findet, nicht etwa verringert und verbessert wird, sondern sich verschlimmert und immer festeren Fuß faßt. Und es verschlimmert sich und faßt immer festeren Fuß, weil es entweder eine Rechtfertigung erfährt und in anziehende Formen gehüllt wird, oder aber, weil es im verborgenen bleibt.

Alles Wohlergehen der Völker, wie es sich uns in den von Gewalt regierten, sogenannten wohlgeordneten Staaten darbietet, ist doch nichts als Schein, ist reine Fiktion. Alles, was das äußere schöne Bild stören könnte, alle Hungernden, Kranken und bis zur Unkenntlichkeit Entarteten werden an Orten versteckt gehalten, wo man sie nicht sehen kann. Doch daß wir sie nicht sehen, beweist nicht, daß sie nicht vorhanden wären. Im Gegenteil, ihre Zahl ist um so größer, je verborgener sie sind, und sie werden von den Urhebern ihres Unglücks um so grausamer behandelt.

Gewiß, jede Zerstörung und besonders jede Unterbindung der Regierungstätigkeit, das heißt der organisierten Gewalt, wird ein solches äußerlich schönes Bild unseres Lebens zerstören, allein diese Zerstörung führt nicht zur Zerrüttung des Lebens, sondern legt nur bloß, was verborgen war, und ermöglicht, es zu verbessern.

Bis in die jüngste Zeit, bis zum Ende unseres Jahrhunderts, meinten und glaubten die Menschen, sie könnten ohne Regierungen nicht leben. Allein das Leben geht weiter, die Lebensbedingungen und die Ansichten der Menschen ändern sich. Und ungeachtet aller Anstrengungen der Regierungen, die Menschen in jenem kindlichen Zustand zu belassen, in dem der Unrecht Leidende glaubt, es gehe ihm schon besser, wenn er sich bei jemandem beschweren kann, streben die Menschen nicht nur in Europa, sondern auch in Rußland mehr und mehr aus diesem kindlichen Zustand heraus und begreifen allmählich die wahren Bedingungen ihres Lebens.

Ihr erklärt uns, ohne euch kämen die Nachbarvölker, die Chinesen und die Japaner, und würden uns unterwerfen, sagen heute die Menschen aus dem Volk, aber wir lesen die Zeitungen und wissen, niemand droht uns mit Krieg, vielmehr ihr allein, die Regenten, reizt einander um irgendwelcher, uns unverständlicher Ziele willen bis aufs Blut und bringt dann unter dem Vorwand, eure Völker schützen zu müssen, unsereins durch Abgaben für den Unterhalt der Armee und der Flotten, für Rüstung und strategische Eisenbahnen, die nur eurem Ehrgeiz und eurer Eitelkeit dienen, an den Bettelstab und zettelt gegenseitig Kriege an, wie ihr das jetzt mit den friedliebenden Chinesen gemacht habt. Ihr erklärt, es geschehe zu unserem Segen, wenn ihr das Grundeigentum schützt, aber euer Schutz bewirkt, daß aller Grund und Boden in die Hände nichtarbeitender Handelsgesellschaften, Bankherren und Millionäre übergeht oder bereits übergegangen ist; wir hingegen, die erdrükkende Mehrheit des Volkes, sind des Bodens beraubt und befinden uns in der Gewalt der Müßiggänger. Mit euren Gesetzen über das Grundeigentum schützt ihr nicht etwa das Grundeigentum, sondern nehmt es denen weg, die arbeiten. Ihr erklärt, ihr garantiertet jedem die Produkte seiner Arbeit, in Wirklichkeit aber tut ihr das genaue Gegenteil: alle Menschen, die Gegenstände von Wert herstellen, sind dank eurem vorgeblichen Schutz in eine Lage versetzt worden, in der sie nie den Wert ihrer Arbeit zurückerhalten können, sondern sich ihr ganzes Leben lang in völliger Abhängigkeit und in der Gewalt der Müßiggänger befinden.

Das ist es, was die Menschen am Ende unseres Jahrhunderts zunehmend begreifen und sagen. Und dieses Erwachen aus dem Dämmerzustand, in dem die Regierungen sie hielten, vollzieht sich in rasch ansteigender Progression. In den letzten fünf, sechs Jahren hat sich die Ansicht des Volkes über die Gesellschaft nicht nur in den Städten, sondern auch in den Dörfern, und nicht nur in Europa, sondern auch bei uns in Rußland höchst überraschend geändert.

Man behauptet, ohne Regierungen werde es keine Bildungs- und Erziehungsinstitutionen und keine öffentlichen Einrichtungen geben, wie wir alle sie benötigen.

Doch wie kommen wir dazu, das anzunehmen? Warum sollen wir glauben, Menschen, die keine Regierungsfunktionen ausüben, könnten ihr Leben für sich selbst nicht ebensogut einrichten, wie es Regierungsleute nicht für sich selbst, sondern für andere tun?

Wir sehen im Gegenteil, daß die Menschen unserer Zeit bei den vielfältigsten Gelegenheiten ihr eigenes Leben unvergleichlich besser einrichten, als es die Regierenden für sie tun. Ohne jede Einmischung der Regierung und häufig sogar trotz Einmischung der Regierung gründen die Menschen alle möglichen gesellschaftlichen Unternehmen – Arbeiterverbände, Genossenschaftsverbände, Eisenbahngesellschaften, Innungen und Syndikate. Wenn für ein öffentliches Anliegen Sammlungen erforderlich sind, warum sollte man meinen, freie Menschen wären ohne Anwendung von Gewalt nicht imstande, freiwillig die erforderlichen Mittel aufzubringen und alle die Institutionen zu schaffen, die jetzt mit Hilfe von Abgaben geschaffen werden, wenn diese Institutionen nur für alle nützlich sind? Warum nimmt man an, es könne keine Gerichtsbarkeit ohne Gewalt geben? Gerichte von Menschen, denen die streitenden Parteien vertrauen, gab es immer und wird es immer geben, und sie bedürfen keiner Gewalt. Die lange Sklaverei hat uns so sehr entartet, daß wir uns eine Leitung ohne Gewalt nicht vorstellen können. Das stimmt aber nicht. Die russischen Gemeinden, die in ferne Gegenden ziehen und sich dort ansiedeln, wo unsere Regierung sich in ihr Leben nicht einmischt, veranstalten ihre eigenen Sammlungen, errichten ihre eigene Verwaltung, Gerichtsbarkeit und Polizei, und es geht ihnen gut, solange sich die Regierung nicht gewaltsam in ihre Verwaltung einmischt. Ebensowenig Ursache besteht zu der Annahme, die Menschen könnten sich nicht über die Verteilung des zu nutzenden Bodens einigen.

Ich habe Menschen gekannt, Uralkosaken, die lebten, ohne das Grundeigentum anzuerkennen. Und in ihrem ganzen Gemeinwesen herrschten ein Wohlstand und eine Ordnung, wie sie in Gemeinwesen, wo das Grundeigentum durch Gewalt geschützt wird, nicht zu finden sind. Ich kenne auch heute Gemeinden, die das Recht einzelner auf Grundeigentum nicht anerkennen. Das gesamte russische Volk hat noch zu meinen Lebzeiten das Grundeigentum nicht anerkannt. Der gewaltsame Schutz des Grundeigentums durch die Regierung beseitigt keineswegs den Kampf um das Grundeigentum, sondern verschärft diesen Kampf nur, ruft ihn häufig überhaupt erst hervor. Gäbe es keinen Schutz des Grundeigentums und folglich auch keine Erhöhung des Bodenwertes, würden sich die Menschen nicht auf einem Fleck zusammendrängen, sondern in die Weite ziehen und sich auf freiem Boden niederlassen, von dem es auf dem Erdball noch soviel gibt. Heute aber tobt ein unaufhörlicher Kampf um das Grundeigentum, ein Kampf, der mit den Waffen geführt wird, welche die Regierung durch ihre Gesetze über das Grundeigentum liefert. Und in diesem Kampf behaupten immer diejenigen den Sieg, die den Boden nicht bearbeiten und sich dafür an den Gewaltakten der Regierungen beteiligen.

Dasselbe gilt auch für Gegenstände, die durch Arbeit erzeugt werden. Gegenstände, die wirklich durch menschliche Arbeit erzeugt werden und die der Mensch zum Leben benötigt, werden immer durch den Brauch, durch die öffentliche Meinung, durch das Gefühl für Gerechtigkeit und Gegenseitigkeit geschützt und bedürfen keines Schutzes durch Gewalt.

Zehntausende Deßjatinen Wald, die einem einzigen Besitzer gehören, während ringsum Tausende Menschen kein Brennholz haben, bedürfen des Schutzes durch Gewalt. Ebenso bedürfen des Schutzes die Fabriken, in denen mehrere Generationen Arbeiter ausgeplündert wurden und weiter ausgeplündert werden. Noch mehr bedürfen des Schutzes die Hunderttausende Pud Getreide eines einzigen Besitzers, der die Hungersnot abgewartet hat, um das Getreide dem hungernden Volk zum dreifachen Preis verkaufen zu können. Niemand aber, und sei er noch so verdorben, wird, die Reichen oder die Regierungsbeamten ausgenommen, einem Bauern, der sich von seiner Hände Arbeit nährt, das

Korn wegnehmen, das er angebaut hat, oder die Milchkuh, die er aufgezogen hat und die seine Kinder nährt, oder den von ihm selbst gefertigten Hakenpflug, die Sense oder die Schaufel, die er benötigt. Fände sich aber ein solcher Mensch, der einem anderen die von diesem hergestellten und dringend benötigten Gegenstände dennoch wegnähme, so zöge der Betreffende in solchem Maße die Empörung aller anderen, unter den gleichen Bedingungen Lebenden auf sich, daß er seine Handlungsweise kaum als vorteilhaft empfinden dürfte. Wäre er aber so abgestumpft, es trotzdem zu tun, dann machte er dasselbe auch bei strengstem Schutz von Eigentum durch Gewalt. Gewöhnlich sagt man: Wollte man versuchen, das Recht auf Eigentum an Grund und Boden und Arbeitsgegenständen zu beseitigen, würde niemand mehr arbeiten wollen, weil er nicht mehr überzeugt sein könnte, daß man ihm das Erarbeitete beläßt. Das genaue Gegenteil muß gesagt werden: Der gewaltsame Schutz des Rechtes auf ungesetzliches Eigentum, wie er heute praktiziert wird, hat, wenn nicht zur völligen Zerstörung, so doch zu einer beträchtlichen Schwächung des natürlichen Gerechtigkeitsbewußtseins hinsichtlich der Benutzung von Gegenständen geführt, das heißt hinsichtlich des natürlichen und angeborenen Rechtes auf Eigentum, ohne das die Menschheit nicht leben könnte und das in der Gesellschaft immer existiert hat und existieren wird.

Und daher besteht nicht der geringste Anlaß zu der Annahme, ohne organisierte Gewalt wären die Menschen nicht imstande, ihr Leben einzurichten.

Gewiß, man kann sagen, Pferde und Ochsen können nur leben, wenn sie der Gewalt vernünftiger Wesen, der Menschen, unterworfen sind; aber warum sollen Menschen nicht leben können, ohne der Gewalt nicht etwa irgendwelcher höherer, sondern ganz ebensolcher Wesen wie sie selbst unterworfen zu sein? Warum sollen die Menschen ausgerechnet der Gewalt derer unterworfen sein, die sich zum jeweiligen Zeitpunkt gerade an der Macht befinden? Was beweist, daß diese Menschen mehr Vernunft besitzen als die anderen, die sie ihre Gewalt spüren lassen?

Daß sie sich anmaßen, anderen Gewalt anzutun, zeigt, daß sie keineswegs mehr Vernunft, sondern ganz im Gegenteil weniger Vernunft besitzen als diejenigen, die sich ihnen unterwerfen. Die Prüfungen, die in China an die Erlangung der Mandarinenwürde geknüpft sind, garantieren, wie wir wissen, keineswegs, daß die Klügsten und Besten an die Macht gelangen. Ebensowenig garantieren das die Erbfolge und alle Formen der Beamtenlaufbahn oder die Wahlen in den europäischen Staaten. Im Gegenteil, die Macht erschleichen sich immer Leute, die weniger Gewissen und weniger Moral haben als andere.

Man sagt: Wie können die Menschen ohne Regierungen, das heißt ohne Gewalt leben? Das Gegenteil muß gesagt werden: Wie können die Menschen, vernünftige Wesen, leben, indem sie als inneres Band ihres Lebens die Gewalt, nicht aber die vernünftige Vereinbarung anerkennen?

Eins von beiden: Entweder sind die Menschen vernünftige oder sie sind unvernünftige Wesen. Sind sie unvernünftige Wesen, dann sind sie alle unvernünftige Wesen und alles wird bei ihnen durch Gewalt entschieden, und es besteht keinerlei Ursache, daß die einen das Recht auf Gewaltausübung besitzen und die anderen nicht. Und für die Gewalt der Regierung gibt es keinerlei Rechtfertigung. Sind die Menschen dagegen vernünftige Wesen, so müssen ihre Beziehungen auf Vernunft begründet sein, nicht aber auf der Ausübung von Gewalt durch Menschen, die zufällig die Macht an sich gerissen haben. Und daher gibt es für die Gewalt der Regierung wieder keinerlei Rechtfertigung.

14

Die Versklavung von Menschen wird durch die Gesetze verursacht, die Gesetze wiederum werden von Regierungen geschaffen, und daher können die Menschen nur dann von der Sklaverei befreit werden, wenn man die Regierungen abschafft.

Wie aber soll man die Regierungen abschaffen?

Alle gewaltsamen Versuche zur Abschaffung von Regierungen haben bisher immer und überall nur dazu geführt, daß an die Stelle der gestürzten Regierungen neue traten, die häufig noch grausamer waren als die, die sie abgelöst hatten.

Abgesehen von den bereits erfolgten Versuchen, Regierungen durch Gewalt zu beseitigen, soll auch die nach der Theorie der Sozialisten jetzt bevorstehende Beseitigung der Gewalt der Kapitalisten, das heißt die Vergesellschaftung der Produktionswerkzeuge und die neue ökonomische Ordnung, entsprechend dieser Lehre ebenfalls durch eine neue organisierte Gewalt erreicht und dank dieser Gewalt aufrechterhalten werden. Die Versuche zur Beseitigung durch Gewalt haben den Menschen bisher also keine Befreiung von der Gewalt und damit von der Sklaverei gebracht und werden offensichtlich auch in Zukunft dazu nicht imstande sein. Anders ist das auch gar nicht möglich. Gewalt wird (mit Ausnahme impulsiver Rache- und Affekthandlungen) von Menschen anderen Menschen gegenüber nur gebraucht, um diese zu zwingen, gegen ihren Wunsch den Willen der ersteren auszuführen. Der Zwang aber, gegen den eigenen Wunsch den Willen anderer auszuführen, ist eben Sklaverei. Und solange es daher irgendwie geartete Gewalt gibt, die dazu dient, Menschen zu zwingen, den Willen anderer auszuführen, wird es auch Sklaverei geben.

Wer die Sklaverei durch Gewalt zu beseitigen versucht, kann mit Leuten verglichen werden, die Feuer mit Feuer löschen oder Wasser mit Wasser schöpfen wollen oder die eine Grube mit Erdreich zuschütten, das sie aus einer daneben entstehenden Grube herausschaufeln.

Wenn daher überhaupt ein Mittel zur Befreiung von der Sklaverei existiert, darf es nicht in der Errichtung neuer Gewalt bestehen, sondern in der Beseitigung der Bedingungen, welche die Möglichkeit zur Gewaltherrschaft der Regierung schaffen. Die Möglichkeit zur Gewaltherrschaft einer Regierung wie überhaupt zur Gewaltherrschaft einer Minderheit über eine Mehrheit ist seit eh und je immer nur dann gegeben, wenn die Minderheit bewaffnet ist und die Mehrheit unbewaffnet oder wenn die Minderheit bessere Waffen besitzt als die Mehrheit.

So ist es bei allen Eroberungen gewesen: So haben Griechen und Römer, die Ritter und die Cortes ganze Völker unterjocht, und so unterjocht man heute die Menschen in Afrika und Asien, so und nicht anders halten in Friedenszeiten alle Regierungen ihre Untertanen in Gehorsam.

Wie in der Vergangenheit, so herrschen auch heute die einen über die anderen nur, weil sie bewaffnet sind, die anderen aber nicht.

Im Altertum fielen die Krieger mit ihren Führern über wehrlose Bewohner her, unterwarfen sie sich, plünderten sie aus und teilten die Beute je nach ihrer Beteiligung, ihrer Tapferkeit und Grausamkeit auf, und jeder Krieger sah deutlich, daß die von ihm ausgeübte Gewalt vorteilhaft für ihn war. Heute dagegen ziehen bewaffnete Menschen, die vorzugsweise aus dem arbeitenden Volk genommen werden, gegen wehrlose Menschen, gegen Streikende, Aufständische oder Bewohner fremder Länder, unterwerfen sie und plündern sie aus (das heißt zwingen sie, ihre Arbeitskraft herzugeben) nicht etwa zu ihrem eigenen Nutzen, sondern zum Nutzen von Leuten, die sich an der Unterwerfung gar nicht beteiligten.

Der Unterschied zwischen Eroberern und Regierungen besteht lediglich darin, daß die Eroberer zusammen mit ihren Kriegern selbst über die wehrlosen Bewohner herfielen und die angedrohten Mißhandlungen und Ermordungen im Falle von Ungehorsam selbst in die Tat umsetzten, die Regierungen dagegen im Falle des Ungehorsams die Mißhandlung und Ermordung wehrloser Bewohner nicht selbst ausführen, sondern betrogene und zu diesem Zweck besonders abgerichtete Menschen dazu zwingen, Menschen, die aus ebendem Volk stammen, das sie vergewaltigen. Die Gewalttaten der Vergangenheit waren also das Ergebnis persönlicher Anstrengung: der Tapferkeit, der Grausamkeit und des Geschicks der Eroberer selbst; die heutigen Gewalttaten dagegen werden mit Hilfe von Betrug verübt.

Und wenn es daher in früheren Zeiten zur Befreiung von

bewaffneter Gewalt notwendig war, sich selbst zu bewaffnen und bewaffnete Gewalt gegen bewaffnete Gewalt zu stellen, so genügt heute, da das Volk nicht durch direkte Gewalt, sondern durch Betrug in Gehorsam gehalten wird, zur Beseitigung der Gewalt die Enthüllung des Betruges, der einer Minderheit die Möglichkeit bietet, die Mehrheit zu vergewaltigen.

Der Betrug, mit dessen Hilfe das geschieht, besteht darin, daß eine Minderheit von Gewalthabern, welche die ursprünglich durch Eroberer errichtete Gewalt von ihren Vorgängern erhielten, zu der Mehrheit sagen: Ihr seid viele, ihr seid dumm und ungebildet und könnt weder euch selbst regieren noch eure öffentlichen Angelegenheiten ordnen, daher übernehmen diese Sorgen wir: Wir werden euch gegen äußere Feinde verteidigen, die innere Ordnung unter euch herstellen und aufrechterhalten, unter euch Recht sprechen und öffentliche Institutionen für euch einführen und unterhalten: Schulen, Verkehrswege, Postämter, und überhaupt für euer Wohl sorgen. Als Gegenleistung verlangen wir von euch nur, daß ihr den Gesetzen gehorcht, die wir zu eurer Sicherheit und zu eurem Nutzen erlassen, und daß ihr in einem bestimmten Alter Soldaten werdet oder Abgaben leistet, für die wir ein Heer anwerben können. Und die Menschen erklären sich mit diesen Bedingungen einverstanden, nicht etwa, weil sie die Vor- und Nachteile ihrer Lage abgewogen hätten (dazu sind sie nie imstande), sondern weil sie sich vom Tage ihrer Geburt an in diese Bedingungen gestellt sehen, in ihnen erzogen wurden, und vor allem, weil die Regierung, das heißt die Minderheit der Betrüger, die sich ihres Betruges bewußt ist, alle Mittel gebraucht (und sie verfügt über sehr viele Mittel), um den Menschen nicht nur einzuhämmern, sie könnten ohne Regierung und ohne Armee nicht leben, sondern auch, um sie glauben zu machen, diejenigen, die sie regieren und an der Spitze der Armee stehen, verdienten größte Achtung, Ergebenheit und sogar Vergötterung. Und die Menschen fallen darauf herein. Wenn dann die Soldaten eingezogen oder angeworben und ausgerüstet sind, unterzieht man sie einer besonderen, erst in der Neuzeit, nämlich seitdem die Krieger nicht mehr an der Beute beteiligt werden, eingeführten Ausbildung, die Disziplin genannt wird. Disziplin besteht darin, daß mit Hilfe jahrhundertelang entwickelter komplizierter und kunstreicher Methoden alle Menschen, die diese Ausbildung antreten und eine gewisse Zeit durchlaufen haben, die wichtigste menschliche Eigenschaft, ihre vernünftige Freiheit, völlig einbüßen und zu gefügigen, maschinenähnlichen Mordwerkzeugen in den Händen ihrer organisierten hierarchischen Obrigkeit werden. Diese disziplinierte Armee also ist der Kern des Betrugs, dank welchem die Regierungen der Neuzeit die Völker beherrschen.

Und daher besteht das einzige Mittel zur Beseitigung der Regierungen nicht in Gewalt, sondern in der Enthüllung dieses Betrugs; die Menschen müssen erstens begreifen, daß es für eine christliche Welt keine Notwendigkeit gibt, die Völker voreinander zu schützen, daß alle Feindseligkeiten zwischen den Völkern nur durch die Regierungen selbst hervorgerufen werden und die Armeen nur für die Minderheit der Gewalthaber notwendig sind, für die Völker dagegen nicht nur unnötig, sondern im höchsten Grade schädlich, dienen sie doch als Werkzeug zur Versklavung der Menschen; zweitens müssen die Menschen begreifen, daß die von allen Regierungen so sehr geschätzte Disziplin das größte Verbrechen darstellt, das ein Mensch überhaupt verüben kann, und zugleich den deutlichsten Beweis für die verbrecherischen Ziele der Regierung liefert. Disziplin heißt Vernichtung der Vernunft und der Freiheit des Menschen, und sie kann kein anderes Ziel haben, als auf Verbrechen vorzubereiten, die in normalem Zustand kein einziger Mensch begehen könnte. Nicht einmal für den Verteidigungskrieg eines Volkes ist Disziplin notwendig, wie das unlängst der Burenkrieg bewiesen hat. Notwendig ist sie einzig und allein, laut einer Definition von Wilhelm II., für das größte Verbrechen – den Bruder- und Vatermord. Nicht zufällig legen alle Könige, Kaiser und selbst alle republikanischen Regierungen so hohen Wert auf disziplinierte Armeen. Die disziplinierte Armee ist jenes Mittel, das es ihnen ermöglicht, mit fremden Händen die größten

Verbrechen zu verüben, und diese Möglichkeit ist es auch, die ihnen die Völker untertan macht.

Die Ursache für das Elend des Volkes ist die Sklaverei. Die Sklaverei steht und fällt mit den Gesetzen. Die Gesetze wiederum werden von Regierungen geschaffen. Will man daher die Lage der Menschen unserer Zeit verbessern, muß die Gewaltherrschaft der Regierungen beseitigt werden. Zur Beseitigung der Regierungen jedoch ist es erforderlich, zu erkennen, daß sie selbst unnötig und die Mittel, mit denen sie das Volk versklaven, verbrecherisch sind.

Der deutsche Schriftsteller Eugen Schmitt, der seinerzeit in Budapest eine Zeitung *»Ohne Staat«** herausgab, hat in dieser Zeitung einen grundrichtigen und nicht nur dem Ausdruck, sondern auch dem Inhalt nach sehr kühnen Aufsatz veröffentlicht, in dem er nachweist, wenn die Regierungen ihren Untertanen auch eine Art Sicherheit garantieren, so handeln sie ihnen gegenüber nicht anders als jener kalabrische Räuber, der allen, die ungefährdet die Straßen befahren wollten, eine Abgabe auferlegte.

Schmitt ist für diesen Aufsatz vor Gericht gestellt worden, doch haben ihn die Geschworenen – und anders hätten sie auch gar nicht handeln können – freigesprochen und damit die unbestreitbare Richtigkeit seiner Gedanken zugegeben.

Denn was anderes ist wohl der Staat als eine ebenso räuberische Institution? Die Institution des Staates ist nur komplizierter als die des kalabrischen Räubers, dafür freilich noch unmoralischer und grausamer. Der Räuber gewährte allen, welche die Abgabe zahlten, gleiche Sicherheit. Je mehr sich aber im Staat jemand am organisierten Betrug beteiligt, um so mehr wird ihm nicht nur Sicherheit, sondern auch Belohnung zuteil. Die größte Sicherheit genießt (denn immer folgt ihm eine Wache) der Kaiser, der König und der Präsident, und er gibt auch am meisten von dem Geld aus, das von den abgabepflichtigen Untertanen eingetrieben wird; darauf folgen je nach ihrer größeren oder geringeren Beteiligung an den Verbrechen der Regierung die Oberkommandierenden, die Minister, Polizeipräsidenten und Gouverneure bis hin zu den Stadtpolizisten, die den geringsten

Schutz genießen und das niedrigste Gehalt beziehen. Und wer sich an den Verbrechen der Regierung gar nicht beteiligt, Kriegsdienst, Steuern und Richteramt verweigert, gegen den geht man, genau wie die Räuber, mit Gewalt vor.

Die Menschen können sich aus ihrem Elend und ihrer Sklaverei nur befreien, wenn sie begreifen, daß die Regierungen keine notwendigen und geheiligten Institutionen sind, denen man Gehorsam und Ehrfurcht entgegenzubringen hat, wie den Menschen unaufhörlich eingeredet wird. Regierungen und Kirchen gegenüber kann man nur Ehrfurcht oder Ekel empfinden. Die Zeit der Ehrfurcht vor den Regierungen geht trotz aller Hypnotisierungsversuche, welche die Regierungen unternehmen, um sich ihre Stellung zu erhalten, mehr und mehr ihrem Ende entgegen. Und die Menschen müssen endlich begreifen, daß Regierungen keineswegs notwendige, sondern ganz im Gegenteil schädliche und in höchstem Grade unsittliche Institutionen sind und daß ein anständiger Mensch mit Selbstachtung sich weder an ihr beteiligen noch ihre Vorteile in Anspruch nehmen kann oder darf.

Sobald sie das aber klar begriffen haben, werden sie sich an derartigen Dingen natürlich nicht mehr beteiligen, das heißt den Regierungen weder Soldaten noch Geld zur Verfügung stellen. Und sobald die Mehrheit das nicht mehr tut, bricht der Betrug, der die Menschen zu Sklaven macht, von selbst zusammen.

Nur auf diesem Weg können die Menschen von der Sklaverei befreit werden.

15

Aber das alles sind doch nur allgemeine Erwägungen; mögen sie nun zutreffen oder nicht, in der Praxis sind sie unanwendbar, höre ich alle die entgegnen, die sich an ihre Stellung gewöhnt haben und eine Änderung derselben für unmöglich halten oder nicht wünschen.

Sagen Sie uns, was ist konkret zu tun, wie soll die Gesellschaft eingerichtet werden? fragen gewöhnlich die Angehörigen der wohlhabenden Klassen.

Die Angehörigen der wohlhabenden Klassen haben sich so sehr an ihre Sklavenhalterrolle gewöhnt, daß sie sich, sobald man auf die Verbesserung der Lage der Arbeiter zu sprechen kommt, in der Situation von Gutsbesitzern fühlen und sogleich alle möglichen Projekte ersinnen, wie sie das Leben ihrer Sklaven einrichten wollen, dabei übersehen sie aber völlig, daß sie gar nicht das Recht haben, über andere zu verfügen, und, falls sie für die Menschen wirklich Gutes wollen, nur eines tun können und dürfen: nicht mehr so verwerflich handeln, wie sie es jetzt tun. Und das Verwerfliche ihres Handelns ist sehr eindeutig und klar. Das Verwerfliche ihres Handelns besteht nicht nur darin, daß sie den Nutzen aus der Zwangsarbeit von Sklaven ziehen und auf dieses Vorrecht nicht verzichten wollen, sondern auch darin, daß sie diese Zwangsarbeit mitbegründen und sich an ihrer Aufrechterhaltung unmittelbar beteiligen. Und ebendas dürfen sie nicht mehr.

Die arbeitenden Menschen wiederum sind durch die lange Versklavung ebenfalls so sehr entartet, daß die meisten von ihnen meinen, wenn sie sich in einer schlimmen Lage befinden, dann seien daran die Herren schuld, weil sie ihnen viel zuwenig bezahlen und weil sie die Produktionswerkzeuge besitzen; sie kommen nicht einmal auf den Gedanken, daß ihre schlimme Lage nur von ihnen selbst abhängt und daß sie, falls sie wirklich die Verbesserung ihrer eigenen Lage und der ihrer Brüder im Auge haben, nicht aber jeder nur seinen eigenen Vorteil, in allererster Linie aufhören müssen, ihrerseits verwerflich zu handeln. Und das Verwerfliche im Handeln der arbeitenden Menschen besteht darin, daß sie ihre materielle Lage mit denselben Mitteln verbessern wollen, mit denen sie zu Sklaven gemacht wurden, und daß sie demzufolge, um all die Gewohnheiten befriedigen zu können, die sie unter Aufopferung ihrer Menschenwürde und ihrer Freiheit angenommen haben, erniedrigende und unsittliche Ämter übernehmen oder unnötige und schädliche Dinge herstellen; vor allem aber darin, daß sie die Regierungen unterstützen, durch Steuerzahlung und unmittelbaren Dienst an ihr teilhaben und auf diese Weise sich selbst zu Sklaven machen.

Soll die Lage der Menschen verbessert werden, müssen sowohl die Angehörigen der wohlhabenden Klassen wie auch die arbeitenden Menschen begreifen, daß diese Lage nicht verbessert werden kann, wenn jeder nur an seinen eigenen Vorteil denkt, daß der Dienst am Menschen Opfer kostet und daher ein jeder, der wahrhaftig die Lage seiner Brüder und nicht nur seine eigene verbessern will, bereit sein muß, die gesamte Lebensweise, an die er gewöhnt ist, aufzugeben und die Privilegien einzubüßen, die er bisher genossen hat, und darüber hinaus einen erbitterten Kampf nicht gegen die Regierungen, sondern auch gegen sich selbst und seine eigene Familie zu führen, daß er bereit sein muß, für Ungehorsam gegen die Forderungen seiner Regierung Verfolgung zu erleiden.

Und daher ist die Antwort auf die Frage, was konkret getan werden muß, sehr einfach und nicht nur eindeutig, sondern für alle Zeiten und für jeden einzelnen auch überaus leicht zu befolgen und in die Tat umzusetzen, wenn sie freilich auch anders lautet, als einerseits alle die erwarten, die, wie die Angehörigen der reichen Klassen, absolut davon überzeugt sind, sie seien berufen, nicht etwa sich selbst zu bessern (sie sind schon so gut genug), sondern vielmehr die anderen zu lehren und zu lenken, sowie auch andererseits alle die, die wie die Arbeiter überzeugt sind, an ihrer schlimmen Lage seien nicht sie selbst schuld, sondern allein die Kapitalisten, und verbessert könne diese Lage nur werden, wenn man den Kapitalisten nimmt, was sie besitzen, und es so einrichtet, daß die Annehmlichkeiten des Lebens, die heute allein die Kapitalisten genießen, von allen genossen werden können. Diese Antwort ist sehr bestimmt, leicht zu befolgen und ausführbar, denn sie fordert die einzige Person zum Handeln auf, über die ein jeder wirkliche, legitime und unbestreitbare Verfügungsgewalt besitzt, nämlich jeden einzelnen selbst, und sie besagt, wenn jemand – gleich ob Sklave oder Sklavenhalter – wirklich nicht nur seine eigene, sondern die Lage der Menschen überhaupt verbessern will, dann darf er selbst nicht das Verwerfliche tun, das ihn und seine Brüder zu Sklaven macht. Und um dieses Verwerfliche nicht zu tun, das sein und seiner Brüder Elend verschuldet, *darf er sich erstens weder freiwillig noch gezwungen an Regierungstätigkeit beteiligen und sich daher weder zum Soldaten noch zum Feldmarschall machen lassen, darf er weder Minister, Steuereinnehmer, Polizeizeuge oder Dorfschulze noch Geschworener, Gouverneur oder Parlamentsmitglied sein, darf er überhaupt keinerlei Amt übernehmen, das mit Gewaltausübung verbunden ist.* Dies zum ersten. *Zweitens darf ein solcher Mensch den Regierungen freiwillig keine Steuern zahlen, weder direkte noch indirekte, und er darf ebensowenig Geld in Anspruch nehmen, das als Steuer erhoben wurde, weder in Form von Gehalt noch in Form von Pensionen, Auszeichnungen und dergleichen staatlichen Stiftungen, die aus Steuergeldern bestritten werden, die man dem Volk gewaltsam weggenommen hat.* Dies zum zweiten. *Drittens darf sich, wer nicht nur sein eigenes Glück fördern, sondern die Lage der Menschen überhaupt verbessern will, nicht der Gewaltorgane der Regierung bedienen, sei es nun, um seinen Besitz an Grund und Boden und anderen Gegenständen zu schützen, sei es im Interesse seiner eigenen Sicherheit und der seiner Verwandten, vielmehr darf er Grund und Boden wie auch alle Produkte fremder oder eigener Arbeit nur insoweit besitzen, als andere keinen Anspruch darauf erheben.*

Aber so zu handeln ist doch unmöglich: auf jede Mitwirkung an staatlichen Institutionen verzichten heißt auf das Leben verzichten, wird man hierauf erwidern. Wer den Kriegsdienst verweigert, kommt ins Gefängnis; wer keine Steuern zahlt, wird bestraft, und die Steuer wird von seinem Besitz eingezogen; wer den Beamtendienst verweigert und über keine anderen Mittel zu seinem Lebensunterhalt verfügt, stirbt mit seiner Familie Hungers; dasselbe widerfährt dem, der auf den staatlichen Schutz seines Eigentums und seiner Person verzichtet. Und keine besteuerten Gegenstände zu benutzen und keinerlei staatliche Institutionen in Anspruch zu nehmen ist gleich ganz unmöglich, denn häufig sind es Gegenstände des dringendsten Bedarfs, die besteuert werden; ebensowenig kann man ohne staatliche Institutionen, wie Post, Straßen und dergleichen, auskommen.

Es ist völlig richtig, für den heutigen Menschen ist es schwer, jede Beteiligung an der Gewaltherrschaft der Regierungen zu verweigern; aber wenn nicht jeder imstande ist, sein Leben so einzurichten, daß er auf keine Weise an der Gewaltherrschaft der Regierung beteiligt ist, so beweist das keineswegs, daß es unmöglich wäre, sich mehr und mehr von dieser Gewaltherrschaft zu befreien. Nicht jeder wird die Kraft aufbringen, den Soldatendienst zu verweigern (obwohl es auch solche Menschen gibt und geben wird), aber keiner braucht aus eigenem Antrieb in den Militär- oder Polizeidienst zu treten, Richter oder Steuerbeamter zu werden, und jeder vermag anstelle des einträglicheren Staatsdienstes eine geringer bezahlte Privattätigkeit auszuüben. Nicht jeder wird die Kraft haben, auf sein Grundeigentum zu verzichten (obwohl es Menschen gibt, die auch das tun), aber jeder vermag den verbrecherischen Charakter solchen Eigentums zu begreifen und sein Ausmaß zu verringern. Nicht jeder ist imstande, darauf zu verzichten, Kapital zu besitzen (obwohl es auch solche Menschen gibt) und Gegenstände zu benutzen, die durch Gewalt geschützt werden, aber jeder ist imstande, seine Bedürfnisse einzuschränken und immer weniger Gegenstände zu benötigen, die den Neid anderer hervorrufen. Nicht jeder kann es sich leisten, auf sein Beamtengehalt zu verzichten (es gibt auch Menschen, die lieber hungern, als eine unehrenhafte Beamtentätigkeit zu übernehmen), aber jeder hat die Möglichkeit, ein niedrigeres Gehalt einem höheren vorzuziehen, wenn er dafür weniger mit Gewalt verknüpfte Pflichten auszuüben braucht. Nicht jeder kann auf die Benutzung staatlicher Schulen verzichten (aber es gibt auch solche Menschen), doch jeder kann einer Privatschule den Vorzug vor einer staatlichen geben. Jeder ist auch imstande, immer weniger besteuerte Gegenstände zu benutzen und immer weniger staatliche Institutionen in Anspruch zu nehmen.

Zwischen der bestehenden Ordnung der Dinge, die auf roher Gewalt beruht, und dem Idealbild vom Leben, bei dem das Zusammenleben der Menschen auf vernünftiger, durch den Brauch gefestigter Eintracht beruht, gibt es unendlich viele Zwischenstufen, welche die Menschheit seit eh und je unaufhörlich durchläuft, und diesem Idealbild kommen die Menschen nur in dem Maße näher, wie sie sich von der Beteiligung an der Gewalt, vom Gebrauch der Gewalt und der Gewöhnung an sie befreien.

Wir wissen nicht und können nicht voraussetzen, geschweige denn – wie es Pseudowissenschaftler zu tun pflegen – vorschreiben, wie sich diese allmähliche Schwächung der Regierungen und die Befreiung der Menschen von den Regierungen vollziehen wird, wir wissen auch nicht, welche Formen das menschliche Leben mit zunehmender Befreiung von der Gewaltherrschaft der Regierungen annehmen wird; jedoch wir wissen mit Sicherheit, das Leben von Menschen, die den verbrecherischen Charakter und die Schädlichkeit der Regierungstätigkeit begriffen haben und sich bemühen, aus der Gewaltherrschaft der Regierungen keinen Nutzen zu ziehen und sich nicht daran zu beteiligen, wird völlig anders aussehen und besser einem Leben in Gerechtigkeit und den Forderungen unseres Gewissens entsprechen als das Leben heute, bei dem sich die Menschen selbst an der Gewaltherrschaft der Regierungen beteiligen, Nutzen daraus ziehen und dabei so tun, als bekämpften sie diese Gewaltherrschaft, indem sie versuchen, die alte durch eine neue Gewaltherrschaft zu ersetzen.

Das wichtigste aber ist, die jetzige Einrichtung des Lebens ist schlecht; darin stimmen alle überein. Die Ursache für die schlimme Lage der Menschen ist die Sklaverei, die durch die Gewaltherrschaft der Regierungen hervorgerufen wird. Um die Gewaltherrschaft der Regierungen zu beseitigen, gibt es nur ein einziges Mittel: den Verzicht auf Beteiligung an der Gewaltherrschaft. Und es ist daher müßig zu fragen, ob es den Menschen schwerfällt oder nicht, auf eine Beteiligung an der Gewaltherrschaft der Regierungen zu verzichten, und ob die segensreichen Ergebnisse eines solchen

Verzichtes bald in Erscheinung treten oder nicht, denn zur Befreiung der Menschen von der Sklaverei gibt es nur dieses eine Mittel: ein anderes gibt es nicht.

In welchem Grade freilich und wann in jeder Gesellschaft und in der ganzen Welt die Gewaltherrschaft durch eine vernünftige und freie, durch den Brauch gefestigte Eintracht abgelöst wird, hängt ab von der Stärke und Klarheit des Bewußtseins der Menschen und von der Anzahl der einzelnen Menschen, die dieses Bewußtsein erlangen. Jeder von uns ist ein einzelner Mensch, und jeder kann durch sein mehr oder weniger klares Bewußtsein oder durch sein edles Streben Teilnehmer an der allgemeinen Vorwärtsbewegung der Menschheit oder auch Gegner dieser Vorwärtsbewegung sein. Jeder steht vor der Wahl: gegen den Willen Gottes handeln und auf Sand ein Haus seines rasch vergänglichen unwahrhaftigen Lebens errichten oder sich der ewigen, nie endenden Vorwärtsbewegung des wahren Lebens nach Gottes Willen anschließen.

Doch möglicherweise irre ich mich, und es müssen aus der Geschichte der Menschheit völlig andere Lehren gezogen werden, vielleicht schreitet die Menschheit nicht der Befreiung von der Gewaltherrschaft entgegen, und es kann bewiesen werden, daß die Gewalt ein notwendiger Faktor des Fortschritts ist, daß der Staat mit seiner Gewaltherrschaft eine notwendige Lebensform darstellt und es den Menschen schlechter ginge, würden die Regierungen, das Eigentum und der Schutz der Sicherheit beseitigt.

Nehmen wir einmal an, das sei richtig und alle unsere bisherigen Überlegungen seien falsch, so steht doch abgesehen von allgemeinen Erwägungen über das Leben der Menschheit vor jedem noch die Frage nach seinem persönlichen Leben, und welche Überlegungen man hinsichtlich der allgemeinen Lebensgesetze auch anstellen mag, der Mensch ist außerstande zu tun, was er als schädlich, ja als verwerflich ansieht.

Es ist durchaus möglich, daß das Argument, der Staat sei eine notwendige Entwicklungsform der Persönlichkeit und die Gewaltherrschaft des Staates sei für das Glück der Gesellschaft unumgänglich, daß alles das aus der Geschichte abgeleitet werden kann und daß alle diese Argumente zutreffen, wird jeder anständige und ehrliche Mensch unserer Zeit hierauf entgegnen, aber Mord ist ein Verbrechen, das weiß ich sicherer als alle möglichen Argumente. Und wenn ihr von mir verlangt, ich soll den Kriegsdienst leisten oder Geld für den Sold und die Ausrüstung von Soldaten oder für den Kauf von Kanonen und den Bau von Panzerkreuzern zahlen, dann wollt ihr mich zum Mitmörder machen, und das will ich nicht, ja ich vermag es nicht. Ebensowenig bin ich willens und imstande, Nutzen aus Geld zu ziehen, das ihr unter Morddrohungen Hungernden wegnahmt, und ich will auch kein Land und kein Kapital haben, das ihr schützt, denn ich weiß, ihr schützt es nur durch Mord.

Zu alldem war ich imstande, solange ich nicht begriffen hatte, wie verbrecherisch diese Dinge sind, seit ich das jedoch erkannt habe, kann ich es nicht mehr übersehen und vermag ich mich an diesen Dingen nicht mehr zu beteiligen.

Ich weiß, wir alle sind durch die Gewalt so gebunden, daß es schwerfällt, sie völlig zu vermeiden, dennoch aber will ich alles tun, was in meinen Kräften steht, mich nicht daran zu beteiligen, will ich mich nicht mitschuldig machen und mich bemühen, aus nichts Nutzen zu ziehen, was durch Mord erworben wurde und durch Mord geschützt wird.

Ich habe nur ein Leben. Warum sollte ich in diesem meinem kurzen Leben gegen die Stimme meines Gewissens handeln und mich damit zum Teilhaber eurer schmutzigen Geschäfte machen? Das will ich nicht, und das werde ich nicht.

Welche Folgen das aber zeitigen wird, weiß ich nicht. Ich glaube nur, wenn ich so handle, wie mir mein Gewissen befiehlt, kann das keine schlimmen Folgen haben.

So muß jeder anständige und ehrliche Mensch unserer Zeit auf alle Argumente für die Notwendigkeit von Regierungen und Gewaltherrschaft antworten wie auch auf jede Forderung beziehungsweise auf jedes Angebot, sich daran zu beteiligen.

Wir sehen also, der oberste und unanfechtbarste Richter – die Stimme des Gewissens – bestätigt einem jeden einzelnen dasselbe, wozu er auch durch allgemeine Überlegungen gelangt.

Nachwort

Das ist wieder nur die alte Litanei: Einerseits soll die bestehende Ordnung zerstört werden, ohne daß irgendeine andere an ihre Stelle tritt, andererseits handelt es sich um das alte Gerede vom Nichtstun, werden viele sagen, nachdem sie die vorangegangenen Ausführungen gelesen haben. Regierungstätigkeit ist schlecht, auch die Tätigkeit des Grundbesitzers und des Unternehmers ist schlecht; ebenso schlecht ist die Tätigkeit der Sozialisten und der revolutionären Anarchisten, das heißt, schlecht ist jede echte praktische Tätigkeit und gut lediglich irgendeine sittliche, geistige, unbestimmte Tätigkeit, die immer nur zum völligen Chaos und Nichtstun führt. Ich weiß, so denken und so sagen viele ernst zu nehmende aufrichtige Menschen.

Am meisten irritiert die Menschen, daß bei Fehlen von Zwang das Eigentum ungeschützt bleibt und daher jeder die Möglichkeit hat, dem anderen ungestraft wegzunehmen, was er braucht oder auch einfach haben möchte. Wer an den Schutz des Eigentums und der Person durch Gewalt gewöhnt ist, der meint, ohne diesen Schutz werde es ständig Wirren und unaufhörlichen Kampf aller gegen alle geben.

Ich möchte nicht wiederholen, was ich an anderer Stelle darüber gesagt habe, daß Schutz des Eigentums durch Gewalt die Wirrnis nicht verringert, sondern vermehrt. Doch selbst wenn man einräumte, bei Fehlen von Schutz könnte es zu Wirren kommen – was sollen denn diejenigen tun, die die Ursache des Elends, unter dem sie leiden, nun einmal begriffen haben?

Wenn wir begriffen haben, daß die Trunksucht uns krank gemacht hat, können wir, sofern wir weitertrinken, nicht mehr darauf hoffen, unseren Zustand dadurch zu verbessern, daß wir maßvoll trinken oder weitertrinken, aber Medikamente einnehmen, die kurzsichtige Ärzte uns verschreiben.

Das gleiche gilt auch für die Krankheit der Gesellschaft. Wenn wir begriffen haben, daß wir krank sind, weil einige Menschen die anderen vergewaltigen, dann können wir die Lage der Gesellschaft nicht mehr dadurch verbessern, daß wir die bestehende Gewaltherrschaft der Regierungen weiter unterstützen oder aber eine neue, revolutionäre, sozialistische Gewaltherrschaft errichten. Das konnten wir tun, solange die Hauptursache für das Elend der Menschheit nicht deutlich zu erkennen war. Doch seit absolut klar ist, daß die Menschen unter der Gewaltherrschaft leiden, die der eine über den anderen ausübt, kann ihre Lage nicht dadurch verbessert werden, daß man die alte Gewaltherrschaft fortsetzt oder eine neue errichtet. Wie es für den kranken Alkoholiker nur ein einziges Mittel zur Rettung gibt – sich des Alkohols, der Ursache seiner Krankheit zu enthalten, so gibt es auch für die Errettung der Menschheit aus der schlechten Einrichtung der Gesellschaft nur ein einziges Mittel – sich der Gewalt, der Ursache ihres Elends zu enthalten, sowohl der persönlichen Ausübung von Gewalt wie auch der Propagierung und jedweder Rechtfertigung der Gewalt.

Und ganz abgesehen davon, daß dieses Mittel das einzige ist, die Menschen aus ihrem Elend zu befreien, erweist sich seine Anwendung auch noch deswegen als notwendig, weil es mit dem sittlichen Gesetz eines jeden einzelnen Menschen unserer Zeit übereinstimmt. Wenn der Mensch unserer Zeit einmal begriffen hat, daß sich jedweder Schutz des Eigentums und der Person vermittels Gewalt nur durch Morddrohung oder Mord verwirklichen läßt, kann er nicht mehr ruhigen Gewissens in Anspruch nehmen, was durch Mord oder Morddrohung erworben wird, und ist er erst recht nicht imstande, sich an diesem Mord beziehungsweise dieser Morddrohung zu beteiligen. Das also, was zur Errettung der Menschen aus ihrem Elend erforderlich ist, erweist sich auch zur Befriedigung des sittlichen Empfindens eines jeden einzelnen als notwendig. Und daher kann es für jeden einzelnen keinerlei Zweifel mehr darüber geben, daß er sich sowohl im Interesse des Allgemeinwohls wie auch zur Erfüllung des Gesetzes seines eigenen Lebens an der Gewalt weder beteiligen noch sie rechtfertigen oder in Anspruch nehmen darf.

Inhalt

Antwort auf den Beschluß des Synods vom 20. bis 22. Februar und auf die aus diesem Anlaß bei mir eingegangenen Briefe

> He who begins by loving Christianity better than Truth will proceed by loving his own Sect or Church better than Christianity, and end in loving himself better than all.
>
> *Coleridge*

Anfangs wollte ich auf den mich betreffenden Beschluß des Synods nicht antworten, jedoch hat dieser Beschluß Anlaß zu sehr vielen Briefen gegeben, in denen mir unbekannte Absender mich dafür beschimpfen, daß ich leugne, was ich gar nicht leugne, andere wieder in mich dringen, ich solle doch glauben, woran zu glauben ich nie aufgehört habe, und wieder andere mir einerseits eine Geistesverwandtschaft bekunden, die in Wirklichkeit kaum bestehen dürfte, und andererseits ihre Sympathie beteuern, die ich wohl kaum beanspruchen kann; und so entschloß ich mich, sowohl auf den eigentlichen Beschluß zu antworten und zu zeigen, welche Unrichtigkeiten er enthält, wie auch auf die Briefe mir unbekannter Absender.

Der Synodsbeschluß enthält insgesamt viele Mängel. Er ist gesetzwidrig oder bewußt zweideutig; er ist willkürlich, unbegründet und unwahr und enthält außerdem Verleumdungen, er erweckt böse Gefühle und hetzt auf zu verwerflichen Taten.

Er ist gesetzwidrig oder bewußt zweideutig, denn wenn er Ausschluß aus der Kirche bedeuten soll, genügt er nicht den kirchlichen Vorschriften, laut denen ein solcher Ausschluß ausgesprochen werden kann; handelt es sich aber um eine Erklärung des Inhalts, daß keiner, der nicht an die Kirche und ihre Dogmen glaubt, ihr angehören kann, so ist das eine Selbstverständlichkeit, und eine solche Erklärung kann kein anderes Ziel verfolgen, als dem Wesen nach zwar einen Ausschluß nicht auszusprechen, aber doch den Eindruck eines solchen zu erwecken, was ja auch eingetreten ist, denn so ist er verstanden worden.

Er ist willkürlich, denn er beschuldigt mich allein, an alle im Beschluß aufgezählten Punkte nicht zu glauben, während viele, ja nahezu alle Gebildeten in Rußland meinen Unglauben teilen und das in Gesprächen wie auch in Vorträgen, Broschüren und Büchern immer wieder erklärt haben und auch jetzt noch erklären.

Er ist unbegründet, denn als Hauptanlaß für sein Erscheinen wird die große Verbreitung meiner Ketzerei säenden Irrlehre hingestellt, während ich sehr wohl weiß, es gibt kaum hundert Menschen, die meine Ansichten teilen und die Verbreitung meiner Schriften über Religion ist dank der Zensur so unbedeutend, daß – wie man aus den bei mir eingegangenen Briefen erkennen kann – die meisten Menschen, die den Synodsbeschluß gelesen haben, nicht die geringste Vorstellung besitzen, was ich über Religion geschrieben habe.

Er enthält glatte Unwahrheiten, wird doch behauptet, von seiten der Kirche seien mir gegenüber erfolglose Versuche unternommen worden, mich zur Vernunft zu bringen, während es in Wirklichkeit keinerlei solche Versuche gegeben hat.

Er verkörpert, was man juristisch als Verleumdung bezeichnet, denn er enthält bewußt unwahre, mir schadende Behauptungen.

Er erweckt schließlich böse Gefühle und hetzt zu verwerflichen Taten auf, denn er hat, wie das nicht anders zu erwarten war, bei ungebildeten und gedankenlosen Menschen eine Erbitterung und einen Haß gegen mich ausgelöst, die sich bis zu Morddrohungen steigern und die in den an mich gelangten Briefen klar ausgesprochen werden. »Jetzt bist du in Bann getan und wirst nach dem Tode zu ewigen Qualen eingehen und wie ein Hund verrecken ... du Höllensohn, du Teufelsbrut... verflucht sollst du sein«, schreibt einer. Ein anderer macht der Regierung Vorwürfe, weil man mich noch nicht in ein Kloster gesperrt hat, und füllt seinen Brief mit Beschimpfungen. Ein dritter schreibt: »Wenn die Regierung dich nicht aus dem Wege räumt, dann werden wir selbst dich zum Schweigen bringen«; der Brief endet mit Verwünschungen. »Ich werde schon Mittel und Wege finden«, schreibt ein vierter, »dich Hundsfott zu erledigen...« Dann folgen gemeine Beschimpfungen. Anzeichen für die gleiche Erbitterung bemerke ich nach dem Synodsbeschluß auch bei Begegnungen mit einigen Leuten. Am gleichen 25. Februar, an dem der Beschluß veröffentlicht wurde, hörte ich beim Überqueren eines Platzes folgende mir geltende Worte: »Dort geht der Teufel in Menschengestalt«, und wäre die Menge anders zusammengesetzt gewesen, hätte es durchaus geschehen können, man hätte mich zusammengeschlagen wie vor einigen Jahren den Mann an der Pantelejmonkapelle.

Der Synodsbeschluß ist also insgesamt sehr häßlich; und er wird dadurch nicht besser, daß es am Ende heißt, seine Unterzeichner beteten darum, daß ich würde wie sie.

Soweit zum Allgemeinen, im einzelnen nun enthält der Beschluß folgende Unrichtigkeiten. Im Beschluß heißt es: »Ein in der ganzen Welt bekannter Schriftsteller, Russe von Geburt und rechtgläubig getauft und erzogen, Graf Tolstoi, hat sich, von Hoffart verführt, vermessen wider den Herrn und Christus und sein heiliges Vermächtnis erhoben, indem er sich vor aller Welt von der Mutter, die ihn nährte und erzog, von der rechtgläubigen Kirche, losgesagt hat.«

Daß ich mich von der Kirche, die sich als die rechtgläubige bezeichnet, losgesagt habe, trifft völlig zu. Doch habe ich mich nicht deswegen von ihr losgesagt, weil ich mich wider den Herrn erhob, sondern weil ich ihm mit allen Kräften meiner Seele dienen wollte. Ehe ich mich von der Kirche und der Gemeinsamkeit mit dem Volk, die mir unaussprechlich teuer war, lossagte, habe ich mich, auf Grund einiger Symptome an der Richtigkeit der Kirchenlehre zweifelnd, mehrere Jahre theoretisch und praktisch sehr gründlich mit der Kirchenlehre befaßt. In theoretischer Hinsicht habe ich alles, was mir über die Kirchenlehre zugänglich war, erneut gelesen und die dogmatische Theologie studiert und kritisch analysiert; was die Praxis anlangt, so habe ich über ein Jahr lang alle Vorschriften der Kirche streng befolgt, alle Fasten eingehalten und alle gottesdienstlichen Veranstaltungen besucht. Und ich mußte erkennen, die Kirchenlehre stellt in theoretischer Beziehung eine heimtückische und verderbliche Lüge dar, praktisch aber eine Zusammenstellung von plumpestem Aberglauben und Hokuspokus, die den ganzen Sinn der christlichen Lehre völlig verdeckt.*

Und ich habe mich tatsächlich von der Kirche losgesagt, aufgehört, ihre Riten zu befolgen, und im Testament für meine Verwandten geschrieben, wenn meine Todesstunde käme, sollten sie keinen Geistlichen zu mir lassen und meinen toten Körper möglichst schnell. aus dem Haus schaffen, ohne jegliche Beschwörungsformeln und Gebete, wie man ja auch jeden anderen widerwärtigen und überflüssigen Gegenstand wegräumt, damit er den Lebenden nicht im Wege ist.

Wenn jedoch gesagt ist, daß ich »meine literarische Tätigkeit und die mir von Gott geschenkte Begabung dazu verwende, im Volk Lehren zu verbreiten, die sich gegen Christus und die Kirche richten« und so weiter und daß ich »in meinen Schriften und Briefen, die von mir wie auch von meinen Schülern in großer Zahl in der ganzen Welt, beson-

* Man braucht nur ein wenig im kirchlichen Zeremonienbuch zu lesen und die einzelnen Riten zu studieren, die von orthodoxen Geistlichen tagtäglich vollzogen werden und als christlicher Gottesdienst gelten, um zu erkennen, daß all diese Riten nichts anderes sind als verschiedene Spielarten von Hexerei, die an alle möglichen Vorkommnisse im Leben angepaßt werden. Damit ein Kind nach seinem Tode ins Paradies kommt, muß man es rechtzeitig mit Öl bestreichen und unter Aussprechen bestimmter Wörter baden; damit eine Gebärende ihre Reinheit zurückerhält, sind bestimmte Beschwörungsformeln zu sprechen; für Erfolg im Geschäft oder Frieden im neuen Haus, für Gedeihen des Korns oder Beendigung einer Dürre, für eine glückliche Reise oder Heilung einer Krankheit, für die Erleichterung des Loses Verstorbener in jener Welt, für all das und tausend andere Fälle gibt es bestimmte Beschwörungsformeln, die der Geistliche an bestimmten Orten und gegen bestimmte Spenden auspricht. (Anm. d. Verf.)

ders aber in unserem teuren Vaterland verbreitet werden, mit dem Eifer eines Fanatikers die Zerschlagung aller Dogmen der rechtgläubigen Kirche und des eigentlichen Wesens des christlichen Glaubens predige«, so ist das unwahr. Ich habe mich nie um eine Verbreitung meiner Lehre bemüht. Gewiß, für mich selbst habe ich in Schriften dargelegt, wie ich die Lehre Christi verstehe, und diese Schriften vor Leuten, die sie kennenlernen wollten, nicht geheimgehalten, doch habe ich selbst sie nie veröffentlicht; und mündlich habe ich mich über meine Auffassung von der Lehre Christi nur geäußert, wenn man mich danach fragte. In solchen Fällen habe ich den Leuten gesagt, was ich denke, und ihnen, wenn sie bei mir waren, meine Bücher gegeben.

Dann ist gesagt, daß ich »Gott, den in der Heiligen Dreifaltigkeit gerühmten Schöpfer und Fürsorger des Weltalls, negiere, daß ich den Herrn Jesus Christus, den Gottesmenschen, leugne, den Erlöser und Erretter der Welt, der für uns Menschen und um unserer Rettung willen gelitten hat und von den Toten auferstanden ist, daß ich die Unbefleckte Empfängnis Christi und die jungfräuliche Reinheit der Gottesmutter vor und nach seiner Geburt leugne.« Daß ich die unverständliche Dreifaltigkeit und die in unserer Zeit jeglichen Sinnes entbehrende Fabel vom Fall des ersten Menschen leugne und ebenso die gotteslästerliche Geschichte von dem Gott, der von einer Jungfrau geboren wurde und das Menschengeschlecht erlöste, das alles trifft völlig zu. Gott den Geist hingegen, Gott die Liebe, den einen Gott, welcher der Beginn von allem ist, leugne ich keineswegs, sondern erkenne ganz im Gegenteil außer Gott nichts wirklich Existierendes an und sehe den ganzen Sinn des Lebens nur in der Erfüllung des Willens Gottes, wie er in der christlichen Lehre dargelegt ist.

Ferner heißt es: »Er bestreitet Leben und Vergeltung nach dem Tode.« Wenn man Leben nach dem Tode im Sinne eines Jüngsten Gerichts, einer Hölle mit ewiger Pein und Teufeln sowie eines Paradieses ewiger Glückseligkeit versteht, dann trifft es völlig zu, daß ich ein solches Leben nach dem Tode bestreite; aber ein ewiges Leben und Vergeltung hier und überall, jetzt und in allen Zeiten, erkenne ich in einem solchen Grade an, daß ich, der den Jahren nach am Rande des Grabes steht, häufig dagegen ankämpfen muß, mir den fleischlichen Tod, das heißt die Geburt zu neuem Leben, zu wünschen, und ich glaube daran, daß jede gute Tat das wahre Glück meines ewigen Lebens vermehrt und jede böse Tat es verringert.

Es heißt auch, ich lehnte die Sakramente ab. Das trifft völlig zu. Die Sakramente halte ich für billigen, plumpen, dem Gottesbegriff und der christlichen Lehre nicht angemessenen Hokuspokus und außerdem für eine Verletzung eindeutiger Weisungen des Evangeliums. In der Taufe von Säuglingen erblicke ich eine grobe Entstellung des Sinnes, den die Taufe für erwachsene Menschen haben könnte, die das Christentum bewußt annehmen; im Vollzug des Sakraments der Ehe an Personen, die sich unzweifelhaft bereits früher vereint haben, sowie in der Erlaubnis von Scheidungen und in der Sanktionierung von Ehen zwischen Geschiedenen sehe ich eine direkte Verletzung der Lehre des Evangeliums sowohl dem Sinn wie auch dem Buchstaben nach. In der regelmäßigen Sündenvergebung bei der Beichte erblicke ich einen folgenschweren Betrug, der nur die Unsittlichkeit fördert und die Furcht vor der Sünde unwirksam macht.

Die Letzte Ölung wie auch die Firmung betrachte ich als barbarische Zauberbräuche, ganz ebenso die Ikonen- und Reliquienverehrung und alle Riten, Gebete und Beschwörungen, wie sie die Agende in so großer Zahl enthält. Im Abendmahl sehe ich eine Vergöttlichung des Fleisches und eine Entstellung der christlichen Lehre. Im Priesteramt erblicke ich außer unverkennbarer Vorbereitung auf Betrug eine direkte Verletzung der Worte Christi, der eindeutig verbietet, irgend jemanden als Lehrer, Vater oder Meister zu bezeichnen (Matthäus 23, 8 bis 10).

Schließlich wird als äußerster und höchster Grad meiner Schuld angegeben, daß ich, »die heiligsten Gegenstände des Glaubens schmähend, nicht davor zurückgeschreckt bin, das allerheiligste der Sakramente zu verhöhnen – die Eucharistie«. Daß ich nicht davor zurückgeschreckt bin, schlicht und objektiv zu schildern, welche Vorbereitungen der Geistliche für dieses sogenannte Sakrament trifft, ist völlig richtig; daß dieses sogenannte Sakrament aber etwas Heiliges, eine schlichte Schilderung, wie es vollzogen wird, dagegen Gotteslästerung sein soll, ist ganz und gar unrichtig. Gotteslästerung besteht nicht darin, daß ich eine Wand Wand nenne und nicht Ikonostas, daß ich eine Schale Schale nenne und nicht Kelch und dergleichen mehr, dafür aber ist es schlimmste, stets von neuem wiederholte und empörende Gotteslästerung, Kindern und dem einfältigen Volk unter Einsatz aller möglichen Mittel des Betrugs und der Hypnose einzureden, wenn man Brot unter Aussprechen bestimmter Worte auf bestimmte Weise in kleine Stücke schneide und diese in Wein lege, zöge in die Brotstückchen Gott ein; und der lebende Mensch, für den man ein Stückchen herausnehme, werde gesund; und dem Toten, für den man ein solches Stückchen herausnehme, werde es in jener Welt besser ergehen; und wer ein solches Stückchen Brot äße, in dem nähme Gott Wohnung.

Das ist doch entsetzlich!

Wie immer man die Person Christi auffassen mag, seine Lehre jedenfalls, die das Böse der Welt zunichte macht und dem Menschen so einfach, so leicht und unzweifelhaft Glück gewährt, wenn er sie nur nicht entstellt – diese Lehre ist ganz und gar verschwunden, ist verfälscht zu plumpem Hokuspokus mit Waschungen, Ölungen, Körperbewegungen, Beschwörungen, dem Verschlucken von Brotstückchen und dergleichen, und von der Lehre selbst bleibt nichts übrig. Wenn aber einmal jemand versucht, die Menschen daran zu erinnern, daß die Lehre Christi nicht in solchen Zauberbräuchen, in Bitt- und Dankgottesdiensten, in Messen, Kerzen und Ikonen besteht, sondern darin, daß die Menschen einander lieben, Böses nicht mit Bösem vergelten, einander nicht verurteilen und töten, dann erheben alle, welchen dieser Schwindel Vorteil bringt, ein empörtes Geschrei und erklären in den Kirchen, in Büchern, Zeitungen und Katechismen lauthals und mit unfaßbarer Dreistigkeit, Christus habe das Schwören (den Eid) nie verboten, habe den Mord (Hinrichtungen, Kriege) nie verboten und die Lehre vom Verzicht auf Widerstand gegen das Böse sei mit teuflischer List von den Feinden Christi ersonnen worden.*

Besonders entsetzlich ist, daß allein auf ihren Vorteil bedachte Menschen nicht nur Erwachsene hinters Licht führen, sondern dank der ihnen übertragenen Macht auch die Kinder betrügen, von denen Christus gesagt hat, wehe dem, der sie täuscht. Entsetzlich ist, daß diese Leute um ihres persönlichen nichtigen Vorteils willen ein so entsetzliches Verbrechen begehen, nämlich den Menschen die von Christus offenbarte Wahrheit vorenthalten, die ihnen ein Glück beschert, wie es auch durch tausendmal größeren Vorteil nicht aufgewogen werden könnte. Sie handeln wie jener Räuber, der eine ganze Familie von fünf bis sechs Personen umbringt, um eine alte Unterjacke und 40 Kopeken zu erbeuten. Wie gern hätten sie ihm alle ihre Kleider und alles Geld gegeben, um dem Tod zu entgehen. Aber er kann nicht anders handeln. Mit den Religionsbetrügern ist es das gleiche. Man würde ihnen meinetwegen ein zehnmal üppigeres Leben in größtem Überfluß bieten, wollten sie nur darauf verzichten, die Menschen durch ihren Betrug ins Verderben zu stürzen. Aber sie können nicht anders handeln. Und das eben ist so entsetzlich. Und ihren Schwindel zu entlarven ist daher nicht nur erlaubt, sondern Pflicht. Wenn es etwas Heiliges gibt, dann besteht es keineswegs in dem, was sie Sakrament nennen, sondern eben in dieser Pflicht, ihren religiösen Schwindel zu entlarven, so man ihn erkennt.

Wenn ein Tschuwasche sein Götzenbild mit Milchrahm bestreicht oder mit der Peitsche schlägt, kann ich gleichgültig vorübergehen, denn was er tut, tut er namens eines mir fremden Aberglaubens, und er rührt damit an nichts, was mir heilig ist; predigen aber Menschen, wie groß ihre Zahl, wie alt ihr Aberglaube und wie mächtig ihr Einfluß auch immer sein mag, im Namen jenes Gottes, durch den

* Rede Amwrossis, des Bischofs von Charkow. (Anm. d. Verf.)

ich lebe, und im Namen der Lehre Christi, die mir das Leben gab und es allen Menschen zu geben vermag, nur plumpen Hokuspokus, kann ich nicht gelassen zusehen. Und wenn ich ihr Handeln beim rechten Namen nenne, dann tue ich nur, was meine Pflicht ist, was ich einfach tun muß, wenn ich an Gott und die christliche Lehre glaube. Bezeichnen diese Leute wiederum, statt sich vor ihrer eigenen Gotteslästerung zu entsetzen, die Entlarvung ihres Betruges als Gotteslästerung, so beweist das einerseits nur die Suggestionskraft ihres Betruges, und andererseits kann das nur die Anstrengungen derer vermehren, die an Gott und die Lehre Christi glauben und diesem Betrug, der den Menschen den wahren Gott verbirgt, ein Ende machen wollen.

Von Christus, der die Ochsen, Schafe und Händler aus dem Tempel jagte, mußte man behaupten, er lästert Gott. Käme er heute zu uns und sähe, was in seinem Namen in der Kirche geschieht, er würde gewiß mit noch größerem und noch gerechterem Zorn alle diese schrecklichen Meßtücher, Spieße, Kreuze, Kelche, Kerzen, Ikonen und alles andere hinauswerfen, womit sie ihren Hokuspokus treiben und Gott und seine Lehre vor den Menschen verbergen.

So also steht es um Wahrheit und Unwahrheit des gegen mich gerichteten Synodsbeschlusses. Woran sie zu glauben behaupten, glaube ich tatsächlich nicht. Aber ich glaube an vieles, wovon sie den Menschen einreden wollen, ich glaubte nicht daran.

Ich glaube an folgendes: Ich glaube an Gott, den ich als Geist, als Liebe, als Beginn von allem verstehe. Ich glaube, daß er in mir ist und ich in ihm. Ich glaube, daß Gottes Wille seinen klarsten und verständlichsten Ausdruck in der Lehre des Menschen Christus gefunden hat, den als Gott aufzufassen und anzubeten ich als größte Gotteslästerung betrachte. Ich glaube, daß das wahre Glück des Menschen in der Erfüllung des Willens Gottes liegt und es sein Wille ist, daß die Menschen einander lieben und daher mit anderen umgehen, wie sie wollen, daß man mit ihnen umgehe, denn es heißt ja im Evangelium, hierin bestünden das ganze Gesetz und die Propheten. Ich glaube daher, daß der Sinn des Lebens für jeden einzelnen Menschen nur darin bestehen kann, die Liebe in sich zu mehren; daß diese Vermehrung der Liebe dem einzelnen Menschen in diesem Leben zu immer größerem Glück verhilft, daß sie nach dem Tode um so mehr Glück gewährt, je mehr der Mensch von Liebe erfüllt war, und daß sie gleichzeitig und vor allem anderen dazu beiträgt, in der Welt das Reich Gottes zu errichten, das heißt eine Lebensordnung, bei der Zwist, Betrug und die jetzt herrschende Gewalt abgelöst werden durch freie Übereinkunft, Wahrheit und brüderliche Liebe der Menschen untereinander. Ich glaube, daß es für die Mehrung der Liebe nur ein einziges Mittel gibt: das Gebet – nicht das öffentliche Gebet in Gotteshäusern, das Christus geradezu verboten hat (Matthäus 6, 5 bis 13), sondern jenes Gebet, für das Christus uns ein Beispiel gab, das einsame Gebet, bei dem wir den Sinn unseres Lebens und unserer Abhängigkeit allein von Gottes Willen in unserem Bewußtsein erneuern und festigen.

Ob nun diese meine Glaubensvorstellungen jemanden beleidigen, kränken oder verführen, ob sie jemanden stören, ein Hindernis darstellen oder jemandem mißfallen – ich vermag sie ebensowenig zu ändern wie meinen Leib. Allein muß ich leben und allein auch sterben (und das sehr bald), und daher bin ich außerstande, anders zu glauben, als ich es tue, indem ich mich für den Weg zu jenem Gott rüste, von dem ich gekommen bin. Ich behaupte nicht, mein Glaube sei unzweifelhaft und für alle Zeiten der einzig wahre, jedoch ich sehe keinen anderen, der einfacher und klarer wäre und allen Bedürfnissen meines Verstandes und meines Herzens besser entspräche; sollte ich einen solchen kennenlernen, ich würde ihn auf der Stelle annehmen, denn Gott liegt an nichts außer der Wahrheit. Zu dem Standpunkt jedoch zurückzukehren, von dem ich mich gerade erst unter schweren Leiden gelöst habe, vermag ich beim besten Willen nicht, wie auch ein Vogel außerstande ist, in die Eischale zurückzukehren, der er einst entschlüpfte.

»Wer damit beginnt, daß er das Christentum mehr liebt als die Wahrheit, wird sehr bald seine Kirche oder Sekte mehr lieben als das Christentum und schließlich sich selbst (seine Ruhe) am allermeisten lieben«, sagt Coleridge.

Ich bin den umgekehrten Weg gegangen. Ich habe damit begonnen, daß ich meinen orthodoxen Glauben mehr als meine Ruhe liebte, dann das Christentum mehr als meine Kirche, und jetzt liebe ich am allermeisten die Wahrheit. Und bis auf den heutigen Tag fallen Wahrheit und das Christentum, wie ich es verstehe, für mich zusammen. Dieses Christentum bekenne ich; und in dem Maße, wie ich es bekenne, lebe ich ruhig und froh und nähere mich ruhig und froh meinem Tode.

Moskau, 4. April 1901

Ich kann nicht schweigen

1

»Sieben Todesurteile: zwei in Petersburg, eins in Moskau, zwei in Pensa, zwei in Riga. Vier Hinrichtungen: zwei in Cherson, eine in Wilna, eine in Odessa.«

Und das wiederholt sich in jeder Zeitung. Und das liest man nicht erst seit einer Woche, einem Monat oder einem Jahr, sondern schon seit Jahren. Und es geschieht in Rußland, in jenem Land, wo das Volk jeden Verbrecher für einen unglücklichen Menschen hält und wo das Gesetz bis in die jüngste Vergangenheit hinein die Todesstrafe nicht kannte.

Ich entsinne mich, wie ich mich dessen vor Europäern einst rühmte, und nun haben wir schon das zweite und dritte Jahr ununterbrochen Hinrichtungen, Hinrichtungen und wieder Hinrichtungen.

Ich greife nach der heutigen Zeitung.

Heute, am 9. Mai, lese ich etwas Entsetzliches. In der Zeitung stehen die knappen Worte: »Heute wurden in Cherson auf dem Strelbizkoje pole zwanzig Bauern für einen räuberischen Überfall auf das Gut eines Grundbesitzers im Kreis Jelissawetgrad durch den Strang hingerichtet.«*

Zwölf Männer aus der Mitte ebenjener Menschen, von deren Arbeit wir leben, ebenjener, die wir seit eh und je

* In den Zeitungen ist die Mitteilung über die Hinrichtung von zwanzig Bauern später dementiert worden. Ich kann mich über diesen Irrtum nur freuen. Einmal, weil acht Menschen weniger erwürgt wurden, als die erste Mitteilung besagte, zum anderen, weil diese entsetzliche Zahl mich veranlaßt hat, auf den folgenden Blättern einem Gefühl Ausdruck zu verleihen, das mich schon lange peinigt, und daher ändere ich nur die Zahl zwanzig in zwölf und lasse im übrigen alles, was hier gesagt ist, unverändert, denn das Gesagte bezieht sich nicht nur auf die zwölf Hingerichteten, sondern auf alle jene Tausende, die in letzter Zeit erschlagen und erwürgt wurden. (Anm. d. Verf.)

Wodkas bis hin zu der entsetzlichen Lüge einer Religion, mit allen Kräften demoralisieren – angefangen vom Gift des an die wir nicht glauben, die wir aber ihnen mit aller Gewalt aufzwingen wollen –, zwölf von ihnen sind mit Stricken von ebenjenen erwürgt worden, denen sie Nahrung und Kleidung gaben, für die sie Häuser bauten und von denen sie seit eh und je demoralisiert wurden. Zwölf Männer, Väter und Söhne aus der Mitte jener, deren Gutmütigkeit, Fleiß und Schlichtheit dem russischen Leben allein Halt geben, hat man ergriffen, ins Gefängnis geworfen und ihnen eiserne Fußfesseln angelegt. Dann hat man ihnen die Hände auf den Rücken gebunden, damit sie nicht nach dem Strick greifen können, an dem man sie aufhängen wird, und sie unter den Galgen geführt. Einige Bauern, ganz ebensolche wie die zum Hängen verurteilten, nur bewaffnet und in festen Stiefeln und sauberen Uniformen, begleiten die Verurteilten mit dem Gewehr in der Hand. Neben den Verurteilten schreitet in Samtornat und Epitrachelion, das Kreuz in der Hand, ein Mann mit langen Haaren. Der kleine Zug bleibt stehen. Der Leiter der ganzen Prozedur sagt irgend etwas, der Sekretär liest ein Schreiben vor, und nach dem Verlesen wendet sich der Mann mit den langen Haaren an jene Menschen, die von anderen Menschen mit Stricken erwürgt werden sollen, und sagt irgend etwas von Gott und Christus. Gleich nach diesen Worten kommen die Henker – es sind mehrere, denn einer allein kann ein so schwieriges Werk nicht bewältigen –, die zuvor die Seilschlingen mit flüssiger Seife eingerieben haben, damit sie sich besser zusammenziehen, bemächtigen sich der Gefesselten, ziehen ihnen Leichenhemden über, führen sie auf das Galgengerüst und legen ihnen die Schlingen um den Hals.

Und nun werden diese lebenden Menschen einer nach dem anderen von den Hockern gestoßen, indem man sie ihnen unter den Füßen wegreißt, durch ihr Gewicht ziehen sich die Halsschlingen augenblicklich zu, und sie sterben eines qualvollen Todes. Menschen, die noch vor einem Augenblick lebten, verwandeln sich in tote Körper, die an Stricken hängen, anfangs ein wenig hin und her baumeln und dann in Unbeweglichkeit erstarren.

All das haben Angehörige des höchsten Standes, wissenschaftlich gebildete und aufgeklärte Menschen mit Fleiß für ihre Mitmenschen ersonnen und eingerichtet. Sie haben ersonnen, daß diese Dinge insgeheim, im Morgengrauen erledigt werden, damit sie keiner sehen kann, sie haben ersonnen, daß sich die Verantwortung für diese Verbrechen auf alle Mitwirkenden verteilt, damit jeder glauben und sagen kann: Ich bin nicht mitschuldig. Sie haben ersonnen, daß die moralisch am tiefsten gesunkenen und allerunglücklichsten Menschen ausgewählt und gezwungen werden, das von uns erdachte und gutgeheißene Werk auszuführen, damit wir uns den Anschein geben können, wir verabscheuten Leute, die derartiges tun. Sogar eine solche Feinheit hat man sich ausgedacht, daß von den einen (dem Kriegsgericht) das Urteil ausgesprochen wird, während der Hinrichtung selbst keinesfalls Militärs, sondern Zivilisten beiwohnen. Vollstreckt wiederum wird die Hinrichtung von unglücklichen, betrogenen, demoralisierten und verachteten Menschen, denen nur eines zu tun bleibt: möglichst gut den Strick einzuseifen, damit er die Hälse nur recht zuverlässig zusammenzieht, und sich an dem von den gleichen aufgeklärten hohen Herrschaften verkauften Gift so gründlich wie möglich zu betrinken und auf diese Weise jeden Gedanken an ihr Seelenheil und ihre menschliche Berufung möglichst bald und möglichst vollständig zu vergessen.

Ein Arzt geht von Körper zu Körper, betastet jeden und meldet dem Vorgesetzten, die Angelegenheit sei ordnungsgemäß erledigt, alle zwölf seien unzweifelhaft tot. Und die Obrigkeit begibt sich an ihr gewohntes Tagewerk, getragen vom Bewußtsein einer gewissenhaft erfüllten, zwar schweren, aber notwendigen Pflicht. Die erstarrten Körper werden abgenommen und verscharrt.

Das ist doch entsetzlich!

Und das geschieht nicht nur eimmal und nicht nur an diesen zwölf unglücklichen und betrogenen Menschen aus dem besten Stand des russischen Volkes, es geschieht vielmehr unaufhörlich, Jahr für Jahr, an Hunderten und Tausenden ebenso Betrogener, die von denselben Leuten irregeleitet wurden, die ihnen diese schrecklichen Dinge antun.

Und das ist nicht das einzige Entsetzliche, was geschieht, unter dem gleichen Vorwand und mit der gleichen kaltblütigen Grausamkeit werden auch in den Gefängnissen, Festungen und Zuchthäusern Menschen den mannigfaltigsten Qualen und Gewalttaten ausgesetzt.

Das ist entsetzlich, besonders entsetzlich aber ist, daß dies nicht aus einem inneren Drang, aus einem Gefühl heraus geschieht, von dem der Verstand betäubt wird, wie das bei einer Schlägerei, im Krieg oder selbst bei einem Raub der Fall ist, sondern im Gegenteil auf Geheiß des Verstandes, des Kalküls, der das Gefühl zum Schweigen bringt. Das ist das besonders Entsetzliche an diesen Dingen. Und zwar deswegen, weil nichts so prägnant wie all diese Untaten, die, vom Richter bis zum Henker, von Leuten ausgeführt werden, die sie gar nicht tun wollen – weil also nichts so prägnant und unverhüllt zeigt, wie verderblich für die menschliche Seele der Despotismus, die Macht einiger über die anderen ist.

Es ist empörend, wenn ein Mensch dem anderen seine Arbeitskraft, sein Geld, seine Kuh und sein Pferd, wenn er ihm sogar Sohn oder Tochter wegnehmen kann – das ist empörend, um wieviel empörender aber ist, daß einer dem anderen die Seele wegnehmen, ihn zwingen kann, etwas zu tun, was sein geistiges Ich zugrunde richtet und ihn seines geistigen Glückes beraubt! Und genau das tun die, welche all diese Dinge ersinnen und ruhigen Gewissens und im Interesse des *Glücks der Menschheit* andere Menschen, angefangen vom Richter bis hin zum Henker, durch Bestechung, Drohung und Betrug so weit bringen, Dinge zu tun, die sie mit Gewißheit ihres wahren Glückes berauben.

Und während all das Jahr für Jahr in ganz Rußland geschieht, fühlen sich die Hauptschuldigen an den Verbrechen, jene, auf deren Geheiß sie verübt werden, jene, die diesem Verbrechen Einhalt gebieten könnten – fühlen sich also die Hauptschuldigen, im unerschütterlichen Bewußtsein der Nützlichkeit und sogar Notwendigkeit dieser Verbrechen, bemüßigt, Reden darüber zu verfassen und zu halten, daß die Finnen daran gehindert werden müssen, zu leben, wie es den Finnen behagt, und daß sie unter allen Umständen so zu leben haben, wie es einigen Russen gefällt, oder aber sie geben Befehle des Inhalts heraus, daß »in den Husarenregimentern die Ärmelaufschläge und die Kragen der Dolmans die Farbe der letzteren aufweisen müssen, während die Husarenmäntel, soweit sie jemandem zustehen, mit Pelz gefütterte Ärmel ohne Aufschläge haben müssen.«

Ja, das ist entsetzlich!

2

Das Entsetzlichste aber ist, all diese unmenschlichen Gewalt- und Mordtaten, ganz abgesehen von dem direkten Unrecht, das den Opfern selbst und ihren Familien zugefügt wird, richten noch weit schlimmeres Unheil im ganzen Volk an, tragen sie doch dazu bei, daß sich die Demoralisierung aller Stände des russischen Volkes ausbreitet wie Feuer in trokkenem Stroh. Besonders schnell aber breitet sich diese Demoralisierung unter dem einfachen arbeitenden Volk aus, denn diese Verbrechen, die alles, was von ganz gewöhnlichen Dieben und Räubern und von allen Revolutionären zusammengenommen angerichtet wird, um ein vielhundertfaches übersteigen, werden unter dem Vorwand verübt, es handle sich um etwas Notwendiges, Gutes, Unerläßliches, das von verschiedenen Institutionen, die im Denken des Volkes unlöslich mit der Vorstellung von Gerechtigkeit, ja Heiligkeit verbunden sind – so vom Senat, dem Synod, der Duma, der Kirche und dem Zaren –, nicht nur gebilligt, sondern ausgesprochen unterstützt werde.

Und diese Demoralisierung breitet sich mit ungewöhnlicher Schnelligkeit aus.

Noch vor kurzem hat man im ganzen russischen Volk keine zwei Henker finden können. Noch vor kurzem, in den achtziger Jahren, hat es in ganz Rußland nur einen einzigen Henker gegeben. Ich entsinne mich, wie mir damals Wladimir Solowjow voll Freude berichtete, man habe in ganz Rußland keinen zweiten Henker finden können und fahre den einen von Ort zu Ort. Das ist jetzt ganz anders geworden.

In Moskau bot ein Krämer, der in geschäftliche Schwierigkeiten geraten war, seine Dienste für die Ausführung von Morden an, welche die Regierung vollziehen läßt, und konnte sich, da er pro Gehenktem 100 Rubel erhielt, in kurzer Zeit so weit sanieren, daß er diese Nebenbeschäftigung bald nicht mehr benötigte und heute wieder seinem Kramhandel nachgeht.

In Orjol wurde in den vergangenen Monaten, wie überall, ein Henker benötigt, und sogleich fand sich jemand bereit, diese Arbeit zu übernehmen, wobei er sich mit dem Dezernenten für staatliche Morde auf einen Preis von 50 Rubel pro Hingerichtetem einigte. Hinterher nun erfuhr er, anderswo zahle man mehr, und so brachte es der freiwillige Henker während einer Hinrichtung fertig, den Todeskandidaten, nachdem er ihm das Leichengewand übergezogen hatte, nicht auf das Gerüst zu führen, sondern seine Tätigkeit zu unterbrechen, vor den Dezernenten zu treten und zu sagen: »Eure Exzellenz, legen Sie noch 25 Rubel drauf, sonst mach ich's nicht.« Er erhielt seinen Zuschlag und führte die Hinrichtung aus.

Das nächste Mal sollten fünf Verurteilte hingerichtet werden. Am Tage zuvor kam ein Unbekannter zum Referenten für staatliche Morde und wollte ihn in geheimer Sache sprechen. Der Referent ging hinaus. Der Unbekannte sagte: »Das letzte Mal hat einer 75 Rubel pro Mann von Ihnen haben wollen, heute sollen fünf dran sein. Lassen Sie alle mir, ich mache das für 15 Rubel pro Kopf, und Sie können beruhigt sein, ich erledige alles ordnungsgemäß.«

Ich weiß nicht, ob man das Angebot angenommen hat, weiß aber, ein solches Angebot wurde gemacht.

So wirken die Verbrechen der Regierung auf die schlechtesten, sittlich minderwertigsten Menschen des Volkes. Aber diese entsetzlichen Dinge können auch nicht ohne Einfluß auf die meisten Angehörigen der in sittlicher Beziehung mittleren Schicht bleiben. Obwohl sie unaufhörlich von den entsetzlichen, unmenschlichen Grausamkeiten hören und lesen, die von der Obrigkeit, das heißt von Leuten begangen werden, denen das Volk gewohnheitsmäßig die besten Eigenschaften zuschreibt, gelangen die meisten Angehörigen dieser mittleren Schicht, die – besonders die jüngeren unter ihnen – mit ihren persönlichen Dingen beschäftigt sind, nicht etwa zu der Einsicht, daß Leute, die abscheuliche Dinge tun, keine Ehrerbietung verdienen, sondern urteilen zwangsläufig gerade umgekehrt: Wenn allgeachtete Menschen, so meinen sie, Dinge tun, die uns abscheulich erscheinen, dann sind diese Dinge wahrscheinlich gar nicht so abscheulich.

Von Hinrichtungen, Galgen, Mord und Bombenanschlägen schreibt und spricht man heute, wie früher vom Wetter gesprochen wurde. Die Kinder spielen Erhängen. Halbe Kinder, Gymnasiasten, ziehen mit der Bereitschaft zu töten zu Zwangsenteignungen aus, wie sie früher auf die Jagd gingen. Alle Großgrundbesitzer zu erschlagen, um dann ihr Land in Besitz zu nehmen, erscheint heute vielen als die zuverlässigste Lösung der Bodenfrage.

Überhaupt ist es dank der Handlungsweise der Regierung, die Mord als ein mögliches Mittel zur Erreichung ihrer Ziele gelten läßt, dahin gekommen, daß alle Arten von Verbrechen: Raub, Diebstahl, Lüge, Mißhandlung und Mord, von den Unglücklichen, die dem demoralisierenden Einfluß der Regierung ausgesetzt sind, als durchaus natürliche, dem Menschen angemessene Taten betrachtet werden.

Doch wie entsetzlich diese Dinge schon an sich sein mögen, das sittliche, geistige, unsichtbare Unheil, das sie anrichten, ist unvergleichlich schlimmer.

3

Ihr erklärt, ihr beginget alle diese entsetzlichen Taten, um Ruhe und Ordnung zu schaffen.

Ihr schafft Ruhe und Ordnung!

Wie schafft ihr sie denn? Dadurch, daß ihr, die Vertreter einer christlichen Staatsmacht, die Führer und Lenker unseres Staates, welche sich der Billigung und Förderung durch die Diener der Kirche erfreuen, in den Menschen die letzten Reste von Glauben und Sittlichkeit zerstört, indem ihr die schlimmsten Verbrechen begeht: Lüge, Verrat, alle Arten von Mißhandlung und das größte und allerentsetzlichste Verbrechen, das für jedes noch nicht völlig entartete Menschenherz das allerwiderwärtigste ist – Mord, und zwar nicht Mord schlechthin, sondern Massenmord, eine unendliche Zahl von Morden, die ihr durch die verschiedensten törichten Verweise auf bestimmte Paragraphen zu rechtfertigen sucht, welche ihr in euren dummen und verlogenen, von euch lästerlich als Gesetz bezeichneten Büchern noch dazu selbst geschrieben habt.

Ihr erklärt, dies sei das einzige Mittel, das Volk zu beruhigen und die Revolution zu ersticken, aber das ist eine offensichtliche Lüge. Alle Welt sieht doch, wenn ihr die von elementarstem Gerechtigkeitsempfinden diktierten Forderungen des ganzen russischen Landvolkes nach Beseitigung des Grundeigentums nicht erfüllt, sondern dieses Grundeigentum ganz im Gegenteil weiter festigt und das Volk und jene unbedachten, erbitterten Menschen, die euch jetzt unter Anwendung von Gewalt bekämpfen, auf jedwede erdenkliche Weise reizt, dann könnt ihr die Menschen auch nicht dadurch beruhigen, daß ihr sie peinigt, daß ihr Kinder und Frauen mißhandelt, verbannt, einsperrt und aufhängt. Wie sehr ihr euch auch bemühen mögt, die euch innewohnenden menschlichen Eigenschaften, Verstand und Liebe zum Schweigen zu bringen, sie leben in euch, und sobald ihr einmal zur Besinnung kommt und darüber nachdenkt, werdet ihr erkennen: Wenn ihr handelt, wie ihr es jetzt tut, das heißt, wenn ihr an diesen entsetzlichen Verbrechen teilhabt, werdet ihr die Krankheit nie heilen, sondern sie lediglich verschlimmern, denn ihr treibt sie noch tiefer in den Organismus hinein.

Das ist nur allzu klar.

Die Ursache für das, was geschieht, ist keinesfalls im materiellen Bereich zu suchen, sondern ausschließlich in einer Veränderung der geistigen Einstellung des Volkes, die sich auch bei größter Anstrengung nicht wieder rückgängig machen läßt, ebensowenig rückgängig machen läßt, wie man einen Erwachsenen wieder zum Kind machen kann. Die Erregung oder Beruhigung der Öffentlichkeit hängt keineswegs davon ab, ob irgendein Petrow am Leben bleibt oder gehenkt wird oder ob irgendein Iwanow nicht mehr in Tambow wohnen darf, sondern nach Nertschinsk zur Zwangsarbeit verschickt wird. Die Erregung beziehungsweise Beruhigung der Öffentlichkeit hängt ausschließlich davon ab, wie nicht nur dieser Petrow oder Iwanow, sondern die gesamte riesige Mehrheit ihre Lage betrachtet, davon, wie sich diese Mehrheit gegenüber der Obrigkeit, dem Grundeigentum und dem verkündeten Glauben verhält, davon also, was diese Mehrheit als gut und was als böse ansieht. Die Gewalt der Ereignisse hat ihre Ursache keineswegs in den materiellen Lebensbedingungen, sondern in der geistigen Einstellung des Volkes. Und wenn ihr auch den zehnten Teil des ganzen russischen Volkes erschlüget und zu Tode peinigtet, die Geisteshaltung aller übrigen wird nicht so, wie ihr das wünscht.

Alles, was ihr jetzt tut, all eure Haussuchungen, Spitzeleien, Verbannungen, Verhaftungen, Zuchthäuser und Galgen – all das führt also nicht die Geisteshaltung des Volkes herbei, die ihr herbeiführen möchtet, sondern erhöht nur noch die Erregung und beseitigt jedwede Möglichkeit für eine Beruhigung.

Was soll denn aber geschehen, fragt ihr, was kann getan werden, um das Volk jetzt gleich zu beruhigen? Wie kann man die Verbrechen unterbinden, die begangen werden?

Die Antwort ist überaus einfach: *Hört auf zu tun, was ihr tut.*

Wenn niemand wüßte, was getan werden muß, um das Volk – das ganze Volk – zu beruhigen (viele aber wissen sehr wohl, was zur Beruhigung des russischen Volkes am dringendsten erforderlich ist, nämlich die Befreiung des Bodens vom Eigentumsrecht, genau wie vor fünfzig Jahren die Befreiung von der Leibeigenschaft notwendig war), wenn also auch niemand wüßte, was jetzt zur Beruhigung des Volkes notwendig ist, so wäre doch immerhin klar, daß man zur Beruhigung des Volkes ganz gewiß *nichts tun darf,* was seine Erregung noch erhöht. Und genau das tut ihr.

Was ihr tut, tut ihr nicht fürs Volk, sondern für euch selbst, um euch die Position zu erhalten, die ihr jetzt einnehmt und die ihr in eurer Verwirrung als vorteilhaft betrachtet, die aber in Wirklichkeit überaus erbärmlich und widerwärtig ist. Behauptet also nicht, was ihr tätet, tätet ihr für das Volk: Das ist Lüge. All die Garstigkeiten, die ihr begeht, begeht ihr für euch selbst, für eure eigennützigen, ehrgeizigen, eitlen, rachsüchtigen, persönlichen Ziele, um noch ein bißchen in dem Lasterpfuhl leben zu können, in dem ihr lebt und der euch als das höchste Glück erscheint.

Wie oft ihr aber auch behaupten möget, alles, was ihr tätet, tätet ihr zum Wohl des Volkes – die Menschen durchschauen euch immer mehr, verachten euch immer mehr und beurteilen eure Politik der Unterdrückung und des Zwangs immer mehr nicht so, wie ihr es möchtet, nämlich als Handlungen irgendeiner höchsten Kollektivperson, der Regierung, sondern als verwerfliche persönliche Handlungen einzelner bösartiger Egoisten.

4

Ihr erklärt: Angefangen haben nicht wir, sondern die Revolutionäre, und die entsetzlichen Verbrechen der Revolutionäre können nur durch entschiedene (so nennt ihr eure Verbrechen), durch entschiedene Maßnahmen der Regierung unterbunden werden.

Ihr erklärt, die von den Revolutionären begangenen Verbrechen seien entsetzlich.

Ich bestreite das nicht und möchte noch hinzufügen, daß ihre Taten, abgesehen von all ihrer Entsetzlichkeit, auch ebenso töricht sind und ebenso ihr Ziel verfehlen wie die euren. Jedoch wie entsetzlich und töricht ihre Taten auch sein mögen: all diese Bomben und Minen, all diese abscheulichen Morde und Geldraube, all diese Untaten sind bei weitem nicht so verbrecherisch und töricht wie die von euch begangenen.

Sie tun haargenau dasselbe wie ihr und tun es aus denselben Beweggründen. Sie befinden sich in dem gleichen (wären die Folgen nicht so entsetzlich, würde ich sagen komischen) Irrtum, jemand, der für sich selbst einen Plan aufgestellt hat, wie die Gesellschaft eingerichtet werden sollte und müßte, habe gleichzeitig das Recht und die Möglichkeit, das Leben anderer nach diesem Plan einzurichten. Gleich ist der Irrtum, gleich sind auch die Mittel zur Erreichung des vermeintlichen Zieles. Diese Mittel sind: jede Art von Gewalt bis hin zum Mord. Gleich lautet auch die Rechtfertigung für die begangenen Verbrechen. Diese Rechtfertigung besagt, eine schlimme Tat, die um des Glückes vieler willen begangen werde, höre auf, eine unsittliche Tat zu sein, und man dürfe daher, ohne gegen das Sittengesetz zu verstoßen, lügen, rauben und morden, wenn das für eine Vielzahl jenen glückseligen Zustand herbeiführe, den wir uns einbilden zu kennen und vorauszusehen und den wir herstellen wollen.

Ihr, die Regierung, bezeichnet die Aktionen der Revolutionäre als Frevel und schwere Verbrechen, aber sie taten und tun nichts, was ihr, und zwar in unvergleichlich größerem Maße, nicht auch tut. Wenn ihr also zu jenen unsittlichen Mitteln greift, die ihr zur Erreichung eurer Ziele gebraucht, habt ihr nicht das geringste Recht, die Revolutionäre zu rügen. Sie tun nur dasselbe wie ihr: ihr unterhaltet Spitzel, betrügt und verbreitet im der Presse Lügen, und sie tun dasselbe; unter Anwendung jedweder Art von Gewalt nehmt ihr Menschen das Eigentum weg und verfügt darüber nach eurem Gutdünken, und sie tun dasselbe; ihr richtet hin, wen ihr als Schädling betrachtet, sie tun dasselbe. Alles, was ihr nur irgendwie zu eurer Rechtfertigung vorbringen könnt, können sie ganz ebenso zu ihrer Rechtfertigung vorbringen, ganz abgesehen davon, daß ihr viel Verwerfliches begeht, das sie nicht tun: Vergeudung von

Volksreichtum, Vorbereitung und Führen von Kriegen, Unterwerfung und Unterdrückung fremder Völkerschaften und vieles andere.

Ihr erklärt, ihr hütetet die Überlieferungen aus alter Zeit und hättet für euer Tun Vorbilder im Wirken großer Menschen der Vergangenheit. Sie haben gleichfalls ihre althergebrachten Überlieferungen, die aus der Zeit noch vor der Großen Französischen Revolution stammen, und an großen Leuten, an Vorbildern zum Nacheifern, an Märtyrern, die für Wahrheit und Freiheit in den Tod gingen, haben sie nicht weniger aufzuweisen als ihr.

Wenn es also einen Unterschied zwischen euch und ihnen gibt, dann lediglich den einen, ihr wollt, es möge alles bleiben, wie es war und ist, sie aber streben eine Veränderung an. Und wenn sie glauben, es könne nicht immer alles beim alten bleiben, dann sind sie mehr im Recht als ihr, falls sie nicht demselben, von euch übernommenen seltsamen und verhängnisvollen Irrtum erliegen, einige wenige wären imstande, die Lebensform zu erkennen, die in der Zukunft Allgemeingültigkeit erlangen werde, und diese Lebensform könne man durch Gewalt einführen. In allem übrigen aber tun sie nur, was auch ihr tut, und zwar mit denselben Mitteln. Sie sind ganz und gar eure Schüler, sie haben, wie man so sagt, alle eure Samenkörner aufgelesen, und sie sind nicht nur eure Schüler, sie sind euer Produkt, eure Kinder. Gäbe es euch nicht, würden auch sie nicht existieren, und wenn ihr sie daher gewaltsam niederhalten wollt, handelt ihr wie jemand, der sich mit aller Kraft gegen eine Tür stemmt, die nach der anderen Seite aufgeht.

Wenn ein Unterschied zwischen euch und ihnen besteht, dann keinesfalls zu euren, sondern zu ihren Gunsten. Ihnen können mildernde Umstände zugebilligt werden, erstens, weil sie ihre Aktionen unter größerer persönlicher Gefahr begehen als ihr, und Risiko und Gefahr rechtfertigen in den Augen begeisterungsfähiger Jugend vieles. Zweitens, weil sie in ihrer großen Mehrheit blutjunge Menschen sind, für die Irren altersbedingt ist, ihr aber seid größtenteils Menschen reifen Alters, denen vernünftige Gelassenheit und

Nachsicht mit Irrenden anstünde. Drittens können ihnen mildernde Umstände noch deswegen zugebilligt werden, weil ihre Mordtaten, wie abscheulich sie auch sein mögen, dennoch nicht so herzlos und systematisch grausam sind wie eure Schlüsselburgen, eure Zuchthäuser, Galgen und Erschießungen. Der vierte mildernde Umstand für die Revolutionäre besteht darin, daß sie alle mit absoluter Entschiedenheit jedwede religiöse Lehre ablehnen, erklären, das Ziel rechtfertige die Mittel, und daher völlig konsequent handeln, wenn sie einen oder mehrere um des vermeintlichen Glückes vieler willen töten. Wohingegen ihr, die Angehörigen der Regierung, angefangen vom untersten Henker bis hin zu seinem höchsten Vorgesetzten, euch zur Religion, zum Christentum bekennt, das sich mit euren Taten nie und nimmer vereinbaren läßt.

Und ihr nun, Menschen reifen Alters, die Führer anderer, die ihr das Christentum bekennt, ihr erklärt wie Kinder, die sich gebalgt haben und die man dafür schilt: »Angefangen haben nicht wir, sondern sie«, und etwas Besseres wißt und vermögt ihr nicht vorzubringen, ihr, die ihr die Rolle von Regenten des Volkes übernommen habt. Und was für Menschen seid ihr denn? Menschen, die jenen als Gott anerkennen, der auf das entschiedenste nicht nur jeden Mord verboten, sondern auch untersagt hat, seinem Bruder zu zürnen, der nicht nur Gericht und Bestrafung verboten, sondern auch untersagt hat, seinen Bruder zu verurteilen, der mit den unmißverständlichsten Worten jedwede Strafe aufgehoben hat und die unausweichliche Notwendigkeit ständiger Verzeihung verkündete, ganz gleich, wie oft ein Verbrechen auch wiederholt werden mag, jenen, der da gebot, wer einen Backenstreich empfängt, halte auch die andere Backe hin und vergelte nicht Böses mit Bösem, jenen, der in seiner Erzählung vom Weib, das gesteinigt werden sollte, so schlicht und klar zeigte, keiner darf einen anderen verurteilen und bestrafen, und ihr, die ihr diesen Lehrer als Gott anerkennt, wißt zu eurer Rechtfertigung nichts anderes vorzubringen als: »Angefangen haben sie, sie töten, also töten wir jetzt auch.«

5

Ein mir bekannter Künstler wollte ein Bild »Die Hinrichtung« malen und benötigte als Modell einen Henker. Er brachte in Erfahrung, daß in Moskau das Henkeramt damals ein Hauswart versah. Der Künstler ging zu dem Hauswart in die Wohnung. Es war in der Osterwoche. Die Familie saß im Sonntagsstaat beim Tee, das Familienoberhaupt fehlte. Wie sich später herausstellte, hatte er sich versteckt, als er einen Unbekannten kommen sah. Seine Frau war gleichfalls verstört und sagte, ihr Mann sei nicht zu Hause, seine kleine Tochter jedoch verriet ihn.

Sie sagte: »Vati ist auf dem Dachboden.« Sie wußte noch nicht, daß ihr Vater begriffen hatte, welch übles Handwerk er betrieb und wie sehr er daher alle Menschen fürchten mußte. Der Künstler erklärte der Frau, er brauche ihren Mann als Modell, um ein Porträt nach ihm zu malen, sein Gesicht passe nämlich zu einem Bild, das er malen wolle. (Der Künstler sagte natürlich nicht, für welches Bild er das Gesicht des Hauswarts brauchte.) Nachdem er mit der Frau ins Gespräch gekommen war, bot er ihr, um sie sich geneigt zu machen, an, ihren kleinen Sohn in die Lehre zu nehmen. Dieses Anerbieten stimmte die Frau offensichtlich günstig. Sie ging hinaus, und kurze Zeit darauf trat der scheel und düster blickende Hausherr ins Zimmer, ein ruhelos und verängstigt wirkender Mann, der sich lange bemühte, herauszubekommen, wozu und warum der Künstler gerade ihn benötigte. Als dieser ihm sagte, er sei ihm auf der Straße begegnet und habe den Eindruck gehabt, sein Gesicht passe für das Bild, fragte der Hauswart, wo er ihn gesehen habe, um welche Stunde und in welcher Kleidung. Und offensichtlich von Furcht getrieben und Schlimmes argwöhnend, lehnte er alles ab.

Ja, dieser Henker weiß, daß er Henker und sein Tun verwerflich ist, daß man ihn haßt für das, was er tut, er fürchtet die Menschen, und ich glaube, dieses Bewußtsein und diese Furcht vor den Menschen tilgen seine Schuld wenigstens zum Teil. Ihr dagegen, vom Gerichtssekretär bis zum Ministerpräsidenten und dem Zaren, die ihr an den täglich verübten Missetaten mittelbar beteiligt seid, ihr fühlt eure Schuld anscheinend nicht, empfindet nicht jene Scham, welche die Beteiligung an diesen Schreckenstaten in euch auslösen müßte. Gewiß, ihr fürchtet die Menschen ganz ebenso wie der Henker, und ihr fürchtet sie um so mehr, je größer eure Verantwortlichkeit für diese Verbrechen ist: der Staatsanwalt mehr als der Sekretär, der Gerichtsvorsitzende mehr als der Staatsanwalt, der Generalgouverneur mehr als der Gerichtsvorsitzende, noch mehr der Ministerpräsident und am meisten der Zar. Ihr alle fürchtet euch aber nicht etwa, weil ihr wie dieser Henker wißt, daß ihr verwerflich handelt, ihr fürchtet euch vielmehr deswegen, weil ihr meint, die anderen handelten verwerflich.

Und daher dürfte dieser unglückliche Hauswart, wie tief er auch gesunken sein mag, auf einer unvergleichlich höheren sittlichen Stufe stehen als ihr, die ihr an diesen entsetzlichen Verbrechen mitwirkt und sie zum Teil verschuldet, ihr, die ihr nicht etwa euch selbst, sondern andere verurteilt und den Kopf stolz erhoben tragt.

6

Ich weiß, alle Menschen sind Menschen, wir alle sind schwach, wir alle irren, und keiner darf sich zum Richter über den anderen erheben. Lange Zeit habe ich gegen das Gefühl angekampft, das die Urheber dieser schrecklichen Verbrechen in mir auslösen, ein Gefühl, das um so heftiger ist, je höher diese Leute auf der gesellschaftlichen Stufenleiter stehen. Aber ich kann und will dieses Gefühl nun nicht länger bekämpfen.

Ich kann und will es nicht, erstens, weil diese Leute, die einfach nicht sehen, wie verbrecherisch sie handeln, entlarvt werden müssen – sowohl in ihrem eigenen wie auch im Interesse der großen Menge, die unter dem Einfluß der öffentlichen Ehrungen und Lobpreisungen dieser Leute ihre Untaten gutheißen und ihnen sogar nacheifern. Zweitens kann und will ich dieses Gefühl nicht länger bekämpfen, weil ich (wie ich offen bekenne) hoffe, die Entlarvung dieser Leute wird die von mir erwünschten Folgen haben, nämlich dazu führen, daß man mich auf diesem oder jenem Weg aus dem Kreis der Menschen ausstößt, in dem ich lebe und in dem ich mich als Mitschuldiger an den ringsum verübten Verbrechen fühlen muß.

Denn alles, was heute in Rußland geschieht, geschieht doch im Namen des allgemeinen Glücks, im Namen der Sicherheit und des Friedens der Menschen, die in Rußland leben. Und wenn dem so ist, dann geschieht all das auch um meinetwillen, denn ich lebe in Rußland. Um meinetwillen also existiert das Elend des Volkes, das des elementarsten und natürlichsten Menschenrechtes beraubt ist, des Rechtes, das Land zu nutzen, auf dem es geboren wurde; um meinetwillen existiert diese halbe Million Männer, die man einem menschenwürdigen Leben entrissen und in Uniformen gesteckt hat und die man nun das Mordhandwerk lehrt, um meinetwillen gibt es diese verlogene sogenannte Geistlichkeit, deren Hauptaufgabe es ist, das wahre Christentum zu verfälschen und zu verbergen. Um meinetwillen werden Menschen von einem Ort zum anderen verschickt, um meinetwillen gibt es diese Hunderttausende hungernder, in ganz Rußland umherirrender Arbeiter, um meinetwillen sterben Hunderttausende Unglücklicher in Festungen und Gefängnissen, die für alle gar nicht ausreichen, an Typhus und Skorbut. Um meinetwillen müssen Mütter, Gattinnen und Väter leiden, werden verbannt, eingesperrt und gehenkt. Um meinetwillen gibt es Spitzel und Bestechung, um meinetwillen morden Polizisten Menschen und erhalten dafür Auszeichnungen. Um meinetwillen werden Dutzende und Hunderte Erschossener verscharrt, um meinetwillen wird die entsetzliche Arbeit der Henker getan, jener Leute, die zwar schwer aufzutreiben sind, die aber ihr Handwerk jetzt nicht mehr allzusehr verabscheuen. Um meinetwillen errichtet man diese Galgen, an denen Frauen, Kinder und Männer hängen; um meinetwillen gibt es diese furchtbare gegenseitige Erbitterung der Menschen.

Und wie seltsam die Behauptung auch klingen mag, das alles

geschehe um meinetwillen und ich sei mitschuldig an diesen schrecklichen Dingen, so fühle ich doch nur zu deutlich, es besteht ein unzweifelhafter Zusammenhang zwischen meinem geräumigen Zimmer, meinem Mittagessen, meiner Kleidung, meiner Muße und all den schrecklichen Verbrechen, die verübt werden, um alle aus dem Weg zu räumen, die mir wegnehmen möchten, was ich besitze. Ich weiß zwar, daß all diese heimatlosen, erbitterten und demoralisierten Menschen, die mir wegnehmen würden, was ich besitze, gäbe es nicht die Drohungen der Regierung, daß also all diese Menschen Produkte ebendieser Regierung sind, dennoch fühle ich nur allzu deutlich, daß ich mein augenblickliches ruhiges Leben tatsächlich all den Schreckenstaten verdanke, die heute von der Regierung begangen werden.

Und da ich das erkenne, vermag ich diesen Zustand nicht länger zu ertragen, ich vermag es nicht und muß mich aus dieser qualvollen Lage befreien.

So kann man nicht leben. Ich zumindest kann so nicht leben, ich kann es nicht und will es nicht.

Darum schreibe ich diese Zeilen und werde sie mit allen Kräften in Rußland wie auch jenseits seiner Grenzen verbreiten, damit entweder diese unmenschlichen Dinge aufhören oder aber meine Bindung an sie zerrissen wird, damit man mich entweder ins Gefängnis wirft, wo ich klar erkennen kann, diese Schreckenstaten geschehen nicht mehr um meinetwillen, oder aber, und das wäre das beste (es wäre so schön, daß ich von einem solchen Glück nicht einmal zu träumen wage), damit man mir wie jenen zwanzig oder zwölf Bauern Leichenhemd und Kapuze überzieht, mich wie sie vom Hocker stößt und sich durch mein Gewicht die eingeseifte Schlinge um meinen Greisenhals zusammenzieht.

7

Um nun also eines von diesen zwei Zielen zu erreichen, appelliere ich an alle, die an diesen schrecklichen Dingen beteiligt sind, appelliere ich an alle, angefangen bei denen, die ihren Menschenbrüdern, die Frauen und Kindern die Kapuze über den Kopf ziehen und die Schlinge um den Hals legen, angefangen bei den Gefängnisaufsehern bis hin zu euch, den Hauptschuldigen, die Befehl und Genehmigung zu diesen schrecklichen Verbrechen erteilen.

Brüder! Erwacht, besinnt euch, begreift, was ihr tut. Bedenket, wer ihr seid.

In erster Linie seid ihr doch nicht Henker, Generale, Staatsanwälte, Richter, Premierminister und Zaren, in erster Linie seid ihr Menschen. Heute habt ihr das Licht der Welt erblickt, morgen werdet ihr nicht mehr sein. (Gerade ihr, die Henker verschiedenster Kategorien, die ihr besonderen Haß auf euch ladet, ihr müßtet euch dessen vor allem bewußt sein.) Solltet ihr, die ihr nur für einen kurzen Augenblick auf dieser Erde weilt – denn selbst wenn man euch nicht umbringt, so steht der Tod doch immer hinter einem jeden von uns –, solltet ihr in lichten Augenblicken wirklich nicht erkennen, daß eure Berufung im Leben nicht darin bestehen kann, Menschen zu quälen und zu töten, selbst immer vor Furcht zu zittern, man könnte euch erschlagen, und euch selbst, die Menschen und Gott zu belügen, indem ihr euch und anderen einredet, wenn ihr an diesen Dingen mitwirktet, tätet ihr etwas Wichtiges und Großes, etwas für das Glück von Millionen? Solltet ihr – wenn ihr nicht durch die Umstände, durch Schmeichelei und die üblichen Sophistereien um euren klaren Verstand gebracht worden seid –, solltet ihr tatsächlich nicht wissen, daß all das nur Worte sind, die man erdacht hat, um sich sogar beim verwerflichsten Tun als guten Menschen betrachten zu können? Ihr wißt sehr genau, daß es für euch wie für jeden von uns eine einzige echte Aufgabe gibt, die alle anderen einschließt: während dieser uns gewährten kurzen Frist in Übereinstimmung mit dem Willen zu leben, der uns auf diese Welt gesandt hat, und in Übereinstimmung mit ihm aus ihr zu scheiden. Dieser Wille aber verlangt nur eines: die Liebe der Menschen untereinander.

Ihr aber, was tut ihr? Worauf verwendet ihr eure Seelenkräfte? Wen liebt ihr? Wer liebt euch? Euer Weib? Eure

Kinder? Aber das ist doch nicht Liebe. Die Liebe der Gattin, der Kinder ist keine menschliche Liebe. So lieben, und noch heftiger, die Tiere. Menschliche Liebe ist Liebe des Menschen zum Menschen, zu jedem Menschen als einem Kind Gottes und daher unserem Bruder.

Wen liebt ihr so? Niemanden. Und wer liebt euch? Niemand.

Ihr werdet gefürchtet, wie der Scharfrichter oder ein wildes Tier gefürchtet wird. Man schmeichelt euch, denn im Innersten verachtet und haßt man euch – und wie man euch haßt! Und ihr wißt das und fürchtet die Menschen.

Ja, denkt alle darüber nach, von den allerhöchsten bis zu den untersten Mordhelfern, denkt darüber nach, wer ihr seid, und hört auf zu tun, was ihr tut. Hört auf – nicht um eurer selbst, um eurer Person willen, nicht um der Menschen willen und nicht etwa, damit man euch nicht mehr verurteile, sondern um eures Seelenheils, um jenes Gottes willen, der in euch lebt, wie immer ihr euch bemüht, seine Stimme zu ersticken.

Jasnaja Poljana, 31. Mai 1908

Briefe

An T. A. Jergolskaja

Stary Jurt, 22. Juni 1851

Liebes Tantchen!
Ich habe Ihnen lange nicht geschrieben, aber auch von Ihnen nur wenig gehört, außer in Walerjans Brief. Dafür muß ich Ihnen eine Rüge erteilen.

Ende Mai bin ich in Starogladkowskaja angekommen, gesund, wohlbehalten, aber ein wenig traurig. Ich sah aus der Nähe, wie Nikolenka hier lebt, und lernte die Offiziere kennen, die seine Gesellschaft bilden. Dieses Leben hier erschien mir anfangs nicht sehr reizvoll, denn ich hatte erwartet, die Gegend sei schön, das ist aber ganz und gar nicht der Fall. Da die Staniza in einer Niederung liegt, gibt es keine Fernsicht, außerdem ist die Unterkunft schlecht wie überhaupt alles, was das Leben bequem macht. Die Offiziere sind, wie Sie sich vorstellen können, alle völlig ungebildet, aber es sind liebe Menschen, und, was das wichtigste ist, sie mögen Nikolenka gern. Alexejew, sein Vorgesetzter, ein kleines Männchen mit hellem rotblondem Schopf, Schnurrbart und Backenbart, hat eine durch Mark und Bein dringende Stimme, ist aber ein prächtiger Mensch und guter Christ, der ein wenig an Alex. Serg. Wojejkow erinnert, nur daß er kein Frömmler ist. Dann ist da ein junger Offizier Bujemski, ein richtiges Kind und ein guter Kerl, er erinnert an Petruschka. Weiter ein alter Hauptmann Chilkowski, gebürtiger Uralkosak und alter Soldat, ein schlichter, aber rechtschaffener und gutmütiger Haudegen. Ich gebe zu, zuerst hat mich vieles in dieser Gesellschaft abgestoßen, dann habe ich mich an sie gewöhnt, obwohl ich mit keinem der Offiziere auf du und du stehe. Ich habe die angemessene Mitte gefunden, in der es weder Stolz noch plumpe Vertraulichkeit gibt, dabei brauchte ich übrigens nur Nikolenkas Beispiel zu folgen. Nikolenka hat gleich nach seiner Ankunft Befehl erhalten, sich in das Fort Stary Jurt zu begeben und den Schutz der Kranken im Lager von Gorjatscheswodsk zu übernehmen. Kürzlich hat man heiße und mineralhaltige Quellen mit unterschiedlichen Eigenschaften entdeckt, die gegen Erkältungskrankheiten und Wunden gut sein sollen und ganz besonders gegen Krankheiten... Es heißt sogar, sie seien besser als die von Pjatigorsk. Nikolenka hat sich eine Woche nach seiner Ankunft auf den Weg gemacht, ich bin ihm nachgefahren, und nun leben wir schon fast drei Wochen hier in einem Zelt, doch da wir herrliches Wetter haben und ich mich allmählich an die hiesigen Bedingungen gewöhne, fühle ich mich wohl. Es gibt hier wundervolle Ansichten, angefangen bei dem eigentlichen Quellengebiet: ein gewaltiger Berg aus sich übereinandertürmenden Felsen, manche haben sich losgerissen und bilden gleichsam Grotten, andere hängen in großer Höhe, und zwischen ihnen bahnen sich Ströme heißen Wassers ihren Weg, die hier und da mit Getöse in die Tiefe stürzen und besonders morgens den Gipfel des Berges in weißen Dampf hüllen, der unaufhörlich von dem kochenden Wasser aufsteigt. Das Wasser ist so heiß, daß Eier in drei Minuten hartgekocht sind. Am Hauptstrom in einer Schlucht stehen drei Mühlen, eine über der anderen. Mühlen baut man hier in ganz besonderer Weise, und sie sehen sehr malerisch aus. Den ganzen Tag über kommen Tatarenfrauen und waschen oberhalb und unterhalb der Mühlen Wäsche. Dazu muß ich noch sagen, sie waschen hier mit den Füßen. Es ist wie ein wimmelnder Ameisenhaufen. Die Frauen sind meist schön und gut gewachsen. Ihre östliche Tracht ist reizvoll, freilich ärmlich. Die malerischen Frauengruppen und die wilde Schönheit der Gegend bieten ein wahrhaft bezauberndes Bild, das ich oft stundenlang genieße. Vom Berggipfel hat man einen anderen und noch schöneren Blick; doch ich fürchte, Sie mit meinen Schilderungen zu langweilen. Ich freue mich, daß ich an den Heilquellen bin, und mache von ihnen auch Gebrauch. Nehme Bäder aus einer eisenhaltigen Quelle, und meine Schmerzen im Bein sind verschwunden. Ich habe schon sehr lange Rheumatismus, und nach meiner Reise zu Wasser habe ich mich wahrscheinlich dazu noch erkältet. Selten habe ich mich so gesund gefühlt wie jetzt, und trotz der großen Hitze mache ich mir viel Bewegung. Die Offiziere hier sind vom gleichen Schlag wie die, von denen ich Ihnen schon berichtete; es sind viele hier. Ich bin mit allen bekannt, und unsere Beziehungen sind ebenfalls so, wie ich Ihnen schon schilderte. Einen herzlichen Gruß an Serjosha, und sagen Sie ihm, ich hätte ihm genau das gleiche geschrieben wie Ihnen und ich wartete auf einen Brief von ihm. Er weiß, was mich interessiert, deswegen wird es ihm nicht schwerfallen, einen Brief zusammenzubekommen. Leben Sie wohl, liebes Tantchen, ich küsse Ihnen die Hände.

An S. N. Tolstoi

Eski-Orda, 20. November 1854

Mein lieber Serjosha!
Seit meiner Abreise bin ich in Euer aller Schuld, wie das gekommen ist, weiß ich selber nicht; bald ist es mein unstetes Leben, bald meine abscheuliche Lage und Stimmung, bald der Krieg, dann wieder stört mich jemand und so weiter und so weiter. Die Hauptursache aber ist, daß mein Leben so reich an Ablenkungen und Eindrücken ist. Ich habe in diesem Jahr so viel kennengelernt, erfahren und erlebt, daß ich einfach nicht weiß, wo ich mit dem Erzählen anfangen soll und ob ich überhaupt alles zu erzählen vermag, wie ich es möchte. An Tantchen hatte ich ja über Silistra geschrieben, aber an Dich und Nikolenka werde ich anders schreiben – ich möchte Euch gern alles so schildern, daß Ihr mich versteht, wie ich es will. Von Silistra spricht keiner mehr, Sewastopol ist jetzt in aller Munde, von dem wohl auch Ihr mit angehaltenem Atem lest, und ich bin vor vier Tagen in Sewastopol gewesen. Wie soll ich Dir alles berichten, was ich dort sah, wo ich gewesen bin, was ich gemacht habe, was die gefangenen und verwundeten Franzosen und Engländer sagen, *ob sie es schwer nehmen und ob sie es sehr schwer nehmen*, was für Helden unsere Matrosen und unsere Soldaten und was für Helden unsere Fein-

de sind, besonders die Engländer. Von alldem werden wir in Jasnaja Poljana oder in Pirogowo sprechen; vieles wirst Du auch, und zwar ebenfalls durch mich, aus der Presse erfahren. Wie das zugeht, erzähle ich später, jetzt möchte ich Dir lieber einen Begriff davon geben, wie es um unsere Sache in Sewastopol steht. Die Stadt wird von einer Seite belagert, im Süden, wo wir zu dem Zeitpunkt, als der Feind dort anrückte, keinerlei Befestigung hatten. Jetzt haben wir dort über fünfhundert Geschütze riesigen Kalibers und mehrere Reihen Erdbefestigungen, die absolut uneinnehmbar sind. Ich habe eine Woche in der Festung verbracht und bin in diesem Labyrinth von Batterien bis zum letzten Tag wie in einem Wald umhergeirrt. Der Gegner ist an einer Stelle schon vor mehr als drei Wochen auf 80 Sashen herangerückt und kommt nicht weiter, bei der geringsten Vorwärtsbewegung wird er mit einem Hagel von Granaten überschüttet. Der Geist in der Truppe ist über alles Lob erhaben. Nicht einmal zur Zeit des alten Griechenlands hat es soviel Heldentum gegeben. Wenn Kornilow die Truppen abritt, sagte er statt: »Guten Morgen, Kameraden!« immer: »Wenn's sterben heißt, Kameraden, seid ihr bereit?«, und die Truppen riefen: »Wir sind bereit, Euer Exzellenz. Hurra!« Und das war keine Effekthascherei, auf dem Gesicht eines jeden einzelnen konnte mau lesen, daß sie nicht scherzten, sondern die *Wahrheit* sprachen, und 22000 haben dieses Gelöbnis schon erfüllt.

Ein verwundeter Soldat, halb im Sterben liegend, erzählte mir, wie sie am 24. dabei waren, eine französische Batterie zu nehmen, und keine Verstärkung erhielten; er weinte wie ein Kind. Eine Kompanie Matrosen hätte um ein Haar gemeutert, weil man sie von einer Batterie ablösen wollte, an der sie dreißig Tage im Granatfeuer ausgeharrt hatte. Die Soldaten reißen die Zünder aus den Granaten. Frauen bringen Wasser für die Soldaten auf die Bastionen. Viele wurden getötet und verwundet. Geistliche kommen mit Kreuzen auf die Bastionen und sprechen im feindlichen Feuer Gebete. Am 24. hatte eine Brigade 160 Verwundete, die die Frontlinie jedoch nicht verließen. Welch wundervolle Zeit! Jetzt, nach dem 24., haben sich die Gemüter übrigens ein wenig beruhigt, in Sewastopol ist es jetzt herrlich. Der Gegner schießt fast nicht, alle sind überzeugt, er wird die Stadt nicht einnehmen, und das ist tatsächlich unmöglich. Es gibt drei Vermutungen: Entweder er geht zum Angriff über, oder er lenkt uns durch vorgetäuschte Schanzarbeiten ab, um seinen Abzug zu tarnen, oder er baut Befestigungen, um zu überwintern. Die erste Vermutung hat die geringste, die zweite die größte Wahrscheinlichkeit für sich. Mir ist kein einziges Mal geglückt, zum Einsatz zu gelangen; dennoch danke ich Gott dafür, daß ich diese Menschen sehen durfte und in dieser ruhmvollen Zeit lebe. Das Granatfeuer vom 5. wird die glänzendste Ruhmestat nicht nur der russischen, sondern auch der Weltgeschichte bleiben. Mehr als 1500 Geschütze haben zwei Tage lang die Stadt beschossen und sie nicht zur Übergabe gezwungen, ja, sie haben nicht einmal vermocht, auch nur ein Zwanzigstel unserer Batterien zum Schweigen zu bringen. Wenn man diesen Feldzug in Rußland, wie mir scheint, mit scheelen Augen betrachtet, so wird ihn die Nachkommenschaft über alle anderen stellen; Du darfst nicht vergessen, wir kämpfen mit gleichen, ja mit zahlenmäßig unterlegenen Kräften, mit bloßen Bajonetten und den schlechtesten Truppen in der russischen Armee (wie das 6. Korps) gegen die besten Truppen eines zahlenmäßig hoch überlegenen Feindes, der dazu noch eine Flotte mit 3000 Geschützen hat und bestens mit modernen Gewehren ausgerüstet ist. Dabei spreche ich noch gar nicht von der Überlegenheit ihrer Generale. Nur ein Heer wie das unsere kann unter solchen Bedingungen standhalten und siegen (wir werden noch siegen, davon bin ich überzeugt). Man muß die gefangenen Franzosen und Engländer gesehen haben (besonders die letzteren): ein Prachtkerl neben dem anderen, und zwar moralisch wie physisch, ein *tapferes Volk.* Die Kosaken sagen, es täte einem geradezu leid, sie niederzusäbeln, und neben ihnen muß man dann einen unserer Jäger sehen, so einen kleinen, verlausten und verhutzelten Kerl.

Jetzt will ich berichten, wieso Du auch in der Presse

durch mich von den Heldentaten dieser verlausten und verhutzelten Helden lesen wirst. In unserem Artilleriestab, der, wie ich Euch wohl schon schrieb, aus sehr tüchtigen und ordentlichen Leuten besteht, kam der Gedanke auf, eine Kriegszeitschrift herauszugeben mit dem Ziel, den guten Geist in der Truppe zu erhalten. Die Zeitschrift soll billig (3 Rubel die Nummer) und populär gehalten sein, damit sie vom einfachen Soldaten gelesen wird. Wir haben einen Entwurf der Zeitschrift gemacht und diesen dem Fürsten vorgelegt. Dem hat der Gedanke sehr gefallen, und er hat den Entwurf und eine Probenummer, die wir gleichfalls angefertigt hatten, dem Zaren zur Genehmigung vorgelegt. Das Geld für die Herausgabe werden ich und Stolypin vorschießen. Ich bin zum Redakteur ausersehen, zusammen mit einem Herrn Konstantinow, der früher den »Kaukasus« herausgegeben hat und in diesen Dingen Erfahrung besitzt. In der Zeitschrift sollen Schlachtenschilderungen abgedruckt werden, nicht so unpersönliche und verlogene wie in anderen Zeitschriften; Beweise von Tapferkeit, Lebensläufe und Nachrufe für tüchtige Leute, vorzugsweise aus den Reihen der Ungebildeten; Kriegserzählungen, Soldatenlieder, populärwissenschaftliche Aufsätze über das Ingenieur- und Artilleriewesen und so weiter. Die Sache gefällt mir sehr: Erstens liebe ich Beschäftigung dieser Art, und zweitens hoffe ich, die Zeitschrift wird nützlich und gar nicht so schlecht sein. All das ist noch Zukunftsmusik, solange wir die Antwort des Zaren nicht kennen, und hier habe ich, ehrlich gesagt, Befürchtungen: In der Probenummer, die nach Petersburg geschickt worden ist, haben wir unvorsichtigerweise zwei Beiträge aufgenommen, einen von mir, den zweiten von Rostowzew, die nicht völlig dem *orthodoxen Dogma* entsprechen. Dafür brauche ich auch die 1500 Rubel, die in der Grundstückkasse liegen und die ich Walerjan bat, mir zu schicken. Da ich die Sache Dir gegenüber nun schon ausgeplaudert habe, teile Du sie ihm auch mit. Teile übrigens Walerjan mit, daß ich kürzlich das Glück hatte, seinem ehemaligen General vorgestellt zu werden, er ist schrecklich alt, und obwohl er es zu verbergen sucht, bin ich überzeugt, daß ihm schon der Sand aus dem A... rieselt, bei Alma hat er sich ebenso tapfer – wie töricht verhalten. Übrigens hat er sich eingehend nach ihm erkundigt.

Ich bin Gott sei Dank gesund und, seit ich aus dem Ausland zurück bin, vergnügt und guter Dinge. Überhaupt zerfällt meine Zeit in der Armee in zwei Abschnitte, einen scheußlichen jenseits der Grenze – dort war ich krank, arm und einsam, und einen angenehmen diesseits der Grenze: ich bin gesund, habe gute Freunde, bin freilich trotzdem arm – das Geld zerrinnt einem nur so unter den Fingern.

Zum Schreiben komme ich nicht, doch dafür muß ich mir gefallen lassen, daß Tantchen mich aufzieht. Eines macht mir Sorge: Schon das vierte Jahr lebe ich ohne weiblichen Umgang, vielleicht verrohe ich völlig und werde untauglich für das Familienleben, das ich so liebe. Leb also wohl, Gott weiß, wann wir uns wiedersehen, es sei denn, daß Du und Nikolenka auf den Gedanken kommen, einen größeren Jagdausflug zu unternehmen und von Tambow aus irgendwie einen Abstecher nach dem Hauptquartier zu machen, denn der Krieg scheint sich noch lange hinzuziehen. Für Silistra bin ich natürlich nicht zur Beförderung eingereicht worden, habe aber endlich doch meinen Unterleutnant bekommen, worüber ich sehr zufrieden bin, denn für einen Fähnrich hatte ich eine zu alte Visage – habe mich geradezu geschämt.

An W. P. Botkin

Paris, 24.–25. März (5.–6. April) 1857

Es ist sehr unerfreulich, daß Sie krank sind, werter Wassili Petrowitsch: Hoffentlich macht das nicht Ihre geplante Auslandsreise zunichte. Mir kam es in Petersburg so vor, und auch aus Ihrem Brief gewann ich den Eindruck, daß Sie keine Lust haben zu fahren. Kommen Sie doch, mein lieber kluger

Freund, natürlich würden wir uns treffen; ich dürste danach, Sie zu sehen und mich mit Ihnen zu unterhalten. Nun lebe ich schon bald zwei Monate ununterbrochen in Paris und sehe noch nicht den Augenblick ab, da diese Stadt an Interesse und dieses Leben seinen Reiz für mich verlieren wird. Ich bin ein völliger Nichtswisser; nirgends habe ich das so heftig empfunden wie in Paris. Schon allein deswegen kann ich also zufrieden und glücklich über mein Leben hier sein; um so mehr, als ich spüre, diese Unwissenheit ist nicht hoffnungslos. Und dann die Kunstgenüsse, der Louvre, Versailles, das Konservatorium, die Kammerkonzerte, die Theater, die Vorlesungen im Collège de France und an der Sorbonne, vor allem aber das Erlebnis einer sozialen Freiheit, von der ich in Rußland nicht einmal eine Vorstellung hatte, all das bewirkt, daß ich frühestens in zwei Monaten, nämlich wenn die Bäderkur beginnt, Paris beziehungsweise das Dorf bei Paris, wohin ich in den nächsten Tagen ziehen will, verlassen werde. Turgenjew hat anscheinend tatsächlich Spermatorrhoe, er fährt zu einer Bäderkur, wann und wohin, steht noch nicht fest. Er ist schrecklich elend. Leidet, wie nur ein Mensch von seiner Einbildungskraft leiden kann. Erst ganz vor kurzem habe ich es einrichten können, einige Stunden am Tage zu arbeiten. Kisiwetters Sphäre ist schrecklich schmutzig, das kühlt mich ein wenig ab, aber trotzdem arbeite ich mit Freude.

Das habe ich gestern geschrieben, ich wurde abgerufen und schreibe heute in völlig anderer Stimmung. Ich habe die Dummheit und Grausamkeit besessen, mir heute morgen eine Hinrichtung anzusehen. Abgesehen davon, daß hier schon zwei Wochen abscheuliches Wetter herrscht und es mir gesundheitlich gar nicht gut geht, war ich in scheußlicher nervlicher Verfassung, und dieses Schauspiel hat einen Eindruck bei mir hinterlassen, von dem ich mich lange nicht erholen werde. Ich habe im Krieg und im Kaukasus viel Schreckliches gesehen, aber hätte man in meiner Gegenwart einen Menschen in Stücke gerissen, wäre das nicht so abstoßend gewesen wie diese kunstvolle und elegante Maschine, die einen kräftigen, blühenden und gesunden Menschen in einem einzigen Augenblick tötet. Dort herrscht nicht vernünftiger Wille, sondern menschliche Leidenschaft, hier aber handelt es sich um raffinierteste Gelassenheit und Zweckmäßigkeit beim Töten ohne auch nur eine Spur von Erhabenheit. Der nackte, anmaßende Wunsch, Gerechtigkeit, das Gesetz Gottes zu vollziehen. Eine Gerechtigkeit, über die Advokaten entscheiden – von denen jeder, gestützt auf Rechtlichkeit, Religion und Wahrheit, etwas Entgegengesetztes behauptet. Unter den gleichen Formalitäten hat man einen König getötet, einen Chénier, Republikaner, Aristokraten und (den Namen habe ich vergessen) einen Mann, dessen Unschuld an dem Mord, für den er hingerichtet wurde, man vor zwei Jahren festgestellt hat. Und dann eine abstoßende Menge, ein Vater, der seiner Tochter erläutert, mit welch kunstvollem und zweckmäßigem Mechanismus das geschieht, und dergleichen mehr. Gesetz von Menschen – Mumpitz! Die Wahrheit ist, daß der Staat eine Verschwörung nicht nur zur Ausbeutung, sondern vor allem zur Entsittlichung der Staatsbürger darstellt. Und dennoch existieren Staaten, und noch dazu in so unvollkommener Gestalt. Und von dieser Ordnung können sie nicht zum Sozialismus übergehen. Was ist also zu tun, von denen, die alles so ansehen wie ich? Es gibt andere, zum Beispiel Napoleon III., denen, da sie klüger oder dümmer sind als ich, in diesem Durcheinander alles klar erscheint, die daran glauben, daß es in dieser Lüge ein Mehr oder Weniger von Bösem geben könne, und dementsprechend handeln. Nun vortrefflich, sicher werden solche Leute gebraucht. Ich freilich sehe in all dieser abscheulichen Lüge nur die Gemeinheit, das Böse, und kann und will nicht untersuchen, wo es mehr und wo es weniger davon gibt. Ich begreife sittliche Gesetze, Gesetze der Moral und der Religion, die für keinen verbindlich sind, die vorwärtsführen und eine harmonische Zukunft verheißen, ich empfinde die Gesetze der Kunst, die immer Glück gewähren; doch politische Gesetze sind für mich eine so schreckliche Lüge, daß ich in ihnen nichts Besseres und nichts Schlechteres erkennen kann. Das habe ich heute empfunden, begriffen und erkannt. Und diese Erkenntnis ist für mich wenigstens eine kleine Entschädigung für das niederdrükkende Erlebnis. Hier hat es in diesen Tagen eine Unmenge Verhaftungen gegeben. Eine Verschwörung ist aufgedeckt worden, Napoleon sollte im Theater ermordet werden, man wird in den nächsten Tagen weitere Hinrichtungen vornehmen, aber von heute an werde ich mir so etwas nie wieder ansehen, ja mehr noch, ich werde niemals und nirgends *irgendeiner* Regierung dienen. Ich hätte Ihnen noch viel von Dingen zu berichten, die ich hier kennenlerne, zum Beispiel gibt es hier außerhalb der Stadtgrenze einen Volksdichterklub, wohin ich manchmal sonntags gehe. Turgenjew hat wahr geschrieben, Poesie il n'y a pas in diesem Volk. Es gibt nur eine Art von Poesie – politische, und diese ist mir schon immer zuwider gewesen, jetzt aber ganz besonders. Insgesamt gesehen gefallen mir Leben und Volk in Frankreich, aber weder in der Gesellschaft noch unter dem Volk bin ich einem einzigen brauchbaren Menschen begegnet. Leben Sie wohl, werter Wassili Petrowitsch, entschuldigen Sie, daß mein Brief so albern ausgefallen ist, aber ich bin heute überhaupt nicht auf der Höhe.

Ihr Graf L. Tolstoi

Meine Adresse ist noch immer Rue de Rivoli, 206.

An A. A. Fet

Jasnaja Poljana, 23. Februar 1860

Über Ihren Brief habe ich mich schrecklich gefreut, lieber Freund Afanassi Afanassjewitsch. Wieder stößt einer zu unserer Streitmacht, und dazu ein vortrefflicher Soldat. Ich bin überzeugt, Sie werden ein vortrefflicher Gutsherr sein. Aber nun ist die Frage, was soll ich für Sie kaufen? Der Pachthof, von dem ich Ihnen sprach, bei Mzensk, liegt weit von hier und stand, wie ich mich erinnere, für 16 000 zum Verkauf.

Mehr weiß ich darüber nicht. Aber neben mir, Feldrain an Feldrain, wird ein Gut von 400 Deßjatinen guten Bodens zum Verkauf angeboten, leider gehören aber noch siebzig erbärmliche Bauern dazu. Doch das ist halb so schlimm, die Bauern werden gern Obrok zahlen, so wie bei mir, 30 Rubel je Parzelle; von 23 000 müßten mindestens 660, wenn nicht sogar noch mehr, bei der Befreiung herauskommen, und Sie würden 40 Deßjatinen Feld behalten, davon vier Äcker mit unverbrauchter Erde und etwa 20 Deßjatinen Wiese, was ungefähr 2000 Rubel Einnahmen ergeben müßte, insgesamt 2 500, und für das Gut werden 24 000 verlangt, ohne Abzug einer Schuld, die etwa 5 000 betragen dürfte. Die Lage ist, sowohl was die Landschaft betrifft wie auch wegen der Nähe der Landstraße und Tulas, sehr günstig, der Boden ist gut, Lehmboden mit Sand vermischt. Das Gut ist heruntergewirtschaftet, das heißt, der Hof ist alt, baufällig, aber Haus und Garten sind vorhanden. All das müßte neu gemacht werden. Jedenfalls wäre dieses Gut für 20 000 vorteilhaft gekauft. Für Sie bestünde nun der besondere Vorteil darin, daß Sie in mir einen ständigen Aufseher hätten. Von allem anderen spreche ich nicht. Sollte Ihnen das aber nicht zusagen, kann ich Ihnen von meinem Land 100 Deßjatinen verkaufen, oder Sie können meinen Bruder Nikolai fragen, ob er Ihnen nicht Alexandrowka verkaufen will. Doch ehrlich gesagt, wenn ich persönliche Vorteile völlig außer acht lasse, dann wäre es das beste, Sie kauften Teljatinki (das Gut, das neben meinem liegt). Der Verkäufer ist ein verarmter Greis, er will möglichst schnell verkaufen, um sich seinen Schwiegersohn vom Halse zu schaffen, und hat schon zweimal zu mir geschickt. Die Aufstellung, die ich oben gemacht habe, ist eine Aufstellung davon, was dieses Gut abwirft, wenn man etwa 5 000 Kapital und zwei Jahre Arbeit hineinsteckt; aber auch im jetzigen Zustand kann man 1 500 Rubel verantworten, also mehr als 7 Prozent. Es wäre dann noch mein Vorwerk, 10 Werst von mir entfernt, 120 Deßjatinen, aber dort wohnt es sich nicht schön, kein Wasser und kein Wald. Antworten Sie mir möglichst bald und ausführlich, wieviel Geld Sie für das Gut aufwenden wollen. Das ist die Hauptsache.

Ich habe den »Vorabend« gelesen. Meine Ansicht ist folgende: Erzählungen zu schreiben ist überhaupt ein eitles Beginnen, und ganz besonders gilt dies für Leute, die schwermütig sind und nicht recht wissen, was sie vom Leben erwarten sollen. Übrigens ist der »Vorabend« viel besser als das »Adelsnest«, und es gibt darin hervorragende negative Gestalten – den Künstler und den Vater. Die anderen sind keine Typen, schon ihre Anlage, ihre Situation ist nicht typisch, oder aber sie sind ganz und gar abgeschmackt. Das ist übrigens Turgenjews ständiger Fehler. Das Mädchen ist unter aller Kritik: *»ach, wie ich dich liebe ... sie hatte lange Wimpern...*« Überhaupt wundert mich bei Turgenjew immer wieder, wie er bei seinem Verstand und seinem dichterischen Feingefühl es nicht fertigbringt, der Banalität zu entgehen, das gilt sogar für seine Darstellungsweise. Am meisten zeigt sich diese Banalität in seiner Technik, Negatives darzustellen, die an Gogol erinnert. Keine Menschlichkeit, keine Anteilnahme an den Gestalten, sondern es werden Ungeheuer dargestellt, die der Verfasser schmäht, aber nicht bedauert. Das juriert irgendwie schmerzhaft mit dem liberalen Ton und Grundgedanken alles übrigen. Das war gut zu Olims und Gogols Zeiten (und dazu muß noch gesagt werden, wenn man seine nichtswürdigsten Gestalten nicht bedauert, dann muß man sie schon so heruntermachen, daß die Funken sprühen, oder sie so verspotten, daß die Bäuche ins Wackeln geraten, und nicht so wie der an Misanthrophie und Verdauungsstörungen leidende Turgenjew). Überhaupt aber muß gesagt werden, niemand sonst kann heute eine solche Erzählung schreiben, obwohl sie keinen Erfolg haben wird. Ostrowskis »Gewitter« hingegen ist nach meinem Dafürhalten ein klägliches Werk, aber es wird Erfolg haben. Das liegt nicht an Ostrowski und Turgenjew, sondern an der Zeit. Jetzt wird lange keiner geboren werden, der in der Welt der Dichtung so etwas vollbrächte, wie Bulgarin vollbracht hat. Die Liebhaber der guten alten Zeit jedoch, zu denen auch ich gehöre, hindert niemand daran, ernsthaft Gedichte und Erzählungen zu lesen und ernsthaft darüber zu diskutieren.

Jetzt ist anderes notwendig. Nicht wir sind es, die lernen müssen, vielmehr müssen wir Marfutka und Tarska zumindest ein wenig von dem beibringen, was wir wissen. Leben Sie wohl, lieber Freund. Eine Million Bitten. Ich habe vergessen, wie der deutsche libraire auf dem Kusnezki Most heißt, links unten in der oberen Hälfte. Er schickt mir Bücher, gehen Sie zu ihm und fragen Sie ihn: 1. was ich ihm schuldig bin, 2. warum er mir so lange nichts Neues geschickt hat, und wählen Sie bei ihm aus, was er an guten medizinischen Hausbüchern für blutige Laien hat, und schicken Sie mir diese, nachdem Sie sich mit Pikulin beraten haben, ferner auch Bücher über Tierheilkunde (bis zu 10 Silberrubel). Fragen Sie meinen Bruder Sergej, ob er die Pflüge für mich bestellt hat, wenn nicht, dann gehen Sie zum Maschinenmeister Wilson und fragen Sie ihn, ob er sechs Starbookpflüge hat beziehungsweise wann diese fertig sein können.

Fragen Sie in der Samenhandlung Mejer auf der Lubjanka, was Klee- und Timothygrassamen kostet. Ich will welchen verkaufen.

Was kostet ein Satz bester Kurschmiedeinstrumente?

Was kosten Schröpfköpfe und ein Paar Lanzetten für Menschen?

Manches hiervon übernimmt vielleicht unser lieber Iwan Petrowitsch, den ich umarme. Marija Petrowna küsse ich die Hand. Tantchen dankt für die freundliche Erinnerung und läßt grüßen.

An A. I. Herzen

Brüssel, 14. (26.) März 1861

Gerade wollte ich an Sie schreiben, lieber Alexander Iwanytsch, da erhielt ich Ihren Brief. Und zwar hatte ich Ihnen über den »Polarstern« schreiben wollen, den ich erst jetzt; gründlich gelesen habe. Hervorragend, dieses Buch. Das ist nicht allein meine, sondern die Ansicht eines jeden, wem immer ich auch begegnet bin. Sie sagen ständig: »Liefert mir Polemik.« Was für eine Polemik? Ihr Aufsatz über Owen kommt meinem Herzenswunsch leider nur allzusehr entgegen. Es ist wahr – quand même, in unserer Zeit ist das nur für einen auf die Erde herabgeflogenen Saturnbewohner oder für einen Russen möglich. Es wird viele Leute geben, bei den Russen neunundneunzig unter hundert, die Ihre Gedanken aus Furcht nicht wahrhaben wollen (und in Klammern sei gesagt, Sie haben ihnen das durch den allzu leichten Ton Ihres Aufsatzes sehr bequem gemacht. Sie wenden sich gleichsam nur an die Klugen und Kühnen). Diese Leute, das heißt die Nichtklugen und Nichtkühnen, werden sagen, es sei besser, den Mund zu halten, wenn man zu derartigen Ergebnissen gelange, zu einem Ergebnis nämlich, welches zeigt, daß der Weg falsch gewesen sei. Und Sie geben ihnen ein wenig das Recht, so etwas zu sagen – dadurch nämlich, daß Sie an die Stelle der zerschlagenen Götzen das Leben selbst stellen, die Willensfreiheit, das Webmuster des Lebens, wie Sie sagen. Im Vergleich zu den riesigen Hoffnungen auf Unsterblichkeit und ewige Vervollkommnung, zu den historischen Gesetzen und dergleichen ist dieses Muster ein Nichts – ein kleiner Knopf an der Stelle eines Kolosses. Man hätte ihnen also besser dieses Recht nicht geben sollen. Nichts darf an diese Stelle, nichts außer der Kraft, die die Kolosse gestürzt hat.

Außerdem können diese Leute – in ihrer Ängstlichkeit – nicht begreifen, daß das Eis Risse bekommt und unter ihren Füßen bricht – was ja eben ein Beweis dafür ist, daß der Mensch geht und daß es ein einziges Mittel gibt, nicht einzubrechen – unaufhaltsam weitergehen.

Sie behaupten, ich kenne Rußland nicht. Doch, ich kenne mein subjektives Rußland und betrachte es durch mein kleines Prisma. Ist die Seifenblase der Geschichte für Sie und für mich geplatzt, dann ist das ebenfalls ein Beweis dafür, daß wir schon mit dem Aufblasen einer neuen beschäftigt sind, die wir selbst noch nicht sehen. Und diese Seifenblase ist für mich die sichere und genaue Kenntnis meines Rußlands, die ebenso genau ist wie vielleicht die Kenntnis des

Rußlands Rylejews im Jahre 1825. Wir praktischen Menschen können ohne das nicht leben.

Wie hat Ihnen das Manifest gefallen? Ich habe es jetzt in russisch gelesen und verstehe nicht, für wen es geschrieben ist. Die Bauern werden kein Wort begreifen, und wir werden kein Wort glauben. Mir mißfällt auch der Ton des Manifestes, als sei es eine große Wohltat, die man dem Volk erweise, in Wirklichkeit enthält es selbst für den gelehrten Leibeigenen nichts außer Versprechungen.

Sie können sich nicht vorstellen, wie sehr mich über das allgemeine Interesse hinaus alle im »Polarstern« veröffentlichten Mitteilungen über die Dekabristen fesseln. Vor etwa vier Monaten habe ich den Plan gefaßt, einen Roman zu schreiben, dessen Held ein heimkehrender Dekabrist sein soll. Ich wollte mit Ihnen darüber sprechen, bin aber nicht mehr dazu gekommen. Mein Dekabrist soll ein Enthusiast sein, ein Mystiker und Christ, der im Jahre 1856 mit Weib, Sohn und Tochter nach Rußland zurückkehrt und seine strengen und ein wenig idealen Ansichten an dem neuen Rußland mißt. Sagen Sie bitte, glauben Sie, daß ein solches Thema angemessen und aktuell ist? Turgenjew, dem ich den Anfang vorlas, haben die ersten Kapitel gefallen.

Ich lasse (nach Tessiers Regel und auf Grund eigener Überlegung) Ihr ganzes liebes orsettisches Hofgesinde grüßen, schicke Ihnen wie auch Ogarjow die versprochenen Photographien und erwarte dafür die Ihren.

L. Tolstoi

Bitte, wenn Sie keine Lust haben, brauchen Sie mir nicht zu antworten. Ich wollte einfach ein wenig mit Ihnen schwatzen und Sie nicht etwa zu einem Briefwechsel eines berühmten Vertriebenen herausfordern. Wenn es Ihnen Spaß macht, dann schreiben Sie ein paar Zeilen. Ich habe vor allem Angst, indiscret mit Ihrer Zeit zu sein.

An A. A. Tolstaja

Jasnaja Poljana, Anfang August 1861

Bileams Eselin und die Heuhaufen beginnen zu sprechen. Nein, Sie dürfen mir nicht böse sein, dürfen niemals böse sein. Ist es etwa nicht genauso gut, daß ich jedesmal, wenn ich von Ihnen eine Zeile bekomme, in meinem Herzen ganze Bände von Antworten schreibe? Das sollen Sie wissen. Und wozu brauchen Sie überhaupt Briefe von mir? Sie haben die Malzewa, Sie haben Perowski, Sie haben die Wjasemskaja – alles haben Sie. Wozu brauchen Sie meinen Tropfen in Ihrem Meer? Bei mir ist das etwas anderes. Ich komme aus dem Distrikt, wo ich versucht habe, den Bauern klarzumachen, daß es nicht nur ungehörig ist, sich gegenseitig blutig zu schlagen, sondern daß man sich überhaupt nicht prügeln darf; oder auch, daß die Gutsbesitzer die Mädchen nicht mehr gewaltsam verheiraten dürfen und dergleichen mehr, und finde Ihren Brief vor. Übrigens darf auch ich mich nicht beklagen. Auch ich habe eine wundervolle, poetische Aufgabe, von der ich mich nicht losreißen kann – die Schule. Wenn ich der Kanzlei und den Bauern entronnen bin, die mir an allen Türen des Hauses auflauern, gehe ich in die Schule, doch da diese gerade umgebaut wird, findet der Unterricht nebenan im Garten unter den Apfelbäumen statt, wohin man nur gebückt gelangt, so zugewachsen ist alles. Dort sitzt der Lehrer, um sich die Schüler, die Grashalme kauen und mit Linden- und Ahornblättern schnipsen. Der Lehrer unterrichtet nach meinen Ratschlägen, aber trotzdem nicht ganz ohne Mängel, was auch die Kinder spüren. Sie haben mich lieber. Wir unter- halten uns nun drei, vier Stunden lang, und niemandem ist langweilig. Es ist nicht zu sagen, was das für Kinder sind, man muß sie sehen. In unserem lieben Stand habe ich solche Kinder noch nicht erlebt. Stellen Sie sich nur vor, zwei Jahre [lang] ist bei völligem Verzicht auf äußere Disziplin kein einziger Junge und kein einziges Mädchen bestraft worden. Nie begegnet man Faulheit, Roheit, dummen Späßen oder einem unanständigen

Wort. Das Schulgebäude ist jetzt fast fertig. Drei große Zimmer – eines rosa gestrichen, die zwei anderen blau – stehen für den Unterricht zur Verfügung. Im Zimmer selbst befindet sich außerdem ein Museum. Auf Regalen, entlang den Wänden, liegen Steine, Schmetterlinge, Skelette, Gräser, Blumen, Geräte für den Physikunterricht und so weiter. Sonntags ist das Museum für alle geöffnet, und ein junger Deutscher aus Jena (der sich ganz großartig gemacht hat) führt Experimente durch. Einmal wöchentlich ist Botanikunterricht, und wir gehen alle in den Wald, um Blumen, Gräser und Pilze zu sammeln. Gesang ist viermal wöchentlich. Zeichnen sechsmal (wieder bei dem Deutschen), und sehr gut. Das Landmessen klappt so ausgezeichnet, daß die Jungen schon von den Bauern um Hilfe gebeten werden. Lehrer haben wir, außer mir, insgesamt drei. Und zweimal wöchentlich kommt noch ein Priester. Und Sie glauben immer, ich sei ein Heide. Dabei bringe ich dem Priester noch bei, wie er unterrichten soll. Wir unterrichten wie folgt: Am Peter-und-Pauls-Tag wird die Geschichte von Peter und Paul und der ganze Gottesdienst behandelt. Dann ist im Dorf der alte Feofan gestorben, und wir erzählen, was die letzte Ölung ist und so weiter. So durchlaufen wir ohne sichtbaren Zusammenhang alle Sakramente, die Liturgie und alle neu- und alttestamentlichen Festtage. Die Unterrichtsstunden liegen von acht bis zwölf und von drei bis sechs, gehen aber immer bis zwei, denn man kann die Kinder einfach nicht aus der Schule jagen – sie wollen immer noch mehr. Abends wiederum bleibt oft über die Hälfte da, um im Garten in einer provisorischen Hütte zu übernachten. Beim Mittag- und Abendessen und nach dem Abendessen halten wir – die Lehrer – Konferenz. Sonnabends wiederum lesen wir einander unsere Notizen vor und treffen die Vorbereitungen für die nächste Woche.

Die Zeitschrift gedenke ich im September anzufangen. Das Friedensrichteramt ist interessant und macht Spaß, unschön ist nur, daß mich jetzt der ganze Adel von Herzen haßt und man mir von allen Seiten des batons dans les roues schiebt.

Leben Sie wohl, verehrte Freundin – schreiben Sie mir, schreiben Sie, ich freilich werde immer saumselig bleiben.

L. Tolstoi

An A. A. Tolstaja

Jasnaja Poljana, 17.? Oktober 1863

Liebe verehrte Freundin Alexandrine. Vor mir liegen vier Seiten eines angefangenen Briefes an Sie, ich werde ihn aber nicht abschicken. Ich habe Sie so aus dem Auge verloren und ein so schlechtes Gewissen, daß mir bange vor Ihnen ist! Doch die Gefahr, in Ihnen einen Freund zu verlieren, ist für mich allzu schrecklich. Sie werden meine Handschrift und meine Unterschrift erkennen; doch werden Sie sich gewiß fragen, wer ich jetzt bin und was ich jetzt bin. Ich bin Gatte und Vater, mit meinen Lebensumständen mehr als zufrieden und so an diese gewöhnt, daß ich mir meines Glücks nur bewußt werde, wenn ich darüber nachdenke, wie es mir ohne das alles ginge. Ich wühle nicht in meinen Lebensumständen und Empfindungen herum (dem *Grübeln* habe ich abgesagt), und was meine Familienbeziehungen anlangt, so erlebe ich sie nur gefühlsmäßig, denke aber nicht darüber nach. Dieser Zustand gewährt mir schrecklich viel geistigen Raum. Ich habe meine geistigen und selbst alle meine sittlichen Kräfte noch nie so frei und so bereit zur Arbeit empfunden. Und Arbeit habe ich. Diese Arbeit besteht in einem Roman aus der Zeit von 1810 bis nach 1820, der mich seit Herbst völlig in Anspruch nimmt. Und ob es nun auf Charakterschwäche oder auf Charakterstärke hinweist – bisweilen denke ich das eine wie das andere –, jedenfalls muß ich gestehen, meine Ansichten vom Leben, von *Volk* und *Gesellschaft* sind völlig anders als bei unserer letzten Begegnung. Man kann sie bedauern, aber wie ich sie so heftig zu lieben vermochte, ist mir jetzt kaum begreiflich. Dennoch bin ich froh, diese Schule durchgemacht zu haben; diese meine letzte Geliebte hat mich sehr geformt. Die Kinder und die Pädagogik liebe ich, doch es fällt mir schwer, den zu begreifen, der ich vor einem Jahr gewesen bin. Die Kinder kommen an den Abenden zu mir und bringen Erinnerungen an den Lehrer mit sich, der in mir gesteckt hat und den es nicht mehr geben wird. Ich bin jetzt mit *allen* Kräften meiner Seele Schriftsteller und schreibe und prüfe, wie ich noch nie geschrieben und geprüft habe. Ich bin ein glücklicher und friedvoller Gatte und Vater, der vor niemandem Geheimnisse und nur den einen Wunsch hat, es möge alles bleiben, wie es ist. Für Sie empfinde ich weniger Liebe als früher, aber immerhin genug, um von Ihnen nicht verlassen zu werden, und immerhin mehr als für alle anderen Menschen (und wie viele sind das gewesen), denen ich im Leben begegnet bin. Für eines habe ich Sie immer getadelt und tadle Sie innerlich auch jetzt, und ich empfinde und begreife klar genug, um diesen Tadel aussprechen zu können. Sie haben mir in unseren Beziehungen immer nur die *allgemeine* (Sie werden mich verstehen) Seite Ihres Verstandes und Ihres Herzens hingegeben, haben mir nie über Einzelheiten aus Ihrem Leben berichtet, über schlichte, bleibende persönliche Erlebnisse. Ich schreibe Ihnen hier über mich selbst, aber was Sie anlangt, so weiß ich nicht, wonach ich fragen, was ich denken, was ich wünschen soll. Ich weiß nicht einmal, was außer der allgemeinen Liebe zum Guten und zum Schönen im Guten für Sie das Teuerste im Leben ist und was Ihren Hauptwesenszug ausmacht. Ich hätte so gern, daß Sie mich, nun, nicht gleich in Ihr sanctuaire, aber doch in die Alltagsinteressen Ihres Lebens einweihten. Ich fürchte, Sie werden mich nicht verstehen. Ich drücke mich töricht aus. Ich bin ein schwacher Charakter, unterwerfe mich leicht dem Einfluß von Menschen, die ich liebe, und habe mich daher auch Ihrem Einfluß unterworfen. Sobald ich die Verbindung zu Ihnen aufnehme, ziehe ich weiße Handschuhe und den Frack an (wirklich, den moralischen Frack); nach jedem Abend bei Ihnen erinnere ich mich, einen arrière-gout von etwas Feinem, Frischem, Duftendem gehabt zu haben, aber mich verlangte nach Wesentlicherem. Es gab nichts, woran man sich halten konnte. Das muß vielleicht so sein, und das war schön, aber ich wünschte mir etwas anderes. Entsinnen Sie sich, einmal wollten Sie mir ein Liebeserlebnis aufschreiben. Mir scheint, dann wären wir zu diesen wesentlicheren Beziehungen gelangt. Soll das wirklich für immer verloren sein? Ich habe ganz und gar nicht das geschrieben, was ich wollte, es wäre aber zu gefährlich, auch diesen Brief zurückzubehalten und nicht abzuschicken; danach würde ich mich schon nicht mehr zum Schreiben entschließen können. Wo sind Sie? Wie geht es Ihnen? Wie sind Ihre Pläne? Wir haben folgende Pläne: Im Winter wollen wir, wenn es Serjoshas Gesundheit erlaubt (Serjosha, das heißt ein gutes, liebes Lächeln mit hellen Äuglein, aus mehr besteht er nicht), für zwei Wochen nach Moskau fahren. Im Sommer werden wir auf dem Lande sein, im nächsten Winter aber irgendwo in einer Stadt Wohnung nehmen. Leben Sie wohl. Wie es Pensionatsschülerinnen zu tun pflegen, so bitte auch ich, diesen Brief niemandem zu zeigen und ihn zu zerreißen.

Sonja hat Sie sehr lieb (das ist die reine Wahrheit), ich wollte Ihnen das schon immer schreiben. Ich weiß nicht, was sie schreiben wird, wünschte aber, ich wüßte es.

An A. A. Fet

Jasnaja Poljana, 28. Juni 1867

Wollte ich Ihnen, lieber Afanassi Afanassjitsch, jedesmal, wenn ich an Sie denke, schreiben, Sie bekämen täglich zwei Briefe von mir. Doch alles läßt sich nicht in Worte fassen, und außerdem bin ich bald zu träge, bald wieder, wie gerade jetzt, zu beschäftigt. Vor einigen Tagen bin ich aus Moskau zurückgekommen und habe mich unter Sacharins Aufsicht einer strengen Kur unterzogen, vor allem aber lasse ich jetzt bei Ris meinen Roman drucken, muß das Manuskript und die Korrekturbögen fertigmachen und abschicken, und das Tag für Tag in der ständigen Furcht vor einer Vertragsstrafe und verspätetem Erscheinen. Das ist, wie Sie wissen, sowohl angenehm wie belastend.

Über »Rauch« habe ich Ihnen schon lange schreiben wollen und natürlich das gleiche, was Sie mir schreiben. Deswegen lieben wir ja einander, weil wir in gleicher Weise mit dem *Verstand des Herzens* denken, wie Sie es nennen. (Noch herzlichen Dank für diesen Brief. *Verstand des Verstandes* und *Verstand des Herzens* – das hat mir vieles erklärt.) Was »Rauch« anlangt, so glaube ich, daß die Kraft der Poesie in der Liebe liegt – in welche Richtung diese Kraft gelenkt wird, hängt vom Charakter ab. Ohne Kraft der Liebe keine Poesie; fehlgelenkte Kraft läßt uns peinlich den unangenehmen, schwachen und abstoßenden Charakter des Dichters empfinden. »Rauch« enthält nahezu keinerlei Liebe und nahezu keinerlei Poesie. Es findet sich darin nur Liebe zum leichtfertigen und spielerischen Ehebruch, und deswegen ist die Poesie dieses Romans widerwärtig. Sie sehen, das ist das gleiche, was Sie schreiben. Ich fürchte mich nur, diese Meinung auszusprechen, weil ich einen Autor, den ich persönlich nicht liebe, nicht unparteiisch zu betrachten vermag, aber mir scheint, mein Eindruck wird von allen geteilt. Wieder ist einer am Ende. Ich wünsche und hoffe, daß ich nie an die Reihe komme. Und von Ihnen glaube ich dasselbe. Ich erwarte von Ihnen immer soviel wie von einem zwanzigjährigen Dichter und glaube nicht, daß Sie einmal am Ende sein könnten. Ich kenne keinen Menschen, der unverbrauchter und stärker wäre als Sie. Ihr Strom fließt unaufhörlich und spendet: eine bestimmte Menge Wasser – das heißt Kraft. Das Rad, auf das er gewöhnlich fiel, ist zerbrochen, zerstört, beseitigt worden, doch der Strom fließt unaufhörlich weiter, und sollte er im Erdreich verschwunden sein, so wird er irgendwo wieder an die Oberfläche kommen und andere Räder drehen. Ich bitte Sie herzlich, glauben Sie nicht, ich schriebe Ihnen das, weil ich mich revanchieren möchte und Sie mir stets ermutigende

Dinge sagen – nein, ich denke immer und nur über Sie allein so. Ich wollte noch mehr schreiben, aber Gäste sind gekommen und haben mich gestört. Leben Sie wohl, Ich umarme Sie, lieber Freund, Marja Petrowna küsse ich die Hand, und drücken Sie bitte Borissow, bei dem ich im Herbst, zu sein hoffe, von mir die Hand. Ich schicke diesen Brief nach Mzensk, weil Sie dort zu den Wahlen sind.

Ich möchte, ja müßte Sie so dringend sehen, daß ich Sie am liebsten besuchen würde, wenn das möglich wäre. Sie mein Wohltäter, mein Bester, kommen Sie doch auf einen Sprung

Ganz der Ihre

L. Tolstoi

An A. A. Tolstaja

Jasnaja Poljana, 26.? Oktober 1872

Liebe Freundin Alexandrine!

Als ich meinen letzten Brief schrieb (und besonders als ich ihn abschickte), fühlte ich, daß ich irgend etwas Ungutes tat, und als ich Ihre Antwort erhielt, habe ich mich nur gewundert, wie ich diesen Brief abschicken konnte. Ich bitte Sie von ganzem Herzen, mir zu verzeihen, daß ich Sie gekränkt habe.

Ich wollte Ihnen mehr schreiben, doch vor meiner Abreise nach Moskau mußte ich einen ganzen Stoß geschäftlicher Briefe erledigen, und ich fühle, ich würde nicht das schreiben, was ich Ihnen schreiben möchte. Auf ein anderes Mal. Diesen Brief schicke ich, um mein Gewissen ein wenig zu erleichtern. Ich küsse Ihnen die Hand.

Ihr L. Tolstoi

Sie fragten nach dem Prozeß wegen des Ochsen. Die Sache hat so geendet, daß sich der Untersuchungsrichter *geirrt* hat, als er gegen mich Anklage erhob. Und nachdem er die Anklage gegen mich erhoben hatte, *irrte* er sich ein zweites Mal, als er sich meine Unterschrift geben ließ, daß ich das Land nicht verlassen würde. Und diejenigen, die mich mit einer Geldstrafe belegt haben, irrten sich gleichfalls. Und daß ein Prozeß begonnen wurde, ist auch ein *Irrtum*, denn um zu beweisen, daß irgend etwas gewesen sei, haben sie nach mir meinen Verwalter beschuldigt; da aber auf der Hand liegt, daß niemand Schuld trägt, kann es auch keine Anklage gegen meinen Verwalter geben. Um mich ein wenig zu rechtfertigen, möchte ich Ihnen noch sagen, daß ich in letzter Zeit, nach Beendigung meines »Alphabets«, angefangen habe, die große [Erzählung] (ich nenne sie nicht gerne Roman) zu schreiben, von der ich schon lange träume. Und wenn einen diese Narrheit überkommt, wie Puschkin das vortrefflich gesagt hat, wird, man besonders empfindlich gegen die rauhe Wirklichkeit. Stellen Sie sich einen Menschen vor, der in völliger Stille und Dunkelheit auf die Geräusche lauscht und im Finstern nach einem Lichtschimmer sucht und dem man plötzlich ein stinkendes bengalisches Feuer unter die Nase hält und mit verstimmten Trompeten einen Marsch vorspielt. Das ist sehr peinigend. Jetzt lausche und blicke ich wieder in Stille und Dunkelheit und wünschte, ich könnte wenigstens den hundertsten Teil dessen schildern, was ich höre und sehe. Das ist ein großer Genuß. Nun bin ich also ins Schreiben gekommen. Sie haben mir für meinen Brief ein Thema gegeben, über das ich gern schreibe: meine Kinder. Hier sind sie:

Der hellblonde Älteste ist nicht unrecht. Er hat etwas Schwaches und Geduldiges und etwas sehr Schüchternes an sich. Wenn er lacht, steckt er einen nicht an, aber wenn er weint, kann ich mich nur mit Mühe beherrschen, nicht mitzuweinen. Alle sagen, er ähnle meinem ältesten Bruder. Ich fürchte mich, das zu glauben. Es wäre zu schön. Der hervorstechendste Wesenszug meines Bruders war nicht Egoismus und nicht Opferbereitschaft, sondern die genaue Mitte. Er opferte sich für niemanden auf, fügte aber auch nie jemandem Schaden zu, ja, er bereitete ihm nicht einmal Hindernisse. Freud und Leid machte er mit sich allein ab. Serjosha ist gescheit – ein mathematischer Kopf, und er hat ein feines Empfinden für die Kunst, er lernt ausgezeichnet und ist ein geschickter Springer und Turner; aber gauche und zerstreut. Originelles gibt es wenig an ihm. Er ist abhängig von seinem körperlichen Befinden. Der gesunde und der kranke Serjosha sind zwei verschiedene Jungen.

Ilja ist der dritte. Er war nie krank. Breitknochig, Milch und Blut, immer strahlend. Lernt schlecht. Denkt immer an Dinge, an die er nicht denken soll. Erfindet seine Spiele selbst. Ist genau und sparsam; das Wörtchen »mein« spielt bei ihm eine große Rolle. Heftig und violent, gleich zum Raufen bereit; aber auch zärtlich und sehr empfindlich. Den Sinnesfreuden ergeben – ißt gern und ruht gern. Wenn er Johannisbeergelee und Buchweizengrütze ißt, kitzelt es ihm auf den Lippen. Er ist in jeder Hinsicht originell. Und wenn er weint, ist er gleichzeitig böse und bockig, aber wenn er lacht, lacht alles mit.

Alles Unerlaubte hat für ihn einen Reiz, und er ist sofort im Bilde. Schon als Knirps fing er einmal eine Bemerkung auf, daß meine schwangere Frau die Bewegungen ihres Kindes spüre. Lange Zeit war sein Lieblingsspiel, sich etwas Rundes unter das Jäckchen zu stopfen, es mit flacher Hand zu streicheln und lächelnd zu flüstern: »Das ist das Baby.« Er streichelte auch alle Huckel an Möbeln mit zerbrochenen Sprungfedern und sagte dazu: »Das Baby.« Als ich unlängst Geschichten für das »Alphabet« schrieb, dachte er sich eine eigene aus: »Ein Junge fragte einmal: ›Muß der liebe Gott aufs ... gehen?‹ Gott bestrafte ihn, und der Junge mußte sein ganzes Leben lang aufs ... gehen.«

Sollte ich sterben, mein Ältester wird seine Sache machen, wohin er auch immer kommen mag, er wird fast mit Bestimmtheit im Internat der beste Schüler sein. Ilja wird scheitern, wenn er nicht einen strengen Führer hat, den er *liebt*.

Im Sommer gingen wir öfter baden. Serjosha ritt selbst, während ich Ilja hinter meinen Sattel setzte.

Ich komme morgens einmal heraus, die beiden warten.

Ilja mit Hut, Laken und vor Akkuratheit strahlend. Serjosha kam von irgendwoher gerannt, keuchend und ohne Hut. »Setz den Hut auf, sonst nehme ich dich nicht mit.« Serjosha rennt hierhin, dorthin. Kein Hut. »Tut mir leid, ohne Hut nehme ich dich nicht mit. Laß dir das eine Lehre sein, immer mußt du alles verlieren.« Ihm kommen die Tränen. Ich reite mit Ilja los und warte, ob er Mitleid äußern wird. Nichts dergleichen. Er strahlt und macht Bemerkungen über das Pferd. Meine Frau findet Serjosha in Tränen. Sie sucht den Hut – erfolglos. Sie ahnt, daß ihr Bruder, der früh beizeiten angeln gegangen ist, Serjoshas Hut aufgesetzt hat. Sie schreibt mit einen Zettel, Serjosha könne wahrscheinlich nichts dafür, daß sein Hut verschwunden sei, setzt ihm eine Schirmmütze auf und schickt ihn zu mir. (Sie hatte richtig geraten.) Ich höre rasche Schritte auf der Badebrücke. Serjosha kommt gerannt. (Unterwegs hat er den Zettel verloren.) Und fängt an zu schluchzen. Da schluchzte Ilja gleichfalls und auch ich ein wenig.

Tanja ist acht Jahre. Alle sagen, sie ähnele Sonja, und das glaube ich, obwohl es ebenfalls zu schön ist, doch ich glaube es, weil man es deutlich sieht. Wäre sie Adams älteste Tochter und gäbe es keine Kinder, die kleiner sind als sie, sie wäre ein unglückliches Mädchen. Ihre größte Freude ist es, sich mit den Kleinen abzugeben. Offensichtlich bereitet es ihr physisches Vergnügen, den kleinen Körper zu halten und zu berühren. Sie wünscht sich jetzt ganz bewußt, Kinder zu haben. Vor einigen Tagen fuhr ich mit ihr nach Tula, um ein Bild von ihr machen zu lassen. Sie bat mich, für Serjosha ein kleines Messer zu kaufen, für den zweiten dies und für den dritten das. Und sie weiß, was jedem die größte Freude bereitet. Ihr hatte ich nichts gekauft, aber sie dachte keinen Augenblick an sich selbst. Wir waren auf der Heimfahrt. »Tanja, schläfst du?« – »Nein«. – »Woran denkst du?« – »Ich denke daran, wenn wir nach Hause kommen, werde ich Mama fragen, ob Lelja gefolgt hat, und wie ich ihm dann sein Geschenk gebe, und wie ich dem anderen seins gebe, und wie Serjosha tun wird, als freue er sich nicht, obwohl er sich sehr freut.« Sie ist nicht sehr gescheit. Arbeitet nicht gern mit dem Verstand, aber der Mechanismus ihres Kopfes funktioniert gut. Sie wird eine wundervolle Frau werden, wenn Gott ihr einen Gatten schenkt. Und ich bin bereit, dem eine Riesenbelohnung zu zahlen, der aus ihr *die neue Frau* macht.

Der vierte ist Lew. Ein hübscher, geschickter Bursche mit gutem Gedächtnis und graziösen Bewegungen. Jedes Gewand sitzt an ihm, als sei es nach Maß gemacht. Alles, was die anderen tun, tut er auch, und alles sehr geschickt und gut. Ich *verstehe ihn noch nicht* so recht.

Die fünfte ist Mascha, zwei Jahre alt, sie hätte Sonja beinahe das Leben gekostet. Es ist ein schwaches, kränkliches Kind, wie Milch der weiße Körper, krause weiße Härchen; große, seltsame blaue Augen; seltsam wegen ihres tiefen, ernsten Ausdrucks. Sehr gescheit und keine Schönheit. Sie wird ein Rätsel sein, wird leiden, suchen und nichts finden; aber sie wird ewig das Unerreichbarste suchen.

Der sechste ist Pjotr, der Riese. Ein großes, wunderhübsches Baby, im Häubchen, er dreht die Ellenbogen nach außen und möchte immer irgendwohin. Meine Frau gerät jedesmal in begeisterte Erregung und Eile, wenn sie ihn hält; doch ich verstehe nichts. Ich weiß, daß seine physischen Reserven groß sind. Ob er aber auch das hat, wofür die Reserven nötig sind, weiß ich nicht. Deswegen mag ich Kinder bis zu zwei, drei Jahren nicht – ich verstehe sie nicht. Habe ich Ihnen von einer seltsamen Feststellung erzählt?

Es gibt zwei Sorten Männer – Jäger und Nichtjäger. Nichtjäger lieben kleine Kinder, Babys, können sie auf die Arme nehmen. Jäger empfinden gegenüber Babys ein Gefühl der Furcht, des Ekels und Erbarmens. Ich kenne keine Ausnahme von dieser Regel. Prüfen Sie einmal Ihre Bekannten.

An S. A. Ratschinski

Jasnaja Poljana, 27. Januar 1878

Ich bin Ihnen sehr dankbar, lieber Sergej Alexandrowitsch, daß Sie mich weiterhin regelmäßig mit Ihren Briefen erfreuen und mir Nachrichten über Ihre unveränderte Hingabe an Ihre Schule zukommen lassen, die mich immer sehr bewegen. Ich freue mich jedesmal für Sie, bin ein wenig neidisch und empfinde zärtliche Zuneigung zu Ihnen. Gern würde ich Ihrem Rat folgen, ehe ich, was freilich noch nicht der Fall ist, etwas Neues anfange; aber es gibt eine Arbeit, die mich in andere Richtung zieht. Übrigens hat Ihre Mahnung die Wirkung auf mich nicht verfehlt, und gestern habe ich einen Plan ersonnen, der große Freude in mir ausgelöst hat und mit dessen erfolgreicher Ausführung Sie sowie vor allem Terentjew und Anufrijew gewiß zufrieden wären. Aber ich will lieber nicht davon sprechen, solange ich ihn noch nicht einmal in Angriff genommen habe.

Ihr Urteil über »Anna Karenina« scheint mir nicht zuzutreffen. Ich bin im Gegenteil stolz auf die Architektur – das Gewölbe ist so gefügt, daß man nicht einmal feststellen kann, wo sich der Schlußstein befindet. Und eben darum habe ich mich am meisten bemüht. Der Zusammenhang des Baues beruht nicht auf der Fabel und nicht auf den Beziehungen (der Bekanntschaft) der Personen, er ist innerer Natur. Bitte glauben Sie mir, das ist nicht mangelnde Bereitschaft, Kritik anzunehmen – besonders von Ihnen, dessen Urteil immer viel zu nachsichtig ist; nur fürchte ich, Sie haben beim Überfliegen des Romans seinen inneren Gehalt nicht bemerkt. Ich würde nicht mit jemandem rechten, der mir sagte, que me veut cette sonate, aber wenn Sie schon von mangelndem Zusammenhang sprechen, dann muß ich eben sagen: Sie suchen ihn gewiß nicht an der richtigen Stelle, oder jeder von uns versteht etwas anderes unter Zusammenhang; das jedenfalls, was ich unter Zusammenhang verstehe – eben das, was diesen Roman für mich bedeutend gemacht hat –, dieser Zusammenhang ist vorhanden; sehen Sie richtig hin,

Sie werden ihn finden. Bitte glauben Sie nicht, ich sei überempfindlich – ich schreibe bestimmt nicht deswegen, ich schreibe vielmehr, weil mir all das nach Erhalt Ihres Briefes durch den Kopf gegangen ist und ich den Wunsch verspürte, es Ihnen zu sagen. Und die erste Reaktion est le bon.

Vielleicht löst das einen weiteren Brief von Ihnen aus und führt zu einem Gedankenaustausch, was mich aufrichtig freuen würde.
Von ganzem Herzen

Ihr L. Tolstoi

Als ich Ihren Brief erhielt, wollte ich zu Ihnen kommen. Das war ebenfalls eine gute Reaktion, doch habe ich ihr nicht nachgegeben und werde es auch nicht, denn den ganzen Winter über bin ich erkältet und fühle mich krank.

An A. A. Tolstaja

Jasnaja Poljana, 1884

Liebe Freundin!
Ihr Brief hat die kleine Schramme meines Ärgers völlig zum Verheilen gebracht. Aber eine Bemerkung möchte ich noch machen, nicht meinet-, sondern Ihretwegen, um Ihnen den richtigen Schlüssel zu mir zu geben, damit es Ihnen künftig leichter fällt, ohne Bitterkeit an mich zu denken; ich sehe ja, das kostet Sie schreckliche Mühe.

Sie sagen, ich schulmeistere immer. Liebe Freundin, das ist einfach nicht wahr. Ich glaube, es gibt keinen Menschen mit Überzeugung und Glauben, der weniger Neigung zum Schulmeister verspürt und weniger schulmeistert als ich. Bitte durchdenken Sie gründlich, was ich sage, und ereifern Sie sich nicht, sondern prüfen Sie. Ich bin gläubig (mein Glaube ist schlecht – das spielt keine Rolle). Ich habe Familie, Kinder, Freunde, und zum Unglück gibt es noch eine russische Leserschaft, die sich für meine Ansichten vom

Leben interessiert. Sagen Sie mir bitte, was soll ich tun. Meine Ansichten für mich behalten, solange sie nicht gefestigt sind, solange ich nicht mit Bestimmtheit weiß, daß dies mein Glaube ist und ich in diesem Glauben und für diesen Glauben sterben werde? Genau das habe ich auch immer getan. Jetzt hingegen, da ich mit allen Kräften meiner Seele an das glaube, was ich für die Wahrheit halte, was soll ich jetzt tun, wenn man mich fragt, woran ich glaube? Meinen Glauben verheimlichen? Ihn verheimlichen, weil er mit dem herrschenden Glauben nicht übereinstimmt, weil es für mich unangenehm, schwer und gefährlich ist, von ihm zu sprechen? Es leuchtet ein, daß ich verpflichtet bin zu sagen, woran ich glaube, damit es keinerlei quiproquo gibt und die Menschen meine Autorität (die Sie anerkennen) nicht dazu gebrauchen können, das zu unterstützen, woran ich glaube. Genau das habe ich auch getan. Jetzt sagen Sie, ich schulmeistere. Das ist ungerecht. Der ganze Sinn meiner schriftstellerischen Arbeiten besteht darin, daß ich *meinen*, meinen ganz persönlichen Glauben darlege und dabei keineswegs behaupte, außer meinem Glauben gäbe es keine Rettung, sondern ausdrücklich erkläre, jeder Glaube sei gut, wenn er aufrichtig ist und uns mit Gewißheit in den Taten der Liebe vereint. Ich sage nur, woran ich glaube und woran ich nicht glaube und warum nicht. Ich wundere mich häufig über die Entrüstung, die mein Glaubensbekenntnis auslöst. Warum lösen der Protestantismus, das Unitariertum und der Islam keine solche Entrüstung aus?

Ich würde mich sehr freuen, hätten Sie den gleichen Glauben wie ich; doch wenn Sie einen anderen Glauben haben, so begreife ich sehr gut, wie es gekommen ist, daß Sie einen anderen Glauben haben, und der Unterschied zwischen uns kann mich nicht erzürnen. Mir jedoch zu zürnen ist besonders grausam. Versetzen Sie sich ein wenig in mein Leben. Alle früheren Freuden meines Lebens – ich bin aller beraubt. Alle Tröstungen des Lebens – Reichtum, Ehre, Ruhm, all das besitze ich nicht. Meine Freunde, sogar meine Familienangehörigen kehren sich von mir ab. Die einen – die Liberalen und Ästhetiker – halten mich für verrückt oder schwachsinnig wie Gogol; die anderen – die Revolutionäre und Radikalen – halten mich für einen Mystiker und Schwätzer; in der Regierung halten sie mich für einen gefährlichen Revolutionär; die Orthodoxen halten mich für den Teufel. Ich gebe zu, das bedrückt mich, nicht etwa, weil es kränkt, bedrückend ist vielmehr, daß dadurch alles, was das Hauptziel und das Glück meines Lebens ausmacht, gefährdet wird – der liebevolle Umgang mit den Menschen: er wird schwieriger, wenn jedermann mit Grimm und Tadel über einen herfällt. Und deswegen behandeln Sie mich bitte wie einen guten Mohammedaner, dann wird alles gut gehen.

Malzow, der Flügeladjutant, ist geneigt, in der Sache Armfeld zu helfen. Brauchen Sie ihn vielleicht? Ich umarme Sie.

L. Tolstoi

An S. A. Tolstaja

Jasnaja Poljana, 17. Oktober 1885

Gestern habe ich von Tanja und Iljuscha Post bekommen, und heute wurde Dein Brief und das Telegramm gebracht. Danach müßtest Du also einen Brief von mir bekommen haben oder auch zwei – ich weiß nicht mehr. Aus allem sehe ich, daß Du in großer Unruhe lebst, und das betrübt mich sehr, das heißt, ich fühle mit Dir mit, und es tut mir weh. Ich würde Dir gern helfen, aber Du weißt ja selbst, ich kann das nicht, und die Worte »ich kann nicht« sind keine Ausrede. Alle Dinge – oder zumindest die meisten davon –, die Dich beunruhigen, wie der Unterricht der Kinder, ihre Erfolge, Geldsachen, ja sogar Bücher, all diese Dinge erscheinen mir unnötig und überflüssig. Gib Dich bitte nicht dem Gefühl des Ärgers und dem Wunsch nach Vorwürfen hin, Du weißt doch, das ist nicht die Folge von Arglist oder Faulheit meinerseits, mir Arbeit vom Leibe zu halten, sondern es hat andere Ursachen, die ich nicht für schlecht halte, und deswegen kann ich in dieser Hinsicht – wie gern ich auch immer versuche, mich zu bessern – nicht wünschen, mich zu bessern. Wenn Du, wie Du bisweilen äußertest, meinst, ich sei in ein Extrem verfallen, so wirst Du bei gründlichem Durchdenken meiner Beweggründe erkennen, daß es bei dem, was mich leitet, keine Extreme geben kann, denn gäbe man einmal zu, man müsse auf einem guten Weg irgendwo haltmachen, wäre es schon besser, ihn überhaupt nicht zu beschreiten. Je näher dem Ziel, desto unmöglicher ist Aufenthalt und mit desto größerer Anstrengung läuft man. Wenn ich mein und der Familie Leben so und nicht anders betrachte, dann geschieht das doch nicht aus einer Laune heraus, sondern weil ich mir diese Ansicht durch mein Leben erlitten habe, und ich verberge nicht im geringsten, warum ich diese und keine andere Ansicht habe, und spreche das auch, soweit ich es vermag, in meinen Schriften aus. All das schreibe ich nur, damit Du keine feindseligen Gefühle gegen mich hegst, wenn solche, wie ich fürchte, in Dir verborgen sind. Sollte ich mich irren, dann vergib mir bitte; wenn nicht, dann reiße den Groll aus Dir heraus, den Du gegen mich empfindest, weil ich hier geblieben bin und noch nicht nach Moskau komme. Meine Anwesenheit in Moskau in der Familie ist fast nutzlos: Die Konventionalität des Lebens dort lähmt mich, und das dortige Leben stößt mich sehr ab, wieder aus den gleichen allgemeinen Gründen meiner Ansicht von Leben, die ich nicht ändern kann, auch kann ich dort weniger arbeiten. Wir haben wohl nicht endgültig besprochen, wie, warum und für wie lange ich hier bleibe; und ich möchte nicht, daß irgend etwas unklar ist. Ich bin geblieben, weil ich mich hier wohler fühle; dort bin ich nicht unbedingt erforderlich; und für wie lange? Du weißt, ich mache keine Pläne. Solange ich am Leben bin und arbeiten kann, mache ich mit. Eines weiß ich, für meinen Seelenfrieden und daher für mein Glück ist es erforderlich, daß Liebe zwischen uns herrscht, und deswegen geht diese Bedingung allem anderen vor. Sollte ich merken, daß es Dir, wenn ich nicht bei Dir bin, schlecht geht oder mir die Trennung von Euch allen schwerfällt, und sollte in der Arbeit Stillstand eintreten, komme ich. Dann werden wir schon sehen, Hauptsache, es geschieht alles in Liebe und Eintracht.

»Die zwei Greise« kannst Du drucken lassen, nur streiche im letzten Satz die Worte: »nicht in Jerusalem und nicht bei den Knechten Gottes«. Ein Bild von mir lasse ich unbedingt anfertigen. Ich bin völlig gesund und bei Kräften. Ich gehe nirgends hin, empfange keinen Besuch, arbeite viel mit den Händen und dem »Kopf« wie der Teufel, stehe zeitig auf, noch im Dunkeln, und lege mich zeitig schlafen. Auf Wiedersehen, ich küsse Dich und die Kinder. Schreibe, wie Du gewöhnlich schreibst, von allen Kindern – auch von den kleinen.

An S. A. Tolstaja

Jasnaja Poljana, 4. Mai 1886

Ich schreibe morgens, damit ich es am Abend nicht in Eile tun muß. Meine Gäste habe ich gestern verabschiedet und bin mit großem Vergnügen allein geblieben. Den ganzen Tag hat es geregnet. Ich bin ein wenig im Wald herumgelaufen – Morcheln habe ich nicht gefunden, aber eine Menge Veilchen gepflückt. Zu Hause hatten sich viele Bauern eingefunden. Armut gab es immer, aber all die Jahre hat sie sich verschlimmert und in diesem Jahr ein entsetzliches Ausmaß angenommen, das die Reichen alarmiert, ob sie es nun wollen oder nicht. Nicht einmal seinen Brei und einen Kringel zum Tee kann man in Ruhe essen, wenn man weiß, daß sich gleich nebenan Menschen, die man gut kennt – Kinder (wie Tschilikins Kinder in Teljatinki), Tanjas Amme Matrjona –, ohne einen Bissen Brot schlafen legen, um das sie bitten und das nicht da ist. Und es gibt viele solcher Menschen. Schon gar nicht zu sprechen von Hafer für die Aussaat, dessen Fehlen diese Menschen um die Zukunft bangen läßt, das heißt ihnen deutlich macht, daß ihrer auch in der Zukunft, wenn das Feld nicht bestellt und einem anderen übergeben wird, nichts anderes harrt als der Verkauf der letzten Habe und der Bettelstab. Man kann die Augen verschließen wie einer, der einem Abgrund entgegenrollt, aber davon ändert sich die Situation nicht. Auch früher hörte man über die Armut klagen, aber nur ab und zu und von einigen; jetzt indessen ist das ein einziges allgemeines Stöhnen. Unterwegs, in der Schenke, in der Kirche und zu Hause sprechen alle nur von dem einen: von der Not. Du fragst: Was kann man tun, wie helfen? Denen, die darum bitten, kann man mit Saatgut, mit Getreide helfen, allein das ist keine Hilfe, das ist ein Tropfen im Meer, und außerdem negiert diese Hilfe sich selbst. Man hat einem gegeben, dreien, warum nicht zwanzig, tausend, einer Million? Offensichtlich ist es einfach unmöglich zu geben, selbst wenn man alles hingibt. Was kann man aber tun? Womit helfen? Nur durch eines: durch ein gutes Leben. Alles Übel kommt nicht daher, daß die Reichen die Armen ausgeplündert haben. Das ist ein kleiner Teil der Ursache. Die Ursache ist, daß die Menschen, Reiche, nicht so Wohlhabende und Arme, wie die Tiere leben. – Jeder für sich, jeder auf den anderen tretend. Daher kommen Leid und Armut. Rettung ist nur möglich, wenn man in sein Leben und daher in das der Mitmenschen etwas anderes hineinträgt – Achtung gegenüber allen Menschen, Liebe zu ihnen, Fürsorge für die anderen und möglichst weitgehenden Selbstverzicht, Verzicht auf seine ichsüchtigen Freuden. Nicht an Dich sind diese eindringlichen Worte oder diese Predigt gerichtet, ich schreibe nur, was ich denke – denke laut mit Dir.

Ich weiß – und auch Du weißt –, jeder weiß, daß menschliches Übel durch Menschen beseitigt werden wird, daß hierin allein die Aufgabe der Menschen, der Sinn des Lebens besteht. Die Menschen werden hierfür arbeiten und tun es schon, warum sollten wir nicht für das gleiche arbeiten?

Ich könnte unaufhörlich darüber schreiben, aber aus irgendeinem Grund habe ich den Eindruck, wenn Du das liest, wirst Du ein hartes Wort sagen, und die Hand mag nicht weiter schreiben. Das Wetter ist heute herrlich, sehr warm. Ich will heute das Haus für die Nacht durchheizen und morgen, wenn die Sonne richtig scheint, alles aufmachen. Schon heute ist die Luft oben warm, und die Feuchtigkeit ist nicht sehr zu spüren. Ich entsinne mich, vor Deiner Abreise hast Du mir irgend etwas vom Schlüssel zu den Schlüsseln gesagt. Hast du ihn mir gegeben oder nicht? Wenn nicht, schicke ihn, wenn aber doch, schreibe. Er ist nicht da, und ich will einen neuen Schlüssel bestellen. Das Haus ist gescheuert, und bleibt das Wetter so, kann in etwa vier Tagen der Umzug vonstatten gehen. Nur wie steht es bei Euch? Was macht der Husten der Kleinen? Ist Koletschka gekommen? Lebe wohl, meine Liebe. Ich habe Dich heute im Traum gesehen, Du hast mir weh getan. Das bedeutet das Gegenteil. Möge es eintreffen. Ich küsse Dich und die Kinder. Wie schön, daß Ilja und Ljowa bei Dir sitzen. So muß es sein. Mehr Zusammenhalt. Weint Mascha noch immer? Mietet Tanja noch immer ein Pferd für 5 Rubel die Stunde? 5 Rubel bedeuten für Kinder einen Monat Brot statt erbettelter Brotreste. Ich fürchte, in Moskau wird man das nicht verstehen. Und ich warte, erwarte Euch alle möglichst bald hier. Sei bedankt für die Äpfel und die Apfelsinen (überflüssig). Überhaupt bist Du sehr um mich besorgt. Dabei bin ich bei bester Gesundheit. Wonach immer mein Herz begehrt, alles ist vorhanden. Du hast alles bereitgestellt.

Deinen Brief habe ich bekommen. Es ist unbegründet, daß Du so über die jungen Damen herfällst. Sie sind irregeleitet, aber sehr gutherzig und rein. Von Orlow habe ich in diesem Jahr auch gehört. Das ist sehr schade.

An S. L. Tolstoi

Jasnaja Poljana, 8. März 1890

Du darfst nicht glauben, Serjosha, ich sei ironisch zu Dir, wie Du schreibst. Wenn ich zu Sascha Kusminski eine spaßhafte Bemerkung gemacht habe, dann war das eben nur Spaß. Ich versuche, mir meine Jugend in Erinnerung zu rufen, und hoffe und bin sogar beinahe überzeugt, daß Du weniger Dummheiten begangen hast und begehst als ich, selbst relativ, das heißt proportional zur Zeit und zu den Umständen, in denen ich mich befand und in denen Du Dich befindest. Das einzige, was mich früher an Dir geärgert hat (früher, jetzt ist das nicht mehr der Fall), ist, daß Du beim Erwerb von wissenschaftlichen und praktischen Kenntnissen so gescheit und gleichsam so praktisch vorgehst, es immer verstanden hast, Dir zunutze zu machen, was andere vor Dir getan haben, nie auf den Gedanken verfallen bist, die Logarithmen und dergleichen Dinge, die schon längst erfunden sind, selbst zu erfinden, und weißt, woher man sich solche Kenntnisse verschafft, aber zur allerwichtigsten Kenntnis – davon, was gut und was schlecht ist und wie man daher leben soll – durch Deinen eigenen Verstand und durch eigene Erfahrung gelangen willst; und daß Du Dir nicht zunutze machst, was schon lange, zweifelsfrei und augenfälliger als jedes geometrische Theorem erläutert und bewiesen wurde.

Du hast zum Beispiel entdeckt, man müsse unbedingt eine Beschäftigung haben, und suchst nach einer solchen, weißt aber eben nicht recht, womit Du Dich beschäftigen sollst: mit dem Bankwesen, dem Gefängniswesen, der Wirtschaft oder der Verwaltung eines Kreises. Aber auch das ist noch nicht alles: warum nicht mit Musik, mit Literatur, einer Fabrik, mit Reisen und so weiter? Offensichtlich hat der Satz, man müsse eine Beschäftigung haben, keinerlei Bedeutung und Sinn, wenn nicht entschieden ist, worin diese Beschäftigung bestehen soll. Und das nun ist schon längst entschieden worden von Leuten, die sich mit diesen Fragen befaßt haben. Die Beschäftigung hat (au risque de te déplaire muß ich wiederholen, was von Dir, wie Du meinst, schon längst widerlegt wurde), die Beschäftigung hat vor allem bei unserer privilegierten Stellung darin zu bestehen, daß man vom Nacken des Volkes, auf dem man sitzt, herunterklettert, und ehe man etwas vermeintlich Nützliches für dieses Volk tut, muß man aufhören, es mit Forderungen zu behelligen, die der Befriedigung der eigenen Begierden dienen, das heißt, man muß in erster Linie alles, was den eigenen Bedürfnissen dient, selbst tun. Zweifel daran, was man tun soll, kann es dann nicht mehr geben, man gelangt vielmehr zu einem friedvollen, frohen Leben. Eine Ausnahme hiervon ist nur möglich, wenn eine ausgesprochene Berufung vorliegt. Ob aber eine ausgesprochene Berufung vorliegt, kann nie von dem bestimmt werden, der die Berufung hat oder nicht hat, sondern nur von anderen, die im Falle des Vorhandenseins einer solchen Berufung fordern werden, der Betreffende solle seiner Berufung folgen, da sie anderen Nutzen bringt oder Freude bereitet.

Bitte, mein Bester, streite nicht mit mir. Ich schreibe nicht um des Streites willen, sondern in der Hoffnung, es könnte Dir vielleicht nützen. Und versuche einmal, das, was ich sage, so ernsthaft zu erwägen, wie man Gleichungen löst, das heißt, indem Du voraussetzt, x (und x ist hier Deine Situation) könne sowohl positiv wie auch negativ oder gleich Null sein. Und nicht in der Weise, daß Du von vornherein entscheidest, x sei eine positive Größe, und dann Kniffe zu erfinden suchst, bei denen die Gleichung aufgeht und x eine positive Größe wird.

Der Fehler liegt doch darin, daß wir, die Abkömmlinge von Menschen und Angehörige eines Kreises von Unterdrückern und Tyrannen, ohne unsere Stellung zu ändern und ohne uns den verbrecherischen Charakter derselben einzugestehen, den Wunsch verspüren, mit einem Schlage eine Beschäftigung zu finden, die so nützlich ist, daß wir mit ihr alle vergangenen und gegenwärtigen Sünden wiedergutmachen. Es kommt darauf an, sich über seine Stellung ein für allemal klarzuwerden, und das ist nicht schwer. Hat man das aber einmal begriffen, dann liegt auf der Hand: ehe man an den Nutzen denken kann, der dem Volk (den Menschen) gebracht werden soll, muß man aufhören, in der Gestalt von Landbesitz, Beamtenstellung, Profiterwerb und dergleichen an der Unterdrückung dieses Volkes teilzuhaben. Und es bleibt nur eines: sowenig wie möglich die Arbeit anderer beanspruchen und soviel wie möglich selbst arbeiten. Und diese Regel ist, wie sehr Dir das, fürchte ich, auch zuwider sein mag, von solcher Art, daß sie auf die kompliziertesten und verworrensten Situationen angewendet werden kann, in denen wir uns so häufig befinden. In jeder Lage kann man das erstreben und immer mehr und mehr verwirklichen. Keinesfalls geht es an, seine Stellung von außen, von der Oberfläche her zu bestimmen. Das muß unbedingt von innen, aus der Mitte heraus geschehen, das heißt, man darf nicht zu entscheiden versuchen: Wo ist es für mich am günstigsten, zu dienen oder zu leben, sondern: Was bin ich? Wovon lebe ich? Wie ist mein Verhältnis zu den Menschen und welche Rechte und Pflichten habe ich ihnen gegenüber? Soweit also, leb wohl. Ich küsse Dich.

Gib Dir Mühe, diesen Brief mit Liebe zu lesen, genauso wie ich ihn geschrieben habe.

An Bertha von Suttner

Jasnaja Poljana, 9. Oktober 1891

Sehr verehrte gnädige Frau,
ich war gerade beim Lesen Ihres Romans, den mir Herr Bulgakow geschickt hat, als ich Ihren Brief erhielt. Ich habe von Ihrem Werk eine hohe Meinung, und mir kommt der Gedanke, die Veröffentlichung dieses Romans könnte ein glückliches Vorzeichen sein.

Der Abschaffung der Sklaverei ging das berühmte Buch einer Frau – Beecher-Stowe – voraus; gebe Gott, daß Ihr Buch der Vernichtung des Krieges vorausgehen möge. Ich glaube nicht daran, daß ein Schiedsgericht ein wirksames Mittel zur Vernichtung des Krieges ist. Ich beende gerade eine Schrift zu diesem Gegenstand, in der ich vom einzigen Mittel spreche, das nach meinem Dafürhalten Kriege unmöglich machen kann. Inzwischen werden alle von aufrichtiger Liebe für die Menschheit diktierten Bemühungen ihre Früchte tragen, und der Kongreß in Rom wird, davon bin ich überzeugt, ebenso wie der vorjährige Kongreß in London viel zur Verbreitung der Erkenntnis beitragen, in welch offensichtlichem Widerspruch sich Europa befindet – auf der einen Seite Kriegszustand zwischen den Völkern, auf der anderen die sittlichen Regeln des Christentums und der Humanität, zu denen sie sich bekennen.

Empfangen Sie, sehr verehrte gnädige Frau, die Versicherung meiner aufrichtigen Verehrung und Zuneigung.

Lew Tolstoi
(Entwurf)

An M. M. Lederle

Jasnaja Poljana, 25. Oktober 1891

Michail Michailowitsch. Auf Ihren ersten Brief hatte ich meine Tochter zu antworten gebeten, auf Ihren letzten nun mit der beigefügten Kopie einer Liste, die sich bei Marakujew fand, werde ich mich bemühen, besser zu antworten.

Ich bin Ihnen für die Zusendung dieser Kopie sehr dankbar; diese Liste wurde nach Anmerkungen zusammengestellt, die ich auf einem Verzeichnis der hundert besten Bücher gemacht hatte, das in der Zeitschrift »Pall Mall« abgedruckt war, und dieses Verzeichnis ist völlig unbrauchbar, denn erstens nennt es nur die Verfasser und gibt nicht an, welche Werke der häufig sehr fruchtbaren und in unterschiedlicher Qualität schreibenden Verfasser gemeint sind; und zweitens können beste Bücher beste und nichtbeste sein, je nach Alter, Bildungsstand und Charakter der Personen, für die sie ausgewählt werden. Überhaupt bin ich bei ernsthafterem Nachdenken über diesen Gegenstand zu dem Schluß gelangt, daß der Plan, eine Liste der hundert absolut besten Bücher aufzustellen, unrealisierbar ist und daß der Gedanke, dem ich mich unüberlegt hingab, als ich auf Steads Verzeichnis Bücher anmerkte, jeder ernsthaften Grundlage entbehrt hat.

Ihre erste, an jede einzelne Person gerichtete Frage nach Büchern, die größten Einfluß auf sie gehabt haben, verdient jedoch ernsthaftes Interesse, und gewissenhaft gegebene

Antworten köunen zu interessanten Schlußfolgerungen führen.

Den Brief, den ich jetzt noch einmal schreibe, hatte ich schon vor drei Wochen verfaßt und damals auch eine Liste der Bücher begonnen, die mich stark beeindruckt haben, wobei ich den Grad des Eindrucks in vier Stufen angab, die mit: gewaltigen, sehr großen und großen bezeichnet sind. Die Liste habe ich nach Altersstufen unterteilt: 1. Kindheit bis 14 Jahre; 2. von 14 bis 20; 3. von 20 bis 35; 4. von 35 bis 50 und 5. von 50 bis 63. Dieses Verzeichnis habe ich zu einem Teil auch fertiggestellt und darin bis zu fünfzig verschiedene Werke erwähnt, die starken Eindruck auf mich gemacht haben, allein ich mußte erkennen, es ist sehr unvollständig, denn ich konnte mich nicht an alles erinnern, ich erinnere mich vielmehr erst allmählich, und so nehme ich Ergänzungen vor.

Aus all dem ergibt sich die Schlußfolgerung: Ihren Wunsch, eine Liste von hundert Büchern aufzustellen, kann ich nicht erfüllen und bedaure das sehr; die Liste von Büchern aber, die mich beeindruckt haben, von der ich gerade schrieb, will ich mich bemühen zu ergänzen und sie Ihnen schicken.

Lew Tolstoi

Um Ihnen eine Vorstellung zu vermitteln, schicke ich Ihnen die begonnene und noch nicht abgeschlossene Liste, aber nicht zur Veröffentlichung, denn sie ist noch bei weitem nicht vollständig.

Werke, die Eindruck gemacht haben

Kindheit bis zum 14. Lebensjahr oder annähernd bis zu diesem Alter

Die Geschichte Josephs aus der Bibel	*gewaltigen*
Märchen aus Tausendundeiner Nacht:	
»Die vierzig Räuber«,	
»Prinz Kamr essaman«	*großen*

»Die schwarze Henne« von Pogorelski	*sehr großen*
Russische Bylinen:	
»Dobrynja Nikititsch«,	
»Ilja Muromez«,	
»Aljoscha Poposvitsch«; Volksmärchen	*gewaltigen*
Gedichte Puschkins: »Napoleon«	*großen*

Von 14 bis 20 Jahre

Matthäusevangelium: »Bergpredigt«	*gewaltigen*
Sternes »Sentimental Journey«	*sehr großen*
Rousseaus »Confessions«	*gewaltigen*
»Emile«	*gewaltigen*
»Nouvelle Héloise«	*sehr großen*
Puschkins »Eugen Onegin«	*sehr großen*
Schillers »Räuber«	*sehr großen*
Gogols »Mantel«, »Iwan Iwanowitsch und Iwan Nikiforowitsch«,	
»Newski Prospekt«	*großen*
»Wij«	*gewaltigen*
»Tote Seelen«	*sehr großen*
Turgenjews »Aufzeichnungen eines Jägers«	*sehr großen*
»Paulinchen Sachs« von Drushinin	*sehr großen*
Grigorowitschs »Anton der Pechvogel«	*sehr großen*
Dickens' »David Copperfield«	*gewaltigen*
Lermontows »Ein Held unserer Zeit«,	
»Taman«	*sehr großen*
Prescotts »Die Eroberung Mexikos«	*großen*

Von 20 bis 35 Jahre

Goethes »Hermann und Dorothea«	*sehr großen*
Victor Hugos »Notre Dame de Paris«	*sehr großen*
Tjutschews Gedichte	*großen*
Kolzows Gedichte	*großen*
Die »Odyssee« und die »Ilias«	
(in russisch gelesen)	*großen*
Fets Gedichte	*großen*
Platons (in Cousins Übersetzung)	
»Phaidon« und das »Symposion«	*großen*

Von 35 bis 50 Jahre	
Die »Odyssee« und die »Ilias« (in griechisch)	*sehr großen*
Bylinen	*sehr großen*
Xenophon: »Anabasis«	*sehr großen*
Victor Hugo: »Misérables«	*gewaltigen*
Mrs. Wood: Romane	*großen*
George Eliot: Romane	*großen*
Trollope: Romane	*großen*

Von 50 bis 63 Jahre	
Das Evangelium (in griechisch)	*gewaltigen*
Die Schöpfungsgeschichte (in hebräisch)	*sehr großen*
Henry George: »Progress and Poverty«	*sehr großen*
Parker: »Discourse on religions subjekt«	*großen*
Robertson's sermons	*großen*
Feuerbach (Titel vergessen, ein Werk über das Christentum)	*großen*
Pascal: »Pensées«	*gewaltigen*
Epiktet	*gewaltigen*
Konfuzius und Meng-dsï	*sehr großen*
Über Buddha von einem *bekannten* Franzosen (vergessen)	*gewaltigen*
Laotse von Julien	*gewaltigen*

An Raphael Löwenfeld

Moskau, 5. Januar 1894

Schon lange wollte ich Ihnen schreiben und Sie nach dem Schicksal meines Buches fragen, das von Ihnen übersetzt wird und in Russisch und Deutsch veröffentlicht werden soll. Seien Sie so freundlich und teilen Sie mir mit, wenn möglich ausführlich, aus welchem Grunde es bisher noch nicht erschienen ist. Das interessiert mich sehr. Ich nehme an, der Verleger hegt Bedenken gegen eine Herausgabe, weil er sich nicht Vorwürfen aussetzen will. Falls dem so ist, teilen Sie mir das bitte alles mit. Möglicherweise kann ich die zu erwartenden Schwierigkeiten aus dem Wege räumen. Eine Veröffentlichung des Buches mit Auslassungen widerspräche jedoch sehr meinem Wunsch und dürfte wohl auch unpassend sein, denn in Paris und jetzt wahrscheinlich auch schon in London ist es ungekürzt erschienen. In Erwartung Ihrer Antwort verbleibe ich mit vorzüglicher Hochachtung

Ihr L. Tolstoi

An N. S. Leskow

Jasnaja Poljana, 14. Mai 1894

Nikolai Semjonowitsch, in letzter Zeit mußte ich die üblichen Briefepitheta mehrfach so unverkennbar wahrheitswidrig gebrauchen, daß ich beschlossen habe, ein für allemal keine mehr zu verwenden,und daher setze ich jetzt auch vor Ihren Namen keines jener Achtung und Sympathie ausdrückenden Beiwörter, mit denen ich Sie völlig aufrichtig ansprechen könnte.

Wenn ich geschrieben habe, Phantasieschöpfungen seien mir jetzt zuwider, dann darf dies nicht auf andere, sondern nur auf mich bezogen werden und gilt nur für eine gewisse Zeit und eine gewisse Stimmung, für die nämlich, in der ich Ihnen damals geschrieben habe. Zudem gibt es solche und solche Phantasieschöpfungen. Abstoßend können Phantasieschöpfungen sein, hinter denen nichts zu erkennen ist. Bei Ihnen jedoch ist das schon früher nie der Fall gewesen und jetzt noch weniger denn je. Und als Antwort auf Ihre Frage sage ich, ich wünsche nur, daß Sie Ihre Arbeit fortsetzen, wenn dieser Wunsch auch einen anderen nicht ausschließt, der uns allen für uns selbst und daher auch für die, welche wir lieben, eingegeben ist, nämlich daß sie und daher auch ihr Tun ewig, bis zum Tode immer vollkommener und immer wichtiger, für die Menschen immer notwendiger und für Gott immer erfreulicher werden möge. Es ist erschreckend, wenn ich, der dem Tode so nahe ist, dies von mir selbst sage, denn ich fühle es mehr und mehr, man holt allen möglichen Plunder aus seinem Sack hervor und bildet sich ein, dies und das werde von den Menschen benötigt, und auf einmal stellt sich heraus, das Allerwichtigste und Notwendigste ist in einem Zipfel hängengeblieben, und man hat es vergessen und nicht herausgeschüttelt. Der Sack, der seinen Zweck erfüllt hat, wird dann auf den Dunghaufen geworfen, und das einzige Gute, das er enthielt, geht unnütz zugrunde. Bitte, bitte, glauben Sie nicht, das sei irgendwelche falsche Bescheidenheit. Unsereiner, der sich irdischen Ruhmes erfreut, kann diesem Irrtum am allerleichtesten erliegen: Man redet sich ein, alles, was die Menschen an einem loben, sei eben das, was von Gott verlangt werde, und was von Gott verlangt wird, bleibt unbeachtet und verdirbt.

Das ist für uns alle, die wir alt sind, erschreckend, und ich glaube auch für Sie. Und daher wird einem vor dem Tode unheimlich zumute, und man muß ordentlich in allen Zipfeln suchen. Dort findet sich aber bei uns noch viel Gutes.

Leben Sie einstweilen wohl, ich wünsche mir, dieser Brief möge Sie in Petersburg und körperlich wie seelisch wohlauf erreichen.

Lew Tolstoi

An Wilhelm Bode

Jasnaja Poljana, 11. November 1896

Geehrter Herr,
obgleich die Nachricht, daß ich aus Russland ausgeschickt werde, bis jetzt noch nicht wahr ist, danke ich Sie herzlich für Ihren guten Brief.

Die Überzeugung, dass man, ohne sie persönlich zu kennen, in geistigen und freundlichen Verhältnissen steht mit solchen Leuten, wie Sie, ist eine der grössten Freuden meines Lebens.
Mit Achtung und Sympathie Ihr ergebener
Leo Tolstoy

An Johann Kleinpoppen

Moskau, 13. März 1900

Geehrter Herr,
Ihren Brief habe ich mit grossem Interesse und Freude gelesen. Ich möchte ihn, wenn Sie nichts dagegen haben, uebersetzen und in russischen Zeitungen veröffentlichen. Ihren Wunsch – ein gutes Werk gegen den Krieg zu schreiben möchte ich gern erfüllen. Ich arbeite jetzt daran.

Ihr Freund und Bruder
Leo Tolstoy

An Johann Kleinpoppen

Moskau, 2. Mai 1900

Lieber Herr Kleinpoppen,
Ihren ersten Brief haben meine Freunde überjesetzt in's Russische und in einer Zeitung veröfentlicht. Ich muss Sie um Verzeigung bitten dass man es ohne Ihrer Erlaubniss gethan hat. Der Brief hat einen sehr guten Eindruck auf vielen Leuten gemacht. Mit diesem Briefe schicke ich Ihnen meinen Roman »Auferstehung«. Leider ist es nur der erste Theil. Sobald das Ende bekomme, schicke ich es Ihnen, auch einige von meinen Schriften, die ich jetzt nicht bei mir habe. Ihren zweiten Brief möchte ich auch in einer Russischen Zeitung veröffentlichen wenn Sie nichts dagegen haben.

Im Briefe sind wahre und wichtige Gedanken.

Ihr Freund und Gesinnungs Genosse
Leo Tolstoy

An Paul Eltzbacher

Jasnaja Poljana, 1. Agust 1900

Verehrter Herr,
beide Exemplare Ihres Buches habe ich bekommen, den le[t]zten nur seit einigen Tagen. Ich danke herzlich für die Sendung. Bitte zu entschuldigen dass ich so lange nicht geschrieben habe; ich war krank und bin bis je[t]zt nicht wohl.

Ihr Buch macht für den Anarchismus dasselbe, was vor 30 Jahren für den Sozialismus gemacht war; führt ihn ein in das Program der politischen Wissens[c]haften. Ihr Buch hat mir auserordentlich gefallen. Es ist rein objectiv, verständlich und – so viel ich urtheilen kann – sind im Buche die Quellen vortrefflich bearbeitet.

Mir scheint nur, das[s] ich kein Anarchist bin im Sinne eines politischen Reformators. Im Register Ihres Buches beim Worte: »Zwang« sind vers[c]hiedene Seiten bei allen anderen angegeben, aber keine in meinen Schriften. Ist das nicht ein Beweis, dass die Lehre, die Sie mir zuschreiben, aber die eigentlich nur die Lehre Christi ist, keine politische aber eine religiöse Lehre ist?

Mit Hochachtung Ihr ergebener Diener
Leo Tolstoy

An Bertha von Suttner

Jasnaja Poljana, 28. August 1901

Verehrte Frau Baronin,
ich danke Ihnen für Ihren lieben Brief. Ich bin sehr froh darüber, daß Sie mir ein freundliches Andenken bewahrt haben.

Selbst wenn Ich Sie langweilen sollte, indem ich wiederhole, was ich schon oft in meinen Büchern dargelegt und Ihnen wohl auch geschriebeu habe, kann ich nicht umhin,

Ihnen noch einmal zu sagen, daß ich, je älter ich werde und je mehr ich über das Problem des Krieges nachdenke, desto überzeugter davon bin, daß dieses Problem nur gelöst werden kann, wenn die Bürger sich weigern, Soldaten zu werden. Solange wie jeder Mann im Alter von 20 und 21 Jahren seiner Religion abschwört – nicht allein dem Christentum, sondern auch dem Gebot Moses': *du sollst nicht töten*, und sich bereiterklärt, alle diejenigen zu töten, die ihm sein Führer zu töten befiehlt, sogar seine Geschwister und seine Eltern, wie es dieser geschwätzige und unmenschliche Idiot, den man den deutschen Kaiser nennt, bei jeder Gelegenheit fordert –, wird es Kriege geben, und zwar noch grausamere als heutzutage.

Zur Ausrottung des Krieges bedarf es keiner Konferenzen und keiner Friedensgesellschaften, es bedarf allein des Wiedererstehens der einzig wahren Religion und in ihrer Folge des Wiedererstehens der Menschenwürde.

Wenn nur ein weniges von dem Eifer, der gegenwärtig auf Artikel und schöne Reden auf Friedenskonferenzen und in den Friedensgesellschaften verwandt wird, in den Schulen und unter dem Volk dafür eingesetzt würde, die falsche Religion auszumerzen und die wahre zu verbreiten – so würden die Kriege bald unmöglich geworden sein.

Ihr hervorragendes Buch verdankt seine große Wirkung der allgemeinverständlichen Darstellung der Kriegsgreuel. Jetzt muß man die Leute darauf hinweisen, daß sie selbst es sind, die alles Elend des Krieges verursachen, indem sie den Menschen mehr gehorchen als Gott. Ich erlaube mir, Ihnen den Rat zu geben, sich dieser Aufgabe anzunehmen als des einzigen Mittels zur Erreichung des Zieles, das Sie verfolgen.

Mit der Bitte um Vergebung, daß ich mir diese Freiheit genommen habe, verbleibe ich mit dem Ausdruck vorzüglicher Hochachtung

Lew Tolstoi

An A. F. Koni

Jasnaja Poljana, 26. Oktober 1902

Werter Anatoli Fjodorowitsch,
im Kreis Tula lebt die sittlich, geistig und bildungsmäßig hochstehende Bauernfamilie der *Nowikows.* An Klugheit, Begeisterungsfähigkeit und Bildung ragt Michail besonders unter ihnen hervor. Er war Oberschreiber beim Militär uud wurde wegen liberaler Ansichten degradiert und verbannt. Nach der Verbannung zog er aufs Dorf, leistet jetzt Bauernarbeit (er hat Familie, Kinder) und trägt Bildung und Sittlichkeit in die Finsternis der Bauerngemeinde. Die Behörden und natürlich die Geistlichkeit sind seine verschworenen Feinde. Unlängst hatte er einen Prozeß wegen der Beerdigung eines Kindes, das er, da der Geistliche die Beisetzung ablehnte, bei sich im Garten begrub. Der Prozeß ist gut für ihn ausgegangen. Der Semstwo-Vorsitzende ist ihm wohlgesinnt, und als jetzt der Bauernausschuß des Kreises Tula zusammentrat, hat er die zwei Brüder Nowikow sogar vorgeschlagen. Während der Sitzung hatte Michail seine Gedanken nicht äußern können, und er reichte eine schriftliche Vorlage ein. Diese Vorlage, in der von Ablösungsbeträgen die Rede ist, durch welche die Schuld längst beglichen ist und die trotzdem weiter erhoben werden, ferner von der Landarmut, der Demütigung der Bauernschaft und dem schlechten Zustand der Schulen, hat, wie ich weiß, große Empörung gegen Nowikow ausgelöst. Und gerade erfahre ich, daß er verhaftet wurde und auf Befehl des Innenministers nach Petersburg gebracht werden soll.

Man schämt sich, in einem Staat zu leben, in dem solche Dinge möglich sind.

Könnten Sie vielleicht feststellen, wo Nowikow sich befindet? Was man mit ihm gemacht hat oder macht? Und könnten Sie diesem in jeder Hinsicht wertvollen und bemerkenswerten Menschen nicht helfen?

Ich freue mich bei dem Gedanken, Sie in Jasnaja zu sehen. Dann werde ich mich auch gleich, so gut ich kann, bei

Ihnen bedanken und für meine Aufdringlichkeit entschuldigen.

Bleiben Sie gesund.
Ihr Lew Tolstoi

Ich lege einen Brief Fürst Nakaschidses bei, von dem ich über all das Kenntnis erhielt.

An W. W. Stassow

Jasnaja, Poljana, 18. Oktober 1905

Ich habe mich sehr gefreut, Wladimir Wassiljewitsch, als ich Ihren Brief erhielt. Es wäre schön, würden Sie einmal zu uns kommen. Allein ich fürchte, bei den jetzigen Zeitläuften wird das nicht möglich sein. Wir sitzen die zweite Woche ohne Nachricht, was in den Hauptstädten geschieht. Ich fürchte, es geschieht viel Schlimmes und Unkluges, wie es immer der Fall ist, wenn die Leidenschaften entbrennen. Ihre Erwähnung Herzens hat mich dazu angeregt, wieder einmal »Vom anderen Ufer« zu lesen. Und ich war Ihnen dankbar, daß Sie mich daran erinnert haben. In dieser ganzen Revolution übe ich die freiwillig und eigenmächtig übernommene Funktion eines Advokaten der hundert Millionen zählenden Landbevölkerung aus. Über alles, was ihrem Wohlergehen dient oder dienen kann, freue ich mich mit und empfinde Abneigung gegen alles, was dieses Hauptziel nicht verfolgt und davon ablenkt. Auf alle Gewalt- und Mordtaten jedoch, von welcher Seite sie immer ausgehen mögen, blicke ich mit Abscheu. Bis jetzt besteht mehr Anlaß zu Betrübnis denn zu Freude. Die Bibliotheksbücher, die zwei Bände über Katharina und Jelisaweta ausgenommen, die ich, wenn möglich, gern noch etwas behalten möchte, sende ich nächstens zurück. Haben Sie vielleicht ein Buch oder einige Bücher über die Ermordung Pauls? Wenn ja und wenn Sie etwas schicken können, tun Sie es. Verzeihen Sie mir meine Bitte wegen des Kriegsdienstverweigerers.

Ich habe es an verschiedenen Stellen versucht. An einer anscheinend mit Erfolg.

Nehmen Sie sich Ihre Krankheit nicht so zu Herzen. Das ist gut. Denn ohne Krankheiten wäre das Sterben doch gar zu schwer.

Alle meine Angehörigen lassen Sie grüßen, und ich umarme den lieben Greis.

Lew Tolstoi

An M. L. Obolenskaja

Jasnaja Poljana, 22. März 1906

Hab Dank für Deinen Brief, liebe Maschenka. Im Brief an Julija Iwanowna sprichst Du von Deinem Heimweh und Deiner Sehnsucht nach Hause. Ich jage immer alle nach Mamadysch, doch ist einer dann nicht nach Mamadysch, sondern anderswohin gefahren, rate ich immer, da er nun einmal eine so weite Reise gemacht hat, soll er dort bleiben, wo er ist. So auch bei Euch: Ich rate Dir, alles mitzunehmen, was Dir Europa bieten kann. Ich persönlich würde nichts haben wollen, trotz all seiner Reinlichkeit und Politur. Leider aber sehe ich, daß wir ständig Krümel auflesen: Parteien, Wahlagitation, Blockbildung und dergleichen mehr. Abscheulich. Welch eine Entartung, in die man die Bauern hineinzieht und sie so verdirbt. Vielleicht ist das unvermeidlich, und vielleicht müssen auch die Bauern durch diese Entartung hindurch, um deren ganze Zwecklosigkeit und Schädlichkeit zu begreifen. Aber manchmal kommt mir der Gedanke, es sei unnötig. Und einen Beweis für die fehlende Notwendigkeit sehe ich darin, daß beispielsweise ich und mit mir viele andere erkennen, alle diese Verfassungen führen nur dazu, daß die Mehrheit von anderen ausgebeutet wird – man vertauscht die Plätze, wie es jetzt in England,

Frankreich und Amerika geschieht –, daß allerorts ein jeder voller Unruhe danach trachtet, den anderen auszubeuten, und das einzige vernünftige und sittliche Leben, das Leben des Ackerbauers, von allen mehr und mehr aufgegeben wird und man diese eintönige Arbeit den Sklaven in Indien, Afrika, Asien und Europa, wo immer es möglich ist, aufbürdet. In materieller Hinsicht ist dieses europäische Leben sehr reinlich, in geistiger aber entsetzlich schmutzig. Daher zweifle ich bisweilen, ob das russische Volk durch diese Entartung hindurch, ob es in die Sackgasse gehen muß, in der die westlichen Völker bereits stecken. Ich denke so, weil damals, als die westlichen Völker diesen Weg gingen, alle fortschrittlichen Menschen sie auf diesen Weg gerufen haben, jetzt aber nicht nur ich, sondern viele mit mir erkennen, daß dies der Untergang ist. Und wenn wir das Volk vor diesem Weg warnen, sagen wir nicht wie die früheren Gegner der Vorwärtsbewegung: Geht zurück oder bleibt stehen, sondern wir sagen: Geht vorwärts, nur nicht in der Richtung, die ihr eingeschlagen habt, denn dieser Weg führt zurück; wir sagen: Schreitet kühn voran, der Befreiung von unterdrückender Gewalt entgegen. Hierüber schreibe ich und denke ich gerade nach, deswegen habe ich auch Dir davon geschrieben.

Als ich gestern über den hartgefrorenen Schnee lief, habe ich an Dich gedacht. (Die Schneedecke ist wunderbar gefroren. Wo immer man geht, ist der Boden wie Marmor, heute zeigte er die ersten Schäden). Ich dachte daran, daß Du Dich jetzt schwächer fühlst und zu Recht unzufrieden mit Dir bist, was auch sehr gut ist. Erinnere Dich aber auch, wieviel Gutes Du mir gegeben hast, wieviel Sascha und den vielen anderen, und alles wird Dir von anderen vergeben werden, nur Du selbst darfst Dir nicht vergeben. Aber das wirst Du auch nicht tun. Leb wohl, mein Täubchen, ich küsse Dich und Kolja.

L. T.

An W. W. Stassow

Jasnaja Poljana, 20. September 1906

Haben Sie Dank für den guten und langen Brief, Wladimir Wassiljewitsch. Sie dürfen auf das Alter nicht böse sein. Wieviel unerwartetes Gutes und Schönes hat es mir gebracht. Daraus schließe ich, das Ende des Alters und des Lebens wird auch unerwartet schön sein. Ich weiß, damit sind Sie nicht einverstanden. Aber ich sage, was ich denke. Ich bin auch nicht mit der Rolle einverstanden, die Sie mir in unserer Revolution zuschreiben: Ich bin nicht ihr Urheber, und noch weniger stimmt, daß ich sie nicht anerkenne und sie unterdrücken möchte. Mein Verhältnis zur Revolution drückt sich darin aus, daß es mich notwendigerweise schmerzen muß, wenn ich sehe, was geschieht, besonders wenn ich zugestehe, daß ich zumindest ein wenig an dem Geschehen beteiligt bin. Dieses Verhältnis gleicht dem eines Mannes, der den Menschen geraten hat, ihren Kopf nicht durch eine eiserne Halsfessel zu stecken, mit der man sie an eine Kette schmieden wollte, worauf nun diese Menschen beschlossen, statt sich die Halsfessel selbst über den Kopf zu ziehen, sie in Fußketten und Handschellen umzuarbeiten, damit sie es bequemer hätten als mit den Halsfesseln. Doch nicht genug damit, daß die Menschen sich selbst Fesseln anlegen, verüben sie dabei noch alle möglichen Gemeinheiten und sind mit sich selbst zufrieden wie Kupfergroschen, bilden sie sich doch ein, wenn sie sklavisch nachahmen, was sehr unkluge und schlechte Menschen in Europa getan haben, so vollbrächten sie etwas außerordentlich Wichtiges und Nützliches. Was jetzt im Volk (nicht im Proletariat) vor sich geht, ist sehr wichtig und selbstverständlich gut, nicht wichtig und nicht gut aber ist, was von allen diesen komischen Parteien und Komitees angerichtet wird. Jener Herzen, den Sie so lieben, wäre bestimmt mit mir einer Meinung. Du train que cela va, wenn nicht etwa das Volk, das wirkliche Volk, die hundert Millionen ihren Acker bestellender Bauern, durch passive Nichtbeteiligung an den Gewalttaten diese ganze lächerliche, lärmende und aufgebrachte selbstgefällige Bande überflüssig und unschädlich macht, gelangen wir unweigerlich zu einer Militärdiktatur, und das unter großen Verbrechen und Freveltaten, wie sie bereits angefangen haben. Will man eine überlebte Ordnung durch eine andere ersetzen, muß man ein höchstes, allgemeines und dem ganzen Volk verständliches Ideal aufstellen. Die Intelligenz jedoch und das von ihr aufgehetzte Proletariat besitzen nichts dergleichen, haben nur Worte, und nicht einmal eigene, sondem fremde. Daher ist meine Ansicht: Ich freue mich über die Revolution, ärgere mich aber über alle, die wähnen, die Revolution zu machen, und sie dabei zugrunde richten. Beseitigt werden kann die Gewaltherrschaft des alten Regimes nur durch Nichtbeteiligung an Gewalttaten, keinesfalls aber durch neue und törichte Gewaltakte, wie sie jetzt verübt werden.

Ich habe mich über die Gelegenheit gefreut, mich mit Ihnen zu unterhalten. Meine Frau hat Ihren Brief bekommen und bedankt sich. Sie ist auf dem Wege der Besserung.

L. T.

An A. L. Tolstaja

Jasnaja Poljana, 15. April 1910

Es drängt mich, Dir zu schreiben, meine liebe Sascha, und ich weiß nicht, was. Ich weiß, Du möchtest am liebsten etwas über mich erfahren, aber von sich selbst zu schreiben ist peinlich. Wie teuer Du mir bist und daß Du meine Sünde ausschließlicher Liebe darstellst, brauchte auch nicht geschrieben zu werden, dennoch tue ich es, denn das ist es, was ich gerade denke.

Mein inneres Befinden in den letzten Tagen, besonders an dem Tag, an dem Du abgereist bist, bestand im Ankämpfen gegen eine geradezu physische Galligkeit. Dieser Zustand ist nützlich, denn er liefert viel Stoff für die Arbeit, schlecht ist er nur insofern, als er daran hindert, klar zu denken und seine Gedanken auszudrücken, aber ich bin hieran gewöhnt. Heute geht es mir den ersten Tag besser, doch außer Briefen an Shaw, ferner wegen einer Friedensgesellschaft und dann an noch jemanden habe ich nichts geschrieben. Freilich habe ich mit den Heften zu tun, die schon im Umbruch vorliegen und über die ich mich freue. Heute ist auch noch Salamachin gekommen, der mir durch seine ernste Religiosität gleichfalls Freude bereitet. Warum die Menschen geboren werden und als Kinder sterben, warum manche gebildet sind und ewig in Not leben und andere Analphabeten und ewig in Luxus, und warum es alle möglichen scheinbaren Ungleichheiten gibt – all das vermag ich zu erklären. Doch wie kommt es, daß manch einer wie Salamachin ganz Flamme ist, daß also sein ganzes Leben von der Religion gelenkt wird, während ein anderer oder eine andere einem Löffel gleicht, der den Geschmack der Speise, in die er getaucht wird, nicht begreifen kann?

Gestern bin ich mit Bulgakow ausgeritten, heute mit Dušan, Delir ist ruhig. Das Wetter ist wundervoll, Ljonkas Veilchen, die jetzt vor mir stehen, hüllen mich in ihren Duft. Wie geht es bei Euch? Man schreibt, es sei dort kalt. Du oder Warja, eine von Euch muß jeden Tag schreiben.

Ich spüre ein schreckliches Verlangen wie schon lange auf nichts mehr, und Du weißt schon worauf – den Wahnsinn unseres Lebens in Bildern darzustellen, unter der Überschrift: »Es gibt keine Schuldigen in der Welt«, und über diesen Gedanken – möchte ich schrecklich gern schreiben, habe aber noch nicht angefangen. Ich fürchte, es ist ein falscher Appetit. Freilich, an den Vormittagen lockt es mich sehr. Ich will's versuchen. Nun, das ist nicht so wichtig. Lebe wohl, wir sind gerade erst mit dem Mittagessen fertig. In Dušans Zimmer wartet ein Durchreisender, der sich mit mir ein wenig unterhalten will. Ich gehe zu ihm. Ich küsse Dich und der Kürze halber auch gleich die liebe Warja.

Lew

An Mohandas Gandhi

Kotschety, 7. September 1910

Ihre Zeitschrift »Indian Opinion« habe ich erhalten und mich gefreut, all das zu erfahren, was dort über die Nichtwiderstrebenden geschrieben wird. Und es verlangt mich, Ihnen die Gedanken mitzuteilen, welche diese Lektüre in mir ausgelöst hat.

Je länger ich lebe und besonders jetzt, da ich die Nähe des Todes lebhaft spüre, drängt es mich, anderen zu sagen, was ich so besonders lebhaft empfinde und was nach meinem Dafürhalten von gewaltiger Bedeutung ist, und zwar möchte ich von dem sprechen, was Nichtwiderstreben genannt wird, im Grunde genommen aber nichts anderes ist als die durch keinerlei falsche Auslegung entstellte Lehre von der Liebe. Daß die Liebe, das heißt das Streben der menschlichen Seelen nach Vereinigung, und das aus diesem Streben erwachsende Tun das höchste und einzige Gesetz des menschlichen Lebens ist, fühlt und weiß in der Tiefe seiner Seele jeder Mensch (wie wir dies am klarsten bei Kindern sehen), er weiß es, solange ihn die falschen Lehren der Welt nicht verwirrt haben. Dieses Gesetz ist von allen Weisen der Welt, sowohl den indischen als auch den chinesischen, jüdischen, griechischen und römischen verkündet worden. Ich glaube, am klarsten hat Christus es ausgesprochen, der geradezu gesagt hat, allein hierin bestünden das ganze Gesetz und die Propheten. Ja mehr noch, die Entstellung voraussehend, die dieses Gesetz erfährt und erfahren kann, hat er direkt auf jene Gefahr seiner Entstellung hingewiesen, wie sie Menschen begehen, die weltlichen Interessen leben, nämlich auf die Gefahr, sich zu erlauben, diese Interessen mit Gewalt zu verteidigen, das heißt, wie er es gesagt hat, auf Schläge mit Schlägen zu antworten, angeeignete Gegenstände mit Gewalt zurückzuholen und dergleichen mehr. Er weiß, wie dies jeder vernunftbegabte Mensch wissen muß, daß Anwendung von Gewalt unvereinbar ist mit der Liebe als Grundgesetz des Lebens, daß, sobald und bei welcher Gelegenheit auch immer Gewalt zugelassen wird, die Unzulänglichkeit des Gesetzes der Liebe anerkannt und daher das Gesetz selbst geleugnet wird. Die ganze christliche, äußerlich so glänzende Zivilisation ist auf diesem offenkundigen und seltsamen, bisweilen bewußten, meist unbewußten Mißverständnis und Widerspruch gewachsen.

Sobald neben der Liebe Widerstreben zugelassen wurde, konnte es im Grunde genommen Liebe als Gesetz des Lebens nicht mehr geben, und nicht das Gesetz der Liebe herrschte, sondern das der Gewalt, das heißt der Macht des Stärkeren. So hat die christliche Menschheit neunzehn Jahrhunderte lang gelebt. Gewiß, zu allen Zeiten ließen sich die Menschen bei der Gestaltung ihres Lebens allein von der Gewalt leiten. Der Unterschied der Lebensweise christlicher Völker gegenüber allen anderen besteht lediglich darin, daß in der christlichen Welt das Gesetz der Liebe einen so klaren und bestimmten Ausdruck gefunden hat, wie dies in keiner anderen religiösen Lehre der Fall war, und daß die Menschen der christlichen Welt dieses Gesetz feierlich angenommen haben und sich gleichzeitig die Gewalt erlaubten und ihr Leben auf Gewalt aufbauten. Daher stellt das gesamte Leben der christlichen Völker einen einzigen Widerspruch zwischen dem dar, was sie bekennen, und dem, worauf sie ihr Leben aufbauen: den Widerspruch zwischen der als Lebensgesetz anerkannten Liebe und der Gewalt, die sogar als Notwendigkeit mit verschiedenen Erscheinungsformen, als Macht der Herrscher, als Gerichtsbarkeit und Armee, anerkannt und gepriesen wird. Dieser Widerspruch ist mit der Entwicklung der Menschen der christlichen Welt immer größer geworden und hat in jüngster Zeit seinen höchsten Grad erreicht. Die Frage lautet jetzt offensichtlich wie folgt: Eins von beiden: entweder zugeben, daß wir keinerlei religiös-sittliche Lehre anerkennen und uns bei der Gestaltung unseres Lebens allein von der Macht des Starken leiten lassen, oder aber, daß alle unsere durch Gewalt eingetriebenen Abgaben, alle Gerichts- und Polizeiinstitutionen und vor allem die Armee abgeschafft werden müssen.

In diesem Frühjahr hatten während der Religionsprüfung in einer der höheren weiblichen Lehranstalten Moskaus der Religionslehrer und darauf auch der anwesende Bischof die jungen Mädchen nach den Geboten und besonders nach dem sechsten Gebot gefragt. Auf eine richtige Antwort zu diesem Gebot stellte der Bischof gewöhnlich noch die folgende Frage: Verbietet das Gesetz Gottes immer und in jedem Falle zu töten?, und die Unglücklichen, durch ihre Erzieher mißleiteten Mädchen hatten zu antworten und antworteten auch: Nicht immer, im Krieg und bei der Hinrichtung von Verbrechern sei das Töten erlaubt. Als jedoch einem dieser unglücklichen Mädchen (was ich hier berichte, ist nicht erfunden, sondern eine Tatsache, die mir ein Augenzeuge mitgeteilt hat) auf ihre Antwort die gleiche Routinefrage gestellt wurde, ob es immer Sünde sei zu töten, antwortete sie erregt und errötend voller Entschiedenheit: Ja, immer, und auf alle üblichen Sophismen des Bischofs antwortete sie entschieden und überzeugt, zu töten sei immer verboten und auch das Alte Testament verbiete das Töten und Christus habe nicht nur das Töten verboten, sondern überhaupt jede böse Tat gegen einen Bruder. Und trotz all seiner Majestät und Redegewandtheit mußte der Bischof verstummen, während das Mädchen als Siegerin davonging.

Ja, wir bringen es fertig, in unseren Zeitungen über die Erfolge der Luftfahrt, über komplizierte diplomatische Beziehungen, über die verschiedenen Klubs, über Entdeckungen, alle möglichen Bündnisse und sogenannte Kunstwerke zu reden und das, was dieses Mädchen gesagt hat, zu verschweigen; es darf aber nicht verschwiegen werden, denn jeder Mensch der christlichen Welt fühlt dies mehr oder weniger verworren, aber er fühlt es. Sozialismus, Kommunismus, Anarchismus, Heilsarmee, die steigende Kriminalität und Arbeitslosigkeit der Bevölkerung, das Anwachsen des sinnlosen Luxus der Reichen und des Elends der Armen, die schrecklich zunehmende Zahl der Selbstmorde – all das sind Anzeichen jenes inneren Widerspruches, der gelöst werden muß und gelöst werden wird. Und gelöst werden wird natürlich im Sinne der Anerkennung des Gesetzes der Liebe und der Verneinung jeglicher Gewalt. Und daher stellt Ihr Wirken in Transvaal, am Ende der Welt, wie uns scheinen mag, das zentralste und wichtigste aller Geschehnisse dar, die jetzt in der Welt vor sich gehen, und nicht nur die Völker der christlichen, sondern die Völker einer jeden Welt werden sich unausweichlich daran beteiligen. Ich glaube, es wird Sie freuen, zu erfahren, daß sich diese Bewegung bei uns in Ruß- land gleichfalls rasch entwickelt – in Gestalt von Militärdienstverweigerungen, deren Zahl von Jahr zu Jahr zunimmt. Wie geringfügig auch bei Ihnen die Zahl der Nichtwiderstrebenden und bei uns in Rußland die Zahl der Verweigerer sein mag, beide können kühn erklären, daß mit ihnen Gott ist, und Gott ist mächtiger als die Menschen.

In der Anerkennung des Christentums, und sei es nur in der entstellten Form, in welcher es unter den christlichen Völkem gepredigt wird, bei gleichzeitiger Anerkennung der Notwendigkeit von Truppen und Waffen für das im Riesenmaßstab betriebene Morden während der Kriege liegt ein Widerspruch, der so augenfällig und empörend ist, daß er unweigerlich früher oder später, wahrscheinlich sehr bald, zutage treten und entweder das Bekenntnis zur christlichen Religion, welche für die Aufrechterhaltung von Macht erforderlich ist, vernichten wird oder aber die für die Macht nicht minder notwendige Armee und jegliche von ihr unterstützte Gewalt. Diesen Widerspruch fühlen alle Regierungen, sowohl Ihre britische wie auch unsere russische, und er wird, wie wir dies in Rußland sehen und wie aus den Beiträgen Ihrer Zeitschrift zu erkennen ist, von diesen Regierungen, aus einem natürlichen Selbsterhaltungstrieb heraus, energischer verfolgt als jedwede andere regierungsfeindliche Tätigkeit. Die Regierungen wissen, von wo ihnen die Hauptgefahr droht, und sind auf der Hut, denn hier geht es schon nicht allein um ihre Interessen, sondern um die Frage ihres Seins oder Nichtseins.

Mit vorzüglicher Hochachtung

An S. L. Tolstoi und T. L. Suchotina

Astapowo,
1. November 1910

Meine lieben Kinder Serjosha und Tanja,
ich hoffe und bin überzeugt, Ihr werdet mich nicht tadeln, daß ich Euch nicht kommen ließ. Euch allein ohne Mama kommen zu lassen wäre für sie eine große Kränkung gewesen und für die anderen Brüder gleichfalls. Ihr werdet beide begreifen, daß Tschertkow, den ich herbeigerufen habe, mir gegenüber eine Sonderstellung einnimmt. Sein ganzes Leben hat er dem Dienst an der Sache gewidmet, der auch ich die letzten vierzig Jahre meines Lebens gedient habe. Es geht nicht so sehr darum, daß mir diese Sache am Herzen liegt, wie darum, daß ich sie, ob ich mich nun irre oder nicht, als wichtig für alle Menschen und darunter auch für Euch betrachte. Ich danke Euch, daß Ihr so gut zu mir gewesen seid. Ich weiß nicht, ob dies mein Abschied ist oder nicht, aber ich habe die Notwendigkeit empfunden, auszusprechen, was ich gesagt habe. Für Dich, Serjosha, wollte ich noch den Rat anfügen, denke einmal über Dein Leben nach, darüber, wer Du bist, was Du bist, worin der Sinn des menschlichen Lebens besteht und wie jeder vernünftige Mensch es verbringen soll. Die von Dir übernommenen Ansichten des Darwinismus, der Evolution und des Kampfes ums Dasein werden Dir den Sinn Deines Lebens nicht erklären und Dir keine Richtschnur für Dein Handeln geben, ein Leben aber ohne Erklärung seiner Bedeutung und seines Sinnes und ohne eine sich daraus ergebende unabänderliche Richtschnur ist ein erbärmliches Existieren. Denke hierüber einmal nach. Ich sage Dir dies in Liebe, wahrscheinlich an der Schwelle des Todes.

Lebt wohl, versucht, Mutter zu beruhigen, für die ich das aufrichtigste Gefühl des Mitleids und der Liebe empfinde.

Euer Euch liebender Vater
L. Tolstoi

Anhang

Anmerkungen

59 *Dargo* – stark befestigte Ortschaft im Gebiet der Bergbewohner; war vorübergehend Residenz ihres Oberhauptes Schamil (siehe Anmerkung *Schamil* zu Seite 65. Der erwähnte Feldzug fand 1845 statt und endete mit einem Mißerfolg für die russischen Truppen.

60 *Michailowski-Danilewski* – Alexander Iwanowitsch Michailowski-Danilewski (1790-1848), russischer Militärschriftsteller; bekannt vor allem durch seine »Schilderung des Krieges von 1812« (später auch eine Quelle für Tolstois Roman »Krieg und Frieden«).

61 *Plato* – (427–347 v.u.Z.), griechischer Philosoph; seine Betrachtungen über den Mut stehen in dem Dialog »Laches«.

62 *unsere himmlische Fürsprecherin vom unverbrennbaren Busch* – Nach volkstümlichen Vorstellungen war die Gottesmutter bei Gott Fürsprecherin für das Wohl Rußlands, des »unverbrennbaren Busches« (2. Mose 3,2).

68 *Beschmet* – blusenartiger taillierter Leibrock der Kaukasier; wird gewöhnlich unter dem Tscherkessenrock getragen.

angeregt durch die LektüreMarlinskis und Lermontows ... – Neben Puschkin hatten M. J. Lermontow (1814-1841) und A. A. Bestushew-Marlinski (1797-1848) mit ihren Werken für einen weitgehend romantisierten Eindruck vom Kaukasus gesorgt (darunter auch Lermontows Roman »Ein Held unserer Zeit«).

69 *Tschetschenen* – mohammedanischer kaukasischer Volksstamm in der ehemaligen Provinz Terek, seit 1818 russische Untertanen; waren immer wieder an Aufständen gegen Rußland beteiligt.

70 *Waräger* – Name der schwedischen Normannen; wurden lange Zeit für die Begründer des russischen Staates gehalten (noch immer umstrittene Herkunftstheorie). Ihr sagenhafter Fürst Rjurik gilt als Stammvater des Geschlechts, das bis zu den Romanows herrschte (1598).

Burka – kurzer Filzmantel der Kaukasier.

Schamil – (1797-1871), religiöses und militärisches Oberhaupt der aufständischen kaukasischen Bergvölker; war zeitweise sehr erfolgreich, ergab sich 1859 (damit war faktisch der Kaukasuskrieg beendet) und durfte 1870 nach Mekka übersiedeln. Er war lange Zeit Gegenspieler Hadschi Murats, der Hauptgestalt von Tolstois gleichnamigen Spätwerk.

73 *»Lucia«* – »Lucia di Lammermoor«, Oper von Gaetano Donizetti (1797–1848).

74 *Vous savez ... de la devenir* – (franz.) Sie wissen, daß ich geschworen habe, gegen die Ungläubigen zu kämpfen; hüten Sie sich also, einer zu werden.

Non. au revoir ... de demain – (franz) Nein, auf Wiedersehen ... Vergessen Sie nicht, daß ich mich für morgen zur Abendgesellschaft einlade.

82 *Quel charmantcoup d'oeil* – (franz.) Welch reizender Blick!

C'est un vrai plaisir ... – (franz.) Der Krieg in einem so schönen Land ist ein wahres Vergnügen.

Et surtout en bonnecompagnie – (franz.) Und besonders in guter Gesellschaft.

87 *Jai Giaur! Urusjai* – He Ungläubiger! He, Russe!

88 *La garde meurt, maisne se rendpas* – (franz.) Die Garde stirbt, aber sie ergibt sich nicht. – Diesen Ausspruch soll der französische General P.-J.-E. Cambronne (1770–1842) in der Schlacht bei Waterloo (1815) getan haben; Cambronne ließ sich gefangennehmen und stand noch lange im Dienst von Napoleons Nachfolger.

95 *»Maison rustique«* – »Maison rustique du XIX siecle«; Titel eines fünfbändigen Handbuches über die Landwirtschaft von Bixio und Baral, das 1835 erschien.

102 *die Gerardschen Steinhäuser* – damals üblicher Häusertyp; war benannt nach seinem Erfinder A. I. Gerard (gest. 1830), einem russischen Landwirt.

109 *Frondienst* – (russ. = Barstschina); Dienstleistung der russischen Bauern für ihren Grundherren, bei dem sie mehrere Tage in der Woche – mit eigenen Gerätschaften – auf dessen Boden zu arbeiten hatten. Der Frondienst wurde mit der Leibeigenschaftsreform von 1861 abgelöst durch den Pachtzins (russ. = Obrok), den es teilweise schon vorher gab, bestand zumeist aus Naturalabgaben, später aus Geldabgaben.

111 *cercle vicieux*– (franz.) Zirkelschluß, in dem das zu Beweisende fälschlich schon zur Beweisführung benutzt wird.

132 *Petrifasten* – Fastenzeit vom Sonntag nach Pfingsten bis zum Peter-Pauls-Tag am 29. Juni (alten Stils).

159 *Zargrad* – im alten Rußland Name für Konstantinopel; hier svw. das verheißene Land, da sich die russische Kirche als Erbe von Byzanz empfand.

172 *le phénixde la famille* – (franz.) das Prachtstück der Familie.

173 *respice finem* – (lat.) bedenke das Ende.

174 *Raskolniki* – Anhänger einer gegen die offizielle russische Kirche gerichteten Bewegung, die im 17. Jahrhundert entstand und eine vom Patriarchen Nikon eingeführte Kirchenreform ablehnte. Die Raskolniki (auch Altgläubige) wurden zu Ketzern erklärt und häufig grausamen Repressalien ausgesetzt, hielten jedoch ihrerseits in zumeist streng abgeschlossenen Gemeinschaften an ihrem Glauben fest und siedelten häufig in den Randgebieten Rußlands.

Il faut quejeunesse se passe – (franz.) Jugend muß sich austoben.

175 *neue Gerichtsinstitutionen* – Nach der Leibeigenenbefreiung von 1861 wurde ein Reformwerk begonnen, das u.a. 1864 eine neue Strafgesetzgebung (z. B. die Einführung der Geschworenengerichte) brachte.

178 *de gaîté da cœur* – (franz.) mutwillig.

183 *Zarin Marija* – Marija Fjodorowna (1759–1828), Frau des russischen Zaren Pauls I. (1754-1801) und Mutter Alexanders I. (1777–1825) sowie Nikolaus I. (1796–1855), eine gebürtige Prinzessin aus dem Hause Württemberg; unter ihrem Protektorat standen eine Reihe wohltätiger Institutionen, die eine gewisse Tradition stifteten.

208 *Kiesewetter* – Johann-Gottfried-Karl-Christian Kiesewetter (1766-1819), deutscher Philosoph, Anhänger Kants; verfaßte ein Lehrbuch der Logik, das auch ins Russische übersetzt wurde. Den formallogischen Schluß (Syllogismus) setzt Tolstoi hier wissenschaftlicher Welterkenntnis insgesamt gleich, um damit das Versagen bloßer rationaler Welterkenntnis zu suggerieren.

224 *Sarah Bernhardt* – (1844–1923), weltberühmte französische Tragödin; gastierte erfolgreich auch in Rußland. Durch ihr Spiel wurden alte Stücke neue entdeckt, darunter das hier anschließend erwähnte »Adrienne Lecouvreur« (1849) des Vielschreibers Eugene Scribe (1791–1861).

225 *Haar à la Capoul* – Nach dem französischen, für seine Eleganz bekannten Sänger J.-A.-V. Capoul (1839–1924) benannte Haartracht, die einen Mittelscheitel hat und bei der zwei nach vorn gekämmte Locken in die Stirn fallen.

232 *Migurski* – Der literarische Held der Erzählung, Józef Migurski, und seine Frau Albina tragen authentische Namen; von ihrem Schicksal hatte Tolstoi aus dem Buch des russischen Ethnographen S. W. Maximow »Sibirien und die Katorga« (1871) erfahren.

241 *Zeiten der zweiten Teilung Polens* – Der Zerfall des polnischen Staates im 18. Jahrhundert führte zu seiner endgültigen Annexion durch Rußland, Preußen und Österreich, die mit den drei Teilungen von 1772, 1793 und 1795 Polen bis 1918 als selbständigen Staat auslöschten.

Kościuszko – Tadeusz Kościuszko (1748-1817), polnischer General, legendärer Held und Führer des polnischen Aufstands von 1794; errang 1776-1783 im amerikanischen Unabhängigkeitskrieg neuen Ruhm; er lehnte es ab, die polnische Sache mit Napoleons Krieg gegen Rußland zu verbinden.

Poniatowski – Stanisław II. August Poniatowski (1732-1798), von 1764 bis 1795 König von Polen; spielte durch sein widersprüchliches Verhalten eine fragwürdige, bis heute in der polnischen Geschichte umstrittene Rolle, die zusätzlich durch seine persönlich engen Beziehungen zum Zarenhof und vor allem zu Katharina II. belastet wurde. Er erwarb sich jedoch mit einer Reihe nationaler Reformen Verdienste um sein Land.

Eröffnung *des Sejms ... durch AlexanderI.* – Am 27. November 1815 unterschrieb Zar Alexander I. in Warschau die Konstitution des Königreiches Polen (als das der russisch besetzte Teil Polens fortan innerhalb Rußlands galt), das einen Sejm mit zwei Kammern und einer Regierung er- hielt, an deren Spitze jeweils der russische Statthalter stand.

Konstantin – Konstantin Pawlowitsch (1789-1831), russischer Großfürst und Bruder Alexanders I., ab 1815 russischer Statthalter in Polen; sein Polenhaß wurde zum Sinnbild des Unterdrückungsantagonismus. Er floh während des polnischen Novemberaufstandes von 1830, nachdem er zuvor mehreren Attentaten entgangen war.

242 *lui tenir la dragéehaute* – (franz.) ihn lange hinzuhalten.

244 *Pariser Revolution* – Gemeint ist die Julirevolution von 1830, mit der die Bourbonendynastie gestürzt wurde.

Beginn der Revolution – Gemeint ist der polnische Novemberaufstand von 1830.

Chłopicki – Józef Gregorz Chłopicki (1771–1854), polnischer General; kämpfte von 1797 bis 1812 in Napoleons Armeen. Nach dem polnischen Novemberaufstand ließ er sich das Amt eines Militärdiktators übertragen und versuchte einen politischen Kompromiß mit Rußland.

245 *Dwernicki* – Józef Dwernicki (1779–1857), polnischer General; befehligte im Novemberaufstand die polnische Kavallerie und siegte in einigen Gefechten. In der Emigration ge-

hörte er zum gemäßigten Flügel der polnischen Emigranten, ab 1848 war er wieder in Galizien ansässig.

245 Zwycięstwo *Polaków i klęska Moskali! Vivat!* – (poln.) Sieg den Polen und Niederlage den Moskowitern! Vivat! – Der im Novemberaufstand gebräuchliche Aufruf zum Kampf.

246 *Diebitsch* – Iwan Iwanowitsch Graf Diebitsch-Sabalkanski (1785–1831), russischer Feldmarschall; spielte 1812/13 im Krieg gegen Napoleon eine bedeutende Rolle (schloß mit dem preußischen General York die Konvention von Tauroggen). Danach war er Oberbefehlshaber der russischen Truppen im Feldzug gegen die Türken (1828/29). Er befehligte die 118 000 Mann starke Armee, die 1831 den Novemberaufstand in Polen niederschlug.

Paskewitsch – Iwan Fjodorowitsch Fürst Paskewitsch (1782–1856), russischer Feldmarschall, bedeutender Heerführer im Vaterländischen Krieg 1812/13; übernahm nach Diebitschs Tod den militärischen Oberbefehl in Polen, dessen Statthalter er anschließend wurde, war für sein hartes Vorgehen berüchtigt.

253 *Paniusia* – (poln.) liebe Herrin.

254 *Dekabristen* – Teilnehmer der antizaristischen Oppositionsbewegung, deren Aufstand im Dezember (russ. = dekabr) 1825 niedergeschlagen wurde; mußten mit Tod oder langjährigen Verbannungsstrafen büßen. Die Überlebenden wurden erst nach 1856 begnadigt.

255 *Sierociński* – Jan Henryk Sierociński (gest. 1837), polnischer Priester, Prior der Basilianer im wolynischen Owrutsch; war wegen seiner Beteiligung am Aufstand von 1830 in eine sibirische Kosakeneinheit gesteckt worden. Die persönlichen Umstände seines Lebens, sein Fluchtplan sowie seine Verurteilung zum Spießrutenlauf sind authentisch, ebenso die Namen der beteiligten Verschwörer Szokalski und Rossołowski.

257 *Miserere mei ...* – (lat.) Erbarme dich meiner, Herr, in deiner großen Barmherzigkeit.

263 *Jak mamę kocham* – (poln.) So wahr ich meine Mutter liebe.

268 *Obstschi Syrt* – Wasserscheidengebiet zwischen der Wolga und dem Fluß Ural.

Pugatschow – Jemeljan Iwanowitsch Pugatschow (1741–1775), russischer Führer des Bauern- und Kosakenaufstands im Ural- und Wolgagebiet von 1773 bis 1775; wurde in Moskau hingerichtet. Seine Gestalt fand das Interesse vieler russischer Schriftsteller, am eindrucksvollsten stellte ihn

Puschkin in seiner Erzählung »Die Hauptmannstochter« (1836) dar.

269 *Sotennik* – altes russisches Ackermaß; 1 Sotennik = 213 m.

271 *Jak Boga kocham* – (poln.) So wahr ich Gott liebe.

274 *Pigeon* – (franz.) Taube.

Narodniki – (russ.) Volkstümler; Anhänger der stärksten russischen Befreiungsbewegung des 19. Jahrhunderts; orientierten sich vor allem auf die Bauernschaft und entwarfen mit der Utopie der Dorfgemeinschaft ein antikapitalistisches Gesellschaftsmodell. Die Narodniki zerfielen unter dem Druck der zaristischen Gegengewalt und der Erfolglosigkeit ihrer Programme in einen liberalen und einen radikalen Flügel, die sich wiederum in Gruppierungen und Parteien zersplitterten; viele ihrer theoretischen Konzeptionen waren bis in die Parteien der zwanziger Jahre wirksam. Zu verschiedenen Zeiten standen ihnen u.a. A. I. Herzen, M. A. Bakunin, P. L. Lawrow, N. K. Michailowski nahe.

275 *Chodynka-Wiese* – vor den Stadttoren des alten Moskau gelegenes Feld, auf dem häufig Volksbelustigungen stattfanden (unweit des heutigen Belorussischen Bahnhofs, auf dem Gelände des heutigen Stadtflugplatzes und Flughafenhotels).

278 *Artel* – besonders in der Landwirtschaft und im Handwerk, aber auch in der Industrie in Rußland lange gebräuchliche Form von Gemeinschafts-, Genossenschaftsarbeit.

285 *Semstwo* – ein 1864 im Gefolge der Reformzeit in Rußland geschaffenes Organ der Selbstverwaltung, das sich überwiegend mit Fragen des Handels, der Industrie, der Volksbildung und der Volksgesundheit befaßte; trotz eingeschränkter Vollmachten und eines vom Vermögenszensus bestimmten Wahlmodus war das Semstwo ein bedeutender Schritt zur Liberalisierung der zaristischen Administration.

286 *Duma* – hier svw. Reichsduma; war im zaristischen Rußland die höchste (gewählte) staatliche Körperschaft. Der Begriff wird auch für eine städtische Rats- oder Stadtverordnetenversammlung gebraucht; im alten Rußland für den Bojarenrat des Zaren.

292 *»Die Heldentaten eines Soldaten« ... »Die Spinnen und die Fliegen«* – Illegale Propagandabroschüren der revolutionären russischen Bewegung.

314 *Narodowolzen* – Angehörige der revolutionären Geheimorganisation Narodnaja wolja (russ. = Volkswille), des linken Flügels der Narodniki (siehe Anmerkung zu Seite 263); ihre

Ideologie des individuellen Terrors litt trotz vieler geglückter Attentate Schiffbruch.

327 *»Russkije Wedomosti« ... »Nowoje Wremja«* – Ende des 19. Anfang des 20. Jahrhunderts erscheinende Petersburger und Moskauer Tageszeitungen, die, bis auf die besonders hervorgehobene, extrem konservative »Nowoje wremja«, liberale oder politisch gemäßigte Anschauungen vertraten.

333 *»Bund des russischen Volkes«* – im Oktober 1905 gegründete monarchistische Organisation der sogenannten Schwarzhunderter, eine mit Duldung der Gendarmerie operierende militärisch organisierte Geheimorganisation, deren Ziele in Terrorakten gegen oppositionelle Bewegungen bestanden.

338 *bandeaux* – (franz.) Bänder; hier: falsche Zöpfe.

344 *grand rond* – (franz.) großer Kreis; Tanzfigur.

chaîne – (franz.) Kette; Tanzfigur.

348 *Un bijou* – (franz.) Ein Glanzstück.

375 *la pointe de la sauce* – (franz,) die Schärfe der Sauce; hier: das, worauf es ankommt.

391 *Frum* – ein 1870 in Moskau erschienener Reiseführer durch Rußland und Europa.

Quos vult perdere dementat- (lat.) Wen er vernichten will, dem raubt er den Verstand.

418 *costume de natation* – (franz.) Badeanzug.

423 *chambres garnies* – (franz.) möblierte Zimmer.

428 *tant pis pour elle* – (franz.) um so schlimmer für sie.

433 *Versuch darüber, was Kunst ...*– Fragment; gehört zu den Vorarbeiten für das große Traktat »Was ist Kunst?«.

434 *Entrechat* – (franz.) Tanzsprung mit mehrmaligem Kreuzen der Beine.

447 *Das System, nach dem alle Völker ...*– Dieses Zitat des englischen utopischen Sozialisten R. Owens (1771-1858) entnahm Tolstoi M. Davidsons »The Annals of Toil« (Die Annalen der Arbeit, London 1899).

In jüngster Zeit ... – Zitat aus des englischen Sozialreformers J. Ruskins (1819-1900) »Stones of Venice« (Die Steine von Venedig, 1851/53).

464 *Zuerst hat man der Landbevölkerung gewaltsam das Land weggenommen, sagt K. Marx* – Die folgenden Überlegungen lehnen sich eng an einige Stellen in Marx' »Kapital« an, in dessen erstem Band Tolstoi mehrfach gelesen hat (in einer deutschen und einer russischen Ausgabe) und Randnotizen machte.

467 *in Utopien wie der von Bellamy* – Gemeint ist der utopische Roman »Looking backward: 2 000 – 1887« (Ein Rückblick

aus dem Jahre 2 000 auf das Jahr 1887; 1888) des nordamerikanischen Schriftstellers E. Bellamy (1850-1858), in dem das zukünftige Bild einer sozialistischen Gesellschaft, in der die Produktionsmittel in Gemeineigentum übergegangen sind, gezeichnet wird.

472 *Rodbertus* – Johann Karl Rodbertus (1805-1875), deutscher Nationalökonom; befaßte sich intensiv mit Fragen der Agrarpolitik und vertrat, als ehemaliger Abgeordneter der Nationalversammlung von 1848, die Auffassung von einem friedlichen Weg zur Lösung der sozialen Frage; schrieb u.a. »Zur Kenntnis unserer staatswirtschaftlichen Zustände« (1842), »Der Normalarbeitstag« (1871).

Pariser Ausstellung – Gemeint ist die Pariser Weltausstellung des Jahres 1900.

474 *wie seinerzeit schon Gogol* – Anspielung auf Gogols Äußerungen in seinen »Ausgewählten Stellen aus dem Briefwechsel mit Freunden« (1847), in denen der Autor für die Wiederherstellung eines patriarchalischen Verhältnisses zwischen Gutsherren und Leibeigenen eintrat.

475 *fiat justitia – pereat mundus* – (lat.) es muß Gerechtigkeit walten, wenn auch die Gerechtigkeit darüber zugrunde geht.

fiat cultura –pereat justitia – (lat.) es muß Kultur walten, wenn auch die Welt darüber zugrunde geht.

487 *für den Krieg in Kuba und auf den Philippinen* – Gemeint ist der Spanisch-Amerikanische Krieg von 1898, in dem die amerikanischen Truppen die Spanier besiegten und Kuba sowie die Philippinen besetzten.

für den Raub und die Ausbeutung der Reichtümer Transvaals – Gemeint ist die Besetzung der südafrikanischen Gebiete Transvaal und Oranje durch England im Burenkrieg 1899. Transvaal war durch seinen Reichtum an Diamantenfeldern berühmt.

504 *Cortes* – (span.) Ständevertretung; seit dem 19. Jahrhundert auch Parlament in Spanien und Portugal.

507 *Eugen Schmitt* – Eugen Heinrich Schmitt (1851–1916), deutschungarischer Publizist; vertrat eine christlich-anarchistische Weltanschauung und wurde zum aktivsten Verfechter Tolstoischer Ideen in Deutschland; stand im Briefwechsel mit Tolstoi und gab 1901 das Buch »Leo Tolstoi und seine Bedeutung für unsere Kultur« heraus.

519 *He who begins...* – vergleiche die Übersetzung des Zitats auf Seite 528.

Er ist gesetzwidrig – Nach den Satzungen der Russisch- Orthodoxen Kirche muß ein zum Ausschluß vorgesehenes Kirchenmitglied vor den Synod berufen und zunächst ermahnt werden, der Kirchenausschluß muß nach vorgegebener Prozedur in einer Kathedrale erfolgen. Alle diese Vorschriften wurden im Falle Tolstois von den Kirchenbehörden nicht beachtet.

524 *Agende* – Handbuch für die Gottesdienstordnung.

525 *Ikonostas* – in der Russisch-Orthodoxen Kirche die mit Ikonen (Heiligenbildern) geschmückte Wand, die Altarraum und Betraum voneinander trennt.

529 *Coleridge* – Samuel Taylor Coleridge (1772–1834), englischer Lyriker, Publizist und Kunstkritiker.

530 *Strelbizkoje pole* – (russ.) Truppenübungsplatz.

532 *Sie haben ersonnen ...* – Einzelheiten über die Hinrichtungen erfuhr Tolstoi von dem Advokaten N. K. Murawjow (1870-1936), der 1908 nach Jasnaja Poljana kam.

533 *Reden darüber zu verfassen und zu halten, daß die Finnen ...* – Tolstoi bezieht sich hier auf Debatten über Finnland, die im Mai 1908 in der russischen Reichsduma geführt wurden.

534 *Wladimir Solowjow* – Wladimir Sergejewitsch Solowjow (1853–1900); war einer der einflußreichsten russischen Religionsphilosophen seiner Zeit und wurde auch als Dichter und Kunsttheoretiker bekannt. Er stand anfangs in freundschaftlichen Beziehungen zu Tolstoi, wurde später aber sein erklärter Gegner. Solowjow hinterließ ein umfangreiches Werk von anhaltender weltweiter Wirkung.

540 *all diese Bomben und Minen ...* – Gemeint sind die Aktionen der Sozialrevolutionäre, die zu individuellem Terror und gewaltsamer Expropriation Zuflucht nahmen.

543 *Ein mir bekannter Künstler* – Gemeint ist der russische Maler N. W. Orlow (1863–1924).

551 *T. A. Jergolskaja* – Tatjana Alexandrowna Jergolskaja (1792–1874), Tolstois Tante zweiten Grades; vertrat an den elternlosen Tolstoigeschwistern Mutterstelle; lebte auch später die meiste Zeit in Jasnaja Poljana und starb dort. Aus beider Korrespondenz sind etwa 100 Briefe Tolstois und 42 seiner Tante erhalten. Der Brief wurde in französisch geschrieben.

Stary Jurt – Tschetschenendorf, wie das danach erwähnte Starogladkowskaja eine der ersten Stationen Tolstois im Kaukasus.

Walerjan – Walerjan Petrowitsch Tolstoi (1813-1865), weitläufiger Verwandter Tolstois; heiratete später Tolstois Schwester Marija Nikolajewna.

Nikolenka – Nikolai Nikolajewitsch Graf Tolstoi (1823-1860), ältester Bruder Tolstois; war für ihn lange Zeit eine Art Respektsperson.

551 *Wojejkow* – Alexander Sergejewitsch Wojejkow (geb. 1801), Gutsnachbar der Tolstois, zeitweise Vormund der verwaisten Tolstoisgeschwister; war der Prototyp des Nachbarn in der Erzählung »Der Morgen eines Gutsbesitzers«.

552 *meiner Reise zu Wasser* – Tolstoi hatte seine Reise nach dem Kaukasus von Saratow bis Astrachan auf der Wolga zurückgelegt.

553 *Serjosha* – Sergej Nikolajewitsch Graf Tolstoi (1826–1904), zweitältester Bruder Tolstois und dessen Lieblingsbruder; lebte zumeist auf dem unweit von Jasnaja Poljana befindlichen Gut Pirogowo, wo er eine Pferdezucht betrieb; heiratete eine Zigeunerin.

der Krieg – Gemeint ist der Krimkrieg (1853–1856).

Silistra – Im Mai und Juni 1854 nahm Tolstoi an der vergeblichen Belagerung der Festung Silistra teil.

554 *Kornilow* – Wladimir Alexejewitsch Kornilow (1806–1854), russischer Vizeadmiral; leitete die Verteidigung Sewastopols, wurde dabei tödlich verwundet.

556 *Kriegszeitschrift* – Die geplante Zeitschrift sollte in Konkurrenz zu dem offiziellen Militärjournal »Russki inwalid« (Der russische Invalide) über die tatsächlichen Verhältnisse informieren; die Zeitschrift wurde nicht erlaubt.

dem Fürsten – Gemeint ist Michail Dmitrijewitsch Fürst Gortschakow (1793–1864), russischer Oberbefehlshaber der Krimarmee, später Statthalter des Zaren in Polen; er war ein Onkel zweiten Grades von Tolstoi.

Stolypin – Arkadi Dmitrijewitsch Stolypin (1821–1899), russischer Generalstabsoffizier, später Ataman der Uralkosaken; war der Vater des künftigen Ministerpräsidenten P.A. Stolypin (1864–1911).

Rostowzew – Nikolai Jakowlewitsch Graf Rostowzew (1851–1897), russischer Artillerieoffizier, Sohn eines liberalen Reformers; wurde 1862 wegen seiner Bekanntschaft mit A. I. Herzen vorübergehend vom Armee- dienst suspensiert; war später Militärgouverneur in Samarkand.

557 *Alma* – Am 8. September 1854 fand bei Alma der erste Zusammenstoß der russischen Armee mit den Alliierten statt, der besonders blutig verlief.

W. P. Botkin – Wassili Petrowitsch Botkin (1811–1869), russischer Schriftsteller, Kritiker und Übersetzer, Mitglied des Kreises um die literarische Zeitschrift »Sowremennik« (Der

Zeitgenosse), in den auch Tolstoi aufgenommen wurde. Botkin galt später als einer der Theoretiker der »reinen Kunst«. Beider Korrespondenz umfaßt 16 Briefe Tolstois und 9 Botkins.

558 *Kisiwetters Sphäre* – Tolstoi schrieb in Paris die Erzählung »Albert«, in der er die authentische Geschichte des deutschen Geigers Georg Kiesewetter verarbeitete; die Erzählung erschien 1858.

559 *Chénier* – André Chénier (1762–1794), französischer Lyriker, Offizier und Diplomat; wurde der Verschwörung gegen die Jakobiner beschuldigt und hingerichtet.

Napoleon III. – (1808–1873) Kaiser von Frankreich. 1857 berichteten die Zeitungen von angeblichen Verschwörungen gegen ihn.

560 *Volksdichterklub* – Gemeint sind die sogenannten Goguettes, eine im 19. Jahrhundert in Paris verbreitete Art von Sängergesellschaften, in denen sich vor allem Arbeiter, Handwerker und kleine Beamte zumeist am Wochenende außerhalb der Stadt zusammenfanden.

il n'y a pas – (franz.) gibt es nicht.

A. A. Fet – Afanassi Afanassjewitsch Fet (1820–1892), einer der bedeutendsten russischen Dichter; seine Natur- und Liebeslyrik ist von vollendeter sprachlicher und formaler Meisterschaft. Er war seit den sechziger Jahren Gutsnachbar Tolstois und zwischen 1860 und 1870 eng mit ihm befreundet. Beider Korrespondenz umfaßt 159 Briefe Tolstois und 139 Briefe Fets. – Das Gedicht, von dem hier die Rede ist, heißt »Noch eine Maiennacht« (1857) und gehört zu Fets gelungensten Werken.

562 *Bulgarin* – Faddej Benediktowitsch Bulgarin (1789–1859), drittrangiger russischer Schriftsteller und Journalist; war als Anhänger der Leibeigenschaft Zielscheibe des Spotts und der Kritik aller aufgeklärten Zeitgenossen.

563 *libraire* – (franz,) Buchhändler.

Pikulin – Pawel Lukitsch Pikulin (1622-1885), russischer Arzt; war mit Tolstoi und Fet bekannt.

Iwan Petrowitsch – Iwan Petrowitsch Borissow (1832-1871), Tolstois Gutsnachbar.

Marija Petrowna – Fets Frau.

A.I. Herzen – Alexander Iwanowitsch Herzen (1812–1870), russischer Schriftsteller und Publizist, Kritiker und Philosoph; lebte ab 1847 als politischer Emigrant im Ausland, zumeist in London, von wo aus er eine freie russische Presse initiierte.

Tolstoi suchte ihn im März 1861 in London auf. Herzens Werke waren bereits zu seinen Lebzeiten in Deutschland weit verbreitet. Aus beider Korrespondenz sind nur 4 Briefe Tolstois erhalten.

563 *»Polarstern«* – Almanach; erschien unregelmäßig von 1855 bis 1869 und veröffentlichte in Rußland verbotene Literatur.

564 *Ihr Aufsatz über Owen* – Gemeint ist das Kapitel »Robert Owen« aus Herzens autobiographischem Werk »Erlebtes und Cedachtes« (1652-1868).

565 *Rylejew* – Kondrati Fjodorowitsch Rylejew (1795-1826), russischer Dichter, einer der Hauptführer der Dekabristenbewegung; wurde hingerichtet.

Manifest – Am 19. Februar 1861 wurde das Manifest über die Aufhebung der Leibeigenschaft verkündet.

einen Roman zu schreiben – Gemeint ist der Fragment gebliebene Roman »Die Dekabristen«, den Tolstoi 1860 begann.

Tessier – Marie-Edmond Tessier du Motte, französischer Chemiker; nahm an der französischen Revolution von 1848 teil und war ein Freund Herzens.

orsettisches Hofgesinde – Gemeint sind die zeitweise sehr zahlreichen Hausgenossen Herzens, der in London im Orsett House wohnte.

Ogarjow – Nikolai Platonowitsch Ogarjow (1813–1877), russischer Lyriker; folgte Herzen in die Emigration und wurde dessen engster Mitarbeiter.

566 *A. A. Tolstaja* – Alexandra Alexandrowna Gräfin Tolstaja (1817–1904), Kammerfräulein, Hofdame und Erzieherin der Zarentöchter (zeitweise auch Alexanders II.), Tolstois Großcousine väterlicherseits; wohnte bis zu ihrem Tode im Winterpalais. Sie war für Tolstoi immer eine wichtige Bezugsperson, der er auch seine persönlichen Angelegenheiten mitteilte. Aus beider Korrespondenz stammen etwa 119 Briefe Tolstois und 60 A. A. Tolstajas.

567 *ein junger Deutscher ausJena* – Gustav (Fjodorowitsch) Kaehler (1839-1904), Lehramtskandidat; hatte in Jena und Karlsruhe Naturwissenschaften studiert und wurde 1861 in Weimar von Tolstoi für seine Schule in Jasnaja Poljana verpflichtet, wo er bis 1862 tätig war. Später war er Lehrer für Deutsch am Gymnasium in Tula.

Peter-und-Pauls-Tag – 29. Juni (alten Stils), kirchlicher Feiertag zu Ehren der Apostelfürsten Peter und Paul; für Rußland deshalb hervorhebenswert, da nach ihm gewöhnlich die Heuernte begann und zuvor eine mehrtägige Fastenzeit endete.

567 *Die Zeitschrift* – Die pädagogische Zeitschrift »Jasnaja Poljana« gab Tolstoi erst 1862 heraus.
des batons dans les roues – (franz.) svw. Knüppel zwischen die Beine.

568 *Grübeln* – Mit dem auch im Original deutschen Wort bezeichnete Tolstoi gern seine Neigung zu quälerischer Selbstanalyse.
Roman aus der Zeit von 1810 bis 1820 – Gemeint ist »Krieg und Frieden«.

569 *sanctuaire* – (franz.) Allerheiligstes.

570 *arrière-gout* – (franz.) Nachgeschmack.
Serjosha – Sergej Lwowitsch Graf Tolstoi (1863-1947), Tolstois ältester Sohn; studierte Naturwissenschaften und Musikwissenschaft und diente in der Semstwo- und Volksbildungsverwaltung. Nach 1917 unterrichtete er an Musikhochschulen, verfaßte mehrere biographische Arbeiten über seine Eltern; nahm im zweiten Weltkrieg an der Verteidigung Moskaus teil.
Sonja – Sofja Andrejewna Tolstaja, geborene Bers (1844-1919), Tolstois Frau seit 1862.
Sacharin – Grigori Antonowitsch Sacharin (1829-1897), russischer Arzt; war Ordinarius der Moskauer Therapeutischen Universitätsklinik. Tolstoi konsultierte ihn später häufig.

571 *Ris* – Fjodor Fjodorowitsch Ris (Ries), Inhaber einer 1865 in Moskau eröffneten Druckerei.
»Rauch« – 1867 erschienener Roman Turgenjews, um den es bei seiner Veröffentlichung heftige Diskussionen gab, da Turgenjews skeptische Haltung hinsichtlich einer progressiven Entwicklung Rußlands die allgemeinen Erwartungen enttäuschte.

572 *Prozeß wegen des Ochsen* – Gegen Tolstoi war damals offizielle Anklage erhoben worden, weil auf seinem Gut ein Hirtenjunge durch einen jungen Stier tödlich verletzt worden war.

573 *die große Erzählung* – Gemeint ist das Fragment »Roman über die Zeit Peters I.«.

574 *Ilja* – Ilja Lwowitsch Graf Tolstoi (1866-1933), Tolstois zweiter Sohn; lebte als Gutsbesitzer auf dem Lande. Nach 1917 hielt er sich in Nordamerika auf, zumeist im Kreis russischer Sektenanhänger, die vor der Revolution mit Hilfe der Tolstois ausgewandert waren. Er verfaßte Memoiren über seinen Vater.

575 *Tanja* – Tatjana Lwowna Suchotina, geborene Gräfin Tolstaja (1864-1950), älteste Tochter Tolstois; war künstlerisch begabt und wurde als Malerin ausgebildet (u.a. Repinschülerin).

Von 1923 bis 1925 war sie Direktorin des Tolstoi-Museums in Moskau: lebte danach in Frankreich, zuletzt in Italien. Sie verfaßte Erinnerungen an den Vater (1878; dt.: »Ein Leben mit meinem Vater«).

576 *Lew* – Lew Lwowitsch Graf Tolstoi (1869-1945), Tolstois dritter Sohn; betrieb philologische Studien, war auch bildhauerisch tätig (zeitweise Schüler Rodins in Paris) und versuchte sich als Verleger und Journalist; lebte seit dem ersten Weltkrieg im Ausland, danach in der Emigration. Er schrieb Memoiren, darunter das umstrittene Buch »Die Wahrheit über meinen Vater« (1923).

Mascha – Marja Lwowna Fürstin Obolenskaja, geborene Gräfin Tolstaja (1871-1906), Tolstois zweite Tochter. Sie stand Tolstoi von allen seinen Kindern am nächsten, teilte seine Ansichten und war ihm bei seiner Arbeit behilflich. Beider Korrespondenz erschien deutsch unter dem Titel »Vater und Tochter. Tolstois Briefwechsel mit seiner Tochter Marie«, Leipzig 1927.

Pjotr – Pjotr Lwowitsch Graf Tolstoi (1872-1873), Tolstois vierter Sohn.

577 *S. A. Ratschinski* – Sergej Alexandrowitsch Ratschinski (1833-1902), russischer Botaniker, Zeitschriftenredakteur; lebte seit den fünfziger Jahren häufig im Ausland, wo er u.a. durch Übersetzungen für die Verbreitung russischer Literatur in Westeuropa sorgte.

Terentjew und Anufrijew – Ratschinski hatte Tolstoi in einem Brief ermuntert, seine »Russischen Lesebücher« fortzusetzen, nach denen er selber in einer Dorfschule unterrichtete; seinen Brief hatte er auch von einigen Schülern, darunter Terentjew und Onufrijew, unterschreiben lassen.

Ihr Urteil über »AnnaKarenina« – Im gleichen Brief hatte Ratschinski sein Mißfallen über die beiden parallelen Handlungslinien in »Anna Karenina« geäußert.

que me veut cette sonate – (franz.) was geht mich diese Sonate an. – Geflügeltes Wort des französischen Schriftstellers und Philosophen Bernard Le Bovier de Fontenelle (1657-1757).

578 *est le bon* – (franz.) ist die beste.

579 *quiproquo* – (lat.) svw. Mißverständnisse.

580 *schwachsinnig wie Gogol* – Tolstoi bezieht sich auf die geistige Krise Gogols Ende der vierziger Jahre, die Zweifel aufkommen ließ, ob er noch bei Verstand sei.

Malzow – Iwan Sergejewitsch Malzow, russischer Flügeladjutant, Oberst.

580 *Sache Armfeld* – Tolstoi setzte sich auf verschiedenen Wegen für Natalja Alexandrowna Armfeldt (1850-1887) ein, die zu 14 Jahren Zwangsarbeit verurteilt war und ein Gnadengesuch, das politischen Widerruf voraussetzte, abgelehnt hatte. Sie wurde 1885 zu Zwangsansiedlung begnadigt und starb kurz darauf an Tuberkulose.

582 *»Zwei Greise«* – 1885 erschienene Volkserzählung, die Tolstois Frau in eine Werkausgabe aufnehmen wollte, die sie herausgab.

Tschilikin – Familienname zweier Gestalten aus Tolstois Drama »Macht der Finsternis«; ähnelte einem Bauernnamen aus dem Nachbardorf Teljatinki (Tschurjukin).

Tanja – Tatjana Andrejewna Kusminskaja, geb. Bers (1846-1925), jüngere Schwester von Tolstois Frau. Von ihr stammen die Memoiren »Mein Leben zu Hause und in Jasnaja Poljana« (1925/28); erschienen deutsch unter dem Titel »Tanja« (1970).

584 *Koletschka* – Nikolai Nikolajewitsch Gay (1857–1940), Sohn des mit den Tolstois befreundeten gleichnamigen russischen Malers N. N. Gay; stand Tolstois Auffassungen sehr nahe, hatte seine Studien aufgegeben und beschäftigte sich mit Landwirtschaft; heiratete eine Bäuerin.

Orlow – Wladimir Fjodorowitsch Orlow (1843-1898), Lehrer an einer Eisenbahnerschule; hatte zeitweise enge Beziehungen zu revolutionären Kreisen und war zwei Jahre im Gefängnis gewesen. Orlow lernte Tolstoi 1881 kennen. Tolstoi bedauerte, daß sich Orlow immer wieder dem Trunk ergab.

Sascha Kusminski – Alexander Michailowitsch Kusminski (1845-1917), Cousin von Tolstois Frau, Beamter im Staatsdienst, heiratete später Tolstois Schwägerin T. A. Bers. Kusminski gegenüber hatte sich Tolstoi ironisch über die Erfolgsaussichten eines Kongresses zum Strafvollzug geäußert, an dem sein Sohn teilnahm.

585 *au risque de te déplaire* – (franz.) auf das Risiko hin, Dir zu mißfallen.

587 *Bertha vonSuttner* – (1843-1914) östereichische Schriftstellerin, namhafte Vertreterin der internationalen Friedensbewegung, Herausgeberin der Monatsschrift »Die Waffen nieder!«. Aus beider Korrespondenz sind 5 Briefe Tolstois und 7 B. v. Suttners bekannt. – Beide hier veröffentlichte Briefe wurden in französisch geschrieben.

Ihres Romans – Gemeint ist der mutige und aufsehenerregende Roman »Die Waffen nieder!« (1889).

587 *Bulgakow* – Fjodor Iljitsch Bulgakow (1852-1908), russischer Journalist und Redakteur.

Ihren Brief – Tolstois Brief ist die Antwort auf den ersten Brief B. v. Suttners, in dem sie Tolstoi für die Arbeit der Friedensgesellschaften interessierte.

das berühmte Buch einer Frau – Gemeint ist der 1852 erschienene Roman »Onkel Toms Hütte« der amerikanischen Schriftstellerin H. E. Beecher-Stowe (1811–1896).

beende gerade eine Schrift – Gemeint ist das Traktat »Das Reich Gottes ist in euch« (1890/93), in dessen 6. Kapitel sich eine Bemerkung Tolstois findet, daß er nicht an ein Schiedsgericht in Sachen Krieg und Frieden glaube.

Kongreß in Rom – Gemeint ist der III. Friedenskongreß 1891 in Rom, dessen Teilnehmer die Einsetzung eines Schiedsgerichts forderten.

588 *M. M. Lederle* – Michail Michailowitsch Lederle (1857-1908), russischer Verleger und Buchhändler in Petersburg; wandte sich 1891 mit einer Umfrage an Künstler, Wissenschaftler, Politiker usw., welche Bücher in verschiedenen Lebensabschnitten nachhaltige Wirkungen auf sie gehabt hätten und einem breiten Publikum, vor allem jungen Leuten, bekannt sein müßten.

Marakujew – Wladimir Nikolajewitsch Marakujew (gest. 1921), russischer Verleger; erhielt 1889 von Tolstoi eine nicht überlieferte Liste von 100 Büchern, den nach Tolstois Meinung wichtigsten Titeln.

»Pall Mall« ... Steads Verzeichnis – Die englische Zeitschrift »Pall Mall« hatte 1889 den Artikel eines Naturwissenschaftlers mit einer Liste der 100 besten Bücher der Weltliteratur veröffentlicht, Tolstoi nennt dieses Verzeichnis nach Stead, dem ihm bekannten Herausgeber der Zeitschrift

591 *Raphael Löwenfeld* – (1854-1910), deutscher Slawist, Literaturhistoriker, Übersetzer, Theaterintendant; war einer der ersten Übersetzer und Popularisatoren Tolstois in Deutschland. Seine 1892 in Berlin erschienene Biographie »Leo N. Tolstoi. Sein Leben, seine Werke, seine Weltanschauung« ist die erste Tolstoi-Biographie überhaupt. Löwenfeld gab die zu seiner Zeit umfangreichste Werkausgabe Tolstois im Ausland heraus (33 Bände, Leipzig 1901-1911). Aus beider Korrespondenz sind 10 Briefe Tolstois und 30 Löwenfelds erhalten.

Schicksal meines Buches – Gemeint ist die deutsche Übersetzung und die russische Ausgabe von »Das Reich Gottes ist in euch«, die Löwenfeld in Leipzig drucken ließ; beide erschienen 1894.

592 *N. S. Leskow* – Nikolai Semjonowitsch Leskow (1831-1895), einer der bedeutendsten russischen Prosaisten des 19. Jahrhunderts; war seit Ende der achtziger Jahre mit Tolstoi bekannt und stand zeitweise stark unter dessen Einfluß.

Wenn ich geschrieben habe – Tolstoi bezieht sich auf einen früheren Brief an Leskow, in dem er seine Abneigung gegen rein fiktive Kunstproduktionen erkennen ließ.

Antwort auf Ihre Frage – Leskow hatte Tolstoi in einem Brief vom 8. April 1894 um Rat gebeten, ob er fortfahren solle zu schreiben, und zwar so zu schreiben wie bisher, anders könne er nicht.

593 *Wilhelm Bode* – (1862-1922), deutscher Schriftsteller, Journalist und Zeitschriftenverleger; wurde durch seine Goethe-Publikationen und durch Flugschriften über ethische Fragen bekannt. Er propagierte vor allem die Publizistik Tolstois in Deutschland und verfaßte eine Reihe von Arbeiten über ihn, u.a. »Die Lehren Tolstois« (1900). Aus beider Korrespondenz sind 4 Briefe Bodes und 2 Tolstois bekannt. – Der Brief wurde in deutsch geschrieben.

Nachricht, daß ich ausRußland ausgeschickt werde – Tolstoi antwortete auf Bodes Einladung, bei ihm zu leben, falls es zutreffe, daß die zaristische Regierung ihn des Landes verweisen werde, wie es deutsche, englische und französische Zeitungen ankündigten.

594 *Johann Kleinpoppen* – deutscher Arbeiter, Bierbrauer, Kriegsinvalide; stammte aus Mühlheim/Ruhr; hatte als Soldat an den preußischen Kriegen von 1866 und 1870 teilgenommen, wie er Tolstoi schrieb. Veranlaßt durch eine Kritik zu dem Roman »Auferstehung« in einer deutschen Zeitung, wandte er sich an Tolstoi mit der Bitte, ein Buch gegen den Krieg zu schreiben. Beide Briefe an J. Kleinpoppen wurden in deutsch geschrieben.

Ihren Brief – Kleinpoppens eindringlichen Brief verwandte Tolstoi teilweise wörtlich in seinem Aufsatz »Patriotismus und Regierung« (1900).

Ihren ersten Brief ... veröffentlicht – Kleinpoppens Brief erschien in Heft 4/1900 der Zeitschrift »Swobodnaja mysl« (Der freie Gedanke) in russischer Übersetzung.

595 *Paul Eltzbacher* – (1868–1931) deutscher Professor für Jura und Nationalökonomie in Berlin; gilt als deutscher Theoretiker des Anarchismus. Er hatte Tolstoi sein Buch »Der Anar-

chismus« (1900) gesandt, darin wurde Tolstoi zu einem der Ahnherren des Anarchismus deklariert.

595 *Ihren lieben Brief* – In einem Brief vom 14. August 1901 hatte B. v. Suttner Tolstoi anläßlich seiner Exkommunikation ihrer Sympathie versichert.

597 *A. F. Koni* – Anatoli Fjodorowitsch Koni (1844-1927), russischer Staatsrechtler, Richter, Publizist und Universitätsprofessor; sprach 1876 die Volkstümlerin Vera Sassulitsch in einem aufsehenerregenden Prozeß frei; war Mitglied des zaristischen Staatsrates und hielt noch in den zwanziger Jahren juristische Vorlesungen. Koni war u.a. mit Turgenjew, Dostojewski, Gontscharow, Repin, Stanislawski gut bekannt und seit 1887 ständiger Gast bei Tolstoi, dem er mit einer Erzählung aus seiner juristischen Praxis auch das Sujet zu »Auferstehung« lieferte.

Bauernfamilie der Nowikows ... Michail – Tolstoi kannte die Nowikows sehr gut; unter ihnen ragte besonders Michail Petrowitsch Nowikow (1871-1939) hervor, ein aktiver Anhänger von Tolstois Anschauungen, die ihm ständig Mißhelligkeiten einbrachten. Wegen der im Brief aufgeführten Vorlage kam er 1902 in Haft.

598 *Nakaschidse* – Ilja Petrowitsch Fürst Nakaschidse (1866-1923), georgischer Publizist urd Literaturkritiker; stand bis 1905 Tolstois Ansichten sehr nahe; ging danach auf revolutionäre Positionen über.

W. W. Stassow – Wladimir Wassiljewitsch Stassow (1824-1906), russischer Kunst- und Musikkritiker, ab 1872 Leiter der Kunstabteilung in der Petersburger Öffentlichen Wissenschaftlichen Bibliothek, Mitglied der Akademie der Künste und der Akademie der Wissenschaften; war einer der einflußreichsten Kunstkenner seiner Zeit, förderte die Bewegung der Wanderaussteller (Peredwishniki), die seinen realistischen Kunstauffassungen entsprachen. Tolstoi, der seit 1878 mit Staasow bekannt war, gab viel auf dessen Urteile.

Ihre Erwähnung Herzens – Anläßlich einer Werkausgabe Herzens, die 1905 erscheinen konnte, hatte Stassow begeistert über seine Lektüreeindrücke geschrieben.

Katharina ... Jelisaweta ... Paul – Zu den Freundesdiensten Stassows gehörte es, daß er aus seiner Bibliothek Tolstoi ständig mit Lektüre versorgen konnte; hier ist von Arbeiten des polnischen Historikers K. Waliszewski (1849-1935) über die russischen Zarinnen Katharina II. und Jelisaweta I. sowie von Katharinas Sohn Paul I. die Rede, der 1801 ermordet wurde.

599 *Bitte wegen des Kriegsdienstverweigerers* – Gemeint ist der Baptist Jewtichi Jegorowitsch Gontscharenko (1883-1923), der in ein Strafbataillon gepreßt worden war und für den sich Stassow einsetzen sollte.

M. L. Obolenskaja – Tolstois zweitälteste Tochter; siehe Anmerkung Mascha zu Seite 600.

Julija Iwanowna – Julija Iwanowna Igomnowa (1871-1940), russische Malerin, Bekannte der Familie Tolstoi.

Mamadysch – Kleinstadt in der Nähe Kasans; von Tolstoi als Synonym für einen Krähwinkel verwandt.

600 *Hierüber schreibe ich ...* – Gemeint ist der spätere Aufsatz »Über die Bedeutung der russischen Revolution« (1906).

Sascha – Alexandra Lwowna Gräfin Tolstaja (1884-1979), jüngste Tochter Tolstois; arbeitete während der letzten Lebensjahre Tolstois als seine Sekretärin und führte vor allem seine Korrespondenz. In den zwanziger Jahren war sie Direktorin des Tolstoi-Museums in Jasnaja Poljana. 1929 emigrierte sie. Sie verfaßte eine Reihe von Büchern über ihren Vater, dessen Vertraute sie war und für den sie auch gegen die übrige Familie Partei ergriff.

Kolja – M. L. Obolenskajas Mann.

601 *nicht mit der Rolle einverstanden, die Sie mir in unserer Revolution zuschreiben* – Stassow hatte Tolstoi in einem Brief vom 18. September 1906 geschrieben, daß er ihn als einen Urheber der gegenwärtigen, die ganze Gesellschaft erfassenden Bewegung betrachte, und festgestellt: »Ist die ganze gegenwärtige russische Revolution etwa nicht aus Ihrem feuerspeienden Vesuv hervorgeschossen?«

Du train que cela va – (franz.) Auf dem Wege, den die Dinge nehmen.

603 *Brief an Shaw* – Bernhard Shaw (1856-1950) hatte im Dezember 1906 in respektvoller Bewunderung Tolstoi eine seiner Komödien geschickt. 1910 erhielt Tolstoi erneut eine Sendung, für die er sich in einem Brief vom 15. – 26. April bedankte und seine Anerkennung für Shaws Kunst ausdrückte, nicht ohne Einschränkung allerdings.

mit den Heften – Gemeint sind Einkopekenhefte zu religiösen Fragen, die Tolstoi über seinen eigenen Verlag »Posrednik« vertrieb.

Salamachin – Gemeint ist der religiöse Sektierer Semjon Michailowitsch Solomachin (1888-1952), der Tolstoi mehrfach besuchte.

Bulgakow – Walentin Fjodorowitsch Bulgakow (1886-1966),

letzter Sekretär Tolstois; kam 1910 als junger Tolstojaner nach Jasnaja Poljana; lebte ab 1923 in Prag und kehrte 1948 nach Moskau zurück. In den letzten Lebensjahren war er Direktor des Museums von Jasnaja Poljana. Neben anderen Arbeiten über Tolstoi ist sein Tagebuch »L. N. Tolstoi in seinem letzten Lebensjahr« (1911) besonders wertvoll.

603 *Dušan* – Dušan (Petrowitsch) Makovický (1866-1921), slowakischer Arzt, Schriftsteller, einer der engsten Freunde und Anhänger Tolstois; lebte seit 1904 ständig in Jasnaja Poljana, verfaßte eine Chronik von Tolstois Leben in den Jahren 1904-1910. Er begleitete Tolstoi auf seiner Flucht aus Jasnaja Poljana.

Delir – Tolstois Lieblingspferd; es wurde in seiner Nähe begraben.

Warja – Warwara Michailowna Feokritowa (1875-1950), Freundin von Tolstois jüngster Tochter; sie lebte im Hause Tolstois und schrieb für ihn Schreibmaschine.

604 *Mohandas Gandhi* – Mohandas Karamchand Gandhi, genannt Mahatma (große Seele) (1869-1948). Gandhi schrieb erstmalig 1909 aus London an Tolstoi und schilderte ihm das Schicksal der verfolgten Inder in Transvaal. 1910 schickte er Tolstoi ein Buch über die Selbstverwaltung Indiens, die auf dem Wege der Gewaltlosigkeit erreicht werden sollte. Tolstois Brief ist die Antwort auf Gandhis letzten Brief; zwischen beiden wurden je drei Briefe gewechselt.

Ihre Zeitschrift »Indian Opinion« – Die von Gandhi 1899 gegründete Zeitschrift erschien in englischer Sprache und drei indischen Dialekten.

607 *Ihr Wirken in Transvaal* – Die Tolstoi gesandte Zeitschrift enthielt Materialien über eine sogenannte Tolstoi-Farm, die Gandhi während seines Südafrikaaufenthaltes mit anderen gegründet hatte und auf der arme indische Bauern gemeinsam ihr Land bearbeiteten.

608 *An S. L. Tolstoi undT. L. Suchotina* – Tolstois älteste Kinder; siehe Anmerkung *Serjosha* zu Seite 570 und *Tanja* zu Seite 575; letzter vollständiger Brief Tolstois, den er noch selber unterschrieb.

Tschertkow – Wladimir Grigorjewitsch Tschertkow (1854-1936), bekanntester und einflußreichster Anhänger Tolstois; entstammte der Hocharistokratie, war Offizier eines Leibregiments und nahm aus religiöser Überzeugung seinen Abschied. Von der Regierung mehrfach gemaßregelt und verfolgt, lebte er zeitweise in der englischen Emigration, kehrte

1906 nach Rußland zurück, stand in schroffem Gegensatz zu Tolstois Frau und den meisten Familienmitgliedern. Tschertkow war einer der Mitherausgeber der 1928 begonnenen Ausgabe »Sämtlicher Werke« Tolstois (abgeschlossen 1958) und verfaßte zahlreiche Arbeiten über ihn.

608 *ob dies mein Abschied ist* – Die meisten Mitglieder der engeren Familie trafen am folgenden Tag mit einem Sonderzug in Astapowo ein. Auf Anraten der Ärzte und der Kinder wurde Tolstois Frau der Zutritt zu dem Kranken nicht gestattet, dessen Zustand sich verschlechterte; sie sah ihn erst am Morgen des 7. Novembers, kurz vor seinem Tode, wieder.

Verzeichnis und Quellen der Abbildungen

J. Ginzburg, Lew Tolstoi, Bronze, 1903.

Das Gutshaus in Jasnaja Poljana; aus: »Jasnaja Poljana«, Moskau 1978.

Die Brüder Tolstoi (v. I. n. r.): Sergej, Nikolai, Dmitri, Lew; Daguerreotypie 1854.

Lew Tolstoi in Jasnaja Poljana 1885; Foto von S. S. Abamelik- Lasarew.

Lew Tolstois Schlafzimmer in Jasnaja Poljana, 1908; Foto von K. Bully.

Lew Tolstoi mit seinem letzten Reitpferd Delir; historisches Foto.

Lew Tolstoi und seine Frau Sofja Andrejewna Tolstaja; historisches Foto.

Lew Tolstoi im Kreise seiner Familie in Jasnaja Poljana an seinem 75. Geburtstag.

Foto von F. T. Protassjewitsch. S. Lew Tolstoi 1909; Foto von G. Tschertkow.

Bauern am Baum der Armen in Jasnaja Poljana am Tage von Lew Tolstois Begräbnis am 9.11.1910; historisches Foto.

AtV

Band 17/18 Fjodor Dostojewski
Die Dämonen

960 Seiten
Bd. 1/2 28,– DM
ISBN 3-7466-0018-9

Dämonen gleich, überziehen Pjotr Werchowenski und Nikolai Stawrogin eine verschlafene russische Gouvernementsstadt mit Intrigen und aufrührerischen Ideen und zeichnen am Ende für Feuersbrunst und Mord verantwortlich.
Angeregt von dem aufsehenerregenden Prozeß gegen den Anarchisten Netschajew und seine Gruppe 1871, entwickelt Dostojewski in dem zweibändigen Romanwerk sein Bild von der russischen Revolution.

AtV **Texte zur Zeit**

Band 49

Auch wir sind Europa. Zur jüngeren Geschichte und aktuellen Entwicklung des Baltikums

Herausgegeben von Ruth Kibelka

Erstveröffentlichung

Etwa 200 Seiten
12,80 DM
ISBN 3-7466-0052-9

Fast fünfzig Jahre standen die baltischen Staaten im Schatten der europäischen Geschichte. Nun bringen sie sich vehement in Erinnerung. Unser Band will Basis- und Hintergrundinformationen zum Zeitgeschehen in Estland, Lettland und Litauen liefern und Handbuch auch zu kommenden politischen Ereignissen sein.

AtV **Texte zur Zeit**

Band 8

Lew S. Klejn
Verkehrte Welt
In Breshnews Lagern

Essays

Deutsche Erstveröffentlichung

Aus dem Russischen
von Bernd Funck

168 Seiten
13,80 DM
ISBN 3-7466-0009-X

Lew Klejns Verhaftung im Jahre 1981 war vom KGB inszeniert. Wegen Homosexualität angeklagt, verbrachte der Leningrader Archäologe fast zwei Jahre in Gefängnis und Lager. Diese zweite Welt des stalinistischen Systems ist streng geteilt: Im äußeren Kreis herrschen die Bewacher, im inneren fristen die Häftlinge ihr Dasein nach den Gesetzen des Ganovenehrenkodex. Klejns fesselndes Psychogramm dieser Kastenordnung weitet sich zur aufregenden Analyse der Justiz und des Strafvollzugs in der späten Breshnew-Zeit.

AtV **Biografie**

Band 40

Artur London
Ich gestehe. Der Prozeß um Rudolf Slansky

Memoiren

Aus dem Französischen
von Willy Thaler
630 Seiten
19,80 DM
ISBN 3-7466-0043-X

Mit gnadenloser Wucht rollt zu Beginn der fünfziger Jahre eine Welle politischer Schauprozesse über Osteuropa hinweg. Der Prager Slansky-Prozeß (1952) stellt sie mit seiner Grausamkeit alle in den Schatten: Von vierzehn angeklagten hochrangigen Politikern werden elf zum Tode, drei zu lebenslanger Haft verurteilt. Artur London, einer der Überlebenden, berichtet in einem erschütternden Buch über Verlauf und Hintergründe dieses Justizskandals.

AtV

Band 30

Egon Erwin Kisch
Aus Prager Gassen und Nächten

200 Seiten
14,80 DM
ISBN 3-7466-0033-2

Der junge Egon Erwin Kisch fand den Stoff für seine Lokalfeuilletons auf den Straßen und Plätzen Prags, in den Cafés und Kneipen, den Wärmestuben und Asylen. Er beobachtete Vagabunden, Hundefänger, Flößer, Hopfenpflücker, das morgendliche Markttreiben, Versteigerungen und Razzien. Bereits die Reportagen seines ersten Buches offenbaren einen unbestechlichen Blick für den „Humor der Tatsachen", die Ironie der Dinge und alltäglicher Geschehnisse.

AtV

Band 31

Hans Fallada
Der Pleitekomplex. Sieben Malheurgeschichten

Zusammengestellt von Günter Caspar

130 Seiten
10,80 DM
ISBN 3-7466-0034-0

Die Gestalt des Johannes Pinneberg, die nahezu als Synonym gilt für den kleinen Mann, den die Krise um Lohn und Brot bringt, Figuren, die nach Arbeit rennen wie die vom Pleitekomplex gepackte Annemarie Geier oder der von einer fixen Idee besessene Herr Möcke, Arbeitssucher, die noch hoffen wie dieser Abonnentenwerber oder die bereits aufgegeben haben wie jener Hausmann und Kindeshüter, sie und andere stehen für das Heer der mehr als sechs Millionen Erwerbslosen, die es damals, 1931/32, als der Autor die meisten dieser Geschichten schrieb, in Deutschland gab.